U0361937

晚年的吴廷璆先生

20世纪90年代初吴廷璆先生(前排右四)在南开大学接待日本学者访问团

20 世纪 90 年代末吴廷璆先生(左四)在南开大学接待日本学者

20 世纪 90 年代末吴廷璆先生访问日本宪政纪念馆

南开百年史学名家文库

南开大学历史学科学术委员会　主编

吴廷璆文集

杨栋梁　郑昭辉　编

南开大学出版社

天　津

图书在版编目(CIP)数据

吴廷璆文集 / 杨栋梁，郑昭辉编. —天津：南开
大学出版社，2019.9
（南开百年史学名家文库）
ISBN 978-7-310-05847-1

Ⅰ.①吴… Ⅱ.①杨… ②郑… Ⅲ.①世界史－文集
Ⅳ.①K107－53

中国版本图书馆 CIP 数据核字(2019)第 162875 号

南开大学出版社出版发行

出版人：刘运峰

地址：天津市南开区卫津路 94 号　　邮政编码：300071
营销部电话：(022)23508339　23500755
营销部传真：(022)23508542　　邮购部电话：(022)23502200

*

河北鹏润印刷有限公司印刷
全国各地新华书店经销

*

2019 年 9 月第 1 版　　2019 年 9 月第 1 次印刷
240×170 毫米　16 开本　25.25 印张　6 插页　436 千字
定价：100.00 元

如遇图书印装质量问题，请与本社营销部联系调换，电话：(022)23507125

"南开百年史学名家文库"编委会名单

江　沛　赵桂敏　李治安　陈志强

杨栋梁　常建华　王先明　王利华

刘　毅　赵学功　李金铮　余新忠

陈　絜　付成双　刘岳兵

总　序

　　为庆祝南开大学建校一百周年，南开大学统筹策划一系列庆典活动和工作。其中，借机整理人文社会科学学科百年历程，特别将各学科著名学者文集的编辑和出版列为代表性成果之一予以确定。2017年底，时任南开大学副校长朱光磊教授主持部署此项工作，将历史学科相关著名学者的选择及成果汇集工作交予了历史学院。

　　2018年11月，历史学科学术委员会集体商定入选原则后，确定1923年建系以来已去世的、具有代表性的十位著名学者入选"南开百年史学名家文库"，他们是：1923年历史系创系主任蒋廷黻，20世纪20年代在文学院任教的范文澜，明清史专家郑天挺，世界上古史专家雷海宗，先秦史专家王玉哲，亚洲史暨日本史专家吴廷璆，唐元史专家杨志玖，美国史专家杨生茂，史学史与史学理论专家杨翼骧，北洋史、方志学家暨图书文献学专家来新夏。

　　随即，历史学科学术委员会委托江沛教授主持此事，并邀请退休和在岗的十位学者（依主持各卷顺序为：邓丽兰、王凛然、孙卫国、江沛、朱彦民、杨栋梁与郑昭辉、王晓欣、杨令侠、乔治忠、焦静宜）参与此项工作，分别主持一卷。此后，各位编辑者按照统一要求展开编辑工作，克服重重困难，并于2019年1月提交了各卷全部稿件。南开大学出版社莫建来等编辑，精心编校，使"文库"得以在百年校庆前印刷问世，这是对南开史学九十六年风雨历程的一个小结，是对南开史学学科建设的一个有益贡献，更是对南开大学百年校庆奉上的厚重贺礼。

　　十位入选学人，均为中国史、世界史学科的著名学者，创系系主任蒋廷黻，是中国近代外交史领域和世界史学科的开拓者之一；范文澜是中国较早的马克思主义史学家；郑天挺、雷海宗先生是南开史学公认的奠基人，是学界公认的史学大家，其影响力无远弗届；王玉哲（先秦史）、吴廷璆（亚洲史暨日本史）、杨志玖（唐元史）、杨生茂（美国史）、杨翼骧（史学史）、来新夏（北洋史、方志学、图书文献学）在各自学术领域辛勤耕耘、学识深厚、育人精良，誉满海内外。他们几十年前的论著，至今读来仍不过时，仍具有启示意义；他们所开创的领域仍是南开史学最为重要的学术方向，他们的学术成就及言传身教，引领了南开史学的持续辉煌，他们是南开史学的标志性人物。

学术传承，一要承继，二要创新。九十六年来，在这些史学大家引导下，逐渐凝聚出南开史学的重要特征：惟真惟新、求通致用。近四十年，已发展出"中国社会史""王权主义学派"等具有重要引导作用的学术方向。在当今历史学国际化、跨学科、复合型的发展潮流中，南开史学更是迎难而上，把发展方向定位在服务国家战略及社会需求上，定位在文理交叉、多方融合上，承旧纳新，必将带来南开史学新的辉煌。

值此"南开百年史学名家文库"即将付梓之际，特做此文，以为说明。

魏晋嵇康有诗曰："人生寿促，天地长久。百年之期，孰云其寿？"衷心祝福母校在第二个百年发展顺利、迈进世界一流大学的行列，恭迎南开史学百年盛典！

南开大学历史学科学术委员会主任：江沛

2019 年 8 月 26 日

新中国的亚洲史学者吴廷璆

（代序）

吴廷璆（1910.7—2003.12），又名默健、曼泉。祖籍浙江绍兴。6 岁入学堂，13 岁考入两浙盐务中学。传统家学和近代西式教育，为其学术发展奠定坚实基础。1929 年考入北京大学史学系，1932 年因组织学生运动被当局通缉逃亡日本。1936 年在日本京都帝国大学史学科毕业，回国后任国立山东大学国文系讲师。1937 年抗战爆发后参加八路军，任八路军野战司令部政治部干事。1942 任四川大学历史系教授，1944 年任武汉大学历史系教授，1949 年任南开大学历史系教授直至 1995 年以 85 岁高龄离休。2003 年 12 月 3 日病逝，享年 93 岁。

吴廷璆先生的一生经历丰富，早年一腔家国情怀，是冲在反帝反封建前线的热血青年；继而潜心学术，献身教育，作为新中国史学的拓荒者之一，在亚洲史及日本史研究领域成就斐然，为国家培养了一批专业研究人才。

一、中外交通史及丝绸之路研究

亚洲史及古代中外交通史是吴廷璆毕生潜心专研的领域。这一领域所涵盖的内容，大到亚洲主要国家的历史，地区内外的国家关系、典章制度互鉴、思想文化及宗教传播、多民族商品交易等宏观事态，小到历史事件、各类人物、交易方式种类规模的微观考证，旨在释清历史上不同国家和族群的状况，阐明不同文明相遇、碰撞、交融的史实及其对社会发展进程的影响，从而辨古思今，以为资鉴。在相关研究中，吴廷璆围绕古代中外交通史撰写的若干篇专题论文分量厚重，影响深远。

《汉代西域的商业贸易关系》①是吴廷璆踏入史学殿堂的处女作。这篇长达 5 万字的日本京都帝国大学史学科毕业学位论文，以《史记》《汉书》等中国史

---

① 吴廷璆：《汉代西域的商业贸易关系》，《吴廷璆史学论集》，人民出版社，1997 年，第 19-78 页。

书的记载为据，以欧美及日本学界的研究为参考，逐次阐述了西域地理及地缘政治的变迁，西汉初期的商业资本状况，汉与西域诸国的关系，汉武帝的西部开发政策，西域国际贸易的民族、商品种类和交易方式等问题，所论时间跨度数百年，征引资料源自中、英、日三种文献，研究对象涉及数十个民族和国家。文中关于张骞和班超出使西域、塔里木盆地商队、民族间贸易范围、交易方式及商品种类的考证尤为精细，栩栩如生地再现了汉代丝绸之路上胡商贩客熙熙攘攘汇聚塞外的历史画面。如此难度的论文出自 26 岁青年学子之手，除发奋努力外，还须有聪慧过人的才华。

《佛教海上传入中国之研究》①是吴廷璆又一项标志性成果。该文从"政治经济与文化之间的关系不可分割，政治经济的往来一定带来文化上的交流"，以及"交通路线的开辟与文化传播之间的关系密不可分，文化是借人通过交通而从甲地传到乙地的，佛教也不例外"的视角出发，以大量信史资料为据，向佛教经由西域传入中国这一学界成说提出了正面挑战。论文指出，佛教"至迟在后汉初年即汉光武帝之子楚王英信佛之前就由海路传入江阴"，由于"事实上汉代与印度海上交通早于陆上交通"，故佛教通过海路传入中国先于陆路。这一新的论断无疑对学界产生了不小冲击。文中关于"佛教与商人结伴而行""哪里有印度或中亚的商人，哪里就有佛教，佛教藉着商人传到国外"等精辟的总结性论断，更是具有令人拍案称道的新意。

《隋唐时期日本与中国文化》②一文，开篇阐述了日本吸收隋唐文化的历史背景，进而从典章制度、政府机构、土地制度、军事组织、户籍管理、国土规划、货币与度量衡、教育、历史编纂、文学艺术、风俗习惯等各个层面入手，逐次考察了日本在引进和消化中国文明过程中的日本化问题。论文指出："日本的封建化是以中国的社会和文化为模式而进行的，当它脱离中国模式而独立创造自己的社会和文化时，标志着日本封建化的完成，从以自由农民为主要生产力的早期封建社会进入以农奴为主要生产力的中期封建社会。"

《隋唐时代扬州在中日文化交流史上的地位》③一文，实证探讨了隋唐时期扬州扼国内外交通要冲，物产丰富，商品经济发达，从而成为中日交通的跳板和文化交流的中心，在中日交流史上占有重要地位。论文指出，扬州的重要地位在于：地理位置得天独厚，是中日交通的枢要；社会经济发展富庶繁荣，为

---

① 吴廷璆、郑彭年：《佛教海上传入中国之研究》，《历史研究》1995 年第 2 期。
② 吴廷璆：《隋唐时期日本与中国文化》，《世界历史》1992 年第 6 期。
③ 吴廷璆、郑彭年：《隋唐时代扬州在中日文化交流史上的地位》，《中外关系史论丛》，1994 年。

遣唐使、留学生、留学僧提供了汲取中国文化的物质条件；文化发达，为日本人提供了直接学习的模式；对外开放的环境，使其成为东南亚、印度及西方文化向日本传播的中转站；寺院林立，名僧感召效应，中国高僧鉴真从扬州赴日传教，日本高僧圆仁则把扬州作为其中国巡礼的重地。论文认为，"若能说日本人所倾慕的唐文化是中国文化发展的顶峰，则扬州的文化不愧为它的顶峰之顶峰"。

除上述研究，吴廷璆还发表过《古代中国与希腊文化接触之研究》《从日本考古学论徐福的东渡》《魏志·倭人传在日本》《清代的中日文化交流》等专题论文，在学界产生了一定影响。

二、求通立新的日本史研究

在新中国的日本史研究中，周一良、吴廷璆和邹友恒是被尊称为"三老"的奠基者，而由吴廷璆领衔撰写的《日本史》，堪称新中国的日本史学界具有里程碑意义的巨著。《日本史》由南开大学和辽宁大学等 10 余位学者强强合作撰写，是新中国第一种大型日本通史著作，洋洋百万字。该书的写作于 1975 年启动，1994 年由南开大学出版社出版，历时 20 年。吴廷璆作为主编，不仅在理论方法上全面把握，在写作内容和结构上谋篇布局，而且亲自撰写了第 1 卷第 9 至 14 章。全书初稿完成后，又亲自对全书最后把关，其审阅初稿和复审修改稿竟花费了整整十年时间。不难想象，从古代到当代，从经济、政治、社会、文化思想到对外关系，要全面厘清 2000 多年日本社会变迁的史实，着力体现既不同于欧美，又有别于苏联的中国学者的理论方法和立场，非学识渊博的大家而不能为。彼时笔者目睹其夜以继日伏案审稿的劳作，聆听其高屋建瓴的见地，思来仿如昨日。值得欣慰的是，这部由我国学者撰写的迄今为止规模最大、内容最丰富的日本通史著作，出版后颇受好评并一再重印，已成为专业研究者的必读之作。

大化改新和明治维新是关乎日本社会发展进程的重大历史事件，历来为国际学界所重视，而吴廷璆的研究独树一帜，其创新性观点不仅影响了我国史学界几代人，而且在日本、苏联和朝鲜等国际学界产生了影响。

1955 年发表的《大化改新前后日本的社会性质问题》[①]，首次提出"大化

---

① 吴廷璆：《大化改新前后日本的社会性质问题》，《南开大学学报》，1955 年创刊号。

改新封建说"。论文指出：大化改新前的日本社会处于氏族社会向阶级社会的过渡中，是原始公社制度瓦解并产生半家长半封建的部民制时期。部民制是日本古代特有的生产关系，氏族共同体的长期存在是日本古代社会的特点。由于社会生产力发展水平低下，皇室和贵族为便于统治和剥削，维持原来的氏族共同体，只满足于征收贡物，由此部民的氏族共同体关系在贡纳制下得以长期保存。部民制下的部民拥有一定的生产工具，除了对氏族主人的贡赋外，保留自己的经济，不可被任意买卖或杀戮，但部民受氏族家长的支配，有人身依附关系，是被束缚在土地上的。因此，"大化改新以前的日本社会既非单纯的氏族社会，也不是奴隶社会，而是一种过渡性社会"。论文还指出："大化改新的结果，日本古代社会的阶级关系发生了重大的变化，旧的族长贵族的统治崩溃了，部曲民脱离了豪族的支配。从农村公社关系中游离出来的公民——氏人同部曲民一道变成了班田农民。""另一方面，由于班田法的实施，天皇成为最高的封建领主，官僚贵族们又用各种形式取得了自己的土地，法令把农民紧紧缚在土地上，使他们成为农奴，这却说明了日本古代社会已从家长氏族制过渡到封建制了。"由于"中国高度发展的封建制从各方面不断刺激着日本社会，终于使日本古代社会越过了奴隶制而走向封建制度"，"自上而下的大化改新，促成了日本封建制度的形成"。这一论断，使我国学界关于日本历史分期和大化改新性质的研究有了突破性进展，大化革新"封建说"得到学界主流的普遍认可。有评论说：吴廷璆的部民制是半家长半封建的过渡性生产关系学说独到而有创见，班田制是封建国家土地所有制观点科学而精辟，其"大化改新的研究是开拓性的、里程碑式的，对史学界的影响是深远的"[1]。

1964 年发表的《明治维新与维新政权》[2]，运用马克思主义的国家学说，以革命与改革的"两点论"，论证了明治维新是"没有完成的资产阶级革命"。论文指出，在封建危机和民族危机的双重压力下开展的明治维新运动，由于没有新兴资产阶级的领导，被分为两步，其第一阶段的革命以倒幕派领导农民和城市贫民起义推翻德川封建领主制、解放农奴、建立地主资产阶级政权而告结束；第二阶段因倒幕派的背弃革命而变成地主资产阶级的改革。明治维新通过以农民为主的革命推翻了幕府，废除了封建领主的农奴制，发展了资本主义，但半封建的地主阶级仍然是统治阶级的一部分，它和资本家一起推行对内剥削

---

[1] 禹硕基：《吴廷璆先生对日本古代大化改新的研究》，南开大学日本研究院编：《吴廷璆先生百年诞辰纪念文集》，南开大学出版社，2010 年，第 20 页。

[2] 吴廷璆：《明治维新与维新政权》，《南开大学学报》，1964 年 7 月号。

压迫、对外扩张侵略的政策。维新后的日本历史证明，明治政权是一个地主资产阶级政权，明治维新是一场不彻底的资产阶级革命，它所遗留下来的资产阶级民主主义革命任务，是在第二次世界大战后才得以完成的。

1982 年，吴廷璆与武安隆合作发表《明治维新与资产阶级革命》[①]，以明治维新的基本史实为基础，逐一论述了日本资产阶级革命的历史条件、下级武士在日本资产阶级革命中的作用和资产阶级革命的彻底性问题。论文阐述的主要观点是：虽然日本资本主义经济及其新生资产阶级尚未发展到要"革命"程度，但在外部世界存在资本主义"先进模式"并对日本形成压力的特定历史环境下，一切"物质的生产"和"精神的生产"都成了"公共的财产"，由是封建统治阶级中部分"不想灭亡"的思想"异化"分子接受了作为"公共的财产"的先进模式，其自身亦作为资产阶级革命的替代主体领导变革，通过国内战争推翻了封建领主制度，实现了政权从一个阶级到另一个阶级的转移，为资本主义发展开辟了道路，从而具备了资产阶级革命的基本特征和社会经济内容，发生了后进国家中"没有资产阶级的资产阶级革命"；一次资产阶级革命不可能把封建因素完全打扫干净，因而"彻底"的资产阶级革命是极其罕见的，"明治维新完全是一次资产阶级革命。如果为了说明它的特点以区别于典型的资产阶级革命，那么称它为'后进国的资产阶级革命'可能更妥切一些，因为明治维新之有异于西方先进国家的革命，几乎全部是资本主义发展的后进性所造成的"。

三、学科建设的卓越贡献

孔子作《春秋》、司马迁著《史记》，史学在中国有着悠久传统，但以中国为叙事主体的史学开始关注全球范围的世界，当以 1842 年鸦片战争后魏源著《海国图志》为端。尽管如此，在新中国成立前，中国学界的世界史尚属"阳春白雪"，没有形成一个学科体系，只在少数高等院校开设的世界史课程，基本使用从理论方法到内容观点皆体现"西方中心论"的编译外国教材，能够引起国际关注的世界史研究成果甚为稀少。因此，新中国的世界史学科建设只能从基础做起，而吴廷璆作为亚洲史学界的领军者，参与组织和领导了这一光荣而艰巨的事业。他是新中国的世界史学科建设的设计者之一，也是身体力行的践行者。

---

① 吴廷璆、武安隆：《明治维新与资产阶级革命》，中国日本史研究会编：《日本史论文集》，生活·读书·新知三联书店，1982 年，第 197-221 页。

新中国世界史学科建设的首要任务，是按照马克思主义的理论和方法，在辨别并清除西方中心史观的前提下，构建体现中国特色的新学科体系。为此，1960 年代中国学界围绕如何建立科学的世界史研究体系问题展开了一场大讨论，吴廷璆在《光明日报》上连载的论文《建立世界史的新体系》①，在中国和苏联学界引起强烈反响。

论文指出：比起自然科学来，历史成为科学显然是晚了，而历史却向我们提出了庄严的任务——用马克思主义的观点方法来重新评价和总结人类的历史。社会主义制度为科学的发展开辟了无限广阔的天地，因为由剥削阶级造成的阻碍科学发展的因素被扫除了。社会主义革命和社会主义建设事业不仅要求全面发展科学，也为科学的全面发展创造了一切必要的条件。党的政策和毛泽东思想为历史科学指出了正确的方向和方法。

针对中国的世界史研究现状和问题，论文尖锐指出：不但许多重大问题还未接触到，就是已经提出的问题也有不少处在不能解决或展开讨论的状态。例如世界史的体系问题，奴隶制度的类型问题，城市的起源问题，东方封建土地所有制问题，农民战争与宗教的问题，亚洲各国的历史分期问题，以及东西方国家某些人民起义和革命性质问题等。现在我国的世界史研究所遇到的一个紧迫任务，就是编写一部高等学校世界史教材，而要编好这部教材，就要本着不破不立的精神，建立一个新的科学体系。

论文认为，科学体系反映一定的世界观，而社会科学要为社会服务。在世界史研究领域，以欧洲为中心的世界史代表了资产阶级的观点，因此新的世界史学科体系原则上必须打破欧洲中心论，坚持整体的世界史研究。"人类世界是一个统一的整体，它的历史应该是全面的，即使是我国人写的世界史，也不宜因与本国史分工而将中国部分完全略去不提。抽出了中国显然不能对世界史有全面的认识。有人因为反对欧洲中心论而主张建立以亚洲为中心的世界史体系，我看也没有必要。""以地区作中心的世界史，无论它从何种愿望出发，都是不科学的，在方法论上也是错误的。""世界史是要把人类社会作为有规律的统一过程来进行具体研究。"

基于上述观点，论文提出了一个建立世界史新体系的方案，即按照马克思主义的关于社会经济形态的学说，将世界史分为原始、奴隶、封建、资本主义、社会主义或曰原始、古代、中世、近代、现代五个阶段，采用综合年代法，叙

① 吴廷璆：《建立世界史的新体系》，《光明日报》1961 年 4 月 9 日、10 日版。

述每个时代总的特征和各国人民的具体历史。分期的基本原则是将最先进的国家进入社会发展新阶段作为一个时代的起点，同时兼顾各国历史发展的特性，在世界史的撰写中采取灵活方法处理疑难问题，如对于朝鲜、越南、印尼等古代史分期问题尚未解决的国家，可将其封建社会前的历史部分地放在封建社会中叙述，亦可将非洲、美洲、澳洲等许多国家的早期历史放在近代乃至现代史中叙述等。

论文的结论是："这样的体系，既阐明了世界历史的一致性和多样性，也指出了历史上新的、前进的东西和旧的、没落的东西，鲜明地揭示出人类社会发展的一般规律和各国人民历史发展的具体道路，从而大大地发挥了世界历史的战斗作用，从根本上打破了欧洲中心说的世界史体系，保证了世界史高度的科学性和革命性的统一。"

时过境迁，当我们今天重温这一对中国世界史研究总思路和学科建设方向具有指导意义的奠基性论述时，不禁为其当年的真知灼见所感叹。实际上，当时中国学界正组织全国力量撰写一部旨在体现新中国特色的世界史教材，而吴廷璆正是亚洲中古史部分的执笔者之一。这篇论文发表两年后，周一良、吴于廑主编的四卷本《世界通史》问世。论文发表30年后，吴于廑、齐世荣主编的又一套体现了"整体性"特点的六卷本《世界史》出版，进一步为中国及其他"被忽略了的"亚非拉地区史安排了应有位置。

吴廷璆对世界史学科建设的贡献，还可以从其组织领导的若干工程级科研项目中窥知一斑。除了前述费时20年主编的"我国最为厚重（字数最多、内容最丰富、水平最高）的通史专著"[①]《日本史》外，他还是《中国大百科全书》亚洲史部分的负责人。此外，他担任新中国资历最老的史学期刊《历史教学》主编长达40年，为提高初高中历史教师的专业素质呕心沥血；组织创建中国日本史研究会（现名为中国日本史学会的国家一级学会）并担任首届会长，为提升中国的日本史研究整体水平默默奉献。特别值得一提的是，1964年，他根据周恩来总理的指示，亲手创建了南开大学日本史研究室。如今，经过三代人的努力，这个研究室已发展壮大为中国高校中唯一的跨学科实体教研机构日本研究院，在传统的日本史研究领域继续保持全国领先位置的同时，又在当代日本政治、经济、社会、文化思想及对外关系等新的研究领域异军突起，受到国内外关注。"南开日研"能够成为中国公认并享有一定国际影响的日本研究重镇，吴廷璆是奠基人。

---

① 汤重南：《深切怀念"永远的吴先生"》，南开大学日本研究院编：《吴廷璆先生百年诞辰纪念文集》，南开大学出版社，2010年，第30页。

四、治学特点与培养英才

史者，德、才、识兼备谓之良家。吴廷璆治学之才华，前述或为冰山一角，然其史识亦尤见长。与不问所为的"纯学术"研究不同，经世致用是其治史的原点和动力。他曾坦言：一生与学术为伴专研亚洲史及日本史，既出于"个人志趣"，也是"时代社会要求"使然，大学本科毕业论文把汉代西域经贸关系作为选题，出发点便是"尽管中国与西方国家的接触已经多年，但在诸如中国如何通过对外交往能使本国富强起来，怎样才能在同外国进行自主、平等、互利的交往过程中，逐步使自己融入现代国际社会等许多根本性问题上，都尚未解决。所以，便希冀从过去的中西交通的历史发展中，去找寻其规律和获得启示。以后，研究的兴趣一发而不可止"。①

1936 年的中国，东北沦陷有年，华北在日本的步步紧逼下也陷入空前危机，然而，一些文人墨客却还在乐此不彼地讨论中国文化如何为外国所欣赏。面对此景，刚从京都帝大毕业返回祖国的吴廷璆无法沉默，他奋笔疾书，在《益世报》上发表《"中国学"之世界的兴趣》。文章旁征博引，推古论今，分析了近代以来西方及日本日益高涨的"中国学"研究热现象，以犀利的笔锋揭露了问题的本质。文章的结论是：随着国际关系的日益密切，世界对中国及中国学问的关切不足为怪，但是，"当我们一部分人还以为人家是抱了满腔好感在'崇拜'、'提倡'中国文化的时候，不妨更注意一下，各资本主义国家对其殖民地政策的研究，与对中国文化的研究有什么区别"？"关于外国学者研究中国学问，谁具好感，谁怀恶意的问题，似乎常为中外学者所议论，见解不同，但他们研究上所必须有的史观，和他们所用的方法，则毫不掩饰地把他们的真心告白给了世人。"②

敦煌壁画铭刻着古代中西文明交流的印记，它作为中国的文化瑰宝，在世界文明史上占有重要地位。但是，直到实行改革开放政策的 1970 年代末，中国的敦煌学研究进展缓慢，对此吴廷璆甚为不安。1981 年 4 月，他邀请在日本京大读书时的同窗契友、日本学者藤枝晃到南开大学专题讲座，为我国专业研究人员讲授"敦煌学"。开讲式上，吴廷璆的一句"敦煌在中国，敦煌学在日本"语惊四座，激发了中国学者的研究热情和责任感，也引起了政府有关部门的重

---

① 《吴廷璆史学论集》前言，人民出版社，1997 年。
② 吴廷璆：《"中国学"之世界的兴趣》，《益世报》1936 年 6 月 21 日版。

视。值得欣慰的是，如今中国的敦煌学研究已取得长足进步，国家为保护文物古迹和支持相关学术研究的投入明显加大，这与吴廷璆当年的大力呼吁不无关系。

培育德才兼备的英才是大学的使命，而教师的品行和能力无疑会有形无形地影响青年人成长。作为"学贯中西"[①]的大学者，吴廷璆在高校从教的55年中，先后讲授过世界上古史、西洋通史、中西交通史、亚洲史、中国近代史、印度史、日本史、明治维新史、社会发展史、帝国主义论、国家与革命等课程，其中亚洲史等多门课程为国内高校首创，国家与革命等课程则是开新中国马克思主义史学教育之先河。他的教育理念是授人以渔，极为重视传授史学研究的理论方法，旨在启迪学生的思辨分析能力。具体说来，其"讲课的特点是绪论特长，一讲就是好几个星期，那是他要把有关这门课题的知识包罗进去，开阔学生的视野，让学生学到课本上难以尽述的学问"[②]。讨论课是其调动学生学习积极性和主动性的有效方法，"讲授《魏志·倭人传》时，让学生课前准备，课堂上由学生主讲，大家讨论，直到有问题解决不了或争执激烈时，才最后讲解并对争论问题作出评论，从而使同学们听得清，记得牢，终生受益"[③]。

吴廷璆的本科学子难以计数，"文化大革命"前曾指导过多名亚洲史方向硕士研究生。实行改革开放政策后，他作为1981年11月国务院学位办公布的世界史专业首批6名博士生指导教师之一，亲自指导了日本史方向硕士生8名，博士生15名。如果把再传弟子统计在内，则获得史学博士学位的吴门弟子已不下百人。目前中国从事日本史研究的队伍中，南开大学出身者约占四分之一，以至中国的日本史学界有"南开军团"[④]的美喻。"桃李不言，下自成蹊"。吴廷璆为中国培养了一批日本史研究人才，更以其卓越的道德文章留下一笔宝贵精神财富，可谓功莫大焉！

（本文作者：杨栋梁，南开大学日本研究院教授）

---

① 辜燮高：《学贯中西，风范长存》，《吴廷璆先生百年诞辰纪念文集》，第48页。
② 魏宏运：《风雨鉴真纯——记与吴老廷璆共同走过的岁月》，《吴廷璆先生百年诞辰纪念文集》，第38页。
③ 汤重南：《深切怀念"永远的吴先生"》，《吴廷璆先生百年诞辰纪念文集》，第31页。
④ 此为复旦大学赵建民教授等学者语。

目　录

第一章 世界史学科建设论

一、建立世界史的新体系

1. 世界史新体系的亟待建立

社会主义制度为科学的发展开辟了无限广阔的天地，因为由剥削阶级造成的阻碍科学发展的因素被扫除了。社会主义革命和社会主义建设事业不仅要求全面发展科学，也为科学的全面发展创造了一切必要的条件。建国以来我国的历史科学在党的领导和关怀下取得了很大的成绩。党的政策和毛泽东思想为历史科学指出了正确的方向和方法；史学工作者通过各种运动，思想觉悟提高了；研究的领域扩大了；新生力量增长起来；史学著作和史料编纂在质与量上都有进展；历史科学正日益显示出它的重大作用。

但科学的发展是无止境的，历史学作为一门科学，还是比较年青的。恩格斯说过："在人类历史的领域上，我们的科学，比较在生物学的领域上还要落后。"[①]从孔子作《春秋》，希罗多德写《历史》起，两千五百年来，各国民族的史书典籍浩繁，史家们的观点五花八门，百余年前才由马克思从"极其混乱和随便武断"的"历史和政治的观点"中造出"一个极完整严密的科学理论"[②]。比起自然科学来，历史成为科学显然是晚了，而历史却向我们提出了庄严的任务——用马克思主义的观点方法来重新评价和总结人类的历史。时至今日，历史科学还有待于大力发展，就世界史来说，不但许多重大问题还未接触到，就是已经提出的问题也有不少处在不能解决或没有展开讨论的状态。例如世界史的体系问题，奴隶制度的类型问题，城市的起源问题，东方封建土地所有制问题，农民战争与宗教的关系问题，亚洲各国的历史分期问题，以及东西方国家某些人民起义和革命性质问题等。这些问题不解决，对教学和研究质量的提高

---

① 恩格斯：《反杜林论》，三联书店，1954年，第105页。
② 列宁：《马克思主义的三个来源与三个组成部分》。

始终是有影响的。要求得到解决，自然不是少数人闭门造车甚至一家独鸣所能办到的。经验证明，党的百家争鸣方针是解决史学问题的最好途径。现在我国世界史的研究上遇到一个迫切的任务，就是一部高等学校世界史教材的编写。已有的教材肯定是不符合现在的需要了，要重新编写，首先得改变原来的体系。根据不立不破的精神，必须先建立一个新的体系，才能废除旧的。现在就这一问题，提出一些不成熟的看法，希望批评讨论。

2. 科学体系反映一定的世界观

科学体系反映一定的世界观，这在社会科学中特别明显。以欧洲为中心的世界史代表西方资产阶级的观点，早在十九世纪初叶，德国唯心主义哲学家黑格尔在他的《世界史哲学》中就武断地认为希腊和意大利是"世界史的中心"、世界史的"舞台"，是"世界精神"的"故乡"。绝大部分欧美资产阶级学者根据这种思想写世界史鼓吹种族主义，歪曲历史，为殖民主义服务。一些法西斯的和梵帝冈学派的"史学"甚至现在还把苏联和东欧国家称为"东方"，排斥在"文明世界"的圈外。这种体系是反动的，也是反科学的。至于国内外进步学者写的某些世界史，出于教学和研究上的原因，与东方国家历史的编纂作必要的分工，只写了西方部分，这和欧洲中心论应有区别。人类世界是一个统一的整体，它的历史自然应该是全面的，即使我国人写的世界史，也不宜因与本国史分工而将中国部分完全略去不提。抽出了中国显然不能对世界史有全面的认识。有人因为反对欧洲中心论而主张建立以亚洲为中心的世界史体系，我看也没有必要。世界史是要将人类社会作为有规律的统一过程来进行具体研究，是"把历史看作人类发展的过程，而以它的运动法则的发现，作为自己的任务"[1]。地理区域这种固定不变的因素，对说明历史发展的规律，说明各时代运动的特征和趋势不但毫无意义，而且会掩盖历史发展的本质，容易被剥削阶级所利用。周谷城先生对欧洲中心论的批判，不少意见是有启发性的，但周谷城先生认为这种欧洲中心论的体系"如不坚持侵略，不以欧洲为侵略中心，原没有什么不可"[2]，则很值得商榷。以地区作中心的世界史，不论它从何种愿望出发，都不是科学的，在方法论上也是错误的。

---

[1] 恩格斯：《反杜林论》，三联书店，1954 年，第 15 页。
[2] 周谷城：《评没有世界性的世界历史》，《光明日报》1961 年 2 月 7 日。

3. 新方案的设想

现在试提出一个方案：将世界史按照马克思主义关于社会经济形态的学说分为五个时代，以阶级斗争为红线，参用综合年代法叙述每个时代总的特征和各国人民的具体历史。分期原则，基本上将最先进的国家进入社会发展新阶段的时期作为这一时代的起点，同时照顾到各国历史发展的个别特性，原始社会时代和奴隶制时代的下限，可以作必要的延展。具体地说，原始社会时代从人类社会的产生起，到世界上生产力发达较早的一些民族都进入阶级社会时的公元前六七世纪止。埃及第一王朝的建立（约公元前 3200），写下了世界史上奴隶制时代的第一页。这一时代的下限，可延展到东西方一些主要国家奴隶制瓦解的公元前五六世纪止。中国周初或战国初期（公元前 1122 年或前 475），标志了世界进入封建时代。从这时起，每一时代的下限就不延展（理由详见下述）。从英国资产阶级革命（1640）到 1917 年，是资本主义时代。伟大十月革命的胜利到现在，是社会主义时代，也可以称作"从资本主义向社会主义的过渡时代"或"社会主义和共产主义在全世界范围内胜利的时代"。以上五个阶段，又可相应地称为原始时代、古代、中世、近代和现代。每个时代还可分为若干主要时期。

在建立世界史体系的工作中，会遇到许多困难。首先必须克服的是分期问题，这是一个非常复杂的问题。由于各国各民族历史发展的具体形式及速度不同，彼此在年代上不能完全符合于任何一个社会经济形态，特别在资本主义以前时代，各国间社会经济发展速度的差距极大。例如中国封建关系成熟的时期比其他国家就早达几百年或一千年以上。世界史的分期既要看出新生的、进步的东西，也应照顾到各国历史的具体特点。在奴隶制时代和封建时代，一般国家可按照当时它自己所处的发展阶段分别放在不同阶段的历史中去叙述，而不完全受年代的限制（例如希腊罗马奴隶制社会的历史仍可在奴隶制时代中叙述）。本国古代历史分期问题还没有完全解决的国家（如朝鲜、越南、印度尼西亚等），封建前的历史也可以部分地并入封建时代中去叙述。有些史料较缺乏、发展较晚的国家（如非洲、美洲、澳洲的多数国家），其早期历史可部分地并在近代或现代史里去叙述。资本主义时代，"资产阶级既已榨取着世界市场，于是就使所有一切国度的生产和消费都成为世界性的了"[1]。因此国际间政治经济

---

[1]《共产党宣言》。

关系日益密切，资本主义国家和殖民地国家人民间的斗争充满整个时代。十月革命是世界历史的根本转折点，社会主义时代，帝国主义和社会主义两大阵营间的斗争日益剧烈。各国历史发展尽管不平衡，但国际上各种力量对比的变化极其迅速，为了阐明这两个历史时代的特征，找出它的规律性，便有必要把处在不同阶段的各国历史放在同一时代中去叙述。

4. 科学论述的几个方面

这样的基本上按照社会经济形态而又适当照顾年代综合叙述的世界史体系体现了人类全部历史发展的统一性和阶段性，每一个阶段包括了在当时生产关系上起主导作用的各国的具体发展过程，以及同一阶段中各地区、国家、民族间的相互关系。由此，我们就可以有力地就以下这些方面做出科学的论述，为恢复历史的真实面目打下基础：

（1）在社会发展的道路上，西方国家除了在资本主义的上升时期以外，整个古代、中世纪和现代，前进的步伐显然都是很迟缓的。这就完全驳斥了资产阶级学者诬蔑东方"长期停滞"，"永远落后"，东方各国人民是"非历史的民族"等恶毒的歪曲和武断，从历史事实上推翻欧洲中心论。

（2）当世界各国奴隶制时代的社会经济情况都逐渐为我们所认识，并可以进行比较时，就不难看出，奴隶制是古代世界的普遍现象，东方各国大都经过了奴隶制阶段。东方的奴隶制，具有很多的共同特征，时间上比希腊罗马的既早且长，地区也很广泛。希腊罗马的奴隶制，实际上已不能算作"典型"了，最多只能认为是奴隶制的西方型，以区别于一般奴隶制。把希腊罗马的奴隶制称为"发达的奴隶制"，而称东方的奴隶制为"早期的"或"不发达"的奴隶制，也值得考虑。这样的提法包含了东方奴隶制是永远停止在早期，一般处于不发达的状态，或必须在外力（如"希腊化"）的推动影响下才会进入发达状态等一系列的错误观点。应该指出，东方的奴隶制社会除奴隶外多数人民也受到残酷的奴隶待遇。这是马克思称作的"普遍奴隶"。[①]但是古代东方国家由于农村公社、宗法制度残余以及专制主义政体的长期存在，在一定程度上掩盖了奴隶制度的经济的和政治的性质，以致被认为是一种"不发达"的或"早期的"奴隶制。这显然是把希腊、罗马两个地方的奴隶制作为一般的典型而得出的片面看法。东方国家奴隶制普遍存在，仅在外形上有和西方奴隶制稍不相同的特征，

---

① 马克思：《资本主义生产以前各形态》，人民出版社，1956年，第83页。

这种不同只能归结为古代东西方奴隶制类型的差异。事实上，马克思在《资本主义生产以前各形态》等著作中，从来就注意到古代东方和希腊罗马社会在同一生产形态上的具体特征和差别，并加以对比。阐明一般规律借以表现的特殊形式是必要的，而硬把奴隶制分为几个发展阶段，来解释东西方奴隶制的差别，将"不发达的""早期的"奴隶制这种称呼强加在东方国家的历史上，是不全面的、也不科学的。

（3）古代中国由于生产力的发达，进入阶级社会远比欧洲各国为早。中国是世界上第一个进入封建社会的国家，比欧洲封建社会也早了八九百年，如以西周为封建社会，则早了一千六七百年（那时古代希腊罗马还没有进入阶级社会）。中国的封建社会在世界史上具有鲜明的典型性，在新的世界史体系里，不能再将西欧封建社会来做典型了。同时，整个封建时代，中国、印度、阿拉伯这些东方国家经济文化远远走在欧洲的前面，匈奴、突厥（以后的土耳其）、阿拉伯及蒙古的西侵，影响了整个历史的进程，应该加以充分重视。这说明东方国家的文化在世界史上起过的伟大作用，决不能为帝国主义者所抹煞。我们必须进一步批判西方资产阶级学者用"野蛮""黑暗"和"衰落"等词句贬低中国历史的错误观点，驳斥他们的种族偏见和西方文明优越的谬论。

（4）资本主义时代是阶级社会的最后一个历史阶段，应指出这是无产阶级反对资产阶级和其他剥削阶级，国际共产主义运动发展和不断取得胜利的整个历史时期。资本主义社会即使在它的上升期，也充满了内在和外在的矛盾，我们在这一时代将"先进的"欧美各国和处在前资本主义时代的亚、非、拉丁美洲各国并列着叙述，足以揭露西方殖民主义者征服和掠夺这些国家的人民，养肥了自己的过程。而殖民地半殖民地国家，则由于地主阶级的剥削压迫，加上资本主义国家的侵略，社会生产力和文化受到摧残破坏，陷于长期贫困落后的状态，因而引起人民不断的反封建和反殖民主义的斗争。这不仅体现了资本主义必然灭亡，殖民体系必然瓦解的规律，也驳斥了资产阶级学者诬蔑有色人种"天生劣质"和欧洲人恩赐东方以"文明"的谬论。

（5）在社会主义时代，将世界两大阵营、民族独立国家和正在进行民族解放运动的国家并列着加以综合叙述。首先可以揭露两个体系对立的本质，将下列这些事实——社会主义的光明幸福和帝国主义的腐朽没落，世界革命运动的高涨和殖民体系的瓦解，以美帝国主义为首的侵略和战争的力量与全世界革命的和爱好和平的力量——进行鲜明的对比，说明不论资产阶级学者怎样吹嘘美国的物质文明，但它在社会发展的阶段上已被社会主义国家远远抛在后面，说明帝国主义貌似强大，终究只是一只纸老虎；说明只有全世界人民团结起来进行斗争，才能制止帝国主义的侵略战争。在这里，社会主义国家，苏联在社会主义建设和实现全面共产主义建设中所积累的经验，对整个国际共产主义运动具有原则意义。中国革命和建设的经验，对目前已独立的和正在进行斗争的殖民地各国人民具有重大的意义。这些经验，给予资本主义的辩护士和一些冒充"社会主义"的叛徒们以无情的打击。这些经验，足以使社会主义阵营以外的各国人民认识到他们应该选择哪一条道路。

5. 新体系建立的意义

这样的体系，既阐明了世界历史的一致性和多样性，也指出了历史上新的、前进的东西和旧的、没落的东西，鲜明地揭示出人类社会发展的一般规律和各国人民历史发展的具体道路，从而大大地发挥了世界历史的战斗作用，从根本上打破资产阶级欧洲中心论的世界史体系，保证了世界史高度的科学性和革命性的统一。

当然，一门科学体系的建立，牵涉到许多具体问题。在短促的时间里写出这些意见，一定极不完备，特别在分期问题上还需要有更周密的考虑。如何完成这样一个史学上重要而又复杂的任务，还有待于学习世界史的同志们，共同研究和讨论了。

（原载《光明日报》1961 年 4 月 9 日至 10 日）

二、"中国学"之世界的兴趣

1. 西方诸国对中国学的兴趣

我们中国最初被西方人称为"丝国"（古希腊语 Serice），因为有这样一种古代希腊罗马人所渴望的东西——丝（Ser，Sericum），我们便远远地被他们古地理学者写在记录上了。叫我们做"丝国民"（Seres）[①]。

"丝国"这个名词虽然在不久由海路交通的关系被"支那"（Thin，Thinai，Cina，Chine）一词所代替了，但中国与丝绸的问题，经过了中世纪，尚为西方

---

① 公元 150 年罗马大地理学家托勒密（C. Ptolemy 古希腊人）著《地理学》，述及马其顿商人遣使到 Seres（中国人）首都 Sera（洛阳）事，见《Geographia》1. 11。

人所注意，直到百余年前中国门户大开的时候。

因此我们想到：凡是一种知识，一种学问，很少是毫无理由地被人去发现、研究的。举个例子，17世纪末以来，印度学忽然兴起，于是由梵文研究发展到对印度古代文学、法律、宗教、哲学等方面的研究不断出现。这如果不是东印度公司经略东方，使英国逐渐走上统治印度的舞台，怎能使这些学问兴起？当时英国统治上所最直接感到必要的是印度古代的习惯和法律。这种古代的文化，早成了死文字的记录，由此促成梵文等学问的发达。更为了彻底研究印度的历史，不得不斥巨资作大规模的发掘调查，结果使近代学术增加了许多新的课题。如古代南亚的考古学，印度中亚的犍陀罗派美术，比较言语学上的印欧语系，人种学上的阿利安人原住地等问题，都展开了热烈的论究，而有今日灿烂的成绩。

与上述风气互为先后的，16世纪中叶葡萄牙商人到中国来租借澳门，独占了东南亚的贸易。随着葡政府通好明朝，当时葡萄牙管下的西方旅行家们及天主教传教士，联翩地乘商船到中国来。他们布教的手段，首先必须研究当地的语言文化。为应付教皇及政府的派遣，他们同时得将研究的报告以通信或著述的形式在里斯本等地发表。这些出版物对于中华帝国的宏大，都市的壮丽，国库的富足，文物制度的完备，建国的悠久，道德观念的发达，都热烈赞誉。虽然这些著作的内容还很贫乏，但无疑引起当时欧洲人的注意。葡萄牙在通商、传道、学术方面，将中国完全把持在掌中，她成为欧美列强羡慕之的，以后欧洲各国的教士、商人及兵舰纷纷来航，不是没有理由的。

我说了这些话，并不是一定要将欧洲人对东方的研究热一概归之于经济的动机。在其他方面，未必没有理由使西方人注意中国，即如康熙年间所谓仪礼问题（Question des Rites）的发生，正对了当时欧洲的政情，由教会领袖迫切对中国精神文化作基本的研究，转而为法国启蒙主义者利用它来当作反封建的理论武器，如孟德斯鸠、服尔德等利用它攻击教会及专制政治，终于影响到路易王朝的没落。那时中国的政治、社会、道德，开始有力地为欧洲知识阶层所注目。

然而这已是18世纪的事情了。这时关于中国的著述已被百科全书家充分地利用。这些著述，早已不是当初那样幼稚贫乏。在这以前，荷兰、英国、法国，都已闻风而至，整个西欧经济进入了资本主义的萌芽期。由于十字军的兴起，天文学的发达，以及重商主义政策的流行等等，东方事情的研究热烈。其中法国在17世纪后，由东印度公司或葡萄牙商人得到中国种种的物产和美术其皇室贵族赏玩，因而促进法国社会研究中国艺术的盛行。路易十四不但是个深谋远虑的君主，而且是对中国文明最热心研究的一个人。对于英、荷、葡在东方的活跃，他自然不甘拱手旁观。1660 年从罗马教廷最初派遣的三名法国人的代牧主教准备来东方时，三教士中的一人巴留便在法国政府的援助下，设立一个对华贸易机关，即所谓"中国东京、交趾支那及其近岛航海公司"。虽然这个计划完全因与葡、荷的利益冲突而失败，但路易十四的远东政策并未停止，乘明清交战兵燹之余，陆续派遣教士来华。当时法国宰相是重商主义者柯倍尔，一手布置着中国传教的计划，且打算将学士院编纂远东地志的任务托付给耶稣会士。因此以后选拔的会士洪若轮、张诚、李明、刘应、白进等，都是有名的天文学者和数学者。这样，英、法、葡、荷在远东各方面的竞争，自然要反映到西欧的整个社会。各国的知识阶层，一方面由于主观地随着本国向外发展的风气，他方面由于站在这种竞争中最前列的耶稣会士们，向本国所介绍的中国的精神及物质文明的消息日渐丰富而正确，因而对中国学问发生了执着的热意，在思想方面遂影响到以后的启蒙运动。

要之，十七八世纪西方对于中国，已不是如元朝威尼斯商人马可·波罗父子个人的偶然探访了。以后随着欧洲列强对东方利害关系的复杂化，对中国学问的探讨日趋广泛而周密，譬如中亚地方在 19 世纪以前，除了中国历史上几个君主扩张版图时以及汉唐时代若干高僧的旅行外，谁也不去注意它。一到 19 世纪中叶，这个地方成为列强争夺的焦点。英人和俄人日渐进入此地，结果恰如维苏威火山喷火发现了庞贝市似的，埋没在流沙中的中亚古代都市，也都发现出来。这个惊人的中亚文化的探究，不过开始于前世纪的末叶，光绪十六年（1890）英国印度政府的包威上尉，在新疆库车附近，发见了写在桦皮上的梵文佛经，骤然引起学者的注意。于是英俄等国争先恐后地由私人的搜集，进而组织学术探险队，深入中亚。这些人中，如俄国的克雷门兹，英国政府派遣的匈牙利人斯坦因，法国的伯希和，德国的勒可克，瑞典的斯文赫定等，都遍历新疆全省乃至甘肃等地调查发掘。以上各国学者发现及研究的结果，不但中国文化及一般历史获得不少新的见解和证佐，在语言、宗教、美术、人种学等方面，也有一个划时代的收获。尤其在地理、交通上，由于斯坦因等多次在帕米尔高原东西踏勘，古代交通乃至东西文化交流史迹，也透露出曙光。欧战发生后，英俄提携，从来俄方不让英方知道的地方，也能充分调查。因之斯坦因的探检范围，又扩大了不少。仔细寻求这些学问的发生及其进步，无一不值得人们玩味。

　　罗曼诺夫王朝时代的俄国，不但汲汲于南下政策，并且时时窥伺着东方。因之对远东——特别是"满""蒙"的民族、历史、言语、地理、经济等的调查，颇为热心。这些研究，对于近代"东方学"贡献之大，自不待言。1917 年后，苏联的文化界发生了根本的变革，学术上的一切活动，其目的和方法，一反从来的传统而走上新的途径。作为学术上一环的"东方学"，自然也显示这种趋向。对于中国，毅然舍弃了帝俄时代狭隘的汉学，展开了对中国社会整个生产过程的研究（详见下述）。同时，对其周围民族的注意，并不稍懈。他们在全然与从前不同的目标下，也从事探讨亚细亚的人种、历史、民俗、言语、文学等问题。如现在东洋语研究所的卜贝（H. H. Poppe），不久以前尚发表他的《通古斯语研究资料》《哈尔哈蒙古之国民文学作品》（1932）等著作。至于中国本部语言的研究，则早已有了具体的积极的见解。在海参崴国立远东大学的东方研究所等学术机关，对于近代中国语文改革运动的指导和合作是一般人所周知的。此外，苏联近年来对于古代中亚的研究，也有极多的贡献。举例说，1934 年东方学研究所出版的《粟特专集》，无疑是引起最近东西方学界惊异的一部著述。就中波利亚可夫《1933 年塔什克斯坦发见的中国古文书》一篇，发表了古粟特（今撒马尔罕）地方废址中所获得的中国文书由上有唐代神龙元年（705）的年号，知为唐代则天武后时的文书。这种文书在撒马尔罕地方的发现，同时可予纸的西传问题以一种年代上的新佐证。在史料上不能不认为很有价值。

　　我们上边谈过十七八世纪西欧人对中国学术的兴趣，这种兴趣继续到近百年来，不但未曾衰落，并且有蒸蒸日上之势。现在且引一段法国学者马斯伯罗（H. Maspero）的话：

　　　　欧洲的汉学者，从来感受中国学者的威胁，几乎不敢有所论议而接受他们的学说。但半世纪来，欧洲人也开始批评、反对中国学者了。从中国人见解的束缚中最初脱出来的是沙畹（Ed. Chavannes），他运用了西洋语言学的方法；略同其时，康拉第（A. Conrady）离开中国人传统的（尤其关于古代的）几种见解而用自己的方法；劳佛（Berhold Laufer）则建立了真正科学的中国考古学。现在欧洲人的方法，反有影响中国人的汉学之势，并且这种情况很快扩大，欧美方面的研究和远东学者的研究渐渐脱节了。

　　（Historieet Historiens depuis cinquante ans, PP.517）

　　诚然，欧美人从来对于中国学问的努力——尤其几位一生致力汉学的，如沙畹等人，站在客观的学术立场上，对中国文化作批判的研究，凡是这样的学者，人们都对他们表示敬意。事实上西洋人的研究中国文化，特别是文学的了解上，不免要遭遇许多困难。然而他们对于每个问题，考察之细密，态度之严肃，尤其以进步的方法应付种种混沌复杂的文献，是值得我们取法的。近年来日本汉学的进步，无疑是接受欧洲学者方法的结果。譬如中国传统的考古学（金石学），只注重铭文的解释，西洋人则不全信赖器物上的文字，而致意于形体的考察及出土层位的决定。中日近代学者兼采两者之长，各有进展。

欧洲人近百年来对汉学的努力，也不是偶然的。正如远东问题被列强注意一样，汉学因种种关系也有其进步的必然性，战前越南河内的法国远东学院，本来是法国研究其东方殖民地的机构。因为越南在历史地理文化上，与中国有不可分的关系，以致远东学院除东南亚的研究外，反以汉学著名于国际间。我们即就法国的几位汉学者（特别是河内远东学院的关系者）来说，马斯伯乐在近代欧洲的东方学界中，是一个有地位的人。他曾努力研究过中国古代的帝王如何征服及统治越南的过程，著述了《象郡》（Le commenderiede Siang）、《马援将军的东京（交趾）远征》（L'expedition de MaYuan）、《唐代的安南都督府》（Le protectorat general de Annamsous Les T'ang）等文。此外如伯希和虽以敦煌学一跃为世人所注意，但在法国派他去新疆以前，却是由东南亚的研究得名的。又如以写《大秦全录》（China and the Roman orient，1885）及译注《诸蕃志》（Chu Ju—Kna, His work on the Chinese and Arab trade in the Twelfth and Thirteenth centries，1911）两书著名的夏德（Friedrich Hirth，1845—1927），是清末中国海关的德籍税务司（后任哥伦比亚大学汉学首任教授）。他关于中国著述的大部分，几乎都是根据他在海关时代的职业经验写的。

由此我们不难想见，对于中国的研究，至少大部分不全是为了对中国"怀着好感"或单纯为"求知"出发的。举一个近年的趣事来说：1932年山西省来了一位法国的美术商人华涅（L.Wanniech），在大同浑源县的李峪村，发现了一批特色的古铜器，买来带到巴黎。事先为吸引顾客，别出心裁，将这些古董定名为"秦铜器"，大肆宣传。果然引起学者间的注意，认为这种铜器应属于殷周与汉代间的中间形式，因之这种铜器的问题，竟喧腾一时，欧美的考古学者都来参观，替它做考证（见 Lizac, L'art Chinise Classique 1929, A'Paris）。这件事到现在还纠缠不清，有定为秦楚式的，斯德哥尔摩方面则名之曰淮河式；传到日本，东京方面认作周末汉初式，京都学派则名之为战国秦式，但法国的古董商人却大收渔利了。

2. 日本对中国学的兴趣

资本主义社会里，一件学问的被提起，不过是这样一种把戏，谁料人们对一切学问的发达，都可以从这类事实来找出其线索。以下不妨一瞥日本的中国学：

在日本，汉学在其社会的意义是和西洋根本不同的。当日本开始加入国际关系的古代，汉学（支那学）就随着大陆文明的输入，深入浸润到社会中，在政治、文化上都占了支配的地位。隋唐时代的中国文化，乃以压倒的势力奠定了日本汉学的基础。从大化改新起，到奈良朝达到最高点的王朝政权的昂扬，大体上可以说是由儒学思想所先导的。后来由于隋唐政治经济的崩坏，对日影响力渐弱，平安时代，仅在朝廷贵族的文化圈内留点痕迹。镰仓以后，再开始为一般人注意。到德川幕府确立，为维持封建制、巩固身份制的忠义观念，将汉学普及于武士阶级间。这种政策的结果，使汉学成为武士阶级文化的基调。不论对文艺或政治经济的批判，武士阶级都以汉学的思维形态来考察。他们的著作，如水户藩主德川光国的《大日本史》、山鹿素行的《中朝事实》、赖山阳的《日本外史》等，也是用汉文编撰的。当时一切学问，都以儒学为宗主，朱子学成为这个时代的官学。因之汉学兴趣，风靡一时，文学方面如荻生徂徕，仿明儒李攀龙、王世贞等，开古文辞学派之渐。书法则有北岛雪山，学元明的书体，创"唐样"的笔法，与"和样"对立。明末的遗臣朱舜水亡命到日本时，德川光国聘为宾师，其余藩使藩士，多去请业。舜水尊王斥霸、大义名分的思想，目的虽在维持封建制度，然到了幕末，成为封建制积极破坏力的下层武士、浪人群的政治理论都从这种汉学思想中脱胎出来，与明治维新的口号——尊王攘夷——不谋而合。当时除汉学外，还有代表地主商人的国学和新兴资本家的洋学，在混乱期的社会里，形成三派的对立。其后洋学的势力日渐抬头，知识日益普及。洋学和自然科学关系不可分，也就意味着近代唯物论的抬头，因而促成封建学问的崩溃（国学是和神道结托的）。这时汉学以进步的一面与西学结合，经过征韩论、甲午战争等役，日本对清朝的注意迫切，学术界也用另一种目标和方法开始对中国作批判的研究。换言之，与洋学知识结合了的汉学，也和其他的学术一样，显著地涂上当时经济、政治的色彩了。从以儒学思想为中心的汉学，发展为中国学的近代的研究过程中，一方固然显示了汉学日渐丧失狭隘的阶级性，同时又说明新兴的日本资本主义，已开始加入列强在远东的竞争。譬如日本开始统治台湾时，便不得不由日本行政法学奠基人织田万（京都帝大教授：海牙国际法庭审判官）来中国研究大清帝国的行政制度。吞并朝鲜前后，学者们尽力于言语学、民族学的"日鲜同祖论"的杜撰，同时又注意于中韩之历史、文化的关系。八国联军侵华后，不久即酿成日俄战争，于是日本的势力伸入东三省，满蒙民族及清代史的研究更勃然兴起。光绪三十一年以来，清史学家内藤虎次郎等先后到奉天调查故宫崇谟阁的清初档案，对于清朝兴起史的问题及清初满洲与朝鲜的关系史等颇多"发明"。在经略东三省时期，除满铁的东亚调查局等（日本政府、军部的特殊研究不在此限）对东三省等全中国的社会政治经济所作基本的研究以及一部分学者如稻叶君山、箭内亘、松井等人专研满蒙问题外，还有几个军国主义学者如矢野仁一等，在强调日本在满蒙有特殊权益论之外，更殚精竭虑找出东三省非中国领土论的谬说。这时为迎合统治阶级的要求，明治初年以来还是由汉学者们搞着的中国史，又新包括了朝鲜、印度，得到了"东洋史"的名称。这东洋史以中国为中心，展开它广泛的视野，以实现其东洋政策。以后日本的支那学者（汉学者）、东洋史学者所热烈感兴趣的，多是东亚各民族与中国的关系——特别是北方诸族对汉民族的关系，他们对汉民族的统治方式，以及北方诸少数民族如何对所谓同化力量最强的汉文明等策略问题。

"九一八"以来，支那学者们的研究（至少它最积极的部分）是移向中国东北方面来了。从来是朝鲜史权威的池内宏，开始染指到满洲史的领域。满洲史的主要课题，完全集中于中国的宗主权及古代日满交涉的方面。前者如矢野仁一首先替"满洲"的国号"正名"，不久即出版他的《满洲国历史》。矢野虽早从京都大学退休，但他在学问上依然努力，对满洲史乃至中国近代史的研究，永远抱着"迎头赶上去"的精神，连最近日本学者们也指摘他的"理论"过于欠缺学者的价值了（参见去年出版的历史学研究《满洲史研究特辑》诸论文）。至于古代日满交涉的问题，去年又听到东京的考古学界发掘渤海国文化的消息，发见了太宰府（古代日本统辖九州内政外交军事的地方机关，当地与中国通交最早）的钱币。这是日本学术界为之异常欢欣的。要之，现在日本任何的学术，没有胜过汉学之富于现实性的了。1933 年 5 月，日本各主要大学教授组织了第一次满蒙学术调查团。几年来各地的学术团体及个人相继往东三省作种种调查，虽然不久后的今日，华北开发的工作又开始，满蒙调查局的机构，早已扩充而进行了华北经济的调查。这种工作自然反映到日本国内，如最近的中国问题研究者田中忠夫的《华北经济概论》及其他应时的华北关系著作纷纷出现。值得注意的是：中国的国号也开始从学者的口里提到日本帝国议会里来讨论了。东京帝大名誉教授、现任贵族院议员三上参次博士，在本月七日的贵族议院会议发言："中华民国一词，由语源上观之，殊属不妥，以此种名词，用之于外交文书上，将使日支关系恶化，应停止之。希首相及外相确答。"（见 8 日《大阪每日新闻》）三上是日本国史学的权威，他的发言不过是企图复活幕府时代汉学者"华夷中外论"中，山鹿素行一派的皇国史观。这种思想在目前日本的政局下，无疑是迎合潮流的了。

3. 中国学研究的两种不同意义

中国学在今日国际间是如此富于现实性，这是使世界学者的兴趣集中到中国来的有力理由。我们由此可以得出下列几点见解。

（1）"中国学"是整个世界学问的一环，在国际关系日益密切的现代中国学问被各国所关心，本不足怪。虽然鸦片战争以后的中国，无可讳言是走向殖民地化的过程，当我们一部分人还以为人家是抱了满腔的好感在"崇拜""提倡"中国文化的时候，不妨更注意一下，各资本主义国家对其殖民地政策的研究，与对中国文化的研究有些什么区别？

（2）近代外国人研究中国文化乃至其他一切的过程中，表示了国际间两种意义全然不同的对华关心的倾向：一种是适应 17 世纪以来西洋的东方政策，及晚近东洋的大陆政策而发生滋长的；另外一种则是继承帝国主义国家汉学的研究，从事探索中国社会经济的发展法则和帝国主义的侵华策略的。

这两种意义的学者们的任务、目的，全然相异，因之所具的世界观及方法论，自然也不一致。

（3）关于外国学者研究中国学问，谁具好感，谁怀恶意的问题，似乎常为中外学者所议论，见解不同，但他们研究上所必须有的史观，和他们所用的方法，则毫不隐饰地把他们的真心告白给了世人。

（原载 1936 年 6 月 21 日天津《益世报》）

第二章　丝绸之路与古代中西交通考

一、古代中国与希腊文化接触之研究①

古希腊和中国往昔各代表东西两个古典世界。希腊文化虽受近东古文化的影响，但它是西洋文化的渊源。印度历史古于中国，而文化偏于宗教，态度消极、出世，其佛教哲理不少融于中国的传统文化之中。言东方文化，欲兼精神与物质二者，舍中国文化莫属。

文化的发展，在彼此的交流和影响，初非孤立发展。这种观念随近代人类学和考古学研究的发达，已为一般学界所公认。司密斯（Elliot Smith）所谓文化接触说 （Theory of Culture-Contact）即足证之。司密斯学说在文化史上属于单元论，这不在本题讨论之列；至少有史以后，希腊文化和中国文化就表现为两种性质各异的文化，二者各成为西洋文化与东洋文化的中心，渐次波及于其边缘诸地，这是文化史上显著的现象。而相距极远之两文化中心彼此间果有交涉与影响否？则一直没有定论。本文想就既知的材料，研究二者间的关系，以明彼此影响的程度。

1. 东西方文化之交流

文化常伴随于人种，此为人类学上一大原则。史前时代，在某一地点，具有同一体格和文化的人类，因迁移各地，受环境影响，其体质与文化往往随之变异。十八世纪末，随比较语言学的研究而发生的雅利安族（Aryans）起源问题，即在这一学说下展开其论争。虽诸说纷纭，而希腊人属于印欧（Indo-European）语系民族之点则无异议。但近代在我国新疆发见之三种死语中，古代通行于龟兹（今库车）、焉耆一带之吐火罗语（Tokharien），语言学者竟认为

---

① 本文原发表于 1944 年《人地时》（四川大学期刊）创刊号。收录本书为上篇，其下篇及全文注释均载于第 2 期，现已遗失，谨致歉意。

属于西方印欧语系，与希腊、拉丁等语同一系统（如吐火罗语呼"火"为 For，希腊语为 Pur，吐火罗语呼"他人"为 Alyek，希腊语为 Allosk），而不属于东方印欧语系。由吐鲁番等地发见之佛画中所绘的吐火罗人，其颜面特征亦属于欧洲型，而非突厥种。有认此种人为西方印欧语系民族西迁后残存于原住地中亚，而渐流入新疆者。足见古代中国和希腊，虽在相隔极远之环境，已有此种共同之点存在；两者间之交通与文化之牵涉自亦不难想象。

据希罗多德（Herodotus）之《历史》（Historia），公元前七世纪时，希腊人已知由 Pontus 之海湾（今黑海东北顿河河口附近，古希腊人多殖民于此）北上，越乌拉尔山，至天山北之商路。同书引当时希腊诗人阿黎斯悌德（Aristides）之作，述及衣赛顿（Issedone）及阿利麦斯比（Arimaspis）等民族，学者间认为前者约系居于新疆天山南路之藏族，后者当指蒙古东北地方之住民。由此可知中国方面之知识远古之时已多少传于希腊。

希腊与中国，地理上隔绝悬殊，当时两者间已有直接交通，实难置信；然则中国之知识最初何由而传？固历史上颇饶兴趣之问题。盖东西交通险阻，汉唐犹然，遑论先秦，因之研究两者文化上的关系，首当考虑者二事：一，如此困难之情形下，彼此究缘何种理由发生交涉？二，假令彼此不易直接有交涉，则其间之邻接民族在文明传播上起何作用？

古代交通，除人种之移动，多以战争和商业为基础。公元前六世纪末，波斯阿开美尼王朝（Achaemenidae）勃兴，其在大流士（Darius）四出征讨，兵威所及，建立东自印度粟特（Sogdiana），西达欧洲之一大帝国。其东境与中国相接，西方素朴之学艺思想当可经伊朗而东渐。战国时代，秦称霸于西方，声名远播，中国知识应有传入波斯、印度者。波斯与希腊诸市方多冲突，其地有关中国之知识，亦或流传于希腊。唯岁月悠远，文献难征，故未可确说耳。

大流士之统一波斯，对东西方文化之交流，无疑有其影响。公元前四世纪末，亚历山大王之远征亚洲，在此方面意义尤为重大。大王幼从亚里斯多德学，博通古典，为希腊之文化与英雄思想所浸染，军旅之间，有多数学者随行。征服东方后，遂欲一举实现希腊文明于世界帝国，其通婚、用人、施政诸端俱为史家所乐言。此外，大王与其后继者于势力所达之处，辄成立殖民地都市，移本国人以实之，以为希腊文明之根据。据普卢他克（Plutarchus）估计，地名亚历山大里亚（Alexanderia）之都市不下 70 处。大王于公元前 329 年入大夏（Bactria，今阿富汗），越伪水（R. Oxus），于三年中完成大夏、粟特一带之经略。其地以葱岭为界，东与中国相接，而建于该方面之亚历山大里亚即达八至十二市。希腊文明传至中亚后，曾波及葱岭以东否？虽难究明，然《史记·大宛传》中"黎轩"一名，经伯希和（P. Pelliot）考定，即亚历山大王所建埃及亚历山大里亚城。《汉书·地理志》张掖郡有"骊靬县"，白鸟库吉认其地居民当为入华经商而归化中土之亚历山大里亚人。《大宛传》又载武帝时安息国王"献黎轩善眩人"，伯希和谓为亚历山大城之魔术家，颇著名。凡此希腊城市之人民，其来中国虽在西汉之世，而以前彼此间有某种程度之交涉，当在情理之中。

此种东西初期之交通实不能全以战争为基因，西人之知中国最初似即由一种商业关系。希腊人古称中国曰"赛里格"（Serike），此云"丝国"。盖丝为中国之特产，为古代输出于希腊、罗马之重要商品。由中国、中亚而至希腊东境、叙利亚之古代商道素有"丝路"之称。公元前五至四世纪时，希腊史家喀泰夏（Ktesias）之书已记载中国事而以"赛里士"（Seres）称中国人。然此抄本，初甚可疑，语多不经。次为小亚细亚地理学者斯脱拉波（Strabo，公元前 63—公元 25）之《地理学》（Geographica）亦述及"赛里士"之事，谓系据亚历山大王幕僚窝内昔克力笃斯（Onesicritus，？—公元前 328）之记录。此为秦始皇以前之事，希腊人对中国之知识尚颇模糊，至罗马时代始渐明了。纪元二世纪地理学者拖雷美（Ptolemy）言"赛里士"事特详，其《地图制作法指南》（Geographice Hyphgesis）中引希腊最后之地理学者马利诺斯（Marinus of Tyre）之记录，称希腊商人曾至赛里士国之都城赛拉（Sera Metropolis）。此赛拉，据李希荷芬（Richthofen）之考证，以为当指长安。予则以景教碑叙利亚文译洛阳为 Saragh，与 Sera 仅一音之转，后汉都洛阳，则 Sera 当指洛阳也。按马利诺斯为公元一世纪人，其时后汉方通西域，与欧洲有商业关系，中国丝绸在叙利亚、埃及、希腊及罗马诸市场上极为销行。马利诺斯居叙利亚之泰尔（Tyre），常遇远东归来的商人，因而熟知东方诸国的消息。此事虽在汉代，但亦足证古来中国与希腊的交通，商业乃其重要媒介。以上仅就西方文献约略推测中希关系之迹；中国与西方正式的交通，不得不以公元前二世纪张骞之行为端绪。武帝遣使目的，本在消灭匈奴，骞之使命未达，然汉与西域诸国间得以渐生交涉，且获悉彼此间物产之需要。如大宛、康居产名马，希罗多德的记录中即已著录。武帝求善马至兴征宛之师。自后因欲西方之珍奇，增派使节，广开道路。当时"西北外国使更来更去"，此种使节无疑多为商贩。中国之丝绸本西方诸国所缺。《大宛传》谓自大宛以西至安息……其地皆无丝漆。然丝织物流入希腊为时甚早，已如前述；据亚历山大幕僚尼亚科斯（Nearchus）之记录，亦称希腊之丝绸（Serica）与铁同由中国输入。《大宛传》至谓汉使"非出币帛不得食"，盖他们"皆贫人之子，私县官赍物，欲贱市以私其利外国"者。中国由军事动机而与西方结成此种活泼的商业关系，已足为后此两者文化交流奠定其基础。

综上所述，中西文明之交流，虽史迹飘渺，而彼此间曾有种种往还为显著之事实。古代此种交通，纵在极困难之情形下，仍因军事与商业等动机而实行。然此种交通，究予双方文化以何种影响，则不幸因史料缺乏，中国对希腊者，除丝织品一事，几无足言。即此一物，亦鲜有直接之关系。据《后汉书·大秦传》："王常欲通使于汉，而安息欲以汉缯采与之交市，故遮隔不得自达。大秦为罗马东徼，亦希腊文明之渊薮。"由此足见中国与大秦间之丝织品贸易，实为中间民族伊朗（安息）人所垄断，大秦王欲通中国，亦不可得。盖地理上之阻隔，使远离之两民族间关系无由密接。凡商业与文化之交涉，势不得不以邻族为居间；此在西方文物之东渐尤然。欲研究中国文明所蒙希腊之影响，不探求其中间民族——伊朗、印度诸文化之因素，则不能得其真像也。

2. 史迹的探求

印度、伊朗古为文明之邦，然史迹鲜存；即见于希腊古史之传说与既发现之碑文，亦仅能上溯公元前六世纪以后。近日比较语言学发达，所谓 Satem（即 Indo-Iranian）语系之梵语与神德语（Zend）被目为印欧语之最古形式。由此印度、伊朗两西方古人种文化之联系骤见密切。1923 年以来，安特生（J. G. Anderson）以其在仰韶、沙锅屯等甘、青诸地发现新石器时代的彩陶文化，与中亚之安诺（Anau）、伊朗印度间之赛斯坦（Seistan）、南俄之屈里坡利（Tripoliye）、伊朗之苏萨（Susa）、两河流域乃至东欧之库库泰尼（Kukuteni）、北部希腊等处发见之彩陶相比，认为彼此间有共同之特征，企图证明其中国人种文化之西源论。由是中国与印度、伊朗乃至西方文明之关系似亦有脉络可寻。此种人种文化之单元论，近来虽已渐趋动摇，而史前时代印度、伊朗地方在沟通东西两大文化之地位，固不容忽视。

就伊朗地方情形而言，此地自雅利安人定居后，史迹飘渺，较早见于希罗多德之纪录者，无宁为其北方之民族。方公元前七世纪时，南俄顿河（Don R.）与第聂伯河（Deniepez R.）间草原即有一种游牧民斯克泰人（Scythae）逐去其地原住之星米里人（Cimmrians），其后与同族之塞种（Saka）共寇波斯之北部。大流士王曾于公元前 512 年亲征之，兵威及于伏尔加（Volga）河。据希腊古史传说，此种蛮族本属于伊朗系统；时希腊人亦正殖民于黑海北岸，遂与彼辈发生复杂之关系。公元前二世纪时，此草原复为操伊朗语之撒马提人（Sarmatians）

所据，希腊人统称之曰斯克泰人。其人常饬希腊和亚述工人，强使作蛮族样式之工艺。希腊工人虽投其所好，然仍表现强烈之本国色彩，已异于斯克泰固有之工艺，迈尔（Myres）称之为希腊斯克泰（Graeco—Scythian）式。罗斯托夫采甫（Nostovtzeff）则径称之为斯克泰式。今日此地发现之青铜器及黄金制品，其特征乃一种动物样式，如熊、马、驯鹿、鸟等表现为争斗或交错之纹样，用以装饰军器、旗竿头、马具及镜鉴等。随斯克泰人与邻族之争战，其势一时波及于外蒙北部。此种文化遂渐传播于阿尔泰、西伯利亚诸族间，因又称为斯克泰·西伯利亚艺术。约在公元前三世纪时，经蒙古而传入中国。时值战国末叶，商周古铜器所施纹样，已失之单调而陷于形式化之倾向。至此因北族之侵入，传来胡服骑射与一般器物，艺术风格亦随之一变。其显著之例，为中国发见之带钩装饰、马具透雕装饰等均带有伊朗斯克泰之动物样式。其他青铜器纹样亦渐繁多而无常制，器体所附之动物，多较以前者为写实，姿态跃如，气韵生动。徐中舒先生对此类"狩猎图象之铜器"（即所谓战斗式铜器），曾发表其精博之研究，认为其中浮雕、镶嵌、兽之飞跃、倦息、与羽人飞兽、操蛇、践舵等图象，均具有强烈的外来色彩。余如印鉴、带钩、剑、镜诸物亦由外来。至于此种外来影响之成分，他则认为"既可由希腊输入斯克泰，亦可由希腊输入印度、波斯，或由海道以输入燕齐之海上"，且提出仰韶文化与中国文化、斯克泰文化相互间影响之问题，实富于启发。按斯克泰文化之时代，一般认为至少自公元前数世纪至公元后一世纪。此地在新石器时代为上述屈里坡里文化发达之处，与我国仰韶文化为同一系统。安特生曾谓仰韶文化与斯克泰文化为近，而与中国固有之殷商文化异趣。其最晚之年代，约当公元前六世纪至一世纪间。据此则仰韶之彩陶文化应与斯克泰青铜文化相衔接，而为直接予以影响者。然中国方面所受斯克泰文化影响之特征，在青铜器之形制纹样，由以前之长期停滞于形式化者，突然解放，呈清新活泼之观。仰韶彩陶虽时代绵亘甚久，而形制简朴，用途亦未分化，泰半作炊器、食器、汲器之用，与战国铜器之精巧复杂、器类繁多者殊少关联之处。反之，战国式铜器之新意匠与近年内外蒙发见之匈奴遗物（即绥远青铜器文化）相比较，则在斧头、短剑、刀身、带钩及装饰车马之金器等均可见及显著之北方要素乃至西方斯克泰之影响，形式与纹样实属于同一系统。证之近年此类古铜器群之出土地，如山西李峪村、河南新郑、绥远归化城、洛阳韩君墓及寿县楚王墓等，其地多在中国北方，西部则极少出现。盖塞种文化大抵随战争以俱来，故多车马装饰及装身具等。秦汉以前，中国与西方尚少交涉，与印度多为和平的贸易关系，东方海上交通亦未发达，独北方诸族，最为活动，故西方文化得于此时经北方流入。海外学者，以此类铜器在形式上介于周汉之间，因称之为"秦式"。林氏壶（今藏柏林博物院），为此式之最早特优者。壶为中山人之作，中山燕赵诸国与外蒙接触，则此种外来影响亦当为中山人所介绍。随斯克泰艺术之东渐，中国艺术亦有西传者。如 1912 年俄国柯兹洛夫（Kozlov）在外蒙色楞格河（R. Seleuge）上游古坟中发见之刺绣，其模样确有斯克泰式与希腊之要素，且含有中国之要素。又有漆杯，其纹样与朝鲜乐浪发现者无异，并有前汉建平五年（公元前 2 年）之年号。此种汉文明果传至欧洲否虽不可考，然斯克泰文化之广布，已足证东西文明之交流，曾经过中间地带种种之混淆与变化；及传至对方，几与其本来面目迥异。明乎此，则周末以来中国文物激剧之锐变，其与希腊文明之因缘可以思过半矣。

（原载 1943 年四川大学出版的《人地时》月刊）

二、佛教海上传入中国之研究

1. 引论

佛教于何时何地传入中国，已难稽考，一般认为后汉明帝永平十年（67）为佛教初传的年代，而且是经由西域诸国从陆路传入的。例如，日本佛教史学者冢本善隆说："东西交通的开始，使佛教经由中亚传入中国成为可能。……追求利润的西方商人和随着佛教热而勃兴的佛教文化沿着已开辟的丝绸之路，从一二世纪开始渐次地不断流入甘肃、陕西、河南。"[1]白鸟库吉说："佛教究竟何时何地传入中国？后汉明帝永平十年建立白马寺或稍前楚王英信仰佛教，即后汉初佛教传入中国无疑。……其传入的道路只有一条，即见于《汉书》的所谓'罽宾乌弋山离道'。"[2]汤用彤说："佛教东渐首由西域之大月支、康居、安息诸国。其交通多由陆路，似无可疑。"[3]不过也有学者认为佛教不是经由中亚从陆上传来，而是由南海从海上传来的，例如，镰田茂雄说："从来认为佛教通过中亚、西域传入中国是最古的经路，若孔望山的石刻像（详见后述）确实是佛教像，而且是后汉的东西，则佛教早就经由南海传播到东海沿岸地方，南海

---

① 冢本善隆：《中国佛教通史》，第 1 卷，春秋社，1979 年，第 54-59 页。
② 白鸟库吉：《西域史研究》，上册，岩波书店，1981 年，第 497 页。
③ 汤用彤：《汉魏两晋南北朝佛教史》，上海书店，1991 年，第 84 页。

航路相当早就发达了，佛教也是通过这条路传到中国东海岸的。"①

季羡林最早提出了佛教直接从印度传来的见解，但从海上还是陆上传入未加肯定，他说："中国同佛教最初发生关系，我们虽然不能确定究竟在什么时候，而且据我看法，还是直接的；换句话说，就是没有经过西域小国的媒介，先从海道来的，也可能从陆路来的。"②吴焯与季羡林的见解一致，认为佛教传入西域的时间较内地为晚，即佛教先入内地，然后传入西域。他在《佛教东传与中国佛教艺术》中说："从可以依为信史的文献材料及考古材料来看，都不能说明西域传入佛教较内地为早，相反，有些材料，特别近年来的考古发掘及使用科学方法测得的年代数据，证明西域的佛教较内地为晚。"③但吴焯认为："印度佛教由海路传入中国，最早亦当在桓帝末世，此时中原地区已流行佛教，并有译经的胡僧，则海路迟于陆路，固不待言。"④方立天也认为海路迟于陆路，他在《中国佛教与传统文化》中说："印度佛教传入中国内地的路线有两条，一条是陆路，另一条是海路。……印度来华的僧人……走海路的较少，可能是海路开辟比陆路晚一些的缘故。"⑤

与上述相反，我们认为佛教由海路传入中国比陆路早，至迟在后汉初年即汉光武帝之子楚王英信佛之前就由海路传入江淮（其理由后述）。过去我们一直被佛教西域传入的成说所束缚，一谈到佛教传入，总以为是遵循陆路从西域传入，事实上佛教由陆路从西域传来的可信史料相当晚，沙畹（E. Chavanncs）在《中国之旅行家》中说："四世纪之末年，佛教自犍驮罗传播于东土耳其斯坦，经唐古特人（指351年建都长安的前秦——引者）之媒介，传播于中国北部，又东渐至高丽。"⑥若按这种说法，佛教传入中国的时间未免太迟，因为后汉桓、灵两帝以来始有佛教传入的可信记载是事实，正如道安所说，佛教"延及此土，当汉之末世，晋之盛德也。"⑦ 故佛教从西域传来不早于后汉末年，至晋代方始兴盛起来。历来关于佛教初传中国的传说，都是由于佛教与道教对抗，互竞兴教的先后，便将佛教东传的年代愈推愈远，所有引据都是出于虚构臆测，不足信。

---

① 镰田茂雄：《中国佛教史》，第2卷，东京大学出版会，1982年，第76页。

② 季羡林：《浮屠与佛》，《中印文化关系史论丛》，人民出版社，1957年，第9页。

③ 吴焯：《佛教东传与中国佛教艺术》，浙江人民出版社，1991年，第162页。

④ 吴焯：《佛教东传与中国佛教艺术》，浙江人民出版社，1991年，第162页。

⑤ 方立天：《中国佛教与传统文化》，上海人民出版社，1985年，第45页。

⑥ 沙畹：《中国之旅行家》，冯承钧译：《西域南海史地考证译丛八编》，中华书局，1958年。

⑦ 僧祐：《出三藏记集》，录下卷5。

梁启超佛教史造诣很深，他在《佛教之初输入》中说："向来史家为汉明求法（后述——引者）所束缚，总以佛教先盛于北，谓自康僧会入吴，乃为江南有佛教之始。其北方输入所取途，则西域陆路也。以汉代与月氏、罽宾交通之迹考之，吾固不敢谓此方面之灌输绝无影响。但举要言之，则佛教之来，非由陆路而由海，其最初根据地，不在京洛而在江淮。"[①] 然而一千多年来史家沿袭成说，佛教从西域传入已成定论，要扭转这种成说实在不易。梁启超的海上始入说一提出，便遭到汤用彤的否定："梁任公谓汉代佛法传入，光由海道，似不可信也。……（楚王）英之信佛，非即可证明自海道移植……其所推论，按之事实，失之远矣！"[②]

要想改变成说固然不容易，但只要以真实的史料为依据，排除异说，恢复历史真面目，都应予赞同。我们认为，交通路线的开辟与文化传播之间的关系密不可分，文化是借人通过交通而从甲地传到乙地的，佛教也不例外。事实上汉代与印度海上交通早于陆上交通，《汉书·地理志》明明记载着印度南部的黄支国，自武帝以来皆献见（详见后述）。

印度使者来华，佛教会不会随之传入，这当然是个问题。不过古代外国人来中国朝贡者，其本身往往就是商人。汉武帝以来中印贸易已开是可以肯定的，而佛教与商人早就结下姻缘。根据佛经记载，释迦牟尼刚成佛，从菩提树下站起来，首先向他奉献食物的是两个商人。可以说哪里有印度或中亚的商人，哪里就有佛教。佛教藉着商人传到国外，如后汉末年的安息商人安玄和东晋时的印度商人、居士竺难提（Nandi）都是著名的译经家。"他们（指商人——引者）与佛教的关系是密切的，他们互相依赖，互相支援。"[③] 所以中印海上贸易，也就是说中国南方经济的发展必然促进佛教向中国传播，同时佛教传入南方也必然导致南方文化的发达。我们认为政治经济与文化之间的关系不可分割，政治经济的往来一定会带来文化上的交流。

2. 丝绸之路与佛教东渐

陆上丝绸之路

公元前 206 年汉朝成立，中国统一。不到百年，国家取得显著发展，四方疆域扩展，尤其西部边境形势大为改观。过去由北方诸民族隔绝的东土耳其斯

---

① 梁启超：《佛教之初输入》，《饮冰室专集》，第 52 卷，中华书局，第 7 页。
② 汤用彤：《汉魏两晋南北朝佛教史》，第 84—86 页。
③ 季羡林：《商人与佛教》，《季羡林学术论著自选集》，北京师范大学出版社，1991 年，第 423 页。

坦完全归于汉朝经营之下，茫茫沙漠地带也随着汉朝在军事政治上的胜利而成为商人和使者的通道。正如《汉书·西域传》所说：这个地带（后称西域）"南北有大山，中央有河，东西六千余里，南北千余里。东则接汉塞以玉门、阳关，西则限以葱岭。"[1]但后来《汉书》又破例，把天山以北的伊犁河流域和葱岭以西的锡尔（Syr）河、阿姆（Amu）河流域一带的国家也记入《西域传》。当时世界的交通网，以包括阿富汗、苏联中亚地区、中国新疆的中亚为轴心，向东西伸展，形成一大国际市场。在这个国际市场上，中国的丝绸是最大宗的贸易品，深受西方各国的欢迎。当时罗马的贵族已作为丝绸的消费者而闻名。

然而罗马贵族所穿的丝绸全为安息（波斯）人所垄断。安息商人为获厚利，到印度西北部的罽宾国，越葱岭到中国。罽宾国在张骞通西域时还不被所知，至汉武帝末年方始出现。罽宾与中国的交通一直持续到王莽时代。[2]这条道路的路程是：

罽宾（Kashmir，今克什米尔）→陀历（Darel，今巴基斯坦的奇特拉尔 Chitral 之南）→悬度山（从塔什库尔干南下至喀布尔河流域的交通要地）→难兜（Gilgit，今克什米尔西北的吉尔吉持）→竭叉（Tashkurghan，今新疆塔什库尔干县）→莎车（Yarkand，今新疆莎车县）→皮山（Guma，今新疆皮山县）→于阗（Khotan，今和田）→且末（Cherchen，今且末县）→楼兰（Lopnor，罗布淖尔）→敦煌→肃州→甘州→长安。[3]

这条道路也叫"罽宾·乌弋山离（相当于阿富汗东南部）道"，不仅汉代，后世也被利用，入竺求法的诸高僧，大多遵循这条道路。

从汉朝方面来看，汉初虽然是执行重农抑商的政策，但到武帝时经济发展，国力强盛，工商业也发达起来。特别丝织业繁荣，必须外销。但中国西部，匈奴势力强大，不仅阻拦道路，还经常扰乱边境，成为汉朝大患。因此武帝于公元前 139 年派张骞出使西域，打算与大月氏联合抗击匈奴。尽管张骞出使西域没有取得军事上的效果，但打开了东西交通的大门，意义重大。其后武帝从公元前 129 年起，三次派兵讨伐凶奴，结果把匈奴追逐到漠北。从公元前 115 年开始先后在陇西地方设置河西、酒泉、张掖、敦煌四郡，为统辖西域内属的 36 国（前 6—5 年分裂为 55 国），设置使者、校尉（宣帝时改为都护）。这样便保证了商路畅通，武帝多年渴望的西域贸易繁荣起来。《史记·大宛传》记载："汉

---

① 《汉书》，第 96 卷上，《西域传》。
② 白鸟库吉：《西域史研究》，上册，岩波书店，1981 年，第 501 页。
③ 白鸟库吉：《西域史研究》，上册，岩波书店，1981 年，第 502 页。

始筑城于令居以西，初置酒泉郡以通西北国。因益发使抵安息、奄蔡、黎轩、条枝、身毒国……使者相望于道。"①

关于当时东西交通，《汉书·西域传》记载有两大干线："从玉门、阳关出西域有两道，从鄯善傍南山，北波河（师古注：循河也）西行，至莎车，为南道；西逾葱岭则出大月氏、安息。自车师前王庭随北山、波河西行，至疏勒，为北道；北道西逾葱岭则出大宛、康居、奄蔡。"②

上文说明，从汉朝赴西域有两条道路，即从敦煌出玉门、阳关，在盐泽（罗布泊）之北分为南北两道。南道经鄯善，至莎车，越葱岭，到大月氏及安息。这南道是赴印度的干线，其中还有一条捷径，即不经莎车，而在莎车东南的皮山折向西南。《后汉书·西域传》德若国条说："自皮山西南经乌秅，涉悬度，历罽宾，行六十余日，行至乌弋山离国……复西南马行百余日，至条支（叙利亚）。"③从乌弋山离国至条支的道路由后汉时派往大秦国的甘英勘踏了。这条赴印度的捷径就是前述的"罽宾·乌弋山离道"。著名的玄奘就是遵循南道回国的，法显、昙无竭（法勇）、宋云、惠生等西行求法僧也是由南道赴印度的，还有六世纪中叶致力于译经事业的阇那崛多（Jnagupta）也是遵循南道从犍驮罗来到中国的。

北道是从楼兰北上至伊吾（哈密 Hami），由此西行到高昌（吐鲁番 Turfan），经天山山脉南麓，至龟兹（Kucha），最后到达疏勒（喀什噶尔 Kashgar）。从疏勒西越葱岭，到大宛（Farghana，苏联中亚的费尔干纳地方），若向西南行，可达罽宾。这条北道是通过天山山脉南麓的，所以也叫天山南路。鸠摩罗什（Kumarajiva）往来中印时都是遵循北道。达摩芨多（Dharmagupta）也是从北道来到中国的，玄奘曾于中途通过北道，由此道越过天山山脉而到所谓天山北路。

此外，还有从北道的焉耆（Karashahr）南下塔克拉玛干沙漠而至于阗的道路。法显通过这条道路。除上述高僧外，后汉时高僧支娄迦忏（Lokakasin），三国时的康僧铠（Samghavarman）、昙柯迦罗（Dharmakara）和昙谛（Dharmasatya）等，都是遵循南北两道相继来到洛阳译经的。上述赴印陆路的交通要地是于阗、龟兹和葱岭以西的犍驮罗三个地方，即所谓罽宾三国，是赴印求法必经之地。

如上所述，从中国经西域到中亚，甚至到印度或地中海的陆路，自汉武帝

①《史记》，第123卷，《大宛列传》，中华书局，第3170页。

②《汉书》，第96卷上，《西域传》，中华书局，第3871页。

③《后汉书》，第88卷，《西域传》，中华书局，第2916页。

经营西域以来成为东西交通要道，贸易旅游频繁。因为这条路上所运输的主要贸易品是丝绸，德国李希多芬（F、Von Richithofen，1833—1905）就把它称作"丝绸之路"（Seidenstrassen）

海上丝绸之路

中国的丝绸不仅受罗马贵族的欢迎，而且一般市民也普遍着用。因此罗马帝国从中国进口的商品中，大约 90％是丝绸。[1]罗马人把中国人称为赛里斯（seres），把中国称为赛里卡（serica），这些都由来于古希腊丝绸（ser）一语。由于罗马帝国需要大量进口丝绸，当然对安息（波斯）商人垄断丝绸贸易大为不满，打算另辟道路直接从中国进口丝绸。同时罗马人对中国南方产的珍珠、珊瑚、琥珀、象牙、犀角、玳瑁、药品、香料等的兴趣不亚于中国丝绸，但中世纪后这些产品的贸易却被东方人垄断。

公元前 29 年罗马初代皇帝奥古斯都（Octavianus，前 63—14）被元老院和民会授予西班牙、加利亚（欧洲西部凯尔特族居住的地方）、叙利亚和埃及的十年军队指挥权，开始了罗马帝政时代。奥古斯都继承了凯撒（Caesar）的事业，控制了面临埃及亚历山大港的叙利亚，使东西方直接贸易成为可能。现在罗马人必须逾越两大障碍——叙利亚方面的安息人和红海方面的阿拉伯人。

《后汉书·西域传》记载："大秦国……与安息、天竺交市于海中，利有十倍。其人质直，市无二价。其王常欲通使于汉，而安息欲以汉缯采与之交市，故遮阂不得自达。"[2]当时与安息人和解的时机尚不成熟，但为了避开阿拉伯人，罗马人却找到了一种切实可行的解决办法。这就是冒险越过曼德海峡（Mandeb）[3]，利用六月末至九月的东南季节风，穿过印度洋，直接同印度商港做生意。20 世纪以来，印度及巴基斯坦全境发现 68 枚罗马金币，其中 57 枚在印度南部发现。金币大多数是奥古斯都和提比留斯（Tiberius，14—37）时代的。[4]由此可见，一世纪初罗马商人已来到了印度，连结地中海和印度洋的，经由红海的海路活跃。

《后汉书·西域传》记载："至桓帝延熹九年（166），大秦王安敦（Marcus Aurelius Antoninus，161—180）遣使自日南徼外献象牙、犀角、玳瑁，始乃通

---

① 护雅夫：《汉与罗马》，《东西文明之交流》，第 1 卷，平凡社，1970 年，第 380 页。

②《后汉书》，第 88 卷，《西域传》大秦国条，中华书局，第 2919 页。

③ 阿拉伯与非洲之间红海南端的海峡。

④ 护雅夫前揭书，第 319 页。

焉。"①这是罗马帝国第一次与中国往来。据研究，这次航行是 163 年罗马（大秦）皇帝安敦打败安息后，遣使者由波斯湾乘船经由印度洋直抵中国交趾，因为使者所献的象牙、犀角、玳瑁都是安南产，并非从罗马带来。可见他们是安南登陆，就地采购土产的。②

从汉朝方面来看，武帝时国势强盛，府库充实，太仓粮满，宗室、公卿大夫之间崇尚奢华。昭帝、宣帝时奢侈之风渗透到一般士大夫之间，尤其宣帝时代一般士大夫、商人中间流行远方产的奢侈品，象牙、犀角、真珠、琥珀、玳瑁等制品成为中上阶层的生活用品。这些东西都产自南海。后汉时代，南海的物产不仅洛阳，全国普遍需要，这点从各地汉墓出土文物即可以证明。桓宽在其《盐铁论》里批评了当时上下爱好珍异物品的风气："美玉珊瑚出于昆山；珠玑、犀、象出于桂林，此距汉万有余里计……夫上好珍怪则淫服下流，贵远方之物则货财外充。是以王者，不珍无用以节其民，不爱奇货以富其国。"③

一方面因西域为匈奴阻隔，丝绸不能外运；另一方面需要得到南海的珍异物产，汉武帝于是采取张骞的建议，打通从云南经缅甸到印度，再通往安息、大秦的另一条陆路，但没有成功。《史记·西南夷列传》记载："及元狩元年（前122），博望侯张骞使大夏（今阿富汗，古代的巴克特里亚 Bactria 王国——引者）来，言居大夏时见蜀布、邛竹杖，便问所从来。曰：'从东南身毒国，可数千里，得蜀贾人市。'或闻邛西可二千里有身毒国。骞因盛言大夏在汉西南，慕中国，患匈奴隔其道，诚通蜀，身毒国道便近，有利无害。于是天子乃令王然于、柏始昌、吕越人等，间出西南夷，指求身毒国。至滇，滇王尝羌乃留，为求道四十余辈，皆闭昆明，莫能通身毒国。"④

为此，汉武帝于元鼎六年（前 111）设置南海、郁林、苍梧、交趾、合浦、九真、日南七郡，隶属交州（包括今广东、广西及越南北部），积极向南扩展势力。前汉时代，中印海道已开通，其路线在《汉书·地理志》中有详细记载："自日南障塞、徐闻、合浦，船行可五月，有都元国。又船行可四月，有邑卢没国。又船行可二十余日，有谌离国，步行可十余日，有夫甘都卢国。自夫甘都卢国，船行可二月余，有黄支国，民俗略与珠崖相类，其州广大户口多，多异物，自武帝（前 140—87）以来皆献见。有译长属黄门，与应募者俱入海，市

①《后汉书》，第 88 卷，《西域传》大秦国条，中华书局，第 2920 页。
② 朱杰勤：《华丝传入欧洲考》，《中西文化交通史译粹》，中华书局，1939 年，第 296 页。
③ 桓宽：《盐铁论》，《文渊阁四库全书》，第 695 册，第 696-697 页。
④《史记》，第 116 卷，《西南夷列传》，中华书局，第 2995-2996 页。

明珠、璧流离、奇石、异物赍黄金杂缯而往，所至国皆禀食为耦（师古注：禀，给也；耦，媲也；给其食而侣媲之）。蛮夷贾船，转送致之，亦利交易剽杀人。又若逢风波溺死，不者数年来还，大珠至围二寸以下。平帝元始（1—5）中，王莽辅政，欲耀威德，厚遗黄支王，令遣使献生犀牛。自黄支船行可八月，到皮宗。船行可二月，到日南、象林界云。黄支之南有已程不国，汉之译使，自此还矣。"①

据研究，都元国位于马来半岛，邑卢没国位于缅甸沿岸勃固（Pegu）附近；谌离国是伊洛瓦底江边的海港；夫甘都卢国在缅甸之蒲甘（Pugan）；黄支国即南印度的古国拔罗婆（Pallava）朝的首都建志补罗，今 Conjeveram；皮宗是马来半岛的 Pisang；已程不国即锡兰，今斯里兰卡。②

这个记载表明了以下几点：（1）始航地是雷州半岛，乘的是中国船，至远海由蛮夷商船转送。（2）航海者是黄门译长，携带黄金丝绸，购回珍宝，这是官商。（3）其路线是：广东→印度支那半岛→马六甲海峡→马来半岛→印度南部→斯里兰卡。（4）自汉武帝以来，印度南部的黄支国遣使朝贡，可见中印建交相当早。

过去一般认为中印间的海道开通比陆道迟得多，《汉书·地理志》的这个史料不仅予以否定，而且可以肯定地说，海道的开通比陆道要早。这里我们排比一下时间便很清楚了：张骞出使西域是建元二年（前 139），回国是元朔三年（前126）。卫青、霍去病大败匈奴是元狩元年（前 122），元狩二年（前 121）设置河西郡，元鼎六年（前 111）设置酒泉郡，元封年间（前 110—前 105）设置张掖郡，天汉年间（前 100—前 97）设置敦煌郡，汉朝直接统治西域是公元前 100年以后。冯承钧说："南海道之开辟或更在西域道之先。"③梁启超说："两汉时中印交通皆在海上，其与南方佛教之关系，盖可思也。"④

后汉以来，中国与南海交通频繁，正史记载的有以下数次：（1）"逮王莽辅政，元始二年（公元 2）日南之南黄支国来献犀牛。"⑤（2）"永宁元年（120）掸国王雍由调复遣使诣阙朝贺。"⑥（3）"永建六年（131）日南徼外叶调王便

① 《汉书》，卷 28 下，《地理志》粤地条，中华书局，第 1671 页。
② 冯承钧：《中国南洋交通史》，上海书店，1984 年，第 2 页。
③ 冯承钧：《中国南洋交通史》，第 8 页。
④ 梁启超：《佛教之初输入》，《饮冰室专集》，第 52 卷，中华书局，第 7 页。
⑤ 《后汉书》，第 86 卷，《南蛮西南夷列传》，中华书局，第 2837 页。
⑥ 《后汉书》，第 86 卷，《南蛮西南夷列传》，中华书局，第 2851 页。

遣使贡献，帝赐调便金紫绶。"①（4）"天竺国一名身毒……和帝（89—105）时数遣使贡献，后西域反畔乃绝，桓帝延熹二年（159）、四年（160）频频从日南徼外来献。"②（5）前述桓帝延熹九年（166）罗马皇帝马克·奥理略遣使贡献。

以上掸国即上缅甸，叶调即爪哇，身毒即印度，黄支即印度南部的建志补罗。掸国或许从陆上来，其他三国及罗马则肯定是从海上来的。

杜佑在《通典》中对历代南海交通作了个总结："元鼎中（前116—前111）遣伏波将军路博德开百越，置日南郡，其徼外诸国，自武帝以来皆献见。后汉桓帝时，大秦、天竺皆由此道遣使贡献。及吴孙权，遣宣化从事朱应、中郎康泰奉使诸国，其所经及传闻，则有百数十国，因立记传。晋代通中国者盖鲜。及宋、齐，至者有十余国。自梁武、隋炀，诸国使至，逾于前代。大唐贞观以后，声教远被，自古未通者，重译而至，又多于梁、隋焉。"③

东西海上交通既开，使者、商人接踵而至，西方文化也随之传来，佛教率先从这条海上丝绸之路的东段传到中国。尤其三国、东晋以后，遵循海道来中国弘法的高僧络绎不断。至唐代，弘法求法高僧往来于海上，形成高潮。

3. 佛教陆上初输入说

关于佛教传入中国的传说很多，特别一些年代过早的传说，大多出于佛教徒自重家世，荒诞者多，可信者少。不过其中有的传说听来颇合情理，有的还被列入正史，近二千年来既成事实。然而近代以来，经前辈学者用科学方法考证以后，一些假的东西便暴露出来，恢复了历史真面目。这里根据前人的研究成果，叙述一下有关佛教陆上始入说所据的史料，找出其虚伪性，从而论证佛教海上初输入说的真实性。

1. 释利防传教说。法琳的《破邪论》记载："如释道安、朱士行等经录目云，始皇之时，有外国沙门释利防等一十八贤者，赍持佛经来化始皇。始皇弗从，遂囚禁防等。夜有金刚丈六人来，破狱出之。始皇惊怖，稽首谢焉。"④

法琳在《破邪论》中所述的释利防传教说，南北朝以前无人谈过，其所据的典籍是《道安录》和《朱士行汉录》，但隋费长房的《历代三宝记》卷15《未

①《后汉书》，第86卷，《南蛮西南夷列传》，中华书局，第2837页。
②《后汉书》，第88卷，《西域传》天竺国条，中华书局，第2922页。
③ 杜佑：《通典》，第188卷，《边防》，浙江古籍出版社，1988年，第1007页。
④ 道宣：《广弘明集》，第11卷，《文渊阁四库全书》，第1048册，第385页。

见二十四录》中列举了《道安录》，可见《道安录》在隋代就已经不存在了，唐代法琳时当然更不存在。《朱士行汉录》也被费长房列入《未见二十四录》之中，可见在隋代也已逸失，法琳根本无法看到，何况朱士行作经目录这件事本身就不能相信。因此释利防传教说的典据不能信为史实，这篇《破邪论》是佛道争论时为批驳破佛论者傅奕的文章而写，法琳是在捏造。[①]

梁启超说，秦始皇（前 243—前 217）与阿育王（Asoka，前 268—前 232）差不多是同时代，"阿育王派宣教 256 人于各地……当时中印海路已开，阿育王所遣高僧至中国未必不可能，但与当时被坑之儒同一命运，对思想影响不大。"[②]

前 268 年阿育王即位，统一中印度，建立孔雀王朝，佛教中兴，在华氏城举行"第三次结集"，派宣教士 256 人到国内外传教，这些都是事实。据《善见律毗婆沙》卷三，传教区域是罽宾及犍陀罗吒（印度北部的迦湿弥罗及阿富汗南部），摩醯婆慢陀罗（南印度奇士拿河一带），婆那婆私、阿波兰多迦、摩诃勒吒（以上难确指地点，大概是印度边疆），臾那世界（希腊人领土即阿富汗及中亚），雪山边国（尼波罗即廓尔喀，今尼泊尔），金地国（缅甸或马来半岛），师子国（锡兰即今斯里兰卡）。[③]

也就是东达缅甸及马来半岛，南渡海入锡兰，西逾波斯至地中海东岸，北抵雪山之尼泊尔，西北出阿富汗至中亚，东北因被匈奴阻隔，不可能到中国来。

2. 休屠王金人说。《魏书·释老志》记载："案汉武元狩中（前 122—前 117），遣霍去病讨匈奴，至皋兰，过居延，斩首大获。昆邪王杀休屠王，将其众五万来降。获其金人，帝以为大神，列于甘泉宫。金人率长丈余，不祭祀，但烧香礼拜而已。此则佛道流通之渐也。"[④]

《魏书·释老志》的作者魏收，把汉武帝从霍去病那里得到的休屠王的金人看作佛像，认为这是中国佛教流传的开始。这个记载矛盾百出，而且显然是错误的。第一，获得金人的正确时间是元狩二年（前 121）春三月，不是昆邪王杀休屠王而投降汉朝时得到的。第二，这个金人是祭天的金人，根本不是什么佛像。关于这两点，《史记·匈奴传》是这样记载的："其明年（元狩二）春，汉使骠骑将军去病将万骑出陇西，过焉支山千余里，击匈奴，得胡首虏万八千

---

① 镰田茂雄：《中国佛教史》，第 1 卷，东京大学出版会，第 95 页。
② 梁启超：《佛教之初输入》，《饮冰室专集》，第 52 卷，中华书局，第 7 页。
③ 梁启超：《佛教之初输入》，《饮冰室专集》，第 52 卷，中华书局，第 7 页。
④ 《魏书》，第 114 卷，《释老志》，中华书局，第 3025 页。

余级，破得休屠王祭天金人。"①

最早将这个金人解释为祭天之神的是《汉书·金日磾传》："武帝元狩中，骠骑将军霍去病将兵击匈奴右地，多斩首，虏获休屠王祭天金人。"②其后《史记》110卷的"集解"和"索隐"都将金人当作祭天之天神。

按匈奴的风俗习惯，每年三次（即正月、五月、九月的吉日）在龙城举行祭祀天神的活动。《后汉书·南匈奴列传》记载："匈奴俗，岁有三龙祠，常以正月、五月、九月戊日祭天神。"③《史记·匈奴列传》也记载："岁正月，诸长小会单于庭，祠。五月大会龙城，祭其先、天地、鬼神。"④

从以上两书的记载来看，休屠王的金人当然是天神，决不是佛像。再从印度佛教史来看，公元前印度佛教界尚未塑造佛像，只以法轮、菩提树和狮子座、莲华座等来象征和尊敬佛，或者以佛遗物（钵等），特别收藏佛骨的覆钵形的塔来表现对佛怀念尊敬之情。⑤所以霍去病获得金人的时候即公元前121年以前印度还没有制作过佛像，一直到后来犍驮罗美术时期，即二世纪大月氏贵霜王朝迦腻色迦统治时代，以印度西北部说一切有部派为中心的小乘佛教才制作佛像。白鸟库吉说："根据最近印度本地考古学研究的结果判明，至少公元前后，即距今二千年前后才开始制作佛像。"⑥因此，汉武帝的时候决不会有佛像传到西域，而且匈奴不信佛教。羽溪了谛断定它为印度的神像。⑦

3. 张骞闻教说。《魏书·释老志》记载："及开西域，遣张骞使大夏。还，传其旁有身毒国，一名天竺，始闻有浮屠之教。"⑧

查阅《史记》和《汉书》，两书都未曾记述张骞谈到过佛教，只有《后汉书·西域传》关于身毒国记述如下："天竺一名身毒，在月氏之东南数千里。俗与月氏同，而卑湿暑热。其国临大水，乘象而战。其人弱于月氏，修浮图道，不杀伐，遂以成俗。"⑨《后汉书》的这个记载只谈到天竺流行佛教，没有提到张骞知道佛教。《后汉书·西域传》又说："至于佛道神化，兴自西域，而两汉方志莫有

---

①《史记》，第110卷，《匈奴列传》，中华书局，第2908页。

②《汉书》，第68卷，《霍光、金日磾传》，中华书局，第2959页。

③《后汉书》，第89卷，《南匈奴列传》，中华书局，第2944页。

④《史记》，第110卷，《匈奴列传》，中华书局，第2892页。

⑤冢本善隆：《中国佛教通史》，第1卷，春秋社，1979年，第14页。

⑥白鸟库吉：《西域史研究》，上册，岩波书店，1981年，第491页。

⑦羽溪了谛：《关于休屠王的金人》，《史林》第3编第4号，1918年。

⑧《魏书》，第114卷，《释老志》，中华书局，第3025页。

⑨《后汉书》，第88卷，《西域传》，中华书局，第2921页。

称矣。张骞但著地多暑湿，乘象而战。"①由此可知，《魏书·释老志》中的"始闻有浮屠之教"这句话不是张骞所说，乃是作者魏收根据《后汉书·西域传》所记载的"修浮图道"而增添的。②后来唐人道宣在《广弘明集》中对魏收谈到身毒国有佛教的一段文章再次窜改。这样，《广弘明集》所引《释老志》的这一段文章便变成如此了："及开西域，遣张骞使大夏。还云：身毒、天竺国有浮屠之教。"③这里张骞作为使节去大夏，回来说天竺国有佛教，显然这表明魏收及道宣窜改史实，或者是后世佛教徒为使佛教传入中国的年代尽量提早才伪造这样的记事。

4. 伊存口授经说。鱼豢的《魏略·西戎传》(《三国志·魏书·乌丸鲜卑东夷传》裴松之的注所引) 记载："昔汉哀帝元寿元年（前 2）博士弟子景卢受大月氏王使伊存口授浮屠经，曰复立者，其人也。"④

关于博士弟子景卢（或秦景宪、秦景等）接受大月氏使者伊存口授佛经的这个记载，除上述《魏略·西戎传》以外，还有《世说新语·文学篇》注、《魏书·释老志》《隋书·经籍志》、法琳《辩证论》第五、《太平御览·四夷部》《史记·大宛传·正义》《通典》卷 193、《通志》卷 196 等。一般认为这是佛教最初传入的最早记录。汤用彤说："最初佛教传入中国之记载，其可无疑者，即为大月氏王使伊存授《浮屠经》事。"⑤冢本善隆说："我认为，大月氏的使者口授佛经之事没有否认的理由。"⑥常盘大定也认为，这个记载是佛教初传最早的可信记事。⑦

我们认为，中国佛教始自前汉末年的推测大致无误，但它是由海路传来的，不是从大月氏由陆路传入的，因为公元前后大月氏还没有信仰佛教。

关于大月氏，《后汉书·西域传》如此记载："初，月氏为匈奴所灭，遂迁于大夏，分其国为休密、双靡、贵霜、肸顿、都密，凡五部翎侯。后百余岁，贵霜翎侯丘就却灭四翎侯，自立为王，国号贵霜，侵安息，取高附地。又灭濮达、罽宾，悉有其国。丘就却年八十余死，子阎膏珍代，复灭天竺，置将一人领之。月氏自此之后，最为富盛，诸国称之皆曰贵霜王。汉本其故号，言大月

---

① 《后汉书》，第 88 卷，《西域传·论》，中华书局，第 2931 页。

② 镰田茂雄：《中国佛教史》，第 1 卷，东京大学出版会，第 103 页。

③ 道宣：《广弘明集》，第 2 卷，《文渊阁四库全书》，第 1048 册，第 243 页。

④ 《三国志》，第 30 卷，《魏书·乌丸鲜卑东夷传》，中华书局，第 859 页。

⑤ 汤用彤：《汉魏两晋南北朝佛教史》，第 493 页。

⑥ 冢本善隆前揭书，第 67 页。

⑦ 常盘大定：《支那佛教之研究》，第 1 卷，春秋社，1943 年，第 21 页。

氏云。"①

张骞于元光六年（前 129）到大月氏时，大月氏还是五部翎侯统治时代，那时还没有信佛。张骞在大月氏一年多时间，若大月氏有佛教流传，他不会不记。至百余年后的一世纪初（25—40）丘就却（Kujula Kadphises）统一大月氏，建立贵霜帝国。他所铸造的货币上有佛像，但他的继承者阎膏珍（Vima Kadphises）的货币上却没有佛像，只有湿婆像，可见阎膏珍不信佛。近年来在阿富汗靠近前苏联的西伯尔罕地区发掘了一处贵霜早期墓葬（约前一世纪至公元二世纪），出土了大量附葬品，但没有一件是纯粹的佛教艺术品，却有不少希腊神像。这些神像如带翅膀的阿芙罗底德的额上有类似佛像眉间白毫的标记。这种错乱甲乙的做法，说明佛教在这个地区远远还未明朗化和取得统治地位，因此很难想象这个时期的大月氏会把正经的佛教传给葱岭以东的西域诸国甚至中国。②大月氏真正信佛是在贵霜帝国第三代国王迦腻色迦（Kanishka，一世纪末或 120—160）统治时代。

如上所述，公元前二年的时候，中国不可能从大月氏的使者接受佛教。

5. 汉明帝感梦求法说。据说后汉明帝（58—75）梦见金人，派遣使者到西域去求法，这是向来被大家公认的佛教传入中国之始。关于这个传说，前辈学者作过种种考证，一般认为是伪造，这里不能一一详述，仅简单记述一下镰田茂雄的研究。③

记述这个传说的文献很多，有《后汉纪》《后汉书》《四十二章经·序》《牟子理惑论》《吴书》（《集古今佛道论衡》卷中所引）、《化胡经》（《广弘明集》卷九所引）、《水经注》《洛阳伽蓝记》《冥祥记》《梁高僧传》《汉法内传》《出三藏记集》《魏书·释老志》等魏晋南北朝时代的文献以及唐代的《佛祖统纪》。其中《后汉纪》和《后汉书》的记载，可以认为是明帝感梦求法说的原始资料，其他都是后代添加和修饰过的。袁宏的《后汉纪》如此记载："初帝梦见金人，长大，顶有日月光，以问群臣。或曰：'西方有神，其名曰佛，其形长大，陛下所梦得，无是乎？'于是遣使天竺，问其道术，遂于中国而图其形象焉。"④

范晔《后汉书》的记载是："世传明帝梦见金人，长大，顶有光明，以问群

---

① 《后汉书》，第 86 卷，《西域传》，中华书局，第 2921 页。

② 参见吴焯：《佛教东传与中国佛教艺术》，浙江人民出版社，1991 年，第 165 页。

③ 镰田茂雄：《中国佛教史》，第 1 卷，第 1 章第 3 节，东京大学出版会。

④ 马思伯乐：《汉明帝感梦遣使求经事考证》，冯承钧译：《西域南海地考证译丛四编》，商务印书馆，1934 年。

臣。或曰：'西方有神，名曰佛，其形长丈六尺而黄金色。'帝于是遣使天竺问佛道法，遂于中国图画形像焉。"①

若将以上两个记载加以比较，则《后汉纪》的记述形式最朴素。《后汉书》是根据《后汉纪》的，略加润色，但《后汉书》一开头就说明这个记载是根据广泛流传的"世传"，可见范晔（398—445）时代就认为是传说了。

其后，故事越来越详，《牟子理惑论》《四十二章经·序》等记下了使者张骞、羽林郎中秦景、博士弟子王遵等的名字，以及增添了在大月氏国抄写《四十二章经》的记事。此外，《水经注》《老子化胡经》《洛阳伽蓝记》等所记载的，都是汉明帝感梦求法说进一步发展时增添的。再至后代，南齐人王琰的《冥祥记》首次出现迦叶摩腾传说的资料，后由《梁高僧传》完成了迦叶摩腾和竺法兰一起登场翻译《四十二章经》等的资料。《梁高僧传》及《洛阳伽蓝记》《汉法内传》《魏书·释老志》等又增加了白马驮经建立白马寺的故事，完成了汉明帝感梦求法说的整个记事，即佛法僧同时传入，故《汉法内传》说，此为汉地三宝（佛法僧）之初。这是汉明帝感梦求法说后世大行于佛教界的原因。

总的来讲，这个记载矛盾错误百出。例如，第一印度求法的使者张骞是一百多年前的人物，当道教方面指摘或佛教徒中也有人觉得提出张骞作为使者不合乎史实时，便以蔡愔代替张骞。第二，傅毅是章帝（76年—83）时被录用为兰台令史，明帝下问傅毅这件事在年代上很勉强。第三，关于迦叶摩腾和竺法兰两人的来华，《四十二章经》《牟子理惑论》《后汉纪》等都没有提到，是《梁高僧传》作为传说而添加的，连最早出现迦叶摩腾的《冥祥记》也没有提到过竺法兰。至于迦叶摩腾，《冥祥记》说他带来佛画像，《出三藏记集》中他却变成了竺摩腾，并且翻译了《四十二章经》，在《梁高僧传》中又成了摄摩腾。第四，做梦与遣使的年代各书不一致，记述混乱。《化胡经》为永平七年（64）梦，十八年（75）还；《汉法内传》为永平三年（60）梦；《历代三宝记》为永平七年梦，十年（67）还；《佛祖统纪》为永平七年（64）梦，十年（67）还；《佛祖历代通载》为永平四年（61）梦，七年（64）还。第五，派遣使者的人数，或十二人或十四人、十八人，各书都有出入。第六，白马驮经东来的故事也是虚构，系出自佛传，悉达太子逾城出家时所骑的是白马犍陟。这个故事恰好与老子骑青牛西去的故事相对应。第七，汉武帝时代开通的中国与西域的交通，到王莽时断绝了，一直到永平十六年（73）平定西域才恢复。关于这个事实，

---

① 《后汉书》，第88卷，《西域传》，中华书局，第2922页。

《后汉书·西域传》记得很清楚："王莽篡位，贬易侯王，由是西域怨叛，与中国遂绝，并复役属匈奴……永平中，北虏乃胁诸国共寇河西郡县，城门昼闭。十六年（73），明帝乃命将帅，北征匈奴，取伊吾卢地，置宜禾都尉以屯田，遂通西域，于阗诸国皆遣子入侍。西域自绝六十五载乃复通焉。"[①]由此可见，明帝感梦求法时中国与西域绝交，不可能到西域求法。仅此一条，便可以完全否定汉明帝感梦求法说。第八，永平八年（65）明帝赐楚王英的诏书（后述）中也明确楚王英信佛，明帝与楚王英是异母兄弟，明帝当太子时与楚王英很亲密，一定知道佛教，岂待做梦醒来问傅毅之后始知世上有佛教。一般说来，人在头脑中对某个事物预先有印象才能做梦的，汉明帝做梦是必假定有佛法之预先认识。所以因做梦而始知佛教这件事的本身便是虚妄的，不成立的。

根据以上所指出的八点，记述后汉明帝感梦求法说的文献都有矛盾和疑问甚至错误，正如过去各家所研究的那样，流传明帝感梦求法说的文献都不是历史事实，而是后代虚构的。

伪造的史料有碍学术研究，必须清除。梁启超说："汉明求法事全属虚构，其源盖起于晋后释道斗争。道家捏造谰言，欲证成佛之晚出，释家旋采彼说，展转附会……其先后涂附之迹历然可寻。治佛教史者，须先将此段伪掌故根本拔除，庶以察思想进展之路，不致歧谬也。"[②]

法国马思伯乐（H. Maspero）对汉明帝感梦遣使求经一事考证之后，下结论说："总而言之，佛教输入中国之传说，完全根据二世纪末之若干信教故事，虽然正史若《汉书》《魏书》《隋书》之采录，然不能掩盖其来源之薄弱也。"[③]

4. 佛教海上初输入说

法国伯希和（P. Pelliot）在《牟子考》中曾说："纪元 65 年时，业已证明扬子江下流已有桑门佛徒，而 2 世纪末年，除洛阳之安息一派外，江苏省中佛法甚盛，并由是传播及于山东；此事不能证明其亦来自中亚及月氏也。当纪元 1 世纪时，云南及缅甸之通道，2 世纪时交州南海之通道亦得为佛法输入之所必经。"[④]显然伯希和所说的"扬子江下流已有桑门佛徒"是指后汉光武帝与许氏

① 《后汉书》，第 88 卷，《西域传》，中华书局，第 2909 页。
② 梁启超：《佛教之初输入》，《饮冰室全集》，第 52 卷，中华书局，第 2 页。
③ 马思伯乐：《汉明帝感梦遣使求经事考证》，冯承钧译：《西域南海史地考证译丛四编》，商务印书馆，1934 年，第 51 页。
④ 伯希和：《牟子考》，冯承钧译：《西域南海史地考证译丛五编》，中华书局，1956 年，第 161 页。

所生之子、明帝之异母弟楚王英的信佛。

根据《后汉书》卷42《光武十王列传》，建武十七年（41）英被封为楚王，二十八年（52）赴楚国就任。他"少时好游侠，交通宾客，晚节更喜黄老，学为浮屠斋戒祭祀"。永平八年（65）明帝下诏说，天下凡死罪者，缴纳缣（生绢）便能赎罪。当时楚王英或因在其封国内有某些行为不检点，便派遣郎中令奉献黄缣、白绢（熟绢）三十匹，向明帝谢罪。明帝被楚王英的忠心所感动，认为楚王英的这种高尚态度是基于佛教信仰，便下诏给楚王英，将赎罪的缣赐给伊蒲塞（upasaka，即居士）和桑门（Sramana，即沙门）。其诏书如下："楚王诵黄老之微言，尚浮屠之仁祠，洁斋三月，与神为誓，何嫌何疑，当有悔吝？其还赎，以助伊蒲塞、桑门之盛馔。"①

《后汉书》的这一节记载很重要，它是佛教传入中国最早而且最可靠的史料。由此我们可以明白以下几点：

第一，浮屠（Buddha）是被当作神仙，和黄帝（道教的仙家、始祖）老子（道教始祖）一起祭祀的，把浮屠当作儒学所主张的"仁"之神来理解。可见那时的佛教还是刚刚传来，必须依附中国固有的信仰，与当时流行的老庄思想合流。第二，当时佛教还不合法，还没有公开信仰，只限于某些上层人物。第三，在楚王英周围或者在彭城一带有外国僧侣（沙门）和在家信徒（居士）第四，明帝也传闻彭城地方有桑门和伊蒲塞（优婆塞），所以才下诏将赎罪的缣布施给他们。这也是后世把佛教始传中国的故事假托于明帝的原因之一。第五，当时在信徒中间已在进行一种合乎神意的类似斋戒的忏悔法。楚王英所进行的赎罪行为，大概也有迎合神的企图。

明帝下达前述的免罪诏书以后，佛教便合法化了。楚王英便"大交通方士，作金龟玉鹤，刻文学以为符瑞"。因此，永平十三年（70）楚王英被控告企图谋反，被左迁到丹阳郡（今安徽宣城）泾县。

楚王英到丹阳并非像押送犯人一样，而是在伎人、奴婢护送下，乘衣车（有蓬车）持刚弓，边狩猎边旅游而去，明帝还赐与五百户食封，处理相当宽大。但永平十四年（71）英还是在丹阳自杀。楚王英左迁到丹阳郡泾县或许有佛教徒和僧侣随从。要是属实，楚王英的放逐可以说揭开了佛教传到长江以南的序幕。同时以彭城（江苏徐州）为根据地的佛教还向南传至淮河流域，向北传至山东。

---

① 《后汉书》，第42卷，《光武十王列传·楚王英传》，中华书局，第1428页。

至后汉末年（二世纪末叶），江淮一带佛教大盛。灵帝中平六年（189）黄巾起义再次爆发，丹阳郡（楚王英左迁的地方）出身的笮融（？—195）聚集数百人投奔徐州牧陶谦，被任命为广陵、下邳、彭城三郡的运粮监督。笮融将利用其职权取得的钱财用于建造佛寺。《三国志·吴书》记载：

> 乃大起浮图寺。以铜为人，黄金涂身，衣以锦采。垂铜槃九重，下为重楼阁道，可容三千余人，悉课读佛经。……每浴佛，多设酒饭，布席于路，经数十里，民人来观及就食且万人，费以巨亿计。[1]

从《三国志》的这段记载来看，二世纪末叶佛教显著发展，出现了以多层塔为中心，四周围以走廊的真正寺院，以及镀金铜佛像、浴佛会和斋会的原形已经形成。

献帝初平三年（193）曹操攻打彭城，笮融率领男女万人奔赴广陵（扬州），后又迁移豫章（南昌），最后为扬州刺史刘繇所杀，佛教也因此传到扬州和江西。

一世纪中叶或更早一些，彭城一带的佛教从何而来？是从大月氏经由西域陆路还是经由海路直接从印度传来呢？抑或还有第三条路线？关于这个问题，梁启超曾下过结论（见本文引论），他认为佛教不是由陆路，而是由海路传入中国，其最初的根据地不在长安、洛阳，而在江淮。我们同意梁启超的见解，现将其理由归纳如下：

第一，如前所述，关于佛教初传的汉明帝感梦求法说业已否定，其根本的理由是当时与西域交通断绝，西域诸国连白天也紧闭城门，赴印度或西域求法的使者无法通过。而且第二条陆路即始自四川的滇缅路，汉武帝以武力开通归于失败（前述），虽然后来明帝永平十一年（69）建立永昌郡，开通滇缅路，但迟于楚王英信佛的年代。所以佛教最早不可能经由滇缅陆路入四川，再从四川传到江苏。另一方面，南海航路早在一百多年前的前汉武帝时代已经开通，使者往返频繁，如《汉书·地理志》所载，印度南部的黄支国自武帝以来皆献见（前述），又如《后汉书·南蛮西南夷传》所载，平帝元始二年（公元 2）黄支国来献活犀牛（前述）。因此，楚王英所信的佛教只有来自海上，别无他途。

第二，楚王英所信之佛教不是经由西域诸国，而且直接从印度传来的。根据季羡林的研究："'佛'这名词不是由梵文译来的，而是间接经过龟兹语的 Pūd 或 Pud（或焉耆语 pat）……比'佛'更古的'浮屠'却没有经过西域语言的媒

---

①《三国志》，第 49 卷，《吴书·刘繇、太史慈、士燮传》，中华书局，第 1184 页。

介，而是直接由印度方言译过来的。……中国同佛教最早发生关系，我们虽然不能确定究竟在什么时候，但一定很早，而且还是直接的。"[1]

我们再以中国最早的《四十二章经》来看，此经汤用彤肯定非出汉人伪造[2]，而且《牟子理惑论》也曾援用此经。《牟子理惑论》"确为二世纪末年之撰述"[3]，则《四十二章经》翻译的年代比《牟子理惑论》更早。同时桓帝延熹九年（166）襄楷上书中也引用过《四十二章经》，如上书中的"浮屠不三宿桑下"系引自《四十二章经》的"桑下一宿"一语；"革囊盛血"系引自"革囊众秽"一语。原来襄楷是山东人，当时佛教已由江苏传到山东，《四十二章经》有二个译本，第一个译本直接译自印度古代俗语，用的是"浮屠"，襄楷引用就是第一个译本。第两个译本是现存支谦的译本，系译自某种中亚语，"浮屠"一律译成"佛"。

我们可以肯定，中国最早的佛教即一世纪中叶楚王英所信的佛教是从印度直接传来的，因为那时使用的是"浮屠"。及至后汉末三国初，西域高僧和居士，如安世高、支娄迦忏、安玄、支曜、康巨、康孟祥等所译的经中都译成"佛"，这是反证。

《后汉书·西域传》中没有关于西域佛教的任何记载。我们知道，《西域传》的原始资料来自班勇的记载。班超于后汉明帝永平十六年（73）出使西域，和帝永元十四年（102）在西域都护任上告老回洛阳。班勇自幼随父长期在西域生活，后又于安帝延光二年（123）至顺帝永建二年（127）经略西域，对西域情况很熟悉，若西域流行佛道，他不会不记。可见 127 年以前西域诸国还没有信佛。

第三，任何一种外来宗教，初传入时必须与该接受国的固有信仰结合起来，否则站不住脚，更不用说扎根了。佛教也是如此，当初楚王英也好，百年后的桓、灵两帝也好，都是把佛教当作一种神仙方术，当作为获得长生不老而信仰的宗教来理解。桓帝（132—167）时襄楷上书说："闻宫中立黄老、浮屠之祠。此道清虚，贵尚无为，好生恶杀，省欲去奢。"[4]由此可见，不论襄楷的上书还是明帝的诏书（前述）都是黄老、浮屠并举，认为佛教是黄老之流裔或附庸。而秦汉以来江苏、山东一带黄老思想流行，方术大兴。老子是陈国苦县人，江淮是老子的故乡。著名的方士徐福是江苏人。当初佛教之所以能在彭城一带安

---

① 季羡林：《浮屠与佛》，《中印文化关系史论丛》，人民出版社，1957 年，第 20 页。

② 汤用彤前揭书，第 46 页。

③ 伯希和：《牟子考》，冯承钧译：《西域南海史地考证译丛五编》，中华书局，第 165 页。

④ 《后汉书》，第 30 卷下，《襄楷传》，中华书局，第 1082 页。

家落户，是与当地接受佛教的气候和土壤分不开的，同时江苏、山东是沿海地方，与佛教海上传来有关。

第四，佛教是像教，教义与图像并重，特别民间传播图像更为重要。"已知西域遗存的佛教文物的年代未超过公元二三世纪"。[①]显然这是因为大月氏信佛是在二世纪的迦腻色迦时代（前述），西域诸国则更晚，一世纪时西域诸国尚未信佛，当然没有佛教文物遗存下来。至于新疆以东的敦煌莫高窟迟至前秦建元二年（366）方始开凿，中原地区的云冈、龙门石窟则更晚，可见佛教始入中国不是遵循西域陆路。

与此相反，南方佛教文物近年来却发现不少，而且时间较早，现记述如下：

（1）河北石家庄北宋村二号汉墓出土的两尊铜像。[②]这两尊佛像是在中国发现的最古的佛像，从此墓的年代推测，制作于后汉至魏晋时代。

（2）山东中南部沂南的北寨村发现的画像石墓。[③]画像中有几幅图像受佛教影响，即头部有佛光等，其制作年代推定为后汉灵帝（168—189）末年至献帝（189—220）初年，即190年前后。

（3）连云港市孔望山摩崖石像。[④]石像中有的被认为是佛像，即头上有高肉髻，右手呈施无畏印的形状，两手放在胸前的结跏趺坐，全身有凹形的身光等。据推定为后汉末年的东西，是中国佛教史上最早的佛像雕刻。[⑤]

以上三处佛教文物遗存，足以说明佛教始入中国是遵循海路的，交州、广州、江苏或山东半岛南部作为佛教登陆的口岸都可以考虑。

第五，西方人把印度佛教分为南北两宗，南宗指锡兰（斯里兰卡）所传的小乘佛教，北宗指迦湿弥罗、犍驮罗地方所传的大乘佛教。而中国南方佛教（长江下流教派）传承南宗，北方佛教（洛阳教派）传承北宗，两宗兼承（即所谓复数佛教）。海道传南宗，陆道传北宗，海道在先，陆道在后，故中国佛教的传播是自南而北。这是梁启超的见解。他还举例说："（明帝感梦求法说中）明帝所梦为'金人'，然以近世学者考证，北印度佛像无涂金者，'金人'说殆因笮融造金像而起，此印度案达罗派之雕涂也。又言蔡愔赍来之佛像为'倚像'，倚像属西印度系，若北方犍驮罗所造，则皆立像也。言'又雍西门外之佛寺，

---

① 吴焯：《佛教东传与中国佛教艺术》，浙江人民出版社，1991年，第169页。

② 河北省文物管理委员会：《石家庄市北宋村清理了两座汉墓》，《文物》1959年第1期，总101号。

③ 曾昭燏等：《沂南古画像石墓发掘报告》，南京博物院、山东省文物管理处合编，文化部文物管理局出版，1956年。

④ 连云港市博物馆：《连云港市孔望山摩崖造像调查报告》，《文物》1981年第7期，总303号。

⑤ 俞伟超等：《孔望山摩崖造像的年代考察》，《文物》1981年第7期，总303号。

千乘万骑，群象绕塔'，此明属西印度之图案也。以上区别今印度美术专家多能言之，吾因此益信汉魏间佛教皆欧［人］所谓南宗也。"①

伯希和也说："南方教派成立之时，或在北方教派之前，此经（指《四十二章经》——引者）流行之区，盖为道安未履之地。《牟子理惑论》撰于广东，亦属南方教派，情形盖同。其最堪注意者，《四十二章经》及《牟子理惑论》皆为道安所未识而同为明帝感梦遣使、使臣赍还最初佛经（质言之《四十二章经》）故事之所本。……若承认此经原属公元一世纪扬子江下流教派之译品，则此故事似出扬子江下流佛徒之伪造，而以对抗创于二世纪之洛阳教派，并主张其教派与其经文在洛阳教派之先者也。"②

我们再从桓帝信佛来看，北方佛教来自南方更为明白。因为在洛阳的桓帝同在彭城的楚王英一样，也是合祭黄老与浮屠，黄老与佛合流。这点除上述襄楷上书之外，《后汉书·本纪》也有所记载："前史称，桓帝好音乐，善琴笙。饰芳林而考（成也）濯龙之宫，设华盖以祠浮图、老子，斯将所谓听于神乎？"③

《后汉书·西域传》也记载："汉自楚英始盛斋戒之祀，桓帝又修华盖之饰。"④桓帝在濯龙宫设置华盖（一种绸伞）祭老子，同样在这里设置华盖祭浮图，无论从祭祀仪式还是黄老、浮图合一的思潮来看，都与百年前楚王英所信之佛教一脉相承。这样看来，南方佛教传到北方无疑。洛阳教派是二世纪末由西域来华的高僧所成立的。

第六，中国佛教史上第一个经典翻译家安世高（Parthamasiris）于后汉桓帝初年即 147 年来到中国，关于他的来华路线向来是个谜。慧皎的《高僧传》只记"以汉桓之初，始到中夏"。其他安世高所译的经序也没有触及来华路线，只说"遂处京师"（吴·康僧会的《会般守意经序》）或"播化此土"（东晋·道安的《阴持入经序》），一般都认为安世高是从西域来的。但近来有人提出异议，吴焯说："或由海路至广州也未可知。"⑤镰田茂雄说："关于后汉、三国时代佛教初传期的传播路线，我认为尽管光提到从中亚经西域传到长安、洛阳的内陆路线，但还不能简单地忽视经由南海的路线……安世高巡回教化中国南方的传说，还有一个关于佛教传播路线的暗示。"⑥《高僧传》关于安世高的记载有些

---

① 梁启超：《佛教之初输入》，《饮冰室专集》，第 52 卷，第 9-10 页。
② 伯希和：《牟子考》，冯承钧译：《西域南海史地考证译丛五编》，中华书局，1956 年，第 163-164 页。
③ 《后汉书》，第 7 卷，《桓帝纪·论》，中华书局，第 317 页。
④ 《后汉书》，第 88 卷，《西域传·论》，中华书局，第 2932 页。
⑤ 吴焯：《佛教东传与中国佛教艺术》，浙江人民出版社，1991 年，第 170 页。
⑥ 镰田茂雄：《中国佛教史》，第 1 卷，东京大学出版会，1981 年，第 149 页。

是神奇怪诞，不足为信，但他从江西到广州，又从广州到会稽（浙江）是事实。梁启超说："世高盖从海道来，在广州登陆，经江西北上，而在江淮间最久，江左人士受其感化甚深，故到处有其神话也。"[1]不仅如此，从安世高的襄译者严佛调是江淮人，门徒陈慧是会稽人，以及其所译文体较为华美而且往往会与老庄学产生联想来看，安世高从海道而来，活动范围在南方较为近于事实。

安世高来华的背景是中国同安息国的通好。安息是阿尔萨克斯（Ausakes）一世创立的国家，张骞于公元前 119 年至大月氏时派副使到安息，安息国王率二万骑到东境迎接。后汉和帝元年（87）安息国献符拔、狮子，次年又遣使朝贡。永元十三年（101）又向后汉朝贡，四十七年之后，安世高来华。当时安息垄断了中国与印度、罗马帝国的贸易，海运业掌握在安息人手中，安世高随商人从海上来更合乎情理。

第七，前述佛教最早由陆路传入中国的文物和遗迹至今没有发现，即使在文献上也没有丝毫轨迹可寻。佛教由陆路传入的可靠记载最早不过二世纪末叶即后汉末年。《梁高僧传》记载：

> 支娄迦忏亦直云支忏，本月氏人。……汉灵帝（168—188）时游于洛阳，以光和（178—183）、中平（184—188）间传译梵文，出《般若道行》《般舟》《首楞严》等三经。……时又有天竺沙门竺佛朔，亦以汉灵之时赍《道行经》来适洛阳，即转梵为汉，以光和二年（179）于洛阳出《般舟三昧》，忏为传言，河南洛阳孟福、张莲笔受。……又有优婆塞安玄，……与沙门严佛调共出《法镜经》，玄口译梵文，佛调笔受。又有沙门支曜、康巨、康孟祥等，并以汉灵、献之间，有慧学之誉，驰于京洛。曜译《成具定意经》及《小本起经》，巨译《问地狱事经》，并言直理旨，不加润饰。孟详译《中本起经》及《修行本起》。[2]

以上《高僧传》所列举的传法中国之外国僧，事迹确实可信，洛阳教派是他们开创的，不过比江南教派要迟百余年，这也是佛教海上始入中国的一个反证。

---

① 梁启超：《佛教之初输入》，《饮冰室合集·专集》，第 52 卷，中华书局，第 9 页。
② 慧皎：《高僧传》，卷 1，《支娄迦谶传》。

5. 交广两州的佛教

交州的佛教

秦朝在南越地方设置桂林、南海、象郡三郡，统辖两广及越南北部。秦南海尉赵佗以南越独立，至汉武帝，被汉朝平定，于武帝元鼎六年（前 111）在其地设置南海、郁林、苍梧、交趾、合浦、九真、日南七郡，元封中（前 110—前 103）又置儋耳、朱崖二郡，均由交州（治所龙编）刺史管辖，后交州治所迁至广信（今广东封川县）。三国时交州为吴国领有，孙权为增强国力，积极与南海诸国贸易，出现交趾（越南河内）、番禺（广州）、合浦（广东合浦县东北）等港口。其中交趾特别繁荣，为罗马与东方贸易的终点，从这里由东京湾之海道或取广西之陆道，与中国内地交通。①前 166 年罗马皇帝马克·奥理略（即大秦王安敦）的使者就是在交趾登陆的，外国商人来这里经商的也不少，黄武五年（226）罗马人秦论是外国商人到交趾经商的第一个人，交州太守吴邈派人送他到建业会见孙权。②当时交州是东西交通海上的门户，《梁书》记载："海南诸国大抵在交州南及西南大海洲上……徼外诸国武帝以来皆朝贡。后汉桓帝世，大秦、天竺皆由此道遣使贡献，及吴孙权时，遣宣化从事朱应、中郎康泰通焉。"③

汉末乱世，中原人士纷纷往交趾避难，投奔交趾豪族士燮（137—226）。《三国志》记载："燮体器宽厚，谦虚下士，中国人士，往依避难者以百数。"④士燮统治时期颇有政绩，人民安居。《三国志·吴书》记载："士府君，既学问优博，又达于从政，处大乱之中，保全一郡，二十余年疆场无事，民不失业，羁旅之徒，皆蒙其庆。"⑤

当时交趾学术研究风气自由，儒佛并存，交趾太守士燮本人钻研儒学，"耽玩春秋"，为之注释。他非但不排斥佛教，还与印度僧达摩耆域及丘陀罗同游交趾赢楼（在越南北宁省）。因此佛教在这里有成长的土壤。《三国志·吴书》记载："燮兄弟并为列郡，雄长一州，偏在万里，威尊无上，出入鸣钟磬，备具威仪，笳箫鼓吹，车骑满道，胡人夹毂焚香者，常有数十。"⑥

---

① 伯希和：《交广印度两道考》，中华书局，1955 年，第 6 页。

②《梁书》，第 54 卷，《诸夷列传》海南诸国条，中华书局，第 798 页。

③《梁书》，第 54 卷，《诸夷列传》海南诸国条，中华书局，第 783 页。

④《三国志》，第 49 卷，《吴书·刘繇、太史慈、士燮传》，中华书局，1191 页。

⑤《三国志》，第 49 卷，《吴书·刘繇、太史慈、士燮传》，中华书局，1191 页。

⑥《三国志》，第 49 卷，《吴书·刘繇、太史慈、士燮传》，中华书局，1191 页。

交趾是海港，胡商一定不少，其中有佛教徒和胡僧可以想见，他们以佛教礼仪来迎送太守也是情理之中。东汉末年交趾佛教比其他地区兴盛则是事实。冯承钧在《中国南洋交通史》中说："南海一道亦为佛教输入之要途；南海之交趾犹之西域之于阗也。旧日传说或以佛教输入事在哀帝元寿二年（前2年，见《三国志》卷30注引《魏略》），或以事在明帝永平四年至十八年间（61—75），皆属传说而非史实。《后汉书·天竺传》后汉明帝感梦事，亦为传说之一种，殆出袁宏《后汉纪》，亦非实录。是欲寻究佛教最初输入之故实，应在南海一道中求之。"①

佛教何时传入交趾不详，但从《牟子理惑论》可见一斑。《牟子理惑论·序》说："灵帝崩后，天下扰乱，独交州差安⋯⋯先是时，牟子将母避世交趾，年二十六，归苍梧娶妻。太守闻其守学，谒请署。时年方盛，志精于学。又见世乱，无仕宦意，意遂不就。⋯⋯方世扰攘，非显己之秋也。⋯⋯于是锐志于佛道，兼研老子五千文，含玄妙为酒浆，玩五经为瑟簧。世俗之徒，多非之者，以为背五经而向异道，欲争则非道，欲默则不能，遂以笔墨之间，略引圣贤之言证解之，名曰《牟子理惑》云。"②

以上引文说明以下几件事情：第一，汉末天下大乱，唯交州安定，学风很盛；第二，牟子无意做官，一心钻研佛道；第三，为驳斥世俗之徒的非议和弘扬佛道，决心著书立说；第四，以儒学来理解佛教，开后世格义佛教之先声。特别以儒学解释佛教教义，说明当时的佛教还处于初传阶段，若不假中国固有学术思想则人们不易接受，正如《牟子理惑论》所载：

问：子云佛经如江海，其文如锦绣，何不以佛经答吾问，而复引诗书合异为同乎？牟子曰：渴者不必须江海而饮，而饥者不必侍敖仓而饱，道为智者设辩，为达者通书，为晓者传事，为见者明，吾以子知其意，故引其事。若说佛经之语，谈无为之要，譬对盲者说五色，为聋者奏五音也。③

尽管说交趾佛教尚处于初传阶段，其水平还是相当高的，这点只要看一看《牟子理惑论》对佛的理解便可明白：

问曰：何以正言佛，佛为何谓乎？牟子曰：佛者谥号，犹言三皇神五

---

① 冯承钧：《中国南洋交通史》，上海书店，第8-9页。
② 僧祐：《弘明集》，卷1，《牟子理惑论·序》，《文渊阁四库全书》，第1048册，第2页。
③ 僧祐：《弘明集》，卷1，《牟子理惑论·序》，《文渊阁四库全书》，第1048册，第2页。

帝圣也。佛乃道德之元祖，神明之宗绪，佛之言觉也。恍惚变化，分身散体，或存或亡，能小能大，能圆能方，能老能少，能隐能彰，蹈火不烧，履刃不伤，在污不染，在祸无殃，欲行则飞，坐则扬光，故号为佛也。[①]

当时交趾若无佛教流行，并名僧大德为之传授，牟子对佛教义谛不能有如此造诣。下面我们再以康僧会为例，看一下交趾的佛教水平。"康僧会，其先康居人，世居印度。其父因商贾移于交趾，十余岁两亲并亡，以至性奉孝服毕出家。……明解三藏，博览六经，天文图纬，多所综涉。……以赤乌二年（247）初进建业（今南京），营立茅茨，设像行道。时吴国以初见沙门，睹形未及其道，疑为矫异。有司奏曰：'有胡人入境，自称沙门，容服非恒，事应检察。'……[孙]权即召会诘问……大加嗟服，即为建塔，以始有佛寺，故号建初寺……由是江左大法遂兴。"[②]

一个生于中国的外国人，在交趾出家，若交趾没有高水平的佛教和学问基础使其成长，决不可能成为江南佛教大师。《高僧传》说他是江南佛教始祖是错误的，江南佛教不始自康僧会。由此可知交趾一定有印度高僧寄居，经常开法会讲道，还翻译经典，如月氏人支疆梁接于256年在交州译出《法华三昧经》。

交州与扶南（今柬埔寨）接壤，而扶南与印度有往来，受印度文化影响，故交州佛教经由扶南从印度直接传来是无可怀疑的。例如真谛就是梁武帝从扶南请来的西来竺僧。南北朝时期有不少扶南僧来华，如梁时的僧伽婆罗（Samghapala）和曼陀罗（Mandra），陈时的须菩提（Subhuti）等。前述宣化从事朱应、中郎康泰就是黄武五年（225）至黄龙三年（231）交州刺史吕岱按孙权的指示派去扶南通好的，他们回国后，朱应撰《扶南异物志》，康泰撰《吴时外国传》（两书今佚），介绍了南海诸国的情况，促进了中印交通的发达。

三国时代从扶南到印度的路线是："从扶南发，投拘利口（克拉地峡），循海大湾（暹罗湾）中，正西北入，历湾边数国，可一年余则到天竺江口，逆水七千里乃至焉。"[③]即从扶南海岸出发，渡暹罗湾，从克拉地峡附近穿过马来半岛中部，至安达曼海，沿泰国海岸北行，直入恒河河口，再沿河上溯至中天竺。这条路线比前述《汉书·地理志》所记要便捷得多，因为《汉书》所记的路线是绕过马来半岛，而且不从恒河河口入中天竺，却放过恒河河口，一直到南印

---

① 僧祐：《弘明集》，卷1，《牟子理惑论·序》，《文渊阁四库全书》，第1048册，第2页。
② 慧皎：《高僧传》，卷1，《康僧会传》。
③ 《梁书》，第54卷，《诸夷列传》海南诸国条，中华书局，第798页。

度才登陆。

扶南为佛教东传的中继站，从陆路可通交趾，其重要性与西域的于阗、龟兹相同，不少中国僧到交州准备在此渡海至印度，如于法兰、于道邃两人打算假道交州去印度。《高僧传》记载："西晋人于法兰，高阳人也……性好山泉，后闻江东山水，剡县最奇，乃徐步东瓯，远瞩崎嵝，居于石城山足。居剡少时，怆然叹曰：'大法虽兴，经道多阙，若一闻圆教，夕死可也。'乃远适西域，欲求异闻，至交州遇疾，终于象林。"[1] "于道邃，敦煌人……十六出家，事兰公（于法兰）为弟子，学业高明，后随兰适西域，于交趾遇疾西终。"[2]

广州的佛教

后汉末献帝延康元年（220），孙权的部下"[吕]岱表分海南三郡为交州，以将军戴良为刺史，海东四郡为广州，岱自为刺史"[3]。

交州还治龙编（今越南河内），广州移治番禺，孙休（景帝）永安七年（264）又分交州置广州。[4]此后，由于众多的原因，广州逐渐兴起。以前东西方贸易经安息（波斯）和大秦（叙利亚）双重媒介，波斯贩于东、叙利亚贩于西。后叙利亚强盛起来，欲打破波斯人的垄断，积极开拓直通中国的海路，使广州地位骤变。同时汉末以来中原战乱，民不聊生，独广东僻处岭外，所受影响较微，海外贸易发达，中国商船远达红海。德国人李希多芬在《中国交通史》中说："历第一世纪之后半，西亚海泊始至交趾，凡二百年继续航行。至第三世纪中叶，中国商船渐次向西，由广州达槟榔屿（Penany）；至第四世纪，渐达锡兰（Cylon）；至第五世纪更由希拉（Hira）以达亚丁（Aden）；终乃至波斯及美索不达米亚（Mesopotamia）；至第七世纪末，而阿拉伯始与之代兴。据八世纪阿拉伯人古旅行记说，波斯湾、阿拉伯海，华人帆樯如织。[5]至唐代，广州已取代交州，成为中国最大的港口。西方各国称广东为"支那"，称长安、洛阳为"摩柯支那"。这样的称呼在佛经中也屡见不鲜，可见广东地位之重要。

当时广州与波斯、阿拉伯有直通航线，这条航线的中转站是锡兰，所以中印交通非常便利。《唐大和上东征传》记述着广州对外贸易的盛况："江中有婆

---

① 慧皎：《高僧传》，卷 4，《于法兰传》。
② 慧皎：《高僧传》，卷 4，《于法兰传》。
③ 《三国志》，第 60 卷，《吴书·吕岱传》，中华书局，第 1385 页。
④ 《三国志》，第 48 卷，《吴书·三嗣主传》，中华书局，第 1162 页。
⑤ 梁启超：《世界史上广东之地位》，《饮冰室文集》，第 19 卷，中华书局，第 79 页。

罗门、波斯、昆仑等舶不知其数。"①

黄巢起义军攻下广府（Khanfu 即广州）时（中国史料为 879 年，阿拉伯史料为 878），"仅寄居城中经商的伊斯兰教徒、犹太教徒、基督教徒、拜火教徒，就总共有十二万人被他杀害了"②。可见寓居广州的外国人之多。

根据唐德宗贞元（785—804）时贾耽所撰的入四夷路程，广州至印度的路线如下：

> 广州东南海行，二百里至屯门山，乃帆风西行，二日至九州石。又南二日至象石。又西南三日行，至占不劳山，山在环王国（古占婆国，在今越南中部）东二百里海中。又南二日行至陵山。又一日行至门毒国。又一日行至古笪国。又半日行至奔陀浪洲。又二日行至军突弄山。又五日行至海硖（当今马六甲海峡或新加坡海峡），蕃人谓之'质'（马来语"质"即海峡之意），南北百里，北岸则罗越国，南岸则佛逝国。佛逝国东水行四五日，至诃陵国，南中洲最大者。又西出硖，三日至葛葛僧祇国，在佛逝西北隅之别岛，国人多钞暴，乘船者畏惮之。其北岸则个罗国。个罗西侧哥谷罗国。又从葛葛僧祇四五日行，至胜邓洲。又西五日行至婆露国。又六日行，至婆国伽蓝洲。又北四日行，至师子国。其北海岸距南天竺大岸百里。又西四日行，经没来国，南天竺之最南境。③

根据伯希和的考证，屯门山在香港之北，海岸及琵琶洲之间。九州石就是后来的七洲，海南岛东北角的 Taya 岛。象石即明代的独珠山，今 Tinbosa 岛。占不劳山即岣崂占（Culal Cham）。陵山为 Sa-boi 岬角，门毒国即归仁，古笪国即 Kauthara，今衙庄（Nhatrang），门毒、古笪均属占波国。奔陀浪洲即宾童龙（Panduranga），今藩笼（Phanrang）。军突弄山，汉译昆仑，今 Poulo Condor。罗越国为马来半岛南部海峡即马六甲海峡。佛逝国即室利佛逝，今苏门答腊东岸。葛葛僧祇国为 Browers 群岛之一。胜邓洲为苏门答腊之一部分，今 Del 和 Langkat 一带。婆露国为义净所记之婆鲁斯，《新唐书》之郎婆鲁斯，今 Nicobar 群岛。婆国伽蓝为婆露国之一属地。师子国即锡兰，今斯里兰卡。没来国即《西域记》卷十所记的秣罗矩吒（Malakuta），即秣剌耶（Malaya）国。"④简而言之，

① 真人元开：《唐大和上东征传》，中华书局，1979 年，第 71 页。

② 《中国印度见闻录》，中华书局，1983 年，第 96 页。

③ 《新唐书》，第 43 卷下，《地理志》七下，中华书局，第 1149 页。

④ 伯希和：《交广印度两道考》，下卷《海道考》，中华书局，1955 年。

这条路线是从珠江出海，经海南岛，出马六甲海峡，横断孟加拉湾，到斯里兰卡，再北抵南印度。

这条路线与义净赴印求法的路线大致相同。不过义净是出马六甲海峡之后，西北赴东印度的耽摩立底国（Tamraliti，在恒河口）。

印度戒日王（约 606—647）时代，佛教复兴。戒日王以传教为己任，641年他派使者谒见中国皇帝，中印间首次建交。印度僧侣接踵来到中国特别是广州弘教。中国西行求法僧也以广东为起讫点（义净等以广州为起点，昙无竭以广州为终点），遵循海道往返于中印之间。当时搭乘商船来广州的外国僧很多，有昙摩耶舍、耆域、求那跋摩、求那跋陀罗、真谛、般剌蜜帝、不空金刚、金刚智等，他们都以广州为传教根据地向北伸展传教线，一直达到长江流域和长安、洛阳的中原地区。

昙摩耶舍于东晋隆安间（397—401）来到广州，住白沙寺（今光孝寺），广收门徒，弘传佛法，门徒达八十五人之多。[①]由昙摩耶舍创建的光孝寺，历刘宋至唐，禅风弥盛，凡中外名僧行经广府，无不莅寺巡礼或暂驻讲法。如求那跋陀罗、真谛、义净、鉴真等，而禅宗六祖慧能，在光孝寺演"即心即佛"之顿悟法门。密宗不空金刚又在此寺立灌顶之法，度无量众。其后禅宗南派，门户敞开，禅风弥煽，而中国佛教遂全为南禅所笼盖矣。"[②]

非但如此，与鸠摩罗什、玄奘合称三大译家的真谛，梁武帝大同元年（546）经由扶南来到广州，后北上建业（南京）、豫章（南昌）等地，两次回广州从事译经。真谛在华23年，寓居广州光孝寺先后达12年，译经50部（占全译164部之1/3弱）。真谛所传的法相、唯识之学，至隋唐发展成为重要的宗派。还有禅宗的祖师菩提达摩，也以光孝寺为传法的据点。后来禅法由广东北传，在嵩山少林寺立足，最后发展成中国人自己的宗教——禅宗。

唐代广州佛教兴盛，寺院林立，除上述最早的光孝寺（或叫制旨王园寺）以外，今存的寺院有：

（1）宝壮严寺。《大唐西域求法高僧传》记载："[道宏]往来广府，出入山门……既闻[义]净至，走赴壮严[寺]，云停制旨[寺]。"[③]

（2）开元寺。《唐大和上东征传》记载："开元寺，有胡造白檀《华严经》

---

① 慧皎：《高僧传》，卷一，《昙摩耶舍传》。

② 罗香林：《唐代广州光孝寺与中印交通之关系》，香港中国学社，1960年，第23页。

③ 义净：《大唐西域求法高僧传》，卷下，《道宏传》，中华书局，1988年。

九会，率工人六十人，三十年造毕，用物三十万贯钱。"①

（3）蒲涧寺。《白云越秀二山合志》记载："蒲涧寺在白云山麓。"②

（4）海光寺。此寺在番禺县扶胥镇。

（5）华林寺。《白云越秀二山合志》记载："华林寺，在城南一里，梁普通末年（526）西天竺达摩禅师泛溟来，凡三周寒暑至此，始建寺。"③

（6）大通寺。《白云越秀二山合志》记载："大通古寺，在州东南大通滘，园林幽胜，为羊城八景之一。"④

今不存的寺院有显明寺、智慧寺、西阴寺、和安寺、慈度寺、护国仁王禅寺、悟性寺、千佛寺、千秋寺、婆罗门寺等。⑤

《唐大和上东征传》还记载："又有婆罗门寺三所，并梵僧居住。"⑥可见广州除中国寺院外，还有专为梵僧聚居的梵寺，从而广州梵僧之多，佛教之盛可以察知。

6. 往返南海的弘法求法僧

兹将有史料根据的遵循海道往来于中印之间的外国僧、中国僧列举如下：

（1）支疆梁接（Kalasivi，三国）："此言正无畏，月氏人也，吴侯亮太平元年（256）于交州译《法华三昧经》。"⑦

（2）法显（东晋）："法显昔在长安，慨律藏残缺，于是遂以弘始元年（即东晋隆安三年，399）与慧景、道整、慧应、慧嵬等同契，至天竺寻求戒律。初发迹长安（以下从陆路至印度各地的记述省略）……到多摩梨帝国（古印度东北部海口），即是海口，法显住此二年（408—409）。于是载商人大舶，泛海西南行，到师子国。法显住此国二年（410—411）……得梵本已，即上商人大船，上可有二百余人……东下二日，便值大风……如是大风昼夜十三日，至一岛边（可能是尼科巴群岛之一），潮退之后，见船漏处，即补塞之。于是复前……大海弥漫无边，不识东西，唯望日月星宿而进。……当夜暗时，但见大浪相搏，晃然火色，鼋鳖水性怪异之属，商人荒遽，不识那向。……如是九十日许，乃

① 真人开元：《唐大和上东征传》。
② 崔弼：《白云、越秀二山合志·寺观》，转引自罗香林：《唐代广州光孝寺与中印交通之关系》。
③ 崔弼：《白云、越秀二山合志·寺观》，转引自罗香林：《唐代广州光孝寺与中印交通之关系》。
④ 崔弼：《白云、越秀二山合志·寺观》，转引自罗香林：《唐代广州光孝寺与中印交通之关系》。
⑤ 罗香林前揭书。
⑥ 真人开元前揭书。
⑦ 惠详：《弘赞法华传》，卷2。

到一国，名耶婆提（爪哇或苏门答腊东部），停此国五月，复随他商人大船……东北行，趣广州。

于时天多连阴，海师相望僻误，遂经七十余日，粮食、水浆欲尽，取海咸水作食。……商人议言：'常行时正可五十日便到广州，尔已过期多日，将无僻耶？'即便西北求岸，尽夜十二日，到长广郡牢山（属青州，今崂山县东）南岸。"[①]

（3）佛驮跋陀罗（或觉贤，Buddhabhadra，东晋）："北印度迦维罗卫人，父少亡，三岁与母居，五岁复丧母，为外氏所养……少以禅律驰名。沙门智严，西至罽宾，睹法众清净，乃慨然东顾曰：'我诸同辈……孰能流化东土？有佛驮跋陀罗者……少受业于大禅师佛大光，光时亦在罽宾，乃谓严曰：'可以振维僧徒，宣授禅法者，佛驮跋陀罗其人也。严既要请苦至，贤遂愍而许焉。于是舍众辞师，裹粮东逝，步骤三载绵历寒暑。既度葱岭，路经六国，国主矜其远化，并倾心资奉，至交趾，乃附舶，循海而行，……至青州东莱郡，闻鸠摩罗什在长安，即往从之。"[②]据镰田茂雄对照《出三藏记集》研究，佛驮跋陀罗不是越葱岭，而是度雪山，从印度河上游的白沙瓦（Pashawar）经塔克西拉（Taxila）南下，再由恒河上游沿河南下，到达华氏城，其间历三年。从华氏城沿恒河南下，在孟加拉湾的恒河口乘船到缅甸，由陆路穿过印度支那半岛，到达交趾（Cochin），由此乘船到广州。[③]

（4）智严（东晋）："释智严，不知何许人。弱冠出家……志欲广求经法，遂周流西域。进到罽宾，遇禅师佛驮跋陀罗。志欲传法中国，乃竭诚要请，跋陀嘉其恳至，遂共东行。于是逾涉雪山，寒苦险绝，饮冰茹食，频于危殆。绵历数载，方达关中。（如上面佛驮跋陀罗传所述，智严和跋陀一起由海道至中国）……其未出家时，常受五戒有所受亏犯，后入道受具足，常疑不得戒，每以为惧。积年禅观而不能自了，遂更泛海重到天竺。"[④]

（5）耆域（东晋）："天竺人也，周流华戎，靡有常所……自发天竺，至于扶南，经诸海滨，爰涉交广。"[⑤]

（6）昙摩耶舍（Dharmayasas，东晋）："昙摩耶舍，此云法明，罽宾人。……

---

① 法显：《法显传》，卷1。

② 慧皎：《高僧传》，卷2，《佛驮跋陀罗传》。

③ 镰田茂雄：《中国佛教史》，第3卷，第1章第1节，东京大学出版会，1984年。

④ 僧祐：《出三藏记集》，卷15，《智严传》。

⑤ 慧皎：《高僧传》，卷9，《耆域传》。

以晋隆安中（397—401）初达广州，住白沙寺（初称制旨王园寺，今光孝寺）。耶舍善诵《毗婆沙律》，人咸号为大毗婆沙，时年已八十五，徒众八十五人。"①

（7）竺难提（Nandi，东晋）：印度居士，419年译经建康。

（8）昙无竭（Dharma-vikrama，刘宋）："释法勇者胡言昙无竭……幽州黄龙国人也。……宋永初元年（420）招集同志沙门僧猛、昙朗之徒二十五人，共赍幡盖供养之具，发迹此土，远适西方……后于南天竺，随舶泛海，达广州。"②

（9）求那跋摩（Cunavarman，刘宋）："此云功德铠，……后到师子国观风弘教……后至阇婆（爪哇）……道化之声播于遐迩，邻国闻风，皆遣使要请。时京师名德沙门慧观、慧聪等，远挹风猷，思欲食禀，以元嘉元年（424）九月面启文帝求迎跋摩。幸即敕交州刺史，令泛泊延至交。又遣沙门法长、道冲、道隽等往彼祈请，并致书于跋摩及阇婆王婆多伽等，必希顾宋境，流行道教。跋摩以圣化宜广，不惮游方，先已随竺难提舶，欲向一小国，会值便风，遂至广州。……文帝知跋摩已至南海，于是复敕州郡，令资发下京……后文帝重敕观等复更敦请，乃泛舟下都，以元嘉八年（431）正月达于建康。"③

（10）求那跋陀罗（Cunabhadra，刘宋）："此云功德贤，中天竺人也。幼学五明诸论，天文书、医方、咒术靡不该博。元嘉十二年（435）至广州，刺史车朗素闻，宋太祖遣使迎接。"④

（11）道普（刘宋）："高昌沙门，经游西域，遍历诸国……元嘉（424—453）中，道场寺沙门惠观法师志欲重寻《涅槃》后分，乃启宋太祖资给，沙门道普，将书吏十人西行寻经。至长广郡，舶破足伤，因疾而卒。"⑤

（12）菩提达摩（Bodidharma，刘宋）："南天竺婆罗门种，神慧疏朗，闻皆晓悟，志存大乘，冥心虚寂，通微彻数，定学高之，悲地边隔，以法相导。初连宋境南越，末又北度至魏。"⑥

（13）僧伽婆罗（Samghapala，梁）："梁言僧养，亦云僧铠，扶南国人也……闻齐国弘法，随舶至都，住正观寺。……天监五年（506）于扬都寿光寺、华林园、正观寺（南海商人所建引者）、占云馆、扶南馆等五处传译。"⑦

---

① 慧皎：《高僧传》，卷1，《昙摩耶舍传》。
② 僧祐：《出三藏记集》，卷15，《昙无竭（法勇）传》。
③ 慧皎：《高僧传》，卷3，《求那跋摩传》。
④ 慧皎：《高僧传》，卷3，《求那跋陀罗传》。
⑤ 慧皎：《高僧传》，卷2，《昙无许传》。
⑥ 道宣：《续高僧传》，卷16，《菩提达摩传》。
⑦ 道宣：《续高僧传》，卷1，《僧伽婆罗传》。

（14）波罗末陀（Paramartha，陈）："陈言亲依或云拘那罗陀，译云真谛，西天竺优禅尼国人。……大同中（535年或539）敕张氾等送扶南献使返国，乃请名德三藏……彼国乃届真谛并赍经论……以大同十二年（546）八月十五日达于南海。沿路所经，乃停两载，以太清二年（548）闰八月始届京邑。……真谛虽传译经论，道缺情离，本意不申，更观机壤，遂欲泛泊往楞伽修（Lankasuka，今马来半岛北部）因道俗留之，遂停南越，便与前梁旧齿，重复所翻。至天嘉元年（560），翻《摄大乘》等论，首尾两载，无心宁寄。又泛小泊至梁安郡，更装大舶，欲返西国，学徒追逐相续留连。……天嘉三年（562）九月发自梁安郡，泛泊西引，业风赋命，飘还广州。"①

（15）僧伽跋摩（Sanghavarman，唐）："僧伽跋摩者，康国人也。……后还唐国，又奉敕令往交州采药。于时交州时属大俭，人物饥饿，于日日中营办饮食，救济孤苦，悲心内结，涕泣外流，时人号'常啼菩萨'也。"②

（16）义净（唐）："于时咸亨二年（671），坐夏扬府。初秋忽遇龚州使群冯孝诠，随至广府，与波斯舶主期会南行。……至十一月，遂乃面翼（翼宿，二十八宿之一）、轸（轸宿，二十八宿之一，这里二者都是指向南行），背番禺（今广州市）。……长截洪溟，似山之涛横海，斜通巨壑，如云之浪滔天。未隔两旬，果之佛逝（苏门答腊东南端）。经停六月，渐学声明。王赠支持，送往末罗瑜国（后属佛逝国）。复停二月，转向羯荼（今马来西亚的吉打）至十二月，举帆还乘王舶，渐向东天[竺]矣。从羯荼北行十日余，至裸国（尼科巴群岛）。……从兹半月许，望西北行，遂达耽摩立底国，即东印度之南界也。（以上周游佛教圣迹的记述省略）往那烂陀寺，十载求经方始旋踵，言归耽摩立底。……于此升泊，过羯荼国。所将梵本三藏五十万余颂，唐译可千卷，拥居佛逝矣。"③义净在佛逝停留七年，长寿三年（694）五月夏，从佛逝泛泊一月余，抵达广州。

（17）般剌蜜帝（Pramti，唐）："中印度人，此言极量，怀道观方，随缘济物，展转游方，渐达支那，乃于广州制止道场驻锡。"④

（18）金刚智（Vajrabodhi，唐）："南印度摩赖耶国人也。……至开元己未岁（即开元七年，719），达于广府，敕迎就慈恩寺，寻徙荐福寺。所住之刹必建大曼陀罗灌顶道场，度于四众，大智、大慧两禅师、不空三藏皆行弟子之礼

---

① 道宣：《续高僧传》，卷1，《拘那罗陀》。
② 义净：《大唐西域求法高僧传》，卷上，《康国僧伽跋摩师》。
③ 义净：《大唐西域求法高僧传》，卷下，《义净自述》。
④ 赞宁：《宋高僧传》，卷2，《极量传》。

焉。"①

（19）不空金刚（Amoghavajra，唐）："梵名阿月佉跋折罗……初至南海郡，采访使刘巨鳞恳请灌顶，乃于法性寺相次度人百千万。开元二十九年（741）十二月附昆仑舶离南海至诃陵国（爪哇）界，遇黑风……既达师子国，王遣使迎之。天宝五载（746）还京，入内立坛，为帝灌顶。天宝八载（749）许回本国，乘驿骑五匹，至南海郡，有敕再留十二载。"②

（20）义朗（唐）："益州成都人也……既至乌雷（今广西钦州），同附商舶，挂百丈（牵缆），陵万波，越舸扶南，缀缆郎迦（即郎迦戍），蒙郎迦戍（今缅甸的丹那沙林 Tenasserim）国王待以上宾之礼。……与弟附舶向师子洲，披求异典，顶礼佛牙，渐之西国。传闻如此而今不知的在何所。"③

（21）会宁（唐）："益州成都人也。……爰以麟德年中（664—665）杖锡南海，泛泊至诃陵洲（爪哇）。停住三载，遂共诃陵国多闻僧若那跋陀罗于《阿笈摩经》内译出如来焚身之事……遂令小僧运期奉表赍经，还至交府（交州总管府），驰驿京兆，奏上阙庭，冀使未闻流布东夏。运期从京还达交趾……重诣诃陵……其人已亡。"④

（22）窥冲（唐）："交州人……与明远同舶而泛南海，到师子国，向西印度，见玄照师共诣中土（中印度）……到王舍城（Rajagrha），遘疾竹园，淹留而卒。"⑤

（23）火乘灯（唐）："爱州人也。……幼随父母泛舶往杜和罗钵底国（今泰国湄南河下游一带），方始出家。后随唐使郯绪相逐入京，于大慈恩寺三藏法玄奘处进受具戒。……居京数载，颇览经书而思礼圣踪，情契西极。……遂持佛像，携经论，既越南溟，到师子国观礼佛牙……过南印度复届东天，往耽摩立底国（Tamralipti，东印度港口），淹停斯国，十有二岁，因遇商侣，与净相随诣中印度……在俱尸城（今北方邦廓拉喀普尔县）般涅槃寺而归寂灭。"⑥

（24）昙闰（唐）："洛阳人也。……杖锡江表……渐次南行，达于交趾……附舶南上，期西印度。至诃陵北渤盆国（今加里曼丹岛南部），遇疾而终。"⑦

① 赞宁：《宋高僧传》，卷1，《金刚智传》。
② 赞宁：《宋高僧传》，卷1，《不空传》。
③ 义净：《大唐西域求法高僧传》，卷上，《义朗律师》。
④ 义净：《大唐西域求法高僧传》，卷上，《会宁律师》。
⑤ 义净：《大唐西域求法高僧传》，卷上，《窥冲法师》。
⑥ 义净：《大唐西域求法高僧传》，卷上，《大乘灯禅师》。
⑦ 义净：《大唐西域求法高僧传》，卷上，《昙闰法师》。

（25）道琳（唐）："荆州江陵人也。……慨大教东流，时经多载，定门鲜人，律典颇亏，遂欲寻流讨源，远游西国。乃杖锡遐逝，鼓泊南溟。越铜柱而届郎迦，历诃陵而经裸国。……到东印度耽摩立底国，住经三年，学梵语。于是舍戒重受，学习一切有部律。……后乃观化中天……复至那烂陀寺，搜览氏乘经论。……在西印度经十二年……遂从西境转向北天，观化羯湿弥罗，便入乌长那国，询访定门，搜求《般若》……净回至南海羯荼国，有北方胡至……云与智弘相随，拟归故国，闻为途贼所拥，还乃复向北天，年应五十余矣。"①

（26）智弘（唐）："洛阳人也，即聘西域大使王玄策侄也。……幸遇无行禅师，与之同契，至合浦（今广西合浦县东北）升泊，长泛沧溟……到室利佛逝国……在中印度有八年，后向北天羯湿弥罗，拟之乡国矣。闻与琳公（上述）为伴，不知今在何所。"②

（27）无行（唐）："荆州江陵人也。梵名般若提婆（Prajnadeva）……与智弘为伴，东风泛舶，一月到室利佛逝国（苏门答腊东南部）。后乘王舶，经十五日，达末罗瑜洲。又十五日，到羯荼国。至冬末转舶西行，经三十日，到那伽钵檀那（Nagapatana，古代南印度港口）。从此泛海二日，到师子洲，观礼佛牙。从师子洲复东北泛舶一月，到诃利难罗国，此国乃东天竺之东界也。停住一年，渐之东印度，恒与智弘相随。……禅师后向那烂陀，听《瑜伽》，习《中观》，研味《俱舍》，探求律典。……曾因闲隙，译出《阿芨摩经》，述如来涅槃之事，略为三卷，己附归唐。……行禅师既言欲居西国，复道有意神州，拟取北天归乎故里。净来日从那烂陀相送，东行六驿，各怀生别之恨，俱希重会之心，业也茫茫，流泗交袂矣。"③

（28）大津（唐）："澧州人也。幼染法门，长敦节俭，有怀省欲，以乞食为务。希礼圣迹，启望王城。……遂以永淳二年（683）振锡南海，乃赍经像，与唐使相逐，泛舶月余，达尸利佛逝洲。停斯多载，解昆仑语，颇习梵书……净于此见，遂遣归唐，望请恩于西方造寺。既睹利益之弘广，乃轻命复沧溟，遂以天授二年（691）五月十五日附舶而向长安矣。今附新译杂经论十卷、《南海寄归内法传》四卷、《西域求法高僧传》两卷。"④

（29）贞固、怀业、道宏、法朗（唐）："贞固等四人，既而附舶俱至佛逝，

---

① 义净：《大唐西域求法高僧传》，卷上，《道琳法师》。
② 义净：《大唐西域求法高僧传》，卷上，《智弘律师》。
③ 义净：《大唐西域求法高僧传》，卷下，《无行禅师》。
④ 义净：《大唐西域求法高僧传》，卷下，《大津禅师》。

学经三载，梵汉渐通。法朗顷往诃陵国，在彼经夏，遇疾而卒。怀业恋居佛逝，不返番遇。唯有贞固、道宏相随俱还广府，各并淹留且住，更待后追。贞固遂于三藏道场敷扬律教，未终三载，染患身亡。道宏独在岭南，尔来迥绝消息，虽每顾问，音信不通。"①

（30）常愍（唐）："并州人也。自落发投簪，披缁释素，精勤匪懈，念诵无歇……至海滨，附舶南征，往诃陵国（爪哇）。从此附舶，往末罗瑜国（后并入佛逝，今占碑 Jambi）。复从此国欲诣中天。然所附商舶载物既重，解缆未远，忽起沧波，不经半日，遂便沉没。"②

以上列举自三国至唐五百年间往返于南海的三十三名中外高僧，论时间则这个数字并不算多，但要知道这些仅是有资料根据的，还有没有记载的无名僧不在少数。最后我们再强调一下，僧侣弘法求法的路线就是贸易的路线，佛僧与商人结伴而行，佛教自释迦牟尼开教以来就与商人结下不解之缘，可以说哪里有商人哪里便有佛教。因此东晋以来往返南海的僧侣增多便说明南方的对外贸易发达，从而为东晋以来中国经济重心从北方向南方转移提供了证据，同时表明三国以后中原战乱频繁，无力经营西域，致使陆路阻塞，中西交通主要改遵海路，为南方经济的发展创造了条件。

（原文载于《历史研究》1995 年第 2 期，与郑彭年合作）

三、汉代西域的商业贸易关系

1. 引论

在翻阅古籍时，不禁为东亚诸民族在商业活动方面之落后而不胜感慨。历史上形成地中海文明的腓尼基和迦太基，乃至希腊、罗马等，早自公元前十二世纪以来，就作为卓越的商业民族而远播其名声了。但在东亚，即如史料宏富的中国，在其历史文献中，关于商业，特别是对外贸易方面值得记述的史实，也往往谈及甚少，在这一点上，与地中海各民族形成了鲜明对照。一般来说，这主要由于中国与其他古代国家一样，系以农业为基础，且因有丰富的物产可提供充分的生活资料，从而无需特别从外国进口产品。但作为更重要的原因，

---

① 义净：《大唐西域求法高僧传》，卷下，《贞固律师、僧怀业、僧道宏、僧法朗》。

② 义净：《大唐西域求法高僧传》，卷上，《常愍禅师》。

可以认为，是由于中国的地理情况所使然。中国古代文明是黄河及后来长江流域开发的结果。由于在西部的中亚细亚一带存在着高原和沙漠等，使旅行极为困难，并且妨碍了西方文化的东渐，从而形成了隔绝于其他国家文明的特殊的文化。应当说，中国的商业也同样是由于这种地理上的条件而受到了限制。

根据当时的历史，上述看法也大体上可以得到证实。公元前三世纪末，汉朝出现，并首次统一了中国。在不到百年的时间，国家取得了显著发展，四方疆域也大为扩展，并创造了许多历史成就。为此，其西部国境的形势也为之一变。过去被北方各民族所阻隔的"东土耳其斯坦"地区完全纳入汉朝的统治之下，茫茫的荒漠也随着汉朝在军事和政治上的努力而成为商人和使者往来的通途。

这一带——即后来被人们称为西域的地方，当时从甘肃的敦煌出玉门关，便是所谓的塔克拉玛干沙漠。在其西端是葱岭。从这里向东，连绵着崇峻的三大山系。喜马拉雅山位于西藏之南，昆仑山在其北部，天山在其东北，与阿尔泰山相连。在天山与昆仑山之间，是塔里木盆地。这里有大河，但不流入大海，而是终于其下游的断断续续的湖沼之中。《汉书·西域传》中有："南北有大山、中央有河、东西六千余里、南北千余里。"即是此之谓。需要指出的是，汉书不久即自行打破了这种概念，而将位于天山以北的伊犁河流域地方，和葱岭以西，锡尔河、阿姆尔河流域地方的国家列入了《西域传》中。其后，随着政治上的扩张和地理知识的增加，更如《后汉书》所做的那样，将今之印度、波斯、阿富汗、阿拉伯乃至非洲的一部分国家全都记入了《西域传》中。

古代，塔里木盆地一带比现在肥沃得多。这点从塔里木一词的语源即可察知①。根据十九世纪以来，对这一地区进行的考古学的实地考察，这一看法更加明确。考察结果表明，这里，不仅在今天有村落的地方，即便是今日荒无人烟之域，也曾为过去人口稠密的地方。根据庞佩利（R. Pampelly 美国探险家，1837—1923）的探险考察，苏联的中亚地区也同样如此。在中亚，今天由于水源不足而无法维持大量人口的生存，但早先可能由于降雨较多，并且气温低，蒸发慢，所以当时水源供应被认为很丰富。

根据上述情况，当时不论是葱岭的东部还是西部，都散布着许多居民村落和城市，并进行着相当程度的生产和交换。特别是由于当时东方的海上商业交通尚不发达，东西方各民族的商队都要赶往这一大陆腹地进行交换。即是说，

---

① 徐松《西域水道记》："维语、回语谓可耕之地曰塔里木，言滨河居人以耕为业也。"

当时世界的交通网是以阿富汗、苏联中亚地区、中国的新疆为中心向东西方向扩展。所以，中亚地区成为所有商队赶赴的目的地，各地的物资堆集如山，真正成为了世界上的一大商业中心。特别是从甘肃西部至塔里木盆地一带地方，从汉武帝以来，政治上即隶属于汉朝，经济上自然也会产生密切的联系。其中最值得注意的是，汉朝同西方各民族在这一地区的商业性交涉是如何进行的，并且汉朝对于这种商业交往采取的是怎样的态度。以此为前提，本文拟通过窥察当时这种国际贸易情况之一斑，试对三世纪中，汉朝在对该地区进行政治和军事工作的同时，同外族展开的商业关系作一考察。

2. 关于汉初商业资本的考察

中国的重农思想风行于整个汉代。贾谊、晁错及董仲舒、桓宽等人都提倡并实行重农抑商主义，直到东汉，始终存在这种倾向。这种思想虽最早产生于战国时期，但至汉代才开始形成政治势力。

早自春秋战国以来，商业既已十分发达。但后来的诸侯割据时代，由于各国纷纷设立关卡，征收繁重的关税，使商人深受其苦，从而妨碍了商业的进一步发展。秦统一后，开通四方道路，解除关梁山泽之禁，在政治上废除封建割据，实行中央集权制，在经济方面则保护和奖励商业和手工业，从而使商业一跃而达到十分先进的程度。随着商业资本的发达，土地愈益集中，农民不仅失去了土地，还要受到赋税和徭役的压迫。其结果，激化了农民的反抗，终于在其末年爆发了农民大起义，并推翻了秦朝的统治。

继秦朝之后，建立起了被称为中国历史上的黄金时代的汉朝，汉朝从一开始就积极致力于稳定农业经济。在汉高帝时代，从各个方面，都可看出其力图贯彻重农轻商政策的决心。这主要是为了纠正曾导致秦的灭亡的政治上的方法论。但由于在秦末汉初之际，出现了长达七八年之久的兵乱，结果使城市遭到破坏，商业完全停滞，商业资本也因此一时处于十分微弱的状态。相对于此，由于当时汉室的用度来源主要依靠田赋，从而使重新抬头的地主经济成为了汉朝赖以立国的基础。根据《汉书·食货志》，汉高帝首先将田租减轻为十五税一。至文帝时，又采用晁错的"贵粟重农"之策，于十二年（公元前168），将田租赐民以半。翌年，终于实行了租税全免。此后，直至景帝二年（公元前 155）才重新以三十税一的税率征税。在此期间，出现了连续 13 年完全停止征收田税的历史上鲜见的现象。另一方面，对商人却采取了高压的政策。高帝禁止商贾"衣丝乘车"，并对之课以重税。惠帝、高后时，也出现了市井子弟不得为官的政策。由此可见，汉朝在推行重农政策方面是如何煞费苦心。关于这些政策对于农民方面所取得的收效，荀况曾论述道："古者什一而税、以为天下之中正也，今汉民或百一而税，可谓鲜矣。然豪强占用逾侈、输其赋大半，官家之惠，优于三代，豪强之暴，酷于亡秦，是上惠不通，威福分于豪强也。"①实行重农政策的结果，助长了土地的私有和兼并之风，从中受益的是政府和地主，而农民却反而陷于贫困。

但不管其实际成效如何，这种重农抑商思想从汉初起，即在政府中占居了支配地位。直至东汉，这一势力仍继续得到维护。对于当时的情况，班固在其《两都赋》中曾描述道：

"昭节俭，示太素，去后宫之丽饰，捐乘舆之股御，抑工商之淫业，兴农桑之盛务，遂令海内弃末而返本，背伪而归真。女修织纴、男免耕耘，器用陶瓠，股书素去。耻纤靡而不服，贱绮丽而弗珍。捐金于山，沉珠于渊。"作为当时的一位反对商业资本的政治家，班固力倡节俭并积极参与推行"弃末返本"之急务。

尽管以这种经济思想为基础的上述政策在汉初得到了顺利推行，然而社会的生产关系却出现了与这种政策相背反的发展。至文景时期，农村的生产力日益发达，剩余农产品的出现又促进了交换的发展。集中进行这种交换行为的商业，很快便再度勃兴。

尽管在汉初，商业受到了种种压抑，但却始终未能妨碍其取得根本性的发展。晁错曾对商人势力的发展作过不少评论：

商贾大者积贮倍息，小者坐列贩卖，操其奇赢，日游都市，乘上之急所卖必倍。故其男不耕耘，女不蚕织，衣必文彩，食必粱肉，亡农夫之苦，有阡陌之得，因其富厚交通王侯、力过吏势、以利相倾……此商人所以兼并农人，农人所以流亡者也。今法律贱商人，商人已富贵矣；尊农夫，农夫已贫贱矣。②

晁错认为，重农主义虽然在主观上取得了成功，但另一方面，又成为促进商业资本发达的因素，这样反而使农民陷入了穷困流浪的境地。

随着商业的发达，自然产生出对于货币的需要。到文帝时，国家的造币权也开始向民间开放。有关禁止盗铸之令也被废除。当时铸钱之风流行于各地，

①《文献通考》，卷1，《田赋考》。
②《汉书·食货志》。

商人自不待言，即连官吏也争相铸造，以获取大利。《汉书·食货志》中对此有如下记载："是时，吴以诸侯，即山铸钱，富埒天子……邓通大夫也，以铸钱，财过王者。"在此亦可看出，官吏也开始同商人合流。并且，随着商业资本积累的日益增大，及其与官吏的勾结，在商业方面甚至已出现垄断现象。"其余郡国，富民兼业专利、以货赂自行取重于乡里者不可胜数，故秦阳以甲农而甲一州，翁伯以贩脂而倾县邑，张氏以卖浆而隃侈，质氏以酒削而鼎食，蜀氏以胃脯而连骑，张里以马医而击钟，皆越法矣。"①

如上所述，汉初商业资本家的活动达到了全盛时期。举凡其主要者有：制铁方面的蜀、卓氏、程、郑、宛、孔氏、曹、邴氏，囤积方面的宣、曲、任氏，畜牧方面的桥、姚氏，高利贷方面的无盐氏。更有如刀间氏那样，使用奴隶，追逐渔盐之利，结交官吏，以至获数千万之富者。其他关中富商大贾也拥巨大之资本，由此实可见汉初商业发达情况之一斑。②

虽然，上述所有这一切都发生在汉武帝时期以前，但正是在汉武帝时期，原始资本积累达到了最高点。对此，《汉书·食货志》记述道："至武帝之初，七十年间，国家无事。非遇水旱，则民人给家足，都鄙廪庾尽满，而府库余财，京师之钱，累百钜万，贯朽而不可较；太仓之粟，陈陈相因，充溢露积于外，腐败而不可食。众庶街巷有马，阡陌之间成群。"

汉朝建国以来六十余年间，农村的生产力在政府政策的保护下，得到了增进。其他如各地所特有的工商业也都得到了发展。司马迁对汉武帝时商品流通的状况即有如下之描述：

> 山西饶材、竹、谷、纑（纻）、旄、玉石，山东多鱼、盐、漆、丝、声色，江南出楠、梓、姜、桂、金、锡、连（铅之未炼者）、丹沙犀、瑇瑁、珠玑、齿草，龙门、碣石北多马、牛、羊、旃、裘、筋、角，铜铁则往往山出棋置……故待农而食之，虞而出之，工而成之，商而通之，此宁有政教发征期会哉？人各任其能，竭其力，以得所欲。故物贱之征贵，贵之征贱。各劝其业，乐其事，若水之趋下，日夜无休时，不召而自来，不求而民出之。③

商品的流通无需政府的号令，而是根据供给与需求情况非计划性地进行。④

---

① 《汉书·货殖传》，同样记载还见于《史记·货殖列传》。

② 《史记·货殖列传》。

③ 《史记·货殖列传》。

④ 陶希圣：《西汉经济史》，第三章。

正是由于商业的流通本身是非计划性的，从而也就不可能对其发展加以人为的阻碍。这样，到汉武帝时期，商业出现了与以往所努力推行的政策相反方向的发展。尽管如此，当时的贸易还没有超出国内的范围。对此，赫尔曼（A. Herrman）将其归因于以下情况：（1）生产者把产品（赫尔曼在此处特指丝绸）视为自己的心爱之物，而不知将其交易于市场之做法。（2）不知请外国人到自己的国家来。外国旅行者为克服彼此间的距离往往要花费许多时日和费用。因此，西方人对于这样被动的交易虽多少有所参与，但却未能长期持续下去，[①]亦即将其归结为，当时商人的知识还比较狭窄，国家尚处于未开放状态，以及旅行十分困难这三点。从当时的情况考虑，这些当是比较主要的客观因素，但是阻隔了汉朝与西方的商业关系发展的，绝不仅止于此，其尚有另外更重要的原因。关于这点将在下面进行探讨。

3. 中亚商路的阻碍者

中国的商业由于前述种种原因，其向外部的发展受到了限制。但这决非完全否定中国当时在对外关系方面的发展。正如中国的文化从石器时代起，既已汇入世界的环流之中，离开同世界的关系，便无从论述中华民族的活动。有关中国同西方国家进行交涉的情况，不断见之于先秦以来的历史文献。例如火浣布（用石棉织成的耐火布）在周穆王西征时即已由西戎携归。[②]秦穆公时称霸西戎，共包括十二国，"势力远及西方"[③]。但因汉以前还没有像《史记》这样的伟大的史学著作，关于同西方的交通方面，终未见有明确的记载。据西方学术界认为，在公元前 4 世纪时，丝绸之国（Seres 指中国）的丝绸既已输出到印度。[④]当时对中国的称谓即 Cina 一词已出现于印度的书籍中。[⑤]另外，根据张骞出使月氏时，远在葱岭西北的大宛国就已知道汉朝的富庶等历史记载，也可推知当时汉朝在对外关系方面的发展。

由此可以认为，即使当时中国同西方交往的影响还较微弱，但可以肯定，伴随着这种交往，已通过中亚地区出现了某种程度的商业行为。在西方，曾以雅典为盟主而达到鼎盛时期的古代希腊城邦国家，此时由于马其顿帝国的并吞，

---

① Albert Herrmann Die Altan Seidens traosen Zwischen China and Syrien.

②《列子·汤问篇》。因《列子》系晋人所伪造，故关于周穆王西征之事多根据《穆天子传》，该书未被认为是伪书（参见《古史辨》，第一册）。

③《史记》，卷 5，《秦本纪》。

④ ［日］山下 "セリスセリカニツイテノ考"，《史学杂志》，第十七编第四号第六页。

⑤ Yule, Cordiar, Cathay and the Way Thither P. 6.

相继没落了。但与此同时，由于亚历山大清除了希腊同周围国家间的边境，并进一步向东方扩张，结果又开始出现了一些新兴的城邦。希腊的贸易范围也随之显著的扩大。以往在同中亚地区特别是印度的贸易方面，由于波斯帝国的存在而受到阻碍。但此时却开始出现了与之直接相对立的局面。西方的艺术家和商人开始纷纷进入这些国家，通过这些地方的中介而获得中国的丝绸。同时，随着巴克特里亚（Bactria，中国称为大夏）诸王国的希腊化，它同中国的直接贸易也成为可能。

希腊人在中亚地区的势力，存在不到 200 年，在亚历山大王死后 70 年即公元前 250 年，便由于安息国的建立而消失。作为希腊的后继者而兴起的罗马，开始不断向东方和西方扩展其势力，并终于成为了地中海的霸主。罗马与埃及、阿拉伯、印度等国之间的贸易日益兴盛，其进口了所有的东方的商品，其中也包括大量的中国的丝绸。当时罗马的贵族，作为丝绸的消费者而闻名于世。同时，这些奢侈品都要经过印度和波斯等地来获得。但当时的罗马人连丝绸的产地都不知道。之所以会出现如此情况，不得不考虑是由于当时罗马人轻视学术，将一切事务皆委之于奴隶，且于地理知识方面也显著低于上一代人的水平。尽管罗马的地理学家斯特雷波（Strabon，公元前 64—公元 21）认为，安息国的建立是促进地理知识发展的一个重大原因[①]，但事实上，勿宁说是与此相反。因为，由于罗马人摧毁了希腊王朝在中亚各省的势力，从而使大陆上所有的地方与希腊世界的交通被断绝，并使当时尚保留着希腊文化的巴克特里亚和印度边境的东方诸省也完全陷于孤立状态。[②]尽管希腊人曾长期占据过东方，但是罗马人却终未能了解有关东亚的知识。

再回过来看看帕米尔高原的东侧吧。在天山的南部，居住着许多生活于绿洲（Oasis）的定居民族。而天山的北部却与之相反，历来被认为主要是突厥的游牧民族所占据的地方。与此同时，在当时伊犁河流域还居住着所谓的塞族（Saka）人。秦始皇时，匈奴在中国北部形成一大势力。在公元前 209 年，匈奴王冒顿单于[③]建立统治后，曾不断征服北方各民族，并向四方扩张领地，中国开始将其视为敌国。[④]以后匈奴在头曼单于时，曾因河套地区为秦朝所攻占而

---

① Strabo i, 2. P. 14, Xi, 6, P. 508.

② Bumbery, History of Ancient Geography, Chap. XX, §15.

③ 冒顿之名相当于蒙古语的 Bogdo（白鸟：《蒙古民族起源》，《史学杂志》明治间）。夏德（Hirth）认为相当于土耳其语的 Baghadur 或 Baktur。见夏德《ヨハニネス・フォニ・チウロツのア系図ニツイテ》明治 37 年三月号《史学杂志》）。

④《史记·匈奴传》："然至冒顿，而匈奴最强大。尽服从北夷，而南与中国为敌国。"

势力稍挫，但从公元前 206 年至 202 年的汉楚交战期间，却变得强盛起来。其东破东胡，西击月氏，南并楼烦、白羊[1]，并夺回了河南之故地。当时匈奴的势力东接秽貉、朝鲜，西达月氏、羌。[2]在此以前，月氏从战国时期以来，一直利用其联接中国与西域的大道所必经的河西地方的地理条件，从事于东西方之间的中转贸易，但此时却被驱逐到比原来稍微靠西的地方。孝文帝三十四年（公元前 177—前 176），冒顿单于破坏了同汉朝签订的和约，入侵河南。其后，在对汉朝的关系方面，冒顿单于又处罚了右贤王并让其攻打月氏。月氏被从甘肃地方赶到了天山的北部。同时，其周围的 26 国也悉被征服。[3]从而甘肃以西全为匈奴所占据，其势力扩及天山南北。[4]至汉武帝初年，匈奴已成为中国西部的一大障碍。对此，《史记》曾这样记载："匈奴右方居盐泽、以东，至陇西、长城，南接羌，隔汉道焉。"由此亦可见，当时从塔里木盆地通往汉朝的交通要道如何为匈奴所侵扰阻隔。

那么，为什么此时匈奴要积极地向西入侵呢？对此首先应注意到，在此以前，匈奴就曾几次入居土地肥沃的河南地方，并已开始采用汉民族的农业生产方法。进而还可考虑到，秦末汉初以来，由于同汉朝进行战争，流落于匈奴的汉人，特别是汉文帝时，受到匈奴重用的"中行说"等投降匈奴的汉人向其传授了农业技术。[5]因此，至冒顿单于到老上单于的时代，匈奴已完成了一定程度上的生产方式的变革。同时，随着向东西方向的领土扩张和原始氏族社会的崩溃，国家形态已渐形成。随着畜产等产品的增加，从景帝时起，匈奴即已开始同汉朝通关市，并逐渐形成了同汉朝的商业关系。[6]由于匈奴势力不断向西

---

[1]《史记·匈奴传》："南并楼、烦、白、羊[河南王侵燕代]悉复收秦所使蒙恬所得匈奴地者。"颜师古注："二王之居在河南。"据此，"河南王侵燕代"六字应为衍文。藤田博士认为："南并楼烦白羊的所谓河南王的三王，大体即居住在今鄂尔多斯地区。"（见《月支の故地てその西移の年代》）但恐为将《史记·匈奴传》元朔之年条的"明年卫青复出云中……击胡之楼、烦、白羊于河南……遂取河南地"看错之故。

[2]《史记·匈奴传》："诸左方王将居东方直上谷以[往者]东接秽貉、朝鲜，右方王将居西方直上郡以西楼[月氏]氏、羌。""往者"和"月氏"均为衍文，在《汉书·匈奴传》中都被删去。

[3]《史记·匈奴传》冒顿寄汉文帝书："……今以小吏之败约，故罚右贤王，使之西求月氏击之，以王之福，吏卒良、马强力，以夷灭月氏，尽斩杀降下之。定楼兰、乌孙、呼揭及其旁二十六国皆以为匈奴。"

[4] 在冒顿的书中有"定楼兰、乌孙、呼揭及其旁二十六国"之记载，据此，楼兰显然是西域的国名，而乌孙，据加藤博士的研究，以前一直居住在西方（《史学杂志》42 卷，第 7 号 107 页）。从该书可知，乌孙当时即居住在月氏的附近。另外，藤田博士认为呼揭即"是其后的 Üigir"（见前引文）。回鹘的名字当时究竟是否存在呢？关于"二十六国"，在前引《西域传》有关徐广的补注中记载道："其时盖已有三十六国归匈奴者，楼兰之外惟二十六国也。"由此可知，当时匈奴势力已达塔里木盆地。

[5] 关于匈奴食用谷物的情况，在今天已得到考古学的初步证明（水野江上：《内蒙古长城地带》第 62 页）。

[6]《史记·匈奴传》："景帝复兴与匈奴和亲通关市。"

域发展，河西地方已不待言，即连塔里木盆地的诸绿洲国家，也尽被置于其武力威势之下。中亚的商路同西方的安息国一道，均为匈奴所控制，东西方之间的消息也完全被隔绝。

上述两大北方民族在葱岭东西的跋扈行为，即使对其自身的现实利益来说，可能不无所获，然而，遗憾的是这些行为皆系因缺乏政治和商业方面的才能所致。因此，不仅未能见到任何成效，反而如以下所述那样，作为中亚商路的妨碍者，而不得不持续地同东西两大帝国（汉和罗马）进行斗争。

4. 武帝的西部开发

自汉文帝初年（约公元前 177—前 176）以来，匈奴的势力已达准噶尔地方，越过天山山脉扩大到塔里木盆地。至此，可以考虑这是匈奴与西域的关系的最初情况，并且也是匈奴经营西域的第一步。

关于匈奴当时是以怎样的方式对西域进行治理，历史上虽未有明确的记载，但在《汉书·西域传》中，却可见到如下的有关记述："西域诸国，大率土著。有城郭、田畜，与匈奴、乌孙异俗。故皆役属匈奴。匈奴两边日逐王，置僮仆都尉，使领西域，常居焉耆……赋税诸国、取富给焉。"

日逐王是匈奴左贤王之子。[①]关于其嗣玄为王的时间，《汉书》和《史记》中都未记载。但其降汉的时间，据《汉书》的《纪》和《表》所载："归在神爵二年封（为归德侯）在三年"。即其掌领西域之时，当在公元前 60 年以前。另关于僮仆都尉的设置，据《汉书·西域传》中徐松的注释，当在孤鹿单于在位之时，即为武帝太始元年（公元前 96）以后之事。据此，当距匈奴入侵西域的时代约一个世纪以后。然而，匈奴既已统治了天山南北各国的大部分，作为其对于新开拓的殖民地的主要政策，自然也就会采取向各绿洲国家征收田赋，在贸易要道课征商税，以及收取财富畜产等措施了。恐怕可以考虑，在此之前，西域即已处于匈奴右贤王的直接支配之下了。

另一方面，汉高帝自平城之围以后，不想再与匈奴发生对抗，遂对之采取了屈辱的怀柔政策。这一政策经过惠帝、吕后、文、景诸代一直得到延续。至公元前 140 年武帝继位时，汉朝已逐渐确立了统一的基础。继前代的升平之治，此时农村经济得到了振兴，商业资本也进入了大发展的时代。武帝在其即位后的建元三年至六年（公元前 138—前 135），首先即派王恢等前往经营闽越，对

---

① 《史记·匈奴传》："左贤王病死，其子先贤掸不得代，更以为日逐王，日逐王者贱于左贤王。"

自秦征伐以来已渐趋发达的今之福建、广东的商业进行了整顿。

在北方，匈奴的势力日益强大。至公元前161年老上单于死，其子军臣单于继位时，匈奴的势力范围已扩大到东起中国东北，西至葱岭。特别是因在天山南部对商旅进行贪得无厌的盘剥，令过往的商客裹足不前。此外，匈奴还在长城附近同中国内地进行了商业交往。汉武帝即位时，对匈奴明确提出了和亲政策，待之以厚遇，并许以通关市。使当时出现了匈奴"自单于以下皆亲汉，往来长城下"①这种民族和睦和热衷于商业的景象。但正当这种商业关系建立之际，汉朝与匈奴之间却开始出现了全面冲突。这便是历史上有名的马邑之役。

这一事件的发生，使汉朝的计策终告失败。匈奴为此断绝了与汉朝的和亲，并进而攻打当于要路的汉朝边塞。汉朝已知匈奴"贪尚乐关市，嗜汉财物"，故意投其所好，许以通关市，但匈奴入侵日益频繁。马邑之役五年之后（公元前129），武帝遂派卫青等四名将军击匈奴于塞外的关市之下，但结果反为匈奴所败。

然而，这一切都丝毫未能动摇武帝的决心。之所以如此，可以认为，是由于从当时汉朝的国内形势来看，无论是经济方面还是政治方面，其向外扩张的各种时机条件均已成熟，并得到了促进。早在即位之初，武帝即听降汉匈奴人之言，为结成打败共同敌人——匈奴的同盟，而派遣张骞出使月氏。张骞出发之年被认为是在建元二年（公元前139）。②

月氏如前面所述及，于文帝初元三、四年（公元前177—前176）时，在河西地方受到冒顿单于匈奴的重大打击，被迫退出甘肃。老上单于时（公元前174—前161），又遭匈奴进攻，其国王被杀。至此，月氏民族转移到了西部的伊犁河流域，并赶走了那里的塞族，建立起了国家。③武帝利用月氏的民族怨恨，派遣张骞赴月氏，以联合其共同夹击匈奴。这一计划的主要目的被认为，只是为了欲断匈奴之右臂。但从当时匈奴把月氏赶出其长期生活居住的河西地方，并占据了直到葱岭的通商要道，给长安一带的贸易造成很大影响等情况看，比起认为张骞的使命只具有上述那种消极意义的看法，勿宁说，只能理解为，其意义在于，有意识地去考察西域的军事和商业道路，并联合其他民族，彻底

---

①《史记·匈奴传》。

② 桑原：《张骞远征》，《东西交通史论丛》，第26页。

③ 月氏从河西迁移到伊犁的时间，大体是在匈奴老上单于的时代（公元前174—161）。关于这点，在羽田博士《关于大月氏及贵霜》及白鸟、桑原、藤田等博士的各有关著作中，有着近乎一致的见解。当然由于这种远距离的迁移需要一定的时日，故很难确定其具体年代。

清除匈奴势力在东西交通商路上造成的障碍，以为汉朝开拓西部奠定治理工作的基础。

张骞在其旅程中，必须途经匈奴控制的地方，所以出发后没有多久，就被匈奴逮捕了。当时单于对这位汉朝使节的任务非常愤慨，诘问张骞道："月氏在吾北，汉何以得往使？吾欲使越，汉肯听我乎？"据此可知，匈奴显然已觉察出了汉朝的谋略。张骞在匈奴被拘留了十几年，直到元光六年（公元前 129），才得到机会逃离匈奴，至大宛。因给予优厚的利益条件，终于由向导转送康居，最后到达了月氏。

在张骞被囚于匈奴时，不久在天山北部从属于匈奴的乌孙族即扩大了势力。因其王与月氏有杀父之仇，在匈奴得知汉朝的计谋后，便采取同样的策略，唆使乌孙远逐月氏。[①]张骞居匈奴时，当然知道这一重大事件，所以在他逃离匈奴后，没有经过乌孙占据的伊犁河流域的道路，而大约是沿着天山南麓即当时的北道抵达月氏的。

再说月氏为匈奴和乌孙所迫，又从伊犁地方败走，迁移至中亚，来到妫水（OWXS）流域，因当时占据这一地方的大夏（Bactria）已到末年，很容易地即被占领。于是，月氏便建都于妫水之北，并归并了大夏。由于那里土地丰饶，且如后面所述，其商业上的利益也显得较河西故地优越，加以流亡多年之后，生活终于日渐安定，故已无再报复匈奴之心。因此也未接受张骞的游说。张骞在大月氏和大夏先后滞留了一年多，其间，详细考察了那里的商业情况，然后便踏上了归途。在返回汉朝的途中，再度被匈奴俘获。翌年即元朔三年（公元前 126）终于回到汉朝。

虽然张骞出使西域的正式任务完全未能完成，但他带回的有关中亚地区的商业、地理知识，却成为武帝经略西部边疆时的基础。元朔六年（公元前 123）武帝派张骞随大将军卫青击退匈奴。元狩元年（公元前 122），又从张骞之言，通过西南夷地，寻找经印度通往大夏的道路。结果，这一目的虽未能达到，但却使直到云南地区的商业都得到了开发。翌年即元狩二年，武帝又派霍去病从陇西出发，征讨匈奴。同年夏，再命李广、霍去病等分东西两路进军，攻破了匈奴的西侧，直抵祁连山。致使匈奴浑邪王率众降汉。于是，沿祁连山脉直至盐泽（Lop—Nor），已完全见不到匈奴。浑邪王前来降汉，标志着汉朝治理西部边疆的工作已取得初步胜利。汉将投降者迁徙到北方河南之地，并建立了五

---

① 关于乌孙在伊犁一带击败大月支的史实，据桑原博士推测也是由于匈奴的唆使。《东西交通史论丛》，《张骞远征》，第 28 页。

个属国。又在其故地设武威、酒泉二郡，^①据此，陇西北之地及河西等地悉皆属汉，汉与西域的关系也开始密切起来。接着卫青、霍去病又率军追击单于于漠北之地，直至阗颜山（鄂尔浑，Orkhon 河上游地区）以还。致使匈奴在漠南之地一时失去了朝廷。

汉朝在对匈奴进行上述两次重大打击之后，又将关东的贫民迁移到河南地方，并在河西地方从朔方以西直至令居（今平番）的诸州内，通沟渠、置田官，颁布屯田制度，还将 500 吏卒安置于此，以开垦匈奴之地。由于此时天山南北还处于匈奴的势力之下，因此武帝遂纳张骞之言，制订了与伊犁地方的乌孙结盟的计划。尽管汉朝始终将目标指向伊犁地方，但其更长远的目的，无疑是要将扩展于葱岭以东、天山南北的匈奴势力一扫而尽，并联结至大夏、安息等地方的交通要道，将塔里木盆地的商业掌握于自己的手中。元鼎元年（公元前 116）武帝遣张骞率 300 人出使乌孙。其携带财物之多，据《史记·大宛传》记载："牛羊以万数，赍金币、帛直数千钜万。"尤其其中的帛，为当时汉朝最为夸耀于世的国际商品。这些都由张骞的副使分赠于大宛、康居、大月氏、大夏、安息、身毒等国。

据张骞当时所了解的情况，乌孙在迁徙至伊犁后，尚未曾向匈奴朝拜。匈奴攻打乌孙王昆莫，但遭到失败，并且一时双方断绝了关系。此时若能帮助昆莫返回其故地，^②并将汉朝公主下嫁给乌孙，以与乌孙结成同盟，将可使伸展于西域的匈奴势力完全被扫除，通往大夏的贸易之路也自然将为之打开。张骞以此自信至于乌孙。乌孙接见了张骞，但张骞的来意未获答复，即与乌孙使者同归于汉。

汉朝虽未能使乌孙东迁，但其对于河西地方的经营却逐步取得了进展，其

---

①　在《汉书·武帝纪》元狩二年（公元前 121）条有："秋，匈奴昆邪王杀休屠王并将其众合 4 万余人来降，置王属国以处之，以其地方为武威酒泉郡。"昆邪、休屠之地大致为今之凉州至敦煌一带地方，在战国时代曾属于月氏。关于这点，在《汉书》《旧唐书》等的《地理志》及《通典》中，都有大致相同的记载。

②　关于乌孙的故地历来有多种说法，具体位置不得而知，《汉书·匈奴传》中所说的"浑邪王故地"显然是指浑邪王杀休屠降汉时所居之地，即匈奴两王原在河西的领地。汉朝将浑邪王所率 4 万人迁徙至北方的河南之地。由于在其故地至此时所居住的武威东部的广阔区域内，仅有 500 名吏卒在屯田，所以，大部分都仍然是空地。关于乌孙故地的位置，据白鸟和藤田博士的考证，似在月氏以西，其理由依据在此从略。总之，张骞使伊犁地方的乌孙迁移至河西故地的史实是毋庸置疑的。但问题在于，关于其故地的记载，在《史记》中为"故浑邪之地"，而在《汉书》中是指乌孙的故地。但在《史记·大宛传》中有"昆莫之父，西边小国也"。大致可以认为，匈奴在灭掉其西南的月氏后，又进一步收并了附近的乌孙之地，并占据了河西一带。这一区域正如《汉书·地理志》等史籍中曾反复指出的那样，正好是秦末汉初以来匈奴（主要是休屠、昆邪二王）的故地。所以，乌孙的故地无疑也只是浑邪王故地的一部分，《史记》中所说的"故浑邪之地"，恐怕只是为了对应上句的"今单于新困于汉"而已。

势力已从楼兰地方，①逐渐达到能够控制位于塔里木盆地的商业通衢。汉朝对于西部的治理活动顿时变得十分活跃，同时还向西域派遣了许多使者。但由于其中不少人恣行其贪欲，招致了西域各国的反感，楼兰、姑师（车师）等亲匈奴的国家遂不断对汉朝使者表现出对抗的态度。为此，元鼎六年（公元前 111）武帝派公孙贺、赵破奴将匈奴击退至大漠之北数千里外。同时，又分武威、酒泉之地，设张掖、敦煌二郡，并"徙移民以实之"。②元封二年，再派赵破奴破车师、楼兰，并将楼兰王捕杀之，以此向西域诸国显示其兵威。

位于葱岭以西的大宛国，以产名马而闻名。此时有汉朝使者前来求马。当时中亚的商路虽然往来困难，却已开通。故大宛不仅拥有汉朝的物产，而且对汉朝政治、商业势力的西渐抱有反感。于是，大宛袭击了汉使，将其杀死，并收夺其财物。武帝为此大怒，遂于太初元年（公元前 104），派贰师将军李广利率大军攻打大宛。其间虽出现许多曲折，但终于在太初二年，使大宛降汉，并获名马而归。

这样，西域各国相继为汉朝所征服，中亚的商业道路完全处于汉朝势力的控制之下。汉朝还在道路沿线设置亭驿，以建立军事上的保障。就此《汉书·西域传》中记载道："自敦煌西至盐泽，往往起亭，而轮台、渠犁皆有田卒数百人，置使者校尉领护，以给使外国者。"颜师古将"使者校尉领护"注释为"统领保护营田之事也"③，即统领屯田的士卒，以镇压匈奴和其他各国的反抗，并以此保护东西贸易商路的畅通。

---

① 关于张骞之死，《史记·大宛传》中记载为"骞远到，拜为大行，列于九卿，岁余卒"。而公卿表中则为"元鼎二年，骞为大行，三年卒"。略有差异。

② 在《汉书·武帝纪》元鼎六年条下，记载着"乃分武威酒泉地，置张掖敦煌郡，徙移民以实之"。武威、酒泉设置于元狩二年，对此，《汉书·西域传》在谈到"其后，骠骑将军击破匈奴右地，降浑邪、休屠王，遂定其地。始筑令居以西"之后，又紧接着指出"初置酒泉郡"。这恰好同《武帝纪》中的记载相一致。但在《汉书·地理志》中，武威的设置是在太初四年（公元前 101），酒泉的设置则是在太初元年（公元前 104），这比《武帝纪》中记载的年代要晚得多。恐怕也根据《史记·大宛传》中所记载的"而汉始筑令居以西，初置酒泉郡"。然而，齐召南在《汉书·地理志》武威郡条下的注中批驳道："武纪元狩二年匈奴昆邪王杀休屠王，并将其众来降，置五属国以处之。以其地为武威酒泉郡，岂至太初四年乎？志与纪自相矛盾。"主张"自应以纪为实，下之郡同"。这大约是正确的见解。对此，藤田博士也认为"是指经过分县等，而完全成为汉地之时而言"。关于张掖、敦煌的设置，据《地理志》记载，分别为太初元年（公元前 104）和后元元年（公元前 88），似乎也与事实不太相符。

③ 在《汉书·百官志》的表中，没有使者校尉的官名，徐松泣云"西域屯田之官皆为校尉。此秩尊者加使者以别之。亦称使者"。这便是其后都护的前身。

5. 国际贸易的黎明

武帝远征西域所建立的业绩从政治角度来讲，首先是使汉朝的疆域得到了扩展，并使其声威播于远方。从而在很长时期里，使其统治得到了巩固，并一直保持了强大的国势。另一方面，从经济影响来看，连年的兵役，使当时的社会受到了重大的打击。民生疲弊，尤其是财政上的困难达到了顶点。这些同时也说明，当时的社会生产力还比较落后，从而并不必须向远方开拓和移民。而且从当时国家的经济基础来看，也尚不具备这样的条件，更何况是这样荒僻的沙漠地方，即便对于今天最发达的国家来说，也未尝不是困难和浪费的。所以，这些举措若单纯从经济角度讲，是很不合理的。但汉武帝之所以敢于这样做，主要是为了彻底消除匈奴的祸患。尽管实际上并未能够消灭匈奴的势力，但另一方面，通过张骞的两次政治出使，却在把中亚地区各种商业知识带回汉朝方面，取得了意外的重大收获。汉朝由此得知，西域各民族皆将汉物视为贵重，其兵弱，且多珍异之物。这些也影响了汉朝天子在对西域政策上的意向。[1]可以考虑，汉朝先是采取了种种方法，为打通与西域之间的交往关系而进行了努力。但由于一直未能达到此目的，遂逐渐演变为对于匈奴的斗争，并最终发展为围绕开通商路而进行的斗争。

前已述及，张骞在使乌孙时，乌孙曾遣使数十人随其归汉。由于张骞向乌孙使节展示了汉之富厚，其归国后又将情况作了叙述，乌孙遂对汉朝愈加重视。终于在元封年间（公元前110—前105）与汉朝联姻，并结成了军事上的同盟。在此之前的元鼎四年（公元前113）即张骞死后的翌年，[2]葱岭东西各国就曾各遣使者，随张骞的副使一同至汉。这些使者未必是正式的使节。《史记·大宛传》说："其后岁余，骞所遣使通大夏之属者，皆颇与其人俱来。"这里的"其人"即是大夏的"属者"。一般的史籍向来惯于竭力颂扬本民族王朝的政治，在外国的使者来朝时，自然一般会记载为"使者""使臣"等。但此处却谓之为"其人"，因此，可知当为其使者无疑。此外，其他一般人也不会迢迢千里地穿过沙漠，冒着艰难困苦长途跋涉地到汉朝来观光。故以此观之，这些人当是中亚地区的商人。他们为尽快找到在西方有大量需求的某些东方的商品，便借汉使来访之

---

① 《史记·大宛传》："天子既闻大宛及大夏、安息之属皆大国，多奇物、土著，颇与中国同业（汉书作俗），而兵弱，贵汉财物。"

② 若张骞之死大致在元鼎三年，那么，各国使节来汉是在其死后第二年，即元鼎四年的说法当是比较可靠的。

机，随其进入作为这些商品产地的中国，以获得各种奢侈品。

另一方面，汉朝对于西域物产的知识也有了显著的增长。这同时又引起了皇室贵族及大商人的贪欲。其中最令天子动心的是大宛等地所产之名马。为了获得名马和其他珍物，汉朝不断向西部各国增派使者。当时这种使节已被组成为团体。据史书记载，其大者可达数百人，少则也有百余人，并且其所携带的物资远多于张骞出使之时。

这些汉人的团体运载着丰富的物资，离开故国，踏上了通向西方或南方（印度）的旅程。他们在通往中亚的荒漠中的商路上行进着，常常是驼铃叮当，沿途相望。汉朝最初向西域派遣了为数颇多的使节，但由于其本来就与一般政治上的使者的性质不同，因此往往因为商业上利益而产生一些弊害。后来，汉朝便使其数量有所减少。即便如此，一年之中，至少也要派出五六队到十余队的团组。他们根据所出使地方的距离远近，往往经过数年乃至八九年的时间再返回汉朝。

这些不断往返于中亚商路的使节团的主要人物，为加强其在商业上的信誉，而自称为博望侯。但其中许多人实际上都是来自于吏卒、穷人和小商贩等。他们趁着汉朝的西进政策，争相加入出使的队伍，不顾沿途交通的不便，甘愿经受长达数年的旅途生活的艰苦。他们在实际上不过是起到了所谓官许商队的作用。

那么，这些人的活动究竟到达了哪些地方呢？《史记·大宛传》中，除了大宛以外，还列举了安息、奄蔡、黎轩、条枝、身毒等国名。这些国家全都位于葱岭以西。安息即 Parthia，就是前面所述及的，当时以伊兰地方为中心，且其势力已扩展到西亚的安息（Arshak，Arsaces 的音译）王朝。奄蔡位于安息之北，是今之里海（Caspian sea）附近（阿拉莫 alamo 地方，伏尔加 Volga 河下游一带）的游牧民族阿兰所建立的国家①。黎轩向来是学术界有争议的地方②，大约为当时罗马的东部边境，具体来说就是位于红海湾头两岸的大城市。关于

---

① 夏德（Hirth）认为奄蔡（An-tsai）就是 Strabo 的书中所提到的 Aorsi 或 Qe Guignes 等主张的所谓 Alani（China and the Roman Orient PP. 139-Note1）。

② 关于黎轩的地理位置有多种说法。其中作为最具代表性的两种主要看法，对此有专门研究的夏德认为，黎轩（Reken）即红海北岸的 Petra（见《大秦全录》P. 160-161）；而白鸟博士则认为是亚历山大（Alexandria，见《大秦国及ビ拂菻国ニいイテ》，《史学杂志》第十九编第四号）。只是前者提出的年代略有矛盾，而对后者所提的译音也存在一些争议之点（例如"Kan"的发音较微弱）。

条枝国的地理位置，也是众说纷纭①。清朝的洪钧认为，波斯人把居住在两河流域的阿拉伯（Arabia）人称为塔赤克，汉朝时，其上游已无人迹，但在下游近海之处尚居住着一些阿拉伯人，这片地方便是汉时的条枝。②这虽是比较旧的观点，但却与波斯湾头地方的说法相符。其次，身毒是 Shindhu 的译音。与此相应的这一词汇的用法还见于《佛国记》中的新头（Sind）河和《高僧传》中的辛头河，③即印度（Induo）河流域地方。当时无疑是指印度的西北部。

要而言之，上述各国都是当时从葱岭至西亚的地区中最重要的国家。如像安息，早在米斯里达梯斯一世（Mithridates I，公元前 174—前 136）时，就侵略了东方的巴克特里亚（Bactria）王国，吞并了西方的波斯（Persia）、苏里亚那（Suriana）、巴比伦尼亚（Babylonia）等地方，还征服了亚美尼亚（Armenia）。在其末年，甚至虏走了叙利亚（Syria）的国王，其国势可谓盛极一时。当时安息在陆路上的势力已凌驾于印度和阿拉伯，所有中亚各地的商业皆为其所垄断。例如，叙利亚最发达的染织品的原料即生丝，几乎全部都是通过安息的商人从中国输入的。④奄蔡据《汉书·西域传》记载，当时与安息并称为二大强国。犁轩是罗马东部的领地。公元前 146 年，罗马在灭掉马其顿（Macedonia）之后，其势东达小亚细亚，成为当时地中海上唯一的大国。同时，战胜的荣耀也伴随了享乐的风气，使其沉醉于东方豪奢的生活时尚。如被夏德（Hirth）比喻为黎轩的佩特拉（petra）是罗马的一个省，早在希腊时代，这里就是东方商路的中

　　① 关于条枝的地理位置，有以下几种主要的观点。De Guignes 认为它就是 Perse（Histoire des Hnns, VOl. ii. PP. 51. n）。夏德（Hirth）则认为，其约相当于《后汉书·西域传》中记载的于罗，并指出，于罗即在 chaldaea 湖（幼发拉底河西部的支流）的 Nedjel 半岛附近（《大秦全录》P. 144-157）。对此，查万尼斯（chavannes）则主张是 Tigris 河口的 Mésène（波斯语=Desht）（见 Les pay d'Oceidentanxd'aprés les Hou-han Chau. Tsoung Páo, 1907.）。此后，藤田博士又对夏德的说法提出歧见，主张应当是在波斯湾东岸的 granis 河一带，即古时候的 Taôhê（《条支国考》见《东洋学报》大正十二年，及《东西交涉史研究·西域篇》）。另外，白鸟博士又对藤田的看法提出不同见解，其主要特点是把查万尼斯主张的 Desht 认定为闪姆（Sem）语的 gĕjair（gĕjewe 岛的复数形式），并且对其位置的认定与前者稍有偏差。（《条支国考》见《内藤博士还历纪念文集》）Deguignes 也与藤田博士一样，认为 perse 就是 Persis，但其论法比较粗率，论据也不够充分（见前引文《西域篇》第 221 页）。对此，夏德苦心钻研得出的学术观点则显得非常缜密。但遗憾的是，即使如此，其在时间、地点及译音等方面也存在着一些矛盾之处。

　　②《元史译文证补》，卷二十七，《西域古地考》条枝条。
　　③《高僧传》，第三，《智猛传》："共度雪山，渡辛头河。"
　　④ E. S. Bouchier，《Syria as a Roman Prouince》1910. Oxford. PP. 161-163。

心。[①]此外，亚历山大（Alexandria）作为在埃及的主要市场，也进行着对来自印度的东方物产的交易。在斯特拉伯（Strabo，公元前64—前23年，希腊地理学家）生活的时代，每年到达印度的商船多达120艘。条枝是叙利亚领地的一部分。当安息王朝的势力扩及到西方后，大约成为了安息所辖的地方。这一地区正如上所述，是阿拉伯人的聚居地，并且由于位于两河的出海口，无疑是当时的一个大的商业都市。印度从古代就是商业繁盛的国家，它同中国之间的关系，从张骞出使大夏时代就已得到充分的了解。

当然，在汉武帝以前，对于这些国家的情况还是不甚了解的。并且，从《史记》的《大宛传》和《汉书》的《张骞传》也可得知，在此之前，张骞也从未去过这些国家。那么，汉朝的使者们究竟到过上述各国吗？《汉书·西域传》乌弋山离条对此有以下记述："［乌弋山离］绝远，汉使希至，自玉门阳关出南道、历鄯善而南行，至乌弋山离，南道绝矣。"乌弋山离据认为，大体相当于希腊人的阿拉霍西亚（Arachosia）。《汉书·西域传》中也说，其东接罽宾（Kashmir），东北是安息，西面接黎轩、条枝。另外，在《后汉书·西域传》大秦国条下，也可见到以下记述："前世汉使，皆自乌弋山离以还，未有至条枝者也。"将这一看法征于班固时代汉人所获得的地理知识，也同样可以得到确认。总的来说，不能认为所有西行的汉使都到达了各自的目的地。其后，即便在班超将汉朝势力扩展到葱岭一带时，其使节也未能到达条枝。由此也可窥见当时的实际情况之一斑。当时对于前往西方的汉使来说，即使敢于经受地理上的风险考验，其途中所将面临的各处人为的障碍也的确是难于克服的。

尽管存在着上述种种困难，但在汉朝与西方之间毕竟建立起了某种程度的商业关系。上述汉朝的使节们不断侵占政府的物资，或直接将其变为个人私有的财产，[②]以此同葱岭东西的各民族进行贸易，或通过西方的商人，与遥远的地中海方面进行交换。他们将西方的珍物带回汉朝，并获得巨额的利润。对于这种倾向，汉朝无论是在其商业政策方面，还是在开拓边远地区事业的初期，都采取了奖励的态度。《史记·大宛传》中就此记载道："来还不能毋侵盗币物，及使失指，天子为其习之。辄覆案致重罪，以激怒，令赎复求使。"由此也可察

---

① P. V. N. Myers 对 Aralia petraea 作了有关的考证。据此他认为，petra 大致相当于《圣经》中的 Edom 和 Moal 地方。这里在希腊时代即已成为东方的商业中心，罗马时代，在 2 至 3 世纪时，作为罗马帝国东部领地的要塞和首府，这里变得更加昌盛。为此，如今在其故地仍留着许多十分精美的石刻（其风格为希腊、罗马式，并主要是罗马巨商和军官的坟墓。参见 Ancient History PP. 463）。

② 从《史记·大宛传》："来还不能毋侵盗币物及使失指"，"使端无穷而轻犯法"，"其使皆贫人子，私县官赍物，欲贱市，以利其利外国"等记载来看，足可察知当时之一般。

知，当时汉朝政府对于国际贸易的积极态度。

随着汉使不断地前往中亚，也有愈来愈多的西方使者来到东方。他们带来了当地的各种货物，并以朝贡的方式献纳于汉朝。例如，汉使从安息回国之时，安息的使者即随同来到长安，向汉朝进献了大鸟卵和黎轩的善眩人。且又有"宛西小国驩潜、大益、宛东、姑师、扞弥、苏薤之属，随汉使献见天子。"此事见于《史记·大宛传》。汉朝则向这些西域的商业使节赠送本国的商品，并向其炫示汉之富厚。对此《汉书·武帝纪》元狩六年有如下记载："冬十月，赐丞相以下至吏二千石，金千石。以下至乘从者帛，蛮夷锦各有差。"值得注意的是，在各种织锦中，还有特别用以赐与蛮夷者。此外，《史记·大宛传》中，还记载："是时上方数巡狩海上，乃悉从外国客[1]，大都多人则过之，散财帛以赏赐，厚具以饶给之，以览示汉富厚焉。于是，大觳抵出奇戏、诸怪物，聚观者。行赏赐，酒池肉林，令外国偏观各仓库府藏之积，见汉之广大，倾骇之。"《汉书·食货志》中，关于武帝的行赏和散在于北方各城市的帛的数量情况，也作了描述："于是天子北至朔方，东封太山……所过赏赐用帛百余万匹，钱金钜万计。"以上记载的都是西部开发前不久的情况。目前，苏联的学者将上述情况讽刺为武帝的"广告旅行"，并认为，其"在走向为获得商路的战争之前，扮演了普通的样品行商的角色"。[2]武帝果真是起到了这样的作用吗？这必须引征当时的历史事实来加以说明。

6. 塔里木盆地的商队

武帝所采取的上述策略，一般被认为是出于纯粹的民族思想的动机。但是，付出重大的牺牲，并动用了大量的兵力才得以实行的西部扩张政策，并非全都是由于他的好大喜功的思想观念。另外，在其民族思想的深处，还必须将当时的社会要求也考虑在内。尽管当时的生产力从总的来看，仍处于较低的水平，但是一些特定产业，例如像绢丝、冶矿等，由于在政治上受到了汉朝的保护，加以出现了商业与手工业的结合，从而使生产力有了显著的提高。如像丝织品，当其正在为国内市场的狭小而困扰时，却发现了来自外民族的大量需求，因此，对于商路和国外市场的开拓就显得越来越必要了。

以上说明，武帝派遣使节前往西域，绝非仅以获得名马为其目的。同时也不能认为，仅仅是为了通过招引外国的商客，及向西部远征等手段，对外显示

---

① 此处的"客"可视同于《后汉书·南匈奴传》中的所谓"西域胡客"，即可解释为一般的外国商贾。

② Safaroff，Klassni Klassovaya Boryba V. Kitaiskoy Lslorii.

汉朝的富厚和武威。这其中还有着一层更为积极的政策意义。据《史记·大宛传》中记载，当吏卒们争相上书武帝，以请求出使西域时，"天子为其绝远，非人所乐往，听其言，予节。……为具备人众遣之，以广其道"云云。从而可以认为，在当时汉朝的兵力尚未充分达到能够向塔里木盆地配备的条件下，繁荣东西部间的商业通路，并保障其畅通无阻，无疑成为当时最迫切的需要。

随着这种政策的积极推行，当然也会相应地产生出种种弊端。加以当时匈奴的势力尚未完全退出塔里木盆地，那里的各国对之采取的反抗态度也日益激烈。不仅车师、楼兰，远及葱岭以西的各国也使汉使深受其苦。《汉书·西域传》大宛国条下，就此记载道："自乌孙以西至安息，近匈奴。……匈奴使持单于一信到国，国传送食，不敢留苦。及至汉使，非出币物，不得食。不市畜，不得骑。所以然者，以远汉。而汉多财物，故必市，乃得所欲。"这固然是由于汉使在西域地方"贱市私利"的结果，但从中还应看到，当地各国对于汉朝所采取的积极的西进政策，所表现出的不满和反抗。

反顾汉朝对于西部的统治过程，当时也并非是和平地进行的。从总体来看，在向西部开拓移民的初期，到处都未能避免伴随着背信弃义、贿赂、残杀及卑鄙的谋利行为。不仅是使者和商人，即使连官吏也竭力进行这样的榨取。举例而言，汉元帝时，曾在西域任校尉的陈汤，其勇名传于史书。但其在西域任上时，也最为姿肆于盗掠的行为。《汉书》卷70《陈汤传》中有，"汤素贪所房获财物，入塞多不法"。从中亦可透见到他当时在西域的所为。

这样，在远征大宛之后，塔里木盆地的各国都处于汉朝势力的影响之下。各国与汉朝之间使者的往来，又促进了贸易的发展。从那时起，来往于中亚地区的普通商队的数量日渐增多，并使沿途所经之处也因此变得熙熙攘攘。长期以来为匈奴的侵扰而变得荒寂的塔里木盆地，此时很快又被商旅的人群点缀起来。无论是沿着天山南麓所要经过的疏勒、姑墨、龟兹、焉耆、前车师王国等所谓北道的国家，还是蒲犁、莎车、于阗、扜弥、鄯善等南道的各国，都是所谓城邦国家，此时都成了过往商队进行贸易的地方，或其歇宿的旅栈。从而也使这些国家的商品经济因此变得十分繁荣。

如后面所述，这些商队都是由塔里木盆地各个国家的人，及其周围的大夏、印度、康居等各民族——他们一向被称为西域贾胡所组成，他们来往于沙漠地带，从事东西物产的交易，并获取巨额的利润。《后汉书》卷24《梁冀传》中说："[冀]调发生菟，刻其毛以为帜。人有犯者，罪至刑死。尝有贾胡不知禁忌，转相告言，坐死者十余人。"

梁冀是后汉顺帝（126—144）时的大将军，由此也可知，当时西域的贾胡已活跃于京都洛阳。"胡"这一称谓，在历史上一向被用为对于某些方面的外民族（也是人种学上的）的指称，而见之于文献。由于其所指的具体范围不甚明了，至隋时，僧人彦琮首次将"胡"与"梵"作了明确的区别。[1] 到了晚近，这一问题在西方的学者中也引起了议论。例如纳乌曼（Naumann）推论其为西亚的民族。[2] 夏德（Hirth）虽不十分肯定，但也推测其为波斯湾沿岸尤指两河流域地方的居民，即阿拉伯人，或者就是波斯。[3] 从中国的历史来看，早在秦汉之时，当时的人就专门称十分兴盛的匈奴为胡，这点常见于《史记》和《汉书》。[4] 前汉时，西域各国的民族和羌族等与指称匈奴的胡有着明显的区别。[5] 但及至后汉，胡所指的范围逐渐变得更为广泛，乃至成为了对一般西部塞外各民族的通称。当然，在此以前，也有不少把胡（匈奴）称为东胡，而把西域地方的人称之为西胡的情况。[6] 以后逐渐把所有西部的各民族都称为胡了。例如，《后汉书·西羌传》中有"遂发湟中羌胡""湟中月氏诸胡"等，羌与胡经常并记在一起。另在道宣《释迦方志》记载："雪山以西，至于西海，名宝主也。偏饶异珍，而轻礼重货，是为胡国。"这恐怕就是近似于夏德（Hirth）所推测的地方。在《玄奘西域记》中的"飒秣建国"条下，还记有："凡诸胡国，此为其中。"据此，似乎把奥克苏斯（Oxus）河一带也称为了胡国。总之，原来专用于称呼匈奴的"胡"，此时却逐渐变成了对于西部各民族的通称，这点确是不无趣味的。但是，若将当时匈奴势力所及的汉朝的西部地区的商业情况结合起来考虑的话，此事也并不难理解。至后汉时，随着匈奴逐渐衰落，通往中亚的商路得到了充分的拓展。西域的商队也因此不断地经过河西地方来到汉朝。这些商队主要是伊朗民族，他们在西域地方，也同匈奴之间保持着商业上的关系。在此值得注意的是，由于匈奴本来就在政治和商业等方面同汉朝有着密切的联系，因此，

---

① 《续高僧传》，1。

② Newmann Zur Geschichte der Schrift bei den Tatarischen Vilkerschaften，in Asiat Studien, PP. 128-130.

③ Hirth, China and the Roman Orient, PP. 271-272.

④ 直至后汉，"胡"大体都是指匈奴而言。如"月氏遁而怨匈奴，无与共击之，汉方欲事灭胡"。（《汉书·张骞传》）"宛国饶汉物，相与谋曰，……出其北有胡寇。"（同前）"其夏汉亡浞野之兵二万余于匈奴。公卿议者皆愿罢军专力攻胡。"（同前）以上引文中的"胡"都是指匈奴而言，其他如在《汉书》的《汲黯传》和《晁错传》等当中，也多称匈奴为胡。

⑤ 《汉书·西域传》中，在有关鄯善、危须、焉耆、龟兹、疏勒的记载中，都曾提到却胡侯、击胡侯、郤胡都尉、击胡都尉、却胡君、击胡君等官职。在鄯善国条下，颜师古注曰："凡言却胡、击胡者皆近匈奴之国。"另外，对于羌族的婼羌国，也称其王为去胡来侯。

⑥ 《说文》邑部："鄯善，西胡国也。"玉部："玗琪，石之有光者，璧玗琪也，出西胡中。"以上提到的西胡都是指西域各国而言。

在许多情况下，他们在这些商人与汉朝之间，起到了各种联系作用。例如，后汉时，匈奴为向汉朝求亲，曾于光武帝建武二十八年（公元52），"率西域诸国胡客与俱求献见"，即说明了这种情况。[①]匈奴为西域的商旅充当向导（Caravan leader），带领他们周游沙漠地方的各国。还随同他们往返于汉朝的京城和其他大都市，并为其介绍交易，这确是十分有利的活动。再就汉人方面而言，由于不论是匈奴还是伊朗人，自来就根据其语言、相貌而将其一律视为外民族，所以，随着其后来往于汉朝的西域商人日益增多，也就逐渐将来自西域的各民族的人都称为胡人了。[②]这些西方的商队不断往来于汉朝，不仅刺激了汉朝各部门生产力的发展，还通过作为贸易的中转地，使通往西域的道路沿线的各城市的商品交换关系都得到了显著的促进。从而，各个商队便趁此纷纷停留于各个绿洲，以营取商利。《后汉书》卷54《马援传》中记述道："伏波（马援）类西域贾胡，到一处辄止。"其注释中又有"商胡所止处辄停营"之补充说明，由此也可见，当时西域地方商业发展情况之一端。在这一地区贩卖的物品，有的来自中国内地，有的则来自遥远的葱岭以西的各国。在后汉明帝时，从班固致其弟班超的书信中，还可看到有关当时物价的一些情况。"窦侍中前寄人钱八十万，市得杂罽十余张。"[③]亦即说明当时一张杂罽价值七、八万钱。由此也可想见，当时商队获得的利润之丰厚。信中谈到的"杂罽"，可以理解为用各种原料混合织成的罽，也可解释为各式各样的罽。关于罽，《说文》中解作"西胡毳布地"，《尔雅》中则解作"毼罽也"，犍为舍人又在其下补注云"……罽，胡人绩羊毛作衣"。其为印度、罽宾、安息、大秦等国的有名特产，当时汉人将其视为珍贵，甚至高于丝绸。这种毛织物大约系由商队从葱岭以西的各地运入，然后沿途行销于塔里木盆地的诸城市。由于其产地不同，因此罽的质地、色泽、大小等也各式各样。杂罽的含义，恐即源于上述这种情况。在斯坦因从楼兰附近（罗布泊之北）发现的文书中，即有记载着以下文字的断片。[④]

A 面——兵胡腾宁市青旆一领广四尺六寸。
B 面——长丈一尺故□旆褶一领贾□三匹。

---

① 《后汉书·南匈奴传》。
② 王国维在《续西胡考》（观堂集林十三）中，曾论及胡人的容貌，并稽考了其与今人之所谓"胡子"（须）之间的语源关系，在其结束语中还列举了匈奴与胡人在容貌上如何相似的论据。
③ 为《御览》卷816所引，亦见《兰台令集》。
④ E. Chavannes，Les Documents Chinois P. 171, op. cit, No. 804-L. A. vi, ii, 0213.

斿与"毰"字音、义相通，褶作袷衣解，此处意为袴褶，即骑兵服。自汉代以来，直至晋代，驻守在楼兰一带的戍卒不断从途经当地的商队手中买来这种毛织物，以充制作军服之用，这种看法应是比较合乎当时实际情况的。当时不仅仅是购进西方的物品，汉朝的丝绸等也不断运销于西域。斯坦因在同一地方还发现了以下的文字记载[1]：

> 胡阿宗贡[2]白绢
>
> 十匹二丈黄绢
>
> 缣一匹为[3]二匹

上述二例虽均被认为是晋代情况，但即便在汉代，这种情况也可能会有的。同时，尽管上述商队都以汉朝的城市为其目的地，但许多情况下，其贸易都是在塔里木盆地进行的。在当时那种运输工具落后的情况下，像罽这类物品，由于体积和重量的缘故，能够运到汉朝的恐怕只是很少的一部分。因此，塔里木盆地作为东西贸易的中转地，也起着为来自中国的订货提供货源的作用。这样，各民族的商旅往来并逗留于此，各地的物产也汇集于此，这里着实呈现出一派世界大市场的景象。

7. 贸易形式与货物之一斑

当时在西域，作为进行商业活动的场所，即市场，究竟是怎样的情况呢？《汉书·西域传》罽宾国条下有"罽宾……有金银铜锡以为器市列"，唐颜师古加注云："市有列肆亦如中国也"。此外，在《西域传》中有关乌弋山离国的条下也有"食饮宫室市列"，特别提到了"市列"。以上两国均在葱岭以西，而在有关塔里木盆地的记叙中，在疏勒国条下记载有"疏勒……有市列"。疏勒作为当时葱岭东麓唯一的商业地区，商业市场历来是很繁荣的。在其他位于南北两道的各国，当然也会有市列。关于"市列"，首先从中国的情况来看，在《汉书·食货志》中，卜式曾指出"今弘羊令吏坐市列贩物求利"，在该志中，晁错也谈到"商贾大者积贮倍息，小者坐列贩物求利"。颜师古又加注曰"列者，若今市中买物行也"。就是说，像今天也存在的一般的集市那样，属于一种定期或日常摆列的摊市，商人坐在那里与顾客进行交易。现存有关记述西域这种贸易实际情

---

① Ibid, P. 188. No. 913-L. A. vi，ii, 0232.

② Chavannts《Documents》（中国史文献）中的"贡"字，实物图版作"有"，"有"是正确的。

③ 该书中的"为"，在实物图版中则作"布"，"布"字应是正确的。

况的资料非常之少。现引征一些西方学者所作的记录。在据认为是罗马的蓬波尼斯·梅拉（pomponins Mela）在 50 年所著的《梅拉的科学世界》（Mela de si orbis）中，曾经这样谈到塞里斯（Seres）人，"他们为人非常诚实，擅于做生意。交易时并不当面交涉，而是将货物放在沙碛上"。[①]另外在普林尼（pliny）（23—79）的《博物志》中，也曾引用拉切斯（Rachias）的话谈道，"塞里斯人身材高大，……其货物皆运至一条河的东岸，放在其他塞里斯人货物的旁边，待价钱议定，便各自携去，互不搭言，而仅以眼色确定交易。[②]此处的塞里斯国系指中国的西部地区，这是为一般学术界所周知的。在梅勒的著作中所谈到的沙碛中的市场，大约指的就是塔克拉玛干沙漠。因此，普林尼所说的河也应在这同一地区。[③]这种无言的互市（Silent Commerce），恰与在法显的《佛国记》和杜环的《经行记》中所见到的，师子国（锡兰岛）等地的那种"鬼市"颇为相似。由于这仅是外国人所见到的情况，因此往往难免有将事实夸张之嫌。但另一方面，当时西域地区仍处于自给自足的状况，刚开始经历到交换关系，私有观念尚较薄弱。抑或由于当地的一般物质生活较为充实，人民的道德观念还比较强。因此可以想见，当时在进行贸易时也未必是锱铢必较的。

上述这种贸易主要是在西部地区的各民族之间进行的。而汉人同他们所进行的商业交往正如前面所述及，是通过使者和边境的商贾等进行的。《史记·大宛传》中记载道："及至汉使，非出币帛不得食，……汉多财物，故必市，乃得所欲。"该传中还记述了征伐大宛时的情况："出敦煌者六万人，负私服者不与。"颜师古注曰："负私粮及私服者，不在六万人数中也。"此处当可更明确地理解为负私财（即商品等）从六万人之军者（私人商贩）。

当时在西域进行的这种贸易中，汉朝的绢帛在交易的商品中居于首要地位。《汉书·西域传》渠犁条下记述道："其旁国少锥刀，贵黄金、采缯，可以易穀食，宜给足不可乏。"颜师古注解作"言以锥刀及黄金、彩缯，与此旁国易谷食，可以给田卒，不忧乏粮也。"此处值得注意的是，汉朝的屯田士卒虽自有其田地谷食，但仍以彩缯与这些西域国家进行交易。如将这点与前面"负私从者"的情况结合起来考虑的话，则更显得意味深长。

---

① H. Yule, Cordiar, Cathay and the Way Thither, Vol. i, P. 196.

② Ibid.

③ 古代各种族进行交换的场所，一般就是设在各种族领土相毗邻的中立地带。"Anglo Saxon 语的 mark（即今天所说的 market）便是由这一意指野兽栖息的地方的词根派生出来的。亦即，交易者们纷纷离开各自的小村落围垦地，而聚集到这些中立的荒芜地区，以便在这种野兽的国度进行交易。"见 E. untermann, Marxi an Econvics. 日译本，第 106 页。

关于西方民族如何渴望得到缯帛等丝织物的记载，不唯见于希腊、罗马等国的记录中，汉朝史书中对此的记述也不胜枚举。可以说，缯丝贸易的进行，成为推动东西交通发展的一大原动力。同时，中国对于西方物品的需求也不在少数。例如，相对于缯丝，除罽等毛织物外，还从西域地区输入大量木棉织物。并且，由于颇受欣赏，其价格自然也很高。关于木棉织物，在前汉至后汉的许多史籍中提到的"榻布""荅布"，据那波教授（日本学者）的考证，不是木棉织物，这一观点也见于《后汉书》中。那波教授还认为，"帛叠布"与"白㲲"都是"西域对木本木棉织物的称呼"。[1]据《后汉书》所载，作为西南夷中哀牢夷的物产之一的帛叠，在后汉末年已由西域输入。在魏文帝（220—226）的诏书中即有"夫珍玩所生，皆中国及西域，他方物比不如也。代郡黄布为细，……故不如白叠布鲜洁也。"[2]帛叠的"帛"音"白"，如将其视为来自外语的音译，帛叠即同于白叠，故只能将这二者视为相对于同一语音的实物。[3]那波教授的研究结果认为，中国人对于木棉织物知识的了解"无论怎样早，也不会更早于晋代或后汉时代"[4]。据此，《张骞传》中的蜀布和《蜀都赋》中的"橦华之布"，都被认为含有着一些与缅甸和印度有关的因素。《后汉书·西域传》天竺国条下，在列举其物产时有"……又有细布好毾㲪……"的记述。印度的棉布一向十分有名。据亚述学家（Assyriologist）塞耶（Sayee）博士所说，在古巴比伦的纺织品名称中，把棉布（muslin）叫做"Sindhn"。这显然是将印度一词即 Hindhn 的头一个字母"H"改为"S"后构成的。由此也可推测，印度棉布从云南、四川输入中国的说法并非无因的。

尽管木棉（Cotton）即现在人们所说的棉花，早在汉代时即已有之，但当时的中国人究竟将其怎样利用呢？据《汉书·匈奴传》记载"其（匈奴）得汉之缯絮，以驰草棘中，衣袴皆裂敝，以示不如旃裘之坚善也。"此外，在《汉书·武帝纪》中也有"赐……帛人二匹，絮三斤"的记载。从而可见，当时棉花的一个主要用途，是作为用以充填缯帛棉衣的"絮"来使用的。虽然木棉自后汉以来逐渐从西域传入中国，但尚未普遍使用。当时由于运输不便和受到中间盘剥，中国输入的西域物产全都十分昂贵，仅为宫廷贵族所享用。为此，《后汉书·五行志》评述道"灵帝好胡服、胡帐、胡床、胡坐、胡饭、胡箜篌、胡笛、胡舞，

---

[1] 那波：《榻布者》，《史林》，第 8 卷，第 4 号。

[2]《御览》，卷 820。

[3] 藤田：《中国人关于棉花棉布的知识》，《东洋学报》，第 15 卷，第 157 页。

[4] 见前引那波文。

京都贵戚皆竞为之，此服妖也！"此外《五行志》中还提到"《五行传》曰：……时则有服妖"。郑玄对"服妖"作注曰："服貌之饰也"。像胡服、服帐等物品，当都是以西域所产之布为材料的。

其次，玉石、珍宝、琉璃之类，也是历来为汉人所珍贵并通过各种途径所搜求之物。玉自先秦时代已从于阗一带输入中国。《禹贡》中列举雍州的贡物时指出"厥贡惟球琳琅玕"。《尔雅·释地》也提到"西北之美者有昆仑虚之璆琳琅玕焉"。球与璆本为音、义相同的字。而且，关于璆琳和琅玕的语源，也一直是东西方学术界所探讨的一个问题。对此，本文不拟加以讨论，仅引征日本学者新村的有关论述。新村在其《琅玕考》中指出"《禹贡》中，在《九州》的最后部分，除记载了雍州的情况，还记述了有关西戎的一些情况。清朝胡渭在《禹贡锥指》中指出，球琳琅玕非雍州所产，而为外国所贡献之物。想其时，贾胡各携其国之所出，前来相贸易。即言西域之物产原系经由中国西北地区的进贡之物。"①这点从《管子》《庄子》中所述及的有关昆仑玉、禹氏玉等的情况也可察知。无疑，至于汉代，汉朝与西域南道各国之间已有玉石贸易。例如，"玉门关"即因西域的玉石主要从这里输入而由此得名。②从斯坦因发现的尼雅（Niya）河畔（精绝国？）的木简可知，南道各国把琅玕、玫瑰、黄琅玕等主要用作对外的赠礼。其中玫瑰，按晋灼之言，乃"火齐珠也。盖二物并天生无圭角，略如珠形"③。夏德（Hirth）推定其为柘榴石。④同时，司马相如赋中也有"其石则赤玉玫瑰"。可知其必为红色之美石。玫瑰在武帝时即已输入中国。《西京杂记》中即有"武帝时得贰师天马，以玫瑰石为鞍鞯"。《西京杂记》虽然作者不明，但一般认为是汉代的作品。及至后汉，对于各种珠宝、玻璃乃至珊瑚、璠瑁等水产的知识也逐渐得到了扩大。这些主要都是葱岭以西地区的物产，其他像印度的出产，特别是"诸香"即各种香料也是从其西北部传入中国的，这点是很值得注意的。另外，在《班兰台令集》中有这样两句话："窦侍中令载杂彩七百还，市月氏马、苏合香。""今赏白素三百还，欲以市月氏马、苏合香、阗登"。关于苏合香，《后汉书·大秦传》中说："合会诸香，煎其汁以为苏合。"此外，《梁书·西域列传》更具体地谈到"大秦珍物……郁金苏合，苏合是合诸香汁煎之，非自然一物也。又云大秦人采苏合先榨其汁，以为香膏，乃卖其滓

---

① 新村：《琅玕考》，《东亚语源志》，第63-64页。

② Stein, Srindia ii P. 726.

③ 见司马相如《司虚赋》玫瑰的注。

④ Hirth, China and the Roman Orient, P. 73.

与诸国贾人，是以展转来中国不大香也。"这种苏合香，夏德译作"安息香"（Storax），并根据职业上的经验，对其进行了详细的考证。[1]再有，郁金香作为罽宾国的名产，白鸟博士（日本学者）已作过解释[2]，在此不再考证。但希望指出的是，在前引班固的文章中提到，关于月氏马，迦留陀伽的《佛说十二游经》中，曾作如下记述："东有晋天子，人民炽盛；南有天竺国天子，土地多名象；西有大秦国天子，土地饶金银璧玉；西北有月氏天子，土地多好马。"由此可以察知，后汉以来，葱岭南面的贵霜王朝的势力已达到巴克特里亚（Bactria）和粟特（Sogdiana），他们不仅垄断了作为这些地方名产的马匹贸易，还包揽了南边印度以及西方各国的物产，特别是香料的中转贸易。当时巴克特里亚正像道顿（O. M. Dalton）所说的那样："以产马地而闻名，并且这些马匹成为了波斯强大骑兵的基础。"

如上所述，汉朝在西部地区输入了各种外国的物品，同时，也向罗马等外国市场输出了大量的国内产品。其中除最主要的丝绸外，还有漆、铁、金、银等。就此不拟在本文中作详细讨论。

8. 河西地区的经济地理环境

塔里木盆地的商队在东部的楼兰附近汇合，然后越过蒲昌海罗布泊（Lop-nor）的流沙，终于结束了沙漠的征途。进入玉门关后，他们便到达了中亚商路的终点站，即敦煌以东所谓的河西地区，并开始同那里的汉人进行交易。

汉武帝以来，汉朝为把河西地区作为开发西部的起点而付出了很大的努力。张骞的二度出使也是基于这一地区所具有的重要性。这一地区位于西藏的丛山与蒙古的沙漠之间，由于受到祁连山融化的雪水的润泽，成为灌溉条件良好的地带。因此，对于作为农耕者的汉人来说，不啻是一片求之不得的沃土。同时，这一地区作为通往西域的走廊，还处于国际贸易通道的要冲，因此，汉朝势必要将其从外民族手中夺取过来。

当年马可波罗经过 30 余天的跋涉，才越过罗布沙漠到达河西地区——唐古特（Tangut）。[3]

这里最富饶的绿洲当数沙、肃、甘、凉四州。沙州即敦煌为一片狭长地带，是位于最西边的绿洲，其四周都是沙漠，恰如浩瀚沙海中的一座翠岛（Emerald

---

① Hirth. Ibid, P. 263.

② 白鸟：《罽宾国考》，《东洋学报》，第 7 卷，第 51-55 页。

③ Yule and Cordiar, Travells of Marco Polo I, Chap. XL P. 203.

Isle），至今要离开敦煌去最近的市镇，还须经历四天荒碛苦水的生活。[1]关于这一市镇的周围环境，据认为著于唐代开元天宝年间、藏于千佛洞的《沙州志》记载："右州界辽阔，沙碛至多，咸卤盐泽约余大半"。（咸卤条）又有名为兴湖泊之水，关于此水，《沙州志》记载道："右在州西北一百一十里，其水咸苦，唯泉堪食。商胡从玉门关往还居止，因以为号。"由此可以察知，此地不仅处于东西商队往来必经之要道，而且作为去往西域方面的最后粮站，汉时曾是何等繁华。《后汉书·郡国志》中曾引《耆旧记》云："国当乾位，地列艮墟，水有具泉之神，山有鸣沙之异，川无蛇虺，泽无兕虎，华戎所支一都会也。"即此地东面汉，西为西域诸国，北邻匈奴，南接羌域，正处于其交汇之处。换言之，所有往还于汉与西域间的通路皆汇集于敦煌。隋朝裴矩曾谓之曰："故知伊吾、高昌、鄯善盖西域之门户也，总凑敦煌，是咽喉之地。"从而可以得知，此地缘何会如此繁盛，这点至今仍可以得到证明。[2]

肃州和甘州位于河西地区中心，为东西贸易往来之枢纽，因此是当时西部地区最重要的市场。从马可·波罗关于肃州的记录中可以得知，在其附近的山中盛产大黄（rhubarb），商人纷纷来此购买，并携往世界各地销售。[3]至今此地仍为蒙、回、藏各族互市的一个中心地区。[4]

在此二州南面有祁连山，《史记·匈奴传》的索引中，曾引据认为后魏时所著的《西河旧事》作注曰："山在张掖、酒泉二界上，东西二百余里，南北百里，在松柏五木，美水草，冬温夏凉，宜畜牧养。匈奴失二山，乃歌曰，失我祁连山，使我六畜不蕃息，失我焉支山，使我六畜不蕃息。"关于焉支山，《括地志》中说"在甘州删丹（今山丹）县东南五十里"，大约为祁连山的支峰。焉支一词的原意，正如《古今注》中所云，"燕支，西方土人以染红，中国人谓之红蓝。以染粉如妇人面色，名为燕支粉，亦作焉支"。据认为是与蒙古语的ünge 及土耳其语的üng 等词相对应的发音。[5]另外，新罗人崔致远在其《法藏和尚传》中把月氏写成燕支，虽然这一音译未必正确，但却是使人联想起月氏的故地的有

① Mildred Cable, The Bazars of Tongut and the Trade-routes. of Dzungaria, The Geographical Tournal Vol. 84, No. 1 (1934), P. 21.

② "Sha-chan is one of the best oases of Central Asia, …… Sha-Chan is interesting. as the meeting place of three expeditions started independently from Russia, India and China". (Prejevalsky's Journey, by E. Delman Morgan. PP. 217-218.)

③ Mildred Cable the Bazarsof Tongut and the Trade-routes of Dzungria, PP. 19-20.

④ H. Yule Cordiar, Travells of Marco Polo, I, Chap. XL111.

⑤ 白鸟《西域史上の新研究》（《东洋学报》第 3 卷，第 2 号第 180-183 页）。另外，就此藤田博士还主张是土耳其语的 ašy，见《焉支卜祁连》西域篇第 377 页。

趣译法。

简言之，这些沙漠中的绿洲在汉以前一直是听任外民族占据的。匈奴作为占领者，也是经过与原先居住在这里的乌孙和月氏进行多次争夺，才占有这些地方的。因此，匈奴对于这些地方的依恋也并非没有缘故的。

另一方面，周围的地理环境也为这一地区提供了良好的经济条件。《史记·货殖列传》中曾就这一地区的经济情况记述道："天水陇西北地上郡，与关中同俗。然西有羌中之利，北有戎翟之畜牧为天下饶。然地亦穷险，惟京师要其道。"即由于此地东与作为汉朝财富中心的长安相通，南同当时商业资本相当发达的巴蜀往来，西得西藏地区的羌中之利，北接匈奴的畜牧地带，从而匈奴就在这一地区进行游牧，并将这一各民族相互往来的大市场置于其控制之下，以进行中间贸易的剥削。因此可以认为，这也是使其势力得以强大的一个重要原因。

汉时，自从匈奴（休屠王）浑邪王降汉并迁移到北部以后，这一地方即已归于汉人的统治。

但在汉人尚未移居到此之前，这里曾出现过一段真空时期。由于招抚乌孙的计划虽告落空，汉朝当时对于开拓新疆域和扩大市场的需求却十分迫切。于是，汉朝即首先靠自己的力量来经营这一地方，并于浑邪王建立五个属国的同年（元狩二年即公元前 121），在此设立了武威、酒泉二郡。鉴于匈奴势力仍在西面的楼兰、车师一带活动，使往来的使者和商队受到妨碍，元鼎六年（公元前 111），汉朝即将匈奴驱赶到北部，并分武威郡之地新置张掖郡，又于酒泉西部设敦煌郡。不过，关于初设武威、酒泉二郡的具体年代，在史籍《汉书》中，存在许多相互矛盾的说法。[①]

9. 屯田与河西地区的经济繁荣

元狩二年时，汉长城已达令居以西，至元鼎六年，又从酒泉起设立亭障直至玉门。[②]以后河西地区的地位变得愈益重要。元鼎四年（公元前 113），长城延长到了酒泉。进而又于元封三年（公元前 108）继续从酒泉向西扩建，直达敦煌附近的玉门关。当时玉门关还设在敦煌的东边，但从征伐大宛以后，又迁到了党河以西今小方盘城地方。在汉朝为开发西部而采取了上述措施的同时，

---

① 查万尼斯（E. Chavannes）认为，在元鼎二年（公元前 115）设置酒泉郡后不久，即设立了武威郡。（见 Documents，p. v. Note5.）。斯坦因也赞同这一观点（Serindia PP. 724-725）。

②《史记·大宛传》。

最引人注目的便是作为移民事业的屯田。尽管屯田主要具有军事上的意义，但也不能不考虑到其经济上的动因。在汉武帝时代，尽管商业在一些领域取得了较快发展，但由于重税和对商人土地的侵占，加上自然灾害频仍，使人民陷入了贫困的深渊。流民之众不断涌入京城，使汉朝的统治受到了威胁。为此，汉朝不得不作为救济之策而断然采取移民措施。据《食货志》载："明年（元狩三年，公元前 120），山东水灾。虚仓廪不足，又募豪富人人相贷，尚不救，乃徙贫民于关西，及充朔方以南新秦中七十余万。"其后，至设置张掖、敦煌两郡时，又"徙民以实其地"。此外，还值得注意的是，当李广利于太初二年（公元前 103）再度远征大宛时，汉朝"益发戍卒八十万，酒泉、张掖北置居延、休屠，以卫酒泉"[1]。

在实行屯兵移民的同时，汉朝采取了更为积极的西进政策。在征伐大宛后，又不断向西域用兵，河西地区也成了汉朝在西部采取军事行动的最前哨。[2]在此方面，由于军队的活跃而对商业产生的刺激作用也是不容忽视的。《史记·货殖列传》曾举杨、平阳（陈）二邑为例，记述了当时的情况。"西贾秦翟，北贾种代……地边胡，数被寇……然，迫近北夷，军旅亟往中国委输，时有奇羡。"又，《汉书》卷 50《冯唐传》中也有："冯唐言，臣大父言，李牧之为赵将，居边，军市之租，皆自用飨士。……今臣闻魏尚为云中守，军市租尽以给士卒。出私餐钱……"杨、平阳以及云中皆位于山西省之北，由于战争及驻扎军队，竟使商业十分活跃，以至出现了军市，实具意味。河西地区在汉武帝以后仍不断受到匈奴的侵扰，汉朝为此也陆续向这里派遣了军队。由于军需极为浩繁，前述情况也是可想而知的。不仅如此，由于向西部的征战，还出现了有如今日商人所为的投机事业。例如，《史记·酷吏列传》王朝条下记载，王朝在张汤的"阴事"事发时曾说："上（武帝）问汤曰：'吾所为，贾人辄先知之，盖居其物，是类有以吾谋告之者。'"从而也可窥见，在汉武帝向西攻略政策下，当时经济生活中与之相关的情况之一斑。

匈奴对于河西地区的侵扰一直不断。但是尽管后汉时，汉朝同西域之间的关系甚至出现过三通三绝的情况，这一地区的商业却未曾受其影响，甚至可以说，其作为西部国际贸易中心的作用得到了充分的发挥。《后汉书·西域传》中曾记载道："立屯田于膏腴之野，列邮置于要害之路，驰命走驿不绝于时月。商胡贩客日欢于塞下。"把当时这一地区的繁荣景象生动地再现于我们眼前。另外，

---

① 《汉书·武帝纪》及《西域传》。

② A. Stein, Serindia ⅱ，P. 552.

近代考古学研究的成就更雄辩地证明了当时的这些情况。在此方面，斯坦因曾在敦煌北边几乎被沙碛湮没的烽墩遗迹中，发现了许多当时的遗物。在其中的几张残帛中，有一张记载着如下的文字。[1]

A面：任城国亢父缣一匹，幅广二尺二寸，长四丈，重廿五两，直钱一百六十八。

B面：□□元。

任城是后汉章帝元和元年（公元 84）时建立的国家。亢父则为其属县，即今山东济宁州之地。文中的"幅广二尺二寸，长四丈"是古代布帛的通制。关于任城国的绢，王国维曾作如下推测：

"又考《后汉书·光武十王传》。顺帝时（公元前 126—前 114）羌虏数反。任城王崇辄上钱帛，佐边费，故任城国之缣得远至边上欤。"[2]其考证十分细密。但也恰因其结论过于具细，反而令人对其可信度产生怀疑。看来，在当时商业极其兴盛的敦煌，设有销售山东产丝织品的批发分店，而上述绢帛只是向诸商贾展示的样品之一。关于这一点，恐怕仅从帛上记载的文字内容（即将产地、大小、重量、价格等记录于实物之上）来看，也只能考虑为商业交易上的文字记录。对此，斯坦因将之解释为，当时西方与塞利斯（Seres）所进行的丝绸贸易在这一地区的波及。[3]当然这也并不是没有可能的。然而，对于这一问题还存在着更有说服力的证据，即在当地还发现了用各外民族文字书写的商业文书。这同时也如后面将论及的那样，反映出在作为丝绸之路起点的河西地区，也留下了来自遥远的葱岭以西地区的各民族商贾的奋斗足迹。

10. 汉代对于丝绸之路的保护

汉代西部地区的通商道路一直延伸到葱岭以西的各国，从而使其带有浓厚的国际色彩。为此，F. 冯·里奇色芬（F. Von. Richithofen）曾将其称之为丝绸之路（Seidenstrasse），[4]这一名称，后在西方学者中得到广泛使用。这条商路在汉代，主要为中国与妫水（即阿姆河，Oxus）、药杀水（即锡尔河，yarxarteo）沿岸各国及印度之间的丝绸贸易起到了媒介作用，而并未包括叙利亚等地方，

① Ibid. ii，PP. 700-701. Chavannes, Documents. No. 539. T. XV. 2, i. 3.

② 王国维：《流沙坠简》，第 43 页。

③ A. Stein. op，cit, P. 701.

④ F. V. Richithofen, Über die Zentra Lusiutischen Seidenssen bis zum 2. Tahrhundert n. chr. 1877.

故本文所论及的内容也将限于这一范围之内。

这条商业道路在出了河西地区之后，从前汉时即分为南北两条道路通往西域。《汉书·西域传》中有："自玉门阳关出西域，有两道。从鄯善傍南山北波河西行，至莎车为南道。南道西逾葱岭，则出大月氏、安息。自车师前王庭，随北山波河西行，至疏勒为北道。北道西逾葱岭，则出大宛、康居焉[耆]"。（加[　]的耆字疑为衍文。）记载的就是这一情况。

从敦煌出玉门关后，在盐泽（Lopnor）即分为南北两条路线。北部出焉耆（Karashur, Qurashahr），从天山南麓的东侧，经龟兹（Kucha）、疏勒（Kashgar），越过帕米尔高原北部的特里克山口（Terek pass），到达大宛（Ferghâna）和康居属地撒马尔罕（Samarkand）；南路是沿阿尔金山（Altyutagh）即南山的北麓，经伊循（Charkhlik）、且末（Charchan）、精绝（Niya）等国到达于阗（Khotan）。再至莎车，并从南部越过帕米尔高原，最终抵达属于大月氏的大夏（Bactria）、安息及印度北部地区。北路虽是主要的商路，但由于不断受到匈奴的侵扰，因此汉朝在此的势力开始并非是十分巩固的。前引《汉书·西域传》中也谈到"时汉独护南道，未能尽并北道"。另一方面，当时向西方的贸易往来也主要是以大夏、安息、印度等国为对象，因此商队也经常是走南路的。[1]

这两条路向西分别达到葱岭（帕米尔），这里是世界闻名的高原。但是从特里克（Terek）、塔尔达克（Taloluk）及库尔德沙拜（Kurdshabai）等许多山岭都有路通往西方各国，所以，那时要翻越这里的高原未必是特别困难的。当时西部地区的贸易，尤其是丝绸的输出都需经过这些关口。沙畹（Chavannes）认为，有两条商路，一条比较古老，最后可达康居（Sogolian），另一条是通往印度各港。[2]这种看法根据当时波斯的情况，是可以得到认同的。但是也有另外的说法。如在托勒密（Ptolemy）的《地理书》中，就明确记载着西方商人从幼发拉底（Euphrates）河的渡口直接到达东方石塔（Stone—Tower）的路线，途中即经过了安息（Parthia）、大夏（Bactria）和护密（Comedi）。[3]尽管托勒密有关于此的知识是比较间接的，但由于是唯一有关当时交通情况的史料，因此是应给予相当的重视的。以上提到的"石塔"，位于葱岭（gmans）山中叶尔羌河上

---

① A. Stein, op. cit, P. 555.

② E. Chavannes, Documents sur les Tonkine Occidentanx.

③ Ptolemys Geography, Chap. 12. H. Yule, Chathay, Ⅰ. PP. 189-190。

游的塔什库尔干（Tash—Kurghan）地区，①是被塔吉克（大食人）称为萨里库
（Sarikoe）山的一个重要地方，正如希腊的马里纳斯（Marinus）所说，是当时
中国（Serik）西部边境的商业中心。斯坦因对这一地方有如下的评述："自然
条件不仅使这片山谷地区成为行政的中心，而且，作为古代商业上最便利的地
方，还一直成为连接大部分中亚地区和西方的主要通道。"②

位于葱岭东麓的疏勒，当时是塔里木盆地的一个大市场。据前引《汉书·西
域传》疏勒国条记载，"疏勒国西当大月氏、大宛、康居道"。即其地扼西域北
道，当由西北去大宛的商队必经之要冲。向西也可越过特里克山岭到达阿姆河
（妫水）流域的康居和安息。在《西域传》中还谈到"疏勒国……有市列"，由
此也可想见，前汉时，其作为西域和中国的商人进行相互贸易的大市场的繁华
景象。

无论从疏勒经姑墨，再沿天山南麓东进，还是从南边经莎车并通过南路沿
途各国，都最终会交汇于楼兰，然后进入河西地区。关于楼兰，因前汉昭帝时，
其国都南迁，后又逐渐荒废，故其位置一直成为学术界的一个悬而未决的问题。
但自从斯坦因在盐泽（Lopnor）西北发现了其故址以来，它的历史终于得到了
证明。尤其是，从中可以窥见，汉朝对商业道路进行精心保护情况之一斑。

汉朝在轮台（Bau gour）、渠犁设置了屯田，使商旅和使者的往来更为便利。
但尽管如此，由于匈奴势力仍在北路各国保持一定影响，这些国家对于汉朝的
关系经常是摇摆不定的。如像楼兰和车师，它们南北相对，正当汉道之要冲，
只要两国联合起来，即有断绝西域北道之虞。尤其楼兰更被视为汉朝经营同西
方贸易的前沿基地。关于其在地理位置上的重要性，斯坦因曾指出："对于所有
汉人的西进活动来说，在去往塔里木盆地的途中，作为有可能长久占据的出发
基地，从敦煌或莎车到楼兰的距离，比到其他任何地点更近。"③汉朝为了确保
西域商路，而要将楼兰作为其军事和运输的重地，也是不难理解的。为此，汉
昭帝继位后，即于元凤六年（公元前 77），遣傅介子前往灭掉楼兰，并使其国
迁往伊循城。伊循城是位于盐泽之南的一个大城市，其作为南路途中的要驿之
一，在元凤四年就设有屯田。至宣帝神爵二年（公元前 59），占据车师的匈奴
日逐王前来降汉，以此为机，汉朝遂命郑吉为西域都护，派驻轮台附近的乌垒

---

① 塔什库尔干（Tash-Kurghan）的塔什（Tash）为土耳其语石头之意，库尔干（Kurghan）则是城的意思，
合起来正与 ptolemy 氏所说的石塔（Stone-Tower）相符合。

② A. Stein，Sand-buried ruins of Khotan P. 67.

③ A. Stein, Serindia，i，P. 332.

城（Chadir）。汉元帝时，在车师地方进行屯田，并由戊己校尉统领。此后，从盐泽至渠犁置粟仓，亭燧相望，商路得到安宁，不再受到匈奴侵扰。

前汉末年，至哀、平二朝时，汉朝的势力日渐衰微，同西域的政治关系逐步中断。塔里木盆地各国之间由于纷争不断，终致分裂为五十余国。王莽时，由于对外民族施展各种权术，西域各国日益背离汉朝，并竟至为匈奴所支配。后汉之初，鉴于国基始定，汉朝对于西域各国所提出的要求，态度也甚为消极。为此，匈奴势力又在西域抬头，不仅对周围国家造成威胁，而且还侵入河西地区。汉朝为再度实施西域经略之策，又恢复了其与西域各国间的商业关系。

前汉时，北线贸易道路因取直线，途中，沿塔里木河数千里皆属不毛之地。为此，交通十分不便。不仅如此，由于楼兰南迁，其故址为风沙所侵袭，对于军队的屯田和作为商旅的驿站已不再适宜。至后汉时，对开辟一条新的路线的需求日益迫切。由于当时天山东麓的伊吾卢（Hami）作为西域各国的门户，在贸易上受到匈奴的中间盘剥，使正常贸易交往受到了阻碍。加以，从伊吾卢出高昌（Turfan）至焉耆、龟兹、疏勒的道路，是到西域最合理之路线，汉朝遂于明帝永平十六年（73）派窦固夺取了伊吾之地，并在那里设屯田，使其成为西进的根据地。《后汉书·西域传》中有："自敦煌西出玉门阳关，涉鄯善，北通伊吾千余里。自伊吾，北通车师前部高昌壁千三百里。"说的便是有关这条路的情况。这条路线在三世纪以前，曾是一条所谓的碛路。隋朝建立后被关闭，而改道由安西经哈密、吐鲁番至焉耆，即如今之路线。[1]从安西通往哈密的道路基本是一条直线。[2]

另一方面，在班超经略鄯善时，即曾以伊吾作为南路的根据地。伊吾对于匈奴来说，也是最重要的地方。由于焉耆、龟兹等经常对都护的压迫进行反抗，汉章帝时，汉朝势力不得不从伊吾和高昌退出。

尽管如上所述，汉朝在北路的势力出现全面衰退，南路却由于班超的经营而归于汉朝的统治之下。尤其如鄯善，其作为战略要地北可达车师，西能制于阗、莎车之地，班超在收回鄯善后，即陆续恢复了汉朝在疏勒、龟兹及莎车的统制。以后，汉和帝永元二年（公元90）时，窦宪再破匈奴，夺取伊吾，并在车师屯田。同时，班超也夺回了焉耆。至此，西域50国复归汉朝统治，南北两路也皆处于汉朝势力的保护之下。

如上所述，当今天对沿路垒垒的烽墩（Limes）和屯田地（Military

---

① 羽田：《大谷伯爵所藏新疆史料解说》，《東洋学報》第 2 卷。

② A. Stein，La Traversée du Désert Par Hinan-tsung，Tónny Pao，1921. P. 335.

agriculturale Colonies）作一番巡礼时，定会令那些在旷野的风中凭吊这些立于沙中的建筑遗迹的探险家们，联想起当年，汉朝曾沿着这条古代商路，历经过多少艰苦的征战。

11. 各民族的商业活动

关于前述作为葱岭中一个大市场的石塔地方，中国的史料中曾多有记载。如宋云的《旅行记》中，即提到过名为"汉盘陀"的国家。[1]唐朝玄奘的《西游记》中，也有关于"渴盘陀"（Khavomdha）这一地方的记载。其他如《北史·西域传》中有"渴槃陁"，慧超在其记行中，关于葱岭镇记述说："外国人呼云渴饭檀国，汉名葱岭。"[2]上述资料中记载的与此相关的地名，皆为与 Khabandha 相应的译音。V. D. 马丁（Vivien de Martin）主张，该地即为吉尔吉斯（今新疆柯尔克孜族）人称之为卡特坎（Kartchon）的地方，即一定是塔石克尔干（Tashkurghan）或希腊语称为石塔（λiθcvoōñⱱprs）的地方。[3]石塔即塔石克尔干在汉时的精确位置，虽一直不为人所知，但就此沙畹主张在今蒲犁县境内；[4]而山下推定为，位于蒲犁国西北的无雷国；[5]白鸟博士也认为，塔石克尔干为当时无雷国的一部分。[6]

关于这一地方的交通情况，《通典》中记载道："渴槃陁后魏时通焉，亦名汉陁国，亦名渴罗陁国。理葱岭中。在朱俱波国西，西至护密国。其南至悬度山，无定界；北至疏勒国界，……悬度山在国西南四百里，……往往有栈道，因以为名。……法显宋云所经即悬度山也。又有头痛山，在国西南。向罽宾历大头痛、小头痛之山，赤土身热之阪。"[7]即其东接朱俱波（蒲犁南，子合？），西通护密（俱密=拘谜陀，Comedi），北达疏勒，南越悬度而至罽宾（Kashmir），为连接四方道路之通衢。其南面的悬度虽历来是有名的险路，却是从塔石克尔干南下，至喀布尔（Kabul）河流域途中，所必经之要隘。据托勒密记载，当时马埃斯（Maës，英文 Titianus）商人等就是在石塔，即中国（Sera）的边境，从

---

① 为《宋云行记》、《洛阳伽蓝记》卷五所引。

②《慧超往五天竺国传残卷》，葱岭镇条。

③ A. Stein. Sand-buried Ruins of Khotan, P. 67.

④ E. Chavannes，Documents surles Ton-Kine Occidentaux.

⑤ 山下寅次：《セリスセリカニツイテノ考》，《史学杂志》，第 17 编第 8 号。

⑥ 白鸟：《罽宾考》，《东洋学报》，第 7 卷，第 40-41 页。

⑦《通典》四裔类渴槃陁条。

其商人手中获得丝绸的。[1]由于当时西方的罗马、叙利亚等国商人，在同东方进行贸易时，尚处于不经安息（Pathia）人之手，就很难得到中国的物产的情况。所以，如果事实确如托勒密所记载的那样，便由此可知，在这些交易的背后，还存在着多么强硬的中介者的活动。

据《汉书·西域传》罽宾之条记载，罽宾初于汉武帝时与汉朝通使。但又以其地处偏远而时常绑杀汉使。汉元帝时，曾遣使来汉谢罪，元帝以其域远僻，乃将其使放于悬度。至汉成帝之时，又遣使来献，以为谢罪。待汉吏欲将其报送时，杜钦说服大将军王凤，回绝了罽宾来使。其理由是：

> 凡中国所以为通厚蛮夷诸快其欲求者，为壤比，而非为寇也。今悬度之危，非罽宾所能越也，……今悔过来，而无亲属、贵人，奉献者皆行贾贱人，欲通货市买，以献为名。故烦使者送至悬度，恐失实见欺，……今遣使者，承至尊之命，送蛮夷之贾……疲弊所恃，以事民用，非长久计也。

由此可知，当时罽宾的商人是如何藉奉献为名，而活跃地来往于汉朝，并利用其掌握的对中国贸易的知识，越过悬度，来到石塔，在那里对西方商队同中国商人之间的贸易进行中介，以从中得利。在《汉书·西域传》罽宾条之四中有"西南与乌弋山离接"，同时，在乌弋山离条也有"东与罽宾，北与朴桃，西与犁轩、条枝接……安息役属之，以为外国"之记载。若按上述的记载，虽然当时西方的商人如不经过安息，就很难同东方进行交通，但似乎偶尔也可通过另外一条途径，亦即从幼发拉底河流域经安息南部（如今之布希尔=Bushire、阿巴斯港=Bandar.Abbas 等波斯湾沿岸地方），到达安息的外藩——乌弋山离，再至喀布尔河流域，并由罽宾商人为向导，前往葱岭的塔石克尔干，在那里同中国商人进行交易。另外从中国商人方面来说，也如《后汉书》中所云，"皆自乌弋以远，莫有至条支者也"。因此，如果说，当时存在着一定的直接贸易的话，罽宾人在其中所起的重要作用是不可忽视的。

当然，在塔里木盆地也存在罽宾人的商业活动。这主要因为，罽宾是葱岭以西的一个物产丰富的国度。对此，《汉书·西域传》中关于罽宾国的产业，有如下的记述：

> 地平和，有目宿、新草、奇木、檀、櫲、杆、竹、漆，种五谷、蒲陶诸果……其民巧，雕文刻镂，治宫室，织罽，刺文绣，好治食，有金、银、

---

[1] E. H. Bumbury, History of Ancient Geography, Ⅱ. P. 531.

铜、铁、锡，以为器。市列，……出封牛、水牛、象、沐猴、孔雀、珠玑、珊瑚、虎魄、璧、琉璃。

其中目宿、蒲陶等是从张骞出使以来即已相当知名的外国物产。像前面提到的罽这类西域的著名特产，皆为汉人所爱重。这些物品都是由罽宾人分别运到塔里木盆地，特别是南道沿途各城市销售的。如像孔雀，魏时既已输入中国。关于此事，《太平御览》羽族部有记载说："魏文帝与朝臣诏曰：前于阗王所上孔雀尾万枝，文彩五色。"于阗接近罽宾，可以想见，罽宾的物产就是通过这些西域国家输往中国的。

然而，尽管离罽宾不远，就是东南大国印度，张骞等汉使却似乎未曾到过那里。不过，即使没有有关的详细记载，印度民族在东西贸易交往中所曾发挥的重要作用却是不可忽略的。《史记·大宛传》中记载道："骞曰：臣在大夏时，见印竹杖、蜀布，问曰，'安得此'？大夏国人曰，'吾国人往市之身毒'。身毒在大夏东南可数千里，其俗土著，与大夏同。而卑泾暑热云。其人民乘象以战，其国临大水焉。"由此可知，早于汉时，印度民族即已开始从事汉朝与伊兰地方之间的中继贸易。而后来张骞的副使在出访各国（包括身毒）的归途中，"皆颇与其人来往"。若果真如此，当时的印度商人当也到过汉朝。以后，汉武帝不断向西方各国派遣使节，其中也包括身毒。同时，印度人也企图到中国来。征伐大宛时，在武帝的诏书中曾历数大宛的罪状："杀期门车令、中郎将朝及身毒国使，隔东西道。"[1]照此看来，身毒人无疑来过汉朝，且于大宛降伏后，更是可以自由地同汉朝进行贸易。在《后汉书》中，已有专门记载印度情况的《天竺传》。其中便谈到，印度在"和帝时，数遣使贡献。后西域反畔，乃绝。至桓帝延熹二年、四年，频从日南徼外来献"。另外，关于其产业情况，还有如下记述：

土出象、犀、瑇瑁、金、银、铜、铁、铅、锡，西与大秦通，有大秦珍物。又有细布、好毾㲪、诸香、石蜜、胡椒、姜、黑盐。

印度作为物产丰富的东方国家，其与罗马所进行的贸易，在古代商业史上是非常有名的。当时罗马"对东方的物产有着极为大量的需求，而其中最重要又最鲜为人知的一部分贸易是与阿拉伯人和印度人进行的"[2]。尤其在罗马帝国的初期（奥古斯都——尼禄的时代），同印度之间的贸易达到了最高峰。印度

---

[1] 《汉书·李广利传》。

[2] E. Gibbon, the History of the Decline and Fall of the Ro-man Empire, Vol. i. Chapt. 2.

每年除本国出产的诸香（桂皮、旃那）等外，还将大量的中国绸布输往罗马，以满足其贵族阶级的奢华需求。对此，连罗马的市民如普林尼（23—79 年，古罗马政治家）也为当时富裕阶级的浪费而慨叹，认为，印度、中国及阿拉伯从罗马帝国夺去了一万万塞斯特斯（Sesterce，古罗马银币单位），罗马帝国的荣华已一去不返。[①] 像上述这样大量的丝绸贸易，可以说当时几乎都为印度所独揽。关于印度同中国贸易的最早的情况，正如前面所述，是把四川的物产输往大夏。但并不是通过海上运输，而是通过缅甸高原的陆路来运输的。因此，印度人最初对于中国人的了解，肯定也是通过这条路线而得到的。[②] 当然以上只是张骞出使时的情况，以后随着塔里木盆地商路的开通，两国使节便直接通过西域方面相互往来，而且印度商人也开始从西北方来到中国。斯坦因在玉门关、敦煌一带探险时，曾发现了用婆罗门（Brahmi）文字书写的丝帛断片。这个短短的印度文的古文书约由十一个音节（Aksaras）组成。斯坦因和鲍伊尔（Boyer）曾努力对其进行读解，并得出如下结果。

[ai] Stasya pata saparisa.

孔 (agenitiue) piece gitlh forty-six.

represent the (of cloth) = span

quality of purechaser?

在开头的 [ai] 下有一孔洞，究为何意，尚待考证。但斯坦因基本上认为，这片残帛是一匹帛的边缘，上面的文字是西方商人关于丝绸全长的记载。同时，又根据其读法，按今印度北部的旁遮普（panjabi）方言中的长度，对其进行了换算（即 46gisti= 40ft. in chines），以试图考证其是否与任城国所产之缣为同一品质。[③] 他还明确指出，早在前汉末年（公元前 61—公元 9），商人们为获取塞里斯（Seres 即指中国的西部）的丝绸，即已往来于中国设有烽墩的商路，并且一般都是使用印度的文字和语言。[④] 但是，这究竟是哪个民族商人的语言呢？对此，他谨慎地避免了提出定论。若从其字体来看，并不是中古时代以来的行政、治安及其他一般事务上（如纪功的碑文）所经常使用的佉卢 （Kharosthi）文字，而是婆罗门的字体。而且就文书的语言来说，也是迄今所知的现存印度文中最

① Pling , Natural History V. 23. (26). 101, note 3, P. 165, Cathay I. PP. 196-200.

② P. Pelliot, L'origine, du nom de 'Chine', T'onny Pao, 1912, P. 735.

③ A. Stein, Serindia, PP. 701-703.

④ Ibid, PP. 703.

早的形式。正如斯坦因和鲍伊尔解释的那样，是混入了梵文雅语（Sanshrit）的
梵文俗语（prakrit）。格瑞尔森（Grierson）还指出，"gith"这一词在克什米尔
语（Kashmiri）中也能见到。为人所知的是，这个词不仅在印度西部，而且在
德里（Dehli）地方也使用。①无论如何，可以说，在从事这些贸易的人当中，
印度商人，至少印度西北部的人是其中一支很重要的势力。

上述情况，尤其是对婆罗门文字的使用，使人联想起当时印度西北部的形
势。在印度阿育王时代以后，甘华（kánňa）王朝及安陀罗（Andra）王朝时，
尽管国内政治上尚不统一，南部地区却由于同西方罗马进行的贸易而显得非常
繁荣。而北部地区，旁遮普地区在公元前327年时却遭到亚历山大大帝的入侵。
在此之后，旃陀罗及多王（Chan dragnpta）将其收复。但公元前185年，当时
作为希腊殖民地的大夏王德米特里斯（Demetrius）又侵入岭南。继之，安息的
米斯拉德梯斯王（Mithradates）也于公元前174—前136年期间，越过兴都库
什（Hindkush），侵入了印度河以东。自此，这一地区愈益成为各外国民族的争
夺之地。这其中最值得注意的是，当时在妫水流域建国，并处于大月氏支配下
的贵霜族（Kushans），在巴克特里亚（Bactria）的势力日益强大，并占据了南
方的旁遮普一带，同时还开始威胁到希腊人统治的地区。

在希腊人占据印度北部的五河地方以前，旁遮普地区即已有佛教存在，至
德米特里斯和梅南德（Menander）王时代，佛教得到了更广泛的传播。从而，
当时这个希腊人的殖民地同印度保持着相当密切的关系。同时，除印度之外，
西方商人还往来于喀布尔河流域和葱岭地区。

再从岭北的形势来看，早在公元前4世纪时，巴克特里亚（Bactria）即在
希腊人管理之下取得了显著的发展，成为东部伊兰地区的交通贸易中心。但到
公元前2世纪中时，由于内部矛盾和外族侵略，其国势已相当衰落。特别是自
德米特里斯和优克拉提底斯（yukratides）等进入印度以来，希腊人逐渐移至岭
南，巴克特里亚变得实力空虚，并终因北方托卡拉（Tochara）族的入侵而灭亡。
一般认为，这一斯基泰（Skythai）族的占领是在公元前140—前130年。后据
《史记》和《汉书》记载，在元朔元年（公元前128）张骞出使大月氏时，当时
原属于大夏的巴克特里亚即已臣服于月氏。然而不管出现政权的更替，在巴克
特里亚地方，商业仍得到了发展。其日益兴隆的商业，便是使大月氏势力达到
这里的重要原因之一。当时以兰氏城为中心的大夏，正处于东西交通的要冲，

---

① A. Stein, Serindia, P. 702. See note 2.

即如张骞所云："有市，贩贾诸物。"这里的市场作为来自各地的物产的集散地，不仅有从印度输入的中国物产，还有来自北方大宛、乌孙、康居及草原地方的马匹和阿尔泰地区出产的金子，这些大部分是经由这里中转而输往波斯方面去的。同时，印度的货物也主要是输往西方，情况完全符合张骞所言。在此值得注意的是，月氏民族至少在公元前 2 世纪中以前，就一直利用河西走廊地方长期从事着东西方之间的中继贸易。而且，其作为汉朝的近邻，在对汉民族的理解方面，无论语言、风俗还是其他如有关商业的知识，都比其他各西方民族处于远为有利的独特地位。月氏来到这一地区后，即与中国建立了贸易关系。另外，在中国方面，张骞出使月氏后，也不断向汉武帝陈述了对于大夏的关心。[①] 对于大月支国以后的发展，桑原博士曾提请注意，翕侯并非即月氏民族。[②] 羽田博士也对月氏和贵霜的名称加以了考证，并论证了二者之间的关系。他提出，贵霜王朝的发展实际上与月氏民族没有多少关系，而是大夏自身的势力取得了大的发展。他的观点澄清了以往学界中对于《后汉书》的误解。[③] 后来，大月支同大夏民族融合地聚居在一起。由此也可注意到，在大月支侵入大夏之后，对其商业产生了何等重大的影响。

至公元一世纪时，从贵霜王室中出现了丘就却（kujura-Kad-phises）翕侯，他统一了大月氏，并进犯安息，夺取高附，灭掉了濮达、罽宾，建立了一个大的王朝。从而也使周围的形势为之一变。其子阎膏珍（Wema or Ooema Kadphises）继位后，又灭掉天竺并将首都移至健陀罗。其后，健陀罗和喀布尔河流域的迦毕式（Kapisa）似乎就成为了政治的中心。据玄奘的记载"异方奇货多聚此国"，[④] 当时，这一地方是各国人荟萃之所，交通达于各方，为东西物资之集散中心。随着贵霜王朝向四周的扩展，其势力在西面已与安息接界，并不断向其内部蚕食。特别是从一世纪末起，由于罗马的势力已伸展至两河流域一带，其与罗马的接触也日渐频繁。同时，在东方也不可避免同中国产生贸易联系。这一吐火罗民族在东西两大帝国之间，怎样活跃地起着贸易上的中介作用是不难想象的。当时，汉朝的西部地区在班超的统管之下，同月支之间保持着密切的关系。大约有关国际贸易方面的知识，就是从这些来来往往的吐火罗

---

① 关于汉朝对于大夏情况的关心，《史记·大宛传》中曾记载，张骞归国后，"天子数问大夏之属"。张骞乃劝说武帝联结乌孙，"既连乌孙自其西，大夏之属皆可招来而为外臣"。武帝对于开展同西部商业中心大夏之间的贸易十分热心，甚至其后与西南夷交通的动机也是"欲им接以前通大夏"。

② 桑原：《张骞の远征》，《东西交通史论丛》，第 42-47 页。

③ 羽田：《大月氏及び贵霜ニツイテ》，《史学杂志》，第 4 卷第 9 号。

④ 《大唐西域记》，第一。

族商贾那里得来的。为此，班超愈发关心有关西方的事情，并决定派甘英出使大秦。《后汉书·西域传》条支国条记载："和帝永元九年（97），都护班超遣甘英使大秦。抵条支，临大海，欲渡，而安息西界船人谓英曰：海水广大，往来者逢善风，三月乃得渡。若遇迟风，亦有二岁者。故入海皆赍三岁粮。海水中善使人思土恋慕，数有死亡者，英闻之乃止。"班超之所以决定遣甘英出使，并非出于什么野心，而是由于当时西方的叙利亚和罗马等国对丝绸有着很大的需求，而且大秦的名声也已通过安息和月支传至中国。班超为了对这一贸易伙伴国进行考察，以便密切两国间的经贸关系，自然会要派遣使节前往大秦。而甘英作为商业考察的大使，在行至条支即波斯湾头时，即因安息西部边境船夫对航海困难情况的说明，而中止了行程并返回汉朝。

关于安息人很早即开始从事商业的情况，《史记·大宛传》安息条下有"有市民商贾，用车及船，行旁国或数千里"之说。张骞出使西域时，安息即已具有了商业民族的特性，其于汉朝与西方各国之间，享有着通商之利。对于安息初同中国交往时的情况，《汉书·西域传》记载："武帝始遣使至安息，王令将将二万骑迎于东界……（王）因发使随汉使者来观汉地，以大鸟卵及犁靬眩人献于汉。"此后，安息商人和佛教徒也络绎不绝地来到汉朝。例如像安世高，居洛阳二十余年，当时的西域贾胡称其为安侯。[1]另外，在摩尼教经典中还可见到在中亚地区发现的 pahlavi 语，即梵文中的 pahlawa（择藏旧译为钵罗婆或波罗婆），也就是安息语。这种语言是可上溯到萨珊（Sassan）王朝以前，即安息朝（Arshak）时使用的语言，看来汉时仍然通行。

当时尽管罗马的势力已达到东方，但仍然不能直接得到中国的物产。《后汉书·西域传》大秦国条就此记载道："其王常欲通使于汉，而安息欲以汉缯丝与之交市，故遮阂不得自达。"安息阻隔了在中亚的商业交通道路，使大秦与汉朝无法相互通使，以便确保其在中间贸易方面的作用和利益。这使得安息与罗马之间屡次发生纷争。首先是罗马的阿维狄乌斯·卡修斯在汉桓帝延熹五年至八年（162—165）侵入了安息，并在两河流域附近展开了战斗。结果，罗马军队占领了地处安息与波斯湾之间要冲的 Ktesiphon（斯宾国？）和 Seleucia（斯罗国？）这两大城市。[2]就此方面，尤其值得注意的是，《后汉书·西域传》中有关的记载。该传中记载道："至桓帝延熹九年，大秦王安敦遣使自日南徼外献象

---

[1] 伯希和：《近日东方古言语学及史学，上之发明与其结论》，王国维译：《北京大学国学季刊》，第 1 卷，第 1 号。

[2] F. Hirth. China and the Roman Orient，PP. 173-174.

牙、犀角、瑇瑁，始乃一通焉。"这里的大秦王安敦即是当时的罗马皇帝马可·奥勒利乌斯·安东尼奥（Marcus. Anrelius. Antonius 161—180）。延熹九年正好是战后的第二年。此时，罗马的使者就由海路经日南即安南来到汉朝，足见当时地理知识的发达程度。关于这次出使的目的，有的观点认为，罗马皇帝是为与汉朝结成军事同盟以共同夹攻安息，才遣使来汉。但实际上这次的使命决不具有这种政治任务的性质。关于这一点，在罗马的文献中既没有对此的记载，同时在罗马使节的贡品中，也无任何出自罗马的物产。夏德认为，这纯粹是叙利亚人的商业性出使。[①]

上述罗马与安息之间的冲突，自公元前 3 年克拉苏（Crassus）与安息交战以来，直到波斯民族革命，实际上延续了长达 3 个世纪。并且，罗马终未能实现从陆路同东方进行商业交通的梦想。

另一方面，当时在安息的东北面，居住着康居民族，后汉以来，他们以粟弋或粟特（soyd）人而为世人所知。同时，他们在中国的西部进行了相当出色的商业活动。关于这方面的记载不绝于历代史书，故此处不拟再作详述。至汉成帝时，康居向汉朝纳贡，并留王子于汉，以为人质。当时西域都护郭舜曾进言，请将其拒绝，其理由是："康居骄黠……故为无所省，以夸旁国。以此度之，何故遣子入侍，其欲贾市为好辞之诈也。"[②]康居人于前汉时既已来到汉朝，并显示出其在商业上的"诈术"，此点颇耐人寻味。他们凭藉其邪智，进入游牧民当中，唆使其对中原加以骚扰，以从中渔利。此种情况屡见不鲜。在漠北，大量流入的中国物产特别像绢丝类物品是他们的主要攫取对象。而操纵游牧民去搜罗这些物品，又比其直接进入中原去获取，能更为有利和安全地达到目的。[③]

尽管对于后汉时康居人的活动尚无十分明确的了解，但由于与中亚地区的交通已相当发达，为了进行贸易，各民族都纷纷从塔里木盆地来到中国，一向以商业民族著称的康居人当然也不会不加入到这种有利可图的贸易中来。

目前，斯坦因已从罗布泊至敦煌的古商路附近，发现了一份纸的文书[④]，上面写有不明的文字。考利（Cowley）断定这是属于伊兰语系的文字，并且认为，这是一种书简。[⑤]高逖（Gauthiot）又对其进行了更为严密的考究，根据其

① F. Hirth, Ibid. PP. 175-178.

②《汉书·西域传》康居条。

③ 羽田：《漠北の地と康国人》，《支那学》，第 3 卷，第 5 号；羽田《东方ニ于ケルソグド人ノ活动》1932年 4 月 27 日在中国学会的讲演。《东洋史研究》创刊号。

④ A. Stein, Serindia, ii, PP. 671-677.

⑤ A. Cowcry, Another Unknown Language from Eastern Turkestan, J. R. A. S. (1911, January), PP. 159-166.

发表的研究结果，认为这便是缪勒（Müller）从吐鲁番出土的古写经上发现的窣利（粟特 Soydian）语的古体。①

　　这份古窣利语的纸文书究竟是什么年代的呢？从中国发明造纸的时间来看，是在后汉和帝元兴元年（105），而在此以前，如所周知，都是以缣帛作为纸来使用的。沙畹对斯坦因在敦煌烽墩发现的许多写有年号的古文书进行了仔细的考察，其结果表明，这些都是 137—153 年以前的东西。②为此，可以认为，发现这些文书的地方，即那些烽墩，也是在公元 2 世纪中的某一年最终熄灭的。根据上述事实，可以认为，这些古文书基本上都是在 105 至 137 年（最晚至 153）期间的东西。然而在这些标有年代的文书当中，却意外地发现了一件 21 年的东西。此外还有几件也被认为是公元 1 世纪初的东西。前述的纸文书经冯·维斯纳（Von. Wiesner）教授考察，发现含有棉布的纤维。并且从其不具有后期造纸的特征，即上浆，而断定其为初期的褴褛纸（pag-paper）。③尽管用褴褛即破布造纸是在蔡伦发明造纸（105）以后的事，但是，如果造纸方法在蔡伦以前即已存在的事实得到证实④，那么文书的年代问题也就不难得到解决了。

　　上述书简当时究竟为何人所写的呢？是商人还是移居到这些烽墩附近并被雇佣为兵卒的康居人呢？就此，斯坦因曾在敦煌的一个营垒的遗址，发现了一片写着古窣利语文字的木牌，据推定，这是汉朝西域驻军中胡人军官（lndigenous officers）和胡卒（Foreignanxiliaries of Chinese）使用的谍度。⑤关于胡卒的情况，正如沙畹氏所提请注意的那样，作为当时汉朝对西部地区的政策，班超既已采用了以夷制夷的方法，⑥所以，恐怕上述纸文书就是这些康居人胡卒使用的东西。然而，不仅康居人充当汉朝戍卒之事，史书上未曾见有记载，而且直至唐代以来的史籍中，似乎也没有关于康居人移民情况的证据。即便唐代粟特人的移民，也仅限于楼兰一带，汉时因有所谓"边人不得同移"的限制，故外国人也不能轻易移居内地。诚如是，即像斯坦因所说的那样，如同那些使用婆罗门文字的印度北部的商人为了获得绢丝，而在烽墩附近留下了商业文书，这一纸文书也说明，在一世纪时，往来于这条商路的康居人，也曾奋战在国际贸

　　① R. Ganthiot, Notes surla langue et Lécriture inconnues des Docu ments Steincowley, J. R. A. S. 1911 (April), PP. 497-507.

　　② E. Chavannes. Les Livres Chinois. P. 5, Documents, P. 7; P. 116.

　　③ Von Wiesner, über die Allesten……Handernpapière, P. 13, With note 2.

　　④ 桑原：《纸の币史》，《东洋文明史论丛》，第 97-98 页。

　　⑤ A. Stein, Serindia, ii, PP. 652-654.

　　⑥ E. Chavannes, Trois Géneraux Chinois, Tónny Pao, 1900, P. 226.

易的最前线。因此不难想象，由于种种原因，特别是这些外国商人的使用，而使刚发明不久的纸张被用于商业。[①]

要而言之，当时康居人究竟是移民至西域，抑或是从军至此，姑且不论，并且，也不管当时窣利语是否已成为来往于这里的各民族的通用语言，至少须要值得我们注意的是，作为伊兰民族的康居人，早于汉代即在西部商业上发挥着重要的作用，这点不仅是中国，而且在世界商业史上也具有着不容忽略的意义。

12. 结束语

如以上所述，汉代社会的实际发展进程，恰好与当时的经济思想所提倡的相反，主要在商业方面有了很大的进步。商业的迅速发展，是由于大土地所有者的存在所致，因为，当时土地仍是最主要的生产资料。然而，为大土地所有者所促进的商业，反转来又成为加强大土地所有者和奴隶使用的重要因素。这样，生产力的扩大和货币的出现，又使交换发展为常规化的商业。同时，商业资本家还利用自己所掌握的财力，逐渐侵蚀着官吏和贵族的地盘。另一方面，商业的繁荣又必然会促进对外贸易的发展。尽管从表面看来，这些东西方之间的贸易主要都是由居于中间地区的各民族来进行的，而汉朝在此方面，只是处于一种被动状态。但实际上，作为汉朝来说，仍有其未为注意的积极的一面。例如，在浑邪王来降时，尽管汉朝还在对河西地区的互市实行严禁[②]，同时却由于商路的开通，内地的商业取得了显著的发展。并且，随着汉人对西方商品需求的不断增加，汉朝也逐渐放弃了狭隘的闭关政策。至汉武帝时，不仅广招外国客商，还积极进行西部经略。并且，为了同西方各商业中心地区进行交往，还大量派出了使者。至后汉时，更出现了胡商贩客汇聚塞外的局面。

如上所述，当时众多的各国商人，为从事贸易而熙来攘往的西域地区，似乎仍处于较低的社会阶段。从中国的有关史料来看，也是对葱岭以西各国的物产和商业情况，作了比塔里木盆地更为详细的记载。例如像《汉书·西域传》中关于"有市列"的记载，就仅限于罽宾、乌弋山离和疏勒这三个国家，而有关东方国家的情况，除了于阗、龟兹等国外，在商业方面似乎没有多少引人注目之处。而且，与汉朝之间的直接商业交往也是很少的。同时，如果前面提到的西方史料中有关这一地区的交换形态属实的话，那么，只能认为，直到后汉

---

① A. Stein. Serindia, ii, PP. 676-677. op, cit.

② 《汉书·汲黯传》。

时，西域的社会仍处于相当落后的状态。并且，也可以看出，汉代西域的商业也同其政治状况一样，在中国和西方民族的商业势力之间，依然处于一种从属的地位，还不具有独立的商业活动的性质。

（本文系著者 1936 年京都大学文学部本科毕业论文，由吴弘乐译成中文）

四、唐代土地问题及田赋制度变革

我国中世的社会，本质上立脚于封建的农奴制度，国家——君主——就是封建的土地所有权的集中者，最高的地主，在租税的形式下来征收地租，因此国家与私的大土地所有，利害往往不能一致。国家自身既以封建的土地所有为基础，要根除私的封建的土地所有者的存在，势不可能。所以只在私有的发展将到危害国家的时候，才加以抑制或改革。前汉以来历朝所行的限田、占田以及均田等法，限制土地私有的最大量或使其平均的政策，实际就是国家在抑制土地兼并的名义下，为保证自己（最高的地主，收税者）的收入而实行的。这种土地制度，虽规定着土地的给予和收回，但在土地私有风气极盛的当时，不见能实行。要不过以从来土地私有为基础，而加以法律的制限而已。有些学者（包括外国的）以为限田、占田、均田等政策，很有社会政策的精神，这是不很正确的，即使有类似之处，也不是其真目的。中山先生的民生主义是一种社会主义的政策，其中心思想在平均地权与节制资本，与上述诸政策的意义绝不相同。本章便是企图从社会发展的过程上，检讨我国封建时代中最典型的唐代社会的土地问题，说明当时土地政策的矛盾，以及与它密切联系的田赋制度的演变。

1. 唐初的土地所有形态

隋唐时期，商业资本达到了高度的发展，而政府因自身是以封建的土地所有为其基础的，不得不努力于土地制度的整顿。唐朝继承隋的统一事业，以其新蓄积的集权专制国家的权利，开始对土地所有加以一大限制，武德二年（619）定租庸调之制，每丁租二石，绢二丈[1]，棉三两[2]，课役限五十日以内[3]，不久

---

[1]《册府元龟》卷四八七《邦计部》，（并见《通鉴》卷一八四）。

[2]《唐会要》卷八三《租税》上。

[3]《册府元龟》卷八四六《邦计部》。

国家安定，武德七年（624）遂仿隋制，颁布新律令，制定均田及租庸调之法，以确立税源的基础。

唐代之均田法，因唐令的散佚，今日很难详考，仅武德七年令①，开元七年令②，开元二十五年令③等，略传其概略，据这些律令可以知道一般给田的大体情形。即丁男中男各给永业四十二亩，口分田八十亩，计田一顷。老男、笃疾、残废，给口分田四十亩，家妻妾口分田三十亩，老男笃疾废疾寡妻妾之为户主者，给永业田二十亩，口分田三十亩，凡狭乡给宽乡之半。授田的顺序：先贫民，后富民，有课役者先，无课役者后，多丁之户先，少丁之户后，人死口分田收官，但死于王事者，子孙虽不达丁年，也得承继父祖的口分田，此外王公百官及工商、半道、贱民（杂户、官户、奴婢，奴婢不给田）等，都有给田的规定。

现在据唐令略述当时一般土地的名称及其性质如下：

一、永业田：分户内永业田及官人永业田两种：

（a）户内永业田：使种桑榆枣等，丁男、中男、杂户及老男笃疾废疾寡妻妾之为户主者给田二十亩，工商给其半（狭乡不给）。这种地当年老或死亡时不须还官，可以传给子孙。

（b）官人永业田：王公以下百官除户内永业田外，还给以很多的官人永业田，据《唐六典》卷三户部郎中员外郎条记载，多至百顷，少亦达六十亩。

二、口分田：按口分给的田地，使种谷物，丁男、中男、杂户给八十亩，老男、笃疾、废疾、寡妻妾（为户主者给三十亩），工商（狭乡不受田）及官户给四十亩，僧侣、道士给三十亩，尼及女冠给二十亩，口分田有还授的规定，人死国家即将田地收回，每年十月至十二月为收授之期。

三、职分田：充官吏俸禄，《通典》开元二十五年令，多者至二十顷，少者八十亩，官吏将职分贷给民间，秋冬使纳收获，这种贷借，实际上是强制的，后因百姓给田的不足，贞观十一年（637）罢之，以后废置不定。

四、公廨田：本为充官署经费之用的，有时也为官吏供给自己用，与职分田同样贷给民间耕作，据《通典》记载，多者达四十顷，少亦一顷。

---

① 见《唐书·食货志》，《唐会要》卷八三《租税》上，《通鉴》卷一九〇《唐记》六，《通考》卷二《田赋考》。

② 见《唐六典》卷三户部郎中员外郎条。

③ 见《通典》卷二《食货》二《田制》下，《白氏六帖事类集》卷二三给授田条，《册府元龟》邦计田制，《山堂群书考宋前集》卷六五《地理门·田制类》。

五、屯田、营田：屯田主置边地，平时使兵士耕作，后用犯人或募人民耕作，天宝八年（749）的收入为百九十一万三千九百六十石①，营田主亦为利用边地的空隙，集合流民给以庐舍，使为官家耕作的。

六、诸驿封田：诸道的驴马，每匹给四十亩，若驴旁有牧场则减五亩，传送马每匹给二十亩。

七、赐田、食邑：赐田为朝廷除规定的俸禄外赐给功臣宠臣的，子孙可以继承，买卖贴赁质入，都很自由，与官人永业田无异，又赐田之外有所谓食邑，与功臣等千户或五百户，赋税与政府分收，其榨取很厉害。

八、居住的园宅地：良民三人以下给一亩，每增三人加一亩，贱民则五人以下给一亩，每增五人加一亩。

九、墓田：因有坟墓，属于永久私有地，其得以私有的面积没有限制。

2. 均田制度的实际

以上所述，大抵根据唐令的记载，唐代的土地制度，是否都如这种规定实行，是很成疑问的。因此须考量均田法施行的实际状况：

唐初的户数，高祖武德年间为二百万，太宗贞观年间不满三百万，至高宗永徽年间也不过三百八十万，这较之隋炀帝大业二年户八百九十万其减少之数可惊。上述的户数当系根据实施均田法时所整理的户籍，其减少之多，无疑是隋末农民的死亡、流亡、及户籍上脱漏的结果。这种户口的激减，一方面意味着国家财政严重的损害，其对策必须防止农民流亡，使流亡的人民固着于土地，均田法的重要目的就在此。隋末大土地所有非常发展，唐朝初成立时，不得不适应当时社会的情势，因与大土地所有者结合的结果，均田法虽一时限制了大土地所有，而并不能破坏它，即或某一部分是破坏了，代之而起的是分给开国功勋的广大的永业田。再就占人民最大多数的自耕农而论，在土地私有权发展的唐代，他们所有的田地多于均田法规定时，也不见得能收归官有。大抵从来所有的田地主要还继续着旧态，因之均田法表面上虽规定着给田、受田、授田等字样，实际不过在法令上承认了土地所有权而已。当时田地的授与，最多是将荒废了的或无主的土地分给一部分穷民流民，所谓永业田二十亩，只是意味着农民土地所有的最低限度，口分田八十亩也只是一种条文，照当时大土地所有的情势想来，未必能照规定实行。至于给田在法令上虽规定是对个人的，实

---

① 《通典》卷二《食货》二《屯田》。

际却是以户为对象，由晚近发现的敦煌户籍残简看来，仅永业田比较的照规定分给，口分田的给与是很少，甚至完全没有，或者就是基于上述的原因。

现在且依据敦煌发见的户籍来考察当时均田法的究竟，虽然，均田法与下节所述租庸调之法有不可分的关系，当它施行时，户籍的整备为不可缺少的条件。当时户籍是各户主所提出的报告书，记明户内的口数，年龄及受田数，每年一报，据沙州又录补所收先天二年籍（平康乡）：已受之永业田六十亩，口分田十二亩，居住园宅二亩，未受者达二顷七十亩之多。又据大历四年户主索思礼的户籍[①]，该户有良口五，贱口奴婢四，计应受田六千一百五十三亩，实际仅得二百四十三亩。安游璟的户籍，应受三千一百零一亩的，仅受二十九亩，和规定相差之大可惊。

以上的户籍，虽多属于均田法崩溃的时期，并且发见在敦煌那样边远的地方，但由此可推测到均田法的大体情形，如上述均田法规定以个人为对象者，实际乃以户为基础。且因各户给田的不足，如所谓还授也不见能实行。

3. 租庸调制的成立及诸税法

唐朝施行均田法的真目的，决不是为均分土地使人民各取所需，而是在获得国家税源的见地上出发的。因此，在均田法颁布以前的高祖武德二年（619）就规定了租庸调之制。武德七年制定新律令，租庸调之制即与均田制同时公布，这租庸调制是继承前代所行的：

（1）租：每丁一岁纳粟二石。

（2）庸：称为正役，每丁岁役二十日，闰年增二日，否则每日各纳绢三尺或布三尺六寸（《唐六典》及《通典》等所载稍有不同）。加役十五日者免调，二十日者免租庸。

（3）调：每丁岁纳绢二匹，或布二丈五尺及麻三斤，或粟三斗。

以上是租庸调制的大要，负有这种义务的限于丁男，受田的中男、皇族以下、九品以上的官及老男废疾笃疾寡妻妾等，都不负这种义务[②]，遇水旱虫霜等害田十分之四以上时免租，十分之六以上免租调，七以上课役全免。

租庸调制的实行，全国并不一律，如岭南诸州分户为三等，上户出米一石二斗，次户八斗，下户六斗，但蛮夷之户则出半额。此外对内附的蛮胡等，制

---

①《沙州文录补》所收。

②《通典》卷七《食货》七《丁中》。

度也不相同。①

与租庸调制相关，《唐六典》卷三户部郎中条有"杂徭"的税目，此外重要的税目还有户税和地税，户税是租庸调之外应贫富之差课于各户的。这种贫富之差，在唐初就存在，高祖武德六年（623）三月，将天下之户按其资产，分为三等，九年改为九等，与均田制度的精神全然不一致。这种矛盾即在均田法本身也有，如宽乡狭乡之分，是依照地方住民的多少而不问土地的肥瘠，因之农民在宽乡受田者收获较狭乡反多，而租庸调的义务却并无变更，上述唐初的按财分户，在北魏时已依贫富立三等九品之制，北齐也立九等之户，使富者税钱，贫者力役。唐行户税虽不明在哪个年代，证之上述，唐初以来无疑就已实行。至于地税有时虽也指田租，唐代则是特殊的税目，专指义仓的租米而言的。其名称由义仓米赋课的方法或由"据地取税"②之意，并非法制的名称，义仓是太宗贞观二年（628）据戴胄的建议置于全国各州的，凡王公以下全户所有一切耕地，每亩各课二升的义仓米即地税，贮于义仓，以备凶年。这种地税起初原难认为正税，以后完全脱离了本来目的，与正税无异了。

以上诸税，在唐初以租庸调的收入为国家财源之主，而租庸调制与均田法又有密不可分的关系，所以均田法的不健全，直接就要影响到唐朝的统治。

4. 均田组织矛盾的发展

唐初以来商业资本、高利贷资本的剥削以及政府、地方的重税，日益加深，更因给田的不足，虽施行均田法而农民的生活并未因此改善，贵族、官僚、富豪、地主等只努力于土地的兼并，农民穷极，终至只得典卖土地，这时均田法内在的矛盾，日益暴露出来。

均田法与商业资本、高利贷资本的发展，本来是完全不相一致的，加之它的施行又不是全国人民一律平等，只是以一部分农民做对象，并且法令的自身便有不少的矛盾，这种矛盾由于社会的发展，其不合理之点愈益显著。按照均田法的规定，土地的买卖贴赁及典质，在原则上只限于下列特殊的情形下才许有的：

（1）一般百姓贫无葬送之费者得卖永业田。

（2）狭乡徙于宽乡者得卖永业田及口分田。

（3）卖永业田口分田以充住宅、邸店、碾硙之用者许之。

---

① 《通典·食货》六《赋税》下《大唐条》。
② 《文献通考》卷二《田赋考》。

（4）官人之永业田及赐田，许自由买卖贴赁。

（5）远役在外，其田无人管理时，得贴赁典质。

此外还规定着田卖去后不再给田，买永业田及口分田者，只限于给田之不足者，且不得超过规定的正额，田地的买卖，要得官的许可，否则须归还原主等法。

这样，即使有条件的限制，制度上承认土地的买卖贴赁，也要引起重大的结果，假如在一个单纯的社会里，则上述的条件也许不至促进土地的兼并，但在商人资本极为发展、大土地所有的风气很盛的唐代，无疑更加速了土地占有的趋势。宋人叶适说："方授田之初，其制已自不可久，又许之自卖，民始有锲约文书，而得以私自卖易……要知田制所以坏，乃是唐世使民得自卖其田始。"①这些话完全道破了当时的实情。

均田法本身的性质上，无疑地在某种程度上抑制了大土地所有的发展，同时减少了一般农民的贫富之差。但如上述宽乡狭乡的规定，却使贫富之差发生，又当均田法实施时，对前代以来名族甲姓所有的广大土地，几不触及，这都是违反均田的精神的，此外赐给王公百官大量的永业田赐田以及职分田公廨田等，当人口增加时，对于一般百姓的给田，即发生不足，给田本来已不见得照规定实行，由此而愈甚。政府的对策，只是屡次开垦土地②，或置屯田使兵士开拓③，有时废职分田以给百姓，但仅仅这样的手段，终不能补给田之不足，《困学纪闻》卷十六引林氏勋之言说："按一时之户口，不计异日，则后守法难"，由这种情形看来，所谓均田法者，完全是以租庸调制为对象的剥削政策而已。

据唐律的规定，任意出卖永业田和口分田或占田过多的须受罚，但其罪都很轻④。商业资本高利贷资本的剥削，政府的苛税等等之下，毫不能抑制这种自然的趋势。农民除了受这些经济的榨取之外，还须应付政府及地方的庸役和杂徭。富者则出些代价或派几个人就了事了，不但如此，他们还利用财势，购买度牒来避免课役。据《资治通鉴》卷二一一所述："中宗以来，贵戚争营佛寺，奏度人为僧，兼以伪妄，富户强丁，多削发以避徭役，所在充满"，这种私度的人在当时达到数十万之多，并且大半是所谓"黠商大买"⑤。唐代这种风气所

---

① 《文献通考》卷一《田赋考》二。

② 《新唐书》卷一一一《张俭传》。

③ 《新唐书》卷王晙传》。

④ 《唐律疏议》卷一二《户婚卜中》。

⑤ 《新唐书》卷一二三《李峤传》。

以盛行，借赵翼的话来解释："一得度牒，即可免丁钱，庇家产，因而影射包揽可知。此民所以趋之若鹜也。然国家售卖度牒，虽可得钱，而实暗亏田赋。"[①]这种因富民豪族的逃避而亏损的田赋，当然又是农民的负担。结果农民不得不离乡流亡，或典卖自己的田地。因此不论法律怎样禁止田地的买卖典质，饥饿却禁不住他们去破坏这种法令。流亡的农民有的铤而走险，有的则卖身给富豪做部曲或奴婢，或者流入大土地所有的庄园中去。均田法执法的官吏，不但不厉行取缔，并且往往有藉势占田的。如伪造户籍，滥受给田，或压迫农民，实行兼并，这种事在《旧唐书》《新唐书》[②]《册府元龟》[③]《资治通鉴》[④]等举不胜举，土地的兼并，不仅限于贵族官僚豪商，即如佛道寺观也很盛行。这些人的大土地所有——庄园的数量为数可惊，他们以这种庄园的经济势力为背景，更加紧其封建的榨取，如碾、硙店铺、车坊等事业，完全是在这种目的下牺牲农民以博得很大的利益。

5. 均田制的解体与税制的变质

均田制组织的矛盾，随着商业资本及高利贷资本的发展，急激地暴露出来。农民离乡不是为盗贼流氓，就是沦为庄园的佃农。否则便用种种的手段以躲避租税，或捏造户籍来逃避课役。

唐朝是以租庸调为国家财政基础的。农民的流亡、户籍的紊乱以及庸调的减少，立刻就影响到国家的财政。其必要的条件第一当然须农民的土着，关于这点，当时曾规定种种限制逃亡的罚则[⑤]，而流民的增加，毫不因之减少。证圣元年（694）李峤以严法处罚流民，却更长流亡之风，因献禁令、恩德、权衡、限制的四策。睿宗时也禁止买卖逃户的田宅，以待流民的归乡。但这些治标的方法仍然不见有效，称为治世的玄宗开元年间还是如此，《新唐书》卷一三四《宇文融传》说：

> 时天下户版刓隐，人多去本籍，浮食间里，诡脱蠡赋，豪弱相并，州县莫能制。

---

① 《二十二史劄记》卷十九《度牒条》。
② 《旧唐书》卷五八《长孙顺德传》，《新唐书》卷一五三《段秀实传》。
③ 《册府元龟》卷四九五《邦计部》。
④ 《通鉴》卷二〇七。
⑤ 《唐律疏议》卷二八《捕亡》。

又卷一四五《杨炎传》云：

> 自开元承平，久不为版籍，法度玩敝，而丁口转死，田亩换易，贫富升降，悉非向时，而户部岁以空文上之。

这样的情势随着唐朝国家机构的膨胀，即刻引起财政的困难。于是放弃从来等待流民归乡的政策，积极设法根绝流民。开元九年正月宇文融自任劝农使，检括天下的逃户，对新附的客户免其六年的赋调，以奖励其复归，结果得到八十余万的客户及相等的籍外剩田。但这种政策也不是根本把握住流民发生原因的办法，只是为了增加国家收入的计划而已，并且从事此事的官吏为了迎合宇文融的心理，将实户多报告为客户，宇文融自身也被认为"开元伟人，括户取媚"①，结果仍归失败，以后又一返于从来的恩情政策。

对流民的政策既失败，土地兼并之势更扩大，开元二十三年（735），对土地的违法买卖贴赁，较高宗时代更严定法律，犯者问违勅之罪②，二十五年，因给田的不足，改正均田法关于户主的规定。除十八至五十九岁的丁男中男外，一般人民的为户主者，给以永业田二十亩，口分田二十亩，这也像未曾实行。以后关于土地占有的勅令屡见发布，而滔滔的历史之流，一片法令怎样也不能阻挡，后人论这种情形说："虽有此制，开元之季，天宝以来，法令弛坏，兼并之弊，有逾于汉成衰之间。"③均田法至此，完全成为有名无实的东西了。

其次试由当时的户口上一看社会的状况：据《通典·食货二》田制下大唐条注：玄宗天宝十四年（755）全国的户数计八百九十一万四千七百零九，其中不课户三百五十六万五千五百一，课户五百三十四万九千二百八十，口数中不课口四千四百七十万九百八十八，课口八百二十万八千三百二十一，不课户不课口占全户口比例，数目之巨可惊。属于这些不课的虽包含中男、老男、寡妻妾、笃疾及品官等，而其中大部分无疑是富豪等藉财势买到官吏僧侣的地位以避免了课役的。再看第二节所举的户籍，给田都不是按照规定的数目，仅仅给五分之一甚至三十分之一的田地，户籍上写着"合应受田"的数目，也许就是专以租庸调为对象的。当时政府似乎只努力于租庸调的征收，因此更可推想到农民的生活是如何的痛苦。

均田法在安史之乱的前后，完全到了崩溃的时期，农民大都流为佃农或奴

---

① 《新唐书》卷一三四《宇文融传赞》。
② 《册府元龟》卷四九五《邦计部》。
③ 《通典·食货二·田制》下《大唐条》注。

隶，富豪则穷奢极欲，同时官宦节度使的势力日益高涨，内外两种经济势力的发展，酿成天宝十四年（755）的安史大乱，这时租税制度也差不多破坏尽了。《资治通鉴》卷二百三十中说："自安史以来，盗贼攻剽，户口减耗太半，虽节制十五州，租赋不及中原数县"，以后节度使及地方官吏，都不奉中央命令，租税完全作为私用。

均田制和租庸调制原来是密不可分的两件东西，土地的均分就是以负担租庸调为目的的，均田法既崩溃，国家经济的各部门都影响到，《新唐书·食货志》说：

> 租庸调之法，以人丁为本，自开元以来，天下户籍，久不更造，丁口转死，田亩卖易，贫富升降不实，其后国家侈费无节，而大盗起，兵兴，财用益屈，而租庸调法弊坏。

田赋的根本组织破坏，国家的用途仍不减，于是百姓的困苦更甚，当时元结曾上言说：

> 天下残破，苍生危窘，受赋与役者，皆寡弱贫独，流亡死徙，悲忧道路，盖亦极矣。

唐朝在这种情形之下，当然不能再靠租庸调的收入来维持，于是不得不另起新税，从来的税法，至此逐一变其原有的性质。

新税中主要的是青苗钱，始于代宗大历元年（766），每亩税钱十文，同时又有地头钱，每亩课二十文，与前者合称曰青苗钱，当时这项税的收入达四百九十万缗，至大历三年（786），每亩改课十五文，京畿则为三十文[1]。大历四年（799）京兆府施行秋税，上等田每亩出一斗，下等六升，荒田二升[2]。翌年整理以上诸税，统一夏税（青苗钱）秋税而废地头钱[3]。这种税则，一革租庸调制的不分贫富同其负担的弊病，量田亩之多少而课税，可以说是解除历来组织矛盾的对策。

上述以外，户税在大历四年又有新定的勅令，分王公以下诸民为九等户，每户每年出税自五百至四千文。这些税虽完全否定了租庸调的原则，但租庸调制并不因而废止，所以只可认为税的负担较前更重了。此外地税也是次于户税

---

[1]《旧唐书·代宗本记》，《通典·食货》——《杂税》，《新唐书》卷五一，五五《食货志》。

[2]《旧唐书》卷十一《代宗本纪》。

[3]《新唐书》卷五一《食货志》。

的重要税目，义仓制度本身虽好，但因唐朝财政的膨胀，义仓的米谷多被流用，安史乱后更甚，地税征收如故，以后义仓制度日衰，地税完全失原来意义而变成一种普通的税目。

6. 两税法的成立及其没落

均田制破坏后，租庸调制几濒废灭，但还是继续着，为对付这种矛盾，遂施行了新税，税的性质至此完全起了变化，已如上述。但租庸调制明明是以均田法为骨干的税法，均田法既解体，它当然也失去其存在的条件。而在当时的社会发展之下，均田制和租庸调制的重新组织，无疑是不可能，因此乃有根本树立一种新税制的必要。德宗建中元年（780），因杨炎的献策，颁布两税法，同时派黜陟使十一人，使宣告天下。

两税法并不是建中元年突然施行的。上节所述的夏税（青苗钱）、秋税及户税等，实可说是它的滥觞。因为两税法完全是适应当时社会的环境，随着租庸调制的颓废而进行的税制上的改革，所以也可以认为是征税方法的整理统一。租庸调制是以课税于受田者为原则，户税、地税属于另外，除丁男外不课税（中男中之受田者课杂徭）；两税法则不问主户客户，土著者和移住者，对一切的人民，以大历十四年（779）——两税法施行之前一年——的垦地面积为标准，定财产的等级，按州县所需的费用及上纳朝廷的额数，规定预算，应各户的等级课税，商人也税三十分之一。同时将租庸调及其他诸税，一律废去①。所谓两税法的名称，是因征税在夏六月及秋十一月每年两次实行之故。两税法施行后，中央和地方之财政的联系上，较重要者为上供、留使（送使）、留州三者。即天下各州租税的一部，留于该州充其费用，其他一部送给节度使及观察使等，此外一概上输于中央。这种留州留使的办法，适足饱地方官吏的私腹。宪宗元和年间，宰相裴均乃令诸道节度使观察使等，费用须取之所治之州，如不足方得取于属州，其属州送使之余，须与上供财物都输于度支。

两税法是按财产课税，并且征税总额是预先计算所要的经费而决定之，这实不能不说是划时代的进步。但废止了这古来相传的租庸调制，当然不免一般社会的指摘，如陆贽便是一个最激烈的反对者。据他的意见，以为第一测定财产就很困难；第二，实物的征税变成货币的征税，势必引起货币价值的腾贵及物价的暴落；第三，这种税法根本违反古来圣贤所定的法则。（参看《陆宣公奏

---

① 《旧唐书》卷十二《德宗本纪》，《新唐书》卷五二《食货志》。

议》卷六均节赋税恤百姓六条中之一，论两税之弊须有釐革一章）。李翱也主张陆贽的第二说，以为应废去货币纳税，改为实物纳税。（《李文公集》卷九疏改税法）。韩愈也曾指摘两税法运用上的许多应改正之点。（见《韩昌黎文集》卷三七钱重物轻状）

两税法是与地租、人头税、家屋税等无所差异的单税制度。测定财产的困难确是最大的缺点，但以货币来征收租税即至于使货币缺乏和物价腾贵，却是问题。唐代商业发达，因之货币的流通也许很普遍，不过大体上看来，货币至多还只是市场上通有无的媒介财，两税法在实际上未必全国都按规以货币纳税，也许只是租税的表率而已。所以两税法施行，决不至使货币价格昂贵的地步。

两税法之进步的意义，已如上述。但其施行之时代，节度使观察使等的势力都很强盛，唐朝的政令不能及于地方，并且本法不是根本研究当时大土地所有的发展，农民的穷困即贫穷悬隔太甚之社会矛盾发生的原因而使它缓和，换言之，它对土地兼并的问题毫未触及，只是以增加国库的收入为唯一目的，因此农民的生活，依然得不到一点解决。一方面唐自中期以后，财政愈困难地方的节度使等更榨取无厌，结果遂至实行"借钱""僦柜纳质钱"等无异于高利贷的政策。建中四年（783）更行税间架、除陌钱等新税，此外如盐茶酒等的专卖或课税，意味着唐朝政府的日渐依赖到商业资本高利资本上去，社会秩序完全不能顾及，大土地所有——庄园——的数量更见扩大，农村生活组织破坏，田地荒废，户口自玄宗天宝以来急激减少，社会的状态至此，当然不能不有一个大变革，僖宗乾符元年（474）王仙芝叛乱，接着黄巢的大乱开始，结束了唐朝一切的努力。

以上将唐代对于土地及赋税的政策作了一大概的叙述，唐代的社会情势，虽予均田制的组织以打击，但这种政策自始便包含着内在的矛盾，而制度自身的不彻底性，适足以加速其组织的解体，这种制度在日本中古时代施行的过程，很有相似之处，我们由此不难得到一个适当的教训。

本文所用参考书及论文

马札亚尔：《中国農業经济》（日译本）

廖谦珂：《農業经济学》（日语本）

万国鼎：《中国田制史》

王国维：《沙州文录补》

张霄鸣：《中国历代耕地问题》

加藤繁：《支那経済史》（改造社版）

《唐宗時代の荘園の組織並びにその聚落としての発達に就きて》（狩野教授還暦記念支那学論叢所収）

内田銀藏：《日本経済史研究》

神戸正雄：《財政学》（租税篇）

玉井是博：《唐時代の土地問題管見》。（史学杂志三三編第八，九，十号）

《唐時代の社会史的考察》（史学杂志三四編第四，五号）

羽仁五郎：《東洋に於ける資本主義の形成》（二）―アジア的生産と支那社会－（史学杂志四四編第三号）

志田不动磨：《晋代の土地所有形態上農民問題》。

鈴木俊：《唐の均田法と唐令との関係について》（東亜第七卷第四号）

（原載《地政月刊》，1936 年，第四卷，第八期）

第三章　中日古代关系考

一、从日本考古学论徐福的东渡

1. 徐福研究的方法论问题

徐福其人其事，最早见于司马迁的《史记》，后来《汉书》《后汉书》《三国志》等都有记载。这些史籍的可靠性无庸置疑，特别是《史记》被历代史学者奉为"正史之始"，从未有人对其所述有所怀疑。再从这四部正史的编撰者司马迁、班固、范晔、陈寿的严谨治学态度，渊博的学术修养和处理史料的方法来看，更不容许怀疑。所以有关徐福的记载应可信赖，《史记》记载徐福事，有如下数处：

（1）《秦始皇本纪》二十八年（公元前 219）条：

> 既已，齐人徐市（福）等上书，言海中有三神山，名曰蓬莱、方丈、瀛洲，仙人居之。请得斋戒，与童男女求之。于是遣徐市发童男女数千人，入海求仙人。①

（2）《秦始皇本纪》三十七年（公元前 210）条：

> 侯生、卢生……亡去。始皇闻亡，乃大怒曰："吾前收天下书，不中用者尽去之，悉召文学、方术士甚众，欲以兴太平，方士欲练以求奇药。今闻韩众去不报。徐市等费以巨万计，终不得药，徒奸利相告以闻。"②

（3）《秦始皇本纪》三十七年（公元前 210）条：

> 始皇出游……十一月行至云梦，望祀虞舜于九疑山。……还过吴，从

---

① 《史记》，卷 6，《秦始皇本纪》第 6，中华书局，第 247 页。
② 《史记》，卷 6，《秦始皇本纪》第 6，中华书局，第 258 页。

江乘渡并海上，北至琅琊。方士徐市等入海求神药，数岁不得；费多，恐谴，乃诈曰："蓬莱药可得，然常为大鲛鱼所苦，故不得至。愿请善射与俱，见则以连弩射之。"始皇梦与海神战，如人状。问占梦，博士曰："水神不可见，以大鱼鲛龙为候；今上祷祠备谨，而有此恶神，当除去，而善神可致。"乃令入海者赍捕巨鱼具，而自以连弩候大鱼出，射之。自琅琊北至荣成山，弗见，至之罘，见巨鱼，射杀一鱼，逐并海西。至平原津而病。①

以上《史记》叙述了徐福的整个故事要约如下：（1）徐福上书求仙药，秦始皇同意他的请求，派他率领童男童女入海求仙；（2）秦始皇焚书坑儒之后，得悉方士侯生、卢生等都逃亡，并诽谤自己时，大怒，认为徐福花巨费始终未见求到仙药，也是欺骗自己而逃亡了。（3）但当秦始皇巡幸琅琊时徐福突然求见，说仙药可得，但为大鲛所阻，需派武装同行。秦始皇同意请求，便派武装随同出海。这里《史记》没有记述徐福一行往哪里去，只说去三神山求药，也没有说一去不归。关于三神山，《史记》的《封禅书》中说：

三神山者，其传在渤海中，去人不远。②

然而，司马迁在《淮南衡山列传》中又将故事发展如下：

昔，秦绝圣人之道……又使徐福入海求神异物，还。为伪辞曰："臣见海中大神。"言曰："汝西皇之使邪？"臣答曰："然。""汝何求？"曰："愿请延年益寿药。"神曰："汝秦王之礼薄，得观而不得取。"即从臣东南至蓬莱山，见芝成宫阙；有使者铜色而龙形，光上照天。于是臣再拜，问曰："宜何资以献？"海神曰："以令名男子、若振女与百工之事，即得之矣。"秦皇帝大悦，遣振男女三千人，资之五谷种种、百工而行。徐福得平原广泽，止王不来。③

这里必须注意的是，徐福虽然在平原广泽做王了，但没有具体说明什么地方。《汉书·伍被传》中也有类似记载，不过比《史记》简单，也没有明指何处。

然而，《三国志·吴书·吴主传》黄龙二年（203）条记载：

春正月……遣将军卫温、诸葛直将甲士万人，浮海求夷洲及澶洲。澶

---

① 《史记》，卷6，《秦始皇本纪》第6，中华书局，第264页。
② 《史记》，卷28，《封禅书》第6，中华书局，第1369页。
③ 《史记》，卷118，《淮南衡山列传》第58，中华书局，第3086页。

洲在海中，长老传言，秦始皇遣方士徐福将童男女数千人入海，求蓬莱神山及仙药，止此洲不还。①

这里陈寿把徐福所去的地方指名为澶洲。沈莹的《临海水土志》说："夷洲在临海东南去郡二千里。"②从其地理位置来看，夷洲、澶洲也许是台湾或琉球，不是日本。

《后汉书·东夷传》传承了《三国志》的说法，把徐福所止之地也当作夷洲、澶洲：

> 会稽海外有东鳀人，分为二十余国。又有夷洲及澶洲，传言秦始皇遣方士徐福将童男女数千人入海，求蓬莱神仙，不得。徐福畏诛，不敢还，遂止此洲；世世相承，有数万家。③

陈寿的《三国志》成书比范晔的《后汉书》早一百五十多年，所以《后汉书》沿袭《三国志》的记载不足为奇。但是由于范晔把这一段徐福的记事放在《东夷传·倭传》的后面，使人把夷洲、澶洲误认为日本列岛，成为其讹传的根源。

这样看来，《史记》和《汉书》不必说，就是《后汉书》和《三国志》也只说徐福所止之地是夷洲、澶洲，没有与日本列岛联系起来。再者，日本列岛中没有夷洲、澶洲的地名，何况《旧唐书》以前的史学者都把日本称为"倭"，没有把夷洲、澶洲当作日本的。所以说，根据中国正史所载，徐福确有其人其事，但没有说他所止之地是日本。

然而，后周明教大师义楚的类书《六帖》（即《义楚六帖》）卷二十一《国城州市部》第四十三中有一节记事：

> 日本国亦名倭国，在海中。秦时徐福将五百童男，五百童女，止此国也。今人物一如长安。又显德五年（958）岁在戊午，有日本国传瑜伽大教弘顺大师赐紫宽辅又云："本国都城南五百余里有峰山（吉野山）……又东北千余里有山，名富士，亦名蓬莱。其山竣，三面是海，一朵上耸，顶有火烟；日中，上有诸宝流下，夜则却上，常闻音乐，徐福止此，谓蓬莱。

---

① 《三国志》，卷47，《吴主传》第2，中华书局，第1136页。

② 松下见林：《异称日本传》，卷上一。

③ 《后汉书》，卷85，《东夷列传》第75，中华书局，第2822页。

至今，子孙皆曰秦氏。"①

这里义楚把徐福所止之地明指为日本。义楚这样说当然是有根据的，其来源正如文中所说，是据日本僧宽辅（义楚之友）所说。可见五代时中日民间就已有徐福到日本的传说了。

至宋代，欧阳修在《日本刀歌》中进一步加以肯定：

> 昆夷道远不复通，世传切玉谁能穷。宝刀近出日本国，越贾得之沧海东。鱼皮装贴香木鞘，黄白间杂鍮与铜。百金传入好事手，佩服可以禳妖凶。传闻其国居大岛，土壤沃饶风俗好。其先徐福诈秦民，采药淹留童丱老。百工五种与之居，至今器玩皆精巧。前朝贡献屡往来，士人往往工词藻，徐福行时书未焚，逸书百篇今尚存。令严不许传中国，举世无人识古文。先王大典藏夷貊，苍波浩无荡通津。令人感激坐流涕，锈涩短刀何足云。②

欧阳修是个文学家、史学家，决不会信口开河，一定有所根据，那就是民间传说。可见至宋代，徐福所止之地是日本的传说已广泛流传了，否则欧阳修不会将它写入诗歌。

至明代，连史书上也正式记载夷、澶二洲就是日本了。陈仁锡：《皇明世法录》卷七十九《日本考》：

> 先时秦遣徐福，将童男女数千人入海，求蓬莱仙不得，惧诛，止夷澶二洲称秦王，国号倭。故中国总呼之曰"徐倭"。③

从而可知，中国民间流传徐福东渡日本是起于五代，盛于宋代，至明代列入史书。日本方面，最早的史书《古事记》和《日本书纪》对徐福之事只字未提，这说明在八世纪，至少到《日本书纪》撰成的元正天皇养老四年（720）以前，日本还没有流传徐福东渡的传说。如《义楚六帖》所说，义楚的日本友人宽辅于村上天皇天德二年（958）来中国时说徐福止于蓬莱即富士山，所以此时日本才有徐福东渡的传说。

1297年南宋禅僧无学祖元应镰仓幕府将军北条时宗之请去日本，在日本写

---

① 松下见林：《异称日本传》，卷上二。
② 《欧阳文忠公全集》，卷15，《日本刀歌》。
③ 松下见林：《异称日本传》，卷中七。

了一首《徐福祠献晋诗》：

> 先生采药未曾回，故国山河几度埃；
> 今日一香聊远寄，老僧亦为避秦来。

可见祖元到日本时，和歌山县新宫市的徐福祠就已经存在了。

《蕉坚稿》载有日本入明僧绝海中津和明太祖朱元璋的唱和诗也是以徐福祠为主题的。绝海中津的唱诗是：

> 熊野峰前徐福祠，满山药草雨余肥；
> 只今海上波涛稳，万里好风须早归。

朱元璋的和诗是：

> 熊野峰前血食祠，松根琥珀亦应肥；
> 当年徐福求仙药，直到如今更不归。[①]

日本把徐福传说正式写入史书的是 1339 年成书的北畠亲房的《神皇正统记》：

> （孝灵天皇）四十一五年乙卯，秦始皇即位。始皇好神仙，求长生不老药于日本；日本欲得彼国之五帝三王遗书，始皇乃悉送之。其后三十五年，彼国焚书坑儒，孔子全经遂存于日本。

这个记载，一见便知是根据欧阳修的《日本刀歌》的。以上我们从文献对徐福东渡的传说作了求证，得出这样一个结论：徐福确有其人其事，正史上虽然没有记载入海后所止之地是日本，但中日两国民间一致传说徐福到了日本列岛，特别日本，古来就对徐福传说颇有兴趣，很自然地把它和日本联系起来。主要原因是史前时代的日本从未开化社会到文明社会有赖于中国移民，而徐福则是古代中国移民的代表人物。关于这一段历史，实际上就是中日关系史或中日文化交流史的一部分，需要深入研究。可惜中国文献缺少记载，日本文献上更是空白，必须从考古学求证，同时以科学的理论和方法为指导，进行实事求是的分析和推理。历史研究绝不许臆测和假设，非据有大量确凿真实的史料不可轻易下结论，徐福研究也是如此。

---

① 见《蕉坚稿》，引自《异称日本传》，卷上一。

2. 弥生文化与大陆文化

弥生文化的形成及其特征

日本的石器时代分为前后两期，前期是所谓无土器文化时代，属于旧石器时代，其基本特征是使用打制石器，还没有土器，生活的主要手段是狩猎和捕鱼。后期所谓绳纹文化时代（公元前七八千年至公元前 300），属于新石器时代，其基本特征是采集经济（至末期才出现原始农业），使用土器和磨制石器，种类逐渐增多，居住建筑简单，有植物质衣料、圆木舟和家犬，流行拔齿的风俗，社会处于母系氏族共同体的阶段。这个绳纹文化于一百多年前为一个外籍学者发现。

1877 年 6 月 18 日东京大学动物学教授美国人莫斯（Morse, Edward Sylvester, 1838—1925）从横滨登陆乘火车到东京时，从车窗发现了大森区的贝冢，不久进行发掘。从大森贝冢出土的，以土器为首，有首饰、骨针、骨角器、石器、人骨及大量贝壳。特别在土器上呈现绳索的纹样，因而叫做"绳纹土器"，这个时代叫做绳纹时代。大森贝冢的发现，揭开了日本原始时代的帷幕。

莫斯发现大森贝冢 7 年之后，由日本人自己发掘了弥生土器，揭开了日本金石并用时代——弥生时代的帷幕。1884 年 3 月 2 日，东京大学人类学者坪井正五郎、白井光太郎、有坂铅藏三人发掘调查了东京大学北侧根津谷（今东京都文京区弥生町）的山丘上的贝冢。除大量绳纹土器外，他们还发现了一个壶形土器。它的形状比绳纹土器美，装饰极简单，而质料很薄，后来因其在弥生町发现，被命名为"弥生式土器"。其后全国各地纷纷发现弥生式土器，许多考古学家特别森本六尔对它进行深入研究，弄清了弥生式土器的时代是日本最早的农耕社会。

1936 年和 1943 年先后发现了奈良唐古遗迹与静冈登吕遗迹（1949 年正式有计划发掘），证实弥生时代是一个进行水稻耕作的金石并用时代。其年代相当于公元前 3 世纪至公元后 3 世纪，上承绳纹时代（石器时代）下接古坟时代（铁器时代）。

弥生文化和绳纹文化之间有密切联系。大约伊势湾沿岸以东即东日本的弥生土器，与该地区的晚期绳纹土器比较，烧成、土质、图案、整形法及一部分器形相类似，有直接间接的关系。中部山区、南关东、仙台平原虽有个性的图案和器形，但与先行的晚期绳纹土器的地域色彩比较，大致是重复的。在西日本，以北九州为中心的板付式土器（一种前期弥生土器）往往与该地区晚期绳纹土器系统的夜臼式土器伴随出土，两者相比较，器形有明显差异，但成形、整形、技法、图案构思和施纹法、烧成法、土质等有一部分相同。所以即使在弥生土器的发祥地西日本，弥生土器也是在绳纹土器的传统上形成的。由此可知，弥生土器是在日本形成的，它作为生活用具与生活有密切关系。同样，弥生文化是在日本形成的文化，但弥生文化是在大陆文化强烈影响下，在昔日生活变革过程中诞生的。[①]

弥生文化从成立一开始就具备了水稻耕作、金属器、大陆系磨制石器、纺织技术等新的文化要素，显然是受大陆文化强烈影响。再者，我们若从弥生文化最初是在北九州形成，弥生时代初期流行的支石墓和南朝鲜的支石墓是同一系统以及弥生时代前半期舶载的青铜利器也在朝鲜广泛出土等事实来看，新文化的直接移入途径是朝鲜，特别是一衣带水的南朝鲜。

弥生文化是农耕金属文化，水稻耕作这一新的生产形态是弥生时代人们的生活基础。金属的使用，促进了弥生文化的发达，也就是说，赋予弥生文化特征的各种要素都与农耕生活有关联，支持其存在，助长其发展。若具体举出其特征，则有如下几点；

（1）弥生时代尽管还不能忽视狩猎捕鱼的重要性，但水稻耕作一贯是其经济基础。它从利用低湿地的简单的前期水田经营发展到投入大量劳动力建立人工灌溉设施的后期登吕型水田经营。

（2）简朴划一的弥生式土器，为土器生产的分工创造条件。又由于粮食的剩余，使社会分工成为可能。共同体之间的分工有一定的发达。造船技术的发展，促进了与大陆文化的交流及国际分工，这点从族长阶层舶载物资的丰富可以证明。

（3）石制、土制纺锤及木制织机的出现（唐古、登吕等遗迹出土）以及男劳动集中于农业，使绳纹时代的性分工得以进一步强化。

（4）青铜器（如作为宝器的铜矛、铜戈、铜剑和铜铎等）、铁制工具及作为武器的铁剑、铁戈、铁镞等的使用，促进了生产力的发展。但这个时代木制农具被广泛使用，石器至末期才被淘汰。

（5）由于生产力的发展，农业生产稳定，人们确立了定居生活。又由于土地开垦、人口增加和剩余产品增多，使部分的阶级分化成为可能，终于出现了部落、部落联盟甚至像邪马台那样的雏型国家。

---

① 《日本历史》，第 1 卷，岩波书店，1962 年，第 141-144 页。

大陆文化的要素

水稻究竟通过什么路线传入日本，这是一个长期争论的问题。过去滨田耕作主张北来说，即中国→北朝鲜→南朝鲜→日本九州；柳田国男则主张南来说，即中国→南岛→九州。现在这些说法已成过去，从长江下游传到日本的东进说比较有说服力。东进说又分为直接渡来说和间接渡来说二种：前者是从长江下游直接传到朝鲜和日本，为安藤广太郎所提倡；后者是从山东半岛一带经由朝鲜西部到达日本，为冈崎敬、坪井清足、佐藤敏也所提倡。直接东进说在考古学上的线索是石庖丁（一种类似石镰刀的摘稻穗的工具），因为九州发现的石庖丁与长江下游的石庖丁形状一致，但东亚使用石庖丁长达数千年，无法确定正确的时间幅度，不能压倒间接东进说。而且长江下游出土的古代米有日本型（粳米）和印度型（籼米）两种，若从中国直接传来，弥生时代的米也应当是粳籼两种，但北九州没有发现过印度型的籼米，不仅弥生初期，整个弥生期都是如此。[①]这可以解释为印度型籼米传到朝鲜因不适应气候而枯死，只保存着日本型粳米。[②]

我们认为水稻从山东半岛经由朝鲜南部到达日本这条路线比较合理。据李江浙的《大费育稻考》[③]，山东栖霞杨家圈遗址证明五千多年前该地已盛产稻米。再者"日本之倭人本是中国大费禺京之倭人的移民及其后裔。在这个基础上，联系燕齐移民于朝鲜半岛以及燕昭王时远路由海上至燕都蓟城献'龙膏'的海岛居民和久居朝鲜半岛东南端的燕齐移民及其后裔称'秦韩'之事，可知经朝鲜南端海域通往日本的航路，在徐福以前很久便早已经开通。"[④]这样看来，水稻从山东半岛经朝鲜南部至日本是可能的。

大正九年（1920）在南朝鲜庆尚南道金海郡会岘里的金海贝冢第七 B 层发现了炭化米。[⑤]这是南朝鲜有关水稻的考古资料。这粒炭化米现由九州大学农学部育种学教室保管，它的年代推定为公元 1 世纪，正当弥生中期。[⑥]可见朝鲜水稻耕作在弥生时代就已进行了，从而从南朝鲜传入日本完全有了可能。再者金海贝冢石棺群、瓮棺群北侧有变形支石墓（没有支石的支石墓），而北九州一带的变形支石墓也是和石棺、瓮棺在一起的，所以北九州的变形支石墓当然

---

① 西谷正：《古代日本和朝鲜——从考古学来看》，学生社，1978 年，第 102 页。

②《岩波讲座·日本历史》，第 1 卷，1975 年，第 133 页。

③《农业考古》，1986 年第 2 期。

④ 李江浙：《徐福东渡考》，《徐福研究》，青岛海洋大学出版社，1991 年，第 112 页。

⑤ 见滨田耕作、梅原末治：《金海贝冢发掘报告》，1923 年。

⑥ 西谷正：《古代日本和朝鲜——从考古学来看》，学生社，1978 年。

是随同水稻由南朝鲜传入日本的。[1]还有石庖丁，从弥生前期末到中期在北九州往往伴随板付式土器出土。这种石庖丁用辉绿凝灰岩制成，比较大型，从正反两面穿孔，其原型也可在朝鲜南部求得。朝鲜南部出土的石庖丁尽管与华中的一样是割稻穗的，而日本弥生文化的石庖丁不仅割稻还割大小麦等。再从其他磨制石器的配套来考虑，弥生前期的石器系统与其认为是华中的，不如认为是经由朝鲜半岛传来的。[2]

还有一个线索可能证明水稻经由朝鲜南部传入日本。南朝鲜釜山西郊发现的槐亭洞遗迹中有涂以丹彩的体长的瓮形土器出土，把它称为槐亭洞Ⅰ式土器；而日本福冈县板付遗迹有一种夜臼式土器（最后的一种绳纹土器）与板付式土器（最早的一种弥生土器）一起出土。这种夜臼式土器的B型中有涂丹的体长的瓮形土器，它与槐亭洞遗迹的瓮形土器一致。这种丹彩长形瓮，实在是运稻的容器。夜臼式土器不能理解为继承绳纹土器的传统，应考虑其为外来品。若夜臼式B型土器是从槐亭洞Ⅰ式土器移入的，则槐亭洞Ⅰ文化才是日本农耕文化的母体。[3]再者，朝鲜半岛初期农业社会所使用的磨制石器（包括农具），在北九州弥生时代当初的石器群中也能看到，而这些同类的磨制石器绳纹时代完全不存在，故两者之间的关系更为明了。[4]

中国殷、周时代青铜器文化发达，至战国时代已进入铁器时代，此时日本尚处于绳纹时代（新石器时代）末期。中国先进的青铜器文化首先传到朝鲜，然后与水稻一起传入日本，产生了弥生文化。这里要注意的是虽然青铜器传入日本比铁器早，但日本没有经过青铜器时代，而是从石器时代跃入铁器时代，所以青铜没有对朝鲜和日本产生有效的影响。

当初传入日本的青铜制品有铜镜、铜铎、铜戈、铜剑、货泉等，但这些都是非实用的。因为后来传入的铁作为利器比青铜优秀，所以青铜传入日本后没有广泛使用在生产上，大部分用于生产祭祀品和奢侈品。

据统计，全日本出土的青铜镜有三千多面，其中的1/3是中国大陆制造的，因渡海而来，所以叫做"舶载镜"（中国镜）；约2/3是日本制造的，叫做"倭镜"（模仿镜）。在中国镜中，有前汉时代制造的重圈清白镜、重圈素纹镜，内行花纹清白镜、四乳雷纹镜等。这些镜的出土地方只限于北九州，是经朝鲜的

---

① 江上波夫、松本清张：《古代朝鲜的文化和历史》，读卖新闻社，1975年，第68页。
② 西谷正前引书，第104页。
③ 杉原庄介：《日本农耕社会的形成》，吉川弘文馆，1987年，第4-5页。
④ 杉原庄介：《日本农耕社会的形成》，吉川弘文馆，1987年，第4-5页。

乐浪郡传来的。后汉时代制造的方格规矩四神镜和内行花纹镜等，传遍全日本。三国时代制造的三角缘神兽镜有 270 面以上。[1]中国镜大量流入日本的背景是公元前 108 年汉武帝在朝鲜设置乐浪、真蕃、玄菟、临屯四郡，中国势力进入朝鲜，从而铜镜也随着在朝鲜的中国移民带到日本。

铜铎也是传入日本的铜器之一。它好像中国的编钟，上圆下扁，最大的有 168 厘米，最小的不到 30 厘米，其上铸有各种图案，如人物、鸟兽、房屋、流水等，周代的编钟是其祖型。铜铎是一种祭器，不实用。流行的年代，上限在公元前 3 世纪，下限在公元 4 世纪。流行地区是畿内一带。1977 年宇佐市别府遗迹发现朝鲜式小铜铎（11.8 厘米）[2]，可见它是从朝鲜带来的。朝鲜的小铜铎高 9～14 厘米，共有 11 个遗迹，出土 35 个以上，分布于平壤附近及庆州一带。[3]

传入日本的青铜器中还有铜剑、铜戈、铜矛等，这些是在北九州一带的瓮棺中发现的，其来源和其他金属器一样也是朝鲜。青铜武器都不是实用的，它是权力的象征，证明了族长权力的扩大和私有财产的增多。

中国春秋战国时代发明铁，但还不普遍使用，直到汉代设置铁官 48 处，铁才被广泛使用。由于汉势力向朝鲜伸展，铁首先传入朝鲜半岛，朝鲜比日本较早使用铁器和学会铁的冶炼，日本是通过朝鲜接受铁的。铁首先传到日本九州，九州福冈丝岛郡前原町前原镡沟遗址就是日本最早发现铁的地方。此外鹿儿岛县高桥遗迹出土的铁器和熊本县斋藤山遗迹出土的斧状小铁器也是日本最古的铁器。[4]

弥生时代前期和中期日本还不产铁，主要从朝鲜南部输入铁材。《三国志·魏书·东夷传》弁辰条说："国出铁，韩、濊、倭皆从取之。诸市买皆用铁，如中国用钱。"[5]朝鲜古代的产铁地是百济的谷那铁山，谷那是临津江和礼成江上游地区的谷山郡的古名[6]。

朝鲜的铁文化是由燕齐的中国移民带去的，所以很好地反映了华北地区铁生产的特色，当初传入朝鲜是以铸铁为中心，至乐浪时代则以锻造为中心，因为汉代盛行锻造。日本的情况也是一样，初期是输入铁制品，后来制铁技术经

---

① 田中琢：《古镜》，东京讲谈社，1979 年。

② 贺川光夫：《宇佐—大陆文化与日本古代史》，吉川弘文馆，1978 年，第 187-231 页。

③ 贺川光夫：《宇佐—大陆文化与日本古代史》，吉川弘文馆，1978 年，第 187-231 页。

④ 窪田藏郎：《铁的考古学》，雄山阁，1981 年，第 46 页。

⑤ 《三国志·魏书·乌丸鲜卑东夷传》，中华书局，第 853 页。

⑥ 窪田藏郎前揭书，第 52、第 62 页。

由朝鲜传来，自己用粗朴的方法进行极小量的生产，还不能想像当时汉代的鼓风机、矿石事前处理、燃料的选择等先进技术已经照样引进。[①]熊本县斋藤山遗迹出土的铁斧，经科学鉴定是用锻造过的铁制造的。这大概是从大陆经由朝鲜传入的，因为那时日本还不会锻造技术。在奈良市西北部通称佐纪盾列古坟群中发现大型铁板 282 块、小型铁板 590 块、铁斧 102 把、铁制农具 313 件、铁制工具 293 件[②]，这些东西与古代著名铁产地南朝鲜的新罗古坟出土的铁原材料相似。但是奈良古坟的建造是在公元四百年前后，说明到古坟时代日本自己还不生产铁。弥生时代前期中期铁还没有普遍使用，尚处于金石并用的状态，石器到后期才灭迹。不过从尼崎市上之岛、奈良县唐古、大阪府瓜破、静冈县登吕、大分县安国寺等遗迹出土大量木制农具来看，弥生前、中期已用铁工具加工木材了。

弥生时代北九州流行支石墓，其分布地区是长崎、佐贺二县的唐津湾沿岸和博多湾沿岸，南面是熊本县。支石墓是使用巨石建成的坟墓，有二种形式：一种是在地上树立数个平行的支石（撑石），其上盖以一块巨大的石板作为盖石，即所谓桌子形支石墓或北方式支石墓；另一种是支石埋在地下，其上盖以大石块或石板，即所谓棋盘形支石墓或南方式支石墓。此外将埋在地下的支石换成石棺或瓮棺，即所谓变形支石墓。这种支石墓从山东半岛到辽宁东部的山岳地带都有发现，特别山东荣成、文登一带发现的支石墓，与朝鲜全罗道和辽东半岛的支石墓几乎一致。可见山东沿海氏族社会的先民通过庙岛列岛，用逐岛漂流的方式将文化带到朝鲜，再传到日本。

还有一种瓮棺葬在北九州流行，特别是福冈县须玖、冈本遗迹的特大瓮棺群。瓮棺在中国本来是埋葬幼儿的，日本却是埋葬成人，而且从大量细形铜剑、铜矛、铜戈、铜镜等副葬品来看，是埋葬族长之类的氏族领袖。福冈县丝岛郡前原町三云遗迹的瓮棺群内发现了约 30 面前汉镜、璧、细形铜剑、细形铜矛（文政五年即 1822 年发掘）；福冈县冈本 D 地点的瓮棺群内发现了 30 面前后汉镜、璧、细形铜剑、细形铜戈等（明治三十二年即 1900 年发掘）。这些瓮棺都是属于弥生时代后期的。[③]

---

① 窪田藏郎前揭书，第 52、第 62 页。

② 窪田藏郎前揭书，第 82 页。

③ 八幡一郎等编：《考古学讲座》，第 4 卷，雄山阁，1969 年，第 207-208 页。

3. 弥生文化与徐福东渡

弥生文化和绳纹人问题

从绳纹文化向弥生文化推进，日本列岛上的种族是否随着交替？这是一个绳纹时代人、弥生时代人、古坟时代人三者的种族连续和关系问题。关于此事历来有许多说法，归纳起来，不外乎以下两种学说：

一种是至少自绳纹文化以来，日本人就已经居住在日本列岛而创造出自己的固有文化；另一种是绳纹文化以来有各种异质文化的种族渡海来到日本而形成重叠的混合文化。前者主张文化的出现是由于内在力量发展的结果，后者主张除内在因素外，强调了外来文化的重要性。

主张内在因素为日本文化发展的原动力的一派学说以长谷部言人、直良信夫和铃木尚为代表。他们把弥生时代以前的日本人称为先史日本人，把古坟时代以后的日本人称为现代日本人。他们根据已发现的人骨化石进行研究，得出这样的结论：除旧石器前期尚在研究之外，旧石器中期以后各时代的形质变化只是因生活条件及极微的混血而变动的小变异，日本人一贯是同一人种。[1]

主张外来因素为日本文化发展的原动力的一派学说以清野谦次和冈田雄为代表。他们认为日本民族是由几种种族混合而成的，现代日本人主要是从大陆和南洋来的各种族的混血种。[2]冈田雄把大和民族看成是和中国东北扶余、高句丽相类似的种族，他们是从三四世纪起经朝鲜半岛南部而来到日本的。[3]江上波夫的骑马民族征服日本说是日本史学上著名一派的观点，他估计"渡来我国的兵力约五六千至一万"。[4]赤城毅彦主张"倭人的始祖是吴国（春秋）的王族"。[5]台湾徐松石说"出云贺茂族和天孙民族都是由中国移去的，这点可无疑义，出云贺茂族属于通古斯种，天孙民族属于（中国）越民族"。[6]

总之，他们都强调了日本文化中存在的南方要素（如水稻栽培，铜镜中的象、狮等南方热带动物图案等）和北方要素（如梳齿纹土器，马的殉葬，大量马具的出土等），从比较民族学的立场得出以上结论的。从上述考古资料看，日本从绳纹文化跃入弥生文化乃至古坟时代并没有东西可以表示来自大陆的侵略

---

① 参见木通口清之：《日本人之祖先》，东京每日新闻社，1978年。

② 参见木通口清之：《日本人之祖先》，东京每日新闻社，1978年。

③ 参见冈田雄：《日本民族文化的源流和日本国家的形成》，吉川弘文馆。

④ 赤城毅彦：《解开古代日本人之谜》，1980年，第189页。

⑤ 赤城毅彦：《解开古代日本人之谜》，1980年，第28页。

⑥ 徐松石：《日本民族的渊源》，香港东南亚研究所，1966年，第31页。

和为了征服异民族而大举渡海来到日本所产生的现象，只是表示出从大陆带到北九州来的先进文化被接受，渡海来的异民族被同化。而且这种先进文化又经北九州向东扩散，促进了绳纹时代日本人全部弥生化。如果把先进文化的传来看成是异民族的征服，从而在原有文化的地盘上"覆盖着统治者的文化"，那便否定了文化发展中的继承性与历史联系。再者，日本离朝鲜最近的是 120 海里，与中国相隔最近的是 460 海里，在交通不发达的古代，即使能像挪威人海尔达那样用木筏渡海，[①]也只能是少数个别的，何况日本人口在绳纹时代已有 75 万至 140 万，在弥生时代达到 400 万[②]，要渡海来征服这么多人是不可想像的。

全世界所有的人类，严格地说纯种是不存在的，所有民族都由好几个种族混合而成。如意大利民族来自伊特剌坎人、罗马人、日耳曼人、希腊人、阿拉伯人，法兰西民族来自高卢人、不列颠人、日耳曼人，所以日本人也不例外。正如木通口清之总结前人的研究所说："日本人是在日本产生的，但其要素是以和华南洪积期（数十万年以前）化石人类有关系的化石日本人为核心，并且还渐次加入南方的马来人、印度支那人，北方的通古斯人、阿伊奴人等，结果产生出尚未完全融合的现代日本人。[③]这样，既不强调日本文化中的外来复合要素，又不忽视外来要素的重要性。弥生文化，甚至日本民族文化是日本人汲取大量外国先进文化特别是中国文化之后，经过长期历史演进而在日本列岛这个特定的环境中形成的。

弥生时代的中国移民

如上所述，弥生文化一开始就具有水稻耕作、金属器、大陆系磨制石器、纺织技术等各种新的文化要素。从这一点上看，弥生文化是受海外先进文化的强烈影响而诞生的无疑。再从弥生文化本身最初是在北九州形成的事实，弥生初期北九州一带的支石墓同南朝鲜广泛分布的支石墓是同一系统，弥生前半期北九州出土的青铜利器也是分布于南朝鲜各遗迹，朝鲜金海贝冢出土的炭化米、瓮棺、瓮形土器在北九州也有发现，以及石庖丁和其他磨制石器双方相似等其他各种事实来考虑，新文化传入的路线是朝鲜，特别是和北九州一衣带水的南

---

① 挪威人海尔达为证实古代文化能够渡海传播，1947 年以九根圆木组成木筏，命名"太阳神号"，从秘鲁的卡亚俄（Callao）港出发，经 101 天漂流 430 海里而到达波利尼亚。1970 年乘第二艘"太阳神号"卢苇船，从非洲出发，航程 3270 海里而到达大西洋彼岸。

② 根据《世界美术》，第 16 卷（世界文化社编，东京，1980）中的统计数字。

③ 木通口清之：《日本人之祖先》，东京每日新闻社，1978 年，第 39 页。

朝鲜。

弥生文化形成的公元前 3 世纪，相当于战国末期，中国文化随着政治势力的扩大而向周边地区传播，朝鲜是其中之一。朝鲜半岛位于中日两国之间，即使在航海技术和交通工具不发达的古代，通过朝鲜半岛到日本也是比较安全的路线。隋代甚至初唐以前，中国史籍记载的中日交通及民间文化交流都是遵循这条路线的。因此，朝鲜半岛在古代是中日文化交流的跳板，先史时代的中国移民大部分是经由朝鲜半岛进入日本的。其中不少是到朝鲜半岛定居以后，经过好几代又从朝鲜半岛移居日本的。

朝鲜半岛与中国接壤，但又不属于中国版图，而且交通便利，每当天灾人祸或者政治大变动的时候，总有许多人逃亡到那里。《三国志·魏书·东夷传》记载：

> 辰韩在马韩之东，其耆老传世，自言古之亡人避秦役来适韩国。[1]
> 陈胜等起，天下叛秦，燕、齐、赵民避地朝鲜者数万口。[2]

马端临的《文献通考·四裔考》也记载：

> 辰韩，耆老自言秦之亡人避苦役来适韩国，马韩割其东界与之。有城栅，其语言有类秦人，由是或谓之为秦韩。[3]

齐人从山东半岛移民朝鲜的也不少。1962 年朝鲜黄海道信川郡凤凰里发掘到一个砖室墓，其墓志铭上写着：

> 守长岭长王君，君讳卿，年七十三，字德彦，东莱黄人也。正始九年（248）三月二十日壁师正德造。[4]

《后汉书·王景传》说：

> 王景字仲通，乐浪讲邯人也。八世祖仲，本琅邪不其人……诸吕作乱，齐哀王谋发兵，而数问于仲。及济北王兴居反，欲委兵师仲，仲惧祸及，

---

① 《三国志·魏书·乌丸鲜卑东夷传》，第 30，中华书局，第 852 页。
② 《三国志·魏书·乌丸鲜卑东夷传》，第 30，中华书局，第 848 页。
③ 《文献通考·四裔考》，浙江古籍出版社，第 2549 页。
④ 汪向荣：《古代的中国与日本》，三联书店，1989 年，第 37 页。

乃浮海，东奔乐浪山中，因而家焉。[1]

按汉武帝于公元 109 年攻打卫氏朝鲜，翌年设置乐浪、玄菟、真番、临屯四郡，不久真番、临屯二郡撤销，玄菟移至北方。乐浪郡至后汉又分为二郡，南方为带方郡（郡治所在黄海北道信川郡的所谓唐土城），北方为乐浪郡（郡治所在平壤南面的土城里）。313 年乐浪郡为高句丽所灭，带方郡后为百济所灭，前后存续 400 年。关于乐浪郡的遗迹（包括郡治所和大量汉墓），1916 年至 1934 年由关野贞等断断续续发掘，有大量珍贵文物出土，证实了中国周边诸民族吸收汉的先进文化（水稻耕作、青铜器、铁器等）以后，促进了本民族文化的发展。

在汉统治朝鲜期间，朝鲜人和汉人不必说，即使在乐浪郡灭亡之后，也有大批汉遗民逃亡日本，把先进文化带到日本。如应神天皇十四年（283 年，晋太康四年）汉人后裔"弓月君自百济来归，因以奏之曰：'臣领己国人夫百二十县而归化……'"。[2]应神天皇二十年（289 年，晋太康十年）"倭汉直祖阿知使主，其子都加使主，并率己之党类十七县而来归焉"。[3]

以上所述是经由朝鲜到日本的中国移民，不过随着时间的推移，"弥生前期末叶，至迟到中期，中国移民来到日本列岛的，不再经由朝鲜半岛，或虽取道朝鲜而并没有长期逗留，其到达日本列岛的地区，也不局限于北九州，甚至连在弥生前期生产力还比较落后的近畿地区也已有外来移民，特别是中国移民的足迹"。[4]所谓不经由朝鲜是指由中国直接横渡东海或黄海而到达日本列岛。

日本学者把弥生时代的中国移民分成两次，即"第一次渡来人"和"第二次渡来人"。前者是指公元前三四世纪（绳纹末期至弥生初期）进入日本列岛的中国燕、齐、赵的移民，后者是指公元前后（弥生前期末和中期）进入日本列岛的中国越的移民。关于这点可以从考古学得到证实：北九州出土的支石墓、细形铜制利器、一部分前汉镜、板付式土器、瓮棺等是第一次渡来人的遗迹遗物；畿内一带出土的铜铎、前后汉镜、前汉的四铢钱、王莽的货泉等是第二次渡来人的遗迹遗物，他们从北九州逐渐向畿内发展，终于建立近畿王国，构成了以铜铎为祭具的文化圈。[5]还有一种可能性，建立畿王国的不是越人，而是

①《后汉书》，卷 76，《循吏列传》第 66，《王景传》，中华书局，第 2464 页。
②《日本书纪》，卷 10，《应神天皇》十四年条。
③《日本书纪》，卷 10，《应神天皇》二十年条。
④ 汪向荣前揭书，第 46 页。
⑤ 赤城毅彦前揭书，第 86 页。

徐福，此说虽然没有充分可靠的资料，但也不能否定。因为第一，徐福求仙药的目的地蓬莱山是东海中的假想的山，从山东半岛东航，到达的是朝鲜半岛或日本列岛。第二，虽然是传说，但相传徐福的墓在和歌山县熊野山下飞鸟，徐福祠在新宫市的蓬莱山。而且其传说的所在地不是九州，而是畿内地方的和歌山县。第三，徐福的乡里山东半岛，是与殷不同的南方夷系的种族根据地，那里的琅琊曾为越的都城，和南方系统的种族和文化有密切的关系。①

徐福东渡传说及其历史意义

根据日本的传说，徐福确实是到了日本，而且他死后被日本人尊崇为神。

> 相传纪伊国熊野山下飞鸟之地，有徐福坟。又曰："熊野新宫东南有蓬莱，山上有徐福祠……徐福祠者，谓蓬莱山祠也。此祠属熊野大权现。熊野大权现者，神代明神，书于国史式条昭昭也。"徐福观国之光，来止，脱于虎豹之秦，死为神。②

松下见林在这里说，日本元禄时代（1688—1703）就把徐福当作神明了。还据说目前日本有许多人自我推荐或被他人推荐为徐福的子孙，这说明作为一个为日本社会发展作出贡献的徐福之子孙是多么光荣。

据说迄今日本有十八个徐福传说的流传地，其内容从徐福一行登陆到他们在日本定居，并开荒从业，为日本社会的发展作出贡献等等。众所周知，徐福带去了五谷、百工、善射，即各种粮食的种子，各行各业的技术工人，以及武装力量，给日本绳纹人以巨大刺激，促进了弥生文化的发展。以传说徐福首次登陆的佐贺为例，这个地方是日本最早进行水稻耕作的地方，在唐津市的菜田遗址里，有绳纹时代后期水稻栽培的遗迹。与此同一时期，佐贺市丸山遗址也发掘出了水稻颗粒压痕的土器。③1992 年在佐贺市东北约十二公里的吉野里发现了弥生时代的文化遗址，被确认为弥生前期的东西，和徐福东渡日本的时间大致相当。这里有公元前一百年左右建成的宫室、楼观台、城栅等建筑④，也许是在徐福一行及其后裔的指导下完成的吧。

徐福在中国历史上并不是一个特别引人注目的人物，为什么在日本流传如

---

① 赤城毅彦前揭书，第 92 页。

② 松下见林：《异称日本传》，卷上一。

③ 副岛清高：《徐福来到佐贺》，《徐福研究》，青岛海洋出版社，1993 年，第 225 页。

④ 副岛清高：《徐福来到佐贺》，《徐福研究》，青岛海洋出版社，1993 年，第 225 页。

此久远，又如此广泛？这反映了日本人民对带他们从未开化时代进入文明时代，教导他们的祖先以生产技术，使日本社会得以迅速发展的徐福的一种怀念。

如上所述，徐福东渡的时候正是日本由原始采集经济的绳纹时代跨入农耕经济的弥生时代。在这个转变的历史过程中，"渡来人"特别是中国移民起了极其重要的作用。公元前二三百年前后北九州之所以能出现先进的水稻耕作文化，并进一步向东发展，把水稻耕作推广到全日本，最后促成了日本原始国家的产生，其最大的原因是一大批外来移民，特别是包括徐福一行在内的中国移民渡来日本的影响。中国及世界其他国家从石器时代进入青铜时代、铁器时代是经过数千年漫长岁月的，而日本因受中国先进文化的影响，仅花了五六百年时间，大大缩短了历史进程，这不得不归功于以徐福为象征的中国移民集团。

传说不是历史，但传说总是有其历史背景的，与一定的史实有关，徐福东渡的传说也不外乎如此。徐福东渡传说的历史背景就是日本社会从以采集经济为主的原始社会向以农耕经济为主的阶级社会过渡的弥生时代，在这个巨大的社会变革中，以徐福一行为象征的中国移民集团所作出的贡献是值得称颂的，其功绩永载史册。

二、《魏志·倭人传》在日本

《魏志·倭人传》全称为《三国志·魏志·东夷传·倭人（条）》。《三国志》撰者晋初史家陈寿（233—297），参照魏鱼豢著《魏略》（大部散佚）写了《魏志》。陈寿写《三国志》笔法谨严，记录翔实，刘勰称他"比之迁、固，非安誉也"（《文心雕龙·史传》）。《三国志》中的《魏志·倭人传》尤其为日本人所重视。这是今存记述公元 3 世纪日本的根本史料。全文 2000 多字，内容可分三部分：（1）从魏带方郡乘船到日本（倭）女王所居邪马台国，沿途水陆道里及女王所支配的各国户数；（2）倭人的风土、生产、习俗；（3）倭女王国邪马台的政治外交。为此，古来《三国志》在日本翻刻很多，注释、考证浩繁。直到今日，《魏志·倭人传》在日本的研究、争论，仍十分热烈。这同以下几个问题有密切关系。

1. 史料价值：《魏志·倭人传》是现存有关公元 4 世纪以前日本基本情况的唯一史料。日本约当公元六七世纪才有文字，以《古事记》《日本书纪》为主的日本古史是在我国唐代中叶（8 世纪）编写成的。这种最早的史书不仅大部分属于神话传说和后世故事的编纂、臆测或口述，即使确为编者依据过的原始史料，也早被烧失。今天所有史料，加上出土文物，日本自己的历史知识，最早仍无法追溯到公元四五世纪时。此外，就只能借助于外国史料。

唐代以前，中国文献提到日本（唐以前称"倭"）的最早史料中，《汉书·地理志》有"乐浪海中有倭人，分为百余国，以岁时来献见云"19 字；《山海经·海内北经》有"盖国在巨燕南、倭北，倭属燕"11 字；后汉王充《论衡·儒僧篇》有"周时天下太平，赵裳献白雉，倭人贡鬯草"16 字；《后汉书·东夷列传·倭人（条）》的字数多些，但作者刘宋范晔（398 年—445）晚于陈寿一百余年，内容多出自《魏略》和《魏志·倭人传》，仅个别处据他书。所以《魏志·倭人传》是日本缺史时代唯一的文字历史。陈寿生当 3 世纪，同比他稍早的《魏略》作者鱼豢都在魏都洛阳，有机会接触当时往来中日间的双方使节，并根据他们的陈述，参考曹魏官方文献，按照我正史《汉书》外国传的体例，实事求是地写下这份调查研究资料，可以说是有关日本的同时代史，史料价值极高。

2. 日本国家的起源：由于日本古史充满了神话传说和皇国思想，直到 1946 年天皇发布否定"皇权神圣"的《凡人宣言》前，日本不容许科学的本国历史合法存在。但《魏志·倭人传》对公元 3 世纪日本国家形成所作的真实而朴素的描述，却使唯物主义史学得据以批判日本传统建国神话的歪曲，为建立科学的日本古代史体系打下基础。

3. 日本最早国家的地理位置：《魏志·倭人传》里出现日本（倭）的最早国家——邪马台国究竟位于日本的何处（是今日的奈良还是北九州），一直是数百年来日本学界争论的焦点。论争的由来既有从纯历史地理考证的角度出发的，也有夹杂着皇国史观的思想来解释的。在新进史学者中，也存在着根据国家形成的决定因素是什么来判断邪马台国位置的方法论问题（见下）。

据《魏志·倭人传》，倭人"旧百余国，汉时有朝见者，今使译所通三十国"。这就是说，汉代日本有百余个部落国，到三国时已逐步并合为 30 国，由邪马台国女王卑弥呼统治了。据《后汉书·东夷列传·倭人（条）》说："建武中元二年（公元 57）倭奴国奉贡朝贺，……光武赐以印绶。"（1784 年北九州博多湾志贺岛发现刻有"汉委奴国王"的金印，"委"即"倭"）日本学者考证，这个"倭奴国"应读为"倭"的"奴国"，它就是《魏志·倭人传》所述女王治下约 30 国之一的"奴国"，位于今北九州福冈市附近。但《后汉书》关于倭奴国，除光武赐倭奴国王印绶，及"永初元年（107）倭王帅升等献生口百六十人，愿请见"两事是《魏志》不见者外，几乎没有留下其他消息。我们通过《魏志》，才知道不少情节：当时日本的生产水平还处在渔猎采集经济过渡到水稻农作的阶段。

《魏志》说："今倭水人好沈没捕鱼蛤"，"种禾稻、纻麻、蚕桑、缉绩，出细纻、缣绵。……兵用矛、楯、木弓。……竹箭或铁镞，或骨镞。"日本由于从朝鲜、中国传入稻作、铁器，使他们能从新石器时代即弥生时代同时进入金石并用时期。

公元 3 世纪日本的社会形态，从女王卑弥呼和壹与都由"共立"而产生，卑弥呼"事鬼道，能惑众"，"其俗举事行来，有所云为，辄灼骨而卜，以占吉凶……"等，显然还是母系族长巫术统治。此外，从一般家庭中，"会同坐起，父子男女无别"，以及渡海远行，常使一人素食，不近妇女，如丧人，"名之为持衰（斋戒之意）"等现象，看来都还未脱氏族社会末期状态。但生产发达地区"国国有市，交易有无"，并且"收租赋，有邸阁（国家仓库？）"。由于私有制发展，贫富分化，社会阶级身份差别显著。例如"下户与大人相逢道路，逡巡入草，传辞说事，或蹲或跪，两手据地，为之恭敬"。社会秩序森严，"不盗窃，少争讼，其犯法，轻者没其妻子，重者灭其门户及宗族。尊卑各有差序，足相臣服"。所以井上光贞认为邪马台国各小国王只是"族长中的族长"，一种祭政合一的祭司王。[1]后来他又说，"女王国似已具备使各国贡纳谷物的国家形式，是日本最初的贡纳国了"。[2]我最近见到京都大学上田正昭教授，知道他根据《魏志》说邪马台国有"大人""下户""奴婢""生口"，以及"门户""宗族"等法律地位区分的现象，曾主张当时日本已不是单纯原始公社的形态，而是具有身份组织的阶级社会。各国王也不是原始公社的族长，而是包含了以私有制阶级的共同体为基础的首长，邪马台女王则是统属这些国王的东方专制君主（见所著《日本古代国家成立史研究》）。指出了当时日本国家的实质。1981 年在天津讨论亚细亚生产方式的会上，我在答复关于日本古代国家性质的提问时，曾表示了接近上述意见的看法。[3]总之，邪马台国是日本父家长奴隶制阶段（氏族社会末期进入阶级社会的过渡期）形成的早期国家。

《魏志·倭人传》什么时候传入日本，已不可考。但《日本书纪》编者在卷十二神功皇后纪第三十九、四十、四十三年三条下，已分别注明《魏志》所记各年中日使者往来的事。把卑弥呼当作日本 3 世纪时传说人物的神功皇后（传201—269 年摄政）。卑弥呼（himiko）和神功皇后尊称"姬尊"（himemikoto）音近，以后学者多主张卑弥呼即神功说。江户时代日本著名史家新井白石

---

① 井上光贞：《日本国家的起源》，1960 年，第 21 页。

② 井上光贞：《从神话到国家》，收入《日本历史》第 1 卷，第 211 页。

③ 《中国史研究》，1981 年第 3 期。

（1657—1725），坚主邪马台为日本古都所在地即大和（奈良）说（后又主九州说）。但本居宣长（1730—1801）从国粹主义思想出发，认为"神国"日本的皇室决不会朝贡外国，接受封册。因此到魏都的使节，绝非大和朝廷所派，只能是九州地方蛮夷（如熊袭）豪族僭冒女王之名，私与魏国交往。本居指摘《魏志》所述中日间沿途地名、道路、方向、日程等不符实际，因此认为邪马台国决不在大和而在九州。明治维新后，日本学者用近代科学方法研究邪马台国方位问题的渐多，最有影响的争论始于 1910 年，东京大学教授白鸟库吉和京都大学教授内藤虎次郎同时发表了各自对邪马台国的研究论文，形成日本史学界长期对立的九州说和大和说两派意见，争论反复而激烈。直至第二次世界大战后，东京、京都两派仍继续相持，不得解决。1948 年，东京大学教授搌一雄提出了所谓"放射形说"（属九州说）后，初步得到多数同意。

但这一问题到最近又出现了从国家起源的决定因素来确定邪马台国位置的学说，中日一部分学者，提出日本最早的国家应该形成在当时生产力最发达、人口众多的畿内大和（奈良盆地为中心）地区的理论，引起学界注意，报刊纷纷介绍评论。去年我在日本京都曾就这一问题谈了一点意见。我认为这一学说是值得重视的，但在以下几个方面，还需进一步研究：（1）地理方位问题。从《魏志》行文上决无法证明邪马台位置在今奈良盆地，而从中日古文明传播径路的实际距离上看，只有北九州是最自然合理的地带；（2）时间差距问题。畿内大和生产力趋于发达及皇室陵墓兴筑，至早应在公元四五世纪的古坟时代，而这距离邪马台国时代已是百年以后的事；（3）从遗迹遗物看，公元三世纪前的实物（金印、铜镜包括分割镜、铜兵器等）以及水稻耕作多发现在北九州，最近还发现了铜铎原型的熔范。[①]唯一能证明大和说的魏三角缘神兽铜镜也为我国学者王仲殊所否定。[②]（4）生产力因素问题，这点确很重要，但马克思主义从来就认为国家是阶级矛盾不可调和的产物，也就是说，生产关系直接影响着国家的形成，这已为中外历史所证明。[③]

《魏志·倭人传》在日本千余年来受到特殊的重视和研究，近年来又在中国和其他国家引起广泛的兴趣。日本近十年来出版了大量综合性的研究资料、论文集和通俗读物，我国史学界也写出不少论文，希望这方面的探索能和其他学

---

① 《历史与人物》，1983 年 10 月，第 124 页。

② 《考古》，1981 年第 4 期。1983 年 12 月《考古学杂志》载近藤乔一《关于三角缘神兽镜制作的契机》一文，提出了异议。

③ 《京都日中学术交流恳谈会会报》，第 15 期，1983 年 6 月。

科特别是日本考古学发掘和有关社会科学的研究密切配合,以获得更大的成果。

（原载《文史知识》1984 年第 6 期，中华书局）

三、隋唐时期的中国文化与日本

1. 日本吸收中国文化的历史背景

公元前后日本还处于新石器时代，西方如希腊、罗马等却早已建成发达的奴隶制国家了。日本和埃及、巴比伦、印度、中国等古老国家相比，农业的出现晚了好几千年，青铜和铁的使用也晚了几个世纪。尽管如此，日本还是通过朝鲜半岛间接地零星地接受了中国的先进文化。

日本绳纹式文化时代还处在原始社会。进入弥生式文化时代以后，由于青铜器、铁器和水稻从大陆传入，生产力飞跃发展，日本从采集经济向以水稻为主的农业社会发展。从而原始共同体崩溃，出现了阶级社会，并进一步出现了国家，邪马台国及其后的大和国就是这种国家的雏形。

随着生产力的发展和大和朝廷统一国土的进展，产生了部民制。部民制是以贡纳制为代表的氏族奴隶制，属于东方型的不发达奴隶制。在部民制下，原始公社残余以农村公社形式长期保存下来。在部民制基础上建立起来的统治体制是氏姓制。氏姓制的实质是以身份等级维持奴隶主统治的政治体制，它严重束缚着社会生产力的发展。当时的大和国存在着两个社会矛盾：一个是由皇室、氏姓贵族组成的奴隶主阶级与部民、奴婢组成的奴隶阶级之间的矛盾，另一个是不断霸占地方贵族领地扩大自己屯仓的皇室与不愿上缴自己领地的地方贵族之间的矛盾。

6 世纪中叶后，氏族奴隶制不适应生产力的发展，开始动摇和瓦解，部民大量逃亡，严重影响了朝廷的收入。于是朝廷内部新旧势力展开斗争，接受中国先进思想和文化的苏我稻目在 569 年派胆津去白猪屯仓编制田部[①]的户籍，把田部变成独立成户的小生产者，这是后来"公地公民"制的原型。这样便与代表旧势力的物部尾舆发生冲突，两者围绕信佛的问题展开激烈的斗争，苏我稻目主张信佛，希望通过信佛代替氏神的信仰，以统一全国思想，加强皇权；

---

① 田部是从事农业生产的皇室私有民。

物部尾舆则反对信佛，主张信仰氏神，以维护氏族奴隶制。新旧势力以587年（用明二）用明天皇死后的皇位继承问题为契机进行搏斗，最后苏我稻目之子马子打倒物部尾舆之子守屋，拥立崇峻天皇。后者因不满苏我马子专权，592年被马子暗杀。当年推古天皇即位，次年（593）天皇立用明天皇的遗子厩户皇子为皇太子（世称圣德太子），并任命为摄政。

"圣德太子是创日本文化新纪元的伟人，应该说是日本文化的元祖"①，在他摄政期间（593—622），中国结束了长期分裂的局面，建立了统一的中央集权封建国家——隋朝。他是受过中国文化薰陶的人，立志建立以中国为模式的、以天皇为中心的中央集权封建国家，挽救社会危机。

隋、唐是继秦、汉之后中国大一统的时代，结束了南北朝以来分裂的局面，战乱停止，社会繁荣，地处地方一隅的日本为之赞叹："天地所覆载，日月所照临，四海万国，生类千种，殊风异俗，不可遍举悉识，唯文轨之所通，载籍之所存，其国最大者为隋，地广人多，自上古圣贤之君，以道德仁义，化导其民，典章制度大备。下及近古，而其礼仪文物，人材财用，亦非诸国之比。"②但好景不长，隋炀帝挥霍财富殆尽，隋朝在农民大起义中灭亡。

隋统治时间虽短，但其文化南北合流，出现了比南北朝较高的文化。特别隋文帝创建的文物制度为唐以后各朝沿袭，甚至对海外也发生影响。

唐（618—907）是中国史上最强盛的朝代，经初唐、盛唐，呈现一派鼎盛景象："是时，海内富实，米斗之价钱十三，青、齐间斗才三钱，绢一匹钱二百。道路列肆，具酒以待行人。店有驿驴，行千里不持尺兵。"③杜甫在《忆昔》中吟咏："忆昔开元全盛日，小邑犹藏万家室。稻米流脂粟米白，公私仓廪俱丰实。九州道路无豺虎，远行不劳吉日出。齐纨鲁缟车班班，男耕女桑不相失。宫中圣人奏云门，天下朋友皆胶漆。百余年间未灾变，叔孙礼乐萧何律。"④社会安定则户口孳蕃，开元28年户部计帐，户8412871，口48143609，"魏晋以来斯为盛矣"⑤。

唐是个多民族的封建帝国，极盛时势力东起朝鲜，西达葱岭以西的中亚，北至蒙古，南迄印度支那。

① 辻善之助：《日本文化史别录》，第1卷，春秋社，1955年，第2页。
②《大日本史》，卷242，列传5，《诸蕃十一》。
③《新唐书》，卷51志，第41，《食货一》。
④ 杜甫：《忆昔》，《全唐诗》，卷220，《杜甫五》。
⑤《旧唐书》，卷38志，第18，《地理一》。

唐的政治制度完备，中央集权。行府兵制，兵农合一，既有强大的军队，又不脱离生产，还可杜绝兵乱："府兵之置，居无事时耕于野……若四方有事则待命以出。事解辄罢，兵散于府，将归于朝。"[①]中央置三省六部十二寺（监），使三省权力分散，中书省出令，门下省审复，尚书省执行，以"相防过误"。纳谏制度使诸大臣直言无隐。谏官随宰相入阁预闻政事，随时可匡正政事法律严密而放宽，律令格式互为补充；死刑慎重，连坐放宽，赋役实施租庸调之法，"使上爱物以养其下，下勉力以事其上，上足而下不困"[②]。于是国富民强。科举制破门阀陋习，中下层地主子弟得入仕途。

唐代繁荣表现于商品经济发达，而其主要原因又在于实行均田制[③]。均田制造成大量自耕农，提高了农民生产的积极性。

与上述政治经济相适应的唐文化，"博大清新，辉煌灿烂，蔚成中国封建文化的高峰；也是当时世界文化的高峰"[④]。唐文化对外来文化在开放接受的同时，还加以选择与改造，从而转化为中国文化的一部分，印度佛教全面中国化即是其例。具有中国特色的佛教——华严宗、天台宗、禅宗相继展开，儒佛道三教调和也是唐代宗教的一大特色。

唐文苑非常兴隆。自建安以来文学形式上被重视的声律和对偶化运动，至唐完成。唐文学的主体是律诗和散文，前者以李白、杜甫、王维、元结、元缜、白居易等大诗人为代表，后者以韩愈为代表。唐诗著名于世，诗坛百花争艳，清康熙时编的《全唐诗》尚存诗 48900 首，作者 2200 余人，其盛况可以想见。

唐艺苑百花齐放。书法，颜真卿始创唐新书体。绘画，人物画家有阎立本、吴道子。此外有李思训、王维等山水画家。雕刻，敦煌千佛洞的唐泥塑和龙门石窟的唐石雕最著名。这些雕刻的题材并非出自中国，但其表现却与现实生活和现实人物无异。音乐舞蹈，唐乐可分为雅乐（祭祀、朝仪用）、清乐（民间音乐）、燕乐（宴会用）、凯乐（军中乐）。唐代是汉乐与胡乐融合发展的时代，从西域传入的胡乐被改造成乐舞。

唐教育发达，学校完备。中央学校有国子学、太学、四门学、律学、书学、算学，总称为"六学"，六学直属于国子监，由尚书省礼部管辖；地方学校则深

---

① 《旧唐书》，卷 50 志，第 40，《兵》。

② 《新唐书》，卷 51 志，第 41，《食货一》。

③ 凡男女始生为黄，四岁为小，十六为中，二十有一为丁，六十为老……凡给田之制，丁男中男为一顷，老男笃疾废疾以四十亩，寡妻妾以三十亩，若为户者则减丁之半。凡田分为二等，一曰永业，一曰口分，丁之田二为永业，八为口分（《唐六典》，卷 3，《文渊阁四库全书》，第 595 卷）。

④ 范文澜：《中国通史简编》，第二编第二册，第 761 页。

入乡里，有里学的设置。

唐学术昌盛，国家领导学术研究。史学方面，设立史馆修史，历代王朝都沿袭唐代成规，新朝开馆编修前朝史。唐代还出现两部史学著作，即刘知几的《史通》和杜佑的《通典》。天文学方面，设立太史局管理天文研究，其下分观测部、制历部、报时部。李淳风、僧一行、傅仁均等天文学家辈出，他们利用太史局所提供的方便进行天文学研究。医学方面，设立太医署管理医学教育。世界上第一部由国家颁布的药典《新修本草》是由太医署完成的。地理学方面，研究成果累累，有贾耽的《关中陇右山南九州别录》6 卷、《吐蕃黄河录》4 卷和《海内华夷图》1 幅，李吉甫的《元和郡县图》42 卷。玄奘的《大唐西域记》是记载古代中外交通和中亚、印度一带历史地理的重要文献。

唐首都长安是全国的文化中心，"四方儒士，云会京师"。长安"藏书之盛，莫盛于开元，其著录者 53915 卷，而唐之学者自为之书者，又 28469 卷"。[1]长安还是个国际都市，胡商云集，世界各国的文化流入长安，在这里进行融合、改造，最后作为自己的东西再输送给外国。唐文化在当时世界上地位极高，各国人民不顾旅途艰难，甚至冒生命危险来中国学习。文化交流是双向互感的，今天先进国的文化向后进国输出，明天也许后进国变成先进国而逆输出。

2. 引进、消化与创新

日本就是积极向先进邻国学习的一个国家。从大化改新到和铜三年迁都平城的白风时代（645—710），以及从和铜三年到延历三年迁都长冈的奈良时代（710—784），是日本急速封建化的时代。当时日本全面模仿唐朝，上从天皇的年号，下至百姓的衣冠服饰及风俗习惯，无一不从唐朝学来，现简述如下：

政府机构方面。日本的中央机构是两官八省制，即神祇官和太政官，下辖中务、式部、治部、民部、兵部、刑部、大藏、宫内八省。唐朝是三省六部制，即尚书、中书和门下三省，下辖吏、户、礼、兵、刑、工六部。日本的地方机构是国郡两级制，国设国司，郡设郡司；唐朝则是州县两级制，州设刺史，县设县令。

法律方面，日本仿效唐朝的律令制。日本最早的律令是在高向玄理、南渊请安等老留学生指导下，由中臣镰足等按唐律令起草的，即所谓《近江令》22 卷，671 年施行。天武天皇时制定《净御原令》22 卷，689 年施行。文武天皇

---

① 《新唐书》，卷 57，志第 47，《艺文一》。

时由刑部亲王、藤原不比等制定《大宝令》律 6 卷、令 11 卷，702 年施行。元正天皇时由藤原不比等制定《养老令》律 10 卷、令 10 卷，757 年施行。这些律令是以唐的武德律令（624）和贞观律令格式（637）为模式的。

土地制度方面。大化改新后实行土地国有制，即所谓公地公民，政府把收公的贵族的土地班给农民。所分给的田称口分田，唐朝均田制所给农民的田也称口分田。田分段，1 段长 30 步、宽 13 步，10 段为 1 町。凡男女六岁班给口分田，男得 2 段，女得 2 段的 1/3，田 6 年一班，身亡后田收回①，农民没有土地的拥有权，只有使用权。这种班田收授法显然是模仿唐均田制的。赋役方面。日本和唐一样实行租庸调法。租即田租，1 段田课稻 2 束 2 把，一町田课稻 22 束②，山谷田相应减少。庸即服劳役，每丁一年服役 10 天，若须收庸，正丁 1 人绢绝8.5 尺，布 26 尺③。调是征收土产，每 1 町课绢 1 丈、绝2 丈、布 4 丈。日本的赋役是在班田收授的基础上施行租庸调法，而唐的赋役则在均田制的基础上施行租庸调法，两者内容几乎完全相同，只是数额不同而已。

军事组织方面。当时日本没有专业的士兵，所有的士兵都是从地方选拔，轮流服务，武器军粮自办。律令规定男子 21 至 60 岁为正丁，正丁中有 1/5 或 1/8 要服兵役。京都设六卫府，各国设军团部，北九州设防人。小国有士兵 100 人，大国有士兵 500 人，这种军事组织是模仿唐的府兵制。唐没有专业士兵，平时兵即农民，战时农民即兵，即所谓"兵农合一，寓兵于农"。唐规定凡民 20 为兵，60 而免，比日本所规定的正丁要小 1 岁。唐府兵相当于日本各国的军团部。府兵分成三级，1200 人为上府，1000 人为中府，800 人为下府；而日本的军团部则分为二级，大国 500 人，小国 100 人。在军事编制名称上也是学唐朝的，如校尉（团）、旅师（旅）、队正（队）等，凭符契发兵的制度也仿自唐朝。

户籍和国土规划方面。为实施班田收授法和征收赋税，日本仿唐朝建立户籍制度。645 年检查畿内人口，造户籍，校田亩，50 户为里，设里正。16 至 20 里为大郡，12 里以上为上郡，8 里以上为中郡，4 里以上为小郡，户籍 6 年一造（唐为 3 年一造）。670 年，畿内、东海、山阳、南海、西海广大地区编制公民、部民、奴隶的户籍，即所谓庚午年籍。还模仿长安城造平城京，京师以坊为单位，每坊置长 1 人，4 坊置令 1 人。在地方实行条里制，60 步（每步 6 尺）

① 《令集解》，卷 12，《田令》。

② 《令集解》，卷 12，《田令》。

③ 《令集解》，卷 13，《赋役令》。

4 方为坪，各纵横 6 坪即 36 坪为里，横方向的土地称条，纵方向的土地称里。

货币和度量衡方面。708 年（和铜元年）发行银钱和铜钱二种货币。铜钱直径 2.4 厘米，圆形中开方孔，背面有"和同开珎"四字，这是模仿唐的"开元通宝"钱的。为了货币顺利流通，有必要制定统一的度量衡制度。没有统一以前是高丽尺（即北魏尺 35.6 厘米）和唐尺（29.67 厘米）同时使用。713 年（和铜六年）定唐尺为标准尺。又仿照唐颁布田亩计算法，即田一段为 360 步，每步 6 尺。702 年（大宝二年）公布的量制是石、斗、升（10 进位），一石为 2800 立方寸。权衡单位是斤、两、铢，一斤 16 两，一两 24 铢。两分大两小两，大两 1 两相当于小两的 3 两，这也是仿照唐制的。

教育方面。基本上模仿汉唐的教育制度，大化改新以前日本没有学校，公卿子弟在学者门下受教。669 年（天智二年）设置大学寮，高向玄理、僧旻（日文）为最初的博士，担任教授。后又设置学头即校长（后改为大学头）。天武天皇（673—686 年在位）在京城设大学，在地方设国学。文武天皇（697—707 年在位）在大宝律中详细规定了大学、国学的制度。学科是明经、明法、文章、算术、音韵、籀篆等六艺。教科书是《礼记》《左传》《毛诗》《周礼》《仪礼》《周易》《尚书》等七经，外加《孝经》《论语》，合称"九经"，完全沿用唐朝的。大学定员 400 名，五位以上的子弟才有资格入学。国学定员大国 50 名，上国 40 名，中国 30 名，下国 20 名，对象是郡司子弟。[①] 修业年限，大经 3 年，中经 2 年，小经 1 年半。考试有旬试、岁试，成绩分上中下三等，3 年成绩为下等和 9 年内没有考上的人都要退学。[②]

编纂历史方面。唐朝官修史书风气影响日本，奈良时代和平安前期完成的史书计有：（1）《古事记》3 卷，太安万侣撰，712 年（和铜五年）完成；（2）《日本书纪》30 卷，舍人亲王、太安万侣合撰，720 年（养老四年）完成；（3）《续日本纪》40 卷，石川名足、淡海三船合撰，797 年（延历十六年）完成；（4）《日本后记》40 卷，藤原冬嗣等撰，840 年（承和七年）完成；（5）《续日本后纪》3 卷，藤原良房等撰，809 年（贞观十一年）完成；（6）《文德实录》10 卷，藤原基经等撰，879 年（文庆二年）完成，以上通称"六国史"。此外有《三代实录》5 卷，藤原时平等撰，901 年（延喜元年）完成。

文学艺术方面。留学生、学问僧从唐朝带去大量经史和诗集，使日本汉文学发达起来，特别白居易的《白氏文集》传入日本，对汉文学影响很大。756

---

① 《令集解》，卷 3，《学令》。
② 《令集解》，卷 15，《学令》。

年的《怀风藻》是日本最早的汉诗集。唐乐是留唐学生直接带回去的，如吉备真备带回《乐书要录》，永忠带回《律吕旋宫图》。唐乐是日本民族音乐的重要组成部分，至今日本音乐中还保存着唐乐的要素。由于佛教的兴盛，天皇及贵族竞造寺院，最典型的法隆寺西院伽蓝的金堂和五层塔等是模仿隋唐建筑式样，从藤原京迁都平城时，兴福寺、元兴寺、药师寺、大安寺等都按唐式重建。744年（天平十六年）各国修建 7 层塔，是受隋文帝 601 年（仁寿元年）在全国 33 个州建塔的影响。称德天皇（765—770 年在位）时造的西大寺是盛唐式样。雕塑受唐影响更显著，如药师寺的观音像和如来像以及西大寺和唐招提寺等的佛像。752 年完成的东大寺卢舍那大佛像是仿照洛阳龙门的卢舍那大石像。奈良时代雕刻的顶点是东大寺三月堂（法华堂）的 14 尊天平佛，其中吉祥天可以想象到丰满的唐美人。法隆寺的行信像和唐招提寺的鉴真像是奈良时代的代表作。法隆寺的壁画和高松塚古坟的壁画受唐壁画的强烈影响。正仓院的鸟毛立女屏风画描绘一个美人伫立树下的情景，也是丰满的唐美人型画。

其他民间的风俗习惯大部分是在学习唐朝的高潮中传入日本，如"松之内"就是中国的春节，"田游"相当于中国的踏青，"雏祭"（女孩节或桃花节）相当于中国的上巳（即三月三日），"茅卷"就是中国的粽子，"菖蒲节句"就是中国的端午，"棚机"就是中国的七夕。

尽管日本在各个领域内全面模仿中国，但并不是说把中国的东西照搬过来。日本在移植中国文化时，往往和固有文化交织在一起，使中国文化发生变形。这种变形程度越大，其特殊性也越显著，从而其独立性也越强。日本是单一民族，国土狭小，人口不多，所以从唐朝引进的东西对日本来说，过于庞大复杂，不符合日本国情，这种简素化就是日本趋向独立的征兆。

从遣唐使停止的 894 年（宽平六年）到平家灭亡的 1185 年约 300 年间，即所谓平安后期或藤原时代，日本封建制得到进一步发展。唐帝国瓦解后，作为唐文化一环的日本文化和中国周边各民族的文化一样开始逐渐摆脱中国文化的影响，走上独立发展的道路。

土地制度方面。723 年（养老七年）政府公认并奖励开垦土地，规定新开的土地三代不纳税（"三世一身法"）。后来进一步颁布垦田永世私财法，承认土地私有制，彻底放弃土地公有的原则。从大宝令律完成的 701 年（大宝元年）到垦田永世私财法颁布的 743 年，土地公有制只实行了 42 年。

整个奈良时代以土地公有制为基础的班田收授法很难实行。初为 6 年班田一次，801 年（延历十二年）改为 12 年班田一次。其后 801—828 年长达 19 年没有实行过一次班田，再后 828—875 年 46 年没有班田，902 年（延喜二年）完全隐没，农民已得的口分田或者通过荒芜，或者由农民自愿托给庄园，逐步变成庄园的私有土地。

政治制度方面。从 7 世纪中叶到 12 世纪末日本庄园制正式成立[①]。庄园制的产生，意味者律令制政治的瓦解，代之而起的是以农奴制经济为基础的贵族政治。领主和农奴的土地关系所产生的，必然是与此相适应的封建政治制度，日本政治从唐模式中脱出来，建立起一种新的政治制度。这种新制度叫做令外官，即在《大宝律令》官员令以外设置的新官僚机构。最初令外官有内大臣、中纳言、参议、权大纳言，平安前期又增设勘解由使、藏人所、检非违使、关白等。藤原氏独占了一切令外官的职位，并把国政放在自己私邸的政所进行。邸宅变成家司，天皇变成傀儡，一切财力物力集中于以藤原氏为首的中央贵族。

文字和文学方面。日本语属于阿尔泰语系，对日本人来说，汉语汉文是外国语外国文。自从汉字传入以来，日本一直使用这种外国文字来管理国家，并通过文字材料引进大量中国文化，但汉字与日本人的语言习惯不同，使用不方便，同时由于日本文化的发展，客观上要求有一种能记录本国语言的文字，于是假名便随着历史的演进而产生出来。所谓假名就是将汉字的一部分省略或极端草体化而创造出来的文字，采用汉字偏旁的叫片假名，汉字草体化的叫平假名。假名不是特定的人发明，它是日本人在长期实践中形成的。它也不是凭空创造出来的，有它的借鉴和背景。据专家研究，日本的五十音图是以印度的悉昙学（梵语字母，五音相通，同韵相通的理论）和中国的音韵学为背景而产生的，假名和五十音图的发明促进了日本思想文化的独立和发达，它表明日本有能力消化外来文化，把它变成自己的血与肉。

随着假名的发明，日本的民族文学也开始登场。905 年（延喜五年）纪贯之编了《古今和歌集》20 卷，接着《后撰和歌集》被编成，还出现了著名和歌手山上忆良的《贫穷问答歌》。散文方面出现了《伊势物语》《竹取物语》等，11 世纪初出现了宫廷女作家的长篇小说，其代表作是清少纳言的《枕草子》和紫式部夫人的《源氏物语》。

艺术方面。建筑式样最早摆脱中国影响的是奈良的室生寺金堂和五层塔。奈良唐招提寺的金堂迈开了日本建筑的第一步。金堂前面的一列柱廊及较为正方形的特点，不同于中国建筑。平安时代完成的寝殿式建筑是日本的住宅式样，

---

① 西冈虎之助在《庄园史研究》（岩波书店，1957 年版）中把日本庄园史分为三期：7 世纪中叶至 12 世纪末是成立期，12 世纪末至 14 世纪末是发展期，14 世纪末至 16 世纪末是崩溃期。

建筑物与庭园之间极其调和，发挥了优美典雅的日本风味。当时不论寺院、宫殿、官府和陵墓，一律成为寝殿式。1019年（宽仁三年）藤原道长建造的法成寺完全确立了日本式样，京都的平等院凤凰堂也是典型的日本式建筑。平安后期开始出现了日本风雕刻，但真正完成日本风格雕刻的是定朝（？—1057）。他把贵族理想中的佛像成功地表现出来，其代表作是凤凰堂的本尊阿弥陀如来佛像。其弟长势（1010—1091）推进了雕刻的日本化，其作品有京都广隆寺的日光、月光菩萨像和十二神将像，表现作风优美。11世纪中叶，日本画"大和绘"全面确立，同时也出现了宫廷画家，大同年间（806—809）叫做"绘所"的宫廷画院也成立了。最典型的大和绘是描写世俗故事的画卷，其中最优秀的是《源氏物语画卷》（12世纪前半期）。此时佛画也从唐风转变为日本风如凤凰堂门上的《阿弥陀来迎图》。后来佛画愈趋优美，如京都教王护国寺的十二天神像，画相优美，身体富有肉体感。京都国立博物馆所藏日本佛画的代表作普贤菩萨像，其优雅华丽达到极点。9世纪起日本音乐大发展，嵯峨、仁明、一条三天皇都懂音乐，奖励日本音乐。贵族们也喜欢采集古乐，成立"大歌所"专门教授日本音乐，并把外来的乐舞改造成适合日本人口味，乐器的编成、音阶、曲风等也改成日本风味。同时在统一唐乐、高丽乐的乐舞基础上，改编和创作了许多乐舞。此外日本还创造了好几种音乐形式，如神乐、东游、催马乐、朗咏今样歌、和赞等。900年前后即醍醐天皇初期产生了用管弦乐演奏的"御游"。它的产生表示日本音乐开始摆脱宗教的束缚，表现贵族的华丽生活，音乐成为娱乐性质的东西了。御游之后又产生了猿乐和田乐，民间音乐终于逐渐代替古代音乐成为日本音乐的主流。平安后期日本风书道逐渐发达，其代表人物有小野道风、藤原佐理、藤原行成，即所谓"三蹟"。书道从苍古雄劲的唐风转变到以三蹟为代表的丰润优美的日本风，表示着日本文化的独立。日本书道是在长期使用汉字的过程中发展起来的，特别平假名系从汉字草体演变而来，书写起来十分流利，不能分辨究竟是书还是画。

宗教方面。当初佛教传入日本是作为一种统一国家的思想武器，国家提倡信佛，具有国家主义色彩。至9世纪，佛教的国家主义色彩更加浓厚。由天台、真言两宗合成的密宗最富有国家主义色彩，最澄、空海以镇护国家为宗旨，即"为国念诵，为国祈祷，为国传经，为国讲般若"，他们把尊重皇室和孝行作为理想，即所谓"为国忠，在家孝"。佛教日本化的最明显例子是神佛调和论，即所谓本地垂迹思想。佛为了造福人类，度济众生，到处下凡，作为神而出现在人间。日本固有的神祇寻其本源都是佛菩萨，神即佛，佛即神。神佛同体的思想证明日本人已把佛教完全消化为自己的东西了。儒学是被当作伦理道德和政治思想引进的，日本没有专业的儒学，由僧侣兼学，所以日本的僧佛调和思想特别浓厚，忠孝和般若（智慧）一致是儒佛调和思想的表现。当时日本僧侣中存在着浓厚的皇权主义思想，不过平安时代的经济基础不要求儒学作为统治阶级的意识形态，所以它还从属于佛教之下，只作为佛教的一种道德教养而已。

如上所述，日本的封建化是以中国的社会和文化为模式而进行的，当它脱离中国模式而独立创造自己的社会和文化时，标志着日本封建化的完成，从以自由农民为主要生产力的早期封建社会进入了以农奴为主要生产力的中期封建社会。

（原载《世界历史》1992 年第 6 期）

四、隋唐时期扬州在中日文化交流史上的地位

1. 唐代以前扬州的建置

古扬州地兼吴越，北至淮，东南至于海，称为淮海[1]，为九州之一。[2]《周礼·职方》说："东南曰扬州。"[3]东周末年，扬州始称为广陵。前 486 年（周敬王三十四年）吴国在邗（音寒）筑城："秋，吴城邗，沟通江淮，邗城当在今扬州市北，运河西岸，邗江即《水经注》的韩江，吴于邗江旁筑城挖沟，连长江与淮水，大致自今扬州市南长江北岸起至今清江市淮水南岸止，今之运河即古邗沟水。"[4]前 334 年（周显王三十五年）楚并越，尽取吴国旧地，后置广陵县。前 319 年（楚怀王十年）建广陵城。[5]前 223 年（秦王政二十四年）秦并楚地，后分天下为三十六郡，广陵属九江郡。

前 206 年（汉高帝元年）项羽称西楚霸王，广陵郡属楚。前 202 年（汉高帝五年）韩信为楚王，广陵郡仍属楚。前 201 年（汉高帝六年）废楚王信为淮阴侯，分楚地，后为荆、吴两国。前 154 年（汉景帝三年）汝南王非为江都王，

---

① 《尚书通考》，卷 7，《文渊阁四库全书》，第 62 卷，第 158 页。

② 《扬州府志》，第 2 卷，成文出版公司，第 1 页。

③ 《四部丛刊》，第 3 卷，《周礼》第 8 卷。

④ 《春秋左传注》，中华书局，第 1652 页。

⑤ 《史记》，卷 15，《六国表》，中华书局。

改吴为江都国。①前 117 年（元狩六年）汉武帝立子胥为广陵王，改江都为广陵国②，领有广陵、江都、高邮、平安、凌、东阳、射阳、盐城、渎、舆、堂邑、海西。③"三国时广陵为吴魏间隙地……为二国边境，彼此皆不能有。"④晋武帝时置广陵郡，统辖八县——淮阴、射阳、舆、海陵、广陵、盐渎、淮浦、江都。⑤南朝宋以江北为南兖州，置广陵太守，统辖四县——广陵、海陵、高邮、江都。⑥齐分南兖州为五郡，其中广陵郡统辖五县——海陵、广陵、高邮、江都、齐宁。⑦梁改南兖州为东广州，置广陵、江阳两郡。陈又复名南兖州，北周改为吴州。⑧

589 年（隋文帝开皇九年）改吴州为扬州，置总管府。605 年（隋炀帝大业元年）废总管府，置江都郡，统辖十六县——江阳、江都、海陵、宁海、高邮、安宜、山阳、盱眙、盐城、清流、全椒、六合、永福、句容、延陵（润州）、曲阿（武进）。⑨

唐代高祖改郡为州，扬州广陵郡置大都督府。620 年（高祖武德三年）于润州江宁县置扬州，以隋江都郡为兖州。624 年（高祖武德七年）改兖州为邗州。626 年（高祖武德九年）废江宁县之扬州，改邗州为扬州，置大都督府，督扬、和、滁、楚、舒、庐、寿七州。627 年（太宗贞观元年）分天下为十道，扬州属淮南道。724 年（玄宗天宝元年）扬州改为广陵郡，仍置大都督府。758 年（肃宗乾元元年）又改为扬州，领有七县——江都、江阳、六合、海陵、高邮、扬子、天长。⑩其后置淮南节度使，治所扬州。

总之，历代扬州变迁很大。至唐代，广义的扬州包括扬、和、滁、楚、舒、庐、寿七州，狭义的扬州仅广陵一郡。

2. 隋唐时代扬州的繁华

581 年隋统一中国，结束了西晋末以来近三百年的分裂局面。同时由于江

---

① 《汉书》，卷 53，《景十三王传》，第 23，《江都易王刘非》，中华书局。
② 《汉书》，卷 6，《武帝纪》第 6，中华书局。
③ 《后汉书》，志第 21，《郡国》，中华书局。
④ 《扬州府志》，第 2 卷，成文出版公司，第 8 页。
⑤ 《晋书》，卷 15，志第 5，《地理下》，中华书局。
⑥ 《宋书》，卷 35，志第 25，《州郡》，中华书局。
⑦ 《南齐书》，卷 14，志第 6，《州郡上》，中华书局。
⑧ 《隋书》，卷 31，志第 26，《地理下》，中华书局。
⑨ 《隋书》，卷 31，志第 26，《地理下》，中华书局。
⑩ 《新唐书》，卷 41，志第 31，《地理志 5》，中华书局。

南水稻栽培的生产力显著发展——废除一年休闲法，实行连作法，废除直播法，实行插秧法——中国的经济中心从北方转移到南方。[1]虽然王朝的政治中心仍在华北，但"唐都长安，而关中号称沃野，然其土地狭，所出不足以给京师，备水旱，故常转漕东南之粟"。[2]"每年漕运江淮米四十万石"[3]。所以"江淮田一善熟，则旁资数道，故天下大计，仰于东南"。[4]"江淮虽经兵变，其民比诸道犹有赀产"[5]。这说明江淮不特较关中富庶，即在全国亦称首指。

作为江南经济中心的扬州，是仅次于两京（西京长安、东京洛阳）的大都市，人口为467850，[6]占全国人口的百分之一弱。[7]"扬州富庶甲天下，时人称扬一益二"[8]。即谓天下之盛；扬州为第一，益州（四川）为第二。《旧唐书》也说："江淮之间，广陵大镇，富甲天下。"[9]当初隋炀帝开凿大运河以赴江都时，"帝御龙舟，文武官五品以上给楼船，九品以上给黄篾舫，舳舻相接，二百余里"[10]。他还在扬州建造"迷宫"，"金楹玉柱，蓬岛丹邱。吴姬越女皓齿明眸……朝吟蛱蝶，暮弹箜篌"。[11]扬州如此美好，难怪当年曾任扬州总管的晋王广（即后来的炀帝）616年（大业十二年）第三次（第一次是605年，第二次是610）下扬州时，不顾群臣谏言以诗留别官人说："我梦江都好，征辽亦偶然。"[12]流连忘返，最后竟死在这里。及至唐代，扬州更为繁华，"高樯巨舰，画毂彤旌。管弦达旦兮，别院灯火不夜兮"。诗人王建的《夜看扬州市》，描绘扬州的夜市盛况："夜市千灯照碧云，高楼红袖客纷纷。"[13]诗人杜牧曾旅居扬州十载，后来在《遣怀》一诗中写下了难忘的回忆：

> 落魄江南载酒行，楚腰肠断掌中轻。
> 十年一觉扬州梦，赢得青楼薄幸名。[14]

① 西乌定生：《中国经济史研究》，中译本，农业出版社，1984年，第165页。

② 《新唐书》，卷53，志第43，《食货3》。

③ 《旧唐书》，卷49，志第29，《食货下》。

④ 《新唐书》，卷165，列传第90《权德舆》。

⑤ 《资治通鉴》，卷222，《唐纪38》肃宗宝应元年条。

⑥ 《新唐书》，卷41，志31，《地理5》。

⑦ 根据开元二十八年（741）户部账，全国人口48143609。《新唐书》，卷37，志第27，《地理1》。

⑧ 《资治通鉴》景福元年（892）7月条。

⑨ 《旧唐书》，卷182，列传第132，《秦彦》。

⑩ 《隋书》，帝纪第3，《炀帝上》。

⑪ 清·李滢：《后芜城赋》，《扬州府志》，卷30，《古迹一》，成文出版公司。

⑫ 《资治通鉴》，卷183，《隋纪7》炀帝大业十二年条。

⑬ 《全唐诗》，第301卷。

⑭ 《全唐诗》，第524卷。

唐代扬州位于水陆商路的交点，是南北物资的集散地，"时商贾如织"。例如，"维扬万贞者，大商也，多在外运易财宝以为商"①。"扬州地当冲要，多富商大贾，珠翠珍怪之产"②。"吕用之……父璀，以货茗为业，来往于淮浙间。时四方无事，广陵为歌钟之地，富商大贾，动逾百数"③。足见扬州商业之盛。安史之乱后扬州又是盐铁转运使的驻在地，总汇东南财赋，各道节度使和京中百官都派人开设邸店（转运批发商）进行贸易，"挂名军用，实和其利息"，与民争利。

扬州不仅商业兴盛，手工业也相当发达，除纺织品（绵、锦）外还有铜器、木器制品、制糖、制盐、酿酒、铸钱及其他手工业。特别青铜镜最为著名，被列为贡品："唐于扬子江心铸铜镜，宋尚入贡，今无。"④扬州的手工业品通过运河运销长安："坚预于东京、汴、宋取小斛底船三二百只置于潭（广运潭——引者），其船皆署牌表之，即于袱背上堆积广陵所出锦、镜、铜器、海味……潭里船车闹，扬州铜器多。"⑤木器制品运销南京："广陵有贾人，以柏木造床，凡什器百余事，制作甚精，其费二十万，载之建康，卖以求利。"⑥

扬州是中国制糖工业的发源地："西蕃……胡国出石蜜，中国贵之。太宗遣使至摩伽佗国（Magadha 今印度比哈尔省——引者）取其法，令扬州煎蔗之汁，于中厨自造焉，色味逾于西域所出者。"⑦扬州还是制盐工业的一大中心："乾元元年（758）盐铁、铸钱使第五琦初变盐法，就山海井灶近利之地置监院，游民业盐者为亭户，免杂徭，盗鬻者论以法。"⑧刘晏继第五琦之后为盐铁使，盐实行专卖。官收亭户之盐，加价卖与盐商，使其销售。于是盐增产，"吴、越、扬、楚盐廪至数千，积盐二万余石，有涟水、湖州、越州、杭州四场，嘉兴、海陵、盐城、新亭、临平、兰亭、永嘉、太昌、侯官、富都十监，岁得钱百余万缗，以当百余州之赋"。⑨海陵、盐城属扬州府，扬州在十监中占其二，可见产盐之盛。后淮北置十三所巡院⑩以捕贩私盐者，扬州又占其一。这样，"商民

---

①《太平广记》，卷 345，《孟氏》。

②《旧唐书》，卷 88，列传第 38，《苏瑰》。

③《太平广记》，卷 290，《吕用之》。

④《康熙志》，转引自《扬州府志》，卷 14，《物产》。

⑤《旧唐书》，卷 105，列传第 55，《韦坚》。

⑥《太平广记》，卷 355，《广陵贾人》。

⑦《唐会要》，卷 100，《杂录》。

⑧《新唐书》，卷 54，志第 44，《食货 4》。

⑨《新唐书》，卷 54，志第 44，《食货 4》。

⑩ 十三所巡院：扬州、陈许、汴州、庐寿、白沙、淮西、甬桥、浙西、宋州、泗州、岭南、郓、郑滑。

均利"，"岁盐利至六百余万缗，居天下赋税之半，国用给焉"①。扬州产的盐通过运河输送南北，盐船成群结队往来于运河。日本僧圆仁初到扬州，看到络绎不断的盐船队感到奇怪。②

扬州酿造业发达，酒专卖。"扬州等八道州府③置榷趋，并置官店沽酒，代百姓纳梅榷酒钱。"④铜也是扬州的一大物产，除制造铜外，还用以铸钱，曾设立丹扬监、广陵监二钱官管理。扬州拥有铸钱炉十座："天下炉九十九，绛州三十，扬、润、宣、鄂、蔚皆十，益、（邓）、郴皆五，洋州三，定州一。"⑤所产之钱运到长安："江淮钱监，岁出钱四万五千贯，输于京师。"⑥扬州造船业也很发达，与登州、洪州、饶州、江州同为造船工业的中心。

扬州物产极丰富。据《新唐书》，扬州所产土贡有"金、银、铜器、青铜镜、绵、蕃客袍锦、半臂锦、独窠锦、殿额、莞席、水兕（音祀）甲、黄穬米、乌节米、鱼脐、糖蟹、蜜姜、藕、铁精、空青、白芷、兔丝、蛇粟、栝蒌粉"。⑦此外还有竹、莲子、李、梅、杏、石榴、枣、梨。特别竹有淡竹、苦竹、象牙竹、斑竹、水竹、凤尾竹等。

唐代扬州城是大都督府的治所，有大城（罗城，在子城之南）和子城（牙城，在北面的蜀冈）即所谓"层城"。也就是杜牧诗中所说的"街垂千步柳，霞映两重城"。⑧牙城是藩镇主帅所居之城，唐淮南道采访使、节度使所居。扬州城的规模相当大，"南北十一里，东西七里，周四十里"。⑨运河沿城自东北向南流入长江。唐代城市一般都呈棋盘形，扬州城也不例外，东西十一条大路把大城划分为十二区，南北沿合渎渠有一条大道，把大城一分为二。这条中央大道和其他城市一样，应该叫做"朱雀街"。⑩合渎渠呈倒 L 形，其上架有著名的

---

① 《天下郡国利病书》，第 3 卷。

② 《入唐求法巡礼行记》，上海古籍出版社，1986 年，第 7 页。

③ 八道州府：扬州、陈许、汴州、襄州、河东、浙西、浙东，鄂岳，《唐会要》，第 88 卷。

④ 《旧唐书》，卷 49，志第 29，《食货下》。

⑤ 《新唐书·食货志》。

⑥ 《唐会要》，第 89 卷。

⑦ 《新唐书》，卷 53，志第 43，《食货 3》

⑧ 《扬州三首》，《全唐诗》，第 522 卷。

⑨ 《入唐求法巡礼行记》，第 12 页，沈括的《补笔谈》中为南北十五里一百一十步，东西七里三十步。于邺的《扬州梦记》中为九里三十步。

⑩ 安藤更生：《唐宋时代扬州城研究》，《鉴真大和上传之研究》，平凡社，1980 年，第 378 页。

"二十四桥"。①关于二十四桥，唐代许多诗人都留下了名句，如杜牧的"云山隐隐水迢迢，秋尽江南草木凋。二十四桥明月夜，玉人何处教吹箫"；韦庄的"二十四桥空寂寂，绿杨摧折旧官河"。扬州有寺院四十九所，②著名的有大明寺（今法净寺）、开元寺、禅智寺、光山寺、既济寺、延光寺、天宁寺、无量寿寺等。其中大明寺最为著名，寺内的大明寺井和栖灵塔是扬州二大名胜。大明寺井被称为"天下第五泉"，甘冽明洁，千古游人竟相品啜。栖灵塔建于隋文帝仁寿元年（601），是一座九层塔，凡到扬州的人都要登塔眺望。大诗人李白于天宝十三年（754）来扬州，写了《秋日登扬州西（栖）灵塔》一诗："凌苍苍，登攀览四荒。顶高元气合，标出海云长。万象分空界，三天接画梁。水摇金刹影，日动火珠光。鸟拂琼帘度，霞连绣拱张。目随征路断，心逐去帆扬。"③"扬州胜地也，每重城向夕。倡楼之上，常有绛纱灯万数，辉罗耀列空中。九里三十步。街中珠翠填咽，邈若仙境。"④总之，隋唐时代的扬州是一个非常繁华的大都市。

3. 国内外交通之要冲

扬州的繁荣是与大运河的开凿分不开的。关于大运河的开凿，史籍记述不少，其中《资治通鉴》的记载较详："大业元年（605）三月辛亥，命尚书右丞皇甫议发河南、淮北诸郡民，前后百余万，开通济渠，自西苑引谷、洛水，达于河，复自板渚（河南汜水县东北）引河，历荥泽入汴（河南开封）。又自大梁之东引汴水入泗，达于淮。又发淮南民十余万开邗沟，自山阳（江苏淮安县）至扬子（扬子津）入江。"⑤"大业四年（608）春正月乙巳，诏发河北诸军百余万穿永济渠，引沁水南达于河，北通涿郡。"⑥"大业六年（610）冬十二月已未，敕穿江南河，自京口（江苏镇江）至余杭（浙江杭州），八百余里。"⑦即大运河分三段开凿，第一段叫通济渠，从洛阳的西苑引谷、洛二水达于黄河，又从洛阳东面的板渚引黄河水，疏通莨荡渠故道入淮河，直达淮河南岸的山阳。

① 二十四桥根据安藤更生研究只有二十二桥，即茶园桥、大明桥、九曲桥、下马桥、作坊桥、洗马桥、南桥、阿师桥、周家桥、小市桥、广济桥、新桥、开明桥、顾家桥、通泗桥、太平桥、利园桥、万岁桥、青园桥、驿桥、参佐桥、山光桥（《唐代扬州城研究》）。

② 《入唐求法巡礼行记》，第14页。

③ 李白：《秋日登扬州西灵塔》，《全唐诗》，第180卷。

④ 于邺：《扬州梦记》，转引自《鉴真大和上传之研究》，第359页。

⑤ 《资治通鉴》，卷180，《隋纪4》，炀帝大业元年条。

⑥ 《资治通鉴》，卷181，（隋纪5），炀帝大业四年条。

⑦ 《资治通鉴》，卷181，（隋纪5），炀帝大业六年条。

从山阳起，疏导春秋吴王夫差所开的邗沟，引淮水在江都（扬州）附近入长江。这段工程长二千余华里。第二段叫永济渠，从洛口开渠到涿郡（今北京市），即引沁水南通黄河北达涿郡，长二千余华里。第三段叫江南河，从镇江引长江水直达杭州，入钱塘江，长八百余华里。大运河是以洛阳为中心，北通涿郡，南达余杭的水路交通动脉，全长五千余华里。扬州的位置就在大运河南北之交点，它的开凿给扬州带来了繁荣。

扬州不仅是国内名城，还是个国际大都会，为胡商南下北上必经之地。胡商大多集中在广州，"江中有婆罗门、波斯、昆仑等舶，不知其数……师子国（斯里兰卡）、大石国（大食国，泛指阿拉伯国家）、骨唐国（不详）、白蛮（指欧洲人）、赤蛮（指非洲人）等往来居住"①广州。胡商北上，大多取道南北大道。即循北江、韶江、浈江至浈昌（始兴）登陆，越大庾岭入江西，沿赣江经虔州（赣州）、吉州（吉安）至洪州（南昌），度担湖（鄱阳湖），循信江至玉山登陆，经常山至衢州，入钱塘江上游，经睦州（建德）、富春（富阳）抵达杭州。再由杭州循江南运河，经苏州、常州、润州（镇江），渡长江抵达扬州。再从扬州循江北大运河经楚州（淮安）、泗州、宋州（商邱）、汴州（开封）直达洛阳。②

扬州是仅次于广州的胡商聚居之地。《旧唐书》记载："邓景山……至德初，擢拜青齐节度使，迁扬州长史、淮南节度使……会刘展作乱，引平卢副大使田神功兵马讨贼。神功至扬州，大掠居人资产，鞭笞发掘略尽，商胡大食、波斯等商旅死者数千人。"③由此可见，扬州胡人之多。开成四年（839）正月，修缮扬州开元寺栴檀瑞像阁需费用一万贯，"彼期国（波斯国——引者）出千贯钱，婆国（占婆国——引者）人舍二百贯"④，可见外国人在扬州的地位和作用。

"扬州江吴大都会，俗喜商贾，不事农"⑤；从事国际贸易的也不少，许多人在此造船出海贸易。

4. 隋唐时代海上中日交通路线

唐商船从扬州出发到日本的不在少数，其路线有南北二条。南路是从扬州的新河（瓜洲运河）入长江，至常熟的黄泗浦出海，或至苏州的松江口出海。

---

① 《唐大和上东征传》，第 74 页。
② 《李文公集》，卷 18，《来南录》，《文渊阁四库全书》，第 1078 卷，第 189 页。
③ 《旧唐书》，卷 110，列传第 60，《邓景山》。
④ 《入唐求法巡礼行记》，第 26 页。
⑤ 《新唐书》，卷 91，列传第 16，《李袭誉》。

横渡东海往日本记载黄泗浦出海的文献是《唐大和上东征传》:"和上于天宝十二载十月十九日戌时从龙兴寺出,于江边为二十四沙弥授戒。讫,乘船下至苏州黄泗浦(据安藤更生研究疑常熟黄泗浦)。"[①]记载苏州松江口出海的文献是《入唐求法巡礼行记》:"九日得苏州船上唐人江长,新罗人金子白、钦良晖、金珍等书云:'五月十一日从苏州松江口发往日本国……'"[②]唐宋时代常熟、苏州一带是长江的江口。[③]

北路是从扬州循江北大运河到淮河南岸的楚州(今淮安一带,属扬州府),再从楚州出淮河口北上,沿山东半岛到最东端的登州文登县赤山莫邪口(山东靖海湾附近),直渡黄海到新罗(朝鲜东南小国)西熊州西界,再沿朝鲜半岛,东南下往日本。[④]当时中日民间贸易主要是唐商船往日本,日商到中国的很少,即使到中国经商也是雇佣中国船:"书中又云:'春大郎、神一郎等乘明州张支信船回国也。来时得消息,已发也。春大郎本拟雇此船归国,大郎往广州后,神一郎将钱金付张支信讫,仍大郎上明州,船发去……'"[⑤]在中日民间贸易中,新罗人金子白、钦良晖、金珍和唐人张支信、张蒙、李邻德、张公清、李延孝等的商船起着积极作用。如847年(日本承和十四年,中国大中元年)入唐求法僧圆仁是搭乘金珍商船回国的。[⑥]圆珍是853年(日本仁寿三年,唐大中七年)搭乘钦良晖商船入唐的。[⑦]

隋唐是继秦汉之后中国大统一的时代,随着经济的发展,中国文化光辉灿烂,赢得周边各国特别是日本的倾慕。日本从原始时代就吸收先进的中国文化,自推古天皇十五年(607)七月圣德太子派遣第一次遣隋使[⑧]以来,日本以遣隋使、遣唐使的名义派遣使节团不断来中国学习以改变自己的落后面貌。隋唐是日本大规模引进中国文化,掀起向中国学习高潮的时代,而在这光辉的一页中,国际大都市扬州所占的地位极重要。扬州地处南北交通要冲,是中日交通南北两路的起点,也是中后期遣唐使进京的跳板,它在经济和文化上给中日文化交流起了很大作用。

---

① 真人元开:《唐大和上东征传》,中华书局,1979年,第85页。

②《入唐求法巡礼行记》,第200页。

③ 安藤更生:《鉴真大和上传之研究》,第284页。

④《入唐求法巡礼行记》,第202页。

⑤《入唐求法巡礼行记》,第200—201页。

⑥《入唐求法巡礼行记》,第200—202页。

⑦ 小野胜年:《入唐求法行历之研究(上)》,法藏馆,1982年,第68页。

⑧ 根据《隋书·东夷传》,600年(隋文帝开皇二十年)日本曾遣使到中国,但此事在日本史书上没有记载,故一般以607年这一次为遣隋使的开端。

日本推古朝的遣隋使共有 607 年（推古十五年，隋大业三年）、608 年（推古十六年，隋大业四年）、614 年（推古二十二年，隋大业十六年）三次，当时日本到中国来要经过朝鲜西南部的百济。据《隋书·东夷传》："上遣文林郎裴[世]清使于倭国，度百济，行至竹岛（朝鲜全罗南道珍岛西南的一个小岛），南望身由罗国（济州岛），经都斯麻国（对马），迥在大海中。又东至一支国（壹岐），又至竹斯国（筑紫），又东至秦王国（周防）……又经十余国，达于海岸。自竹斯国以东，皆附庸于倭。"[①]至于从百济到长安，究竟是直渡黄海以达山东登州文登县赤山莫琊口（山东省靖海湾附近）呢？还是沿高句丽的西海岸北上，再经过辽东半岛的东海岸，横渡渤海湾口，在山东登州附近登陆呢？目前也还不能肯定："可能是在山东的一角登陆的，从山东到达长安的路线也不详，可能是经过青州、兖州、曹州，到达汴梁，再沿黄河南岸经过洛阳到达长安。"[②]但从遣隋使往返的时间来看，取道从登州到长安的陆路不可能。因为第一次遣隋使是大业四年三月到达长安完成任务的："大业四年（608）三月壬戌，百济、倭、赤土、加罗舍国并遣使贡方物。"[③]同年四月小野妹子伴同隋使文林郎裴世清回到日本筑紫："[推古天皇]十六年夏四月，小野臣妹子至自大唐……大唐使人裴世清、下客十二人从妹子臣至于筑紫。"[④]大业四年是闰三月，所以归路全程只经二个月时间。第二次遣使是同年即大业四年九月十一日从难波出发的[⑤]，《隋书·东夷传》说："明年（大业四）帝复令[朱]宽慰抚之，流求不从，宽取其布甲而还，时倭国使来朝（指第二次遣隋使），见之曰：'此夷邪久国（久屋岛）人所用也。'"[⑥]可见第二次遣隋使至迟同年底已抵达长安了，全程也只花三个月左右。然而第一次遣隋使的往路是 607 年 7 月离开日本，次年 3 月到达长安，却花了八个月时间，二、三个月时间从日本到长安是不可能的。所以说第一次遣隋使的归路和第二次遣隋使的往路一定是采取了更近便的路线。

从登州（山东蓬莱县）到长安是 3150 里（地图上的直线距离是 1200 公里）[⑦]，若根据《大唐六典》："凡陆行之程，马日行七十里，步及驴是五十里。

---

① 《隋书》，卷 81，列传第 46，《东夷》。

② 木宫泰彦：《日中文化交流史》，中译本，商务印书馆，1980 年，第 56-57 页。

③ 《隋书》，卷 3，帝纪第 3，《炀帝上》。

④ 《日本书纪》，卷 22，《推古天皇》16 年条。

⑤ 《日中文化交流史》，第 51 页。

⑥ 《隋书》，卷 81，列传第 46，《东夷流求国》。

⑦ 王辑五：《中国日本交通史》，上海书店，第 71 页。

水行之程……顺流而下，河一百五十里，江一百里。"①若照此计算，陆路骑马从登州到长安则需 45 天，再从登州渡渤海湾，沿辽东半岛东岸和整个朝鲜半岛西岸南下日本，更费时日。我们认为，遣隋使取的是一条近而省力的水路，即由长安的广通渠到潼关，入黄河至洛阳，由通济渠（江北大运河）至盱眙，入淮河出海；或由通济渠到山阳（今淮安），入邗沟到扬州，从长江出海。从长安到扬州是 2500 里（地图上的直线距离 1000 公里）②，按河顺流而下日行 150 里，只需 16 天时间。若按《入唐求法巡礼行记》开成三年（838）十二月十八日条记载："王友真来云：'大使寻以今月三日到京都了。'"三日大使到达京都的信息传到扬州是十八日，其间只需 15 天，与这里所推测的所需时间一致。从扬州出长江口北上，或从山阳（楚州）出淮河口北上，沿山东半岛到达登州文登县赤山莫邪口（后来仁明朝遣唐使的归路）。由此直渡黄海到百济，南下到日本。这条路线是 847 年日僧圆仁回国搭乘的金珍商船所航行的。金珍商船横渡黄海只需二天："（大中元）九月二日午时从赤浦渡海，出赤山莫邪口……至四日晚，向东见山岛段段而接连，问梢工等，乃云：'是新罗国西熊州西界，本是百济国之地。'"③"十日初夜到肥前国松浦郡北界鹿岛（值嘉岛）泊船。"④由此可见，从山东半岛一端渡到日本只需 8 天时间，这样，以水路从长安到扬州，出长江口北上；或由楚州出淮河口北上，至山东半岛一端渡黄海到日本是一条既近又安全的路线。何况第一次遣隋使到达中国的 608 年，大运河已通航三年了，遣隋使和隋朝都没有理由不利用这条又近又省力的航线（木宫泰彦称它为"仁明朝归航路"）而取陆路到登州，横渡渤海湾，沿辽东半岛东岸和朝鲜半岛西岸南下日本这一条又远又费力的航线。这样看来，遣隋使不是与扬州毫无关系，至少在空间上缩短了中日往来的距离。再者，随第二次遣隋使来中国的留学生们，在中国留学长达二三十年之久，他们很有可能到中国第三大城市扬州观光或回国时路过，而给他们带来一些影响。

5. 遣唐使与扬州

615 年（推古二十三年）第三次遣隋使回国后的第三年，隋亡唐兴。日本为继续引进中国文化，派遣了世界史上著名的遣唐使。自 630 年到 894 年的 264

---

① 小野胜年：《入唐求法行历之研究》，法藏馆，1982 年，第 192 页。

②《入唐求法巡礼行记》，第 14 页

③《入唐求法巡礼行记》，第 202 页。

④《入唐求法巡礼行记》，第 203 页。

年中，派遣唐使凡 19 次，其中除三次只有任命未成行，一次只到百济，一次是"迎入唐使"，一次是"送唐客使"以外，实际以遣唐使名义到达唐朝的，先后共 13 次。木宫泰彦将它分成四期：第一期包括舒明天皇（629—641）到齐明天皇（655—661）。时代约 30 年间四次遣使。第二期包括天智天皇时代（662—671）的二次遣使。第三期包括从文武天皇（697—707）到孝谦天皇（749—758）时代约 50 年间的四次遣使。第四期包括从光仁天皇（770—780）到仁明天皇（833—850）时代约 60 年间的三次遣使。[①]

遣唐使的航线有四条：（1）北路，（2）南岛路，（3）南路，（4）海道舡路，如下图所示：

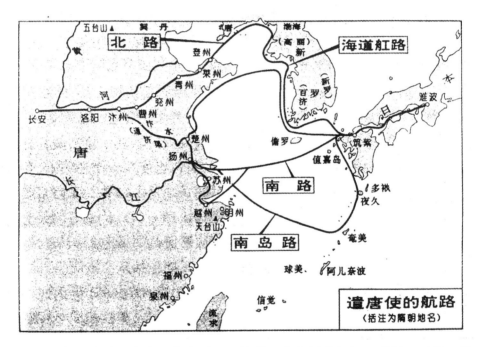

第一条北路是：难波（今大阪）—筑紫（今九州北部）—壹岐—对马—沿朝鲜半岛西岸北上—沿辽东半岛东岸西南下—横渡渤海湾—山东半岛登陆。第二条南岛路是：难波—筑紫—多褹（种子岛）—夜久（屋久岛）—吐火罗（宝诸岛）—奄美—度感（德之岛）—阿儿奈波（冲绳岛）—球美（久米岛）—信觉（石垣岛）—横断东海—长江口登陆。第三条南路是：难波—筑紫—值嘉岛（平户、五岛列岛）—庇良（平户）岛—宇久岛—远值贺（小值贺）岛—合蚕田

---

① 木宫泰彦：《日中文化交流史》，商务印书馆，1980 年，第 73-74 页。

浦—福江岛—横断东海—长江口登陆。第四条海道舡路是：筑紫—朝鲜半岛西岸北上—横断黄海—山东半岛南岸西行—江苏沿岸南下—入淮河—楚州—扬州登陆。[①]

第一、二期的六次遣唐使取北路，第三期的四次是南岛路，第四期的三次取南路。所谓"海道舡路"就是指第18次遣唐使的归路，又是圆仁搭乘新罗人金珍商船回国的航路，同时也是第一次遣隋使的归路和第二次遣隋使往路的设想航线。这条航线实际上就是唐与新罗交通的延长，当时楚州（属于扬州府）有新罗坊，侨居的新罗人很多，去新罗的船都从楚州出淮河口渡海。从第三期遣唐使起，舍熟悉的北路而取陌生的南岛路、南路，其原因何在？《新唐书·东夷传》指出："新罗梗海道，更由明、越州朝贡。"[②]因白村江之战[③]一直与日本处于敌对关系的新罗统一朝鲜半岛，日本被迫放弃通过新罗领海的安全的北路而走危险性大的南岛路、南路。这样一来，扬州便成了遣唐使到达长安的跳板，除北路以外，日唐交通必须经过扬州。现把扬州（包括楚州）登陆或经由的七次遣唐使列表如下：

扬州登陆或经由的遣唐使表

顺序	遣唐使名称	入唐航路	出发时间	登陆地点	进京路线	回国启程地点	回国时间	回国航线
第8次	文武朝	南岛路	702年6月	楚州盐城	江北大运河	不详	704年7月	南岛路？
第9次	元正朝	南岛路？	717年3月	不详	不详	不详	718年10月	南岛路？
第10次	圣武朝	南岛路	733年4月	苏州	江南、江北大运河（经由扬州）	苏州（经由扬州）	734年11月（第1舶）736年7月（第2舶）	南岛路
第11次	孝谦朝	南岛路	752年3月	明、越州	江南、江北大运河（经由扬州）	苏州黄泗浦（经由扬州）	753年12月（第3舶）754年1月（第2舶）	南岛路
第15次	光仁朝	南路	777年6月	扬州海陵	江北大运河	苏州常熟（1、2舶)扬州海陵（第3舶）楚州盐城（第4舶）	778年10~11月	南路
第17次	桓武朝	南路	804年7月	福州长溪明州	江南、江北大运河（经由扬州）	明州下赞	805年6月	南路
第18次	仁明朝	南路	838年7月	扬州海陵	江北大运河	楚州	839年8~11月	海道舡路

一般说来，遣唐使船到达中国以后，进京的只是少数人，大部分留在当地。

---

① 平凡社编：《世界大百科事典》，遣唐使条。

②《新唐书》，卷220，列传第145，《东夷》。

③ 663年唐、新罗联军在朝鲜的西南白村江打败救援百济的日军。

例如第 18 次遣唐使进京的是"大使一人、长岑判官、菅原判官、高岳录事、大神录事、大宅通事、别请益生伴须贺雄、真言请益圆行，并杂职已下三十五人"①，其他人都留在扬州。他们或学习中国文化，或准备回国物资，或购买物品带回日本。文化发达、物产丰富的扬州，给遣唐使提供了完成任务的物质文化条件。遣唐使在扬州尽量吸收中国文化。如《入唐求法巡礼行记》所载："本国判官藤原朝臣贞敏于开元寺设斋，出五贯六百钱作食，供养新画阿弥陀佛、妙见菩萨、四天王像，并六十余众僧。亦以斯日令写龙兴寺法花院壁南岳、天台两大师像。"②"三日，始画南岳、天台两大师像两铺各三副……寻南岳大师颜影，写着于扬州龙兴寺，敕安置法花道场琉璃殿南廊壁上。乃令大使慊从粟田家继写取，无一亏谬。"③

根据《入唐求法巡礼行记》，第 18 次遣唐使因在长安不许买卖，特地从楚州到扬州来购置物资："先入京使内监国信春道宿弥永藏、杂使山代吉永、射手上教继、长州判官慊从白鸟、村清岑等十余人，乘一船来……缘上都不能买卖，便着前件人等，为买杂物来。"④有的因购买违禁品受到扬州府的传唤："第四舶监国信并通事，缘买敕断色，相公交人来唤，随使入州去。"⑤还有"长官慊从白鸟、清岑、长岑、留学等四人，为买香药等，下船到市，为所由勘追，舍二百余贯钱逃走"。⑥"大使慊从粟田家继，先日为买物，下船往市，所由捉缚，州里留着，今日被免来。"⑦以上记载，表明扬州市场给遣唐使提供了路上所需的物资和带回日本的"唐物"。《唐大和上东征传》中记载着鉴真第二次东渡时所准备的物资，其中有各种各样的香料和药物。⑧这些东西均产自南方各国，是遣唐使所需要的，只有在国际都市扬州才能买到。

对随遣唐使入唐的留学生和留学僧来说，扬州不仅是进京的必经之地，而且还是寻师求学、搜集内外经典、寻觅船只回国的理想地方。如十年前来中国的留学僧荣睿、普照，742 年（天宝元年）十月从洛阳由江北大运河来到扬州大明寺拜谒鉴真，其后两人紧跟鉴真设法东渡，历尽艰辛。最后荣睿死于中国，

---

① 《入唐求法巡礼行记》，第 15 页。
② 《入唐求法巡礼行记》，第 24 页。
③ 《入唐求法巡礼行记》，第 25 页。
④ 《入唐求法巡礼行记》，第 31 页。
⑤ 《入唐求法巡礼行记》，第 32 页。
⑥ 《入唐求法巡礼行记》，第 32 页。
⑦ 《入唐求法巡礼行记》，第 32 页。
⑧ 《唐大和上东征传》，第 47 页。

普照偕鉴真回国。又如 838 年（开成三年）七月慈觉大师圆仁作为请益僧随第 18 次遣唐使到扬州，因请求巡锡天台，留扬州开元寺半年余以待敕命。在此期间收集唐文物，抄写经典，学习唐的礼仪法规，还特别向西明寺宗睿法师学梵文。再如和圆仁一起入唐的留学僧常晓，在扬州栖灵寺（即大明寺）从文琛法师受真言法。① 此外，随第 11 次遣唐使入唐的戒明，还将圣德太子所著的《胜鬘经义疏》及《法华经义疏》赠给扬州尤兴寺灵佑。② 随第 17 次遣唐使入唐的弘法大师空海、留学生桔逸势等是经由扬州到长安求法的，还有随 18 次遣唐使入唐的圆载是从扬州到天台山朝拜的。他们在扬州或多或少得到一些见闻。

894 年（唐乾宁元年，日宇多宽平六年）遣唐使正式停止以后，中日民间贸易活跃。841 年至 903 年的 62 年中，日唐间往来的商船有 37 次。③ 这些商船绝大部分是唐船，它们以扬州（包括扬州府管辖的楚州）、明州（宁波）为基地进行中日贸易。当时搭乘这些商船到中国的僧人也不少，他们上天台山、五台山或者去长安，都要经过扬州。如三次入唐的惠萼，841 年（仁明承和八年）搭乘李邻德船第一次入唐到达楚州，去五台山朝拜之后，又经扬州到天台山过冬，次年春回国，又如 844 年（仁明承和十一年）仁好携带日本朝廷给圆仁、圆载的黄金 200 两乘船入唐，也是经过扬州的。846 年（仁明承和十三年）性海（海上人）为把本国的书信、礼物送给在唐的老师圆仁，搭乘李邻德船到达扬州，后转楚州。再如 842 年（仁明承和九年）惠运搭乘李处人船到达温州乐城县（浙江乐清县）后与圆修一起巡拜五台山，扬州是必经之地。还有智证大师圆珍，853 年（文德仁寿三年）率领丰智、闲静、丁雄满、物部忠宗、佐伯阿古麻吕、大宅全吉等人，搭乘钦良晖船入唐到达福州连江县。他朝拜天台山之后，由江南大运河北上，经扬州由江北大运河到洛阳，再由陆路到长安。862 年（贞观四年）真如法亲王的从僧宗睿搭乘张支信船入唐到达明州，经扬州到五台山朝拜。这样，平安时代的所谓入唐八大家（最澄、空海、常晓、圆行、圆仁、惠运、圆珍、宗睿）除最澄以外，其他七人都到过扬州，总会有一点影响带回日本吧！

6. 鉴真东渡与扬州

733 年（唐开元二十一年，日天平五年）日本奈良兴福寺僧荣睿、普照奉

---

① 《入唐求法巡礼行记》，第 24 页。
② 《日中文化交流史》，第 137 页。
③ 《日中文化交流史》，第 109-116 页。

舍人亲王之命，随第十次遣唐使入唐，招聘精通戒律的高僧赴日传戒。他们经过多方努力，聘请洛阳大福先寺道璇律师赴日，但道璇的名声不大，不够理想，后闻当代律宗高僧鉴真（688—763）在扬州大明寺讲律学，若能请他到日本传戒则最为理想；同时扬州又是出海城市，将来可以从这里回国。于是天宝元年（742）冬十月，荣睿、普照与鉴真的弟子道航（当时宰相李林甫之兄林宗的家僧）携带李林宗给扬州仓曹（专司漕运）李凑的书信，循江北大运河而下，来到扬州。当时鉴真 55 岁，正在大明寺为众僧开律讲。

为什么日本要招聘鉴真赴日传戒呢？原来进入 8 世纪以后，大化革新之后建立起来的"公地公民制"开始动摇和崩溃，农民经受不起剥削和压迫，纷纷逃离土地投身或依附于寺院。寺院势力的膨胀和僧侣的增多，不但影响了朝廷的财政收入，还影响了兵源。于是朝廷便一面下令禁止自度、私度以防僧侣泛滥，一面打算建立一套僧侣自律制度，要像中国那样"若有不持戒者，不齿于僧中"。[①]在此种情况下，元兴寺隆尊提出建议，尽快建立受戒制度并向大唐招聘戒师。这个建议得到了当权者舍人亲王的支持，派遣荣睿、普照两僧入唐，招聘精通律学的高僧来日本设坛授戒。

荣睿、普照抵达扬州后，立即到大明寺拜谒鉴真，邀请他赴日弘法。鉴真问在场的众僧，谁能应此远请？众僧都保持沉默。鉴真见无人愿去，便慨然说："是为法事也，何惜身命？诸人不去，我即去耳。"[②]于是大家愿同心随鉴真前去，荣睿、普照的凤愿终获实现。从此以后鉴真开始了世界史上罕见的惊心动魄的东渡，五次渡海失败，至天宝十二年（753）的第六次方始成功。

第一次东渡：天宝二年（743）四月扬州仓曹李凑（唐宰相李林甫侄）受李林宗（李林甫之兄）托为鉴真造船备粮，声称往天台山国清寺供养众僧。不料被随行的高丽僧如海出卖，诬告私通海贼，淮南道采访使班倩派人搜捕诸僧，所造之船没收，荣睿、普照被关押四个月后释放。

第二次东渡：荣睿、普照出狱后仍不灰心，秘密到鉴真处商量东渡，鉴真说："不须愁，宜求方便，必遂本愿。"[③]仍出钱买得岭南道采访使刘巨鳞之军船一只，备办海粮，天宝二年十二月鉴真一行 85 人举帆东下，到狼沟浦（今太仓浏河口的狼港）遇难船破，全体被迫上岸修船。

第三次东渡：一个月以后船修好，鉴真一行重新出发，航至桑石山（舟山

---

① 《唐大和上东征传》，第 38 页。

② 《唐大和上东征传》，第 42 页。

③ 《唐大和上东征传》，第 47 页。

群岛北面海中的桑枝山）风急浪高，船触礁破损，人遇救上岸，后被安置于鄮县（今鄞县）阿育王寺。

第四次东渡：鉴真在阿育王寺暂住时，荣睿被指控引诱鉴真东渡逮捕，押送至杭州因病假释。鉴真被荣睿、普照两人的坚强意志所感动，一面派法进到福州买船办粮，一面率领众僧往天台山，正欲向温州进发时被官方追踪拦阻。

第五次东渡：天宝七年（748）春鉴真已返扬州，仍造船买香药，备办百物，一如天宝二年所备，同年六月二十七日鉴真一行 35 人乘船循长江而下，至常州遇大风漂流至海南岛振州（今崖县）上岸。其后辗转流徙于雷州（广东雷州岛）、辩县（广东化县）、象州（广西象州县）、白州（广西博白县）、梧州（广西苍梧县）、桂州（广西桂林）等地。至端州（今广东高要县）荣睿迁化，至韶州（广东曲江县）普照辞别往明州阿育王寺。鉴真也因频经炎热双目失明。后从韶州一路北上返回扬州。

第六次东渡：天宝十二年（753）十月十五日第十一次遣唐使回国途经扬州，大使藤原清河、副使大伴古麻吕、秘书监吉备真备、留学生阿倍仲麻吕（即阿倍朝衡，时任唐秘书监兼卫尉卿）等来到延光寺谒见鉴真说："弟子等早知和上五遍渡海向日本国，将欲传教，今亲奉颜色，顶礼欢喜……弟子等自有载国信物船四舶，行装具足，去亦无难。"[1]鉴真欣然允诺，秘密出走，躲藏于副使大伴古麻吕的第二船。十一月十三日普照闻讯从余姚赶来。十五日四船同时启程。十二月二十日鉴真所乘的第二船平安抵达九州南部萨摩国阿多郡秋妻浦。

鉴真自 743 年开始第一次东征，前后经 11 年，历尽千辛万苦，终于了却夙愿，在中日文化交流史上写下了极其可贵的一页。

关于"日本文化的恩人"[2]鉴真，中日学者已予以评述，这里只打算叙述一下鉴真东渡与扬州的关系。

（1）扬州是鉴真东渡的基地。如前所述，扬州地处国内外交通之要冲，是国际商埠，交通便利。鉴真的六次东渡中，除第一、四未成行，第三次实际上就是第一次的续航外，其他三次都是从扬州启程的。扬州是唐朝的一大造船中心，拥有雄厚的造船技术力量和众多的航海人员，给鉴真东渡造船和雇佣水手提供方便。唐朝著名的财政家"刘晏为诸道盐铁转运使时……乃置十场于扬子县，专知官十人兢自营办（造船）"[3]。刘晏在扬州一举设立十个造船场，可见

① 《唐大和上东征传》，第 83 页。

② 安藤更生：《鉴真大和上传之研究·序》。

③ 《唐语林》，卷一，《政事上》，《文渊阁四库全书》，第 1038 册，第 18 页。

扬州造船技术力量之雄厚。《全唐文》卷123《张族2》中有《五月五日洛水竞渡船十只请差使于扬州修造，须钱五千贯，请速分付》一题①，洛水的船到扬州来造，可见当时扬州的造船技术先进。《唐大和上东征传》记载，鉴真第一、五次东渡的船都是在扬州建造的："要约已毕，始于东河造船。扬州仓曹李凑依李林宗书，亦同检校造舟、备粮。"② "天宝七载春，荣睿师、普照师从同安郡来，下至扬州崇福寺大和上住处。和上更与二师作方便，造舟、买香药，备办百物。"③

（2）扬州给鉴真东渡提供了物力、财力和人力。当时航海必须备足海粮以防万一。天宝二年鉴真第二次东渡时备办了以下的物资：

A. 食品：落脂红绿米（陈米）一百石，甜豉豉（豆豉）三十石，牛酥（酥油）一百八十斤，面五十斤，干胡饼（烧饼）二车，干蒸饼一车，干薄饼一万，番捻头（麻球之类的油煎食品）一半车。

B. 佛像：画五顶像（五佛顶像画）一铺，宝像一铺，金漆泥像一躯，六扇佛菩萨障子一具。

C. 经疏：金字《华严经》一部，金字《大品经》一部，金字《大集经》一部，金字《大涅般经》一部，杂经、章疏等都一百部。

D. 佛具：月令障子一具，行天障子一具，道场幡一百二十口，珠幡十四条，玉环手幡八口，螺钿经函五十口，铜瓶二十口，花毡攀二十四领，袈裟一千领，裙衫一千对，坐具一千床，大铜盂四口，竹叶盂四十口，大铜盘二十面，中铜盘二十面，小铜盘四十四面，一尺铜叠八十面，小铜叠二百面，白藤簟十六领，五色藤簟六领。

E. 香料药物：麝香二十剂，沉香、甲香、甘松香、龙脑、香胆、唐香、安息香、栈香、零陵香、青木香、薰陆香（乳香）都有六百余斤；又有毕钵、诃黎勒（以上原产印度，后移植波斯及东南亚的药用植物）、胡椒、阿魏（产于伊朗、印度等地的多年生药用植物）、石蜜（冰糖）、蔗糖等五百余斤，蜂蜜十斛，甘庶八十束。

F. 其他：青钱（青铜钱）一万贯，正炉钱（官铸铜币）一万贯，紫边钱（紫铜钱）五千贯，罗补头二千枚，麻靴三十量，带冒（有后带的僧帽）三十个。④

①《全唐文》，中华书局，第1761页。
②《唐大和上东征传》，第43页。
③《唐大和上东征传》，第62页。
④《唐大和上东征传》，第47页。

天宝七年第五次东渡时海粮物资"一如天宝二载所备"。

从以上二次东渡所准备的物资来看，大部分是扬州出产的，如米、面、饼、铜器等。一部分扬州虽然不产，但是集散地，如珠宝、佛具、藤箪、甘蔗、蔗糖等。有的东西扬州根本不产，如香料、药物产自南方诸国，只有国际商港扬州才买得到。

再从携带的二万五千贯铜钱来看，若按"出正炉钱八十贯买得岭南道采访使刘巨鳞之军舟一只"[1]来计算，二万五千贯可购海船 312 只，这只有富庶的扬州寺院才能有如此巨大的财力。

随同鉴真赴日的还有一批各方面的优秀技工，如第二次东渡跟随鉴真的，除弟子 17 人外，还有"玉作人、画师、雕佛、刻镂、铸写、绣师、修文、镌碑等工手者有八十五人，同驾一舟"。[2]要网罗这么多专业人才，也只有在大都会扬州才能办得到。

（3）扬州是鉴真东渡的人才集中地。第一次东渡时从洛阳到扬州加入东渡队伍的有西京安国寺僧道航、澄观，东都僧德清，高丽僧如海，还有日本僧荣睿、普照、玄朗、玄法。[3]参加第二次东渡的有样彦、道兴、德清、荣睿、普照、思托等 17 人。[4]参加第五次东渡的有样彦、神仑、光演、顿悟、道祖、如高、德清、日悟、荣睿、普照、思托等道俗 14 人。[5]参加第六次东渡的有扬州白塔寺僧法进、泉州超功寺僧昙静、台州开元寺僧思托、扬州兴云寺僧义静、衢州灵耀寺僧法载、窦州开元寺僧法成等 14 人，藤州通善寺尼智首等 3 人，扬州优婆塞（即男信士）潘仙童，中亚的胡国人安如宝，南海的昆仑人军法力，瞻波国人善听，共 24 人。[6]还有仁干禅师特地从婺州（浙江金华）赶到扬州，"密知和上欲出，备具船舫于江头相待"。[7]全国各地的"超群拔萃，为世师范者"，甚至外国人都集中到扬州，随从鉴真赴日。他们都是杰出的人才，如军法力是雕塑家，安如宝、义静、法进和法载是建筑家，思托是文学家兼雕塑家。

（4）扬州是哺育鉴真之母。鉴真在扬州出生、出家、传教和弘扬文化，除 707 年至 713 年游学洛阳、长安五年外，没有离开过扬州。扬州这个富庶繁华

---

① 《唐大和上东征传》，第 47-48 页。

② 《唐大和上东征传》，第 51 页。

③ 《唐大和上东征传》，第 39-40 页。

④ 《唐大和上东征传》，第 51 页。

⑤ 《唐大和上东征传》，第 62 页。

⑥ 《唐大和上东征传》，第 85 页。

⑦ 《唐大和上东征传》，第 83 页。

的城市哺育他成长。"淮南江左净持戒律者，唯大和上独秀无伦，道俗归心仰为授戒大师"。[①]鉴真德高望重，受到扬州道俗一致的崇敬，当他第五次东渡漂流到海南岛，从振州返回扬州时，扬州群众欢欣鼓舞出城迎接："江都道俗，奔填道路，江中迎舟，舳舻连接。"[②]《唐大和上东征传》中历数了鉴真东渡之前的业绩："凡前后讲大律并疏四十遍，讲《律钞》（指道宣《四分律行事钞》七十遍），讲《轻重仪》（指道宣《量处轻重仪》）十遍，讲《羯磨疏》十遍；具修三学（指戒定慧三学），博达五乘；外秉威仪，内求奥理。讲授之闲，造立寺舍，供养十方僧，造佛菩萨像，其数无量；缝纳袈裟千领，布袈裟二千余领，供送五台山僧，设无遮大会；开悲田而救济贫病，设敬田而供养三宝。写《一切经》三部，各一万一千卷；前后度人、授戒，略计过四万有余。"[③]鉴真不仅精通佛学，还擅长医学、建筑、雕刻、绘画、书法等，真是多才多艺。他顺应时代的要求，以无比坚强的意志冲破惊涛骇浪，历尽艰难，最后把中国文化移植到日本，促进了日本文化的发展。

7. 圆仁入唐与扬州

日本佛教天台宗慈觉大师圆仁，838 年（唐开成三年，日承和五年）6 月13 日以请益僧身份随藤原常嗣大使率领的第 18 次遣唐使船离开筑紫，一路饱经艰险，备尝辛苦，好不容易于同年 7 月 2 日到达扬州海陵县白潮镇桑田乡东梁丰村。其后由水路往扬州府，抵达扬州后即由淮南节度使李绅照例向京城上奏，准大使等 35 人进京，其他人员则留原地待命。圆仁因向扬州府呈递报告，请往台州国清寺寻师，所以暂住扬州开元寺，以待敕许。

开成四年（839）二月二十一日圆仁离开扬州，到楚州迎接大使，寄住楚州开元寺。大使宣布巡礼天台之请未蒙敕许，圆仁甚为惆怅，无奈登遣唐使船，踏上归途。但圆仁入唐目的未达，不甘心回国，船停泊海州东海县时，与弟子惟正、惟晓及水手丁雄满托词潜行登陆，被海州官府发觉，又被护送上船。同年六月七日，遣唐使船停泊登州文登县赤山浦。赤山浦有新罗人张宝高所建的法华院，有僧三十多人，其中日本僧占多数。圆仁闻讯灵机一动，又与大使告别，弃舟登陆，投奔赤山浦法华院（新罗所），在此过冬。后得到平卢节度使兼登州诸军事押衙张咏的帮助，敕许朝拜五台山。圆仁经青州、淄州、齐州、德

---

① 《唐大和上东征传》，第 80 页。

② 《唐大和上东征传》，第 80 页。

③ 《唐大和上东征传》，第 80-81 页。

州、贝州、冀州、赵州、行唐，入太行山，天成五年（840）五月一日抵达五台山。在五台山二个月，参拜名师，抄录五台秘笈，得益非浅。同年七月一日离开五台山，八月二十三日抵达兴安。在长安历访名师，收集内外经典，直至武宗灭佛高潮的会昌五年（845）三月十五日被迫离开长安。圆仁蓄发易装，循江北大运河经郑州、汴州、泗州，六月二十八抵达扬州。七月三日从扬州至楚州，沿江苏、山东海岸，经海州、密州、莱州，抵达文登县新罗所，等候使船回国。大中元年（847）九月二日乘金珍商船回国。

圆仁在唐 9 年零 2 个月，遍历江苏、安徽、山东、河北、山西、河南、陕西 7 省。圆仁的《入唐求法巡礼行记》（略称《入唐记》）就是他经历上述地区所见所闻的记录。《入唐求法巡礼行记》与玄奘的《大唐西域记》《马可·波罗游记》合称"东方三大旅行记"，享有盛誉。这部书不仅是研究唐代社会、政治、经济、文化和宗教的重要史料，而且还是现存中日文化交流史上的珍贵文献之一。全书四卷，约八万言，其第一卷几乎都是记述入唐之初逗留扬州（包括属扬州府的楚州）期间的情况，为研究唐代扬州提供了重要史料。

（1）从《入唐记》看扬州的政治。当时扬州的政治比较严峻廉洁，官吏秉公执法，如淮南节度使李绅不接受遣唐使所赠礼物："大使赠土物于李相公，彼相公不受，还却之。"① 又如圆仁申请往天台山未获准，向遣唐大使报告，要求留下不走。大使说："如要留住，是为佛道，不敢违意，要住即留。但此国之政极峻，官家闻知，便寻违敕之罪，有扰恼欤。"② 再如圆仁回国时打算从楚州山阳县渡海回国，"县司不肯，乃云：'当州未是极海之处，既是准敕递过，不敢停留，事须递到登州地极之处，方可上船归国者'"。③ 新罗翻译刘慎言到县里送礼讲情仍不肯："此间是文法之处，兼在李绅相公管内，准敕递过之人，两日停留，便是违敕之罪。"④ 刘慎言等又去州里请求，也不肯。圆仁无奈，只得从楚州到海州，打算在海州自觅舟船归本国，向县司请求。"长官云：'近者新罗僧亦从京兆府递来，请于当州权泊，使君不肯，便递过。和尚请停住事，亦应难。然县司不自由，事须经使君通状。'"⑤ 县司向州刺史请示："刺史不与道理，仍判云：'准敕递过，州司不敢停留，告知者。'"⑥

---

① 圆仁：《入唐求法巡礼行记》，第 9 页。
② 圆仁：《入唐求法巡礼行记》，第 35—36 页。
③ 圆仁：《入唐求法巡礼行记》，第 189 页。
④ 圆仁：《入唐求法巡礼行记》，第 190 页。
⑤ 圆仁：《入唐求法巡礼行记》，第 192 页。
⑥ 圆仁：《入唐求法巡礼行记》，第 192 页。

扬州府政治清明，从遣唐大使二次不出席宴会可得到旁证。第一次是扬州府的宴会："（九月）九日，相公为大国使设大饩，大使不出，但判官以不尽赴集矣。"①第二次是楚州刺史的宴会："（开成四年三月）十九日，州刺设酒饩屈相公，相公不出，但判官以下着绯之人入州受饩。"②

唐代中央集权，不论事情大小都须敕许："相公所说，扬州文牒出，到浙西道及浙东道，不得一事，须得闻奏。敕下即得，余不得。又相公所管八州，以相公牒便得往还。其润州、台州，别有相公，各有管领。彼此守职不相交，恐若非敕诏，无以顺行矣。"③海上人给圆仁从日本带来公文及黄金等，扬州当局不敢自开，原封送到长安，由皇帝看过后才交给本人："（会昌六）十月二日，海上人从扬州来到，始得相见，仍日本太政官牒、延历寺牒及小野少贰书，缘本函封，扬州节度使、平章事李绅不敢自开，全封进上长安。今上具览讫，敕付淮南节度使，却令分付本主。"④

（2）从《入唐记》看扬州的经济。扬州为一大制盐中心，所产之盐通过大运河向南北输送："盐官船积盐，或三、四船，或四、五船，双结续编，不绝数十里，相随而行。"⑤关于长江运输繁忙的情景："江中充满大舫船，积芦船、小船等不可胜数。"⑥

唐代扬州严禁铜铁交易："天下百姓作铜器，无铜铸钱，所以禁断矣。"⑦扬州不许外国人购买物品："射手身人部贞于市买物，先日被捉，缚州里，今日被放来，又不失物。"⑧"史越智贞原先日往市买物，所由报州请处分，今趋来。"⑨

（3）从《入唐记》看扬州的宗教。唐朝不准私度为僧："大唐太和二年（828）以来，诸州多有密与受戒，下符诸州，不许百姓剃发为僧，唯有五台山戒坛一处，洛阳终山琉璃坛一处，自此二外，皆悉禁断。"⑩"扬州有四十余寺。"⑪连外国人做和尚也要皇帝批准："又沙弥受戒之事，相公不许。比年有敕云：'不

---

① 圆仁：《入唐求法巡礼行记》，第 13 页。
② 圆仁：《入唐求法巡礼行记》，第 36 页。
③ 圆仁：《入唐求法巡礼行记》，第 27 页。
④ 圆仁：《入唐求法巡礼行记》，第 198-199 页。
⑤ 圆仁：《入唐求法巡礼行记》，第 7 页。
⑥ 圆仁：《入唐求法巡礼行记》，第 8 页。
⑦ 圆仁：《入唐求法巡礼行记》，第 18 页。
⑧ 圆仁：《入唐求法巡礼行记》，第 32 页。
⑨ 圆仁：《入唐求法巡礼行记》，第 32 页。
⑩ 圆仁：《入唐求法巡礼行记》，第 16-17 页。
⑪ 圆仁：《入唐求法巡礼行记》，第 22 页。

令受戒，非敕许未可允许'云云。"①关于唐朝僧官的权限："凡此唐国有僧录、僧正、监寺三种色：僧录统领天下诸寺，整理佛法；僧正唯在一都督管内；监寺限在一寺。自外方有三纲并库司。"②关于外国人不许进入寺院的规定："为画造妙见菩萨、四天王像，令画师向寺里，而有所由制不许外国人滥入寺家，三纲等不令画造佛像。"③关于扬州"会昌灭佛"的情况："（会昌五年六月）二十八日，到扬州。见城里僧尼正裹头，递归本贯；拟拆寺，金钱物、庄园、钟等，官家收检。近敕有牒来云：'天下铜佛铁佛尽毁碎，称量斤两，委盐铁司收管讫，具录闻奏者。'"④

（4）从《入唐记》看中国人民欢迎遣唐使。当遣唐使遇难时，扬州沿海居民冒险救援并提供食宿："射手一人入潮溺流，有白水郎（唐代沿海居民或渔民的称谓）拯之。"⑤ "闻第四舶犹在泥上，未到泊处……其广棚离脱，淹水殆满，随潮生潮落……求法僧等未登陆地，头判官登陆，居白水郎舍。"⑥扬州官民都来慰问遣唐使："船中人五人身肿死。大唐迎船十只许来。"⑦当第 18 次遣唐使船七月二日在大唐扬州海陵县淮南镇大江口搁浅时，"盐官判官元行存乘小船来慰问，使等笔言国风"⑧。"九日巳时，海陵镇大使刘勉来慰问使等，赠酒饼，兼设音声。"⑨抵达扬州后，开元寺僧来江南官店慰问："二十八日开元寺僧全操等九个僧来，慰问旅弊……三十日开元寺僧贞顺慰问。"⑩ "（九月）二十一日，僧寺老僧宿神玩和尚来相看慰问"。⑪

（5）从《入唐记》看扬州的中日文化交流。圆仁在扬州停留的半年多时间内，竭尽全力汲取中国文化，或抄写收集经卷，或临摹佛像、大师像，或观摹礼仪："就嵩山院持念和尚全雅，借写金刚界诸尊仪轨等数十卷。"⑫ "五日斋后，前画胎藏曼荼罗一铺五副了，但未采色耳。"⑬ "十一月二日，买《维摩关

① 圆仁：《入唐求法巡礼行记》，第 24 页。
② 圆仁：《入唐求法巡礼行记》，第 28 页。
③ 圆仁：《入唐求法巡礼行记》，第 9 页。
④ 圆仁：《入唐求法巡礼行记》，第 189 页。
⑤ 圆仁：《入唐求法巡礼行记》，第 12 页。
⑥ 圆仁：《入唐求法巡礼行记》，第 10 页。
⑦ 圆仁：《入唐求法巡礼行记》，第 10 页。
⑧ 圆仁：《入唐求法巡礼行记》，第 4 页。
⑨ 圆仁：《入唐求法巡礼行记》，第 5 页。
⑩ 圆仁：《入唐求法巡礼行记》，第 9 页。
⑪ 圆仁：《入唐求法巡礼行记》，第 14 页。
⑫ 圆仁：《入唐求法巡礼行记》，第 30 页。
⑬ 圆仁：《入唐求法巡礼行记》，第 35 页。

中疏》四卷，价四百五十文。"①"（开成四年正月）二十五日，就延光寺僧惠威觅得《法华圆镜》三卷。"②"（十一月）三十日早朝（大使傔从栗田家继于迦毗罗神堂里，始画妙见菩萨、四天主像。"③

圆仁在唐九年多的时间内所得到的内外经卷及文物，分两次运回日本。第一次是在扬州得到的东西由第十八次遣唐使船带回日本："（开成四年三月）十七日，运随身物载第二船。与长判官同船。"④第二次是在长安得到的四笼东西随本人由金珍商船带回日本，当初这些东西从长安带到楚州后，因不能从楚州回国，必须去登州上船，故暂寄在新罗翻译刘慎言家里："从京将来圣教功德帧及僧服等，都四笼子且寄着译语宅里，分付译语，嘱令检校。"⑤这四笼子"图画及文书等"，幸得刘慎言不畏灭佛严令，保存下来，后运至登州，由圆仁本人带回日本。根据《日中文化交流史》，圆仁带回经论章疏、传记等五百八十四部，八百零二卷，胎藏、金刚界二部，大曼陀罗及诸尊坛像、舍利、高僧真影等多达五十九种。⑥

8. 结束语

隋唐扬州扼国内外交通的要冲，物产丰富，商品经济发达，是仅次于两京（长安、洛阳）的国际贸易城市。从长江或淮河出海，北可至朝鲜，东可达日本，西可出西域中东，南可达东南亚及西方非洲各国。世界史上著名的隋唐使共有十三次，其中七次是在扬州登陆或经扬州而进京的，扬州成了中日交通的跳板和文化交流的中心，在中日交流史上占有重要地位。其重要性有五：第一，扬州的地理位置给中日交通带来了方便，缩短了日本与两京的距离；第二，扬州的富庶繁荣给遣唐使、留学生、留学僧提供了汲取中国文化的物质条件；第三，扬州地区的高度文化给日本人直接提供了学习的模式；第四，扬州的对外开放，使东南亚、印度及西方的文化通过扬州向日本传播，丰富了日本文化的内容；第五，扬州出了一位鉴真和尚，他以坚强意志和毅力，出生入死，把高度的中国文化移植到日本。唐代日本高僧圆仁以扬州为他在中国巡礼的重点之一，两人对中日文化的交流都做出了重大的贡献。

---

① 圆仁：《入唐求法巡礼行记》，第 18 页。
② 圆仁：《入唐求法巡礼行记》，第 29 页。
③ 圆仁：《入唐求法巡礼行记》，第 22 页。
④ 圆仁：《入唐求法巡礼行记》，第 36 页。
⑤ 圆仁：《入唐求法巡礼行记》，第 190 页。
⑥ 木宫泰彦：《日中文化交流史》，第 142 页。

我们若能说日本人所倾慕的唐文化是中国文化发展的顶峰，则扬州的文化不愧为它的顶峰之顶峰，由此可见，扬州在中日文化交流史上的重要地位。

（原文载于《中外关系史论丛》1994 年，与郑彭年合作）

五、清代的中日文化交流

1. 中日贸易与两国人民的友好往来

中日贸易

德川幕府成立后，德川家康曾企图以朝鲜、琉球为中介，重建中日邦交，恢复勘合贸易，由于中国方面警戒日本再次侵朝及国内矛盾，未能实现，但日中民间贸易始终在进行。幕府虽从 1633 年起不断发布锁国令，但同中国和荷兰仍保持通商。

1644 年（正保四年）明朝亡，明遗臣退居东南沿海抗清，郑芝龙、郑成功父子等先后 17 次遣使赴日，要求德川幕府出兵援助，但幕府未予答应。

1683 年（天和三年）清政府统一台湾，次年宣布开放海禁。1685 年（贞享二年）令福州、厦门官员运糖赴日销售，日中贸易额上升，日本成为入超国。日本没有相应出口货物，不得不以金银支付，引起金银大量外流。同年（1685）幕府制定"贞享令"，放弃了明末的自由贸易政策，把日中贸易额定为每年白银 6000 贯（荷兰为 3000 贯），支付手段也由金银改为以铜为主。1715 年（正德五年）又制定"正德令"，除保持原定贸易额外，又限制赴日船只不得超过 30 艘（贸易额仍为 6000 贯），并须持有幕府发放的"信牌"。[①]后因铜也日减，幕府开始附带出口海参、鲍鱼、鱼翅、海带等海产品及黄铜、镀金、描金等器物及名瓷"伊万里烧"，这些商品在中国备受欢迎。中日贸易在当时日本锁国下，居日本外贸首位。中国货输日者，以丝、绸、各类纺织品、书籍、字画、文具、茶、瓷器、漆器、中药材、香料、皮革等为主，其中书籍数量特别多，幕府不但自己收藏翻刻，还令各藩翻印，使中国不少典籍国内失传者，却在日本得到保存。如日本学者林春斋将中国散佚在日的汉籍 16 种百余卷汇集成《佚存丛书》出版，使能再现于中国。

---

① 大庭修：《江户时代的日中秘话》，东方书店，1980 年，第 34-37 页。

当时航日的中国船只多由南京、宁波、温州、厦门、漳州、广东等口岸启航，经舟山群岛，横断东海，直驶长崎。日本对中国贸易多方限制，整个德川时代日中贸易只限长崎一港，且贸易方法也限制甚严。1637 年（宽永十四年）起，规定中国商人投宿日本人家，其投宿处称"差宿"。1666 年（宽永六年）废差宿，指定街道投宿，这种街道称为"宿町"。1688 年（元禄元年）又进一步在长崎建立"唐人坊"，凡赴日中国商人必须住唐人坊的围墙内。尽管日本对中国贸易严格限制，中国文化还是随着贸易传入日本。

两国人民的友好往来

跟昔日一样，僧侣仍然是中日文化交流的使者。不过德川时代留学中国的日僧很少，赴日的明清僧却很多。除僧侣外，还有不少亡命日本的明朝遗臣，据统计达 62 人。[①]

当初中国僧大多到长崎，住在"唐三寺"里。唐三寺是指长崎的兴福寺（南京寺）、福济寺（漳州寺）、崇福寺（福州寺）。这三所寺院是到长崎的中国船主所建，所以寺院住持必须是中国僧，由南京、漳州、福州三地名刹派僧担任。当初兴福寺开山为真圆，福济寺开山为觉海，崇福寺开山为超然。他们将明清文化带到日本。在亡命日本的明遗臣中，有何倩、林上珍、顾卿、张斐、朱舜水、陈元赟等，朱、陈二人给日本文化的影响更大。

朱舜水（1600—1682），明末清初爱国进步思想家，浙江余姚人，字楚屿。明末与舟山守将王翊等从事抗清活动。1658 年参加郑成功和张煌言的北伐，攻长江下游诸城。1659 年郑成功败后，亡命日本。1659 至 1665 年在长崎讲学，水户藩主德川光国聘为宾师。1665 年移居江户，广收门徒，传播中国文化，在中日文化交流史上留下光辉一页。朱舜水治学重实际效用，反对宋儒脱离实践"辨析毫厘，终不曾做得一事"，主张学术为政治和社会服务。这种实学思想，对当时日本有一定影响。1682 年病逝江户，葬于常陆（今茨城县），日本学者私谥文恭先生。其著作由门人辑集、德川光国父子刊印为《舜水遗书》。[②]

陈元赟（1587—1671），浙江余杭人，元和七年（1621）随商船到长崎，后为尾张德川侯的幕宾。他在日本与诸名士结交，在日本上层社会有一定影响。宽文十一年（1671）卒于名古屋，陈元赟长于诗文，传授中国武术，发展了日

---

① 辻善之助：《日本文化史》，第 5 卷。

② 1981 年中华书局汇集其全部诗文、书札问答编为《朱舜水集》。

本古来的柔道，他还在名古屋制造陶瓷器，后人称"元赟烧"①。

明清之际去长崎的中国人不少。他们有的被任命为"唐通事"（中国人翻译），成为对华贸易的官员，职业世袭。有的在长崎教授中国语言文学，广收门徒，形成"长崎派"。获生徂徕就是其中的著名学者。当时长崎成了中国文化的中心，不少日本人向到长崎的中国人索诗文书画，或托便船赠诗给中国人，有的专程赴长崎，以同中国客商笔谈为乐，甚至认为到长崎便靠近中国而引为快事。②

日本人民对待清商很友好，据传至今在长崎的中岛河畔还留下当年修建的一座"常明灯船"，上面刻着"唐船航海安全"字样，表达日本人民对中国商船的祝愿。

2. 学术思想的传入

学问的考证风

中国朱子学到清代已经衰落，顾炎武反对空谈理论、不务实际的学风。阎若璩、戴震、钱大昕、段玉裁等也主张多务实际。这个考证学派的作风流传日本，在其影响下产生了古学和国学。

日本考证学派先驱者新井白石，将军德川家宣时参与幕政。他仿效马端临《文献通考》，对日本文物制度，详考其源流沿革，著成《经邦典例》一书，还著有《读书余论》《藩翰谱》《古史通》《同文通考》《东雅》等，充分发挥了清代考证学的治学精神。

新井以后有片山兼山、井上金峨、皆川淇园、山本北山、龟田鹏斋、村濑栲亭、太田锦城等考证学者。锦城著有《论语大疏》《九经谈》等，他曾说"得明人之书百卷，不如清人之书一卷"，推崇考证学备至。

狩谷掖斋也崇拜考据学，他的书斋名"实事求是书屋"是采用班固《汉书·河间献王传》的"实事求是"一语。

考证风还影响小说界，山东京传和泷泽马琴对小说进行烦琐考证。医学界后藤艮山、山胁东洋、吉益东洞等主张古医术。

历史学

朱熹就司马光《资治通鉴》写了《资治通鉴纲目》59 卷，从名分论的观点把伦理政治分为正统与非正统、华夏与夷狄、王道与霸道之别。这种大义名分

---

① 元赟烧：一种以濑户的陶土作原料，用蓝色颜料作画，涂以青白色釉，有透明感且雅致的陶瓷器。
② 辻善之助：《增订海外交通史话》，内外书籍株式会社，第 669—670 页。

论思想对日本史学影响极大，林罗山的《本朝编年录》（即《本朝通鉴》）就是一例。水户藩主德川光国在大义名分议的指导下编纂了《大日本史》。赖山阳（1780—1832）的《日本外史》22 卷和《日本政记》16 卷都受清赵翼《二十二史札记》、王鸣盛《十七史商榷》、钱大昕《二十二史考异》等名分论的影响。在史学观点方面，赵翼的"地气论"和"地势论"也成为日本史学家的地气地势论（以地理条件为历史发展主要因素的理论）的渊源。

日本史学在体裁上也模仿中国。如中山利质的《楠木志》（叙述南北朝时代武将楠木正成的忠义事迹）是受清代张鹏翮《忠武志》的影响；冈本韦安的《万国史记》是模仿魏源的《海国图志》。又如羽仓简堂仿赵翼著《温史札记》。这些著作在明治维新前所起作用都很大。

汉籍的翻译与出版

中国清代康、乾两朝的文化出版事业繁荣，巨型著作如《佩文韵府》《皇清经解》《古今图书集成》《大清会典》等陆续传到日本，成为治学的参考文献。

日本在清人著作的影响下，也编了大型类书和丛书，如山冈明阿撰《类聚名物考》，墒保己一撰《群书类从》530 卷和《续群书类从》1150 卷。

日本还翻译了许多清人著作。享保年间（1716—1735）深见玄岱父子译《大清会典》。吉宗也搜集幕府初期以来法典、法令、诏书编成《法度书》15 册。享保四年（1719）清世祖顺治颁布的《六谕衍义》传入日本，吉宗令荻生徂徕加训点，室鸠巢译成日文，成为民间的教科书。《朱子家训》在日本流传很广，作为习字帖或挂轴出版。

魏源的《海国图志》于 1850 年传日，1854 年出版该书美国部分的译本就有 7 种。其他英、俄、法等国部分先后译成 10 多种单行本。汉文原本或翻印或训点，广为流传。

据统计，江户昌平校及圣堂官版翻印的书籍，自周至清共有 193 部，其中清人著作有 40 部。地方各藩出版的汉籍，自天保（1830—1840）至明治维新（1868）共有 50 种，例如加贺藩的《钦定四经》、仙台藩的宋版《春秋左传》、津藩的《资治通鉴》、熊本藩的《尚书正义》等。

3. 科学技术的传入

医药学

德川时代中国医学传入日本是与黄檗宗僧侣分不开的。他们有许多人懂医术药学，如心越、独立都懂医术。独立传治痘术于池田正直、北山道长等人。正直之孙瑞仙为医官，负责痘科。道长为大坂名医，著《北山医录》。

中国医生陈明德和王宁宇两人，1627 年先后到长崎行医。陈著有《心医录》。王后居江户，日人从学者众，成为一大医派。德川吉宗招聘中医多人来日，以陈振先和朱子章最著名。陈采集药草 160 种，著《陈振先药草功能书》。1803 年后，胡兆新来日，传授尤在泾的《伤寒贯珠集》。杨西亭传授治疗痨病和癫病的医术。

在药学方面，庆长十二年（1607）林罗山在长崎获得李时珍的《本草纲目》，将它献给幕府。长崎的本草学家有向井元升和卢草硕两人。向井编成《庖厨备用大和本草》13 卷，后贝原益轩在此书基础上编成《大和本草》16 卷。卢是日籍华人，祖传本草学，长崎的福山德润向他学本草，后撰《药性集要》。福山弟子有稻生若水，确立日本的本草学。若水弟子有松冈恕庵、野吕元丈、丹羽正伯等人。恕庵弟子有小野兰山，著《本草纲目启蒙》48 卷，所载凡 1882 种，日本的本草学到此时集其大成。

地理学

日本的地理学知识是从清朝学者的地理著作中获得的，如胡渭的《禹贡锥指》、阎若璩的《四书释地》、宋翔凤的《四书释地辨证》及《水经》。这些对中国古代地理作详细考证的学术著作，促进了日本地理学的进步。日本人在研究地理时，清朝地理学专著成为重要的参考书，如顾炎武的《天下郡国利病书》、顾祖禹的《读史方舆纪要》、马征麟的《历代沿革地图》、吕输的《历史事迹图》、乾隆敕撰的《皇舆西域图志》等。日本人还将中国的地图集翻印出版，如岸田吟香的《中外方舆全图》是清人胡林翼等撰《清一统舆地图》的翻版。

长久保赤水（1717—1801）是德川中期的著名地理学家，他花了 20 多年心血写成的《日本舆地路程全图》，据说是根据清朝出版的原图。天保十五年（1844）再版的赤水的另一著作《新制舆地全图》，从附录的图说知道，也是根据清人带来的原图。

魏源的《海国图志》是记述世界形势的地理书，它在日本流传颇广。日本人从此书获得了关于西方的许多地理知识，对日本地理学的影响很大。不仅如此，佐久间象山、吉田松阴、西乡隆盛、横井小楠等志士都因读了魏源这部书得到启发，由攘夷到开国，积极学习西方，献身于明治维新。[①]

数学与天文历法

德川时代从中国传入不少有关数学与天文历法的书籍。明·徐光启《西洋新法历书》（清·朱白雀校）、清·程世禄《西洋算法大全》两书传入日本，对日本天文数学方面影响很大。1733 年，建部彦次郎贤弘和中根丈右卫门玄圭译清人梅文鼎《历算全书》。明末清初福建人游艺《天经或问》，由西川正休等译出。此书记述西方天文学，间接给日本传来西方天文学知识。康熙官修的《历象考成》也流传日本，德川后期的地理学家伊能忠敬（1745—1818）是由此书提高学术水平的。

1684 年涩川春海（即安井算哲，1639—1715）在元朝"授时历"的基础上制定日本第一部自己的历法"贞享历"。晚年他还写了《天文琼统》8 卷，此书受清初黄鼎《管窥辑要》和游艺《天经或问》的影响。

德川前期数学家吉田光由（1598—1672）根据元·朱世杰《算学启蒙》和明·程大信《算法统宗》，于 1627 年写成《尘劫记》。此书是将深奥的中国数学按当时日本的实际水平写成的数学入门书。《尘劫记》至明治时代发行了 300种版本，成为算术书的异名。

4. 文艺与宗教的传入

文学、小说、戏剧

德川时代，汉诗文不像以前宫廷和禅林文学那样发达，研究汉诗文的人只是儒家，汉诗文只在"堂上人"（朝廷公卿）和僧侣之间流行。康熙官修的《佩文韵府》是日本人写诗的依据。宽政年间（1789—1800）传入清人沈德潜的《唐宋八大家读本》，官私学校都把它作为教科书，约有 20 种版本。蔡方炳的《唐宋八大家文选》、储欣的《唐宋八大家类选》、吕晚村的《唐宋八大家精选》也都传入日本，然而，德川时代因市民阶层兴起，明清小说戏曲即通俗文学成为日本文学的主流。

明清时代中国小说创作繁荣，输入日本的小说种类很多，如《喻世明言》《警世通言》《醒世恒言》《今古奇观》《水浒传》《三国演义》《西游记》《金瓶梅》《红楼梦》《桃花扇》《世说新语》《剪灯新话》《北西厢记》等等。其中《水浒传》

---

① 王晓秋：《近代中日启示录》，1987 年，第 24-37 页。

特别风行，选译本达 11 种之多，受到武士们的爱读。除选译本外，还有"翻案本"（模拟作品），如仇鼎散人的《日本水浒传》10 卷、伊丹椿春的《女水浒传》4 卷、僧空阿的《俳谐水浒传》10 卷、好花堂的《新编女水浒传》6 卷等。这种"翻案本"，即将国内外小说（戏曲）内容情节，换以日本的时代背景和人名地名，加上自己的构思改写的文艺。如泷泽马琴的《南总里见八犬传》就是把《水浒传》108 将故事改写成《八犬传》中八犬士的出色著作（53 卷）。

宝历（1751—1762）至天明、宽政（1781—1800）的约 50 年间，日本盛行歌舞伎。它是一种将舞蹈、音乐、动作、说白融为一体的戏剧，由室町时代的能乐和民间乐舞形成，是在唐散乐和元杂剧影响下形成的，所以歌舞伎中存在着中国古典戏剧的某种形式，可以明显地看出受中国戏剧的影响。

绘画书法

德川中期传入日本的中国画，日本称作"南画"或"南宗画"，又叫"文人画"。南宗画或文人画是一般士大夫或业余画家画的，与职业画家所画的"北宗画"（宋元传统的画院派山水画）相对。中国至明代，南宗画压倒其他一切派别，清代南宗画更盛。南宗画最大特点是线条柔和，构图宽广，以烘染代替过去的浓彩重墨。

宽文十二年（1672）日本翻印了中国的八种画谱（1620），宝永七年（1710）又第二次翻印。画谱的出版，对日本的南画运动影响很大。元禄十五年（1702）翻印了杨尔曾编的《图绘宗彝》（1607）。宽延元年（1748）翻印了集南画之大成的《芥子园画传》，后来又不断翻印，约有 10 种版本。据统计，当时日本翻印的编辑的清人画论画谱有六七十种。

享保五年（1720）以来，精通南画的商人伊孚九（吴兴人）经常到长崎经营，带去南画的画法。到长崎求教的日本人很多，但真正继承伊孚九画风的只有池大雅（1723—1776）和与谢芜地（1716—783）两人。他们开创日本南画，不拘格局，清新奔放的风气，由此推广到全国。

花鸟写生画家沈南苹（名铨，吴兴人）影响日本画坛也大。他于 1731 年到长崎 2 年，画的特色是构图精致，色彩华丽，模仿者多，形成了日本南苹画派。后又发展到京都、大坂。

黄檗诸僧书法出色，以大字取胜。朱舜水和陈元赟也是书法家，推广唐样书法。杭州人俞立德，深得文征明笔法，将书法传授给北岛雪山。后又有草书家胡兆新、徐荷舟等推进了学习明人草书的书法。

工艺美术

陶瓷器方面。1833 年清人朱琰撰《陶说》由葛西因是翻译出版，刺激了日本陶业的发展。九州佐贺县伊万里的陶工在长崎从中国人周辰官学会了"红绘法"（制色釉瓷法）后，经刻苦钻研，于 1643 年烧成半透明彩瓷。它是白地画红、绿色图案的瓷器。这种瓷器以伊万里为集散港，所以叫"伊万里烧"，也叫"有田烧"。

纺织品方面。德川时代从中国进口大量生丝及纺织制品，其种类有金襕、缎子、繻子、繻珍、绢紬、纱绫、南京织、白绢、黑绢等。中国纺织制品的输入，促进日本纺织业的发达，特别是京都西阵纺织业。西阵人模仿中国的丝织品；织出金襕、缎子、繻子、细绫、绉纱等。还生产一种以五色丝织成各种图案的"唐织"，因模仿蜀锦，故称唐织。

印刻及文房用品方面。日本的印刻技术是中国黄檗僧独立传入的。他著有《独立禅师石印》一书，后于明治三年出版。其次是心越，他带来了清·陈策的《韵府古篆汇选》。此书元禄年间（1688—1703）被翻印出版。黄檗山万福寺 15、18 代住持中国僧大鹏，著有《印章篆说》（1811 年出版）。这些关于印刻技术的书籍的出版，使日本印刻术发达起来。

德川时代的文人爱用中国的文房四宝——笔、墨、纸、砚，促使日本文房用品制造业发达。当时日本能生产一种"和唐纸"（日本制的中国纸），还能生产一种名"华研写"的中国砚，同时出现了唐墨的模仿品。此外，裱装技术也从中国传入，清·张潮编《昭代丛书》第 19 集《装潢志》（清·周嘉胄著）对日本裱装技术的发展起了很大作用。

黄檗宗的传入

从室町时代起，日本的五山十刹逐渐衰落，至德川时代，佛教基本上没有什么变化。后以长崎唐三寺建立为契机，每年总要聘中国僧赴日定期（三）担任住持。德川初，兴德寺逸然闻福州黄檗山隐元隆琦（1592—1673）之名，便向幕府推荐，4 次招隐元前往。隐元于承应三年（1654）7 月率弟子东渡长崎，那时已 63 岁。

隐元到日后，曹洞宗及临济宗的僧人先后受教。万治元年（1658）隐元到江户见德川家纲，家纲给他山城宇治（在京都南郊）地方的土地，让他建立黄檗山万福寺。宽文三年（1663）建成，成为日本黄檗宗的大本山。宽文四年（1664）隐元将黄檗山法席让给弟子木庵。

木庵到江户谒见德川家纲，家纲赐银 2 万两及土地。后黄檗宗又发展到关东。木庵的弟子铁牛、慧极和潮音在各地建立禅寺，大扬宗风。木庵另一弟子铁眼，经 11 年经营，于 1678 年完成了 1618 部 7334 卷日本黄檗版《大藏经》（根据明万历版）的翻刻。

黄檗宗来日僧侣都擅诗文、书画、印刻、医药，长崎唐三寺也以黄檗山为本庙。黄檗宗带给日本文化的影响十分深广，如隐元传来明代南方寺院的建筑样式。黄檗诸僧将当时独特的中国书法、绘画、音乐（明代琴、笛）、佛像雕塑、医学等传给日本，甚至日人家常食用的胡麻豆腐、隐元豆腐、黄檗馒头等到今天还受到喜爱。

（原载于《日本史》第十四章，南开大学出版社，1994）

第四章　古代日本的国家形成与属性

一、日本古代国家形成的决定因素问题

《中日文化与交流》文集与广大读者见面了，这是一件大好事。我首先表示衷心的祝贺。文集的出版不仅为研究中日关系和日本问题的专家学者们提供了一个新的园地，而且在促进两国文化交流和人民友好关系方面也将发挥重要的作用。

最近，我应邀参加了日本京都日中学术交流恳谈会创立五周年纪念大会，还到了日本其他地方访问、讲演。日本学者对我国关于日本史、中日关系史的研究很感兴趣，双方就一些学术问题交换了意见。

中日学者在日本史研究上有许多共同的见解，但也存在一些分歧。例如在日本史分期问题上，彼此就一直有不同看法。我国的学者中对某些历史问题的见解也不尽相同，如对日本最早的国家——邪马台国的方位问题就存在大和说和九州说两种意见。大和说中，最近有一种学说从生产力发展的角度论证邪马台国应在古代日本生产力最发达的大和地区，日本也有人持这个观点，这一问题已引起日本学术界的注意和评论。

我从邪马台国的地理位置、《魏志》成书年代同"古坟时代"的时间差距、遗物证佐（金印、铜铎、铜镜及其熔范）等方面的辨析，特别从其生产关系上考虑，认为邪马台国应当在容易接受大陆文化、阶级矛盾和阶级斗争又很尖锐的九州地区。尽管当地的生产力不发达，一般还处在弥生时代后期的状况（具体意见另文说明），但早期国家的形成已具备充足的条件。

在日本古代史上，生产关系、上层建筑直接决定历史发展和变革的例子，还可举出大化改新的史实。改新前日本社会生产力本不发达，由于奴隶主贵族压迫剥削奴隶、部民，从而引起"盗贼"蜂起。到了 7 世纪中叶，随着隋唐文物制度的传入，皇室贵族终于在一次政变中推翻了家长奴隶主统治，实行封建土地国有的班田制，确立了封建中央集权的律令制国家。日本史学界虽重视当

时生产关系，但认为班田制仍是奴隶制的继续，封建社会要到镰仓时代才开始。这和我们的观点完全不同。

关于明治维新的性质问题，日本学者认为维新是资产阶级改良运动，明治政权是封建末期的专制王权。这是因为当时日本的生产力不发达，资产阶级不成熟，维新后封建势力仍大量存在等。我们则认为，单从生产力发展水平这一点不能说明维新后日本资本主义迅速发展，并且很快成为帝国主义国家这一事实。19 世纪后半叶，东方封建国家日本在欧美资本主义列强侵略下，若不反帝、反封建，不采用资本主义生产方式，就只有灭亡。因此，尽管当时日本生产力还较低，但在内忧外患的紧要关头，特别在开港后，阶级斗争空前高涨，民族危机深重之时，终于被迫实行了资产阶级革命。资产阶级化的下层武士和豪农豪商结成讨幕派同盟，领导农民和城市贫民积极倒幕，经过一年内战，推翻了封建领主统治，争得民族独立，迅速发展为资本主义国家。所以我们认为明治维新是一种后进国的资产阶级革命。在这里，生产关系和阶级斗争的发展直接决定日本国家民族的命运。由此揭开了亚洲国家新的一页。

我们肯定生产关系的重要性，并不否认社会变革中生产力是基础的看法。但生产力总是受到生产关系、上层建筑的制约，它促进或阻碍着生产力的发展，对历史起着积极或消极作用。以我国新民主主义革命为例，"五四"前后"醒狮派"曾指责共产主义在中国没有物质条件，而恽代英、蔡和森等同志指出，中国在帝国主义、封建势力的压榨下，生产确实落后。但是，劳动人民为了死里求生，他们在中国共产党的领导下，付出了重大的流血牺牲，终于夺取了革命的胜利。可见后进国家中，生产关系和阶级斗争不能不是决定变革成败的动因。

后进国进行社会主义革命也遇到生产力水平的问题。列宁在《论我国革命》一文中指出了无产阶级革命中劳动人民夺取政权后实现工农业现代化的积极作用。他说："既然建设社会主义需要有一定的文化水平，我们为什么不能首先用革命手段取得达到这个一定水平的前提，然后在工农政权和苏维埃制度的基础上追上别国的人民呢？"[①]列宁这段话不仅揭示了生产关系在历史发展中的重大意义，而且为我国社会主义革命和建设事业提供了强大的思想武器。

在这次访问中，我深深感到，尽管我们与日本学者在学术观点上并不相同，但是通过两国学者的交往，相互交流学术观点，对于促进两国人民的了解和增

---

① 《列宁选集》，第 4 卷，第 689-691 页。

进友谊，还是有积极意义的。

（原载《中日文化与交流》第 1 集，中国展望出版社，1984）

二、大化改新前后日本的社会性质问题

1. 问题的提出

大化改新在日本历史上是与近代的明治维新同样具有它划时代的意义的。改新运动发生在 7 世纪中叶，相当于中国唐代初年。改新前日本的氏族制度正面临崩溃，贵族和地方豪族占有土地外还私有着奴隶和束缚在土地上的"部民"，作为自由民的"公民"逐渐失去土地，皇室大权为大氏族贵族所操纵。645 年（大化元）皇室在一次宫廷政变中掌握了政权，在此后若干年中，宣布了一系列的改革政策：贵族私有的土地、人民全部归国家所有，模仿唐朝，实施班田收授法和租庸调制，规定了新的政治体制，扫除了氏族制度的势力，建立起中央集权的国家机构。

大化改新是一种自上而下的改革运动，改新后全国的土地人民形式上是成为"公地公民"，但事实上不久又私有化了。

以上就是大化改新前后情形的简单说明。大化改新虽然不是社会革命，作为政治改革运动来看，它也不是彻底的，但它在日本历史上却有其重大意义，这是因为运动本身正处在日本古代社会转变的关头，大化改新在显示这一转变上具有鲜明的性质，为此它在日本历史科学中曾被作为划分历史时代的重要标志。

日本历史的分期问题，比较困难的是原始社会到封建社会，即大化改新前后的这段时期。由于历史家们对日本这段时期社会经济性质认识的不一致，过去曾展开激烈的论争，长期得不到解决，因此造成研究和讲授日本史的极大不便。就我们目前所知，对于这段时期即纪元 1 世纪到 12 世纪末（镰仓幕府成立）将近 1200 年间的日本历史，主要已有以下四种分期说：

（1）认为日本古代国家成立于纪元 3 世纪，在此以前属于原始共产制时代，三世纪后进入奴隶制时代，大化改新从法律上巩固了奴隶制度，至于日本的封建社会则到 12 世纪末的镰仓时代才完全形成，主张这种学说的以伊豆公夫为

代表；①

（2）认为日本大化改新以前是氏族制接近崩溃、奴隶制兴起的时代，改新以后入于农奴经济时代，主张这种学说的以泷川政次郎为代表；②

（3）认为日本上古社会是氏族制社会，大化改新后到奈良时代（8 世纪）是奴隶制社会，平安时代（9 至 12 世纪）是"庄园制"社会，镰仓时代（13 至 14 世纪）才入于封建社会，主张这种学说的以本庄荣治郎为代表；③

（4）认为在纪元前一二世纪日本的氏族社会内部就已产生了家内奴隶制，但它并没有发展的条件，到纪元后 5 世纪作为奴隶制的一种变态（属于奴隶制发展的最后阶段）——"部民制"得到支配的地位，大化改新后"亚细亚的封建制"代替了部民制，典型的封建制是到了镰仓时代才形成的，主张这种学说的以早川二郎为代表。④

第一种分期说（伊豆说）曾经为进步的日本史学者所普遍主张，最近西冈虎之助等主编的《日本历史讲座》原始古代篇（1952）、井上清著的《日本的历史》（1953）及伊豆的新著《日本历史》（1953），基本上还采取这一分期说，但这一学说因为对日本史只作了公式化的解释，关于历史上一些重要问题如部民制、班田制等的性质，缺乏具体深入的分析，因此这一学说本身就存在着许多不能解决的矛盾，如既认大化改新前后都是奴隶社会，但对改新前广大"公民"阶级（自由农民）的存在却不加解释，把改新后班田制度下的农民说成是接近"奴隶"或半奴隶（国有奴隶），也没有充分的论证。⑤

同样以社会经济形态为基础而分期的第四种学说（早川说）和伊豆说就有很大的差别，早川说比较深入地分析了日本大化改新前后的社会性质，但强调部民制是奴隶制在日本的"变态"，认为它是"奴隶制发展的最后阶段"，又使得问题复杂化而不易被一般人所接受。

第二、第三两种分期说是日本资产阶级学者在划分日本社会经济史时期所提出的，由于他们都否认阶级斗争是阶级社会发展的基本动力，否认生产关系一定要适合生产力性质这些马克思主义的基本原则，只从历史现象来说明问题，不认识历史上社会经济形态变化和发展的客观法则，当然就不能对历史作出正

① 伊豆公夫：《日本史入门》，中译本，《日本历史讲话》。
② 泷川政次郎：《日本法制史》《日本奴隶经济史》《日本社会史》。
③ 本庄荣治郎：《日本社会经济史》《日本社会史》。
④ 早川二郎：《日本历史读本》《古代日本史的基本问题》。
⑤ 伊豆公夫：《日本历史》，1953 年，骏台社，第 34-35 页。

确的分期。如泷川政次郎一方面认为大化以前是氏族制要崩溃的时代，在另一处又说这时是农奴时代，一方面主张日本古代社会无疑存在着奴隶制度，同时又说日本的奴隶经济时代是在"现在不能以纪录证实的往昔"①，前后混乱，自相矛盾。本庄荣治郎既认奈良时代为"奴隶经济时代"（包括在大化改新的"郡县制社会"里），在另一处又把奴隶劳动和班田制度并列起来，认为是奈良时代的两件大事②。这都说明资产阶级学者对于社会历史发展法则的无知，他们所主张的分期说也就不可能是科学的。

历史唯物主义的分期法当然从考察社会生产方式中的变化出发，由此研究各方面关于大化改新前后日本社会性质问题的争论，可以看出，不易解决的基本问题，不外以下两点；

（1）改新前的社会是氏族制还是奴隶制？"部民"属于哪一种阶级？

（2）改新后的社会是奴隶制还是农奴制？"班田农民"属于哪一种阶级？

以下就这几个问题加以分析，提出自己的看法。

2. 日本古代氏族制和奴隶制的问题

大化改新前的日本是在氏族制社会走向阶级社会的过程中，也就是从公有制社会向私有制社会的过渡。过去的历史学家把这一时期整个看成是单纯的氏族制或奴隶制统治的时期，固然不正确，但认为纪元二三世纪前是氏族制，以后是奴隶或部民制的看法，也是有问题的。

历史证明，日本民族和世界其他民族一样是经过原始氏族社会的，这在考古学和神话上都可找到说明③。但纪录所知最早的时期，即约当纪元前一世纪时，日本的氏族制度已失去其原始的形态了。

在《魏志·倭人传》《日本书纪》和《古事记》中已看不到禁止族内婚和图腾的现象，一般都实行一夫一妻或一夫多妻制，父系制（末子继承）开始代替母系制④，氏族会议也没有了。虽然大和族的生产单位还是氏族，土地在原则上还是为氏族所公有⑤，但私有制已在经济发展较高的地方萌芽起来。

日本古代社会私有制是循着一般国家所经过的道路发展的，但也有它自己

---

① 泷川政次郎：《日本法制史》，第65页；《日本奴隶经济史》，27页以下，第399-400页。

② 本庄荣治郎：《日本社会史》，第86页；《经济史概论》，248页。

③ 如新石器时代贝冢遗址中可以看到原始社会居民共同生活的痕迹。又神话传说，大和氏祖先天照大神曾在天安河原聚集众神商议大事（《日本书纪》卷一，《古事记》上），反应氏族社会的民主生活。

④ 太田亮：《日本古代氏族制度》，第242-246页。

⑤ 松冈静雄：《日本古俗志》，第341页。

的特点。约当公元前后在大和族的征服战争中，氏族已分裂为多数小氏族，由于和大陆的交通，日本西部地方首先由石器时代一跃而入铁器时代[①]，农业生产技术开始发达，据《魏志·倭人传》，公元3世纪前，日本已"种禾稻苎麻，蚕桑缉绩，出细苎缣绵……兵用矛盾木弓……竹箭或铁镞或骨镞……有屋室……饮酒"。水稻种植是和铁器使用有密切关系的，由此氏族中剩余生产物增加，并且出现了酒，范文澜先生认为酿酒是阶级分化的标志[②]。在日本，当时氏族中也开始有外来的成员——称为"部民"的集团加入，发生了阶级的分化。

"部民"的来源说法很多，大体上一部分是世袭的职业团体（如忌部，土部，绫部等）或移民（"归化人"）团体所构成，在私有制发达后为有权势的氏族所支配；另一部分是由于征服与被征服的关系，征服者对被征服者的氏族或部落加以集体的支配，使氏族长交纳贡物，依贡赋的种类给该氏族以某某"部"的名称。这是因为征服者发现被征服者共同体的关系还很强，不易使它解体，为了统治和榨取的便利，所以"让原来的生产方式维持下去，满足于征收贡纳"[③]，这样，部民的公社关系便长期在这种贡纳制下被保存下来，部民一直自成部落（奴隶居主人家，不能独立成户），受本族族长的直接支配，除负贡纳"庸调"义务外，和氏人没有多大区别。

公元二三世纪时，氏族因私有财产的发展，分成为许多家族（户），独立进行生产，各家族联合在一起，成为村、邑、里，这就是农村公社。氏上私有着自己家族的财产，世袭着族长权，农村公社的基础已经是经济的和地域的结合，但在日本，氏族公社一直保持着它的势力，耕地定期分配给各氏族使用，森林草地仍由共同使用，大事由村民公议决定，公共事业由村民协同举办[④]。公元后三四世纪时，经济发达的大和地方，开始形成部落国家，氏上受封爵（"姓"）后，成为世袭的"氏姓阶级"，根据《魏志·倭人传》记载邪马台（"大和"的对音）国的情形，"尊卑各有差序，足相臣服"，"下户（平民）与大人（氏姓阶级）相逢道路，逡巡入草，传辞说事，或蹲或跪，两手据地，为之恭敬"。可见当时阶级对立已很严格了。在家长制族长的支配下，氏人、部曲和奴婢都受着程度不等的剥削。

以上这种家族和部民之间，在阶级对立中，还各自保持着一定的氏族共同

---

① 后藤守一：《日本考古学》，第1541页。
② 范文澜：《中国通史简编》，第3版，第一编，人民出版社，1955年，第94页。
③ 马克思：《政治经济学批判》，人民出版社，1955年，第160页。
④ 渡部义通等：《日本历史教程》，第2册，第161-162页。

体关系，这也就是古代日本社会的特点。

主张改新前日本是氏族社会的，是忽视氏族内部的阶级对立，是将阶级分化后的这种"氏族制度"和原始氏族公社制混淆起来的结果，因而是错误的。

日本古代是存在过奴隶的，古代日语"奴"字训为"家之子"，这说明它家内奴隶制的性质[1]。奴隶的来源有的是被征服的异族，如 110 年日本武尊"以所俘虾夷等献于神宫"[2]，公元三四世纪后日本曾不断侵略朝鲜，掳掠朝鲜人民，[3]因此日本史书上曾有"虾夷奴""韩奴""高丽奴"等称[4]；有的是罪犯，如《魏志·倭人传》说，"其犯法轻者，没其妻子"；《日本书纪》也有贬败诉的人为奴的记载[5]。但奴隶在古代日本社会上究竟占着怎样的地位是一个问题。文献上这一时期除上述以外，关于奴隶的记事很少。《魏志·倭人传》说卑弥呼女王死时"殉葬者奴婢百余人"，但据日本记、纪，皇室中用奴婢殉葬之风于纪元前 2 年就以道德上的理由被禁止而代以"埴轮"（土俑）[6]。不论奴隶是否用于殉葬，但奴隶很少被使用在生产上却是一个显著的事实。虽然以后生产力有了很高的发展，直至大化改新时，奴隶制仍没有越出家内奴隶的范畴。

日本古代奴隶制度所以不发展，主要有以下几点原因：（一）生产力发展水平较低，国内仍为公社关系所支配，劳动力为这一纽带所紧缚，因此不易脱离土地而奴隶化；（二）因生产力不发达，货币经济也就不发达，毫无可以作为贩卖奴隶生产物的市场，因而不可能刺激奴隶制的发展；（三）奴隶来源的枯竭，国内已为贡纳制的形态所统一，自然不能从这里得到奴隶，虾夷人被俘后曾不断暴动，使大和氏族无法用作奴隶，国内经济狭隘，不能进行大规模的海外战争，因此国外的奴隶来源也不能获得；（四）因货币经济的不发达，债务奴隶也不显著[7]；（五）社会生产力发达后，采取封建剥削对统治阶级已更为有利，因此家内奴隶的萌芽形态不能发展为奴隶制剥削方式，只能向封建制发展。

由此可见，改新以前日本社会看不到有原始的氏族制度，认为很少的家内奴婢可以构成奴隶制度的论点是很难成立的。

---

① 泷川政次郎：《关于奴之字与夜都古之语义》，《史学杂志》第 17 编第 20 号。

②《日本书纪·景行纪》四十年条。

③《三国史记·新罗本纪》：儒礼尼师今四年，实圣尼师今六年，讷祇麻立干二四年，慈悲麻立干五年等条；《日本书纪·仁德纪》五三年条。

④ 本庄荣治郎：《日本社会史》，第 48 页。

⑤《日本书纪·应神纪》九年条。

⑥《日本书纪·垂仁纪》廿八年、三十二年条。"埴轮"在考古学上是古坟中被普遍发现的遗物。

⑦ 早川二郎：《日本历史读本》，第 18 页。

3. 改新前日本社会的过渡性质

大化改新前，日本社会经济结构的特征表现在：公社制度瓦解，半家长半封建的部民制产生和发展，其末期，封建的生产关系逐渐形成。

部民的性质是随着经济的发展而变更的。最初部民不是氏族中任何个人的私产，只是对氏族负有贡纳义务的特殊氏族，佐野学认为"部在其最原始的形态是出于同一血族，并没有隶属关系"[1]。史书上古代初期所谓"诸部"又读作"诸共""诸伴"，称皇室直属的部民为"品部"或"伴部"，这个"伴"最初只是"随伴者"或"随臣"的意思，部甚至和统治阶级有密切联系，如《日本书纪》神代纪及崇神纪中就有将贵族称为"诸部神"及"八十诸部"的[2]，以后物部、忌部诸氏都是大贵族。当时部民还充分保有氏族的独立性。

但"氏"变为"部"毕竟意味着一定数量的剩余劳动被剥削，虽然社会生产基本上还是氏族成员自己的劳动。这是当时低下的生产力所决定的。

私有财产发生后，氏族的生产物渐次为氏上所占有，一部分公社土地（御田）也成为氏上的私地（吾田），氏人的地位开始降低，氏上并要求更多族外的劳动力，于是部民的剩余劳动被大量地剥削了。特别是天皇氏，因私有地的增加，需要耕作者，使各氏族抽出一定数量的氏人和部民建立新部，部到这时便开始失去其氏族的性质。

随着生产力的发达和私有制的发展，日本社会中部民的数量增加了。私有化的程度也加强了，因此有人认为这样的部民就是"日本型奴隶制"[3]或"奴隶制在日本的变态"，这种看法是否妥当呢？现在就考查一下部民制最发达的纪元后五至七世纪时期的情形。

五六世纪时，因部民制引起的社会分工的发达，特别是由于中国和朝鲜文化的不断输入，刺激了生产技术的进步，大和族的势力达到前所未有的强大，但对朝鲜半岛的侵略，却因这时新罗的强盛而受到挫折[4]，于是转过来对国内进行统一运动。当时边远地方的部落在豪族和"国造""县主"（大和朝廷就原部落的族长加封的地方官）的支配下，除大和的势力强大时偶尔纳贡外，几乎

---

① 佐野学：《日本历史研究》，日本历史编，第 39 页。

② 内田繁隆：《日本社会经济史》，中译本，商务版，第 59-60 页。

③ 渡部义通等：《日本历史教程》，第 2 册，第 282 页。

④ 日本在朝鲜南端的根据地任那日本府这时已逐渐不受本国节制，562 年为新罗攻灭（见《日本书纪》钦明纪二十三年条）。

是独立的状态，大和朝廷为使统治权直接达到这些地方，服属这些地方的豪族，征发其土地人民，以留传天皇和皇族的"御名"于后世为理由，用"御名代"和"御子代"等名义，设立屯仓及田庄（皇室私有地），扩大部民制①。在统一运动中，虽然遇到地方氏族共同体强烈的反抗②，但终于确定了大和国家的经济基础。部民制在各地方发展起来，不但皇室增大了直接的土地和部民，中央和地方贵族"氏姓阶级"也获得了很多的田庄和部曲，这种部民和部曲有的是从事经常性手工业生产的工人（"品部"）和从事耕种的"田部"；有的是专向所有主贡纳一定生产品的部民，有的是定期到皇室或贵族田地上来劳役的镬丁③，他们除极少数被征发远离自己土地外，一般都是使用自己的生产工具，在自己的土地上劳动，通过自己的氏族长或统率人（"伴造"）将生产物乃至劳动力的一部分提供给名义上的所有者，这种贡纳制本质上和封建的地租形态没有什么差别。自然，这种"服役及纳贡"的关系，正是使自由农民变成农奴的道路，有如恩格斯所说，"一经陷入这样的隶属境地，他们就逐渐地丧失了自己个人的自由，经过数代之后，他们大都变成农奴"④。但不论如何，这时的部曲与奴隶是有区别的，就是为日本史书和律令所根据的唐律，也明载"部曲不同资财……奴婢同资财"⑤，即奴婢可买卖而部曲则不能买卖。日本的历史记录证明，部曲有随土地转移其主人的，但从没有被买卖的情形。

部民制是在原始社会末期发展起来的一种贡纳制，这种制度可以发展为奴隶制，也可以发展为农奴制，作为贡纳制的部民制何以不走向奴隶制而向封建制发展呢？我认为有以下的原因：

一方面是由于部民经济自身的特点。

（1）部民在生产力低下，多少有提供剩余生产品的条件下，就被世代束缚于土地，对于主人氏族处于从属的地位，但并不是被"剥夺个人"（恩格斯语）的本身也变成生产手段的劳动者，由于这种生产方式多少承认部民还有自己的经济，因而在一定程度上曾刺激生产力发展；

（2）部民经济基本上是为消费而不是为营利，农业经营是小规模的，农业和手工业相结合，这一切都不能使它转化为奴隶制经济；

----

① 《日本书纪》安闲元年、二年条，以后各帝纪都有这类记载。
② 《日本书纪》，雄略记七年、继体纪廿一年等条。
③ "镬丁"指拿工具的男丁，见《日本书纪》安闲元年，注云"种公田所役之民"。
④ 恩格斯：《家庭、私有制和国家的起源》，人民出版社，1954年，第148页。
⑤ 《唐律疏议》盗贼律疏文。

（3）商品经济与财富的集积没有条件，征服者只满足于交纳一定的贡物与徭役，而且当时也只有这种封建剥削为更有利，也不可能对被征服者作其他方式的榨取。

另一方面是由于外部的条件，"原始公社在其发展中，如没有受到更为发展的社会的影响，便不可能越过奴隶制的生产方式"①。正是由于当时大陆方面中国奴隶制度早已灭亡，封建关系达到高度的发展，从后汉就和中国发生交涉的日本，五六世纪更不断遣使到南朝贡献，追求先进的文化技术②，因此中国的封建制度强烈地影响着日本社会。贵族豪强，兼并土地，剥削人民，部民不但没有成为奴隶，反而日益增强了封建的隶属性。因而认为部民是"日本型奴隶制"或"奴隶制在日本的变态"是不符合历史事实的。

主张大化改新前日本社会是奴隶制的学说，有一个共同的弱点：他们除了忽视部民榨取形态的封建性，将部民和可以买卖屠杀的奴婢等同起来以外，都一致强调部民的庞大，而忽略了当时社会生产主要力量——自由民的存在。

部民制在五六世纪后，确有相当的发展，但部民在全国人口中所占的比例是有限的，并且在分布上，也只以经济发达的大和等地方数量较多，其他各地依然停留在很低的阶段。当时主要的人口是称为"公民"的自由农民，即氏族社会时代氏人的后身，他们在氏上支配下，没有被征服，也没有被皇室或贵族所私有，日本古语"公民"（Oomitakara）一词，语义学上的说法很多，一般训作"大御宝"，有训作"大御田族"的③，大体上最初是指耕种皇室土地的农民（以后指天皇氏的部民）。大和族的势力扩大后，一切向天皇贡纳赋役的人民便都被称为公民，平安时代把"公民"一语写成"公御财"，可以知道它和国家财政的密切关系④，公民又称"人民"，他们向政府缴纳实物税和从事劳役。据《日本书纪》崇神纪十二年条："诏曰，'朕初承天位……举兵以讨不服……宜当此时，更校人民，令知长幼之次第，及课役之先后焉。……始校人民，更科调役，此谓男之弭调，女之手末调也。'"⑤公民又称"百姓"，《日本书纪》仁德纪四年条，记载仁德天皇因见近畿"百姓"贫困，便"悉除课役"。三年以致宫室破坏；七年，诸国请"贡税调"，仍不许。但同时却为皇后皇子们定"葛城""壬

---

① B. B. 斯特鲁威：《古代世界史导言》俄文版，第 8 页。

②《宋书》，卷九七，《南齐书》，卷五八。

③ 喜田贞吉：《Oomitakara 考》，《历史地理》第 44 卷，《日本农民史》，第 2 页。

④《国史辞典》，"大御宝"条。

⑤ "弭调"指贡纳射得的猎物，"手末调"指贡纳手织的布帛。

生"等"部";到十年冬,"甫科课役","百姓"就将宫室盖起来。这两段记载说明皇室的经济除部民的生产物外,主要还建筑在对于诸国百姓"课役"和"税调"的榨取制度上。这时的百姓或公民,由于和氏上为同一血族,在一定程度上可以说是自由农民。但6世纪后随着大土地私有制度的发展,经济发达地方的公民阶级开始没落,有的失去了土地,有的成为中央和地方贵族的部曲[①],也逐渐成为附属农民。

从以上的分析,可以看出大化改新以前日本社会的若干特点:

(1)原始氏族社会已经解体,家长制家族相结合的农村公社还保留着氏族共同体的残余,它阻碍着生产力的发展;

(2)家内奴隶制的存在,但奴隶数量很少,由于社会生产力水平较低,不能发展为奴隶制;

(3)封建的贡纳制以部民制的姿态出现,在社会生产力发展后,这种生产关系较之奴隶制对剥削阶级更为有利,因而获得广泛的发展。

这些特点说明日本在原始公社瓦解的条件下,产生了家内奴隶制和封建的部民制,社会上的基本人口还是自由农民,但在这里,社会发展已不是走向奴隶制度,而是走向封建化的道路。

这些特点说明这一时期的日本社会不可能是氏族制社会,也不可能是奴隶制社会,是不是古代东方国家中一般存在过的早期奴隶制度呢?我们认为也不是的,因为后者有大量债务奴隶的存在,而没有部民制这样的封建剥削关系。在古代日本,则支配着社会生产的既然是部民制,奴婢只用于家内劳动,在社会生产上不具任何意义,因此生产力发达后,很自然的走向封建剥削制度。

我们认为古代日本这种社会形态正是斯大林所提出的:"由一个生产关系形式过渡到另一个生产关系形式的过渡关系"[②]。

这种过渡的社会经济形态曾经是日尔曼民族所经过的道路,已为恩格斯所指出[③]。同样的情形在俄国也可以看到,在俄国,斯拉夫民族经原始社会制到封建制的过渡是在奴隶制度早已消亡、而封建关系在欧洲各国业已巩固时实现的,斯大林关于俄国历史上"封建前期"的学说是运用马克思主义理论解决这巨大复杂问题的天才的指示。[④]

---

① 《日本书纪》,雄略纪十五年条,《孝德纪》,大化元年、二年条。

② 《联共党史简明教程》,中译本,第152页。

③ 恩格斯:《家庭、私有制和国家的起源》,中译本,人民出版社,1954年,第146-148页。

④ 吉谢列夫:《苏联的历史科学与历史教学》,《吉谢列夫讲演集》,第9110页。

这一理论在马克思给慧娜萨苏利支的信中就已可看出，马克思在这里提出农村公社是一种过渡形态的论点。他说："作为第一社会结构之最后阶级的农业公社同时是第二结构的过渡阶段，也就是从一个以公有财产为基础的社会向一个以私有财产为基础的社会的过渡，自然，第二结构包括着一系列的以奴隶制和农奴制为根据的社会。"[①]

大化改新前的日本除大和地方私有制有高度的发展外，基本上是从原始公社走向阶级社会的时期，由于其社会内部的条件和大陆上更为发展的社会的影响，它从农村公社越过奴隶制的生产方式而跃进了封建社会。

"正如人类历史所证明的，不必每个民族都要经过社会发展的一切阶段，对许多民族来说，都形成一种条件，使他们有可能不经过某些发展阶段就立即进入较高的阶段"。[②]

4. 大化改新的社会经济基础

为了进一步解决大化改新前后日本的社会性质问题，必须说明大化改新本身的历史意义。

马克思在《政治经济学批判》的序言中指出，社会政治变革的基础应该"从生产力和生产关系间现存的冲突中求得解释"[③]。大化改新是日本历史上一次重大的变革，改新的结果，日本古代社会的阶级关系发生了巨大的变化。改新的意义，也必须从当时社会生产力和生产关系的冲突上来分析，才能得到正确的结论。

日本古代因氏族残余势力的束缚，社会曾表现长期的停滞，但五六世纪时，由于屯仓田庄的普遍设置，耕地面积日益扩大，水田灌溉和农具制造也见进步，冶铁等先进技术的输入促进各种新的产业发生，世袭分工的手工业者——"品部"在大陆移来的归化工人指导下，技术水平有了显著的提高[④]。考古学上出现了"古坟文化"的全盛期，近畿地方"古坟"出土的各种遗物说明当时生产力的发达[⑤]，随着商业的繁盛，各地镇市设置了"市司"的官职[⑥]，为管理对外

---

① 《马恩全集》，俄文版，卷27，《给慧娜萨苏利支的信稿》，第680-681页。

② 《政治经济学教科书》，国家政治书籍出版局，1954年，俄文版，第41页。

③ 马克思：《政治经济学批判》，中译本，人民出版社，第3页。

④ 《日本书纪》应神纪、雄略纪。

⑤ 原田大六：《日本古坟文化》，1954年。

⑥ 古事记雄略段；《日本书纪》，齐明纪五年条。

贸易，在港津设"津史"，征收"船赋"①。这样，经济最发达的大和地方发展为封建的大土地所有形态。

六七世纪大和国家在皇室部民的贡赋和诸国公民租税榨取的基础上，中央权力扩大，与此同时，阶级矛盾也日益尖锐起来。当时社会上贫富不均，农民受尽压榨，7世纪圣德太子颁布的宪法十七条中已有"国司国造，勿敛百姓"的话。从宪法第五条"……顷治讼者得利为常，见贿听谳，便有财之讼，如石投水，乏者之讼，如水投石，是以贫民则不知所由……"几句话中，更可以看出统治阶级贿赂公行，逼得人民走头无路②。这种情势到大化改新前夕，发展得更剧烈，大化元年（645）诏书中指出土地公民被兼并的情形："其臣连等伴造国各置己民，恣情驱使，又割国县山海林野池田，以为己财，争战不已，或者兼并数万顷田，或者全无容针少地，进调赋时，其臣连伴造等先自收敛，然后分进，修治官殿，筑造园陵，各率己民，随事而作……方今百姓犹乏，而有势者分割水陆，以为私地，卖与百姓，年索其价，从今以后，不得卖地，勿妄作主，兼并劣弱。"③

这些词句，虽然很被汉文所润饰，难免有点夸张，但和圣德太子宪法中所说的情形大体接近，可见当时土地私有风气的严重。在这种情势下，社会上暴露出各方面的矛盾。

首先是失去了政治和经济地位的公民，开始和部曲奴婢一道，进行反对贵族阶级剥削压迫的斗争。

其次，各地国造和地方上的中央卑姓贵族努力维持没落的家长氏族制度，加强对部曲的剥削。由于他们扩大兼并土地，奴役人民，不仅侵害皇室的经济利益，并且因农民大批的破产流亡，动摇了皇室的统治，皇室和中央官僚贵族及新兴封建地主为了制止地方豪族掠夺土地人民，为了镇压农民的反抗，必须建立统一的封建集权国家。他们凭借国家的部民体制与公民的生产，逐渐加强了本身的权力，开始不断征服地方贵族。

最后，在统治阶级内部最后代表旧的宗法制度利益的和代表新的封建地主利益的几个大贵族间发生了争夺霸权的斗争。

所有这些斗争反映了一个根本矛盾，这就是因私有制发达与国家权力的扩张，狭隘的氏族残余的部曲制已成为新的生产力的桎梏和统一的封建国家的障

---

① 《日本书纪》，钦明纪十五年条。

② 《日本书纪》，推古纪十二年条。

③ 《日本书纪》，孝德纪大化元年条。

碍，为了解决这些矛盾，发生了"大化改新"这一改革运动。

大化改新是在这样的社会经济基础上并经过半世纪的酝酿才发生的，日本史上称这一准备时期为"推古朝的改革期"（593—628）。这时新旧贵族的斗争达到顶点，代表保守势力的物部氏是世袭的军事贵族，他支持着日本氏族社会的意识形态——神道教；代表新的生产方式的苏我氏掌管朝廷的财政和贡物，支配着外国的"归化人"（有新技术和新的封建文化的大陆移民），对中国文物制度有理解。当时佛教从大陆初传日本，两派的冲突便在崇佛和排佛的问题上发端，经过长期的斗争，胜利归于崇佛的苏我氏。苏我氏拥立了和自己有血缘关系的两个皇族作统治者，这就是推古天皇（女）和圣德太子。圣德太子摄政时期，根据儒教与佛教的精神进行了一系列的改革，两次派"遣隋使"到中国。整个推古改革运动的中心内容是移植中国封建文化，结果加强了中央集权，进一步消灭氏族制度的残余，为大化改新准备了前提条件。

大化改新的动因，无疑是基于日本古代社会内部矛盾的发展，但对于外部的因素不加估计，则改新运动和改新前后日本社会的特质都不可能为我们所完全了解。当时国际情势，大陆上隋朝结束了长期的分裂，中国又成了统一的封建强国。朝鲜自新罗粉碎了日本侵朝的根据地任那日本府后，高勾丽又强大起来，几乎要统一三国对立之局。这些不能不引起日本统治阶级的警惕。在意识形态上，儒家尊王大一统思想和已经成为中国封建主义宗教的佛教思想，都给日本以极大的影响。在这样的内在和外在的条件下，日本皇室和官僚贵族为建立一个坚强的统一国家的斗争，便集中表现为大化改新这一运动。

大化改新标志了日本古代社会的结束，长期被大贵族占有的政权落到皇室手里了，参加改革工作的都是从隋唐学成归国的知识分子（不少是中国移民的后裔）。他们站在新兴封建统治阶级立场，开始按照隋唐封建集权国家的形式，改革日本的政治，为新的社会服务的新的上层建筑在改新政权建立以前就已逐步形成。推古王朝的十七条宪法中已鲜明地表现了封建主义国家所要求的法权、道德、宗教和政治经济思想，这些新思想新观点在大化改新的过程中，起着积极的作用。新政权成立，天皇召群臣宣誓的盟词是：

> 天覆地载，帝道唯一，而末代浇薄，君臣失序，……自今以后，臣无二朝……①

---

① 《日本书纪》，孝德纪大化元年条。

这和 40 年前宪法十七条中"君则天之，臣则地之，天覆地载，四时顺行，万气得通""国靡二君，民无两主，率土兆民，以王为主，所任官司，皆是王臣"的语句有什么差别呢？这种儒家的尊王大一统主义和天道观念，显然成为大化改新的指导思想。

大化二年宣布的"改新之诏"包括三个基本内容：（一）废止一切对土地人民的私有，皇室的屯仓和部民，豪族的田庄与部曲，一概成为"公地公民"，国家对官吏给予"食封"；（二）废除族长贵族的政治制度，树立中央集权的官僚政治体制；（三）在土地人民国有的原则下，实施"班田收授法"，废除旧时赋税徭役，施行新税法"租庸调制"。这些政策形式上是隋唐中国制度的移植，实质上是为日本古代社会发展的结果所规定的。

大化改新的结果，日本古代社会的阶级关系发生了重大变化，旧的族长贵族的统治崩溃了，部曲民脱离了豪族的支配。从农村公社关系中游离出来的"公民"——氏人同部曲民一道变成了班田农民，班田法与租庸调制的实施，虽只是以皇室代替族长贵族对农民进行剥削，但由此抑制土地兼并，瓦解农民的公社关系，使大部农民扩大生产成为可能，这在解决生产力与生产关系的矛盾上说，是有进步意义的。另一方面，由于班田法的实施，天皇成为最高的封建领主，官僚贵族们又用各种形式取得了自己的土地，法令把农民紧紧缚在土地上，使他们成为农奴，这却说明了日本古代社会已从家长氏族制过渡到封建制了。这种过渡的特点是，由于日本氏族社会胎内奴隶制度没有发展条件而变为半家长——半封建的部民制社会（封建前期社会），这一社会在它的内部矛盾发展到顶点时遇到隋唐高度经济文化的刺激，便促成了自上而下的大化改新，促成了日本封建制度的形成。由此看出，大化改新这一政治改革运动对于实现日本古代社会经济改造已成熟的任务所具有的重大意义。

5. 改新后的阶级关系和班田农民的性格

大化改新后日本历史进入中世的奈良平安两朝时代。根据改新的性质及其社会情况的分析，这一时期应该是封建社会，但日本的史学界包括一部分进步学者大部主张这一时期是奴隶社会，奈良更是奴隶经济的全盛时期[1]，理由是这时奴隶的数量较以前更庞大发展，地域更广泛[2]，许多学者认为必须到普遍

---

[1] 竹越与三郎：《日本经济史》，第一卷，第112页；本庄荣治郎：《日本社会史》，第86页；佐野学：《唯物史观日本史》；伊豆公夫：《日本史入门》，中译本《日本历史讲话》。

[2] 渡部义通等著：《日本历史教程》，第2册，第438页。

分封土地的镰仓幕府建立时（1192）才进入封建社会①。

为了解决这一时期的社会性质问题，必须对当时社会阶级关系进行比较具体的分析。

根据改新后的法令，这时期社会上存在着以下四种身份：

（1）贵族（贵姓、卑姓）即前期氏上贵族的后身。其中五位以上的"贵姓"贵族被赐给职田、位田等庞大的土地和封户，他们多半是权门势家，五位以下的"卑姓"贵族则因没有"荫位"（因父祖之功而受赐的官位），子孙不能常保留在统治阶级里②。

（2）平民（公民、公户、庶人、白丁）即前期的公民和被解放的部民，占人口的最多数，政治上没有权力，耕种国有地，同时担负租庸调等苛重的赋役，奈良末期逐渐沦为庄园农奴③。

（3）杂色（品部、杂户）是前期公私部民因职业世袭等关系而没有被解放的。大部分仍保持其世袭的技艺，如酒户、染户、船户、乐户等，以户为单位，属于官府及私人所有，但不得买卖。这种身份的人在法律上属于良民（唐令杂户属于贱民），可与良民通婚，但杂色在人口中所占比例极小，全国仅四千余户，奈良时代中叶后就逐渐停废，一部分成为农奴，因为生活所迫，在旧社会里仍不易完全解放④。

（4）奴婢（五色贱民）大部为前期奴隶身份的世袭，及因与主家有密切的隶属关系而未被解放的部民，一部分是犯罪奴隶和债务奴隶，分陵户（皇陵守护）、官户（官衙杂役）、公奴婢（官田耕作及杂役）等三种官贱，家人（私人奴仆）、私奴（纯私有奴隶）等两种"私贱"。他们是社会上最下层的阶级，据大宝养老等律令，奴隶比蓄产，允许买卖、交换、赠与、典押，奴婢不得与良民通婚，所生子女与家畜同样，归母体所有者所有，法令虽规定杀奴婢者笞一百，但主人杀奴仍少处刑，奴婢逃亡极多，平安中期，奴婢在法律上被废止，并许与良民通婚，但事实上在封建社会中，这种身份的人是不可能消灭的⑤。

以上这些阶级在当时社会上相互的关系怎样，应该从大化改新的政策和奈良平安朝的社会经济发展情况上来说明。

---

① 伊豆公夫：前揭书，46 页；野吕荣太郎：《日本资本主义发展史》，中译本，第29-30 页。

② 喜田贞吉：《华族之袭爵及荫位制度》，《民族与历史》，第 2 卷，2 号。

③ 泷川政次郎：《法制史上所见日本农民生活》，《律令时代》下，第 440 页。

④ 泷川政次郎：《日本社会史》，第 97-111 页。

⑤ 泷川政次郎：《奴隶经济史》。

大化新政中，第一件大事是变前代的私地私民为公地公民，把氏族联盟的大小诸国变成中央集权国家的国、郡、里的地方行政区划，旧族长贵族的世袭贵族称号（臣、连、国造、伴造等）也被废除，按照新的法律，官吏任用，由世官世职变为选贤举能。大宝、养老律的选叙令都规定："凡应选者皆审状迹，铨拟之日，先尽德行，德行同，取才用高者，才用同，取劳效多者。"[①]这应该是把贵族政治的物质基础和特权根据全推翻了，但事实上新政权代表封建地主国家的利益，新的官僚贵族原来就是旧日氏姓贵族中长成的。因此，氏姓的大小尊卑仍成为任官与铨叙位阶的标准，官吏有职封、位封、职田位田、季禄等庞大的经济特权及荫位出身的政治特权，结果改新后统治阶层仍限于地主贵族阶级，他们役使着奴婢和职田、位田中的农民，坐食封户的年贡（相当于地租），仗势不纳租税。以后贵族们作为庄园的新垦地，更获得不输（免租）不入（免检断）的特权，于是贵族阶级的私有地日益扩大，促进了奈良末期（8世纪末）庄园经济的兴起。

大化新政的第二件大事是班田收授法和租庸调制的实施。班田收授法无疑是北魏和隋唐均田制的模仿（为适应当时日本社会条件而有小部分的改变），均田制的实质是地主国家的统治者为制止豪强兼并土地，保证朝廷对直接生产者剥削的一种政策。班田收授法的实施，使当时日本王室将豪族私有的农村公社土地一举集中到国家手中，班给公民，在此基础上向公民征收租庸调的国税，公民形式上不隶属于封建领主，而是国有地的农民。这样的班田农民是不是就能认为是自由民呢？在这里，答复是否定的。理由是国家班田的目的，只是为了榨取农民的剩余劳动，以国税的形式从农民身上得到劳动地租和生产物地租，因此，国家与农民的关系，事实上就是地主对农民的剥削关系，"在东方，封建的土地国家所有制具有很大的意义"[②]。历史证明，这种关系在亚洲各国是很普遍的。关于这一点，马克思指出：

> 假设相对出现的不是私有土地的地主；却像在亚细亚一样，是那种对于他们是地主同时又是主权者的国家，地租和课税就会合并在一起……在这里，国家是最高的地主，在这里主权就是在全国范围内集中的土地所有权。[③]

---

① 《令义解》，卷四，《选叙令》，《国史大系》本，第125页。
② 《政治经济学教科书》，国家政治书籍出版社，1954年，俄文版，第45页。
③ 《资本论》，人民出版社，1953年，卷3，第1032页。

　　由此可知改新后日本社会只能是封建的土地国家所有制。

　　再从以下两方面来测定一下农民的自由程度：

　　（1）地租形态：根据"养老律令"田令及赋役令，农民负担的租庸调中，租率约当收获量的 3％，似乎不重，但农民所受口分田全部收获还不够一家生活资料的 3/5，所以农民都得佃租公田、职田，或寄托权门寺社，租种垦田，才能勉强维持生活[①]。庸调比租更重，庸本身是徭役，正丁一人每年须服役十日，输庸代役则需布二丈六尺，加上同额的调布及其他附加税等，每一正丁负担的庸调额相当租的三倍，此外还有国家继续需要徭役而有留役（一年最长三十日）及地方临时的杂徭（最长六十日）[②]。当时农民贫困没有种子，国家便以"出举"的名义春季贷给官稻，秋季收取百分之三十到五十的利子。这样重的剥削，使农民无法偿清，而以上农民的负担中，最显著的还是徭役劳动，所占比重特大（一年最多时达到 100 日）。

　　马克思指出：地租的最简单的形态，是劳动地租，在这场合，直接生产者以每周的一部分用实际上或法律上属于他所有的劳动工具（犁、家畜等等）用在实际上属于他的土地上面，并以每周的别几日在地主的土地上无代价的为地主劳动。可见当时原始的劳动地租占着支配地位，生产物地租还是次要的。

　　（2）身体的自由：封建制度的主要特征是"封建主占有生产资料和不完全占有生产工作者"[③]，这就是农民被束缚在地主的土地上。因为封建主不占有农民，就不能保持对农民的剥削，奈良平安时代农民因分地既少，赋役又重，不断逃亡，政府为"检括浮浪"，除厉行"户籍"（检查户口身份等）"计账"（登记诸国户口及纳税数）外，还实施"五保"（五家相保）的制度、防止保内户逃出和保外户的逃入，户令规定同保有追缉逃亡之责，逃亡期间须代输租调，"养老律"的考课令有查出账籍上漏列人民使逃户复归本贯者，列为地方官之功绩的条文。此外僧尼、关市等令都有严防农民离地的禁令[④]。可见改新后农民几乎是紧缚在土地上的。

　　从以上两点说明大化改新不但没有造成自由的农民，反之，改新后的公民（班田农民）在封建国家的统治下，日趋于农奴化，到奈良末期，大批农民隐漏户籍，脱离公田，流浪诸国，纷纷投身庄园，所谓"浪人"（指没有户籍的农民）

---

① 泷川政次郎：《法制史上所见日本农民的生活》，《律令时代》上，第 111 页。

②《令义解》，卷 3，《赋役令》，《国史大系》本 118 页，第 1036 页。

③《联共党史简明教程》，中译本，第 157 页。

④ 泷川政次郎：《法制史上所见日本农民生活》，《律令时代》上，第 72 页。

成为当时社会一大问题。①作为自由民的公民阶级，这样不顾"自由"丧失，而甘心去当农奴，只是因为他们所丧失的"自由"并不值得那样珍惜罢了。

6. 奈良平安时代是不是奴隶制社会？

大化改新后，奴婢阶级的身份被法律固定下来，奴隶的数量也较前增加了，奴隶的地位更悲惨了，这是史实所说明了的，但仅仅这些现象，能不能证明奈良平安时代就是奴隶制社会呢？为了解决这一问题，试就以下几方面来考察：

首先是班田农民和奴隶的性质问题。主张奴隶制的学说当中，最普遍的就是认为奈良平安时代的班田农民课役繁重，身体不自由，实质上是奴隶。②一个人的阶级实质，应该由他在当时生产关系中所处的地位来决定。斯大林指出奴隶制社会的定义是："在奴隶制度下，生产关系底基础是奴隶主占有生产资料和占有生产工作者，这生产工作者便是奴隶主所能当作牲畜来买卖屠杀的奴隶。"③上面已指出，改新后国家对农民的关系是土地所有者对农民的剥削关系，这时的农民显然有自己的生产资料，法律上有其人格，虽然受着经济外的强制，虽然有人身的不自由，但这却正是封建农民具有的特点，是与奴隶根本区别的所在。马克思说：

> 那种为名义上的地主而做的剩余劳动，只有经济以外的强制来榨出，而不问它是采取怎样的形态，它（封建经济——引者）和奴隶经济或殖民地奴隶经济是从这一点来区别：奴隶是用别人所有的生产条件来劳动，不是独立的，所以这里必须有人身的依赖关系，有人身的不自由（不管其程度如何），有人身当作附属物而固定在土地上的制度，有严格意义上的隶属制度。④

这说明改新后的农民（班田农民）和奴隶有本质上的不同，不能用"课役繁重"，"身体不自由"一类现象否定它封建农民的实质，自然，到他们加入庄园经济后，便成为典型的农奴了。

其次是奴隶的生产问题，奴隶的用途可为生产的与不生产的两方面。生产

---

① 三浦周行：《国史上的社会问题》，第 187 页。

② 渡部义通等：《日本历史教程》，第 2 册，第 423-440 页；伊豆公夫：《日本历史》，1953 年，第 30-38 页。

③《联共党史简明教程》，中译本，第 156 页。

④《资本论》，人民出版社，1953 年，卷 3，第 1032 页。

方面自然主要是农业劳动，但当时农业生产的主要担当者是一般农民，奴隶最多只起着助手的作用，并且这种生产也只限于供寺社贵族的消费。奴隶有用于工业和渔捞方面的，但在社会上作用也不大。奴隶在非生产方面的用途最多，主要在家庭杂务上，其次用在享乐方面，也有作主人的从卒出征的。女奴有任产婆、按摩及针灸的①。在封建社会里，奴隶生产力不会比农民高，作为奢侈奴隶也没有什么出路，所以到了平安时代就失去其社会意义。据《政事要略》说：延喜格（901 年制定的法律）停止奴婢，可知十世纪初作为上层建筑的法律，也否定了奴隶制度的存在。

　　最后是奴隶的数量问题。当时奴婢究竟有多少是无法考察的。如以正仓院所藏奈良时代公民的户籍记账为基础来作估计，则总计 5435 人中，奴婢仅 307 人，这样推定当然不会准确，因为占有最多的寺社贵族方面的奴婢没有计算在内。如将后者加入，则奴婢约占当时人口的 1/10，数量仍极有限，其分布也以经济发达的畿内地方人数较多，边远地方都很少②。有人认为单从人数多寡并不能说明社会性质，例如农民较工人多的国家，仍不失其为资本主义社会，但问题是资本主义社会工人虽少，却是整个社会生产起着决定作用的力量，当时社会生产的主要担当者既为农民，奴婢只是为一种非生产的没落的阶级残留着，怎样能构成一种基本的所有制呢？

　　一个社会的性质应该由当时处于主导地位的生产关系（即基本的所有制）来决定。改新后封建土地所有制推行全国，王室和贵族向班田农民（庄园经济兴起后是农奴）征收地租，这种关系自然就是封建的生产关系，奴隶制在前代既没有得到发展，改新后正走向消灭，反之，封建制度却迅速发展和巩固起来。以法律上的奴隶身份制度作为同时代的社会经济形态，当然是表面的、片面的看法。这正和隋唐法律上有关于奴隶和部曲的规定，但不能因此认定隋唐就是奴隶社会一样。因为阶级社会中，统治的生产关系旁边，总是存在着残余的生产关系，事实上，"在东方各国，封建关系在长时期内一直和奴隶制关系相结合，中、印、日等国家都是这样"③，"在社会经济形态之内，经济多样性底消灭和生产关系单纯性底达到，只有在社会主义条件之下才有可能"④。为了解决这一问题，必须从封建社会生产诸关系的矛盾上加以分析，区别其主要矛盾和次

---

① 泷川政次郎：《奈良朝时代的奴隶制度问题》，见《史学杂志》，41 编，第 741 页。
② 泷川政次郎：《奈良朝时代的奴隶制度问题》，见《史学杂志》，41 编，第 741 页。
③ 苏联科学院经济研究所：《政治经济学教科书》，1954 年，俄文版，第 45 页。
④ T. 拉苏莫夫斯基：《社会经济形态》，中译本，第 9 页。

要矛盾，以规定其社会的基本经济形态，这才是正确的方法。

7. 结论

以上将大化改新前后日本社会性质问题中几个主要方面做了一些分析。现在试提出自己对这一问题的初步看法：

（1）大化改新以前日本社会既非单纯的氏族社会，也不是奴隶社会，而是一种过渡性的社会。日本的氏族制度在记录所知最早的时期已开始瓦解，氏族中出现了非血族的部民和奴隶。氏族已分为许多家族，过着农村公社的生活，但奴隶制度没有得到发展，部民的公社关系在贡纳制下被保存下来。五六世纪时，随着私有制的发展和大和国家的统一运动，一部分部民和公民（氏人）的公社关系被打破，成为束缚在皇室和豪族私有地上的农民，封建的剥削关系日益发展，但大部分的公民和经济落后地方的部民仍停留在农村公社的关系上，负担着国家和地方政权（国造）的贡纳及课役。这样的社会经济结构，即公社制和奴隶制同时存在，封建关系也在发展，最后封建阶级取得胜利，社会的基本人口——"农民还没有变成农奴"。这正是斯大林指出的"封建制度前期"的特征[①]。

（2）部民的阶级性质在论证大化改新前日本的社会性质上是一个带有关键性的问题，因为部民在当时社会人口中比重不算小，在皇室和豪族的私有经济中也都占着一定重要的地位。就部民制的实质看，它不是一种奴隶制，因为它用自己的生产条件参加劳动，它不被买卖杀戮，除了对主人氏族的贡赋外，它保留着自己的经济，但这样的部民不论他在原来自己"部"的公社关系中，抑或脱离自己公社被编入皇室豪族新的私有地中，它总是被束缚在土地上的，总是有人身的依赖关系的，因此不能不是一种封建农民。部民在数量上和生产关系上虽居有重要的地位，但在日本原始公社制向私有制发展时，因国内的种种障碍，终于不能发展为奴隶制。国外则"奴隶制在中世纪时无论在欧洲或亚洲都已不存在了"[②]。反之，中国高度发展的封建制从各方面不断刺激着日本的社会，终于使日本古代社会越过了奴隶制而走向封建制度。

（3）大化改新本身是一种政治变革，它是在这样的经济基础上发生的：一方面是地方豪族的狭隘的氏族残余的部曲制，兼并土地，剥削部曲和氏人，加

---

① 斯大林、日丹诺夫、基洛夫：《对于苏联历史教科书提纲底一些意见》，《马恩列斯思想方法论》，第340页。

② 吉谢列夫：《苏联的历史科学与历史教学》，《吉谢列夫讲演集》，第10—11页。

强分裂的倾向；另一方面是皇室和中央官僚贵族的国家封建土地所有制，他们凭藉皇室部民的贡纳与公民的赋役，要求建立中央集权的封建国家。由于部曲制狭隘的公社关系性质，阻碍五六世纪以来农业和手工业的向前发展，阻碍国家封建土地所有制和中央集权政治的确立，因而在这一基础上发生了大化改新运动。"推古朝改革"为改新运动准备了物质的和精神的条件，隋唐封建制度文化的输入，在运动的酝酿和发展中起了积极的作用。改新运动自上而下地摧毁了氏族残余的势力，"解放"了部民，实现了中央集权的政治，确立和巩固了国家的封建制度。马克思指出："无论哪一个社会形态，当它所给以充分发展余地的那一切生产力还没有开展以前，是决不会灭亡的；而新的更高的生产关系，当它所藉以存在的那些物质条件还没有在旧社会胞胎里成熟以前是决不会出现的。"①从奈良平安时代灿烂的封建文化中也可以看出改新在解决生产关系与生产力的矛盾上所具有的进步意义。

（4）奈良时代日本社会是一种初期的封建制度，在这一制度下，皇室通过班田收授法和租庸调制，以最高土地所有者的身份，向农民征收劳动地租和生产物地租。农民在这时还没有变成农奴，生产力有迅速的发展。但奈良末期随着封建经济的发达，地方国司残酷剥削农民，由功田、位田和垦田等形成的大土地私有制开始在全国发展起来。加以班田制因本身的缺点逐渐不能施行，农民依靠班田本来不足维持生活，国家却日益加紧对农民的剥削，因此逼使农民脱离土地，逃入庄园。平安时代庄园经济发达，国家为保证税收，使用法令将农民紧紧缚在土地上，逃到庄园里的农民也失去了自由。自由农民的变为农奴，正是斯大林用以和"封建前期"区别的封建制度的标志②。而这一过程在日本也同样是充满了残酷的斗争的③。由此可知，农奴制度下的奈良平安时代是不能认为奴隶社会的。不具体分析当时的社会经济，不深入事情的本质，只单纯认定"从原始共产制社会产生的最初的阶级社会，必定是奴隶社会。没有奴隶社会的奴隶解放斗争，不能产生农奴制社会"这一公式，从而提出奈良平安时代必然是奴隶社会的这种结论④，自然是不能解决这一问题的。

（原载《南开大学学报》，人文科学版，1955 年创刊号）

---

① 马克思：《政治经济学批判序言》，中译本，人民出版社，第 3 页。
② 斯大林、日丹诺夫、基洛夫：《对于苏联历史教科书提纲底一些意见》，《马恩列斯思想方法论》，第 340 页。
③ 泷川政次郎：《日本社会史》，第 90—91 页。
④ 伊豆公夫：《日本历史》，1953 年，第 35 页。

第五章　近世日本的社会变迁

一、安土·桃山时代（1573—1603）

16 世纪后半期，日本从长期纷乱割据的南北朝、战国时代开始走向封建统一国家的局面。由于战国大名们各自谋求领国的富强，开发农田水利，把工商业者集中在自己的军镇（城下町），大力发展商品经济，提高了农业和手工业的生产力。织田信长（1534—1582）和丰臣秀吉（1536—1598）凭借经济和军事的优势，加紧对战国诸大名的征服，镇压农民起义，逐步实现了全日本的统一。

1. 织田、丰臣统一日本

织田信长

战国时代在各大名领地里商品经济发展，商人、农民经济力量日益增强，但封建割据、分裂混战不仅破坏农业生产，加重农民的负担，且由于各国间关卡林立，货币和量制不统一，阻塞了商品流通。因此农民、商人都反对割据，渴望统一。封建主们面对农民起义和市民的斗争，也企图集中力量，排除异己，建立全国性的中央政权。16 世纪中叶，抱有这种野心和实力的战国大名，关东有北条氏，中部地方有上杉、武田、朝仓诸氏，中国（山阴、山阳两道）地方有毛利氏，四国有长曾我部等，但实际上掌握主动权的是一个较小的大名——尾张（爱知县）的织田信长。尾张地处农业先进的浓尾平原（名古屋地区），旧势力弱，小自耕农阶层发达。织田信长一面充实经济实力，一面加强政治军事力量，推行"兵农分离"政策，将领国内名主、武士编入自己的家臣团，组成一支以使用长枪为主、配备步枪队的常备兵。他采取远交近攻、各个击破的策略。永禄三年（1560）在尾张的桶狭间（今爱知县丰明市西南）以奇袭击溃 10 倍兵力的劲敌守护大名今川义元（1519—1560）。为巩固后方，信长将今川的领地让给三河国（爱知县南部）大名松平家康（德川家康，1542—1616），然后消灭阻碍他占领京都的美浓（岐阜县）领主斋藤龙兴，筑岐阜城，成为织田的军镇。永禄十一年（1568）失去权力的室町幕府和天皇都要求信长攻入京都，恢复朝廷和幕府的地位。信长便借拥立足利义昭做幕府将军的名义，率部入京，掌握了政权。

永禄十二年（1569），织田迫使自由城市堺屈服。这时，农业发达的近畿地方和堺、京都、奈良等富庶城市都已在他手中。他的步枪队是一支无可匹敌的劲旅，元龟二年（1571）焚毁了守旧势力堡垒的比叡山延历寺；两年后迫使不满于傀儡地位而企图和一些大名联合反对织田的足利义昭投降，罢黜其将军职，室町幕府灭亡。

织田取得胜利的根本原因有二：首先是承认从自耕小农收取地租的寄生地主的存在，因此织田军队有能力离开本根据地长期进行征服政争。其次是掌握了畿内附近的富裕地方。还包括拥有了步枪、大炮等新武器，确保军事上的胜利。此外，织田对战国期的主要社会矛盾——自下起来冲破封建制的民众运动与自上加强封建制的领主运动，以后者胜利的形式来解决。

织田在统一过程中残酷镇压一向宗农民起义。1571 至 1574 年他先后镇压了伊势长岛和越前的起义，屠杀几万人。天正八年（1580）攻下大阪本愿寺，又遣部将柴田胜家（1530—1583）扑灭加贺起义，与此同时，继续同各国大名争战。天正三年（1575）他联合松平家康，在长筱（三河境内）击溃日本中部最强大名武田胜赖的军队，总计平定 26 国。天正四年（1576）在琵琶湖畔近江安土修筑了安土城，作为统治的根据地。天正十年（1582），全国统一已指日可待，但就在这年 6 月 2 日，他在京都的本能寺遭部下明智光秀（1526—1582）的袭击，被迫剖腹自杀。

丰臣秀吉

信长死后，统一事业为部将羽柴秀吉（1536—1598）所继承。秀吉是尾张国（今爱知县）一农民之子，自幼侍奉织田信长，能力出众。天正元年（1573）因多次战功，被擢为大名，与柴田胜家、明智光秀同为信长的得力部将。天正十年（1582）本能寺之变时，他正在备中国（今冈山县）同毛利辉元（1553—1625）作战，闻讯后即同辉元讲和，回师京都。山崎（兵库县西南）之役打败明智光秀，光秀在败走近江途中遭农民袭击自杀，距信长死 11 天。天正十一年（1583）起，秀吉逐次剪除异己，首先发动近江贱岳之战，消灭织田家臣柴田胜家。并从这一年兴建大坂城（今大阪市），强制各大名离开领地，连同堺市商人一并移居这里，将大坂作为自己称霸全国的根据地。1584 年迫使雄踞关东的德川家康臣服，从而上升到织田信长继承者的地位。同年进军四国，迫令战国大名长曾我部元亲以全境投降。

天正十三年（1585），秀吉征服了最后一个守旧势力堡垒和歌山县的高野山（佛教真言宗的根据地）和纪伊的根来寺。同年迫朝廷授之以关白之职。1586年任太政大臣，更受天皇赐姓为"丰臣"。天正十五年（1587）进攻九州，大名岛津义久投降。这一年秀吉在京都建成宏大富丽的官邸聚乐第，围以城濠，宛如宫苑。天正十六年（1588）他在这里迎来后阳成天皇，召织田信长次子信雄、德川家康等一起表演了向天皇誓忠的一幕。

天正十八年（1590）秀吉出征关东，讨伐北条氏一族，包围小田原城，迫北条氏政（1538—1590）自杀，并使东北的伊达政宗（1565—1636）臣服，然后北进，平定奥羽地方。至此全国统一。文禄二年（1593）他又使战国时代统治虾夷地区（北海道）南部的松前氏归顺，北海道南部地区遂正式划归日本版图。

织、丰政权的统治体制

织田信长在其统一过程中，为提高权势，先则利用足利将军家，继则利用天皇权威。丰臣秀吉因自己原有的家臣数量不大，在统一过程中加入家臣队伍的多半是过去的同僚和前辈大名，加之取得政权时间过短，所以并没有创建自己的幕府，没有取得将军衔，而只是以"关白"名义，君临各大名之上。

丰臣政权的中央机构：在关白之下设五"奉行"，执行政务，由前田玄以（1539—1602）、浅野长政（1547—1611）、增田长盛（1545—1615）、石田三成（1560—1600）、长束正家（？—1600）担任，这5人都是丰臣秀吉一手培养起来的亲信。另任命5名实力雄厚的大名为五"大老"，作为他的政策顾问，无疑这是一种怀柔手段。五大老是德川家康（1542—1616）、前田利家（1538—1599）、宇喜多秀家（1573—1655）、毛利辉元（1553—1625）、小早川隆景（1533—1597），后来改小早川隆景为上杉景胜（1555—1623）。

为加强中央集权，丰臣秀吉对大名实行严密控制。他把自己一族和近臣安置在重要地区，如把养子秀次（1568—1595）安置在尾张的清州，弟秀长（1541—1591）安置在大和的郡山，把石田三成安置在近江的佐和山等等，从而把近畿地方巩固起来。与此同时，把那些不可靠的大名调离原来领地，如把原在东海地方拥有巨大势力的德川家康调到关东地方，以便防止大名们盘据原领地独立。作为严密控制大名的办法，他还命令各大名让他们的妻子常住京都、大坂和伏见，作变相人质，并规定大名之间未经批准，不得通婚。

2. 丰臣秀吉的统治

土地政策与"兵农分离"

丰臣秀吉将全国土地集中在手里后，一部分作为直辖领地，另外大部分土地则封赐各大名，称为知行国（封地），受封者有统治知行国的特权。当时拥有土地的多少是用稻米产量的石数来表示的。天正十七年（1589）的全国稻谷总产量为 1580 万石（壹岐、对马除外）。那年丰臣的直辖地为 46 国、产稻 200万石，占总产量的九分之一强，封赐各大名的领地则占总产量的九分之八，其中最大的大名德川氏领地产稻约 250 万石，上杉氏和毛利氏各 100 万石。在土地领有方面丰臣虽不占绝对优势，但他同时直辖堺、京都、大坂、博多等商工业最发达的城市和贸易港，还控制佐渡、生野等金、银矿，因此他的经济实力远远胜过各大名。

由于大名知行制的确立和全国范围内"本百姓"（自耕农）小农经济的出现，从此在日本形成了马克思所说的"纯粹封建性的土地占有组织和发达的小农经济"[①]。这种单婚小家族——小农经营体比复合大家族——家内奴隶制经营体优越得多，提高了农民的生产积极性。丰臣政权对这种小农经济的出现首先加以承认。

这种小农经济是与秀吉实行的土地政策分不开的。织田信长死后不久秀吉就开始施行"太阁检地"，文禄三年（1594）正式规定全国划一的土地制度：将过去不统一的一间的长度定为 6 尺 3 寸；360 步一反改为 300 步一反；田地分为上、中、下、下下四等，各规定标准产量——石数，即上田为 1.5 石，中田为 1.3 石，下田为 1.1 石，下下田另行规定；以标准升"京升"[②]统一各地区不相同的旧升；以标准产量的石数的三分之二收取年贡；尽量贯彻"一地一作人"[③]的原则。以上是"太阁检地"的主要内容。丰臣秀吉对检地的贯彻非常坚决，在给地方的"朱印状"（盖有红色将军官印的执照）中明确指示：不管是城主、土豪还是百姓，凡敢反抗检地者，全部杀掉，即使整个一乡或两乡也当如此。[④]

---

① 《资本论》，第 1 卷下，人民出版社，1975 年，第 785 页。

② 京升：方 4 寸 9 分，深 2 寸 7 分，与现在的一升几乎相等。

③ 一地一作人：以前土地的所有权很复杂，现在承认一耕地只有一个所有权，法律规定直接耕种者拥有土地所有权，废除名主、地侍等在中间役使农民和收取实物，消灭中间剥削，促进农民的解放。

④ 《浅野家文书》，《日本史料集成》，第 257 页。

太阁检地在兵农分离体制方面是以编成军队为目的的一大土地改革，同时也是根本否定古代封建制即本领（世袭私领）制的一大事业。因为本领是土地私人所有的最强烈的形式，而太阁检地是把本领收为公有，以领主本国为根据，将全国领地集中在秀吉手中，连旧家臣的知行地都属于秀吉所赐的"恩领"。[①]

在检地的同时，天正十六年（1588）丰臣秀吉借口铸造大佛需用钉锯，发出《刀狩令》，没收民间所有的"长刀、腰刀、弓箭、长枪、步枪及其他武器"。下令后一月，仅在加贺江沼郡就没收了长刀1013把、腰刀1540把、枪矛160支。实行刀狩是害怕农民"拥有不必要的武器，一旦难纳年贡，势必发动起义"[②]；同时也为使检地顺利进行，并通过它达到"兵农分离"的目的。天正十九年（1591）8月丰臣氏发布《身份统制令》[③]，进一步明确实行"兵农分离"到确立身份制的政策。这就是禁止农民转变为武士，强制耕作，即使大名领地改变了，农民也不得擅离原村，将农民束缚在土地上。还规定手工业者和商人也不得变更职业。相反，武士则失掉土著性，须跟随主君移动，集中住在大名城下，成为镇压人民的职业军人。这样，以（武）士为统治阶级，农、工、商为被统治阶级的"四民"封建等级制便确立了。

商工业政策

织、丰政权的集权统一政策，在商工业领域也有鲜明反映。为促进商业发达和城市繁荣，织田信长曾规定了"乐市""乐座"之制。这是战国大名本已采用的政策，织田更予以推进，在建筑清州、岐阜、安土等城下町时，规定凡制定城下町条例必须加进此项。天正五年（1577）6月，他为安土城下町制定《乐市乐座令》13条。该令的基本内容是否定"座"的特权，奖励商人来此定居，免除土木工程的徭役负担，消除对"德政"的不安，保障治安、免除房屋税等等。丰臣秀吉也继承了这个政策，如天正十三年（1585）对京都诸座下令废止座头职等中间剥削权，1587年下令废止奈良、大和郡山的一部分座，1591年下令废止以京都、奈良的座组织为一般原则。但是乐市、乐座并非意味交易上的完全自由，从政治上说，推行这个政策主旨是把商工业者从寺社、庄园领主的隶属下解放出来，使其处于织田、丰臣控制下，确保商业利益，加强自己的权力。例如丰臣筑大坂城时曾强制把一部分堺和京都市民移住大坂；许多城市变

---

① 水林彪：《日本封建制的重建及其社会的确立》，山川出版社，1987年，第124页。
②《小早川文书·天正16年7月8日秀吉法令》，《日本史料集成》，第258页。
③《小早川文书·天正19年8月21日秀吉法令》，同上书页。

为丰臣氏的直辖地，不承认城市自治，町人的自治组织被统治城市的机关取而代之。

交通政策和货币政策也是织田、丰臣发展商工业政策的一部分。织田曾于永禄十一年（1568）撤销其势力范围内的关卡（"关所"），禁征"关钱"。此举既为打击关卡的设立者寺社和庄园领主的势力，又为便于商人自由往来，发展商工业。丰臣继此政策，迄1586年止，废除了全国的关卡。织田作为整顿交通设施的一部分，修补道路，架设桥梁，丰臣则统一1里为36町。稳定通货是发展商业所必需，信长于永禄十二年（1569）公布了《择钱令》①，规定"善钱"（良币）、"恶钱"（劣币）的交换比率；秀吉更改铸统一货币，同时开发石见、佐野、生野等金银矿。为发展海外贸易，秀吉于天正十六年（1588）发布《海贼取缔令》。文禄元年（1592）实行"朱印船贸易"，授予长崎、京都、堺的商人以朱印状（幕府特许证），以资保护。还统一了度量衡制，其规定有的一直沿用至今。

对天主教的政策

丰臣秀吉的天主教政策也以加强中央集权为主旨。织田信长为利用天主教对抗一向宗农民起义和获得贸易利益，对天主教曾采取保护政策。秀吉最初也采取了同一政策，但天正十五年（1587）他在征服九州时看到外国教士对九州部分大名的强烈影响和长崎成为教会领地的情况，大为吃惊，恐危及自己统治。尤恐天主教在农民中传播会招致一向宗起义那样的后果，所以立即将长崎收为直辖地，禁天主教传教，驱逐外国教士出境。他虽然放逐了传教士，但这时还是承认人民对天主教的信仰，允许葡萄牙人通商。及至庆长元年（1596），一艘西班牙船只漂流到土佐海岸，秀吉察悉西方国家有利用传教侵略日本的野心，②便把传教士和日人信徒26人在长崎处死。这就是日本镇压天主教的开端。

秀吉的这种政策还利用所谓"神国"思想来煽起人民的排外情绪，他宣称，日本的国土及其上一切事物都是神创造、成长和保护的。天正十七年（1587）的天主教禁令中说，"日本是神国，不许天主教国家传播邪教"，"天主教国家的人以日本人为门徒，破坏神社佛阁，这是前代未闻的"。1591年秀吉写信给葡

---

① 奈良时代以来，货币成色不齐，民间拒用劣钱，币价不稳，统治者屡发《择钱令》（原作《撰钱令》），并制定按成色的交换率。

② 西班牙圣·弗利伯号商船遭风暴漂到土佐，秀吉部下增田长盛没收其船货。有一海员说，西班牙的企图是先派传教士驯服居民，接着调兵侵略。秀吉得知后大怒。

领东印度总督说，"我国是神国，神是万物的根源"。[①]

信长、秀吉经过一系列的征服战争，结束了群雄割据的战国纷乱局面，实现了国家的统一，摧毁了庄园制度，这些对尔后日本经济文化发展都有很大作用。作为历史人物，他们都是镇压人民的凶手，但同时又不失为封建的军事家和政治家。

3. 安土·桃山时代的文化

织田信长和丰臣秀吉统治时期的文化通称为"安土·桃山文化"，在文化史上这个时代被叫作"安土·桃山时代"（1573—1603）。安土在今滋贺县，1576年织田信长在此建城。桃山在今京都南郊伏见区，16世纪后半期丰臣秀吉在此掌握政权约20年，因这里多桃树，故有桃山之称。这个时代的文化特点是佛教影响减弱，世俗性和现实性突出。

建筑方面

从前的佛寺神社被新兴大封建主的城郭殿馆代替了。在式样上，左右对称的结构除神社、佛阁外，一律排除，而是采用非对称的、迷路构造。其代表性建筑物有信长的安土城，秀吉的聚乐第、大坂城、伏见城及姬路城等。安土城是元龟四年（1576）建于近江，即现在琵琶湖东岸，建筑规模巨大，城上有7层的天守阁（望楼），各层房间和柱都用金箔装饰，现已毁坏，只山脚下的总见寺还保存着。聚乐第是秀吉在京都的邸宅，1587年建成，但1595年遭彻底破坏，建筑物大部分移到状见城，现存的有大德寺唐门、西本愿寺飞云阁等。大坂城在大坂市东区马场町，1583年建成，周围约12公里，有高石墙和深濠，规模宏大。伏见城在京都市伏见区东伏见山，1594年建成，后被江户幕府破坏，部分建筑移到大德寺、西本愿寺。这些城郭是军事堡垒，内有大封建主的邸宅和政厅。书院式的邸宅被称为"居馆"，内部装饰豪华，隔扇和墙壁上都画着金碧辉煌的绘画。随着茶道的流行，茶室（数寄屋）建筑也发达起来。茶室建筑以简素、幽静、狭小为特征，一般都以大自然为背景，镶嵌于自然之中，体现了闲寂朴素的茶道精神。

---

① 水林彪：《封建制的再编与日本社会的确立》，《日本通史》，第2卷，山川出版社，1987年，第153页。

绘画方面

这时期的绘画世俗性很强，题材上已全无佛教色彩，多描绘花鸟、自然景色和社会风俗，说明画家对生活的关心。但也可以看出，许多并非一般的花卉鸟兽画，所画的大多是象征祥瑞的鸟兽之王。例如狩野永德的《唐狮子屏风》（高 2.25 米），显示王者的权威。书院正面和天守阁上层一般都画着中国古代圣贤像。庶民的风俗画也很流行，这表示庶民阶级逐渐强大起来，并占领了文化领域。当时佛教衰退，儒教兴起，所以以儒教为主题的画成为这个时代的主流。在形式上，以"和汉融合"的水墨画为主，其代表画派是狩野正信创始的狩野派。以土佐光信为创始人的土佐派则主要画大和绘，但已失去了平安时代那样大和绘的纯粹性，水墨画的调子加重，有受狩野派影响之趋势。桃山时代的狩野派画家有：狩野永德（1543—1590）、狩野山乐（1559—1635）、狩野山雪（1590—1651）。此外还有桃山时代最伟大的画家长谷川等伯（1539—1610）。

戏剧方面

随着町人的成长，城市里兴起民众戏剧。如上所述，说唱牛若丸和净琉璃姬故事的古净琉璃早在室町后期就已出现，此时同木偶戏结合发展。另外，作为日本一种独特形式的戏剧，至今仍保持着生命的歌舞伎，正是由这个时代出云（岛根县）一名巫女阿国创始的。

同这个时代武士、町人生活密切的茶道十分盛行。茶道于室町前期由入明禅僧提倡，传播于武士间，仪式繁细，流派滋出。到此时由堺市的商人千利休（1521—1591）集其大成，排除形式，发展了重视精神（和敬清寂、茶禅一味）的"佗茶"[①]趣味。

4. 丰臣秀吉侵略朝鲜

文禄之役

作为军事封建领主魁首的丰臣秀吉不满足于对日本人民的统治，进而想迫使朝鲜（1589）、菲律宾（1591）、（中国）台湾（1593）琉球前来朝贡，梦想统治中国大陆和朝鲜。他侵略朝鲜是想把尚未驯服的封建大名引向国外，以稳固自己的统治，镇压人民的反抗；同时也是为满足特权商人的欲望，适应原始资本积累的掠夺性。

---

① 佗茶：一种不拘形式、只讲究闲寂简素的茶道，桃山时代很流行。

丰臣秀吉侵略中国和朝鲜的野心早已有之[1]，而首次将它公开是在天正十三年（1585）。[2]天正十八年（1590）冬他致书朝鲜国王，公然宣称他要"长驱直入大明国，易吾朝之风俗于400余州，施帝都政化于亿万斯年"，威逼朝鲜臣服，充当侵略中国的急先锋。[3]中朝两国有着传统的友谊，丰臣秀吉的无理要求理所当然地被朝鲜拒绝。天正十九年（1591）他将关白之职让给养子丰臣秀次，自称"太阁"，设本营于九州肥前海滨的名护屋[4]，作侵略准备。文禄元年（1592）3月，派宇喜多秀家为侵略军总头目，堺市豪商家出身的小西行长（？—1600）、加藤清正（1562—1611）为先锋，派遣近16万陆军渡海作战，于釜山登陆；同时派遣九鬼嘉隆、藤堂高虎指挥的9000名水军袭击朝鲜沿海各地。

经长期内战，日本封建大名们积累了相当丰富的作战经验，兼以军队集中，使用步枪，所以日军战斗力较强。相反，朝鲜李氏朝廷积弱，国王李昖又是一个优柔寡断的人，不能组织军队进行有效的抵抗。日本陆军在两个月内就占领了京城、开城、平壤三大都城。至7月，加藤清正部队到达图们江岸的会宁。李昖一再退却，逃到义州。丰臣秀吉为初战的胜利冲昏了头脑，5月攻占京城后便叫嚣要迁都北京，由日本天皇统治中国，将北京周围10"国"之地献为御用，赐公卿以俸禄，赐其部下以10倍于原有的领地，甚至命丰臣秀次为大唐（中国）关白，日本关白由羽柴秀保或宇喜多秀家担任，朝鲜则交给羽柴秀胜或宇喜多秀家统治，气焰十分嚣张。

李舜臣与李如松的抗击日军

日本陆军虽然一时得逞，但5月以来水军在半岛南部沿岸水域却连续遭到以朝鲜杰出爱国水军将领李舜臣指挥的以龟船[5]舰队为主力的朝鲜水军的沉重打击，尤其7月8日在闲山岛前海海战中，日本的庞大舰队几乎全部被消灭。从此日本水军完全丧失了制海权，使侵略者原来水陆并进夺取义州的企图被迫落空。

---

① 1577年10月，丰臣秀吉曾告告织田信长说："君欲赏臣功，愿以朝鲜为请。臣乃用朝鲜之兵，以入于明，庶几倚君灵威，席卷明国，合三国为一，是臣之宿志也。"（赖山阳：《校刻日本外史》第15卷，1893年，第7页。）

② 藤木久志：《织田·丰臣政权》，小学馆《日本历史》，第15卷，1977年，第185页。

③《史料日本史》，近世编，吉川弘文馆，1964年，第59页。

④ 今佐贺县东松浦郡北端镇西町。

⑤ 龟船形似乌龟，甲板铁制，其上作十字路，便于往来。甲板下两舷各置大枪六挺，船头船尾各置大枪一挺。櫂手亦在甲板之下，进退轻捷。船上还备有大炮、弩炮、巨弓，既用于海战，亦用于破城。龟船被认为是当时世界上第一流战舰。

侵略军在朝鲜杀人如麻，激起朝鲜人民的义愤，各地纷纷自发地组织起人民武装"义兵"队，英勇斗争，抗击敌人。郭再祐、郑仁弘部队活跃于庆尚右道，赵宪部队活跃于忠清道，高敬命部队活跃于全罗道，金千镒部队活跃于中部地区。各地义兵战斗力不断增强，不只能保卫家乡，且能解放本道，广泛向其他道出击，大量消灭敌人。

应朝鲜政府之请，明朝派遣的援朝军自7月起陆续抵朝，投入战斗。但第一批5000援军7月间在进攻平壤之战中因副总兵祖承训轻敌失利，先锋史儒战死，承训败回。12月底，经略宋应昌和提督李如松所部第二批4万援军入朝，旋即于1593年1月初再次发动平壤战役，向盘踞这里的小西行长部队猛烈进攻，明军"无不以一当十"[1]，经一昼夜血战，收复平壤，继而解放开城。小西行长部队退守京城，加藤清正部队也从北部撤回。1月下旬，李如松率部向京城挺进，由于误信假情报，军至碧蹄馆（京城北30里处）中敌埋伏，激战终日，退驻开城。但此后李部却能够成功地断敌龙山饷道，焚其仓粟。

日本的反战运动

平壤之役是日军从胜转败的转折点。丰臣秀吉发动的这场不义之战在国内军内也不得人心。葡萄牙传教士路易·福洛易斯（Luis Frois，1532—1597）在谈到他在北九州耳闻目睹的情况时曾说：人们非常厌恶征集壮丁，认为那无异于去送死。妇女们在抽泣。因为她们预感到要被迫守寡。不安和叹息充满全国。一种预言也传开了，说秀吉的征服事业必将失败，日本国内必将掀起叛乱。[2]反对战争的不止北九州居民，在古都奈良，兴福寺多闻院僧人英俊获悉战争动员已经开始后，便预计这次战争不会有好结果。当侵略军正在蹂躏朝鲜国土时，他在日记中表示对朝鲜人民"无限同情"。农民拒纳军粮，反对侵略战争。关东常陆（茨城县）农民拒纳军粮，使正欲渡海的该国大名佐竹义宣军队处于"奄奄待毙"状态。在军内，官兵、民伕大量逃亡和哗变。一份资料记载，锅岛部队从前线逃回的有57名，这些都是主力战斗部队的官兵，"搬运伕并未计算在内"。当时兵士逃亡如此严重，以致丰臣秀吉不得不命令在各地设立缉捕逃亡者的岗哨（"人番留所"）。侵略战争发动不到3个月，集结在肥前平户的岛津部队中，以梅北国兼为首700名官兵拒绝渡海作战并举行哗变。[3]

---

① 《明史》，第238卷，中华书局，1974年，第6194页。
② 藤木久志：《织田·丰臣政权》，《日本历史》，第15卷，小学馆，第333-334页。
③ 藤木久志：《织田·丰臣政权》，《日本历史》，第15卷，小学馆，第334-339页。

平壤战败后，日军厌战反战情绪弥漫。留在名护屋本营的羽前大名最上光义在写给家里的信中讲道："日本人早就想逃出京城，都这样想：当和尚也好，只要能留下一条命。我也在盼望，能在活着的时候重新踏上故国芳香的土地，哪怕喝上一杯家乡水也好。"①当时日军士气既如此，又加以兵员伤亡过半（京城内外只剩 53000 人）②，粮秣奇缺，疠疫流行，日军统帅部自知京城难保，4 月 18 日撤出京城南遁，龟缩到东南沿海一带。明军入城并分路追击，收复汉江以南千余里，朝鲜国土绝大部分遂告光复。

日明之间的媾和谈判早已开始。6 月，身在名护屋的丰臣秀吉还以战胜者自居，提出明朝以公主嫁给日皇、恢复两国贸易、归还占据朝鲜的四道及京城、朝鲜王子一人到日本当人质、朝鲜誓不反日及其他等 7 项无理条件。③明朝的谈判使节沈惟敬本是一个内奸和无赖，同日使小西如安合谋，回北京后一字不提丰臣秀吉的 7 项条件，反说丰臣恭顺，"恳求内附"。明万历帝信以为真，企图以满足丰臣秀吉虚荣心的办法使他"谨修臣职"。1596 年遂遣正副使赴大坂，封丰臣秀吉为日本国王，丰臣大怒，和议破裂，战事再起。④

庆长之役

庆长二年（1597）1 月，丰臣秀吉复派兵 14 万登陆釜山北犯。这次侵略军自始就士气不振，8 个月后才到达京城附近。但不久被明将麻贵所部击败，退到南部沿海狭小地带，负隅顽抗。次年秋，丰臣秀吉病死，日军开始撤退。11 月，日本水军在半岛东南露梁海面上受到中朝联合水师的截击，损失极重，逃到岸上的也遭毁灭性打击，死万余人。⑤明援朝水师提督陈璘所部、年逾 70 的老将邓子龙，"意气弥厉"，"直前奋击"，不幸乘船起火，英勇牺牲。朝鲜水师统帅李舜臣为救援子龙，也中弹牺牲。⑥到年底以前，日本陆军陆续撤回日本。

（原载《日本史》第九章，南开大学出版社，1994）

---

① 《日本历史》，第 7 卷，读卖新闻社，1965 年，第 172 页。
② 日本参谋本部：《日本战史》朝鲜之役篇，偕行社，1924 年，第 251 页。
③ 《史料日本史》，近世篇，第 63 页。
④ 关于和议经过，有些问题中日史料内容悬殊，有待进一步考证。
⑤ 朝鲜社会科学院历史所：《朝鲜通史》，中译本，吉林人民出版社，1973 年，第 781 页。
⑥ 《明史》，第 247 卷，中华书局，第 6412 页。

二、德川前期（1603—1680）

1. 江户幕府的建立

关原之战

天正十八年（1590），德川家康①被丰臣秀吉转封在关东，以江户（今东京）为居城。庆长三年（1598）秀吉死，儿子秀赖年幼，在大坂城由五大老之一的诸侯（即"大名"，以下同此）前田利家辅佐。家康根据秀吉遗嘱，以五大老首席身份在伏见②主持大政，这时他已是位至内大臣，拥有公定土地年产量 250 万石③领地的最大诸侯。随着秀吉老臣间的分裂表面化④，家康利用婚姻及结盟政策，拉拢各方诸侯，操纵派系对立，加紧篡夺政权的活动。庆长四年（1599），前田死，石田三成见家康野心愈大⑤，便联络毛利辉元、宇喜多秀家、上杉景胜及小西行长等，策划翦除家康。结果遭到家康的打击，石田三成反被幽居在近江（今滋贺县）佐和山自己的封地不出，表示顺从。家康玩弄阴谋，鼓动上杉景胜在会津（今福岛县）举兵，自己借口讨伐上杉，带领福岛正则、细川忠兴、加藤清正及前田利家等组成的东军由大坂下关东。石田三成乘机推毛利辉元为盟主，联合关西方面诸侯小早川秀秋及岛津义弘等组成西军，举兵攻略伏见，进取美浓（今岐阜县南部）。家康立即召回征讨上杉景胜的军队，于庆长五年（1600）9 月 15 日同石田方面的西军决战于美浓的关原。西军兵力和地理条件都占优势，但缺乏主将，内部不统一，小早川秀秋又突然倒戈，石田三成被俘，结果家康大胜。这一战役前后持续了 2 个月，双方互相攻讦对方不忠于丰臣。

---

① 德川家康原为三河国（今爱知县）一个小诸侯，因助织田信长有功，扩张势力，逐步领有甲斐（今山梨县）信浓（今长野县）之地。

② 伏见是京都南郊战略要地。

③ 公定年产米量当时称"石高"。日本在 1582—1875 年间政府清丈耕地时确定凡诸侯领地、武士禄米的数额和农村米谷的产量都以"石高"表示，"石高"数额往往高于实际收获量。

④ 丰臣秀吉侵朝时，老将之间就发生派系对立。一派以五奉行中的石田三成和侵朝主将小西行长为首，代表近畿先进地区小农生产和商品货币经济势力的官僚层；一派以另一侵朝主将加藤清正及秀吉的功臣福岛正则为首，代表九州、中国等后进地区封建农奴主势力的武将层。在对待侵朝战争问题上，前者结托五大老中的前田利家和毛利辉元，主张同朝鲜讲和；后者结托德川家康，主张战争。以后逐渐发展到全国大名都卷入了这两派的斗争。

⑤ 1560 年正月，家康在大坂城楼接受诸侯们的参贺，石田三成认为丰臣的将领有归顺家康的趋势。

幕府的建立

德川家康夺得霸权后，立即杀了石田和小西，流放宇喜多，没收或削减西军毛利、上杉等的领地[①]，大封东军将领，掌握了全国实权。

庆长八年（1603），家康效法源氏及足利氏，迫使皇室封他为右大臣和征夷大将军，在江户开设幕府。此时丰臣秀赖成了实际只领有摄津、河内及和泉等三国（今兵库、大阪的一部分地区）收入 65 万石的一个诸侯。但他在法律上仍是秀吉的继承者，丰臣氏一族君臣的潜力还很大。大坂更是当时日本最富庶、重要的都市，丰臣旧部战败后集中在这里，准备再起。家康为统一全国，积极经营 10 年。

庆长十九年（1614）冬，炮制了"方广寺钟铭事件"[②]，发动两次向大坂进攻的战役。第二年（元和元年）5 月占领大坂，迫使秀赖母子自杀，消灭了丰臣氏一族。

在此之前，家康在掌政后两年的庆长十年（1605），便让位给儿子德川秀忠，自己隐居于旧根据地骏府（今静冈市），遥制江户幕府，决定大计。大坂战役后第二年（1616）家康死[③]。幕府经第二、三两代将军统治，确立了德川时代政治经济的基本体制。

2. 德川幕府的集权政治

统治体制——幕藩制

德川封建集权国家，全国人民被置于将军和各领地（"藩"或"国"）大名[④]的支配下。江户幕府拥有收入占全国农民上缴租米四分之一（约 680 万石）的直辖领地（"天领"）[⑤]，以其中一部分领地（约 260 万石）分封给直属它的家

---

① 战后被消灭的诸侯（大名）91 家，被灭封的 4 家，没收公定土地年产量约 642 万石的领地。

② 方广寺钟铭事件：秀吉在京都东山建立的方广寺因地震倒塌，幕府借口祷求秀吉的冥福，命秀赖再建，迫使耗去巨资。钟铸成后又诬称钟铭上"国家安康"一语有诅咒（腰斩）家康的意思，向丰臣氏大兴问罪之师。

③ 德川家康事迹参见北岛正元：《德川家康》（中央公论社版）、中村孝也：《德川家康》（至文堂版）。

④ "藩"即皇室分封给臣下的领地，意指诸侯有屏藩（捍卫）王室的作用。日本德川中期儒学发达，模仿中国，称大名为诸侯，其领国为"藩"。后通称拥有公定年产米量万石以上领地的诸侯为"大名"。大名按照人们和将军家关系亲疏，分为亲藩（将军同族）、谱代（关原之战前臣属德川氏的世代家臣）及外样（关原战后归顺德川氏）三等。大名的名额常变动，江户中期约有 270 家。

⑤ "天领"散在关东、东海、近畿一带，初期只限于丰臣赐给德川家康的领地。关原战役后，增加了幕府没收自反对派大名的领地、丈量出农民漏报的土地以及幕府的新垦地。

臣武士"旗本"及"御家人"①，称为"给知"，其余归将军一族掌握。除将军直辖领地外，约70％的土地分封给全国270个大名，大名各拥有万石到120万石的领地。他们将领地上的年贡分给自己的陪臣，陪臣又授与"家来"（家臣）以俸米。大名受将军控制，对幕府负担政治、经济及军事的义务，但他们在自己领地（藩国）上是最高的专制君主，拥有财政、军事、司法和行政的权力。

　　将军和武士阶层通过领地与禄米的层层分封授受，结成了君臣、主从关系。大名、旗本及御家人对将军负担繁重的公役和军役②，宣誓忠诚。陪臣、武士、家来等也同样要对将军及各自的"主君"服役尽忠。整个统治阶级就是由将军、大名一直到"足轻"（步卒）的大小武士所构成。幕府为控制全国大名，将亲藩和谱代安置在关东、近畿及东海要地，外样大名则务使移住东北、中国（本州山阴、山阳两道）、九州等边远地区，还使各藩领地交错，以收互相牵制之效。大坂战役后，幕府制定了一国一城制，藩领内除大名的居城（藩都）外，所有城堡一律拆毁。

　　幕府的主要财源是从它直辖领地农民剥削来的贡租。此外它还支配着全国重要的都市和矿山③，独占国内主要市场（江户、大坂）和对外贸易的利润，集中诸藩采集的金、银、铜矿石，作为铸币原料和重要输出商品，由此逐步控制全国的经济命脉。

　　整个德川时代，全国大名虽各自保持割据状态，但由于幕府在政治、经济、军事上占绝对优势，德川幕府基本上保持了260年的安定局面，实行了中央集权专制统治。

政治机构

　　幕府的政治机构最初沿袭德川家康在三河（今爱知县东部）地方时一个小领主衙署的规模，体制简单。二代将军德川秀忠时起，随着生产与统一事业的进展，任用儒官林罗山，整顿幕府官制。将军下设"大老""老中""若年寄"等职。"大老"是特任执政官，非常职，由谱代大名中选任。"老中"或称"年寄"，是常任执政官，相当于内阁，名额4至6人，按月轮值主持大政，即负责

---

① 旗本：封地收入万石以下，准许谒见将军的直属家臣（"直参"）。御家人：只给禄米，不分给领地，没有谒见将军资格的武士。

② 公役：包括"参觐交代"、警卫要地、负担幕府兴办各种土木工程的课役等。军役：指战时按租赋收入多少，分担供应兵员、武器的任务。

③ 幕府直辖的都市有大坂、京都、奈良、伏见、山田、骏府、甲府、长崎、堺等。矿山有佐渡、伊豆、石见等金、银、铜矿区。

掌管皇室、公卿、大名、寺社和外交事务，由谱代大名选任。"若年寄"和老中共参幕政，分掌旗本、御家人及江户市政，名额5至6人，也由谱代大名选任。老中下设三"奉行"，即"寺社奉行""江户町奉行""勘定奉行"。"寺社奉行"四人，掌管寺院神社及寺社领地的行政、司法，处理关东8国以外幕领的诉讼。"江户町奉行"2人，分掌江户南北两区的行政、司法。"勘定奉行"4至5人，管辖幕领内郡代和代官及一般行政、财政。三奉行分别由谱代大名及旗本选任。以上各高官都轮流执政，重要事件协商处理，以防一部分人篡夺中央权力。

监察（特务）机关有老中下属的"大目付"（监视大名及幕府高官），若年寄所属的"目付"（监视旗本以下幕府官吏武士，兼管江户城内警政的官职）等。超越两奉行以上职权的重大案件由老中、三奉行、大目付等组成的"评定所"（幕府的最高司法机关）协议审处。

京都及幕领各地方的行政，由幕府任命。其中以"京都所司代"权职最重，它担任幕府对皇室、公卿及西部各藩大名的监督和当地的司法、行政。二条城（将军在京都的行营）、骏府（静冈）及大坂三要地各设城代，任军事警卫，大名城主外出则代行政务。京都、大坂两地还设置"町奉行"（相当市长）。其他幕府直辖要地设置"奉行"或"郡代""代官"等，处理行政及司法。

各藩大名以领地贡租的一半作为藩政的财源，其余充作家臣武士的俸米。藩主为实行集权，利用农民对地方武士的反抗斗争，逐步收缴封地，使原来掌管封地（"地方知行"）的家臣武士集居城下町，限制其直接支配封地，以实物俸禄制代替封地制。藩的政治组织略如幕府。总理藩政的重臣称"家老"（相当幕府的老中，世袭职，一藩有数人或10余人），也采取轮值协议执政的制度。家老下设郡、町、寺社等"奉行"。郡奉行专管农村司法行政，町奉行掌市镇（城下町）的司法行政，勘定奉行管理藩的财政。此外并设相当评定所的审判机关——大目付、目付（侦缉）及其他奉行等职。藩主身旁设有"用人"若干名，掌管庶务、会计。

军事组织

幕府军队由幕领的诸藩所属武士组成，封建国家本来就是一种军事组织，军政统一。如上所述，幕府授各藩大名以领地（"知行地"），大名则须按领地收入额，负担相应的军役，这是封建政治的根本原则。统治阶级官职不分文武，幕府首脑（将军）和诸藩大名（亦称藩主）战时就是中央和地方的军队统帅，老中（统辖大名）和若年寄（统率旗本、御家人）同时也是军队的总副参谋长。

常备军称"番方"（值勤警卫军），又称"三番组"，即"大番组""书院番组"和"小姓番组"，由旗本及其子弟编成。

大番12组，警卫江户城、京都二条城及大坂城等，战时任先锋，由老中统领；书院番10组，警卫幕府，巡逻地方，侍卫将军，战时作战；小姓番8组，宿值府内，巡逻全市，平战两时护卫将军，与书院番都由若年寄统率。

番方警卫军编制：每组设"番头"1人、"组头"1人（大番为4入）、番士50人。另有称谓"同心""与力"的下级武士30人。

御家人编成徒士组、步枪百人组等约30组，任务与三番组略同。幕府根据俸禄的高低，规定旗本的兵役义务；宽永年间（1624—1643）每收入500石出兵役13名，当时旗本的采邑共260万石，应出兵员约67600名。加上御家人（担任各番组的"与力""同心"等职的）约17000余名，已超过所谓"旗本八万骑"之数。按规定，一个收租10万石的大名应负担兵役2155名[1]，所以任何势力联合不了40个这样的大名，是无法对抗幕府的兵力的。而且幕府的总兵力还应加上谱代大名的武装力量，因此它的强大远远凌驾于各藩之上。

武家统制

幕府形式上尊奉皇室，装成将军是由天皇册封、幕政是由朝廷委托的假象。实际上把天皇当作傀儡，利用它来对付诸藩，凡反幕者就可作为"朝敌"来镇压。幕府给皇室和全国寺院神社的租米只分别占全国公定土地年产量的0.5％和1.2％，皇室岁入仅3万石（实际相当米8000石，银302贯多），全部公卿贵族的收入总共不到5万石，整个朝廷连同其他收入仅40万至50万石，远不及一个大诸侯。皇室既靠幕府供养，只能事事听命幕府，讨好将军，有如《本朝通鉴》所说："朝廷赖武家而愈尊，武家仰朝廷而愈隆。"[2]

幕府颁布了《禁中及公家诸法度》17条，规定天皇只许从事学问，诵读《群书治要》[3]、《禁秘抄》[4]，吟咏和歌，不得过问政治。幕府在京都筑"二条城"[5]，作为将军的行辕。设置官吏，派遣密探，监视皇室公卿和关西诸侯。法制严别

---

① 根据庆安二年（1649）军役表，见《德川禁令考》，第1帙第90页。

② 伊东多三郎：《江户幕府的成立与武家的政治观》，《历史学研究》，第131-132号。

③《群书治要》：631年唐魏征等奉敕撰，汇摘群书有关帝王治术、足资劝戒的篇章，第50卷。

④《禁秘抄》：13世纪初顺德天皇用汉文记述宫廷行事、仪礼、掌故的书，共29项，第2卷。

⑤ 二条城，1603年德川家康所建，是历代德川将军到京都坐镇的城堡，殿宇雕绘辉煌，明治维新后改为天皇离宫。

公武，武士官职由幕府授予，革除朝廷授官于武家之制[1]。由此，彻底隔断皇室和武士的联系。天皇如触犯幕府，随时可被废黜。德川时代朝幕之间，就是这样一种凌驾于天皇之上的权力关系。

为强化武家统制，庆长二十年（1615）颁布了《武家诸法度》[2]，违者处以禁闭、"改易"（减封、转封、除封，没收家禄和城邑，贬为平民），甚至赐死的严刑。宽永十二年（1635）修订本法为21条，更明定大名"参觐交代"的制度，大名必须隔年到江户谒见将军，一年值勤幕府，一年驻守领地，妻子留江户作人质。同时派遣特务（有巡见使、隐者、目付等职称）于各藩侦察地方动静，加强对大名的控制。

幕府和诸藩豢养数十万武士，镇压人民及维持德川军事封建国家。这些大小武士，从丰臣秀吉实行兵农分离后，就完全脱离生产。旗本和一部分御家人虽由将军封给领地，但规定必须居住江户，将自己领地委给地方官经营，地位低的也住在城市里，成为领取俸米（有折成货币的）、游手好闲、欺压百姓的特权阶层。

3. 德川前期的经济与社会制度

封建领主制经济

德川时代，日本的社会生产形态是一种封建的小农经济。16世纪末，日本1600万人口中，80％以上是农民。通过丰臣秀吉检地和兵农分离政策，封建中期开始衰落的庄园被彻底摧毁，土地所有关系和统治关系被整顿为自耕农直接向领主缴纳实物年贡的贡米制。到德川时代，又经几次检地，确立了农民对土地的占有权，消灭了贵族和武士领有土地与农民的根基，使幕藩完全控制了广大农村。从此农村中的基本生产关系成为领主对农民直接的剥削关系[3]，农民为领主耕种一小块世袭份地。当时农民每户占地都在5反以下。[4]这种农民被

---

① 德川时代以前，朝廷对武士有官位授予权。德川幕府《禁中及公家诸法度》（1615）第7条规定，武士官位脱离公家官位而完全独立，由幕府授予。（《德川禁令考》卷1）

②《武家诸法度》是大名以下武士应遵的法律，共13条，严定武士身份等级，大名参觐交代时随从兵额，鼓励大名修练文武，自奉俭约，禁止新筑城堡、结党营私、隐藏罪犯、擅兴兵革及大名间私缔婚约等事。（参见《德川禁令考》卷3）

③ 永原庆二：《日本经济史》，有斐阁，第103-116页。

④ 羽仁五郎：《幕末的社会经济形态、阶级关系及阶级斗争》，《日本资本主义发达史讲座》，岩波书店，1932年，第19-20页。

称为"本百姓"，它在整个德川时代是一个不断分化的自耕农阶层。[①]领主从农民剥削 50%（"五公五民"）到 70%（"七公三民"）的实物地租（"本途物成"），还加上各种杂税（"小物成"）、劳役。农民在领主的代官、村吏重重压榨下，不仅自己被紧缚在土地上，并且连种植、生活的自由都被剥夺，事实上等于农奴。[②]

明治维新前德川幕藩体制正是建立在这一封建农奴制的小农经济基础上。根据德川家康的谋臣本多正信的话："收农民的贡赋，要不使他们死，也不使他们活。"[③]这充分表现了纯封建土地所有权的本质。商品经济发展的京都、大坂和东海道平原地带，本百姓有雇佣"水吞""小前"（无地贫农）等长工耕作土地的。其他后进地区，具有乡士（在乡武士）身份的土豪地富，则拥有称为"谱代下人""名子""被官"等世袭的农奴，征收其劳役地租。

社会组织

当时农村中还保留着公社关系的残余；农民公有山林、草地，农忙期有进行劳动互助的"结"及兼有宗教信仰的互助性质的"讲"等组织。农民以"寄合"（聚合）的形式，商议本村大事，制定村规，选举村吏，保证全村交纳年贡，共同举行祭神，兴办工程等，违反村规要受"村八分"（全村对他断交）的惩罚。这样的农村，又多具有农村自治体的形态，但贫农都不许参加自治组织。

幕藩领主巧妙地利用这种农村共同体，作为封建统治的工具。各村由形式上从自治体选出的"地方三役"[④]管辖。庆长八年（1603），为加强统治农民，保证贡租收入，实行了"十人组"[⑤]制度。又将若干村组成乡组，任大庄屋（乡

---

① 本百姓是德川时代登记在土地清丈册上，占地自营、按期缴纳贡赋的农民。它是幕藩体制的主要经济基础，外观上是自耕农，但它的经济地位极不稳定，随着商品货币经济的发达在不断分化，少数成为富农、地主，多数沦为贫雇农。

② 当时农民的地位有如 19 世纪初幕府执政（老中）松平定信所著《国本论》所说："至今有五公五民、六公四民、七公三民之说，贡赋之多，更难数计。场圃有赋，家屋有赋……又榷布、榷酒、榛、柞、椒、麻之类，悉使上贡……收获时官吏数十人巡行阡陌，途远必宿民家……民畏之如狼虎……虽在农忙，逢役即弃末耜，负粮糈，经十百里而不得一文，反被杖殴怒骂。"（《日本经世大典》第 13 卷，第 336-339 页）

③《落穗集》，《日本经济丛书》，第 2 卷，第 238 页。

④ "地方三役"是农村中的三种基层官吏，形式上由农民选出，管理村政，实际上是政府在农村基层的爪牙。三役中"名主"（又称庄屋，相当村长），每村 1～2 名，多半是有财势的地富，初为世袭，后改为选举产生；"组头"，辅佐名主，每村若干名；"百姓代"，代表村民办理交纳租税、指派徭役等事。

⑤ "十人组"（以后改为"五人组"）：幕藩将村民每 10 户编为一组，迫使保证组内农民按期交租，取缔"盗贼"。发生欠租、盗窃等事，全组要负连坐责任。有如我国宋代王安石设置的"保甲法"，中华人民共和国成立前国民党的"保甲制"。

长）统治属村，以若干乡组组成郡，设郡奉行。幕府和各藩就是这样自上而下地统治了全国农民。

幕府为了保障财源和巩固封建统治基础，对农民设置重重限制，实行残酷的超经济强制。宽永二十年（1643）下令严禁土地买卖，犯者判徒刑后流放。以后更禁分田给子孙、禁种经济作物，禁农民迁徙、转业，甚至干涉到农民的衣食住等生活细节。庆安二年（1649），幕府制定了统治农民，旨在榨取其全部剩余劳动的法令《庆安告示》32 条，典型地反映了封建统治阶级残酷掠夺压迫农民的用心。[1]

城市的工匠和商人统称为"町人"，按行业住在一定的地域。町（市镇、街区），和村一样，近于一种自治体。有房地的可参加町政，租赁房地的则无此资格。全町司法警察权由武士出身的"町奉行"主管，町内的日常行政事务由"町年寄"（长老）、"町名主"（市、镇董）等有财力的商工业头目处理。町也实行五人组制度。市民负有种种连坐责任。町人租用地产须交纳"地子钱"（租金），经营工商业要交纳"运上金"（营业税）、"冥加金"（牌照税），负担比农民的年贡轻，受干涉也少。手工业者因没有资金，力量不及商人，大多负有为领主做短工的义务（也有出钱代工的）。幕藩领主为维护封建秩序，严格限制商业资本的发展，宣扬"贵谷贱货"，实行重农轻商政策，多方干涉町人的活动。

身份等级制度

在纯封建的小农经济基础上，以将军为最高权力，通过禄位制和主从关系，由幕府和各藩的大小封建领主——武士阶层用武力分割统治全国人民的政治形态，称为幕藩制。

幕藩体制的社会，阶级统治以严格的身份制为支柱。从战国时代大名领国制形成后，兵农分离和一系列法令政策的实施，社会各阶层不能自由迁移。到了 18 世纪，所谓士、农、工、商即"四民"[2]的身份区别逐步固定，各阶层内

---

① 这一法令发布后，直至幕末统治着日本农民。它强制农民严遵法令、事村长如父母、日夜操作、不得怠惰，它规定"妇女不仅白昼，还须继以夜工。妻子事夫不勤、爱闲谈上街者应退婚"。农民不得购买薪柴、烟、酒、茶叶，不许着用棉麻以外衣料，不许饱食，更不应多食大米，只许吃杂粮。它用如下的话威吓农民："必须交清年贡，否则借米 2 袋，5 年本息就达 15 袋，终至卖出妻室子女，直至卖身。凡勤俭致富者，邻里尊重，代代享福。无家产者，阖村蔑视，困于饥寒，沦为盗匪则处刑死，双亲悲痛，同族受辱；犯法者本人入狱，还须传询村民。……"（《德川禁令考》卷 43）

② 士、农、工、商，总称"四民"。本出于我国周代儒家用语，不完全适用于当时日本的情况。日本封建社会的士就是武士，农包括贫雇农到地主富农，工、商地位差别不大，统称町人（市民）。另外，统治阶级中的皇族、公家（公卿贵族）、僧侣、神官及被统治阶级中最低层的贱民（秽多、非人）等，都不在四民之列。

部又细分为种种等级①。身份制由父家长世袭的家族制度牢牢地保持着。法律规定，每个人从母胎里就被确定了自己的族籍，出生后被闭锁在狭隘的身份等级的圈子里，不论本人能力和表现怎样，也永不能越出自己所世袭的阶层。四民中，士是统治阶级的基干部分，有担任官职、受领俸禄、称姓②、佩刀③以及对平民的"无礼"者"斩舍御免"（格杀勿论）等特权。在父家长制下，家长权限最大，家人须绝对服从。武士的俸禄由长子继承，不许分家产④。家庭里男尊女卑，夫妇、父子、长幼之间，身份差别都很森严。妇女被置于隶属男子的地位。

在被统治阶级中，农民（百姓）的阶级身份复杂，大别为高持和无高两种⑤。高持又称"总百姓"即有地者，包括少数称为"石持""名主""庄屋"等的地主富农及农村中大量存在、称为"本百姓""乡士"等的自耕农（实际是幕藩领主的农奴），称为"草分"（垦荒地者）、"根生"（土生土长的）等中小农，称为"分附"⑥的依附农民。无高，即无地的贫、雇、佃农和农奴，包括"水吞"（贫雇农）、"家抱百姓"（家奴）、"被官"、"下人"（家仆）、"庭子"（奴仆所生子，可买卖）等隶属农民。这些农民阶层在德川前期还都保持着浓厚的封建身份关系。

町人，即工商业者也有复杂的门第和身份差别。门第高的有世袭市镇董的资格，还可从领主取得减免租税的特权。町人的家族关系和武士、农民略同，但个人发展机会较多。丁稚（学徒）七八岁就厮养在店主家受奴役，长大了当手代（店伙），逐步升作番头（掌柜）。店主的子弟也同徒弟一样被使唤或送到外店当学徒，学技术。满师后服役多年的老店伙，也可能得到店主帮助，允许使用本商号的招牌独立开业，成为分店或分号后，和店主仍得永远保持家族般的主从关系，不得违抗店主的意志。

被列在四民之外社会最低层的贱民，称为"秽多""非人"。这是一种历史上因犯罪、被贬黜等原因遗留下来的最下层世袭身份。他们在政治上毫无权利，

① 例如，武士分"侍""徒"及"中间"（又作"仲间"，义为"从卒""伙伴"）三等。收入仅 5 万石的鲭江藩（越前），属于"侍"的家老到从士就多至 63 级。"徒"以下分为 12 级。属于徒以下的人，路上遇见上级的侍，就是在雨天也得拜伏路旁。

② 日本在明治维新前，只有统治阶级（贵族、武士）才有姓，平民、女子都不许有姓，仅有名。统治阶级中姓氏的使用极为严格。

③ 武士通常佩带双刀，大刀杀敌，小刀（胁差）自裁（切腹）。

④ 长子以下兄弟，除作人家养子或分居外，终身依赖长子，被称为"受照顾者"，生活地位都低。

⑤ "高"指登记在丈地册上所有地应交租的收获量。

⑥ 分附百姓指江户时代后进地区农家第二、三男及同族的名子、下人等依附性强的佃农。

被指定集体居住在郊区村落一角，从事被当时社会视为最卑贱的职业（屠宰、掘墓、卖艺、制革、刑吏、狱卒等）。他们世代遭受残酷的待遇，因此，贱民为争取解放的斗争，直至今天还以部落解放运动的形式继续着。

如上所述，德川时代的阶级组织保持着严格的身份等级制，幕府以强大的武力和专制统治为背景，将广大人民闭锁在身份制的桎梏中。同时幕府还压制着王室、诸侯和武士，这就使阶级间充满着尖锐的矛盾。列宁曾指出，等级是以社会划分为阶级为前提的，等级是阶级差别的一种形式。通过德川时代日本社会的身份等级现象，可以清楚地看出劳动人民是经历多么残酷的奴役，整个封建时期领主和农奴两大阶级是怎样进行死活斗争的。

幕藩体制的确立，大体上完成于宽永年间（1624—1643）。这一时期，幕府对皇室贵族的控制，对武士、寺院的管理，对农民的统治政策；各项法制已基本制定。下述镇压农民和天主教徒的起义以及彻底推行锁国政策等，都是这个封建专制时期发生的事。

4. 德川前期的文化

独尊朱子学

儒家思想古来就是日本封建社会精神支柱之一，儒学本是中国传统思想的核心。儒学的中心思想是人生价值（人贵于物）的观点。它肯定人们生活和道德的价值，肯定现实生活的精神，从不悲观厌世，更没有出世和轮回等宗教思想。它主张追求知识，吸取文化遗产，习惯于反思和总结经验。这是儒学的积极部分。但它在人和自然的关系上讲天人合一，顺应自然，宣扬"性命义理"之学。在人际关系上继承孔孟"道统"，讲等级贵贱、家庭本位、中庸之道、恪守成规、追求功名等，被宋人称为"道学"（亦称"理学"）。这是儒学的消极部分。

儒学在宋代为朱熹一派集大成，朱子学在坚持唯心主义世界观，维护封建秩序，并使之合理化，以至阻滞中国社会发展方面有其严重缺点，但在探讨"理气关系""格物致知""知行合一"等问题时，提出了深刻的辩证法观点；同时在重视气节操守，发扬爱国主义精神，以及对理论思维与民族意识的发展有过积极的影响。

镰仓时代朱子学随禅宗传到日本。最初在京都公卿和五山禅僧间传播。南北朝、战国时代，他们避乱到地方，依托大名武将，利用朱子学作为封建礼教正统观念的依据，影响武士和人民。当时日本朱子学尚未独立，仍包含在佛教中。到江户时代，幕府为维护等级制，使朱子学脱佛为儒。1600 年德川家康召播磨国禅僧藤原惺窝（1561—1619）到江户还俗，创儒学京学派，与其门徒林罗山（1583—1697）以朱子学名儒身份，先后受重用，为诸侯公卿讲四书。

惺窝到江户，便推重宋学，主张"人伦皆真"，否定佛教出世观，排佛归儒。但真正创立日本朱子学的是林罗山。罗山以京都一禅僧崇儒排佛，入惺窝之门后，涉猎诸子百家，其学不但越出朱子学的窠臼，且结合当时日本政情，有所创发。他为克服日本战国时代"下克上"的封建危机，力尊程朱三纲五常、大义名分思想①，但对理学不适于幕藩统治的则加以修正。如忠孝关系上，中国儒学向重孝②，罗山则主张"忠孝不得兼，宁舍孝而重忠"。③他赞同汤武放伐论，予幕府讨伐丰臣遗族以论据。在宗教问题上，他排佛、耶而与神道结合，认为"（神道）即王道也、儒道也、圣贤之道也"。④因此获得德川家康的特别信赖，任他为侍讲，顾问幕政，参与法制、外交文书的拟定。宽永七年（1630）三代将军德川家光赐上野忍冈地基一段，令罗山建立圣堂（孔庙）和学塾，教育幕臣子弟，林家世袭儒官。元禄三年（1690）五代将军纲吉移筑圣堂学塾于汤岛昌平坂，命林家三代孙凤冈为大学头，主持这一幕府的最高学府（称昌平黉）⑤。林家从此世袭主管文教的职位，朱子学成为官学。

朱子学在日本的传播

德川时代以前，朱子学已在地方广泛传播。战国大名朝仓氏的根据地越前（今福井县东部）是当时的儒学中心，儒学、国学家清原宣贤（1475—1550）倾向朱熹，多次讲学。周防（今山口县）7 国守护大名大内义隆（1507—1551）也振兴儒学，招聘博士、禅僧、讲释经书，还派人到朝鲜去求《朱子新注五经》。在西日本方面，以桂庵玄树（1427—1508）为首的儒僧开创日本朱子学的萨南派。以土佐（高知县）南村梅轩为中心的海南派主张儒禅一致，但倾向道学。关东地方，相传镰仓时代武将足利义兼（？—1199）创立的足利学校（在栃木县足利市昌平町）是当时日本唯一的学校，藏书丰富，迄明治期各地学子还云

---

①　王家骅：《日中儒学之比较》，《东亚中的日本历史》第 5 卷，六兴出版社，1988 年，第 154-157 页。

②　儒家以孝悌忠信为四德，而孝为始（《大戴礼记》）

③　朱谦之：《日本的朱子学》，三联书店，1958 年，第 155 页。

④　《藤原惺窝、林罗山》，《日本思想大系》第 28 卷，岩波书店，1980 年，第 192 页。

⑤　昌平黉于 1692 年由林家学塾改为官立"昌平坂学问所"。宽政二年（1790）幕府从这里发出"禁止异学令"，定朱子学为任官考试主科，其他学问都斥为异端。明治维新后，学问所改为昌平学校，即东京大学的前身。

集于此，培养出许多儒家学者。

自从文明十三年（1481）桂庵玄树在萨摩翻印《大学章句》以后，各种儒书先后出版。文龟元年（1501）桂庵又出版了《四书五经古注和新注的作者及句读》，统一了四书集注的和点（用日语读汉文时插在汉文中的日文和符号），为朱子学的广泛传播作出了重大的贡献。

德川时代，藤原惺窝、林罗山以后，朱子学分化为进步与保守两派思想，前者以贝原益轩为代表，具有主气的唯物倾向，后者以山崎闇斋为代表，具有主理的唯心倾向。

贝原益轩（1630—1714），福冈藩医，由阳明学转向朱子学，晚年对朱子学发生怀疑动摇，批判朱熹"理先气后"说，主张气一元论。他反对朱熹的"居敬"说，重视其"穷理"说。益轩喜好科技医药之术，自称所学为"民生日用之学"。属于这一派的有新井白石及怀德堂学派的中井竹山、山片蟠桃等人，幕末佐久间象山等也属于这一派。

山崎闇斋（1618—1682），京都寺僧，转向朱子学，极崇程朱持敬之说，弟子有浅间绚斋、三宅尚斋等6000人。幕末，闇斋融合神道教与朱熹大义名分论，创立一种儒教化的"垂加神道"新教派。认为神道教和儒教在"仁政"起源上根本思想一致，企图折衷两者，论证武家政治（霸道）和公家政治（王道）相同，所以幕府统治是正当的。在此基础上，他鼓吹"天人唯一""内外之辨"和绝对尊王的皇国思想，使神道教蒙上浓厚的理学气味和国粹主义色彩。所谓崎门学派至幕末维新后，尚有横井小楠、元田永孚等。他们与国学、水户学等高唱"万世一系"的国体论，在推动尊王攘夷运动及与军国主义结合方面起了积极的作用。

德川时代地方上出现了尊奉儒学的"明君"，以及许多教授朱子学的藩校。如宽永初建立的名古屋学问所、宽永十八年（1641）建立的冈山藩校、元禄十年（1697）建立的米泽藩兴让馆等。水户藩德川光国（1628—1700）聘请明末遗臣朱舜水为宾师，建立了尊王攘夷的水户学思想体系。此外，还有尾张藩主德川义直、会津藩主保科正元、备前冈山藩主池田光政、土佐藩的家老野中兼山等，他们都依据儒学改革藩政，在倡导程朱理学，巩固藩政方面发挥了作用。

封建教育的宣扬

德川时代朱子学影响最深广的是宣扬理学的封建教育。不用说当时日本普遍的学校——足利学校，连社会上普遍的教育场所——庙塾（寺子屋）里使用的训蒙读物也几乎都充满这些内容。其中影响较大的有以下各种：

（1）儿童读物：宣扬"三纲五常"一类思想，有《大和小学》《本朝三字经》《和俗童子训》及《民家童蒙解》等几十种。[①]

（2）妇女读物：鼓吹"贤妻良母""贞女烈妇"，用"七出"[②]的法纪使妇女遵守"三从四德"的有《女论语》《女大学》《女中庸》《女五常训》《女仁义物语》《本朝烈女传》等几十种。《女实语教》[③]中说："父母有如天地，公婆有如日月，丈夫有如君主，妇人有如从仆，朝夕孝敬父母，恭敬侍奉翁姑；夫妇切勿争吵，宁屈理而从夫；若不慎守三从，焉能避免五障[④]，若无报四恩[⑤]心，谁能保八苦身[⑥]？女为地狱之使，断绝成佛种子；面貌虽似菩萨，居心实同夜叉[⑦]。"

（3）武士读物：有《武士训》《武教小学》《士道要论》等几十种。详见下述。

（4）农工商读物：搬弄理学中的"存天理灭人欲"的观点，有《大和俗训》《民家重量记》《町人囊》（《商人须知》）等几十种。河村瑞轩的《农家训》说："《论语》曰：'耕也，馁在其中矣。'……要知士民本属下贱，身在土地，也喜农作，可谓知身份……不可有丝毫作乱之意……念及守护（神）冥冥之祐护，欲报其恩德，即应尊重朝廷，谨守法律，不因年贡课役，心存芥蒂，不为害于人。……虽君王不仁，政道苛刻，亦勿怨嗟。"[⑧]西川求林斋的《百姓囊》说："农民应以质朴为本，不犯国主之禁……凡世间乐，全在苦中，愈畏苦，苦愈多……不避苦，不求乐，苦自成乐。"[⑨]常盘贞尚的《民家重量记》宣扬宿命论说："大胜小，强胜弱……行道得德，作恶招殃……生死贫富，四季不移，此为天命。项羽之勇，灭于乌江；孔明之谋，志终不遂，此人力不如天命。"[⑩]

（5）宣扬忠孝节义的读物：忠义方面，有《皇和表忠录》《赤穗义人录》《烈

①《日本教育文库》学校篇，同文馆，1913 年，第 450 页。

②"七出"：本是我国儒学经典规定的"休妻"（丈夫离弃妻子）的七条依据，即妻犯无子、淫佚、不事舅姑、口舌、盗窃、妒忌、恶疾七条之一，可以离弃。

③ 作者不详，见《日本教育文库》教科书篇，第 118-120 页。

④"五障"：佛教认女子成佛有五种障碍，见《法华经·提婆达多品》。

⑤"四恩"：佛教认为人们应报答父母恩、众生恩、国王恩、三宝（佛、法、僧）恩。

⑥"八苦"：佛教认为人生有生、老、病、死、爱别离（与所爱者别离）、怨憎会（与所怨恨者聚会）、求不得、五盛阴（盛聚众苦）八种苦。

⑦"夜叉"：梵语 yaksa 的音译，意为丑恶食人的魔鬼。

⑧《日本教育文库》训戒篇下，第 1 页、第 4-5 页。

⑨《日本教育文库》训戒篇下，第 220 页。

⑩《日本教育文库》训戒篇下，第 21 页。

士报仇录》等十几种。孝义方面，有宣扬孔孟孝道的《大倭二十四孝》[①]、《肥前国孝子传》《本朝孝子传》[②]等十几种。宣扬贞烈的方面，有《本朝女鉴》[③]、《大东妇女贞烈记》《古今烈女》《本朝烈女传》等十几种。

此外，中国倡导封建伦理思想的《朱子家训》[④]在日本流传很广，也为日本封建教育的确立起了重大的作用。

朱子学在日本的广泛传播一面强化德川幕府的封建统治，导致其守旧锁国；一面由于尊王思想的树立，削弱了幕府的武家统制，推动了维新开国。

后期武士道思想

封建社会领主和武士间的主从关系，本无严格约束。平安时代有"兵（军人）之道"，镰仓时代有"弓马之道""武道"等词，就其实质讲，"武艺有之，武道则未之有也"[⑤]。镰仓后期，统治阶级要求武士忠诚、信义、廉耻、节俭、寡欲，这些儒家封建德目同禅宗、朱子学结合起来，进一步在武士中发生作用。早期武士道思想还没有形成一个完整的体系，至德川时代，由于中江藤树、山鹿素行、贝原益轩、大道寺友山、山本常朝等[⑥]儒学家辈出，鼓吹"杀身成仁""舍生取义"，并撰写论著，使武士道理论化、系统化，终于统治了整个日本武士的思想。

在日本，武士道常被认为是"纯日本思想"的"重要要素"[⑦]，但实际上武士道理论的祖师山鹿素行最初就是林罗山下面一个朱子学派。[⑧]他鼓吹的"圣学"，就是指孔子所说的天下之"五达道"和"三达德"[⑨]，也就是儒教伦理观

---

① 1665 年江户僧浅井了意著，全书 24 卷，大倭即"大日本"之意。"二十四孝"本是元代郭居敬集二十四古人孝行辑录，日本在室町时代就译成通俗图绘的童话集，德川时代浅井等仿效编写日本的孝子传。

② 两书分别由林罗山之子林春斋及孙林信笃编撰。

③《本朝女鉴》，12 卷，1661 年浅井了意撰。

④《朱子家训》是明末清初江苏昆山人朱柏庐（1617—1683）的《治家格言》。

⑤ 清原贞雄：《国史与日本精神之显现》，1942 年，第 237 页。

⑥ 中江藤树（1608—1648），德川前期儒家，著《文武问答》，鼓吹"无畏为仁义之勇"。山鹿素行（1622—1685），德川前期儒家兼军事学家，被称为武士道理论的组织者，著有《士道》《武教小学》等。贝原益轩，著有《文武训》等。大道寺友山（1639—1730），江户时代兵法家，山鹿之弟子，著有《武道初心集》《岩渊夜话》《落穗集》。山本常朝（1659—1721），佐贺锅岛藩士，著有《叶隐》，宣扬为藩主决死尽忠的精神。《叶隐》与大道寺的《武道初心集》同被称为武士道书的"双璧"。

⑦ 高须芳次郎：《近世日本儒学史》，1943 年，第 251 页。

⑪ 山鹿以后对思孟二程发生怀疑，成为"古学派"的先驱，但始终崇拜孔子和朱熹。

⑫ 据高须同上书第 254 页，按《礼记·中庸》引孔子的话："天下之达道五，所以行之者三，曰：君臣也，父子也，夫妇也，昆弟也，朋友之交也，五者天下之达道也。智、仁、勇三者，天下之达德也，所以行之者一也。"五达德也就是孟子所说的五伦，即"父子有亲，君臣有义，夫妇有别，长幼有序，朋友有信"。

的核心——"五常三德"思想。山鹿在《士道》里说,"孔孟之教人曰'守死善道',曰'舍生取义',曰'杀身成仁'。夫死生者,人之大事也。至道义之当守,生不足恋,死不足顾,况富贵贫贱,饮食色情之有害志乎。"①,这段话充分说出了"士道"和朱子学的关系。

山鹿素行的弟子大道寺友山,进一步发挥了儒学为君主"杀身成仁、舍身取义"的精神,同时开始把武士道日本化。他在《武道初心集》一书中说:"武士临战场,决不当顾家室。出阵应有战死之决心,以生命付诸一掷,方得名誉。与敌骑决胜负,将被敌取首级时,敌必正色问我姓名,即应朗报己名,莞尔授颈,不可有懊丧畏缩之态。负致命伤时,若尚有气力,必向番头、组头或同伙②报告,不露痛苦,处以冷静无事之色,方不失为武士第一要义。"③

在这些思想影响下,武士道内容增加了盲目狭隘的复仇主义。山鹿出仕过的播磨国(今兵库县)小藩赤穗,于1703年1月30日发生了所谓"赤穗义士"47人,报主仇后被处集体切腹,从容就义的事件。④这种"全死节"的山鹿思想的发扬,成为武士道精神的典范,它成为以后日本军国主义和法西斯主义欺骗人民进行野蛮统治和侵略的重要工具。

5. 德川前期的对外关系

对中、朝和南洋的贸易

德川幕府成立初期,为获得贸易利润,充实财力,准备消灭丰臣遗族及异己势力的内战,以树立全国统一的专制政权,继续采取织田、丰臣时期的开放政策,鼓励海外贸易。1615年发给赴日的广东、南京商船朱印状,予以贸易自由,并托明船带信给福建总督,向明朝提出讲和恢复勘合贸易的要求,以谋结束丰臣秀吉以来对中朝两国的敌对状态。明朝因倭寇及丰臣的侵扰,对日十分警惕,且国内形势不稳,厉行海禁,拒绝幕府要求。但中日两国民间贸易一直未断。中国商船每年都有几十艘到长崎、平户等九州诸港。庆长十四年(1609),幕府和朝鲜缔结《己酉条约》,恢复了国交,重新通过对马岛藩主宗氏展开日朝

---

① 《士道·明心术篇》,《山鹿素行集》,收入《大日本思想全集》卷3,第150-151页。

② 番头相当连长,组头相当排长,同伙相当同班排的士兵。

③ 《武道初心集·臣职篇》,《日本国粹全书》,第9辑,第71页。

④ 赤穗藩主浅野长矩因事被幕府处(自杀)刑,1703年1月30日夜,藩士大石良雄、吉田忠左卫门等47人为主复仇,袭击江户本所松坂町吉良义央的邸宅。后被定罪全体切腹,引起了儒家的狂热赞扬。室鸠巢著《赤穗义人录》2卷,记述此事。今天流行日本的歌舞伎传统剧目《忠臣藏》及一系列文艺作品,就是以歌颂这一武士道典范为题材的。

贸易和友好关系。①位于日本西南的琉球国，与日本有往来，但一直受中国王朝册封，坐收中、日、南洋三角地带贸易之利，拒绝丰臣侵朝时要它交纳兵粮的胁迫。江户幕府成立后，也没有派遣使节。于是家康借口琉球亲明，于1609年派鹿儿岛萨摩藩主岛津家久出兵侵略，迫使其从属岛津藩。此后，琉球每逢德川将军新立，便遣使致敬。但岛津氏仍让琉球保持独立国地位，继续向明、清派遣贡使，接受册封，默认它为外国，且不许琉球王室日本化②，还多方设法让琉球增加入贡明、清的次数。琉球成了当时日中贸易的中继站。东南亚方面，德川家康于1601年以来，就写信给安南、柬埔寨、暹逻等国王，要求通商，幕吏、大名和豪商们也同南海诸国政府交换书信礼物。

家康执行对外贸易政策的结果，日本同东南亚和西欧各国的贸易有显著发展。由于明朝的锁国，日本和大陆不能直接贸易，但对前往南洋各地的商人，幕府实行了官许贸易制，将盖官印的特许证——"朱印状"发给日本和外国往来于南洋与日本之间的商船主。史称这种获得特许权的商船为"御朱印船"。③朱印船多数是由九州的大名及豪商幕吏、外国人所有。输出日本的金、银、铜、硫磺、樟脑、米、麦、刀剑、文具、扇子、漆器、家庭用具等，输入丝绸、布匹、呢绒、苏木、鹿皮、染料、香料、铅、锡、糖、药材等南洋和中国的物产，对日本经济影响很大。当时日本在造船、航海的技术方面都不及西欧各国，也没有海军保护，但日本盛产可用作货币的白银，所以对外贸易发达。和当时华侨的一样，在南洋居住的日本人逐渐增多。17世纪初，东南亚各国，除华侨集中的唐人街外，也出现了日本町（城镇）④。居民大都是日本的商人、海员、佣兵、仆役，此外还有一部分不堪剥削压迫而流亡海外的日本人，以后更有不少被流放或外逃的日本天主教徒及被拐卖的奴隶等。这种日本侨民集居在日本街，由当地统治者授予某些自治权和治外法权。它的头领是居民选举出来的，

---

① 日朝贸易一向由对马藩主按朝鲜政府许可的数目（每年约20艘）派日船赴朝鲜釜山经营贸易，朝船不到日本。

② 德川时代前后，琉球王室一直宣称自古属于中国，1609年虽被岛津藩征服，仍继续和明、清往来。岛津藩也禁止琉球人用日本名、穿和服，使节到鹿儿岛时，不让看到日本的年号、人名、书籍、器物等。（见《鹿儿岛县史》第2卷）日本史学家认为这是鹿儿岛藩主企图利用琉球同中国贸易牟利的策略，也是德川家康保持安定繁荣的长远计划。（小叶田淳：《近世社会》，《新日本史大系》第4卷，朝仓书店，第101-104、176页；北岛正元：《江户幕府》，小学馆，1977年，第289-293页。）

③ 朱印船据说是1592年丰臣秀吉创始的。日商船在幕府特许下，利用季节风从长崎出发，到高砂（台湾）、吕宋（菲）、东京、顺化、广南、交趾、占城（越）、柬埔寨、暹逻（泰国）等地贸易。大船有达800吨、搭乘300人的。据统计，1604—1633年的29年间，共发出朱印状幕府贸易特许证148件，出国海员达8万人。

④ 南洋"日本町"，主要有菲律宾的马尼拉，越南的会安（岘港附近）和沱灢，柬埔寨的金边，泰国的阿输陀（即那沙旺府）等。人数多的如马尼拉郊外的圣米格尔，达到3000人。

有一定势力。①这种东南亚各国的日本市镇到日本锁国后，同本国完全隔绝，日侨和当地居民通婚、杂居，逐渐同化而趋于消灭。此外，侨居在我国台湾、澳门，印尼的瓜哇，马来亚的马六甲等地的日本人，则始终同当地人分散杂居，没有日本町和治外法权，很早就和当地居民同化。②

对西方各国的贸易

16 世纪中叶以来，西班牙和葡萄牙人在远东积极展开殖民和商业活动。葡人乘中日交往隔绝，在澳门和长崎间垄断了中国生丝和日本白银的交易，赚取 5 至 10 倍的暴利。③这方面的贸易一直掌握在丰臣氏和西部诸藩之手，且有耶稣会教士介入，早为幕府所嫉视。17 世纪后，新教国英、荷势力东渐④，庆长五年（1600）荷兰商船遇难漂至日本，航海长英人威廉为德川家康留任为通商顾问，改名三浦按针（1564—1620）。⑤荷、英商船先后于 1609 和 1613 年来日本，获得在长崎的平户岛设商行自由贸易及享受治外法权的待遇。后来还在江户、大坂、浦贺、骏府、堺、长崎设立分行及代销店，贸易旺盛。两国商品和西葡大致相同，不外是幕藩领主们需要的枪炮、火药、铅等军需品和豪商需要的呢绒、生丝、绸缎及棉纱棉布等。幕府为抵制葡商操纵生丝贸易，于庆长九年（1604）实行生丝特许证制⑥，由幕府统制生丝贸易。对西班牙宣布不实行这一制度（1612），对荷、英则更给以内地贸易的自由，由此葡商在日本势力一蹶不振。当时英商着重马来方面的香料贸易，对中日的贸易被荷兰人排挤，元和九年（1623）终于关闭了平户的商行，专力经略印度。随着日本禁教和锁国，荷兰成为西方唯一独占日本贸易的国家。

---

① 如泰国阿输陀日本町的头领山田长政（?—1630）得势时，军队里有日人 800 多名，山田因军功被封为太守，1630 年因内乱被杀，日本町被毁。

② 岩生成一：《南洋日本町研究》。

③ 天文十六年（1547）日本派出最后一艘遣明船后，中（明）日勘合贸易停止。1570 年后由葡商操纵了日本银与中国丝的交换。（朝尾直弘：《锁国》，小学馆，第 60—64 页）。

④ 1581 年荷兰通过资产阶级革命脱离西班牙，建立联邦共和国。1588 年英荷海军联合打败西班牙"无敌舰队"，由此英荷取代西葡在东方的商业霸权。英荷分别于 1600 及 1602 年在印度及印尼设立东印度公司，进行殖民侵略，荷兰还一度侵占我台湾。

⑤ 荷兰船利夫德（Lifde）号遇难漂流到九州大分县杵臼湾，家康留荷兰人船员耶扬子（Jan Joosten）和英人航海长威廉（William Adams）为通商顾问，使招徕英荷与日本通商。幕府给两人在江户住宅，威廉还得到三浦半岛（横须贺市）收入 250 石贡租的领地，故姓三浦。"按针"，日语领港、航海长之意。（冈田章雄：《三浦按针》，创元社，1948 年）

⑥ 生丝特许证制（"丝割符制"）：幕府规定由京都、堺市、长崎、江户、大坂等地十几家特权商人组成蚕丝购销行会，发给特许证（割符），由行会确定丝价，从葡商统购生丝，然后分配给各地商人。

对天主教的政策

德川家康的对外政策，基本上沿袭丰臣时代禁教与贸易平衡的方针。但家康要发展经济，为招徕西方商人和航海、造船及开采银矿的技术家，不依靠教士是困难的，所以禁教不但不彻底，而且他自己就在鼓励传教。文禄四年（1599）家康还在伏见城代行政务时，就委托被俘的西班牙教士耶罗尼摩（Jeronim de Jesus）进行同吕宋（当时西班牙的殖民地菲律宾）通好，为日本招聘技师，并允许他在江户建立方济各会的教堂。由此天主教各宗，向关东方面发展。庆长十四年（1609）家康还委托西班牙原任吕宋总督罗德利哥（Don Rodrigo de Vivero）和京都商人同去新西班牙（Nueva Hispania，当时西班牙的殖民地墨西哥）交涉通商。[①]仙台藩主伊达政宗（1567—1636）更公开宣布传教自由，庆长十八年（1613）派家臣支仓常长为使节，随方济各会教士路易·梭特罗（Luis Sotelho）乘自造大帆船横渡太平洋及大西洋，经墨西哥、西班牙到罗马，谒见西班牙王和教皇，要求通商。[②]

在德川家康统治期间，由于对国外商品和技术的需要，使天主教传教顺利。庆长八年（1603）在日传教士达 129 名，受洗人数 1605 年为 793 名，次年一跃为 8000 名。据教会的报告，庆长十五年（1610）日本全国天主教徒已达 70 万名。[③]

6. 幕府的禁教与锁国

幕府与天主教的矛盾

天主教在日本传教事业的发展逐渐扩大了教会和幕府间的矛盾。从幕府的立场看，天主教在两个方面是和幕府统治根本对立的。首先，天主教教义上坚持上帝是最高权威，上帝面前人人平等，这和以将军为最高主宰、严分身份等级的幕藩体制完全不同；天主教排斥异教，否定神佛信仰，认为上帝是天地万物之主，应该服从上帝，而不应该服从父母、主人、君主。这对自称"神国"的日本和被尊为"东照大神化身"[④]的德川统治者来说，更不能容忍；此外，

---

① 辻善之助：《增订海外交通史话》，内外书籍株式会社，1930 年，第 495-498 页。

② 支仓常长横渡太平洋 3 个月到墨西哥西岸，又陆路到东岸，渡大西洋到西班牙见国王菲利浦三世，要求西班牙和仙台藩通商。然后到罗马，谒见教皇。归途仍横渡太平洋，为时 7 年，史称"庆长遣欧使节"。支仓虽因日本已开始禁教未达目的，但距今 370 年前完成如此大规模的航海是值得注意的。

③ 北岛正元：《江户幕府》，小学馆，《日本历史》，第 16 卷，第 276 页。

④ 德川家康为使自己神格化，死前遗嘱为自己建神社，死后由天皇尊称他为"东照大权现"，即东照大神化身，在日光等多处建"东照宫"，让子孙信徒世代祭祀。

天主教反对日本武士的切腹、多妻制，都直接和日本统治阶级的传统对立。其次，教会活动的性质也日益增加幕府的恐惧。西方殖民主义者一贯利用天主教会充当它侵略扩张的工具，这是当时日本人在东南亚目睹的事实。早在16世纪中叶，九州地方信仰天主教的诸侯大村纯忠将领地横濑浦向葡萄牙人开港（1562），不久又将领地长崎、茂木献给耶稣会（1580）。耶稣会将长崎和澳门间葡商生丝贸易的一部分利润和教会领地上的租赋作为教会的财源，开展教会活动。虽经丰臣的禁教，但到德川时代前期，大量信徒形成坚强组织。教会通过商人把武器供给南方诸侯，这对正谋建立强大统一政权的德川幕府，不能不是严重的威胁。而当时新教国英、荷商人为压倒竞争者，不断中伤西、葡，说两国教士在利用教民征服日本。幕府联想到不久前佛教一向宗领导长达11年的农民起义（1570—1580），深恐丰臣氏遗族及反德川势力利用天主教徒的组织力量发动暴乱。同时天主教徒在受到权力的镇压时那种不怕死的行为使幕府畏惧，深恐"把日本变为魔国"，于是决心采取强力措施来扑灭天主教。

禁教的实行

幕府为消灭丰臣遗族，决定禁绝天主教的活动。当时幕府已可由信奉新教的荷、英商人保证外贸的利润，所以对天主教的主要支持者西葡两国在日本的势力不予重视。庆长十七年（1612）3月，断然发出禁教令，以幕府直辖领地的都市（静冈、江户、京都、长崎）为对象，1613年又下令全国禁教。幕府的"教谕书"指出："日本，神国、佛国也。基督教徒党传邪法，谋政变以夺国，违法令，谤神佛，礼拜罪入（指耶稣），崇信有加，应予严禁。"[1]同时在京都、伏见、大坂、堺等地破坏教堂，逮捕教民，强迫改宗。庆长十九年（1614），各地诸侯对教士和教徒全面镇压。同年9月，明石（神户附近）地方有名的丰臣派天主教诸侯高山右近等148名教徒拒绝改宗，被判处流放到马尼拉。京都、长崎、大坂等地拒绝改宗的，捆缚在草席和蒲包里，露出脑袋游街。妇女被裸体示众，或送往妓院当妓女。这些对教徒的人身侮辱和剥夺身份是日本封建社会惯用的野蛮刑罚。据帕·杰斯的《日本天主教史》说，有些男女教徒毫不留恋地将自己包在蒲包里，挤进犯人行列，表示舍身殉教决心。当时信徒中武士

---

① 摘自僧崇传（幕府执掌外交、宗教的事务官）《逐教士文》，大意见《天宽日记》，收入《德川禁令考》，第5帙，卷41。

多，特别在西南诸藩，这也许是禁教初期幕府采用身份刑的理由。[1]幕府发现消灭大坂丰臣势力的两次决战（1614 年冬、1615 年夏）中，教徒参加丰臣一方，于是决心禁绝天主教，以肃清反幕力量。诸侯慑于幕府威势，怕蒙丰臣派罪名，相继出具改宗字据，转而镇压天主教。诸侯的家臣、武士、农民，也根据主从关系，分别向所属上司提出"不背主义"字据，作为改宗理由。各级武士还得层层向上司递交保证部下及家属非教徒或改宗的证明。由此幕府掌握了对全国武士和人民思想的统治实权。

"大殉教"

元和二年（1616）4 月，德川家康死，他在死前消灭了丰臣遗族一家。8 月，幕府对各诸侯颁发了所谓"元和 2 年禁教令"，要全国上下直到农民，铲除教会、严禁信教，除明船外，信教的外国商船一律只限在平户、长崎两地经商。荷英两国人则不准在内地经商、居住。这一命令把禁教和统制外贸结合起来，已经显露了锁国的开始。幕府所以在这时加强禁教，无非为防止家康死后可能发生的内乱，以"耶稣为夷狄之邪法"作借口，威胁各地诸侯彻底归顺"神国"日本的将军秀忠。幕府这一禁令，使禁教进入一新阶段，对教会的迫害扩大到一般教徒身上。规定窝藏教士的人，火刑处死，没收家产。由五人组作连环保。于是九州地方不少教徒乃至暗中支持他们的人陆续被捕杀。1620 年，一艘从马尼拉回日本的朱印船被英荷商船队在台湾海峡捕获，报告了幕府，船上载有两名西班牙籍教士，连同船长日人平山被百般拷问，两年后（1622）在长崎受火刑，船员 12 名被斩首。事后不到一个月，幕府又在长崎集体屠杀外国教士。日本教徒及被牵连的朝鲜人、中国人 55 人，世称"大殉教"。[2]

各地诸侯为保全身份地位，都对教徒进行迫害。估计从元和五年（1619）到宽永十二年（1635），被处刑的日本教徒为数约达 28 万人。刑罚极其残忍，结果大部教徒被迫改宗。但仍有一部坚持信仰，参加称为"组""讲"及"众会"等秘密的信教组织。这些教徒被捕处刑时，还迷信"抵抗而被杀就不算殉教"的教条，毫不抵抗地死去。由此幕府更加感到天主教的危险，宽永五年（1628）

---

① 朝尾直弘：《锁国》，小学馆《日本历史》，第 17 卷，1977 年，第 155-156 页。据当时幕府发到各藩的文件，有处以"改易""逐出骏府（今静冈市，德川家康隐居地）"字样。"改易"是江户时代刑罚之一，处武士以没收俸禄、房屋、剥夺身份，仅次于"切腹"。

② 元和八年（1622）的"元和大殉教"，西班牙人教士 7 人、意大利人神甫 1 人、日本教士 13 人、出租房屋给教士的日人 3 人和朝鲜人 1 人，共 25 人被处火刑。火刑柱前处斩者 30 人。

起，越发加强禁教，甚至实施"踏绘"①的办法。但迫害愈厉害，反抗力量也愈大，不久就在长崎地区爆发了大规模的岛原起义。

宽永禁令

德川幕府的对外政策由积极的贸易开放转变为闭关锁国，主要基于两方面的原因。首先是天主教问题，这涉及从思想意识直至政治和国防的重大关系，必须加以禁绝，包括断绝日本和海外的交通，已如上述。其次是贸易统制问题，这关系到幕藩封建统治的基础。对外贸易发达必然促进国内工商业繁荣，从而破坏自给自足的领主经济。加以西南诸侯和豪商经营外贸日趋富强，也威胁幕府安全，因此必须统制外贸。幕府为保证其封建剥削体系，必须在小农经营的条件下，榨取实物地租，通过货币经济，促进农业的再生产。幕府于 1630 年起积极建设三都（京都、江户、大坂），扶植特权商人，奖励各地商业性国产物的生产，使三都起中央市场的作用②，由此控制了全国经济。与此同时，开始实行全面锁国，逐步限制并独占了对外贸易。

幕府的锁国政策是逐步展开的。如上所述，1616 年即所谓元和二年禁令只是禁止外船（除明船外）在平户、长崎两港以外靠岸。1620 年，禁日人搭乘外船航海及输出武器；1622 年屠杀外籍及日本教士后，次年驱逐葡人出境；1624 年禁止西班牙人来日通商。宽永十、十一年（1633—1634），幕府发布第一、第二两次锁国令，实行"奉书船"③制度。规定除持有特许证的船外，严禁日人日船出国。同时，严格统制外贸，外船来日，立刻受监视，限期交易，到期离境，丝价由长崎确定（其他商品按生丝标准定价），禁止官吏直接购买外货，还严令拘捕西、葡籍（南蛮人）教士，规定告发教士者的奖励办法。结果朱印船贸易只为幕府特许商角仓、茶屋（京都）、末吉（大坂）、三浦按针等七家独占。生丝特许证制由堺、长崎、京都及江户、大坂的商人加强了统制。宽永十二年（1635）发布第三次锁国令，禁止包括特许船在内一切日船驶往海外，侨外日人归国者，不问理由一律处死。宽永十三年（1636）发布第四次锁国令，除第一次禁令内容外，又增加了西、葡人在长崎所生子女及收留或匿救这些混

---

① 踏绘：将画着耶稣、圣马利亚的木板放在官吏面前，迫使人们踩踏，来审查是否天主教徒的一种制度。九州地方每年一次，查非教徒者，须经寺庙证明其为佛教徒。

② 特别对大坂，由幕府出资扶植，承认大部分巨商设立垄断性行会的特权。大坂人口从 1625 年的 27 万人到 1634 年猛增至 40 万人（永原庆二《日本经济史》，有斐阁，1975 年，第 119—120 页）。

③ 指持有幕府发给长崎奉行（相当市长）的"奉书"（上旨下达的文件），特许出国航行的日本船。

血儿童的人一律处死的罚则，以及加强搜捕外籍教士的规定。这样，随着禁教而加强的外贸统制逐步严厉，经过岛原起义的镇压，最后完成了德川锁国的体制。锁国体制的成立意味着国家垄断海外贸易关系的形成，它和日本对朝鲜、琉球、阿伊努（北海道）的华夷秩序建立一起，成为幕藩体制国际关系的准则。

肥前领主对农民与教徒的迫害

九州肥前（长崎）的岛原半岛原是战国时代天主教诸侯有马晴信的旧领地，有着不少热烈信仰的教徒和关原、大坂等战役后躲避幕府追究流落此地的浪人[①]。德川初期，由于藩主有马直纯禁教无效，幕府于 1616 年将岛原转封给松仓重政，有马的武士都成为农民。重政到任后，为巩固权势，7 年间筑起坚固的岛原城堡和市街港湾。为取悦幕府，领地收入仅 4.3 万石的重政，却为兴建江户城而要求承担 10 万石的劳役[②]，使农民疲于奔命。元和七年（1630），他丈量本藩耕地，清理出比原有石数多出 60% 的地亩，课以高达收获量 6 成的年贡[③]，并苛征杂税，盘剥农民。同年重政死，其子胜家变本加厉，对农户经济作物、手工生产品及工具等都课税，甚至牛马驮货、生炉子、装窗户、安葬、生子等等，无不要捐税。对无力完纳的，便处酷刑，如拉走妻儿，将孕妇扔进水牢或裸体倒挂。更有一种名为"蓑衣舞"的刑罚[④]，使岛原人民无法活下去。

岛原南面的天草岛，本是天主教诸侯小西行长旧领地。关原之战，小西灭亡后，幕府把天草划归唐津（佐贺县西北）藩主寺泽领有。这里是天主教在日本的发祥地[⑤]，丰臣禁教后还将神学校、修道院等移来，传播西洋文化。寺泽领得此地后，立刻丈量出比原来多出两倍的耕地，增征许多捐税，在岛西北筑富冈城堡，从唐津派官来这里统治。

岛原新领主父子两代除掠夺农民外，疯狂镇压天主教民。从元和四年（1627）起，松仓一族镇压教徒达八年，用种种酷刑（灌凉水、铁笼烤、烙印、拶指、

---

① 浪人又作"牢人"，脱离领主、失去封地或俸禄的武士。

② 《德川实纪》（国史大系）宽永七年 11 月 16 日条。

③ 中村质：《岛原之乱和锁国》，《岩波讲座·日本历史》，第 9 卷，1975 年，第 231 页。

④ 当时荷兰东印度公司驻日本平户商行长库克·巴克尔的陈述："他（胜家）又下令将送不出租的人……用蓑衣捆在颈和身上，用绳反绑双手，然后在蓑衣上点火，受刑的人不仅烧伤，也有烧死的。有的乱跳碰地而死，有的跳水淹死。这种惨剧叫做"蓑衣舞"。（中川清次郎：《西力东渐本末》，东大出版会，1943 年，第 235-236 页。）

⑤ 战国时代教会就设有天草学林。1592 年起用西洋印刷机印出活版图书，如《伊索寓言》故事书及辞典等（称天草版本），成为日本天主教文化的中心。

洞里倒挂、针扎、竹锯肢体、沸水煮）①，实行最残暴的恐怖迫害，受难者达数千人。天草岛上领主寺泽父子的迫害教民也极残酷。与此同时，教徒秘密组织（组、讲、会等）也遍布全岛，进行了沉默的抵抗。

岛原起义

岛原、天草两地自 1634 年以来，天灾不断，农民吃树皮草根充饥，多次向藩府借米，两家领主毫不过问，只用严刑逼租。宽永十四年（1637）10 月，岛原南端津村的农民与三右卫门请求缓付没有交齐的一部分租谷，松仓的家臣田中宗夫立刻将右卫门的怀孕的妻子囚入水牢，她已到临产期，泡在水里六昼夜，婴儿出生便断了气。右卫门和亲友群众被这种暴行逼得忍无可忍，汇合了七八百人包围并放火烧了田中的邸宅。田中逃进城堡，百姓追到城堡外，烧了市街。右卫门妻家就在对岸天草岛上，天草的农民也愤而参加起义。②由此看来，事件从开始就是一场农民针对领主苛政的反封建斗争。

群众推举了一位勇敢而有才智的 16 岁青年天草时贞（四郎）③做首领。他到全岛各地宣传，农民们和被杀教民的遗族都聚集山中、海岛开会，宣誓起义。一些多年受苦的庄屋（村长）、旧藩浪人武士，在起义中发挥了核心作用。10 月 22 日，岛原藩 2 名捕吏带兵 25 人到有马村，逮捕 2 个教徒家属。有马村代官（藩吏）林兵右卫门探悉该村农民佐志木右卫门礼拜天主像，大怒，破门而入，烧掉画像，同时将他因拖欠年贡捕去抵押的女儿，脱下衣服，用火把拷问。在场的四五个农民，愤而用农具杀死了林兵右卫门。于是浪人武士善右卫门宣告，"立刻杀掉各村藩吏"。岛原南部各乡纷纷响应，杀藩吏，烧寺庙，10 月 25 日开始了武装暴动。

10 月 26 日，起义军 2000 多人粉碎了藩署派来镇压的军队，包围了富冈城，在天草四郎的领导下，两地大部分地区已为起义军所控制。参加起义的群众十分广泛，岛原南部 13 乡全人口的 80% 参加。其中 6 乡不论男女老幼一齐参加起义军。④从阶级成分看，除农民外，还有手工业者和藩主的奴仆，有天主教徒，也有佛教徒。一些上层农民，如上述的庄屋（村吏）、因失去旧藩主而沦为

---

① 岛原云仙活火山有沸滚的琉磺泉，投入即死。

② 这是岛原起义的导火线。事件经过详见《黑田长兴一世之纪》，朝尾直弘《锁国》，小学馆《日本历史》，第 17 卷，1977 年，第 288 页。

③ 天草四郎本是小西行长旧臣天主教浪士益田甚兵卫之子。关于他，当时就流传着很多神话似的传说。参见冈田章雄：《天草时贞》，吉川弘文馆，1960 年。

④《日本民众的历史》，第 3 卷，三省堂，1974 年，第 305 页。

农民的浪人武士，担任了起义军的指挥。当时被围困在岛原城内的藩吏，飞报幕府和正在江户的藩主松仓胜家，并向邻藩求救。但各藩都观望不前，将军德川家光接报，惊呼这次起义"如昔之一向宗"，忙令正在江户的一些西南藩主赶回本藩，防止蔓延，并调兵遣将前往镇压。

11 月中旬，天草的起义军 3.7 万人（包括妇女儿童）正在攻打富冈城，得悉幕方大军就到，退入岛原南端的旧城堡——原城。12 月 9 日幕军包围原城，3 次发动总攻击。起义军用火枪木石反击，当时特产的"有马步枪"命中率很高，幕军伤亡很大，幕府专使板仓重昌在 1638 年元旦的总攻中被击毙。正月初三，幕府宰臣松平信纲赶到岛原，调集各藩军 12 万余人，加紧围攻原城，同时勾结荷兰军舰，从海上炮轰原城，但始终没有攻克。

由于起义军长期困守孤城，终于粮弹告竭，只能吃草根树皮。2 月 21 日，起义军实行反攻，因双方力量悬殊，没有成功。2 月 17 日幕军全面总攻，起义军一边祈祷进入天国，一边拼死抵抗。28 日幕藩军队付出了死 1700 人、伤万余人的代价才攻陷原城，时贞以下主要人员全部战死，被俘义军包括婴儿母子全部被残酷杀害。岛原天草义军在日本农民革命史上写下了英勇悲壮的一页。[①]

岛原起义是幕藩体制确立时期发生的大规模农民武装起义。它是由幕藩领主妄图把农业先进地区业已大量存在的小自耕农重新沦为农奴的倒行逆施引起的，是以备受封建压榨的农民和浪人武士为骨干，借助天主教组织，反对幕藩统治的一次大起义。这次起义震动了幕藩领主的统治，幕府动员 18 个藩十几万人的兵力，仅幕府就耗损 40 万两军费。

岛原起义是披着宗教外衣的农民革命。农民摒弃过去天主教宣扬的忍从、殉教等不抵抗思想，努力传播通过武装斗争，建立地上"神国"的思想。这是对封建制度的一次巨大冲击，是有鲜明的反封建性质的革命斗争。

锁国的完成

通过岛原起义，德川幕府不单认识到对外贸易对封建经济的威胁，而且更理解到外来宗教对幕藩统治的威胁，由此实行持续 200 多年的锁国体制。宽永十六年（1639）幕府发布第五次也是最后一次锁国令。全面禁止外船来日，命各藩检查航行船只，提高密告外船走私入境者以 3 倍的奖金，并禁绝国外教会

[①] 参见朝尾直弘：《岛原之乱》，小学馆《日本历史》，第 17 卷，第 279-314 页。我国当时史料也记载了日本对天主教的迫害和岛原起义的事迹，见《南明野史》（附录《鲁监国载略》），黄宗羲：《海外恸哭记》、戴名世：《日本风土记》等。清朝禁天主教及迫害天主教徒方法显然受到日本的影响。

对日本教民的一切联系与影响。宽永十八年（1641），将同基督教传教无关的荷兰人一律转移到长崎的出岛①，限制外文书籍进口，连朱印船贸易也禁止了。日商受重大损失而破产。锁国后，幕府只限长崎一港，准许中国、荷兰船舶通航，独占了与日本的贸易。由此日本的外交和贸易全部被置于幕府统制下。输入品中占重要位置的生丝交易则被持有生丝特许证的豪商集团（"丝割符仲间"）独占。

锁国时因贸易额没有限制，所以奢侈品的输入，金银铜外流的趋势，长期没有变化。但金银铜的产量渐减，继续外流会减少国内通货，贞享二年（1685）后，不断限制贸易额并取缔走私。正德五年（1715），幕府颁布"海舶互市新例"（正德新令），对贸易限制作了全面安排。规定每年中国船限 30 艘，银 6000 贯②；荷兰船限 2 艘，银 3000 贯。这一限额一直实施到元禄年间（1688—1703）。此后，金银生产减少，国内产业发达，丝、糖、工艺品等重要进口货渐能自给，外贸额自然下降。

整个锁国时代（1633—1857），幕府强迫天主教徒改宗佛教。如上所述，每个日本人都必须固定一个寺庙作为他的"檀那寺"③，由寺院证明他是某一佛教宗派的信徒。寺院掌握了信徒的"改宗户籍"④，成为幕府统治人民的工具之一。当时称这样的制度为"寺请"或"檀家"制度。

锁国的历史影响

17 世纪西欧殖民主义者东侵，印度、印尼、马来亚、菲律宾等国相继沦为殖民地。东亚还保持独立的中日两国，国内商品货币经济都开始发达，阶级分化，反封建斗争逐渐高涨。统治阶级一方面加强中央集权，抑制商品经济，镇压人民斗争，同时对西方殖民主义者的军事侵略和经济文化活动，特别是国内外敌对势力的结合，采取了严厉防范的方针。对外贸易，一般都由政府独占，作为国家财源之一。为此取缔国内外走私商人，形成了一套锁国政策。中日两国所不同的是，明清两代统治者使官营贸易表现为传统的朝贡形式，其他往来一律禁绝。日本的锁国则采取积极防止旧教国的侵略，禁绝天主教，取缔海盗

---

① 幕府于 1634 年令长崎富商 25 名在长崎市南端填海筑成一扇形小岛，名"出岛"，让葡商集中岛上。葡人被逐后，1641 年迫使居留平户来的荷商迁来岛上，锁国后这里成为日本唯一的外贸港口。

② 一贯，重 3. 75 公斤，相当银 75 两。6000 贯，相当银 45 万两。

③ 檀那：施主的意思，檀那寺属于施主所归依的寺院。

④ 改宗户籍：改宗人户口册。

和独占海外贸易。两者都是封建集权国家为克服内外矛盾，维护统治而执行的闭关自守政策。

日本锁国的后果如何？论者见解不一。有的从侵略者的角度出发，惋惜锁国使日本成为一个"蓑虫"（龟缩网里的虫）。露出头来时，世界大势已定，坐失瓜分殖民地的机会。[①]有的从文化史观出发，指出：日本人由于锁国，以致未能汲取欧洲理性主义的精神，日本民族也就因缺乏科学精神而致战败。[②]似乎日本帝国主义的失败只是因为锁国妨碍了科学发展。有的认为锁国政策有"自卫"的一面，并且认为东亚国家沦为殖民地较晚，是由于坚持锁国，特别是日本因锁国而使幕府得以维持两个半世纪的独立统一的政权。因长期的和平，多少给日本以封建生产力发达的条件。但锁国也招致日本在国际上的孤立，坐失早日转向近代化的机会，"都市文化由于资产阶级精神的发展受阻，以致形成一种夜郎自大，缺乏民族积极性的'岛国根性'，这正是闭关社会所不可避免的特有的畸形性"[③]。

我们认为，对于日本幕藩统治阶级，锁国是历史的必然。因为在当时日本国内外条件下，不锁国便很难维持封建自然经济的基础和不受殖民主义的侵略。同时幕府由于严格控制对外贸易，还迫使国内商工业完全屈从于封建势力，加强对劳动人民的剥削，防止武士同农民结合起来进行反抗。但是，锁国本身必定严重阻碍商工业的发展，堵塞西方科学技术和进步思想的输入，延缓了日本资本主义的发生，使日本的近代化比西方足足落后了两个多世纪。明治维新不得不披着"尊王攘夷"的袍笏登场，日本资本主义制度也就无法摆脱封建残余的长期困扰。

（原载《日本史》第十章，南开大学出版社，1994）

---

① 德富苏峰：《近世国民史·锁国篇》。

② 和辻哲郎：《锁国——日本的悲剧》，筑摩书房，1964 年。

③ 北岛正元：《日本史概说》，第 2 卷，岩波书店，1971 年，第 113-114 页。

三、德川中期（1680—1716）

1. 商品生产的发展

农业

德川幕府结束战国时代以来的兵乱，完成了国家的统一，劳动人民在较安定的环境里进行生产。幕藩为巩固其建立在小农经济基础上的封建统治，保证贡赋的收入，竭力扶植自耕农（本百姓）的发展，抑制土豪地主富农的势力，除严禁土地永世买卖及分田给子孙外，还采取禁止人身买卖和使用家奴，允许农民控告领主乃至移住其他领地等措施。又多次令禁农民逃亡，防止土地荒废。庆安三年（1650），幕府向全国农民发布了《庆安告谕》，对农民的生产和生活提出了 32 条严格限制，包括干涉农民种植经济作物，要求每人衣食住行极端节约。尽管这样苛刻的限制，商品经济仍在全国逐渐发展，出现了商业性农业，生产力也在提高。万治三年（1660）发明脚踏水车，17 世纪末，开始使用 2 至 4 个齿的"备中锸"，不靠畜力也能深耕。还发明和普及了"千齿脱粒器"（千齿扱），比旧时竹制或铁制的"脱粒筷子"提高效率 2 至 10 倍。[①]不久，又发明筛谷用的"千石筛"（千斛筬）。肥料方面，除传统的草肥、堆肥、灰肥、厩肥及粪尿等自然肥料外，农民还购用油渣、干燥鱼肥等肥田。为消灭虫害，已开始使用鲸油、石灰作除虫剂。栽培技术也有提高，如选择病虫害较少的稻种，实行轮种法和双季稻栽培等。17 世纪初期，出现了日本最早的农书《清良记》，以后陆续出版了《百姓传记》（1682）、《会津农书》（1690）等。元禄九年（1696），宫崎安贞参考中国《农政全书》和本草书，并总结日本农民的生产经验，出版了《农业全书》，使先进技术广为传播。[②]德川时代成为近代以前日本农学最发展的时期，由于上述原因，单位面积产量有了提高。每一反稻米产量，1594 年上等水田平均为 1 石 3 斗，到 1686 年则为 1 石 5 斗了。[③]

幕藩统治者为增加年贡来源，积极开垦土地，通过代官（地方官）、村吏等招农民包垦荒地，栽培经济作物牟利，新开地称新田，以别于本田。因年贡较轻，农民乐于耕作。本百姓的次子、三子、贫农和农奴们也有独立开垦小块耕

① 小叶田淳：《近世社会》，朝仓书店，1955 年，第 219 页。

② 中村吉治：《日本经济史》，角川书店，1955 年，第 200 页。

③ 楫西光速：《日本资本主义的形成》，第 1 卷，东京大学出版会，1964 年，第 59 页。

地的。到 18 世纪前半期，增长为 300 万町步。①产量由德川前期的 1800 万石，一个世纪内增至 2600 万石。②农业生产力的提高，使一部分农民除年贡和自己生活资料外，将剩余生产品商品化，为商品经济的发展和城市繁荣创造了条件。由于城市中武士、町人消费的增加，大名武士们只靠年贡和劳役地租，日益不能满足其生活之需。为此就得出卖年贡米谷和其他产品，换取必需的东西和货币。实物贡租的运输和买卖，从 17 世纪末起，以三都为中心大量进行。因而商品货币经济迅速发展，幕藩领主通过特权商人把领地的物产销售到市场，农民也必须把生产物换取日用品和货币。商人又向农民收购产品，以牟取利润。由此，农村自然经济日益被商品经济侵蚀，开始瓦解。封建领主虽一直想保持自给自足的经济原则，不许农民种植年贡（粮食为主）以外的产物，但由于领主生活和财政的需要，不得不奖励栽培一些五谷（米、麦、粟、忝、豆）以外的所谓"四木三草"③和菜、棉等，并初步形成地区性分工，出现了许多特产区，使农业生产日益商品化。尤以棉、蚕、烟草和油菜籽的生产发展最快。棉花生产集中在畿内和东海地区，如在摄津（今大阪府及兵库县一部分）平野乡，到 1706 年土地的 62.8% 已种植棉花，卖给大坂及乡镇的商人，在那里加工后再卖给全国各地。④养蚕则集中于关东和东山地区⑤。17 世纪蚕丝产量增加 1 倍，到 18 世纪初已达到国内自给。⑥灯火材料所需的油菜籽和腊树，主要在中部及其以西地区栽培。大豆盛产于本州东北。18 世纪初，还开始种植马铃薯、菜豆、西瓜、花生、胡萝卜等。商品作物的种植，需要购买特殊的肥料和农具，于是农民要出售生产物换货币来购置，促使农产品进一步商品化。

除棉和油菜籽外，米由农民交年贡和自食，所剩的都作为商品出售。领主收入的年贡米也商品化了。包括皇室和幕府的许多领地，采用"三分之一（指年贡一部分）缴银制"。各地知行地虽采取缴米制，但实际大多缴纳货币。

手工业

经济作物的种植，促进手工业的发展。德川前期，手工业中心在城市，工匠从事小商品生产，以满足幕藩领主和城市武士消费的需要。17 世纪末起，以

---

① 永原庆二：《日本经济史》，有斐阁，1957 年，第 129 页。
② 藤间生大等：《日本史概说》，上册，河出书房，1956 年，第 266 页。
③ "四木三草"：江户时代工艺作物的漆、桑、楮、茶称四木，麻、兰、红花称三草。
④ 楫西光速：《日本资本主义的形成》，第 1 卷，东京大学出版会，1964 年，第 67 页。
⑤ 东山地区包括滋贺、岐阜、长野、福岛、宫城、岩手、山形、青森等县。
⑥ 土屋乔雄：《近世农村经济史论》，第 120 页。

经济作物为原料的农村手工业有了显著的发展。

手工业中纺织业最发达，其中又以丝织业最先发展。例如京都的西阵、九州的博多、关东的桐生以及丹波、近江、八王子、米泽等地都以生产精美的丝织品著称。棉织业在盛产棉花的大坂附近，以河内、摄津、和泉、大和等地为中心。越前（今福井县）、美浓（今岐阜县）、土佐（今高知县）则是新兴造纸业中心。其他如尾张（今爱知县）、肥前（今佐贺、长崎县）的陶瓷，京都的漆器，野田、铫子（千叶县的市）的酱酒，滩（今神户市的一区）、池田、伊丹（今大阪的市）的酿酒等，闻名全国，行销各地。

农业生产力的提高，农工产品的商品化，日益使农村卷入商品货币经济的漩涡。幕藩的贡租和农民的剩余物都必需换成货币，才能解决日益复杂的生活要求。幕藩从 17 世纪后半期起，为财政的需要，开始对地方农业、手工业产品实行初期专卖制。藩都近郊可产销日用品，其他地方农民也可将产品交换必需品。各村镇设置了生产农民非自给必需品的机构。地方名产称为"特产物"（又称"国产""物产"），根据地域分工，由藩当局和大商人合力经营生产。进入 18 世纪，畿内先进地区，一些从事商品生产和高利贷致富购地的新兴地主、上层农民通过租佃土地兼做包买商人，一部分小自耕农和农奴也在小商品生产者化的过程中，达到身份的独立。特产物生产的发展具有两个特征：一是产地相互间发生分化和分工，例如以长野为首的养蚕业，先后在结城、福岛、信达地方建立了蚕种业。由于 17 世纪末奖励产丝，西阵生丝需量增加及地方丝织业的扩大，促进养蚕业发展，各地农村生丝大量流入都市，开始和京都丝织业中心西阵抗衡。二是都市的手工业技术传到地方，如西阵丝织技术传入桐生，大坂的炼铜技术移植到秋田铜山。

2. 城商经济的发展与农村阶级关系的分化

城市的繁荣

元和元年（1615）德川幕府公布"一国一城令"，幕藩领主把武士集中到幕府和藩都的城堡周围——"城下町"（军镇），并把商人和手工业者聚集到城下，使城市规模扩大。以这些新兴的"城下町"为主，加上过去发展起来的"门前町"（寺社门前形成的市镇）、"港町""宿驿町"等商业城市，到 17 世纪末，全国已有大小城市 300 个以上。[1]城市中除少数富商外，大部分是工匠、徒工、

---

① 儿玉幸多、太石慎三郎《日本历史的观点》，第 3 卷，日本图书公司，1974 年，第 214 页。

商人，还有一些小商贩和搬运工。江户、大坂、京都是全国性城市，江户为幕府所在，又是全国最大的消费城市。元禄六年（1693）市民 353588 人，1731年增至 553000 人，加上武士（将军、大名及其家臣）与仆人约 50 万，人口达100 万，据说超过当时的伦敦，居世界第一位。[①]大坂为全国商业中心，1692年人口达 345524 人。京都为皇室所在地，又是仅次于大坂的工商业城市，1715年城内外人口 358987 人。[②]各藩的藩都规模小些，其中最大的有金泽、名古屋等，后者 1692 年人口约达 10 万（一般市民 67734 人、武士及其佣仆约 3 万）。[③]

以大坂为中心的全国市场的形成是与大坂、江户、京都等大消费城市的形成，手工业高度发展以及全国性社会分工等条件分不开的，商品经济发达促使城市繁荣，同时城市繁荣又成为商品经济的巨大推动力。

德川时期，商品流通首先是通过领主的贡租商品化进行的。诸侯和武士必须把贡租和俸禄换成货币，才能维持他们的城市生活，支付往来江户"参觐交代"的费用。不少大名还必须把贡租运到江户或大坂出售。1732 年运到大坂的稻米已达 300 万至 350 万俵。[④]经营大名贡租和武士俸禄的商业机构，如江户的"札差"[⑤]、大坂的"藏屋敷"[⑥]、"挂屋"[⑦]等应运而生。这些与领主关系密切的大商人也经营民间产品，还以大名和武士的年贡与俸禄为抵押，兼营高利贷，积累了大量财富。

17 世纪末，商品流通开始超过藩国范围，投入市场的品种增多，各藩经济联系进一步加强。18 世纪初，以大坂、江户、京都、兵库、堺、大津、长崎等商业城市为中心，逐步向全国性市场发展。1714 年，由全国各地运入大坂的商品已有 119 种，价值 28.6 万余贯。[⑧]其中许多商品再转运到江户和各地，以致大坂被称为"天下的厨房"，成为全国性商品交易的枢纽。"问屋"（批发行）商人在全国性商品流通中发挥了重大作用。他们通过中间商人，一手包办了商品

---

① 沼田次郎：《日本全史》，第 7 卷，东大出版会，1962 年，第 50 页。

② 沼田次郎：《日本全史》，第 7 卷，东大出版会，1962 年，第 5 页。

③ 沼田次郎：《日本全史》，第 7 卷，东大出版会，1962 年，第 51 页。

④ 楫西光速：《日本资本主义的形成》，第 1 卷，东京大学出版会，1964 年，第 23 页。俵是装米的稻草包，一俵装米 4 斗或 3.8 斗，其容量各藩规定不同。

⑤ 札差：为幕藩及武士保管、贩卖租米兼营货款汇兑的大商人。"札"是代替粟证的牌子，"差"指将牌子"插"在米袋上。这种营业一度形成特权商行会制。

⑥ 藏屋敷：各藩驻大坂保管出纳贩卖租米、禄米和其他物品的仓库和营业机构，置藏元、挂屋等职。17世纪中叶后，由商人代营，并经营借贷。

⑦ 挂屋：大坂金融业者，代幕府征税、保管、出纳、运输各藩的租米、物资兼代理财务、借贷等。

⑧ 楫西光速《日本资本主义的形成》，第 2 卷，第 25 页。

的收购、运输、保管和贩卖，控制经济作物和手工业生产，经营项目也日渐专业化。这些批发商组成同业公会，维护他们的商业特权。1694 年，在江户组成了"10 帮批发商公会"[①]，大坂组成"24 帮批发商公会"[②]，这些批发商公会得到幕府承认，加强了与封建势力的勾结。此外，战国时期兴起的行商——近江商人和富山卖药商人依然在全国性商品流通中发挥作用。从 17 世纪末开始，由于农村商品经济的发展，"在乡商人"（农村商人）逐渐兴起。他们也以批发行的方式控制农民的生产，与城市商人争夺商业利益。由于这些商人的活动，在以后全国性商业网的形成中，起了一部分作用。

交通的发达

全国性交通的发达，对商品经济的发展和民族市场的形成有重大作用。早在德川初期，为实行"参觐交代"，修建了以江户为中心，通向各地的 5 条干道。其中以太平洋沿岸的东海道（江户—京都）为最重要。此外，有中山道（江户—滋贺的草津，与东海道会合）、日光大道（江户—日光）、奥州大道（江户—福岛的白河）和甲州大道（江户—长野的下诹访），通称"五街道"（大道），以东海道 53 "次"（宿驿）为始，沿大道设置驿站，各站有特许旅馆（"本阵"）。民间也开设客栈（旅笼）、小客店（"木赁屋"，旅客带米自炊的小旅馆）。幕府并从沿大道各村镇征用人马到驿站，供官府运输，作为一种课役制（助乡役）。[③]以江户为中心，大道各要地设关卡（"关所"）构成环形警备圈。各藩也在藩境设关，防止物产外流。5 条大道虽主要为"参觐交代"和幕府对全国的政治、军事统治服务，对民用加以限制，但它的修筑，尤其是与之相连结的支路（幕藩为通向 5 条大道修筑的大道，日本称"胁往还"，如水户路、北陆路、中国路等）的整顿，都有利于打破自然经济造成的隔绝状态，促进全国性的经济往来。政治中心的江户和生产较后进的关东地区日用品都依靠关西经济中心大坂供应。承担商品运输的主要是海上运输。其中以大坂至江户的南海路最发达，有称作"菱垣驳船"（以船上安装菱形篱笆得名，每船载二三百吨）和"樽

---

① 10 帮批发商公会（十组问屋仲间），由经营棉、漆器、内店（店内营业，售绸缎、布、线、妇女用品等）、药、钉、纸、酒等十帮批发商组成。

② 24 帮批发商公会（24 组问屋仲间），由经营棉花、食油、铁钉、纸店、漆器、杂货、瓷器、药材、席子、干菜店、五金、估衣、磨刀面、刀、枪、铁丝、烟叶、帆布、戒指、干鱼、木鱼、伞等 24 帮批发商组成。

③ 助乡役，本为辅助宿驿人马不足而设，据 1694 年规定，凡领主俸禄每 100 石，须摊派搬运工 2 人，马 2 匹。后逐年增加，至 1780 年时，每 100 石出工多达 300～400 名。农村徭役过重，终于各地爆发了助乡起义。

（酒桶）驳船"（以主要运酒得名，载重同前）的两大航运业，他们组织了行会，互相竞争。[1]17世纪末以后，有北海道及东北地方到大坂和大坂到长崎的西海路、下关到松前的北海路、奥州到江户的东海路等先后兴起，形成以江户、大坂为中心的沿海交通线。

货币金融的活跃

商品经济发展中，货币被大量使用，全国性的信贷制度从17世纪后期开始建立。当时通用金、银、铜三种钱币。幕府设金、银、钱（铜）"三货"的铸造厂（"座"），征收税金，另铸有少量真　（黄铜）钱及铁钱。幕府独占了铸币权，禁止私铸钱币。各藩发行了名目繁多的"藩钞"，据废藩置县时（1871）调查，德川时代的"藩钞"，多达1694种。[2]有244藩发行了这种不兑现纸币。由于商品经济发达，幕府不断改铸劣质货币，币价经常变动，加之关东用金币、关西用银币作价值尺度[3]，币制很复杂，因而出现了货币本身兑换和买卖的必要。拥有大量资金称作"两替商"（货币兑换商）的钱庄，以大商户为对象，办理存款、贷款、票据和汇兑等，从事与今天银行相类似的业务。大坂、江户都出现了这样的钱庄。1662年，大坂拥有实力的大钱庄（本两替）选出10人组成的同业公会，称为"十人两替"，在其统辖下，据说已有钱庄120或200家。[4]就这样，由以普通商人为对象的"两替"商和以幕藩领主为对象的"藏屋敷""挂屋"及"札差"，构成了全国的信贷系统。它们除经营信贷外，大多兼营商业及高利贷。幕藩都利用两替商从事金融活动，从中谋利，弥补财政。

"货币挖掘封建制度的基础，并从内部侵蚀封建制度。"[5]商品货币经济的发展，瓦解幕藩体制，使阶级关系发生变化。

如上所述，商品经济是由领主贡租商品化开始发展起来的，封建领主为满足其日益增长的需要，不断提高年贡额，除征收土地收获的一半以上作为年贡外，又以"口米""欠米"等名目增征一至二成的年贡实物附加税。对山林、草

---

① 当初樽驳船垄断运酒，其他货物由菱垣驳船垄断，后来因樽驳船运输迅速，运费低廉，其他货物也运输了。这样双方产生激烈竞争，几次签订载货协定仍不遵守，最后还是樽驳船占优势，直到幕末。

② 岛田隆等：《日本经济史》，山川出版社，1978年，第160页。

③ 当时金币采用定位币制（以金币作各种货币价格的标准），银币还是称量币制（以银块重量作币价标准）。1601年铸一定品位的银币，作法定标准。1609年定各种钱币的交换比率为金1两＝银5两＝铜线4000文。以后比率常有变动。

④ 沼田次郎：《日本全史》，第7卷，第62页。

⑤ 恩格斯：《论封建制度的解体和资产阶级的形成》，见《德国农民战争》，中译本，人民出版社，1962年，第163页。

原和河海的产品征收称为"小物成"（或称"小年贡"）的杂税。按 18 世纪中期写成的《地方要集录》记载，"小年贡"的名目多达 163 种。[1]有时领主竟提前征收 2 至 3 年的贡租。

小农经济本不稳定，领主加重剥削使小农经济更脆弱。日益卷入商品货币关系，也使小农破产的可能性增加。

农村阶级关系的分化

由于商品作物的增加，以及部分贡租改由货币交纳和购买肥料的需要，商品货币经济在生产和消费两方面逐渐渗入农民生活，侵蚀农村的自然经济。获生徂徕（1666—1728）在《政谈》中说："过去，各地除特殊情况用钱之外，买东西都不用钱，而用米麦……听说近来，从元禄（1688—1703）时起，乡下也用钱买东西了。"[2]18 世纪 20 年代，仙台藩耕种一町步的农户，全年支出 33 贯 589 文中，货币支出为 20 贯 936 文，其中 14 贯 919 文是生活费支出。[3]

农村被卷入商品货币经济后，封建的自然经济进一步瓦解，加速了本百姓的两极分化。一部分富裕农民在"荒年农民艰苦之时，以低价购置良田、山林房屋等……而此类富有之民，五十家、百家之中即有一、二家。[4]他们多半发展为兼有地主、村吏、商人三重身份的"豪农"，向农民放高利贷，将当绝的田地再佃给农民，收取佃租，成为典地地主。于是在领主土地所有制下，产生了典地佃耕（质地小作）关系。[5]破产农民一部分流入城市，大部分沦为"水吞""小前"（无地贫农、佃农及雇农），身受领主和地主的双重剥削。马克思说："高利贷有两重作用，第一，总的说来，它同商人财产并列，形成独立的货币财产；第二，它把劳动条件占为己有，也就是说，使旧劳动条件的所有者破产，因此它对形成产业资本的前提是一个有力的杠杆。"[6]在日本则不同，封建势力强大，压制生产自由。又由于长期锁国，对外贸易备受限制，商业高利贷资本不能向工业资本发展，唯有凭借幕藩领主权力，经营实物年贡的买卖，保证领主的贡赋和家臣武士的消费，在此基础上剥削农民、手工业者乃至武士们。所以这种寄生于领主经济上的商人，宁愿保留封建制，阻碍生产方式瓦解。如上所述，

---

① 野吕荣太郎：《日本经济史》，庆应出版社，1938 年，第 112 页。

② 引自本庄荣治郎：《近世的日本》，有斐阁，1954 年，第 41 页。

③ 沼田次郎：《日本全史》，第 7 卷，第 79 页。

④ 熊泽藩山：《集义外书》，引自野吕荣太郎：《日本经济史》，庆应出版社，1938 年，第 42 页。

⑤ 永原庆二：《日本经济史》，有斐阁，第 130-132 页、第 142-145 页。

⑥ 马克思：《资本论》，第 3 卷，1975 年，第 689-690 页。

幕府为维持封建小农经济，以确保收入来源，虽颁布禁止买卖土地永为私有的法令，但贫苦农民迫于生计，仍不能不典当土地、向富者借高利贷，一旦当绝，就沦为佃农，所以典当实无异买卖。武阳隐士的《世事见闻录》写道："当今贫富不均优劣差异如此之甚，富裕者一人，其周围贫苦农民达二三十人。"到 17 世纪末，在近畿种棉区，佃户已占自耕农的一半。1702 年，在尾张藩（今爱知县）的尾浓江领地，120189 家农户中，有土地的是 90048 户，没有土地的是 28041 户。[①]

商品经济的发展，促进农村手工业的发展。贫苦农民仅靠土地收入难以生活，必须靠出售家庭手工业产品，增加货币收入，才能度日。农民的家庭手工业渐渐被卷入商品流通中。到 18 世纪初，手工业的社会分工日趋完备，商品经济更加发达，自然经济在开始瓦解。

总之，18 世纪中期以前，在闭关自守和强力的封建束缚下，商品生产在各地发展。元禄、享保年间（1688—1735），农村阶级关系在迅速分化。但从全国范围看，商品经济的发展是不平衡的，而且尚未达到对封建体制发生重大破坏的程度。[②]

3. 幕藩财政的困难与町人思想的成长

幕藩财政困难与武士的贫困

18 世纪初，以京都、大坂、江户为中心，商品经济迅速发展。特别是当它渗入农村后，对于向农民征收实物贡租并把它商品化来维持财政的幕府是最大的威胁。因为商品经济发展的成果（例如商业性农业发展创造的剩余部分）不能作为幕藩领主的收入加以剥夺，反之，由于商品经济发展，城市生活费用增大，幕藩财政支出，把德川初期积蓄都消耗掉了。而且收入不能同它相适应，收支失去平衡，财政发生危机。其次，由于幕府和大名、武士的礼仪、服饰及娱乐享受日益繁缛奢侈，刺激物价上涨，幕藩财政逐渐困难。幕府年收入 46.7 万两，支出却达 140 万两以上。[③]幕领的代官或中饱年贡，或受贿降低租率。元禄时定额平均为 35%～38% 的租率，享保时降低到平均 28%。依靠禄米养家的武士，生活日益窘迫，有的聚集要求上层救济。1640 年，会津藩士联合向藩

---

① 守屋典郎：《日本经济史》，三联书店，1963 年，第 5 页。

② 土屋乔雄：《日本经济史》，弘文堂，1964 年，第 32 页。

③ 据新井白石：《焚薪记》。

主呼吁，设置了"拜借金"制度。[1]随着财政的困难，统治层内的矛盾尖锐化，集中表现在诸侯家骚乱。宽文九年（1668）。九州的岛原藩主高力氏，由于武士也征课赋役，激起武士、商工业者、农民在领内发动暴乱，因而被剥夺武士身份（改易）。宽文十一年（1671）的伊达骚乱、延宝七年（1679）的越后骚乱等，都是由于大名宠信暴发户新权贵（"出来出头人"），压榨武士，因而遭武士的反抗。幕府也于庆安四年（1651）连续发生藩主松平定政事件[2]和"庆安之变"[3]，暴露了幕政的破绽。

由于物价上涨，旗本中"有许多人值夜勤没有被子"[4]。著名儒家室鸠巢自白说："本人等现在没米吃，只好向藏宿（即札差——引者）借钱赊米渡日。"[5]各藩大名由于财政困难，以所谓"借知"名义，削减家臣俸禄，使武士生活更困难。18世纪初，太宰春台写道："许多大名，无论大小都低三下四地向商人借钱，只靠江户、京都、大坂和其他各地富商的援助才能维持生活。从农民那里征来的年贡，全都用来还商人的借款……还常被指责，要为赔礼而摆设宴席招待高利贷者。有的大名则无故给高利贷者俸禄，使加入家臣行列。"[6]这段记录生动地说明了领主和武士已经"部分地由于货币的缘故而在社会上处于依靠地位"[7]。

幕府为救济武士，享保四年（1719）公布法令，宣布不管旗本、御家人向高利贷商人借款的诉讼，令相互协商解决。这实际上是使武士赖债合法化。江户商业公会——"12帮批发行"向町奉行[8]提出抗议，一般商人债主则打着纸旗拥向武士家宅，张榜揭贴要求还债，迫使幕府不得不撤销这项法令。

各藩财政更困难，大名们按规定须在江户和领地两处各设邸宅，他们和大批武士在藩地过着奢侈生活，还得隔年去江户参觐，在外要担负幕府临时性徭役。因此，各藩比幕府更早陷于穷困。例如，佐贺藩元禄十一年（1698）亏银1万余贯，1703年欠款达23万余贯；萨摩藩享保四年（1719）亏银2900贯，濒于破产境地。

---

① 由幕藩对武士陪臣的贷款称为"拜借金"，一般无息。

② 三河苅谷藩主松平定政请幕府救济贫困武士未成，愤而退还领地，出家行乞江户，使幕府丧失威信。

③ 庆安之变：庆安四年（1651）江户军学者由井正雪组织门徒、浪人、豪农等3000人倒幕，事泄被杀。遗书中有"天下制法无道，上下困穷，为有心者所悲"等语。

④《兼山秘策》一，正德元年5月13日状。引自沼田次郎《日本全史》，第7卷，第13页。

⑤《兼山秘策》五，享保七年6月3日状。沼田次郎《日本全史》，第7卷，第23页。

⑥ 太宰春台：《经济录》。

⑦ 恩格斯：《论封建制度的解体和资产阶级的形成》，见《德国农民战争》，中译本，附录4，第162页。

⑧ 相当于市长。

商人势力的抬头

同武士贫困化相反，城乡批发商、兑换商、高利贷者积累了大量货币财富。正如太宰春台说的，"金银之富，悉为商人所藏"。[①]17 世纪末，大坂巨商鸿池善右卫门一家收入就相当于 10 个藩领地的收益。鸿池发明清酒酿造法，他的酒不仅大坂，还运到江户。他还经营大坂至江户的海运业及金融业，终成大坂最大的金融商。[②]他和三井、住友等家族，在全国重要都市设立分店，逐渐扩大其商业势力和资本的支配。住友当初在京都经营药材和书店，宽永初年迁到大坂经营铜生意，元禄年间开发别子铜矿成功发财。三井出身于伊势松坂，1686年以京都为根据地向大坂、江户发展，主要经营绸缎布匹和金融业。此外还有京都的大丸和名古屋的松坂屋也是当时的巨商。井原西鹤在 1638 年写的小说《日本永代藏》中，把鸿池、住友、三井等巨商作为新的富豪典型提出来。与此同时，元禄年间，结成江户 10 帮、大坂 24 帮批发商公会，不久发展为全国性商业同盟，甚至由此决定全国商品的价格，开始奠定民族市场的基础。当时领主在政治上虽尚保持其独立割据，但经济上已被卷入全国经济之中。幕府和各藩的财政都为富商所左右。例如，鸿池善右卫门一手操纵 30 余藩的经济，仅他的分店主人就有 70 人接受藩主的俸禄，他和平野屋、天王寺屋等富豪的生活，几乎与大名不相上下。[③]所以本多利明指出，"外表虽为日本国中武家之领地，但实则为富家之所领"。[④]豪商们把资金用高利贷借给武士、农民，投资开垦新田，逐渐把封建经济控制在自己手中，大大提高了商人的权力和社会地位，使旧日的身份制和封建关系松弛，如大坂巨商淀屋，除经营木材批发外，还操纵米、鱼和蔬菜市场，向他贷款的大名就有 33 个。[⑤]据说财产达 1.2 亿两之多。[⑥]元禄时代淀屋辰五郎凭他的财富，无视幕府法令，经常穿着不许商人穿的里外全白的衣服，甚至穿着幕府赏赐的礼服出没花街柳巷。

町人思想的成长

随着商品货币经济的发展，町人阶层愈不甘心于他们所处的社会地位，因而在元禄前后提出了人性解放、追求自由和四民平等的主张。其表现之一，就

---

① 太宰春台：《经济录》，卷 5。
② 《日本经济丛书》，第 12 卷，第 78 页。
③ 《大阪市史》，第 5 卷，第 543 页。
④ 本多利明：《西域物语》卷下。
⑤ 加田哲二：《武士的穷困和商人的勃兴》，1961 年，第 92 页。
⑥ 笠原一男：《日本历史》，第 3 卷，评论社，1976 年，第 139 页。

是对商人在社会上作用的肯定。如出身长崎通事（译员）的学者西川如见（1648—1724）在《町人囊》说，商人虽位于四民之末，但它能滋润天下万物，[①]对于天子、诸侯等都是有用的。这种思想不仅商人出身的作家中有，而且在儒者中也有。如古学派的山鹿素行说，百工乃天下之要，认为商业活动是社会所必需的。荻生徂徕说："农者耕田，养育世人；工者作器，供给世人；商者互通有无，助于世人……缺一则国土不存矣。"[②]这些显然是对商人社会作用的肯定，并在一定程度上反映了商人的政治要求。

町人思想成长的第二种表现是，否定封建社会的尊卑观念。例如近松门左卫门说："武士不为贵，商人亦不贱，所贵者唯丹心耳！"[③]西川如见说："人类毕竟无尊卑之理，微贱者虽身居陋屋，心却在万人之上。"[④]心学创始人石田梅岩（1685—1744）更明确地站在商人立场，认为商人行业不应卑视，它不为私利私欲，而有公益性质。经商有助于天下，商人的利益不可耻。[⑤]他说："《大学》谓，自天子以至庶人，皆以修身为本，而修身岂有士农工商之别？"[⑥]阳明学派的中江藤树（1608—1648）也认为，人"虽有五等之位，尊卑大小之别，但其身却毫无差别"。[⑦]因此，"万民皆是天地之子，人人皆为兄弟"。[⑧]他的门人熊泽藩山（1615—1691）发展了他的思想，说："人，皆为天地之子孙，岂有卑贱者？"[⑨]这些阳明学派对封建等级的否定，比之完全站在商人立场上的石田梅岩，尽管在思想上还有差距，但在反映商人要求的愿望方面，却有着一致性。这说明商人在经济领域内已成长为不可忽视的社会力量。

町人思想成长的第三种表现是，要求与武士阶级平等观念的产生。在石田梅岩看来，"营利，乃商人之道"。"如果说营利为'欲'而不是'道'，那么孔子又是如何使子贡为其弟子的呢？子贡以孔子之道用于买卖，他不营利岂能致富？商人的营利与士之食禄相同，不营利，有如士之无禄。"[⑩]这就把商人的营利行为与武士的受禄等同起来了。因而他主张："士农工商有助天下之治，无四

① 内田繁隆《日本政治社会思想史》，前野书店，1963 年，第 80 页。

② 引自源了圆：《德川思想小史》，中央公论社 1974 年，第 75 页。

③ 《夕雾阿波鸣门》，引自奈良本辰也：《日本近世的思想和文化》，岩波书店，1978 年，第 41 页。

④ 《町人囊》，引自家永三郎：《日本人的思想发展》，理论社，1956 年，第 15 页。

⑤ 水林彪《封建制的再编与日本社会的确立》，《日本通史》，第 2 卷，山川出版社，1987 年，第 383 页。

⑥ 古川哲史《日本思想史》，角川书店，1954 年，第 224 页。

⑦ 古川哲史《日本思想史》，角川书店，1954 年，第 190-191 页。

⑧ 源了园：《德川思想小史》，第 49 页。

⑨ 源了园：《德川思想小史》，第 52 页。

⑩ 加田哲二：《武士的穷困和商人的勃兴》，第 135 页。

民则无助。治四民为君职，助君为四民之职。士为有位之臣，农为草莽之臣，商工为市井之臣。"①这种思想是对封建"四民"等级的否定。此外，井原西鹤著《世间胸算用》（《世上如意算盘》）中，还提出了"在任何一国，没有金钱，便谈不到自由"的思想。②近松在其戏曲作品中，通过登场人物，轻蔑地讥讽了统治阶级。如《情死天网岛》的剧中人就宣称："这里的商人虽说不带刀，但这里大批的新银光泽，也足够把刀刃扭弯。"《夕雾阿波鸣门》中的人物更说出："即使不指名大小，也要使那些大官和少爷们不敢吭气。这些人比起京都、大坂商人的谁家也不如，即使是武士，也别想我输给他。"③

4. 元禄文化

德川中期，随着地方性经济逐渐发展为全国性的市场，文化方面兴起了取代贵族、武士文化的町人文化。这种以城市工商业者生活趣味为题材的文艺作品，反映了町人的成长和市民阶层新的自觉，多少具有反封建的自然主义和现实主义倾向。但由于奢侈颓唐的城市生活是建筑在封建领主武士勾结商人高利贷者残酷剥削农民基础上的，所以适合町人要求的文化具有很大的局限性。这一文化发展的高潮时期是五代将军纲吉（1646—1709）执政的元禄年间（1688—1703），所以称为"元禄文化"，但广义上一般是指17世纪后期至18世纪初期的文化。

文学艺术

1. 诗歌　由前代的连歌发展为俳谐的诗体。④德川初期，松永贞德（1571—1653）将和歌、连歌中不用的"徘言"（俗语、汉语）纳入俳句，他和大坂歌人西山宗因（1605—1682）的歌风一样，都很自由阔达，博得市民的赞赏。到元禄时代，由武士成为市民的松尾芭蕉（1644—1694）开创了蕉风俳谐，从语言到内容都打破传统的制约，把俳谐推向高雅的艺术境界，而且让发句单独使用，成了由17字音组成的短歌，广泛流传市民中。芭蕉为了创作俳谐，曾游历各地，

---

① 加田哲二：《武士的穷困和商人的勃兴》，第135页。
② 加田哲二：《武士的穷困和商人的勃兴》，第137页。
③ 作品描写名妓夕雾失恋的悲剧。阿波，旧国名，今德岛县，鸣门即鸣门海峡。见内田繁隆：《日本政治社会思想史》第86页。
④ 连歌由俳句（又称发句，即首句）和联句组成，一般是100句为一首，由2人以上分别以上下句唱和。古代，它为宫廷贵族、僧侣和武士所习赏，内容卑俗诙谐。室町时代山崎宗鉴（1465—1540顷）开始取材于纯朴的民众生活感情，虽含诙谐，却不重辞藻，由此创造出一种新诗歌的体裁——俳谐（带诙谐味的和歌）。

深入体验生活，出现了像《古池蛙跃入水声》那样有名的诗句。他写下《奥州小路》等俳文（带俳句味的散文）纪行和《猿蓑》等大量俳句集。

2. 小说　出现称为"浮世草子"（当代风俗写实小说）的一种现实主义民众文学。它由"御伽草子"①和"假名草子"②发展而来，大坂商人平山藤五自号井原西鹤（1642—1693），开创了这一新形式。正像这种小说以"浮世"（当代社会生活）命名一样，它以町人社会为主题。西鹤站在商人立场刻画市民的心理，嘲笑武士的道德。他认为人的创意与努力，比传统的权威重要；肯定人的欲望和爱情，着眼于商人享乐、营利和蓄财的活动。他以"好色"为名，大胆描绘人们对物欲和性欲的追求。如《好色一代男》《好色五人女》《日本永代藏》《世间胸算用》等等，就是反映当时市民社会生活的所谓"町人文学"。

3. 戏剧　创造和发展了"人形净瑠璃"（木偶说唱戏）。日本民间古来就有木偶剧这种艺术，后来由于新的乐器"三味线"（三弦）的使用，产生了木偶剧与说唱故事——净瑠璃③相结合的"人形净瑠璃"。这种民间艺术形成于16世纪元禄以后，由于大坂农民出身的说唱艺人竹本义大夫（1651—1714）作出了表现力非凡的乐曲"义大夫小调"，又由于当代戏曲作家近松门左卫门（1653—1724）写出了许多优秀的说唱脚本，如《国姓爷合战》④《曾根崎心中》⑤等，使这种艺术达到极盛。后因歌舞伎发展，趋于衰落。18世纪末，大坂植村文乐轩复兴了用义大夫小调演唱净瑠璃的木偶剧，他的弟子在1872年创办了"文乐座"。从此，净瑠璃木偶剧这一古典艺术以"文乐"之名流传至今。

"歌舞伎"（舞蹈戏剧）⑥，在元禄年间已从原来以舞蹈为主的民间艺术，发展成歌舞剧。同时出现了轰动一时的名演员，如京都的坂田藤十郎（1647—1709）和江户的市川团十郎（1660—1704）。近松门左卫门常为他们写脚本，以后配上了"净瑠璃""长呗"等乐曲，成为融合舞蹈、音乐、戏剧、绘画的综合

---

①　御伽草子是室町至德川初期流行的，以妇女和少年为对象的短篇小说。内容有神话、传说等，先是图画，后来写成文学，带有启蒙教育意味。

②　假名草子是桃山时期到德川初期流行的用平易的假名文写的拟古文体短篇小说。内容有恋爱、因果报应、妖怪、教训等故事。这种文艺继承了"御伽草子"的传统。

③　净瑠璃：用有关女神净瑠璃姬的神话（一说为三河国公主净瑠璃与平安末期武将牛若丸即源义经恋爱故事）为主题，和以三味线（三弦）弹唱的说书。

④　假想郑成功率日本武士抗清得胜的故事。

⑤　描写大坂曾根崎区一店伙和妓女含冤情死的故事。

⑥　歌舞伎，起源于桃山时代（1603）出云神社女巫阿国在京都演出的念佛舞，以后逐渐发展为日本旧剧歌舞伎，扮演江户及其前代的史事传说。演员表演动作、说白，辅以音乐，歌者在旁伴唱。初为女子演出，幕府认为败坏风俗，改由男子扮演，称为"若众歌舞伎"。

艺术。剧场也从原来简易的舞台，发展为设有楼座包厢的大型剧场，成为都市市民最大的文化娱乐场所。

4. 工艺美术 产生了一种色彩鲜艳、图案抽象的新风格。当时为幕府和宫廷服务的狩野、土佐两派御用画，已失去它的生命力，由京都商人出身的俵屋宗达（？—1643）和下一代的尾形光琳（1658—1716）开创了深受商人喜爱的色彩华丽的风俗装饰画，如光琳的代表作《燕子花图屏风》和《红白梅图屏风》等。1681 年江户刺绣工人家庭出身的菱川师宣（1618—1694）开创了"浮世绘"（流行风俗画），以妇女、演员、力士为题材，而美人画最为著称。这种画通过木版刻印，广泛普及于民间。此外，尾形光琳及其弟尾形乾山合创的彩瓷；柿右卫门（1590—1660）学习中国的"红绘法"，创造一种名"伊万里烧"的彩色瓷器；京都商人阿弥光悦（1558—1637）始作、尾形光琳加以完成的优美的泥金画漆器；京都宫崎友禅创始的绚丽多彩的友禅印花绸等等，都是在这个时期发展起来的工艺美术品。

5. 建筑 还具有桃山时代豪华的遗物，如日光的东照宫（德川家康的庙）就是壮丽庙式建筑的典型。京都的桂离宫和修学院离宫属于幽雅的茶室建筑，为上层武士和豪商所欣赏。民间则流行武家书斋型的旧建筑样式，并出现了歌舞伎剧场等大建筑物。

自然科学

由于生产实践的探索和总结，这个时期日本创造和发展了本民族的科学技术。这个时期的自然科学总的来讲，它是合理精神发达，人的思想从迷信和咒术中解放出来，通过实践对自然加深了认识。具体表现在实学——经验科学的发达。实学是与虚学（空的理论）相对而言，是一种具有现实性、实证性的学问。

在医学、药学方面，日本学者已开始摒弃中国宋代以来医学中以阴阳五行来说明生病原因的唯心主义偏向，提倡"亲验实试"。如贝原益轩（1630—1714）不仅是对德川封建统治思想提出大胆怀疑的思想家，而且是一个注重调查研究的本草植物学家。他以明代李时珍的《本草纲目》为蓝本，细心采集调查了日本 300 多动、植物和矿物，并于 1708 年总结整理完稿，1709 年出版了《大和本草》16 卷。其中记载了千余种本草（中药）的性能、特征和效用，开拓了日本的本草学。同一时期的另一个本草学者稻生若水（1655—1715）也对日本的动、植物和矿物作了广泛的调查，并在收集大量资料的基础上，编纂总数达

360 卷的《庶物类纂》，从而奠定了日本本草学的基础。后来他的门人丹羽正伯等人，又将这部巨著增补为 1054 卷，使日本的本草学有了更大的发展。

农业科学方面，更能体现出这个时代的精神，17 世纪中叶出现了最早的农书——《清良记》（作者不详），是用向领主讲述农业经营的形式写成的。但到了元禄年间，宫崎安贞（1623—1697），在畿内、伊势、志摩等地进行调查和自己农事体验的基础上，编著了《农业全书》（1697），成为当时日本农学的代表作。全书共 10 卷，分为总论、五谷、菜蔬等类，并由贝原益轩校订，加上附录 1 卷，为日本后世农书的典范。

除上述两部普遍性的农书外，还出现了许多地方性的农书：①《百姓传记》，就东海地方的水稻栽培概述了气象、土质、农具、肥料等。②《会津农书》，记述了寒冷、后进地区会津地方的水稻栽培。③《才藏记》，记述了纪州地方棉花栽培的知识。④《耕稼春秋》，根据加贺石川郡平原地区的水稻耕作，企图引进较高的技术。

与农业有直接关系的天文、历法和数学，在此期间也有新的发展。9 世纪以来，日本一直沿用中国唐代的宣明历，但随着社会生产的发展，与天象有一定差误的这种历法已不能适应社会的需要。于是日本的历学者安井算哲（后改姓涩川，号春海，1639—1715）便在中国元代授时历的基础上，根据自己多年对天体的实测，创造了适合日本实际情况的"贞享历"，于贞享元年（1684）为幕府正式采用。这样，日本便第一次产生了本国的历书。另外，日本的数学家吉田光由（1596—1672）写了《尘劫记》，这是 1627 年在改编中国明末算术的基础上产生的通俗日用数学书。后来，"大和算家"关孝和（1642—1708）著述了《发微算法》，进一步发展了代数方程式、微分积分原理和正多角形的算法等等。它不仅集和算之大成，在当时世界数学领域内也是难得的成就。

学术思想

1. 哲学：随着社会结构的变化，不仅同市民生活直接有关的文艺科技呈现了新气象，同时在幕府保护下，长期影响着武士和平民的儒家思想，也从内部产生了批判和改造它的动向，出现了几个朱子学的反对派。

（1）阳明学：儒者中江藤树批评朱子的"知先于行"思想流于空洞说理，坚持王阳明的"知行合一"学说。但阳明的"行"只是指"一念"上的自我修养，受禅宗"顿悟"（指"破除杂念，顿然觉悟"之意）说的影响，和社会实践毫无共同之处。据说藤树晚年读阳明书，"悟"而弃武士籍，从事教育。其弟子熊泽蕃山反对幕府的僭越和参觐交代制的浪费，主张武士移居农村采邑，实行农兵制，为尊皇思想作了准备。因而触怒幕府及藩主，被幽禁于古河，数十年而无忧色。

阳明学派以主观唯心主义思想鼓励武士杀身报主，这种愚勇精神本质上是封建反动的。但明治维新前后，他们代表下层武士和平民的利益，同代表封建领主的上层武士进行不屈不挠的斗争，发生过积极的作用。如大盐中斋（即大盐平八郎）、吉田松阴等都是发动起义的阳明学派志士。

（2）古学：古学派打着复古汉学的旗帜，提倡实践的道德，从朱子学里解放出来。朱子学是代表封建地主阶级的正统思想，古学派则是代表中小地主阶级的异端思想。这一派的创始人山鹿素行早在 1665 年就认为朱子学和阳明学都不是孔孟的真精神，提出直接追踪孔孟经典，恢复先秦儒学本来面目的主张（《圣教要录》）。因而他被幕府流放到赤穗藩。另一个创始人京都町人出身的伊藤仁斋也从同样立场著《论语古义》的注释书 7 卷，反对朱子学。朱子学主张有德者能治国，仁斋则认为可以脱离政治来树立道德，以"人情"讲解道德。著名学者荻生徂徕也主张政治和道德分开，以科学态度治学，反对朱子学派的空谈性理，坚持学习历史或"事实"。他看出幕藩体制的危机，但无法认识，只能根据儒家经典，讲求"经世之学"（经国济世的学问）。在《政谈》一书中，他指出改革幕藩政治是匡时救世的要务，但改革必先研究古文辞、阐明古代典章制度，然后通过将军的"作为"，重建"先王之道"的封建秩序。这种思想方法阻碍了古学派的前进。其弟子太宰春台更关心政治经济，思想开阔，主张促进商品货币经济，顺应了当时的潮流。

（3）前期国学：国学派继承了古学派的复古主义精神，但把重点转向日本古文学和神学。这一学派在中世纪研究日本古典文学——和歌的基础上，力求从宋明理学、佛教道德和中国传统文学形式（"汉意"）中解放，恢复日本古文学所独具的本性，发露真实的感情（"情""大和心"）。大坂的僧人契冲（1640—1701）精研并注释古代和歌集成的《万叶集》，主张根据日本古语的原义，排斥从来儒佛道德观对和歌的解释，确立了国学的方法。但作为独立的学派则始于荷田春满。

2. 史学：德川时代日本史学有显著的进步，尽管当时学问受官学（朱子学）统治，但和早中期封建社会被神话、帝王家谱或故事充塞的史书相比，则后期封建社会的"近世史学"已多少具有合理主义和实证的精神。

　　林罗山及春斋、春德父子著《本朝通鉴》①，站在儒学大义名分立场，拥护武家政权。林罗山以继承中国史学传统——《春秋》"据事直书，而善恶自见"的态度自居，虽标榜以六经为本立论，却努力搜集诸侯、神社、旧家族的遗文日记等作为依据，表现尊重事实；在有关国际的史事上，参照中、朝两国史籍；神道观上，力辟神佛混合的"本地垂迹"说，使它理性化，对神代的叙述，只罗列系谱，不表示看法。林家史学总的是在封建理学和武家史观的指导下，重视史实，讲求考证，排斥宗教（佛耶）迷信，关心政治制度和沿革地理，倾向实践，具有一定的客观精神。

　　德川时代另一修史事业是水户藩主德川光国（1628—1700）和一部分朱子学派儒者主持编纂《大日本史》②。光国于明历三年（1657）设史局"彰考馆"，继续200余年，才完成了这部巨著。《大日本史》着重史实考证，对史料典据注释严谨。全书标榜朱子学的正统论，强调"大义名分"③观点。这种尊王斥霸的精神，以后成为"水户学"的学风，由此影响了幕末的维新运动。

　　元禄时代的政治家新井白石（1657—1725）④，"不论在自传文学或作为近代学术性研究的国语学、国史学及洋学方面，都作了创造性的开拓工作。他力求摆脱不敢正视现实的排外自大思想，以达到日本人在世界地位上实事求是的自我认识"⑤。白石在史学上的贡献，第一，敢于从统治阶级的内部矛盾中发现其演变的阶段性。他在《读史余论》中，按照日本封建时代政治变革的性质，提出了"王朝九变而为武家之世，武家之世五变而至德川氏"的历史理论，将今天史学中上古、中世等概念都用于历史时期的划分，这和单纯编年体或记事本末体的旧历史编纂学大不相同；第二，对史料力主求真求博。他不但引用参考了日本大量的史料，还利用中国、朝鲜史书中有关日本的记载，甚至从西方国家采择资料；第三，他解释史料，突破过去用汉文解释的旧习，阐明日本古今语音的变化，以至某些东西方国家语言成为国语的过程；第四，白石的《古

---

　　①《本朝通鉴》是汉文体日本国史，自神代至德川前期后阳成天皇（1587—1611 在位）止，分前、正、后三编，共 273 卷。详近略远，主要叙述 10 至 16 世纪期间的历史。始编于 1644 年，完成于 1670 年。当时全书没有付印，直至明治时代才出版。

　　②《大日本史》也是汉文体日本国史。由德川光国延揽安积澹泊等儒者，据中国正史体裁（纪传体），编成起自神武天皇，迄于南北朝末后小松天皇的历史，共 397 卷。

　　③ 春秋时代孔子提出正名思想："名不正则言不顺"，"君君、臣臣、父父、子子"，评论是非，遵守相应的等级名分，符合正理（大义）。日本朱子学者根据大义名分论，坚主南朝是正统。

　　④ 新井白石名君美，号白石，由其师木下顺庵荐举为德川家儒臣后，辅佐将军家宣，以儒学和日本古典研究为指导，改革幕政。掌权 7 年后，为门阀势力所排斥。

　　⑤ 羽仁五郎：《白石、谕吉》，第 130 页。

史通》等书，表现了他史学思想的合理性——逻辑性。他批判了从前儒家道家的历史观，说："史者，据实记事，以为世之鉴戒者也。"[1]他也反对神道教的解释历史，说："神者人也，我国习俗，凡所尊敬之人皆为神。"他把神代史中的神话看作人事，不盲从曲解。因此受到水户家的排斥，终至被幕府辞退。由此看来，日本史学在明治维新前已因白石的出现而达到接近突破封建史学的水平。

宗教

首先是儒学的日本化。山崎闇斋（前述）初学朱子学，后受伊势神宫神官度会延佳和主张神儒一致的神道家吉川惟足的影响，倡导一种儒学和神道折衷的垂加神道（垂加是山崎的别号）。它以阴阳五行之理为经，居敬穷理之说为纬，将其权威求诸《日本书纪》神代卷的尊信；旨在守护皇室。主张"天御中主尊"相当于朱子学的"理"，由此出发，和"气"的"阴阳"一起产生万物的"理"就是"天御中尊"。因此，由祈祷和祓禊（祓除不祥）清净内心，"五伦"即明，"齐家治国平天下"即成。

其次是佛教日本化。佛教本来是一种追求彼岸世界的宗教，一切众生受到生即死、死即生的永远轮回规律的束缚。人的死只是反复无穷的六道（地狱、饿鬼、畜生、人、阿修罗、天界）生死轮回过程之一，而摆脱这种轮回的是涅槃。在当时幕藩制时代的社会里，人们强烈希望的是家庭这一个集团的现世繁荣，从而导致崇拜祖先和祈求现世家庭成员的幸福。在以家庭社会为基础的崇拜祖先、追求现世利益的民众宗教面前，佛教屈服了，变样了。现在祖先被当作佛，从而被佛（祖先）保护的、祭祀佛（祖先）的家庭在教义上获得了重要的意义。这当然会受到以家庭为单位而成立的身份等级制社会——国家的肯定。当时著名的僧侣，如曹洞宗的铃木正三（1597—1655）、净土真宗的浅井了意（？—1691）、临济宗的盘珪永塚（1622—1693）和白隐慧鹤（1685—1786）等都宣扬孝敬父母和精励家业。这样，本来否定家庭的佛教在教义上彻底发生变化——支持家庭和祖先成佛，构成了日本近代民众佛教的特征。

人民生活

这个时期经济富裕起来，民众服装流行"小袖"（狭袖和服），其材料、附

---

[1]《古史通》，读法凡例。

属品、图案、色调多样化。过去连中级武士的姑娘也穿露小腿的衣服，这时一般民众的姑娘穿着美丽宽大的和服了。由于米的大量生产和蔬菜的发展，饮食丰富，长期来一日两餐从 17 世纪中叶以后变成一日三餐了。许多糕点上市，地方名产出现，如江户浅草的缠腰布、八丁堀松屋的甜脆饼等。三都（江户、京都、大坂）的茶店、饭馆也出现了。过去连武士也只住铺席子的土地房间，现在房间都铺地板，正房里大多铺草垫。由于棉制品的发展，棉睡衣及棉被代替了麻和稻草的卧具。取暖用的木炭商品化，普及一般家庭。又由于菜油大量生产，许多民众能够过明亮的夜生活了。

日本的文艺复兴时代问题

如上所述，元禄前后町人中出现某些变革社会的思想，德川时代文化同欧洲早期资产阶级文化的某些倾向具有一定的共同性，因此，有的学者主张日本也有过西欧那种文艺复兴时代。①福本和夫更把元禄文化前后 190 年（1661—1850）规定为日本的文艺复兴时代，即晚于西欧 360 年发生。日本究竟发生过文艺复兴运动没有？是一个值得研究的问题。

德川时代日本人的意识形态里，确定出现了与欧洲文艺复兴时代类似的现象。由于商品经济发达，町人抬头，元禄前后出现了市民阶级的新文化。它表现在：

1. 对于古典文化的重视。有如欧洲人文主义者恢复和传播在中世纪被忘却的古代文化遗产，摆脱经院哲学和教会封建文学传统那样，德川时代的古学和国学，也表现了这种精神。古学派反对官学朱子学，主张直接追踪孔孟经典，恢复先秦儒学的本来面目；国学派重视古语的研究，反对儒家及佛教对《万叶集》中和歌作的道德性解释，提出按照古语解说古典，恢复被儒佛歪曲了的古代精神。这种复古主义——要求回到《万叶集》《源氏物语》的人性时代，与西方人文主义者"回到希腊去"的口号多少相近，两者同样发露了否定中世纪道德宗教训诫、解放人性的心声。

2. 人文主义精神的发扬。批判中世纪神学对人类思想自由发展的障碍，倡导反封建的人文主义精神，争取资产阶级的利益，这是欧洲文艺复兴运动的又一个方面。古典学派反对朱子学的理气二元论，倡导一元论的哲学，主张以人

---

① 关于各派的论点，在福田德三的《日本文艺复兴史论》（东西书房，1967 年，第 102-115 页）中，有较详的介绍和分析。又参见冈仓觉三：《日本的觉醒》（1904，纽约，英文版），村冈博译，岩波书店，1940 年，第 49 页。

情讲道德；国学派反对封建道德说教的儒学，力主尊重自然和心理。在文学上，本居宣长提倡"人情"，强调古代日本人一如神的意志那样生活，要从那里寻求人生的理想。井原西鹤描写性爱与市民现实生活，否定儒学道德，以享乐为人生要义。近松门左卫门的作品同情战胜道学恢复人性的人们。风流小说、滑稽小说讥笑讽刺教主、圣人、武士、腐儒的描述，都似乎与西方人文主义一息相通。

3. 自然科学的进步与唯物主义自然哲学的出现。日本在 18 世纪兰学兴起前，古医术、本草学、和算及天文历学在中国传统科学影响下有发展，但未达到认识自然、打破儒学世界观的程度。哲学也只停止在关于"天"的古代宗教观念和物活论的思想上。欧洲文化传入后，18 世纪 20 年代起，幕府采取"殖产兴业"政策，经过兰学者们研究，推动了科学技术的发展。出现了平贺源内的应用科学，安藤昌益对儒、佛、国学的激烈批判，山片蟠桃（1748—1821）的无神论，经世论者等重商主义政策和人类平等的先进思想，新井白石开创了科学态度研究历史的风气。

首先，德川时代尽管出现上述与西方文艺复兴时代类似的现象，但文艺复兴本质上是早期资产阶级反封建主斗争的反映。确定文艺复兴的标准，不仅在有无文化繁荣和追索古典文明的风气，而且在是否存在资本主义萌芽和早期资产阶级反封建思想斗争的事实。

德川时代中后期，日本资本主义萌芽既不成熟，市民阶级的力量又远没有14 至 16 世纪西欧资产阶级那样强大。恩格斯指出："欧洲式文艺复兴的时代是以封建制度普遍解体和城市兴起为基础的。"[①]当时日本的町人，虽有称得上巨富的人，但极少发展为产业资本。他们只是依附于幕藩体制，根本没有同封建势力抗衡的力量。在闭关锁国下，没有海外贸易的条件。不仅与西方从事产业资本和海上活动、具有手工业工场基础的早期资产阶级（大商工业者、银行家）不同，就是与日本室町时代依靠海外贸易致富的堺和博多的町人也不能相比。

其次，由于町人在资本主义经济发展上不成熟，因而政治上没有成为变革社会的力量。如果说他们有进步性，那么只是在封建统治范围内，为自身争得一定的社会地位而已。元禄时代虽也出现了井原、近松、松尾这些具有新思想的作家，但他们的作品与欧洲文艺复兴的作家比起来，显得苍白无力和先天不足。井原的小说只是站在商人立场嘲笑封建道德，肯定人的欲望与爱情，认为

---

① 恩格斯：《德国农民战争》，人民出版社，1962 年，第 193 页。

人的创意与努力，比传统的权威重要。这与欧洲早期资产阶级将批判锋芒直指封建统治是不同的。

再次，德川时代日本町人思想的局限性。表现在任何意识领域中，理性的色彩还很薄弱，除了个别思想家，看不到什么完整的新思想，大多仍与道德论杂揉。即使山片蟠桃的无神论，也没有脱离儒学影响。国学者中本居宣长等攻击佛教，却自陷于神道的鼓吹。这是由于德川时代日本市民阶级的力量还远没有欧洲那样强大，封建统治势力还很顽固。宽政异学之禁等镇压不断加紧，人性解放的主张不得不通过隐蔽的形式提出。町人中多数或对"弃捐令"吞声饮泣，或把朱子学作为处世哲学。他们面对黑暗，缺乏斗争气力。古典文化的探求和市民文艺的发达，只被引向满足富商巨贾官能享乐的方面。文学描写町人营利和处世方法，暴露出他们聚财以供游荡挥霍的心愿。这正是德川时代武士巨商奢侈淫逸，小生产者日趋贫困的反映。可见朝气蓬勃的欧洲文艺复兴运动不能见于后进国的日本，决不是偶然的。

（原载《日本史》第十一章，南开大学出版社，1994）

四、德川后期（1716—1845）

1. 农民市民运动的高涨与享保改革

幕藩统治的腐败

17 世纪后半期，幕府政治集中于挽救幕藩财政困难和防止武士浪人的背离，但封建经济破绽百出，商品经济发展势不可遏，用行政措施弥缝，显然是徒劳的。幕府以为恢复德川前期安定局面，照搬"古法"，便能解决危机，结果一波未平，一波又起。

四代将军家纲（1651—1679）时，由于对大名旗本整饬纪律，判处"改易"、减封、没收俸禄者达 26 件、80 万石，五代将军纲吉（1680—1708）时，更增至 46 件、161 万石。在这种"武断政策"下，许多失去领主的陪臣武士生活无着，沦为失籍浪人（"牢人"）。庆安四年（1651），江户连续发生了浪人由井正雪、丸桥忠弥等的反幕事件，市内各处"游侠"（旗本奴、町奴）闹事，成为当时一大问题。幕府为防止浪人继续产生，放宽了武家"临终立嗣"制①。以后大名、旗本无后嗣，可由义子继承，不再剥夺其武士家格。

元禄时代（1688—1703）五代将军纲吉执政，他罢免了贪污专权的大老酒井忠清，打击门阀势力，先后任命近侍牧野成贞（1681）、柳泽吉保（1688）为侧用人，整顿幕府机构，制订礼法，实行将军集权专制，史称"侧用人政治"②。由于纲吉尊重儒学，登用林信笃、木下顺庵，荻生徂徕等儒者③，表扬地方上的孝子节妇，罗致室町时代以来有名门家世的人世袭"高家"④之职，企图用儒家思想和繁文缛节来纠正武家政治积弊。但依靠三纲五常的说教、仪式、服制的文饰，不但解决不了政治经济问题，相反，形式化的礼仪需要庞大的耗费。纲吉不仅热中于朱子学，还迷信佛教，听信僧侣愚弄。说他没有子女是前世多杀的报应，须切戒杀生，尤其因纲吉生于戌年，所以要特别爱护狗。幕府为此颁发"爱护生类令"⑤，于是百姓因杀伤狗及其他禽兽而被处死刑、流放的不断发生，终致大家不敢养狗。幕府便向市民征税，建立大批狗舍来收容，群众气得骂纲吉为"犬公方"（狗将军）。

由于幕府腐败，奢侈成风，使财政失调。纲吉任命勘定奉行荻原重秀改革财政，荻原利用职权，听凭特权商人建议，于元禄八年（1695）起改铸货币，降低成色⑥，使幕府获利达 500 万两，暂得弥补财政。而铸币商（金银座）乘机发财，荻原仅在宝永间（1704—1710）受金银座特权商的贿赂达 26 万两，其他赃品不计。因这时货币不是信用货币，仅按金银块价格流通（铸币者只凭个人信用，保证金银块的质量），致货币滥发，币价大跌，引起物价高涨，民不堪苦，幕藩财政更困难。于是增税乃至以"征借"为名，减低陪臣武士俸禄，如 1646 年长州等藩减俸十分之二。但这种做法也是有限度的，幕藩只得用贡米作抵当，向京、坂商人借款。家臣武士更艰苦，武士靠副业维生的愈多了。

第六、七代将军家宣、家继统治时期（1709—1715），幕政由侧用人间部诠房和儒臣新井白石执掌。白石制止了奢侈浪费，厉行俭约，改铸了元禄时代滥

---

① 原作"末期养子制"，德川时代武家为避免绝嗣而被剥夺武士身份，临终时得请立义子继承家格的制度。

② 侧用人是将军侧近的侍臣，担任将军和老中、若年寄之间的联络，位低于若年寄，但得到将军的信任，便容易掌权。

③ 纲吉不但命林信笃、柳泽吉保等讲经书，还自己主讲四书、易经，多达 200 余次。

④ 高家是德川幕府官职名，掌管典礼，如幕府仪式、朝幕间礼仪、参拜神社等。

⑤ 《爱护生类令》，1687 年连续颁布 2 次，纲吉在世时实行 20 余年。

⑥ 荻原将金币掺银铜，银币掺铜锡，铜钱掺铁锡。改铸后滥发这种恶币，造成通货膨胀。

发的劣币，平抑物价。还罢免荻原重秀，处罚勾结荻原牟取暴利的银座头目，进而取缔钱业行会。但新币发行后，同旧币的交换比率不当，缺乏市场信用，经济仍十分混乱。为防止金银流出，1715 年制定《海舶互市新例》，统制对外贸易，每年限制中国、荷兰商船进口和白银出口，又废除对朝鲜使节赠送的厚礼。此外，白石还计划发展养蚕、开矿的政策。但他的改革主要为提高幕府的权威，许多政策流于形式，对幕藩统治的根本问题——农村问题无法解决，这些努力成效自然有限。

封建剥削的加强与农民斗争

商品货币经济侵蚀农村，不但引起农民生活的变化，而且由于贡租苛重，商人高利贷兼并土地，寄生地主制发展，农民的土地经营愈加零细化，贫困农民不断沦为佃农、雇农，享保年间（1716—1735）佃农已达农村人口的一半。[1]幕藩为克服财政困难，继续铸造劣币，滥发不兑现的"藩札"；对农村提高年贡额，并丈量土地，增加固定产额的租率。他们向农民提前一年征收年贡（"前纳"）甚至提前征收第三年的年贡（"前前纳"），加重剥削。地主对富农则征收"用金"（摊派）。

17、18 世纪间（元禄、享保期），典地农民日多，本百姓为不再失地，要求领主减少剥削，到处发生斗争。他们结合在农村共同体之下，要求领主减少年贡课役。幕藩规定农村有控诉事件须由村长逐级上告，但地方官总不理会，最后往往只得由担任村吏的自耕农带领群众或代表全村人民越级控诉。这种斗争形式称为"代表越级请愿"。[2]17 世纪中叶，松木长操和佐仓宗吾领导的农民斗争即其著例。松木是若狭（今福井县西部）地方一个 16 岁的庄屋（村长），1640 年他代表本村农民反对增征大豆为年贡，向藩厅请愿。他英勇不屈，坚持斗争 12 年，最后在临刑前仍鼓励人民群众斗争到底。[3]还有，至今日本人民中仍有口皆碑的佐仓宗吾的传说，也反映了当时农民斗争的情况。约 17 世纪中期，下总（今千叶县）佐仓藩上岩桥村农民，本名木内惣（总）五郎，通称佐仓宗吾，代表 200 余村农民向幕府执政拦轿控诉领主堀田横征暴敛，要求减轻负担。无效，宗吾一人向将军直诉，终被接受，但宗吾夫妇和 4 个儿子都被处死。据说宗吾被缚上刑架时，还怒斥领主。日本文学史上留下很多歌颂宗吾的作品，

① 田中丘隅：《民间省要》，《日本经济丛书》，第 1 卷，第 280-284 页。
② 林基：《百姓一揆的传统》，新评论社，1955 年。
③ 井上清，深谷进等：《日本农民运动史》，三联书店，1957 年，第 4 页。

如《地藏堂通夜物语》《花雪佐仓曙》等，为游方僧所咏唱或上演于歌舞伎中。此外还有《宗吾郎实录》《佐仓义民传》等史料传世。

这一时期普遍存在的农民逃散和强诉，主要是提出经济要求，但当强诉无效时便诉诸暴力——起义。据统计，德川时代的农民起义，1599 至 1867 年的 270 多年间，约有 1240 次[①]，其中 1052 次发生在 18 世纪以后，中间有 3 次高潮，即享保（1716—1735）、天明（1781—1788）和天保（1830—1843）年间的起义，分别为 90 次、114 次、157 次。

城市贫民的斗争

与农民运动相呼应，城市中兴起的市民运动，则成为冲击幕藩制的另一支力量。幕藩领主通过货币改革、垄断和专卖特产品、强制商人捐献等方式，压榨城市市民。而大商人则通过收买官吏、囤积货物、操纵物价等手段，把负担转嫁给占城市人口三分之二的、被称为"租房户"或"租地户"的下层市民，即临时工、手工工匠、仆役和小商贩等。尤其当荒年米价暴涨时，下层市民的生活就更难维持，城市市民与幕藩领主及与其相勾结的特权大商人的矛盾愈演愈烈。早在延宝三年（1675）4 月，江户市民就向町奉行所展开了请愿斗争，提出"因米价上涨无法生活，要求借米"，迫使町奉行所允诺借米 4 万俵。[②]正德三年（1713）6 月，江户市民又向町奉行所提出申诉，要求采取措施降低米价，并制止奸商囤积。享保十七年（1732），发生"享保大饥馑"，江户米价暴涨，而与幕府勾结的米商高间传兵卫却囤积米谷，高价出售。江户市民要求幕府增加拨给江户的米量，取消由特定的批发商垄断稻米贩卖的办法，但未被采纳。享保十八年（1733）1 月 26 日夜，不愿坐以待毙的 2000 余下层市民，高呼"拿米来！""不许囤积！"等口号，冲进高间传兵卫的住宅和仓库，捣毁财物，撕碎账簿。在幕府将军身边发生如此大规模的群众斗争，终于迫使政府在 3 天后下令准许稻米自由买卖，满足了市民的要求。[③]

不断高涨的农民、市民运动，出现联合斗争的趋势。元文三年（1738）12 月 16 日，但马藩生野银矿，1000 余矿工及家属起义，反对官吏与奸商勾结，

---

① 沼田次郎：《日本全史》，第 7 卷，第 198-199 页。

② 小野正雄：《江户的捣毁暴动》，佐佐木润之介：《日本民众的历史》，第 4 卷，三省堂，1974 年，第 48 页。

③ 小野正雄：《江户的捣毁暴动》，佐佐木润之介：《日本民众的历史》，第 4 卷，三省堂，1974 年，第 55-59 页。

减少矿工收入。但马全藩农民也于 12 月 28 日武装起义。幕府慌忙调集 12 个藩的军队前往镇压。因史料所限,虽未发现矿工与农民直接联系的事实,但它预示了两者联合斗争势头的不可避免。

德川中期后,农民起义的锋芒除直指幕藩领主外,也指向了"名主"或"庄屋"等村吏和地主富商。这说明商品经济发展,推进了农村阶级分化,贫苦农民身受领主、地主、商业高利贷资本的重重压榨。幕藩领主则依靠大商人和地主镇压城乡贫苦大众的斗争。市民与农民的斗争呼应,共同冲击着幕藩体制,使日本封建社会在 18 世纪晚期逐渐走向崩溃。

农民思想家安藤昌益

随着农民、市民斗争的发展,日本出现了杰出的农民思想家安藤昌益。昌益字良中,生于武士家庭。中年在今青森县研究医学、本草学、行医。昌益的生卒年月,目前还没有确说,[①]但根据他著述的出版年代,可知其活动时间是在 18 世纪中叶。他曾遨游国内各地,包括当时日本对外门户长崎,接触社会各方面,甚至对荷兰也有所了解。著有《自然真营道》和《统道真传》等书。前者为 101 卷(93 册),大部毁于关东地震,今存仅 15 卷(15 册)。后者凡 5 卷(5 册),相当于前者的摘要。他是一个不被封建文人所重视的思想家,但他却是一个反映农民阶级要求和愿望的杰出人物。

唯物论者昌益,主张物质第一性。他认为天地万物"无非一气所生,无非一气所满。自然转(天)定(地)人物中,唯一气充塞而无间"[②]。这就否定了朱子学派主张客观唯心主义的理气二元论,同时也是对阳明学派主观唯心论的批判。

他在《自然真营道》中,建立了一套独特的社会发展史观。他认为人类最早出现的是一种平等地生产劳动的"直耕"社会,即"自然世"。自从产生了剥削阶级及其代言人——儒家(圣人)、释迦等"盗天道"者后,就进入了"法世"的阶级社会。他坚决主张,应从"法世"回到"自然世"。他认为,无论神佛宗教,以及儒、老、阴阳五行之说,都不是"自然之真道","真道在于'直耕'",即农民自食其力,而神佛儒老之说,则不过是"盗道之私"。为彻底摧毁封建意

---

① 据最近研究结果,昌益生于元禄 16 年(1703),死于宝历 12 年(1762)。见寺尾五郎:《安藤昌益的斗争》,农山渔村文化协会,1978 年,第 7-8 页。

②《自然真营道》,卷 5,《日本思想大系》,第 45 卷,《安藤昌益》(佐藤信渊著),岩波书店,1977 年,第 189 页。

识，昌益更在《统道真传》中以"纠圣失""纠儒失""纠佛失"等观点明确的卷名，对宗教迷信和儒学予以坚决的揭露和批判。

昌益痛斥孔孟之徒为"乱世"的"不讲贪食者"，鄙弃儒家经典，认其"无一语合自然之真道"；"孔丘，一生之书说、辩教，皆为私法，非自然之道，妄失也"[①]。孟子则"说尧舜之仁义道德，贪食众人之直耕，是又盗道也……孟子之书言，悉私失，无一合于道者。故皆弃之不足评也"[②]。

昌益视儒家的仁义道德为"四恶之根"，孔孟之道为偷换"自然世"的"私法"。他说："圣人教言，信者应乎仁义礼智四德，无信则四德无用矣。此乃盗失也。仁者罪人之根，礼者乱人之根，义者杀人之根，智者盗之根，若纳信于此四恶之根中，则四恶益甚，妄善大矣。"[③]无情地剥下了所谓"仁义道德"的外衣。

作为反封建的农民革命思想家安藤昌益，彻底否定封建社会，说"此乃禽兽之世也"[④]。他在否定四民等级社会的前提下，提出了"直耕者"农民至上的思想。他认为，只有农民才是养育天下人之父母，"农者，直耕直织，安食安衣，无欲无乱，自然之转（天）子也……以之置于士下，践踏己之养父于足下，乃圣人之罪"[⑤]。这种把农民视为"天子"的思想，就是对四民等级制度的否定，又是对农民阶级的肯定，恢复了被剥削制度所颠倒了的社会关系。

昌益把他理想中曾存在于古代的社会称为"自然世"，那是一种"无富无贫，无上无下，男女无上下之别"的平等社会。在这种"自然世"中，"原野田地之人出谷物，山里人出薪材，海浜出鱼、薪材、鱼盐、米谷互易而得。浜、山、平里之人伦，与薪、饭、菜之用均自然安食安衣"[⑥]。昌益的这种设想正是那种"没有阶级差别，没有私有财产，没有高高在上和社会成员作对的国家政权的一种社会"[⑦]。但是，由于建立这样一种社会的物质条件在那时还远没有成熟，代表农民思想的昌益又处于那样闭锁孤立的环境里，当然不能指出怎样从法世转向自然世的道路，致使他的伟大革命思想不得不以空想社会主义的理想而告终。他的著作也不得不和他的理想一样，被埋没了近一个半世纪而没有为

---

① 《统道真传》，纠圣失卷，奈良本辰也译注本上，岩波书店，1966 年，第 42-43 页。

② 《统道真传》，纠佛失卷，奈良本辰也译注本上，第 92-94 页。

③ 《统道真传》，纠圣失卷，译注本上，第 40 页。

④ 《统道真传》，纠圣失卷，译注本上，第 40 页。

⑤ 《统道真传》，纠圣失卷，译注本上，第 40 页。

⑥ 引见羽仁五郎《明治维新》，岩波书店，1959 年，第 48 页。

⑦ 恩格斯：《德国农民战争》，《马克思恩格斯全集》，第 7 卷，第 414 页。

人们所觉察。①

吉宗独裁与节约令

幕府为巩固动摇的统治，整顿元禄以来商品经济发展所搅乱的封建体制，防止农村阶级进一步分化，摆脱财政危机，需要采取新的对策。

享保元年（1716），德川吉宗就任八代将军，在他执政期间进行了一些改革，因这些改革大部分是在享保年间（1716—1735）进行的，史称"享保改革"。这是德川时代三次改革中的第一次。改革的主要内容如下：

吉宗就职后，免去前代幕政的中心人物新井白石，任命水野忠之为掌管财政的"老中"。提出"一切循祖法"，恢复德川前期将军的独裁统治。

为加强镇压人民，吉宗提倡尚武，振兴德川家康后中断了的武士狩猎、练武。翻译发行清代范𬭁的《六谕衍义》②，作为民间教材及字帖，向人民灌输三纲五常的封建道德。幕府还设"目安箱"③，制订《公事方御定书》④，使处理违警及刑事诉讼有法可循。

为解决财政困难，首先节约开支，简化繁缛的礼仪，七代将军家继的葬礼比以前简化得多了，其后的法事也是如此。吉宗就任将军不久，家光的灵庙烧毁了，但没有重建，与家纲的庙合祭。享保七年（1722）实行"献米制"，命令各大名每万石俸禄献米百石，代之以减免其留居江户参觐期间为半年，即半年在府（江户），一年半在国（领地）。这样，才勉强发出旗本、御家人的禄米，偿还积欠商人的债款，暂时缓和了财政危机。这个制度继续了 10 年，至享保十六年（1731）撤销，恢复原参觐制度。

享保三年（1718）颁布"新金银通用令"，着手通货整顿。其内容是今后各种物价用新金银（正德金银）计算和交易，以前通用的各种通货在五年内换成新金银。这种新的通货政策，给元禄以来不断发展的经济泼了冷水，带来了经济的衰退，因为各种旧通货兑换新金银是在显著收缩通货的方针下进行的，货币量减少则货币、商品流通的速度缓慢。然而元文元年（1736）以大量比较劣

---

① 昌益的手稿直到 1899 年才由日本学者狩野亨吉公之于世，因此对当时社会影响不能不是很小的。

②《六谕衍义》：六谕，清世祖顺治九年（1652）颁布教化人民的 6 条准则。衍义，说明意义。

③"目安"原义是明白易懂的准则，也用作诉状之意。"目安箱"即检举箱，这里有民间投书揭发弊政的意见箱的作用。

④"公事方"是江户幕府执掌警察、司法的官署。"公事方御定书"简称"御定书"，为德川幕府的法典，2 卷，八代将军吉宗制定。上卷是关于幕吏的执务、警察行政、行刑的规定，下卷是关于刑法、诉讼法的规定。下卷俗称"御定书百条"。

质的元文金银换取少量良质的正德金银，并发行大量铜钱、铁钱，给经济带来了好转。

享保八年（1723），实行官职津贴（足高）制，规定低俸者就任高位官职时，发给官职津贴。例如，俸禄千石的人担任 3000 石俸禄的官职时，另外补贴 2000 石，离职后津贴即取消。这样，既节约了开支，又能选拔人才，制止官僚主义。

享保九年（1724），向各大名、旗本发出节约令，从书信、赠答、婚丧以至日常饮食、妇女服饰，都作了详细规定。对一般武士和平民的节约令，涉及更广泛的生活面。

节约令施行的另一个结果是，阻碍了商业发展，打击了商人，正如江户浪人学者山下幸内给吉宗上书所批评的，"节约政策是产生贫困的根源"。由于实行节约政策，"工匠做什么都卖不出去，日子不好过"[1]。节约没有使财政好转，终至连武士的俸禄也发不出去。

享保改革还有一个重要内容，即法制的整顿——制作法令集和编纂法典。吉宗时制作了《宽保告示集成》（1617—1743 年的法令）、《撰要类集》（享保期江户法令）。编成《诉讼处理御定书》2 卷，这是一部以刑法为中心的法典，供官吏参考。

掠夺农民的新制度

幕府为增加收入，最大限度掠夺农业生产的全部成果，享保七年（1722）起，征收年贡时实行"定租制"（固定租率制），取消过去每年秋季检查收成丰歉以确定租率的"勘查制"（检见制）。其办法是选择收成变化较小的地区过去 10 年平均收获量定出租率。过去的年贡各地虽有不同，大体上为四公六民，即税率为收获量的 40％，从享保十年起提高为收获量的 60％，即六公四民，但由于农民到处掀起反抗，享保十三年（1728）定为五公五民，并规定非遇荒年，全村减产三成以上不减免。定租期满后，重新检查农作物，另定租率，产量增加时年贡也相应提高。

幕府实行"定租制"，目的是增加税收，所以督促代官尽力征收贡租。但元文二年（1737）神尾春央任"勘定奉行"后，又全面恢复实行"勘查制"。他不按幕府初期查田定级（土地分上、中、下三级，按级定税）征收年贡，而是以土地实收量按五公五民征税。这样，农业生产力提高的果实被掠夺殆尽。

---

① 沼田次郎：《日本全史》，第 7 卷，第 20 页。

定租制对拥有肥沃土地的地主有利，对耕种多为贫瘠土地的农民不利。实行新的勘查制后，农民更加贫困，进一步促进了农村阶级分化。幕府拉拢地主，允许"苗字带刀"（即准许平民称姓佩刀），提高地主在农村中的威信，阻止农民的反抗斗争。

开垦新田与增产兴业

幕府增加收入的另一措施是开垦新田。享保七年（1722），幕府奖励在幕领或与它交错的地带开垦新田。规定幕府垦地虽为藩领，贡租亦归幕府征收，商人出资开垦者，其贡租十分之一归开垦者称为"町人请负新田"，允许他们将与投资相应的利润以地租形式收回，这就公认地主制的形式。当时著名的新田有武藏野、摄津川江、越后的紫云寺沼泽等新田。

开垦新田的目的是扩大税源，幕府于享保十一年（1726）制定征收新田年贡的规定——《新田丈量条项》。将享保以前开垦的新田贡租提高到与"本田"（一般土地）同等的税额，对于火田（焚烧野草开垦的田地）和山坡田，也都列入征收年贡的对象。还积极检查"隐田"，千方百计增加贡租。商人出资开垦新田，许多人便成为地主。

在开垦新田的同时，幕府还致力"增产兴业"，奖励种植经济作物，并推行当时主要靠输入的药材、人参、甘蔗等的栽培，以增税收。

此外，吉宗重视对生产有用的实学，令被称为甘薯先生的青木昆阳（1698—1769）学习荷语与兰学。享保五年（1720）缓和对洋书的禁令，准许输入与基督教无关的自然科学书籍、西洋船舶、武器、望远镜、仪器及药种等。还在江户设立天文台，鼓励与农业有关的历学研究，下令在江户小石川药园种植药草等。

吉宗的改革，使幕府的财政暂时得到改善，物价一时也趋平稳。但改革本身包含着各种矛盾，而这些矛盾在幕藩体制下是无法解决的。

在幕藩领主经济中，米具有中心商品的作用，米价与其他物价的关系直接影响领主及其家臣们的生活。享保十五年（1730）起，米价一再跌落，其他物价则不下降，这对于把年贡米换成货币作为唯一财源的领主及其家臣武士们的生活威胁很大。因此，调整米价成为幕府的重要政策。为防止米价跌落，幕府除自己大量买米、囤米外，奖励各大名、商人也来买米、囤米，并限制向江户、大坂运米，或默许投机商买空卖空。此外，在大坂设置官办的米谷交易所（堂岛米市场），企图通过它操纵、管理米价。

享保十七年（1732）近畿以西发生虫灾歉收，米价猛涨，结果1733年江户发生饥民捣毁米店的暴动。第二年丰收，米价又跌。1735年幕府规定了"法定米价"，但亦无效。因为幕府调整米价，实行买米、囤米，需要大量资本，只能依赖大商人，准许米商成立行会，并给予行会特权，米商因此得肆意投机操纵。另外，也由于米的生产、贡租的分配上，封建主一味诛求，没有固定政策，以致米价涨落无常，使农民、市民、下级武士的生活极不安定。幕府依靠增加贡税、徭役来维持其不断增长的需要，但由于他们的经济也受商人高利贷支配，所以幕藩财政基础愈不巩固。

享保改革的历史意义

享保改革并没有解决幕藩体制的深刻矛盾，反更加深了矛盾。例如当时面临最重要的商品货币经济急剧发展的问题,已经证明单纯复古政策抑制不了它。因此，改革表现为一方面统制、压抑商业资本，另一方面又与之妥协并利用它，结果造成商品货币经济更发达。在对待商业资本侵蚀农村、农民丧失土地的问题上，尽管一再禁止土地买卖、分割，抑制商人势力，而事实上却听任土地典当、租佃、默认兼并，并鼓励商人投资开垦新田。幕府既宣布不受理旗本、御家人欠商人债款的诉讼，似乎是对商业高利贷资本的压迫。但另一方面又承认商人组织行会，给予经济垄断权，企图通过行会组织统制和利用商业资本，结果反招致商人操纵市场。增产兴业也是依靠批发商人来吸收其经营成果，事实上默认商业发展和批发商、经纪商势力的增大。

享保改革后期，由于它适应商品货币经济发展，已引起封建经济组织和社会秩序的变化，一时取得成效，延长了幕府的寿命。也就是说，由于它适应社会经济的变化，甚至与之妥协，扩大了幕府存在的基础。

总之，享保改革具有加强幕藩体制复古、抑制商业资本的一面，同时又具有适应现实的一面。如任用人才，奖励实学，发展生产，与商业资本妥协并进而利用。所以，内田银藏认为"吉宗的时代是德川时代最光辉的时代"[1]，但改革必然招致商品经济的发展和幕藩体制矛盾的进一步扩大。它虽然在最大限度掠夺生产发展成果方面取得成效，一时解救了幕府的财政危机，但它同时又促使社会阶级矛盾更激化，引起了广大农民愈加强烈的反抗。

---

[1] 内田银藏：《近世之日本》，1938年，第79-93页。

2. 幕藩体制的动摇与宽政改革

田沼的增产兴业策

继吉宗之后，明和四年至天明六年（1767—1786），田沼意次（1719—1788）、意知（1749—1784）父子分任老中和若年寄，执掌幕政，推进吉宗改革后期的增产兴业政策。首先是继续开垦新田事业，安永六年（1777）颁布新田开发令鼓励江户、大坂商人出资，排干下总（今千叶县北部）印旛、手贺等湖沼，进行造田，但因洪水而未成功。开发虾夷地（北海道）也是新田开发计划之一，当初曾订立过一个年产量600多万石的庞大开垦计划，但因当时技术水平的限制，计划没有实现。其次，发展经济作物，甚至贵重药材人参等的种植，经营专卖事业。奖励开发矿山，设立铜座、铁座、黄铜座、朱座、银座①、石灰会所等专卖机构，指定御用商人对这些矿产实行专卖。此外，还准许工商业者成立各种"株仲间"（特权行会），由幕府征收称为"运上金"或"冥加金"的营业税。行会人数有限制，新参加的必须出重价购买特权，这种特权被称为"株"。因为行会间禁止竞争，更抑制行会外竞争者，所以它阻碍工商业的发展。在这种政策下，幕府勾结特权商人垄断了三都的生产事业，获取巨利。天明年间（1781—1788）仅大坂一地就发展了130多个行业的"株仲间"。

幕府的专卖事业和特权行会的政策，目的全在攫取商品货币经济利益。例如，关西产的油料作物一律须运交大坂行庄处理，禁止农村榨油买卖，甚至对农民的零星副业也要征税，所以农民及农村商人生活很苦。

在对外贸易方面，同过去限制输入品不同，奖励向中国输出铜和海产品——海参、干鲍、鱼翅及海带等，设法输入金银。还企图同出现在北海道周围的俄国人进行贸易；派人对虾夷地（今北海道）进行调查，准备开发②，但这些都因田沼被免职而没有实现。

在物价政策方面，采取压制各种商品价格及米价保持回升的政策。宝历十一年（1761）禁止开空米票（指大名为需要现金而开出的空头米票）它会使米价下降。与禁止空米票的同一天，开始实行御用金（摊派金）政策，计划向大

---

① 座是中世纪工商业者、交通运输业者、艺人等依靠官方而组织的特权行会团体或官营专卖机构。加入者有独占贩卖、免税等特权。江户时代有作为官营造币厂的金座、银座。朱即银朱，汞和硫的化合物。用以制作红色颜料及药品。

② 田沼根据仙台医生工藤平助（研究"赤狄"即沙俄经营堪察加地方的情况，著《赤虾夷风说考》一书）的建议，计划吸取荷兰造船技术，开发北海道。

坂富商征收 170 多万两御用金。幕府将这笔钱分摊借给大坂各城镇，后者将其中三分之二购进米，剩下的三分之一借给大名。这样可以防止米价下降，同时解决大名的财政困难，但实际上征得御用金不到 70 万两。天明五年（1785）又向大坂商人征收御用金。次年更向全国居民征收御用金，从而引起了各界的不满，田沼政权终于倒台。

田沼政策的特质及其失败

田沼的政策是根据当时的现实情况制定的，因为商品经济已发展到单靠复古主义政策不能应付了，田沼认识到当时商业高利贷资本对幕藩财政的支配力量，采取了勾结、利用商业资本的方针。通过商业高利贷资本，攫取农民商品经济发展的新成果，以解救幕藩的财政危机。他企图在封建体制所允许的范围内，把幕藩制的社会基础向货币经济方面扩大。

田沼政策虽有适应现实的一些特点，但由于他是站在维护封建统治的立场上来发展生产的，结果必然导致商品经济与幕藩体制间的矛盾进一步扩大和加深。田沼一方面坚持向农民征收实物贡租，一方面让特权商人支配商品流通机构，攫取农民商品经济的新成果。结果是特权商人势力增大，广大生产者除受封建剥削外，还受特权商人垄断经济作物，压价购买，更加贫困化。田沼意次一伙却卖官鬻爵，过着奢侈颓废的生活。天明四年（1784）意知受贿食言，被纳贿的武士杀死，意次地位也日趋动摇。[①]

天明饥馑与农民暴动

田沼执政期间，连续发生严重的自然灾害。明和七至九年（1770—1772），江户、大坂大火。与此同时，江户、东海道、九州、奥羽洪水，江户更受暴风袭击。安永二年（1773）流行传染病。安永七年（1778），京都、日向洪水。安永七至八年（1778—1779），伊豆大岛火山喷发。1779 年鹿儿岛樱岛火山喷火。天明三年（1783）浅间山火山爆发，熔岩飞溅十余国，死者达 2 万余人。同年起，从关东到东北、奥羽，连续发生大雨、大风、霜冻等，持续几年，受害严重，出现了"天明饥馑"。天明三至四年（1783—1784）津轻郡（青森县西北部）饿死者达 12 万人，据说全家死亡变成空室者 3.5 万余户。仙台藩饿死者 14 至

---

① 辻善之助：《田沼时代》，日本学术普及会，1936 年。

15 万人。天明四年春，因传染病死亡者也很多，饿死者则达 30 万人。[1]

这时的农民，已不是芝麻似的散漫和被任意压榨的对象了。当他们再也无法忍受下去时，便团结一致，拿起竹枪、镰刀，举起席旗进行战斗。用幕府老中松平定信的话说："出告示，民众也不听，反加诽谤，凡事下凌上。"[2] 当时的社会，正如米泽藩藩医所说："稍有变故，人心即生动荡，向农民征税稍苛，便滋生事端。连年到处出现党徒，日光方平息，又出山县大贰[3]。大坂有骚动，佐渡即不稳。伊势起纠葛，越后便喧嚣，天下渐呈动乱之兆。为国主者自警之日来临矣。"[4]

农民起义风起云涌，宝历五至六年（1755—1756），秋田等地因滥发纸币，物价高涨，爆发起义 20 次。明和一至二年（1764—1765），关东幕府领地爆发了岛原起义以来最大的农民战争。它起因于幕府向农民征苛税，20 万农民进江户，最后为幕军残酷镇压。80 年代发生严重天灾，农民起义成为封建制度真正的威胁。天明三年（1783）达 30 次，天明六至七年（1786—1787）的 2 年，分别达 20 至 30 余次，是仅次于维新前夕起义的高峰时期。1786 年备后福山藩 2 万农民起义，在秘密组织——太平组领导下，同领主军作战，农民没有一人牺牲而取得完全胜利。

城市贫民的暴动与田沼政治的没落

城镇的市民暴动，以明和五年（1768）新潟的暴动最突出。新潟市民为反对米价高涨，领主苛税，赶走了町奉行（市、镇长）以下的幕吏，由新兴商人执掌市政达 2 月之久。建立自卫组织，廉价售米给贫苦市民，并降低典当利息，成为这一时期城镇市民暴动的典型。

天明六至七年（1786—1787），由于商人乘天灾饥馑，抬高米价，城市贫民起义、暴动，几遍全日本，其中以江户市民暴动的规模最大。暴动从 1787 年 5 月 18 日开始，由 5000 多人组成的起义队伍分成 24 组，捣毁本所、深川两区附近的所有粮店、仓库和富人住宅。20 日暴动扩大到赤坂、四谷、青山等区。21 日更波及到芝、高轮、日本桥、浅草一带。22 日遍及全市，捣毁粮店 980 家以上，酒店、典当业达 8000 家，整整 4 天，幕府统治完全瘫痪。当时人认为，这

---

[1] 土屋乔雄、小野道雄：《近世日本农村经济史论》。

[2] 天明七年松平定信上书，见《日本历史讲座》，第 4 卷，河出书房，第 71 页。

[3] 山县大贰（1725—1767）与竹内式部发起尊王运动，反幕府，主张王政复古，被幕府处死。

[4] 天明七年松平定信上书，见《日本历史讲座》，第 4 卷，河出书房，第 71 页。

次暴动甚于享保十八年百倍（《梦语》），实"江户建城以来未曾有之事变"。

田沼政权在城乡起义暴动打击下，陷于四面楚歌，统治阶级群起攻击。天明六年（1786）8月田沼被免职。10个月后，保守派代表人物奥州白河藩主松平定信①出任老中，1788年升为家齐的宰臣，担当幕政。

强化封建小农经济与压抑商品经济

松平定信出任老中时的情况是：农村阶级分化加剧，破产农民不断流入城市；特权高利贷商人财势日益增长，市民生活贫困；武士债台高筑，幕藩财政更加拮据。在城乡人民暴动压力下，幕府被迫拿出20万两，高价买米配售市民，但仍无济于事，连旗本俸米都不断拖欠。定信为解救危机，进行了一系列改革，史称"宽政改革"。

宽政改革的重点是稳定封建的小农经济。由于田沼时代农村阶级分化剧烈，农业人口减少，贡租收入难以保证，定信采取了如下的农村政策：（1）强制外出农民还乡。1788年12月后陆续对农民外流较多的东北及关东地方发布禁止农民外出做工令。规定外出做工者，须经领主许可，期限一年，到期必须归农。对还乡者，发给旅费及农具资金。（2）禁止堕胎、溺婴，发给抚育幼儿费（但宽政后，农村人口仍少增加，所以德川时代日本人口始终未超出2500万至3000万）（3）设立"人足寄场"即劳动收容所于江户石川岛（1790年2月）。收容捕来的所谓"浮浪之徒"，包括流入城市的农民、城市贫民或刑满无家可归者，强制劳动，学习技艺3至6年后，使就业或归农。这一制度也具有维持社会治安的作用。（4）设立义仓。在各地把军用米作为种子和调节米价用，贮入社仓，也用以备荒，称为"围米（常平仓）制"。（5）限制种植经济作物。为保证领主贡租收入，除米、油菜籽及棉花外，一律禁种。

在稳定农村经济的基础上，1770年起，便加紧征收贡租。当时定信指示地方官吏："税重不会给农民造成困难，宽延则使村纪松弛；实衰微之根源。"继而命令对已实施定免法（定租制）地方贡租较轻者，改为检见法（勘查制）。经勘查增租后，再按新增标准定租。这种横征暴敛，激起农民的激烈斗争。

对于城市经济，定信采取了与田沼扶植特权商人、发展并垄断工商业等方针完全相反的政策。他压抑商品经济，企图倒退到自然经济。首先撤销田沼时代为实行专卖制而设立的人参座、铁座、黄铜座及批发行对油菜籽、棉子油的

---

① 松平定信（1758—1829），将军吉宗之孙，号白河乐翁，在白河本藩救灾、理财、恢复封建秩序方面受到幕府的重视。

垄断，撤销大坂原棉定期交易所（棉花投机机构），排除商业高利贷资本势力，由幕府直接统制商品流通。为解决幕藩财政困难，定信采取了一系列措施：（1）厉行节约。1787 年 8 月发布 3 年俭约令。1789 年 3 月又发布禁奢令，规定细则，严禁武士、人民服饰华美及制作买卖奢侈品。同年 5 月又发布 5 年俭约令，半减幕府支出，府内费用也削减三分之一。[①]（2）废弃债务。为救济武士，1789 年 9 月发布《弃捐令》，强迫"札差"商人高利贷放弃 6 年前的债权，减轻 5 年以内的债息，分期偿还。[②]但这完全不能解决武士的根本问题。（3）物价、货币的调节。为制止涨价，1789 年发布降价令，并加强 10 帮批发商公会。又为稳定货币行情，停止铸钱，收买铜钱，禁向江户运输钱币，但收效不大。为贯彻这些措施，布置密探，实行特务政治。（4）肃正纲纪，要求官吏廉洁务实，反对贿赂和贪污挪用公款。

禁止异学与坚持锁国

在思想文化上，幕府任柴野粟山、冈田寒泉、古贺精里等史称"宽政三博士"及尾藤二洲为儒官，定朱子学为正学，贬其他学派为"异学"，禁止在幕府的昌平坂学问所讲授异学，言论出版受到严重限制。镇压反对朱子学及批判幕府者。天明八年（1788），朋诚堂喜三二，因写《文武两道万石筛》讽刺改革，受到"谨慎"[③]处分。宽政元年（1789），恋川春町因绘图小说《鹦鹉学吞文武两道》受罚病死（一说自杀）。宽政二年（1790）公布出版管理法，规定凡出版新书，必须由"奉行所"（市政府）批准。宽政三年（1791）民间小说家山东京传被诬为违反"洒落本"（花柳文学）禁令而受处分。宽政四年（1792），洋学者林子平[④]因著《三国通览图说》《海国兵谈》，提出海防的紧要，却被指责为"谈论外夷无稽之谈，动摇人心"以"处士横议"罪被处禁闭。这种封建专制的思想文化统制，就是江户史上所谓"宽政异学之禁"。

松平定信对外厉行锁国，就在林子平处刑后 4 个月，俄帝遣使腊克斯曼（Adam Laxman，1766—1796），借送还日本漂流民大黑屋幸太夫（1751—1828）为名，到北海道根室要求通商，定信令他回国。次年即命诸侯加强沿海警备。

---

① 有关俭约令分别见《御触书（告示）天明集成》22 及《御触书天保集成》89。

②《日本财政经济史料》，卷 3。

③ "谨慎"是德川时代科于武士、官吏的轻刑之一，指幽居家中，白天禁止外出。

④ 林子平（1738—1793），江户经世学家，勤研史地，熟悉海外情况，著有《三国通览图说》1 卷和《海国兵谈》16 卷，论述国防问题。两书都因立论求实，触幕府之忌，书版被毁，本人也被遣送仙台胞兄家禁锢，次年死。

定信断言："国家长久之基，在无外船出入。"对长崎贸易，认为"运来无用之玩具，换走有用之铜，非长远之计"，企图将贸易减半，并令外贸港口长崎的市民归农。

宽政改革的成果

宽政改革不是在风平浪静中进行的。以农民为主力的广大人民不断掀起反抗，统治阶级内部也出现了反对派。上层权贵们不满定信的节约禁奢政策，以将军家齐生父一桥治济为首的一派和定信发生对立。正在这时，西方资本主义侵略势力开始逼近日本，国内矛盾和外部侵略使统治阶级日感危机的来临。宽政五年（1793）7月，松平定信被解除老中职，宽政改革前后7年告终。

宽政复古主义的各项改革政策没有解决幕藩体制的根本矛盾，只是凭借幕府专制权力做的表面修改。作为改革最重要的经济政策，完全无视现实，遭到各方面强烈抵抗，没有取得成效。无论是对物价的统制，改铸货币，对"札差"的"弃捐令"，都不是用一纸法令所能解决的。因为经过田沼时代成长起来的商业高利贷资本势力，已经不是强制所能处理的了。不过，宽政改革在整理财政上多少取得一些成就，暂时解决了幕府长期的财政赤字问题。因此，使幕府寿命又得以延长30年。

3. 资本主义因素与生产关系的变化

全国市场的出现

德川中期以后，商品经济显著发展，以大坂、江户、京都为中心，形成了全国商品经济网。如松前的海产品运往九州出售，萨摩的红糖被贩运到奥羽（本州东北地方）。但在18世纪以前，这些还主要是在消费生活方面。到19世纪初，由于城乡分工扩大，各地区商品生产已发展到流通领域的相互结合。例如，秋田藩的棉纺业，原棉由大坂沿西行航路运来，在秋田纺纱织布，然后运往藩外出售。这种生产活动，冲破了各藩的闭锁性，创造了走向全国市场的条件，并在这一基础上展开了对外贸易。田沼意次时，幕府就企图垄断向清朝出口海产品的事业。在北海道同俄国进行官方贸易，民间商人则与俄船勾结走私。淡路的海运业者，高田屋嘉兵卫在18世纪末至19世纪初，开辟了北海道的渔场，还把本州产品走私到北海道。稍后，加贺的钱屋五兵卫也借北方海上走私致富。九州南部也有从海上同中国进行走私贸易的。

商品经济发展的另一个表现是，畿内农村不仅商业性农业，而且农村加工业也发展起来。过去农村只把原料作为商品来生产，现在接受大坂及各乡镇的加工定货了。

农村手工业最初是作为农家的副业开始的。也就是由于农村被卷入商品经济中，农村的阶级分化在进行，土地被兼并的佃农只靠耕种不足维生，他们事实上已成为失去生产资料的劳动者。少数小生产者在市场竞争中发财，雇用工人成为资本家。地主富农除向佃户收地租外，还放高利贷或开设酿酒、酱油等作坊，雇用贫困的小生产者，经营商品生产。商人通过"问屋"（批发商）包买农村手工业产品进行贩卖。他们预付定金，到期收购。有的贷给农民原料，使农民加工，然后以微薄的加工费（一般给实物）收买农民的成品；再进一步，则除原料之外还预借生产工具。例如棉织业，由商人供给棉纱、织机等，生产者只出卖劳动力，加工费也改用货币支付的工资形式。这种批发商对农村家庭手工业的控制，称为"前贷制"的包买制度。这一新的经营方式，也就是封建社会内部资本主义生产关系的最初形态。

随着全国各地商品经济的发展，各地区形成了与大坂中心市场相对的独立市场，如18世纪后半期至19世纪初江户经济区形成。于是大坂作为全国中心市场的地位下降。地区市场的形成还表现在18世纪中叶各藩的领国市场的独立。因米价便宜日用品贵而财政陷于困境的各藩，努力开发可能获得金银正货的各种商品。这些商品不经大坂商人之手在各领国间流通。地区市场的出现，标志着日本民族市场在逐步形成。

手工业工场的出现

从行庄制家庭工业进一步发展，资本家在作坊里安装许多织机，生产者集合到作坊里工作。例如棉丝纺织业中，资本家招雇"机织下女"用分工合作方法集体作业。19世纪初，以丝织业为首，纺织、造纸、酿酒等行业都出现了由许多工人分工制造同一产品的手工业工场。例如京都的西阵、群马县的桐生、栃木县的足利等地都出现了拥有丝织机十数台的大"织屋"（机房），还有为"织屋"提供劳动者的专业户。不仅纺织业，其他行业也出现了手工业工场。手工业工场是资本主义生产在封建制度下所能发展的最高阶段。幕末日本除少数手工业中心外，工业的发展水平还不算高。

生产关系的变化

商品货币经济发展，农村自然经济逐步瓦解，从德川时代中期开始的农村的阶级分化，到 19 世纪初有了新的发展。

农村工业的成长，出现了前贷制家庭手工业，这一发展是农村经济分解，也就是封建社会瓦解的开始。这些农村工业，多半是由进行商业、高利贷活动并兼并土地的地主所经营，也有从各藩城市来的商人。有的商人从领主那里承办开垦新田事业，成为新垦土地的地主。随着家庭手工业向工场手工业过渡，这些商人有的变成了手工业工场主，即前期工业资本家了。

这些地主、商人和工场主，一方面受着领主的保护，剥削农民、手工业者和工场工人，与领主有着共同的利害关系；但另一方面，他们本身也受领主的压迫和剥削。因为农业以产米为主，商品作物种植一直受幕藩限制，土地不能买卖，工人不能任意招募。加之内有藩国割据，外有锁国干预，原料和商品贩运处处与封建领主发生矛盾。这就是他们要求推翻幕府统治，进行明治维新的根本原因。

商品经济渗入农村，加速了农村的阶级分化。极少数的"本百姓"聚集了更多的土地和货币，出现了雇工耕种的富农和经营地主、富商、手工业工场主；另一方面，一部分"本百姓"破产，丧失土地沦为"水吞""小前"等贫雇农、佃农，或成为受"前贷制批发行资本家"剥削的小生产者、短工等。到 19 世纪中叶，家庭手工业中雇佣劳动者过的已不是自给自足的生活。他们一部分或全部生活资料必须依靠出卖劳动力，换取生活必需品或货币工资，过半无产者的生活了。虽然从数量上看，维新前仍是自耕农和家庭手工业者居多数，但两极分化已逐年在加剧。

4. 新思想的发展与天保改革

兰学的发展及其历史局限性

兰学[①]是西方资产阶级的近代科学，它对日本生产力的发展和反封建思想的产生都起过重大作用。约在 18 世纪中叶，日本、朝鲜的知识界，包括一部分通事（译员），在长崎出岛同荷兰商人接触，吸收近代西方科学知识。将军吉宗出于财政需要，奖励实学，开洋书（特别是汉译的）之禁，派人学习荷语及自然科学。结果，幕府医官野吕元丈（1693—1761）写成《荷兰本草和解》12 卷（1750）；日本实验医学先驱者山胁东洋（1705—1762）通过人体解剖，纠正旧说，写出《脏志》一书（1754）。当他发现解剖结果同荷兰解剖学书一致时，指

---

① 日本锁国时代通过荷兰传入的西方科学文化知识叫做兰学。

出"履实者万里同符"，论证实践经验的必要。幕府儒官青木昆阳（1698—1769）研究荷语，出版了《荷兰文字略考》。1774 年青木的弟子西医前野良泽（1723—1803）和杉田玄白（1734—1817）又据解剖尸体的经验，译出荷译德国《解体（解剖）新书》附图谱共 5 卷，引起日本科学史上一大革新。在地理学方面，早在 1708 年，幕臣学者新井白石著《西洋纪闻》，后又写《采览异言》[①]，此两书在否定西方道德、宗教价值的同时，承认其物质文明的优越性，影响以后日本人的西洋观很深。西川如见（1648—1724）著《华夷通商考》。[②]1812 年，伊能忠敬（1745—1818）用测量器费时 20 年测绘的《大日本沿海舆地全图》，几接近今日科学水平。药学者兼俗文学家平贺源内（1728—1779）游长崎后，努力钻研科学，实验种植甘蔗、药草、制糖，发现石棉，还研究荷兰的制陶术。平贺以其唯物主义的态度，嘲骂徒事空谈、盲目崇华的"腐儒"。在天文学方面，长崎的译员本木荣之进（本木良永，1735—1794）写了《天地二球用法》（1774），介绍了哥白尼的地动说。1811 年，幕府据天文学者高桥景保（见下）的建议，在江户设立洋书翻译局，使荷语学者仙台藩臣大槻玄泽（1757—1827）等译出法人诺埃尔·肖梅尔著《日用百科辞书》（荷译本）[③]。这是明治前最大的翻译事业。1823 年，荷商馆医官德国科学家西博尔德（P. F. von Siebold, l796—1866）到长崎市外设诊所兼学塾，教授天文、地理、历法、医学，培养出高野长英（1804—1850）、小关三英等多数洋学者。1838 年，备中藩士兰医绪方洪庵（1810—1863）游学长崎，回到大坂行医，还开设"适适斋"学塾。诊疗之余，从事教育、著述。幕末和明治初期许多志士，如大村益次郎、桥本左内、福泽谕吉等都出于他的门下。

洋学具有的科学精神，特别是民间洋学者对幕政和朱子学的批判，当然引起封建统治者的嫉视。从松平定信"宽政异学之禁"，也对准洋学一事，已足说明。1828 年发生了西博尔德事件。[④]与此事件有关的兰学者、天文地理学家高桥景保（1785—1829）在所著《英国人性情志》序中客观地介绍了英国的资产

---

① 两书都是新井白石从被捕意大利教士西多契（G. B. Sidotti）及荷舰长等处了解当时世界地理、形势、西洋宗教、语言、学术等写成。《采览异言》还参照了利玛窦的《坤舆万国全图》，并对《西洋纪闻》作了修改（1713）。《西洋纪闻》在锁国期间未能公开，直到明治时始出版。

② 《华夷通商考》2 卷，1695 年刊，1705 年订正增补。叙述通商的外国名及物产。

③ 原书 1709 年出版，荷译本于 1810 年输入日本。日译本名《厚生新编》，稿本 68 册，1839 年完成，抄发各藩，静冈葵文库藏本于 1937 年出版。

④ 幕府天文局官吏高桥景保于西博尔德回国之际，为得到他的藏书《拿破仑战记》及荷领东印度地图，用伊能忠敬绘制的日本地图缩图和间宫林藏的《东鞑纪行》《北夷纪行》抄本同西博尔德交换。事发，高桥以叛国罪被处死，家族及弟子多人被捕流放、削籍。这是幕府对兰学者镇压的先声。

阶级民主政治。他说："（英国）自中古改革以来，政刑法典皆由举国付议成立，王亦不能违背。盖政法乃国家之政法，非王之政法，虽极权贵之威，亦不足以御其下。反以听从人民得益，以下民挫权贵之威为高尚，虽有君臣上下之别，其实则若无。"这在当时是不可多得的见解，但1828年因与西博尔德交换地图而被幕府问罪，死于狱中。从此日本更加强了洋学之禁。

西博尔德的弟子高野长英（1793—1841）在江户同三河田原的家老渡边华山（1793—1841）组织"尚齿会"研究洋学。1837年发生摩理逊号事件[1]，他们闻讯后，认为当时情况下不应攘夷。长英著《梦物语》，华山著《慎机论》，主张开国。1839年被幕府投狱，两人先后自杀，史称"蛮社（洋学党）之狱"。由于这种情形，洋学对于锁国下的日本，虽扩展了人民的视野，推进日本科学技术的进步，并由此逐步打破了封建神秘的世界观，但由于当时日本资本主义萌芽还很幼弱，兰学的传播限于科技方面，又只在少数知识分子中间，因此随着幕府思想统制的加强和攘夷思想的影响，使洋学不能得到发展，特别是近代西方资产阶级的启蒙思想和革命学说更难以传入日本。除了安藤昌益、高桥景保等极少数突出的思想家受过兰学进步思想的影响外，广大知识界中只能像佐久间象山（1811—1864）倡说"东洋道德，西洋艺术"[2]那样，与当时中国洋务派的"中学为体，西学为用"的思想大体相同，都不能越出后进国家改良主义的限界。

经世学家与富国强兵思想

德川后期，随着商品经济发达和兰学的影响，从儒学中分化出一部分注意社会经济，企图打开封建危机的学者。早在我国清代后期经世学家魏源（1794—1856）出生百余年前，日本就出现了熊泽蕃山（1619—1691）、太宰春台（1680—1747）那样一些钻研经济问题，提出具体政策的所谓经世论者。当时"经济"还只是"经世济民"一词的略语，具有今日政治学和经济学的综合意义。儒家从来主张重农抑商，熊泽则认为"欲行仁政于天下，不富有则徒善耳"（《大学或问》）。太宰更主张商品货币流通，开垦土地，奖励土特产的生产，积极兴利，坚持"以富国为本，国富兵亦易强"[3]的重商主义思想。

越后浪人出身的经世论者本多利明（1744—1821）在兰学影响下，著《经

世秘策》《西域物语》。他主张日本应在统一君主下，发展生产，进行对外贸易，开发诸岛（北海道、库页岛等），侵占堪察加，建设一个理想的"大日本"国。设郡县制，不论身份，凡负众望者就任为官吏。他斥责封建剥削政策，反对排外，赞美荷兰等西方国家，指出他们所以文明，是由于不是日本那样的"武国"，没有身份制和割据势力，全国统一，平民议论政治，"对政务非常审慎"。他这种观点很接近西方资产阶级民主思想。他所主张的"大日本"国，就是要仿效荷兰这样的国家来建设。

秋田的经世济民思想家佐藤信渊（1769—1851），青年时代研究兰学，历游长崎、大坂，足迹几遍全国。晚年大量著述，宣扬空想的社会改革学说：废除诸侯武士割据及身份制，使日本成为统一君主国；土地物产国有，农工商业国营；人民分担"草、树、矿、匠、贾、佣、舟、渔"八种职业（"八民"），常备军从"八民"征集；老幼无靠者国家抚养；有才能者免费受各级教育；国务由大学毕业生担任。[1]他认为"封建世禄之士"，身心萎靡；进行近代战争，个人武艺更失意义。农民则有勇有力，所以应采征兵制。[2]他劝诸侯学西方军事，研究农业技术，殖产兴业。他还主张发动侵略世界的战争，"统一宇内"，"万国君长，皆为臣仆"[3]。

佐藤与本多两人思想相通，都主张建立统一国家，向海外侵略，肯定商业资本，批判封建社会，但又不主张推翻它。这只是一种企图修正封建制度的改良思想。

出身丹后宫津藩士家的海保青陵（1755—1817）也是经世学家。他游历各地，对诸侯、町人、富农讲藩财政的商业化，武士的町人化，以及繁荣商业的术策。著有《万屋谈》《升小谈》《稽古谈》等书。他强调合理主义，说"人间没有理（以）外之事"；重视商品经济，说人生万事都是商业交易，无论诸侯和武士，领主和农民的关系，都是一种买卖关系。诸侯武士，必须用商人兴利之法使国家富裕，藩营专卖或家庭工业就是营利之法。要实行这一经济政策，必须采取"简法严刑"，加强诸侯的统治力量。[4]

---

① 见《垂统法秘录》《复古法》和《货权法》等篇。
② 见《梦语》和《存华挫夷论》。
③ 《混同秘策》，泷本诚一：《佐藤信渊家学全集》，岩波书店，1926 年。
④ 岛崎隆夫等校注：《佐藤信渊》《日本思想大系》，45 卷，岩波书店，1970 年。森铣三：《佐藤信渊——疑问的人物》，今日问题社。

天保农民起义

从天保元年（1830）起，农业连年歉收，尤以 1835、1836 年为严重。全国农产品收获量不足常年的 40%，东北、奥羽受害最大。而统治阶级穷奢极欲，正像大盐平八郎起义檄文说的，"达官要人之间，贿赂公行，甚至不顾道德仁义，以内室裙带之缘，奔走钻营，得膺重任。求一人一家之私肥，课领内百姓以重币。多年来百姓于年贡诸役，本已极难应付，今再遭此搜刮，民用日益枯竭……下民之怨，告诉无门，遂相率成乱。"①

据黑正岩《农民起义年表》统计，天保 14 年时间，农民起义每年平均为 11.21 次，其中 1833 年 56 次，1836 年 67 次。规模大者有：天保二年（1831）长州藩农民反对"国产会所"②的暴动；天保四年（1833）姬路藩 7000 农民反对米价高涨的暴动；天保五年（1834）陆中、陆奥的八户领 6000 农民要求减轻租税反对重税的斗争（强诉）；天保七年（1836）甲州郡内因歉收米价高涨，农民掀起暴动。暴动从 7 月开始，起义农民手持武器，捣毁粮店、典当、绸缎庄、布庄等 500 所，参加起义的农民达 1.8 万至 1.9 万人。

天保十三年（1842）近江起义规模最大，4 万农民反对清丈土地，手持竹枪、镰刀进行战斗。幕府勘定（财务官）市野茂三郎最后被迫答应延期清丈。当统治者质问农民为什么暴动时，农民答道："为免遭非命……披星戴月，日夜勤耕，还不足以养父母妻子。几年来，一再丈地，更陷于穷困，今又来清丈，若听之任之，只有饿死一途。"③可见农民对官府的掠夺，已到无法忍受的地步。

大盐平八郎的暴动

在城镇，市民的斗争也高涨起来，其中最重要的是天保八年（1837）大坂大盐平八郎领导的暴动。

1836 年饥荒时，大坂因粮荒米价飞涨。幕府不仅不采取措施，反与奸商勾结，鱼肉人民。原为大坂东町奉行所"与力"④的大盐平八郎（1793—1837）挺身发动了震撼全国的市民暴动。大盐是当时著名的阳明学者，曾设"洗心洞"塾，以知行合一说授徒。天保元年（1830）辞"与力"职，著述《古本大学刮

---

① 《日本经济大典》，第 45 卷所收。
② 国产会所又称产物役所，是诸侯为奖励藩内生产，向藩外专卖土特产品的机构。
③ 青木惠郎：《日本农民运动史》，第 1 卷，日本评论社，1963 年，第 392 页。
④ "与力"和"同心"同是奉行所下属官吏，协助奉行执行政务，与力为世袭制，大盐继承祖父为东町奉行所的与力。

目》及《洗心洞札记》。

天保七年（1836）饥馑时，大盐不忍睹人民痛苦，曾建议大坂东町奉行迹部良弼采取措施救济贫民，遭拒绝；又劝说富豪鸿池等，都无反应。愤慨之余，决心发动起义。

1837年2月，为救济贫民，大盐尽售藏书，赈济大坂附近33个村1万户贫民，每户1朱[①]。同时要求农民看到天满（大盐住地）起火时，立即来援。在这之前，大盐还曾在粮荒时给渡边村部落民小头目50两救济金，约他在天满起火时，立即率村民来援。

大盐于1836年底草拟一篇檄文，用木版印刷，准备起义时散发。檄文以"四海穷困，天禄将终，小人治国，灾害并至"开始，揭发幕藩苛敛诛求，官吏腐败，人民涂炭。特别在天灾时，不惟坐视不救，反而将粮食运往江户，并操纵米价，大坂府尹滥捕购米升斗之民，纵容奸商贪官挥霍无度。"为天下计，我辈甘冒灭族之祸，结集有志，诛殃民之官吏，戮骄奢之富商，发其窝藏之金银粮米，散于无田少田之人。"并号召各地农民"火速来坂，起用有才能者入伍，共惩无道，减轻租役，重建纪纲"。最后号召农民尽毁记录贡役账册，以救穷困。檄文末尾是："致摄（津）、河（内）、（和）泉、播（磨）各村庄屋、年寄、百姓及小前百姓"[②]等下层村吏及贫农们。封皮上写"发至上天降生的各村小前百姓"。他们都是受压迫最深的阶层。大盐要求摄津葱生村和大坂渡边村的部落民（贱民）参加起义，充分说明起义是一次下级武士领导的农民和城市贫民联合的反封建斗争。

起义原定于天保八年（1837）2月19日下午4时举行，但大盐弟子平山助次郎竟在17日夜半向东町奉行所告密，大盐得知，决定立即起义。当时形势显然不利于发动，如：檄文尚未发出，近郊农民不能赶到，但大盐只有这条路可走。

19日清晨，大盐在院内树立"救民"大旗，放火烧毁自宅，向近郊农民发出烽火信号，率队冲向街头。这时，起义队伍约百余人，大部分是洗心洞塾生和一部分农民。当队伍到达大坂繁华区船场时，已增加到五六百人。

起义者沿途放火，捣毁素为人民痛恨的"与力""同心"的家宅和巨商、粮商如鸿池、天王寺屋、平野屋、三井、岩城升屋等的店宅，钱谷散满街道，任贫民取走。大火烧到第二天夜晚，毁房3000多家，占全市居民区面积的五分之

---

① 朱：江户时代货币单位，两的1/16。

② 庄屋、年寄都相当于村长或管事人，小前百姓相当于贫民。

一。午后，起义队伍与东町奉行迹部良弼、西町奉行崛利坚率领的镇压军展开巷战。这时，近郊农民既无法联系，起义队伍孤军作战，到下午 4 点，终于失败。志士们大部分被捕或自杀。40 天后，潜伏在大坂商人家的大盐父子也被发现。3 月 28 日，在捕吏包围中放火自杀。①

暴动后，各地斗争蜂起，1837 年 4 月备后国（广岛县）三原郡爆发了起义。起义者打着大盐弟子的旗号，跟广岛藩军激战。同年 6 月，越后国（新潟县）柏崎又有自称大盐弟子的国学者生田万，散发檄文，掀起暴动，攻打幕府代官的邸宅。7 月，摄津能势、川边、丰岛三郡 2000 农民发动起义。这些暴动都对准了幕府官吏和特权商人。只是由于当时新兴的资产阶级和前期无产者还不成熟，反封建的意识处于朦胧状态，没有明确的政治理想和行动纲领，因而起义仅一天内被镇压。但由于事件发生在全国商业中心大坂，下层人民的领导者又是负责维持幕藩体制的原任与力和阳明学者，暴动后各地还不断起义响应，所以提高了运动的政治意义。它敲响了幕府统治的丧钟。

水野忠邦的幕政改革

以大盐起义为最高潮，1830 年以来的农民起义和市民暴动，动摇了幕府的统治基础。天保十二年（1841），浜松藩主水野忠邦任幕府老中首席，为挽救危局，于天保十二至十四年（1841—1843），对幕政进行了改革——天保改革。天保改革的主要内容是：

（1）厉行节约，禁止奢侈。命令节减经费，取缔着用贵重服饰，买卖高级食品。虽然也要求大名、旗本和商人，其实主要为对付农民；住房三餐也迫令遵守农家古俗。在城市借口矫正风俗，审查出版物，处罚文艺作者柳亭种彦、为永春水等。对武士奖励武艺，振作士气。

（2）控制城市人口，下"归农令"。由于饥馑流入江户的农民，几占总人口 30％。为此，规定除经常营业和有妻子者外，一律回乡。限制农民充当工人，降低雇农工资，其目的在加强自然经济，巩固小农经营。农村阶级分化已难抑制，法令只在阻止失地贫农转向工资劳动者，把农民束缚在土地上。

（3）解散特权行会（"株仲间"）。各地物产运往江户，不必通过特权行商，承认村吏、地主等兼营商品生产者的批发行自由买卖，把农民的商品经济重新纳入自己的封建统治下。

---

① 幸田成友：《大盐平八郎》。

（4）整顿财政。幕府因奢侈浪费，每年财政赤字达 50 万两，只靠铸劣币弥补。同时，折半减免大名、旗本欠幕府的债款，或重新借钱给他们还札差的债。另一方面，对町人课重税，以挽救政府财政。

（5）上知令。天保十四年（1843），为加强幕府统治，下令大名与旗本在江户四周 5 公里、大坂 2.5 公里方圆的领地（知行地），收归幕府直辖。这一范围内的诸侯，转封他地。

嘉永四年（1851），幕府下令恢复特权行会。这时新兴商人也可加入，性质也变化了。他们已不专靠封建权力保护，而根据本身经济要求，改变政治结构。由此，为维新的经济准备了条件。

天保改革完全是按照享保、宽政改革，实行违反经济发展规律的复古保守政策，因而都不能达到目的。反之，同一时期采取了现实主义路线的萨、长等西南各藩的改革则获得成功。

藩政改革和强藩的兴起

和幕府的天保改革相反，一些经济先进地区的大名，统制并利用领内农村商品生产的收益，加强藩的政治、经济和军事力量。此后，活跃于幕末维新时期的强藩，就是以这种改革的成果为背景的。

长州藩。天保二年（1831），长州的防府（山口县东南部）地方爆发了 10 万多人的大起义，波及全藩。他们反对国产会所，要求生产和经营自由，改革农村自治，具有反封建的倾向。起义者捣毁富商、村吏的住宅，斗争不断向各地展开。1837 年受大盐暴动影响，又爆发大起义。1832 年藩主起用村田清风（1783—1855），他为补救藩财政亏累，1840 年利用濑户内海活跃的贸易，设"驳船货站"于下关，用高利贷给通过的商船作资金，以牟取利润。组织特权行会，垄断藩内生产。为救济贫困武士，其债务由藩承担，采取 37 年分期归还的强硬措施。因此，村田改革仅 2 年多，他就在商人强烈反对声中辞职（1843）。但长州藩得以脱离困境是由于以后藩政仍继承村田的方针进行之故。[①]

萨摩藩。全藩武士多达总人口的三分之一，大部分是直接统治农民的乡士，封建势力在西南强藩中最占优势。萨摩（今鹿儿岛县西部）地多火山，农产缺乏。调所广乡（1776—1848）进行改革，首先将欠三都商人的 500 万两以每年千两还 4 两，分 250 年还清，实行和赖债一样的手段。欠藩内富豪的债，则将

---

① 芝原拓自:《明治维新的权力基盘》，御茶之水书房，1976 年。

他们提升为武士，使放弃债权。在整理债务的同时，积极增加收入。萨摩藩早就强迫琉球、奄美三岛农民种甘蔗，专卖产品中，以糖获利最大。琉球贸易构成萨摩藩特殊的财源，同时参加以大坂为中心的全国市场，使封建经济有了适应新经济形势的一面。

佐贺藩。藩主锅岛正直（1814—1871）早就加强西式军备，登用人才，奖励文武，励行俭约，限制商品流通，制止豪农与高利贷的中间剥削，加强藩的商业活动。为防止农民分化，田租 3 年间只许收三分之一。藩领则停付佃租债息。

土佐藩。紧缩财政，下令降物价 2 至 5 成，解散了影响涨价的特权行会 13 种。禁止农民商人化及商人的地主化，不准商人置地，并征收町人富农的土地，分给贫农，实行类似均田的制度，显然是维持自耕农的政策。

综观以上天保年间西南诸藩的改革，凡是成功的，都是提高商品生产，加强专卖制，统一藩内市场的。而只采取封建守旧、剥削农民政策的水户等藩就失败。当时被迫依赖三都中央市场，本藩市场又为三都特权商人所掌握的藩，由于厉行藩的专卖制，便能对中央市场采取独立行动，显示领主在幕藩体制中的自主性。有些藩则实行各藩间的贸易。这些藩国经济的独立，是通过应付民族危机进行的军事改革，即富国强兵政策、加强政治地位而取得的。为实现这些改革，上级武士显已不能发挥作用，必须起用长于理财和近代军事技术的先进人才。由此下级武士和豪农出身、熟谙经济的知识分子，逐渐参与藩政。藩的封建专制强化成为与幕府独立的新势力，幕府的势力削弱。这就是西南强藩在维新运动中日益处于举足轻重地位的原因。

5. 德川后期的文化

德川时代的教育

德川时代以前，学校教育衰落，武士只能在家庭或寺院里受教育。如前所述，德川中期以后学术思想昌盛，学派林立，学校教育也随着发达起来。不用说武士受高水平的教育，就是平民识字也越来越多。据不完全统计，德川末期在男子中有 40%～50% 的人识字，女子中有 15% 的人识字。[①]

因身份等级制的关系，武士和平民所受的教育不同，学校也异。武士的学校教育可分为幕府直辖的学校和各藩设立的藩校。整个德川时代幕府直辖学校

---

① 王桂编著：《日本教育史》，吉林教育出版社，1987 年，第 85 页。

有 21 所，藩校有 219 所（其中 187 所是 1751—1867 年设立）。幕府直辖学校以昌平黉（也称昌平坂学问所）为代表，前述五代将军纲吉命林罗山之三代孙林凤冈为大学头，后由林家世袭主持这所学校。1790 年幕府在此发布"禁止异学令"，从此成为专门传授朱子学的最高学府。该校招生对象是幕府的家臣——旗本（上级武士）和御家人（下级武士）的子弟。教学内容有经书、历史、诗文，教科书指定为孝经、四书、五经。不过至幕府末年，随着国内外形势的变化，昌平坂学问所的课程也进行改革，改为经科、中国史科、日本史科、刑政史科，学生可以自选。昌平黉除江户本校外，幕府直辖领地还设有分校，教育在各地任官的幕臣子弟，如长崎的明伦堂、甲府的征典馆、骏府的明新馆、佐渡的修教馆、日光的学问所等。分校也都以儒学教育为主，由本校派遣教官授课。

当初藩校较少，而且大部分是利用儒家的私塾和藩主的圣堂（孔庙）改建的。德川中期以后各藩竞相设立藩校，为本藩改革培养人才。从而教学内容和方法都和幕府直辖的昌平坂学问所有所不同，进行了许多改革。如萨摩、长州等西南诸藩重视实学，除经、史、诗文外还增设算术、医学、天文等学科，而且打破身份等级制，准许平民子弟入学。

平民的学校教育可分为寺子屋、乡校和私塾。寺子屋是平民子弟的初等学校。镰仓时代以来寺院兼有教育机关的作用，吸收武士、平民子弟入学（"入寺"），学生称为"寺子"。室町末期寺院多教平民子弟。德川中期除寺院外，儒家、浪人、医生、神官、僧侣等也设塾，仍沿用旧名"寺子屋"。寺子屋的课程主要是习字、读书、珠算，教科书用训蒙读物、"往来物"（尺牍文）等，按内容可分为教训、社会、地理、实业等科。寺子屋的开设管理者和教师（师匠），大多数为农、工、商或医生等平民百姓，农村中大多数为村长（庄屋）、村吏等上层分子。寺子屋普及时全国达 1.5 万所，维新后大部分改为私立学校，成为近代学校的前身。

乡校是农村里的初等教育机关，它和寺子屋不同的是幕府和诸藩直接计划监督设置，或由藩内有权势的人出钱设立，或经幕府藩厅批准由民间有志之士设立。教育对象是平民子弟，不招收武士子弟。乡校重视道德教育，教学内容主要是读、写、算等日常生活必需的知识。因乡校是公费开办的，开设不多，天保年间（1829—1843）只有 13 所，寺子屋却有 1987 所。[①]

私塾大部分是学者出资在私宅开设的高等专门教育设施，因而得名。这里

---

① 王桂编著：《日本教育史》，吉林教育出版社，1987 年，第 91 页。

不问身份出身，只要自愿都可以入学，学生年龄一般较大。德川中期以后私塾非常发达。这是由于町人势力兴起，打破了文化教育由领主、豪商垄断的局面。私塾里学风自由，不受拘束，所以极为昌盛，如伊藤仁斋的古义堂有学生3000名。私塾传授的高等专科有儒学、国学、洋学和医学等，按老师的专长和兴趣而设，且培养目标有所不同。如伊藤仁斋在京都开设的古义堂以道德教育为主，以培养"圣人"为理想；荻生徂徕的蘐园塾以文章为主，培养从事实际研究的学者。此外三宅石庵和中井甃庵在大坂开设的怀德堂培养町人学者，绪方洪庵在大坂开设的适适斋培养西医和各种洋学家，石田梅岩的弟子手岛堵庵在京都开设的明伦舍则培养工商业者，吉田松阴在长州开设的松下村塾多出维新志士。私塾在日本教育史上占有重要的地位，明治维新后成立的高等学校许多是在私塾的基础上发展起来的，如福泽谕吉在江户设立的庆应义塾，后来发展为庆应大学。

德川后期文学艺术的繁荣

元禄时期文艺以京都（上方）为中心，以町人为其主角。享保（1716—1735）时期起，江户日趋繁荣，文艺中心移到江户，市民的享乐气氛更浓厚起来。作品的文学水平不高，多数是庸俗趣味，但冲破封建理学的束缚，敢于说出人性和市民的心情。甚至把古圣贤和教祖当作讽刺对象[1]，说明时代的转变和历史的进展。

小说方面，前代已见萌芽的风流小说、传奇小说、滑稽小说、言情小说及连环画合订本等，到文化、文政年间（1804—1829）日见繁荣。风流小说[2]，代表作有山东京传（1761—1816）的《倾城买四十八手》（嫖娼四十八着）、《通言总蘺》（描写江户吉原名为"总蘺"的大妓院街）等，言辞淫秽，没有文学价值。传奇小说[3]，代表作有上田秋成（1734—1809）的《雨月物语》（描写鬼怪）。滑稽小说[4]，描写卑俗，有的也奚落孔孟之道。代表作有十返舍一九（1765—1831）的《东海道中膝栗毛》（《东海道上行脚》）、式亭三马（1776—1822）的

---

① 如风流小说中有描述孔子、老子及释迦三人在李白的茶厅中玩弄妓女的《圣妓院》一书。

② 风流小说（洒落本）：江产中期描写妓院生活的诙谐小说，接近前代的"黄表纸"（黄色封面的连环画册，交杂风流讽刺气息的通俗文学）。

③ 传奇小说（读本），有图画的小说，以历史传说武士道及幻想为题材，受佛教因果报应、儒学劝善惩恶思想影响较深。

④ 滑稽小说（滑稽本），由洒落本分化出来的一种文学，以滑稽讽刺为主旨。

《浮世澡堂》和《浮世理发馆》，都以江户时代平民生活为对象。连环画合订本①，代表作有柳亭种彦的《邯郸诸国物语》《修紫田舍源氏》。言情小说②，迎合社会淫靡之风，格调鄙俗。代表作有为永春水（1789—1843）的《春色梅历》《风月花情春告鸟》。

　　诗歌方面，自松尾芭蕉之后，俳谐日趋庸俗。到与谢芜村（1716—1783）时，以画家的才能，使俳偕具有诗中有画的风格，虽没有恢复芭蕉的素朴情调，却带有空想的倾向。19世纪初，农民出身的小林一茶（1763—1827）在流浪的生涯中，表露了对弱者的同情。

　　川柳③，形似俳句，风格自由，以柄井川柳（1718—1790）的《柳樽》为知名。

　　狂歌④，和以前文雅而好讲理的京都狂歌不同，此时是轻妙洒脱的江户狂歌。代表作家有唐衣桔州、四方赤良、朱乐菅江等所谓"三大家"。

　　戏剧方面，室町时代兴起的能乐，到德川时代已固定化，成为武家的一种仪式，与市民生活隔绝。德川前期流行的歌舞伎，这时在江户更隆盛。著名的伶人有市川团十郎、泽村宗十郎、尾上菊五郎等；关西则有泽村长十郎、中村歌右卫门、濑川菊之丞等。其中团十郎及歌右卫门的称号，以后成为世袭，直至今天。剧本作者，以这时流行的历史剧作家及伶人鹤屋南北四世（1755—1829）最著名。净瑠璃剧本，在竹田出云（1691—1756）以后衰落，近松半二（1725—1783）是净瑠璃剧本最后的名作家。

　　绘画方面，有浮世绘（风俗画）、写生画、文人画（南画）几种。浮世绘是德川后期代御用画派（狩野、土佐）而起的，以町人生活为题材的多彩而写实的浮世绘彩色版画（锦绘、江户绘），创始人为铃木春信（1725—1770）。铃木以后，有画美人像著名的喜多川歌磨（1753—1806），画名伶像的东洲斋写乐（生卒年不明），兼长画美人、名优，特别是风景画的葛饰北斋（1760—1849），风景花鸟画的安藤广重（1797—1858）等，都留下不少名作。还出现了确立洋画理论的司马江汉（1738—1818），他从荷兰文书上铜版画学习其制作法成功，从浮世绘转向西洋画。写生画是运用西洋画的远近法、阴影法而作的写实主义绘

---

　　① 连环画合订本（合卷本），由五叶一册连环画合订而成的妇女儿童读物，以图画为主。由"黄表纸"演变而来。

　　② 言情小说（人情本），写男女性爱。

　　③ 川柳，形式和俳句相同，写世态人情。最初由柄井川柳评点，故名。

　　④ 狂歌，谐谑的短歌。

画，创始人圆山应举（1733—1795），开创圆山派。受中国影响的南苹派花鸟画，也是立足于写生的。文人画（南画），一般指非职业画家的画，属于中国的南画派，1720 年由伊孚九传到日本。文人画不拘格局，清新奔放，受到当时社会的欢迎。折衷南北宗的谷文晁（1763—1840），还采取大和绘①和洋画的技法，画出不少风景画和肖像画。其弟子渡边华山（1797—1841）兼采中国和西洋的画法，画人物特著名。

学术思想

1. 后期国学　国学发创于日本古典文学的研究，由本来是外国（儒佛）思想影响下的宫廷歌学逐渐演变为日本民间固有文学的革新运动。如上所述，契冲为国学之祖，作为独立的学派始于荷田春满（1669—1736）。荷田的研究方法（必须排除"今人的心"，而由"古人的心"来理解）后为贺茂真渊（1697—1769）所发展。贺茂研究古典文学，发现了古代人的"直心"（纯情）。在他的《国意考》里，指出读万叶调的歌能体现日本古道的天地自然之理，儒佛则是凭借狡智制作的人为之教或伪善的道学装饰起来的，所以痛斥两者，力主尊重自然和人性，具有自然主义的倾向。

本居宣长（1730—1801）集国学之大成，把国学发展成为属于日本古代所有的学问，但其重点放在究明古代社会秩序的古道上。宣长思想的核心是"情"。他认为儒学从中国传到日本，儒家作出种种烦琐的规范，但那是"汉意"，和日本人的心情不同，在日本人的内心深处有日本人固有的情的世界。即使接受儒学也只是表面的，它应以纯粹的形式从昔日未被儒学污染的古代人心情——"大和心"中找出来。唯有理解古代人留下的文章，通过它才能将"大和心"复原。于是宣长研究和歌及《源氏物语》。他主张《源氏物语》的本质，不是为"悟道"或劝善惩恶，而是为表现真实感情，将它的基础置于人性自然发露上。这是真渊学说的发展。

宣长还重视《古事记》，用 30 余年岁月写成《古事记传》。他相信《古事记》所记载的是事实，对他来说，《古事记》所传的"天照大神之道"及"天皇统治天下之道"曾是实有其事的世界，要从那里追求人生的理想。

平田笃胤（1776—1843）是宣长的私淑弟子，他发展了宣长的复古主义，反对儒者崇拜中国，批判"唐虞禅让"和"汤武放伐"的思想，强调日本古史

---

① 大和绘，又作倭绘，以日本事物为题材，具有日本情调的世俗画，与称为"唐绘""汉画"的水墨画相对而言。

上尊神忠君，爱妻育子之情就是日本胜于万国的"古道"。他又发挥"复古神道"的思想。幕末民族危机和革命浪潮下，他这种国家主义的尊王攘夷论在农村中竟成为一种强有力的实践思想，对下级武士及豪农阶层影响很大，在倒幕维新运动中起了一定的作用。

2. 折衷学和考证学　随着古学萱园学派①的停滞不前，代之而起的是既反对徂徕古文辞学的烦琐注释，又对抗朱、王性理之学的空疏，主张折衷取舍各派优劣，来理解儒家经书本义的折衷学派。代表人物是片山兼山（1770—1782）和井上金峨（1732—1784）。他们折衷汉唐训诂与宋明义理，尊崇中唐、晚唐的诗，韩、柳、欧、苏的文，以清新流畅为主，力排古文辞学派。当时皆川淇园（1734—1807）也具有这一倾向。三人以后，有山本北山（1752—1812）、太田锦城（1765—1825）、松崎慊堂（1771—1894）、狩谷掖斋（1775—1835）、安井息轩（1799—1876）等。他们学术上缺乏独立思考，但在古学和清代乾嘉考证学影响下，精于对文献作实证的研究，相反地忽视规律的探索。这种治学方法到明治以后，与西方实证主义史学结合，构成日本学院派史学的基础，直至今日。

3. 史学　由于国学和考证学的发达，从事史料学和史学的学者不断涌现。塙保己一（1746—1821）搜集古书，在江户开设"和学讲谈所"，校订编成日本最大的类书或史料集成《群书类从》正续编共25类，1500余卷。②此书网罗了日本最贵重的文化史料，也是日本古今最庞大的一种丛书。又编辑了《武家名目抄》381册。③

伴信友（1773—1846）著书120部。他的《比古婆衣》（根苗）一书就有正续20卷，集录了有关日本古代文史的考证。狩谷掖斋精金石文，著有《本朝度量衡考》《笺注倭名类聚抄》等书。广岛藩儒者赖山阳（1780—1832）工汉诗文，著《日本外史》。它是一种模仿《史记》列传体的武家时代史④，对幕末勤王运动影响很大。又著《日本政记》16卷，它是一种史论性的编年体政治史。

（原载《日本史》第十二章，南开大学出版社，1994）

① 由荻生徂徕所创的古学萱园学派，德川中期后分化为道德论——继承者服部南部（1683—1759）和经世论——继承者太宰春台两派，前者趋于隐逸趣味，甚至放荡不羁；后者主张封建制度的改良。

②《群书类从》从1779年起逐编刊行，1822年正续编完成，共1852册。明治39至40年增补出版了《续群书类从》1185卷16册。

③《武家名目抄》，有关镰仓时代以后武家各种名称典故的解说，是研究日本武家制度的重要工具书。

④《日本外史》叙述从源平两氏到德川氏，权归武门的由来，其中楠木正成勤王及南朝正统等论点，发挥了激情的尊王思想。

五、德川末期（1845—1867）

1. 攘夷与开国

欧美列强进入东亚

"资本主义如果不经常扩大其统治范围，如果不开发新的地方并把非资本主义的古老国家卷入世界经济漩涡之中，它就不能存在与发展。"①随着资本主义工业的发展，愈来愈需要扩大海外市场和原料的来源。为此，从 18 世纪中叶起，欧美资本主义国家开始觊觎日本，首先是沙俄，它在 17 世纪 30 年代末，就向太平洋北部地区活动。它利用清军入关时机，侵占中国黑龙江下游。1711 年后，俄皇彼得一世派兵探测日本北方及本州沿岸，同北海道（南部，属松前藩领）虾夷族通商。宽政四年（1792），俄使腊克斯曼到根室要求通商，为幕府所拒。文化元年（1804），俄美公司经理雷札诺夫（Resanov）到长崎要求通商，又被拒。此后，沙俄便转谋库页岛和千岛的领有权，企图侵占整个北太平洋地区。正如列宁所说："许多世纪以来，沙皇俄国一直想夺取……亚洲大部分地区。"②从这时起，日本南方也开始告警。

英国自 1623 年关闭平户商馆后，一直策划恢复对日贸易。1673 年英船来日要求通商被拒。法国大革命后，荷兰变成法国属国，英为对抗拿破仑的大陆封锁政策，夺取荷兰殖民地。文化五年（1808），英舰费顿（Phaeton）号因捕荷轮闯入长崎，佐贺藩未及制止，长崎奉行松平康英引咎自杀。幕府开始加紧海防。文政年间（1818—1829），英、美捕鲸船不断出没近海，幕府于文政八年（1825）下"坚决击退外国船只令"。天保十一年（1840），英国通过鸦片战争，迫使中国开国。幕府得悉，聘军事家高岛秋帆（1795—1866）制造枪炮，改革兵制。天保十三年（1842）放宽"击退外船令"，准许给遇难外船提供饮食燃料。③

法国被英军排挤出印度后，乘印度支那内争，于 18 世纪末侵占了越南。弘化元年（1844）法舰长到琉球那霸，出示中法《黄埔条约》抄件，要求通信、贸易、传教。琉球政府表示，本国是清朝藩属，难自作主，法国便以海军威逼

---

① 列宁：《俄国资本主义的发展》，《列宁全集》，第 3 卷，人民出版社，1959 年，第 545 页。

② 列宁：《论单独讲和》，《列宁全集》，第 23 卷，人民出版社，1958 年，第 125 页。

③ 井原仪：《德川时代通史》，第 643-646 页。

日本。当时琉球还处于萨摩藩羁縻中，幕府在威吓下，采纳萨摩藩意见，接受了法国要求。[①]

美国于 19 世纪初，资本主义迅速发展，宣布门罗主义，称霸新大陆。天保八年（1837）美船莫利逊号以送还日本漂流民为名，开进浦贺要求通商，遭炮击退走。弘化三年（1846）美使节比得尔（James Biddle）率舰再来浦贺，要求建交，仍被幕府拒绝。

1848 年美墨战争结果，美国侵占了太平洋岸墨西哥的加利福尼亚。当地金矿发见后，美国西部开发加紧。美国资产阶级不甘心英国霸占中国，企图横断太平洋，以便比英国更接近中国，开辟中美贸易。同时，由于北太平洋捕鲸业的发达，美国急于在日本沿岸获得港口。它知日本不肯轻易开国，便决定采用武力。嘉永五年（1852）11 月，总统费尔摩（M. Fillmore）派东印度舰队司令培理（M.C.Perry）来日本交涉，培理率舰 4 艘，从诺福克（美东部海岸）出发，于 1853 年 6 月 3 日驶进江户湾浦贺，要求幕府接受美总统国书，浦贺奉行派员告以须先赴长崎才能谈判。培理断然拒绝说："若不受理，舰队就开进江户与将军直接谈判，否则万一开战，美国必胜，那时可执白旗来见。"随即付来使白旗两面。幕府被迫在久里浜行馆收下美国国书，约以明年答复。培理率舰示威，并测量江户湾后，至 15 日始驶向琉球（与琉球约定通商，设煤库）。还遣官兵占小笠原群岛，然后离去。

沙俄闻讯，即派海军中将璞查廷（E.V. Putyatin）为特使，率 4 舰于嘉永六年（1853）7 月到长崎，要求划定国界并通商。幕府允 2、3 年后解决，璞因克里米亚战争将爆发而离去。幕府惊惶失措，适逢将军家庆去世，由水户藩主德川齐昭参与幕政。同年 6 月 15 日，幕府老中首座阿部正弘（1819—1857）知责任重大，不得不打破 200 多年来将军专断国政的惯例，把美国叩关情况报告天皇，7 月 1 日将美国国书译本分送各藩大名和幕僚征询对策。幕藩领主和武士、豪农出身的知识分子间，在这空前危机下，议论纷纷，各持见解，大有山雨欲来风满楼之势。

攘夷与开国的争论

随着民族危机的增长，幕末各藩藩主和武士知识分子的思想十分活跃，这种思想日益影响政治运动。早在德川前期，由于朱子学的大义名分论和国家的

---

① 沼田次郎：《日本与西洋》，第 282-287 页，（《琉球开国问题之发生》条），平凡社，1971 年。

兴起，出现一种封建的国体论，由此发展为尊王攘夷的思想。它包含了以下三种内容：

（1）华夷论。这是从狭隘民族主义角度，主张严内外之分，宣扬日本冠绝世界各国的信念。向来日本学者称中国为（中）华，日本为（东）夷。[①]至 17世纪中叶，国学派先驱山鹿素行认为这是颠倒主客。他说："夫中国（指日本）之水土卓尔于万邦，而人物精秀于八纮，故神明之洋洋，圣治之绵绵。"[②]中国在政治德行方面，反多不及，故应尊崇日本的国体。以后水户学派发挥了这一思想。

（2）大义论。古来儒家主张君无德，有德者就可代天放伐（讨伐并放逐暴君）。《易经》也有"汤武革命，顺乎天，而应乎人"的思想。水户学派则认神代以来，皇统万世一系是日本君臣关系的特征，不可动摇。这种君臣大义论，成为日本尊皇思想的基础。

（3）王霸论。幕府政治将天皇置于无足轻重的地位。水户学则将儒家尊王贱霸的思想，运用到日本公（皇室）武（幕府）关系上，指出武家政治脱离正道。但在幕府高压下，这一思想要到明治维新前夕才能提出，并变成行动。

当日本面临民族危机时，上述国体思想诱发了对抗外国的民族自觉。最初发生的是攘夷论和开国论两种思想的争论。

攘夷论起源于尊崇日本国体的思想。它从 18 世纪国学者本居宣长等倡导以日本为中心的华夷思想出发，坚定主张日本国体尊贵，外族入侵，必须攘击。幕末这种思想和德川前期已不相同，既不是盲目排外，也不同于锁国政策。俄、美侵略日本后，攘夷论风靡全国，成为民族革命的旗帜。

开国论认为同外国通商是大势所趋，若不自量力，贸然攘夷，就是盲目排外。不如开国后通过贸易生产，输入近代科技文明，以谋国家开化，统一富强。力主开国论的佐久间象山（1811—1864）认为，日本要富国强兵，必须打破国禁，向西方学习，发展诸学科，"大兴器械之学，开设工场，多造大船，复航海之法"。横井小楠（1809—1869）也认为"当今之际，惟开国通商，方合古来天地合理"，非难水户学派的锁国攘夷论是无特别见识，空喊"大和魂"，误国误

---

① 春秋时代以来，儒家就自称具备儒家文化（道德、礼乐）的中国为"中华""华夏"。中国文化以外的国家为"化外"，其民为"夷狄"。以这种文化伦理为标准，定出国家民族、内外、上下之别。到宋代，因汉族与少数民族对立关系，这种"华夷内外"之辨的对外观念更加强烈，日本也受其影响。德川时代，日本儒者往往以"（东）夷"自居。幕末，古学与国家派排斥这种崇拜中国的"汉意"思想，强调日本胜于中国的自尊心，开始纠正上述观点。

② 山鹿素行：《中朝事实·序言》。

民。但他不想推翻幕府统治，试图通过"改造"幕府来实现日本的维新政治。尽管如此，后来仍担任明治政府的"参与"，为改革而尽力，最后被保守派杀害。吉田松阴（1830—1859）也主张开国，后来进一步主张用暴力推翻幕府。

开国论这一派较有远见，但因幕府本坚持锁国，只是屈于外国压迫才主张开国，所以不少反幕派力主攘夷，而开国论者中却有一部分人具有保守佐幕的倾向。

培理闯入江户湾，对幕府是一严重打击。幕府认识到锁国已难坚持。但公然改变政策也会丧失自己威信，不得不继续维持体面。而当时军备财政，实无法作战。①

如上所述，阿部正弘向大名及幕僚征询对策，大部分诸侯都倾向攘夷，反对美国的威吓。其中德川庆胜（尾州藩）、德川庆笃（水户藩）、岛津齐彬（萨摩藩）、伊达宗城（宇和岛藩）等主张暂避战争，经充分准备后，予以拒绝。松平庆永（越前藩）、锅岛直正（佐贺藩）、毛利庆亲（长州藩）、山内丰信（土佐藩）都表示拒绝接受美国要求，并作战备。但主张拒绝的多数诸侯并不完全否定开国，只是企图由此振奋士气，充实国力，通过自主外交来开国。至于开国论者中，也不是都同意立刻接受美国通商的要求。如堀田正睦（佐仓藩）主张定一年限，许其通商，如无利益，就应终止。井伊直弼（彦根藩）则认为在长崎供给煤水、食物，但不许到内地经商，犹如日商赴爪哇借当地荷商馆进行贸易一样。这些都是培理所不能接受的。民间也出现了所谓"处士横议"，不外攘夷、开国两派意见。到了11月，幕府根据各方意见，最后表示，由于边防未固，不能妄启战端，美使再来，决定不作明确答复，采取稳妥措施，使他回国，同时作好万一准备。

日本的开国

培理于撤离日本的第二年，即安政元年（1854）1月，率舰7艘，再度驶进江户湾，到神奈川河口。幕府在美国武力威迫下，3月3日签订《日美亲善条约》（神奈川条约），约定次年在下田批准交换。条约规定：两国友好，日本开放伊豆的下田和北海道的函馆（箱馆）两港口，供给美国舰船煤、水、食品

---

① 据1849年浦贺奉行的报告，江户关门的防备，沿海大炮约百门，不足当夷船2艘。每炮炮弹仅10枚，其中还有只炮而无弹的。1853年7月，勘定奉行（财政长官）川路圣谟写信给水户藩出身主持海防的大吏藤田东湖，申述幕府财政，"目前如同外国作战，难支持一年"，要求对美使谈判，务求慎妥，此外别无他法，并希望转请主张攘夷的德川齐昭（水户藩主）谅解。

及其他需用品，价格由日方规定；优待遇难船员；美国在两港口设领事。条约第九条还规定，今后日本给予外国的一切权益无条件地适用于美国，即给美国以最惠国待遇。条约中虽没有关于自由通商的条款，但日本的大门从此被打开，开始结束闭关自守的局面。

英、俄、荷等国援美国先例，也和日本签订了类似条约。

《日英亲善条约》：安政元年（1854）闰 7 月，英东印度舰队司令史透林（J. Stirling）率舰队到长崎，提出在克里米亚战争中，为与俄作战，要求许英舰利用日本港湾，幕府拒绝。但为补充船中所缺物品及修理船只，许开放函馆及长崎两港。8 月 23 日订《日英亲善条约》七条。

《日俄亲善条约》：同年 10 月，俄使璞查廷探听到日美订约，也到下田交涉签约。12 月 21 日正式缔结《日俄亲善条约》，规定开放函馆、下田、长崎三港，并承认千岛在择捉以南为日领，库页岛为日俄共管。

《日荷亲善条约》：荷兰在日本锁国的 200 年间，独占对日贸易，但仅限于出岛一处。1855 年 12 月 23 日荷商馆长寇秀斯（J. H. D. Curtius）乘机和幕府订约，要求与俄美同等待遇，开长崎、下田、函馆三港，并规定放宽加于长崎荷兰人的限制。

2. 开国前后的日本社会

安政期幕藩的改革

幕府在培理叩关前后，为应付外国侵略，进行了一系列改革。弘化元年（1845），备后国福山藩主阿部正弘，担任了首席老中。他拢络各藩上层，组成一个以强藩改革派藩主和武士为主的幕政核心，联合萨摩藩主岛津齐彬、水户藩主德川齐昭、福井藩主松平庆永等进行改革。他注意鸦片战争前后的国际形势，密令外交人员以最大容忍对待培理，并放松幕府独裁制；破例将对外重大问题征询皇室和诸侯；起用少壮有才学的永井尚志等。为增征年贡，整顿地方统治机构，1842 年实行代官大调动，刷新人事，为使代官熟悉任地风土民情，规定任期不满 10 年不调动。积极开发新田，实行农民归田政策。安政二年（1855），设讲武所、海军传习所，雇用荷人教官，引进西方军事技术，充实海防，解除造船之禁，大兴海军。更从各藩招集兰学者，翻译西书，创办洋学所

（后改称"藩书调所"）。[1]吸收西洋文化，奖励近代工业。抑制物价上涨，解散同业公会。[2]此外还肃正纲纪，厉行节约，确定出版检查制度，取缔淫秽文艺和书籍。

西南诸藩（长州、萨摩、土佐、肥前等）吸取天保改革经验教训，认清幕府衰弱无能，各自筹谋富强。它们首先在经济上摆脱幕府统制，自力更生，从依靠三都的经济构造转变为独立自主的藩领经济。其次通过军制改革，实现藩军的近代化，树立"雄藩"的地位。长州藩改革派通过扶植豪农村吏层，掌握农民的商品生产，发展市场经济；改革军制，征募农民，采取新式炮术；破除身份限制，选拔人才，在"举藩一致"的口号下大力加强藩的实力。[3]萨摩藩以军事工业为中心，发展藩营企业和对外贸易。[4]农业虽仍由乡士维持落后剥削方式，但由于它地处日本南端，接触外国资本最早，利于工商改革。土佐藩的政策接近长州藩，如奖励农民商品生产，改特权商人专卖为征税，实行重商主义，统制藩内外贸易，排除门阀；提拔人才，建立民兵，设铸炮厂、造船所，改革军备，力谋富强。[5]肥前藩的政策接近萨摩藩，军事性和农奴制性较强。[6]

安政年间幕藩改革总的特点是应付封建危机和外压，继续在幕府和自领内巩固领主土地所有制和小农经济；采重商主义政策，自上而下地适应商品经济发展趋势；加紧军事改革。处在后进中间地带的西南诸藩，由于外压，不待条件成熟就通过改革，加强政治经济力量，建立新的军队，所以在维新前形成全国最强大的政治势力。

"安政条约"

西方资本主义国家在迫使日本签订"亲善"条约后，接着便要求缔结通商条约。安政三年（1856）9月，美总领事哈里斯（T.Harris）到下田设领事馆，幕府拒绝。[7]当时中国正遭受第二次鸦片战争英、法新的侵略，哈里斯乘机威

---

① 藩书调所，原为讲授兰学的学校，后扩大为翻译、讲授和研究西方语文、科技、军事的学术教育机构，相当我国清末的译学馆。1858 年允许陪臣武士入学，集中全国人材，培养西方文化知识。1862 年改为开成所，实施西方教育制度。维新后成为东京帝国大学一组成部分。

② 维新史料编纂事务局：《维新史》，第 2 卷，1940 年，第 117-120 页。

③ 关顺也：《藩政改革与明治维新》，有斐阁，1956 年，第 126-127，136-137 页。

④《鹿儿岛县志史》，第 3 卷，第 1 编。

⑤ 池田敬正：《藩政改革与明治维新（高知藩）》，《社会经济史学》第 22 卷，第 5-6 号。

⑥ 藤野保：《佐贺藩的封建领地存在形态》，《历史学研究》第 198 号。

⑦ 哈里斯（1804—1878）原在中国经商，1852 年代理美驻宁波领事。经培理推荐，任美驻日总领事，力促将军缔结通商条约成功。首任美驻日公使（1859—1862）。

吓幕府：英、法将乘胜来日，不如及早与美订商约。如英、法提出过高条件，美即可出面调停。①幕府只得于 1857 年 5 月 26 日在下田和美国订立了第二个条约，规定长崎开港，美人享受领事裁判权和在开港地久居权等——《日美约定》。此后，哈里斯更胁迫幕府缔结正式商约，安政五年（1858）6 月 19 日，终于签订了《日美修好通商条约》14 条。条约规定：（1）开神奈川（横滨）、长崎、兵库（神户）、新潟、函馆五港，江户、大坂二市通商；（2）承认开港地美国人居住权和公使领事驻在权；（3）承认美国领事裁判权②；（4）通商自由；（5）关税由两国协商决定。

接着，幕府又与荷、俄、英、法依次签订了同样的通商条约，总称为"安政五国条约"。从此，日本结束了 200 余年的锁国政治。

"安政条约"在"亲善""友好"的名义下把日本置于半殖民地的地位。

第一，它使西方列强对日本的殖民掠夺合法化。幕末日本基本上还是落后的封建小国，欧美资本主义国家以赤裸裸的武力强迫日本开国，把日本变成其市场和原料供给地。正如培理供认的那样："要使弱小的半开化的日本人实行通商贸易，和平的方式不行，就必须使用武力。"③从此，欧美国家对殖民地一贯实施的经济掠夺和政治枷锁便紧紧加于日本人民头上。

第二，日本被迫承认西方国家在日本享有领事裁判权。居留在日本的外国人可以不服从日本的法律，不受日本法庭的审判。日本丧失了国家对外侨的司法权。

第三，日本被迫接受协定关税制。各约附则中规定日本的关税率必须同缔约国协商制定。日本出口税按照欧美列强同中国缔结的《天津条约》，值百抽五征税，进口税则规定为无税、二成、三成五分等最低的关税率，使日本失去了保护本国工商业的关税自主权。

第四，日本被迫给予欧美资本主义国家以最惠国待遇。只要有一个国家在日本享有某种权益，其他资本主义国家便可同样享受。因此，最惠国待遇成了欧美资本主义国家共同鱼肉日本的工具。

第五，日本还被迫允许欧美国家在日本设置"居留地"（租界），外国人在

———————

① 丹涅特：《美国人在东亚》，中译本，第 300-305 页。

② 领事对驻在国的本国人民行使本国法律制裁权的制度，严格的意义上，它不同于治外法权（Extraterritoriality），即在外国不受该统治权支配的特权（只限元首、使节及驻军享有），但事实上两者常被混用。（石井孝《日本开国史》，第 346 页，吉川弘文馆，1922。）

③ 引自平野义太郎：《日本资本主义社会的矛盾》，理论社，1956 年，第 24 页。

居留地内享有永久租地权和自治权。这种租借权同领事裁判权结合起来，实际就是使租界成了日本的"国中之国"，欧美列强在日本领土上的战略据点。

第六，"安政条约"没有中止日期，西方资本主义国家强加给日本的各项压迫和取之于日本的权益没有时间限制。日本认为需修改时，须提前一年告知缔约国，对方同意，才能"协商"修改。结果，明治政府虽进行多次改约谈判，这些不平等条约束缚日本仍达 40 年之久。

这就是"安政条约"强加给日本的绳索，其结果同 1840 年鸦片战争后中国所处的半殖民地状况没有什么本质区别，只是程度上有所不同罢了。

"安政大狱"

就在"安政条约"签订的时候，幕府中以德川齐昭、松平庆永、岛津齐彬为盟主的改革派强藩诸侯武士和以彦根藩主井伊直弼（1815—1860）为首的专制保守派诸侯武士（德川家臣、大名）间的斗争，围绕将军继承问题日趋尖锐化。由于将军家定病弱无子，改革派推选前水户藩主德川齐昭之子庆喜（1837—1913）为继承人。保守派则拥立纪伊藩主德川家茂。改革派利用外交问题鼓吹攘夷锁国论，攻击幕府当权保守派的妥协无能。1857 年阿部正弘死，堀田正睦对缔结条约不敢负全责，于 1858 年 1 月进京奏请天皇批准。但皇室倾向改革派，堀田没有得到敕许而归。4 月，保守派为维护幕府独裁，由井伊直弼出任大老，不顾皇室和各藩主的意志，推举德川家茂为将军。6 月，幕府断然批准了《日美修好通商条约》。于是改革派大愤，齐昭和德川庆胜、庆喜、松平庆永指斥直弼不待敕许擅自签约是违敕。直弼答复：如与英、法开战，必蹈清朝覆辙。朝廷了解这种详情后，自会体谅允许签订，否认有违敕之理。7 月，　直弼乘将军家定病危，逼他下令对齐昭、庆胜、庆永及庆喜，作了严厉处分。10 月 25 日德川家茂正式为将军。

以外交和继嗣问题为转机，天皇地位提高了。幕藩对立两派都派人到朝廷争取支持本派。各藩武士、浪人也聚集京都，要求朝廷抑制幕府的独断专行。但直弼一派坚决抗拒皇室利于改革派的措施，诬告齐昭为私利拥立庆喜，密通外夷，阴谋内乱。老中间部诠胜借口"公卿惑上"，于安政六年至七年（1858—1859），对改革派公卿、家臣及在京都的武士浪人实行大镇压，捕 40 余人，押送江户。同时在江户及其他地方也搜捕多人。审讯结果，于 1859 年 8 月判处志士桥本左内（松平庆永信赖的开明藩士）、吉田松阴（长州藩改革派领导者）、水户藩士茅根伊予之介、鹈饲吉左卫门及文学家赖三树三郎①斩首罪，水户藩士鹈饲幸吉枭首示众，同藩藩士安岛带刀切腹。其他皇室公卿、家臣、武士、儒者、藩士、处士等多人各处流刑、徒刑。萨摩藩士西乡隆盛被逐，投水自杀未成，也被流放。知名浪士梅田云滨等死于狱中。朝廷方面，逼令公卿 4 人引咎辞退，并幽禁 4 人。改革派诸侯齐昭、庆笃、庆喜、山内丰信，幕府高官太田资始、堀田正睦、松平忠固、间部诠胜、岩濑忠胜、川路圣谟等都被处禁闭、免取、削禄、左迁。此外连坐者百余人。由此保守派肃清了全部政敌。这一"安政大狱"是日本封建末期空前的恐怖专政。幕府迫害大批有为之士，加速了自己的崩溃。井伊直弼于第二年（万延元年，1860）3 月 3 日在樱田门被水户、萨摩两藩士刺死。11 月，天皇下大赦令，赦免了大狱中幸存的受难者。②

开港后日本经济的恶化

根据安政条约，安政六年（1859）7 月 1 日开港。开港后，日本对外贸易迅速增长。1860 年输出为 470 余万美元，输入为 160 余万美元。1867 年，输出为 1200 余万美元，输入为 2160 余万美元。八年间输出入总值增加 5 倍多。生丝、茶、蚕种和棉花大量出口，造成价格上涨。以桐生地方生丝价格为例，开港后 1859 年 10 月价格较开港前平年的价格上涨了 3 倍。③因生丝不足和价格上涨，以京都西阵为首的各地丝织业已难维持营业。为此，西阵织工曾在 1859 年底两次暴动。输出品价格飞涨，也影响了一般物价。米价从 1857 年起就开始上涨，以肥后米为例，1856 年每石为 80.5 匁④，1857 年为 107.5 匁，1858 年为 133 匁，1864 年为 229 匁，1865 年更猛涨至 473 匁。⑤日本金银比价为 1：5，而国际比价为 1：15，黄金价格低于国际牌价。西方商人和各国使馆人员利用差额，以墨西哥银元套购日本黄金，攫取巨利。黄金外流，钱价下跌，也促使米、麦、盐等生活必需品涨价，造成农民、城市贫民和下级武士生活困难。

输入品以棉、毛织品为主，廉价棉布大量进口，沉重打击国内棉布生产。1861 年棉花生产额下降为开港前的 5%，而输入的棉布已占国内消费量的 31.7%。

---

① 赖三树三郎（1825—1859），史学家赖山阳第三子，勤王家，工诗文。

② 参考《井伊家史料》《公用方秘录》（收入《大日本维新史料》类纂之部），岛田三郎：《开国结末井伊扫部头直弼传》，吉田常吉《井伊直弼》（《人物丛书》113）。

③ 山崎隆三：《幕末维新期的经济变动》，《岩波讲座日本历史》，近世 5，岩波书店 1977 年，第 145 页。

④ 匁：德川时代日本金币一两的六十分之一。

⑤ 北岛正元：《日本史概说》，第 3 卷，第 454 页。

关东真冈（栃木县东南）的棉织品业，开港前年产棉布 38 万反[1]，开港后即降为 12 万反，不少织工失业流离。[2]

阶级关系的新变化

开港后，农民和城市贫民生活恶化，他们反封建的斗争规模也随之扩大，带有全民族的性质。农民起义次数剧增，1860 年发生 43 起，1865—1867 年平均每年发生 55.3 起，这都超过了上一次农民运动高潮期——天保年间（1830—1843）每年平均发生 32.5 起的数目。[3]农民起义的性质也从全体农民起义演变为"改革世道"起义。这是以农民为基础的反抗幕藩领主制、地主制、商业高利贷资本等剥削阶级的斗争。斗争方式已不再"越诉"，而采取直接行动，摧毁地主富商住宅，要求减免租赋，自由贩卖农产品。并烧毁"检地账"，平分土地财产，从而具有比 18 世纪初更进一步否定领主制的土地革命倾向。

城市贫民起义的次数也显著增加。1865—1867 年平均每年发生 16.6 起，超过了天保年间每年 7.2 起的数目。[4]城市贫民捣毁暴动，大部分是反对幕藩领主和商人囤积粮食投机涨价的"米骚动"（抢粮暴动）。

开港后物价高涨，使下级武士的生活更艰难。幕藩统治者非但无法救济，反而继续用"半知""减知"的办法克扣禄米，致使他们"怨主如仇敌"。这些下级武士本属封建社会的特权阶级，但在幕末已成为日趋没落的阶层。他们有些人从事商业、手工业，当医生、作家，有的设塾授徒，不少人甚至脱离藩籍成为浪人，实际上是在向城市小资产阶级自由职业者转化；他们又是具有一定经济文化、西方科技和政治思想的知识分子，对新事物敏感，他们已不再向幕藩体制寻求出路，而不同程度地希望从政治社会制度的改革中求生机。自天保改革以来，在萨摩、长州、水户、土佐、肥前等藩，大部分下级武士游离在各派政治势力斗争中，一部分被吸收到藩政改革事业里来。开港后，他们与代表领主门阀的上级武士的矛盾和斗争更加剧了。

开港也刺激商品生产的发展。商品经济发达下产生的新社会阶层——新兴地主富农，有的经营经济作物的栽培，有的经营制丝工业，有的作行庄制包买

---

① 一反：长 2 丈 8 尺，宽 9 寸。

② 山崎隆三：《幕末维新期的经济变动》，《岩波讲座日本历史》，近世 5，岩波书店 1977 年，第 145 页。

③ 森安彦：《农民起义、农村骚动、城市暴动历年平均数表》，见儿玉幸多：《日本历史的观点》，第 3 卷，第 317 页。

④ 森安彦：《农民起义、农村骚动、城市暴动历年平均数表》，见儿玉幸多：《日本历史的观点》，第 3 卷，第 317 页。

主和从事运输业等。农村生产者也有兼作商人的,这些商人被称为豪农豪商。[①]幕藩领主实施领内物产专卖,勾结特权商人,垄断运输和贸易,采取压抑商品生产者的政策,日益威胁豪农豪商的切身利益,因而后者具有反封建的意识。但豪农豪商中多有兼任村吏、依附封建制度进行剥削的,少数人还买得武士身份,或任官吏,所以他们又多少害怕革命,只要求在不根本改变封建制度的范围内,发展资本主义。

在内外矛盾日益加剧的形势下,萨、长、土、肥和水户等强藩大名与幕府矛盾加深了。这些大名要求参与幕政,反对幕府的专制,推动着尊王攘夷运动的高涨。

3. 尊王攘夷运动

尊攘思想的兴起

"安政大狱"打破了"强藩合议、改革幕政"的幻想,标志幕政改革的终结。具有反幕倾向的各种势力逐渐集结到"尊王攘夷"的旗帜下,幕藩改革派变成全国性的尊攘派。运动的主导力量由改革派的藩主、公卿和中上层武士转移到下级武士领导的激进武士和豪农商的"草莽志士"联盟中来。这是幕末政治斗争形势的第一次转变。

日本尊王思想渊源于德川前期。儒家山崎闇斋、浅见䌹斋(1652—1711)本据朱子学阐明君臣大义的名分论以及中日历史上忠臣烈士事迹,倡导"尊王大义"思想。水户藩主德川光国编纂《大日本史》,强调《春秋》的"大义名分"的前期水户学,都酝含着尊王思想。另一方面,前期国学派从萌芽状态的民族主义出发,附会日本古代传说的神国思想,主张日本是神国,是世界的中心,日本人是神的子孙,是优等民族,要以"大和心"代替"汉心"(本居宣长语)。明治维新前夕,后期国学派主流平田笃胤(1776—1843)、铁胤父子认天皇绝对神圣,尊王成了国学的正统思想,与后期水户学的尊攘思想结合,具有现实的政治意义。

作为幕末政治运动指导思想的尊王攘夷论,可以追溯到朱熹"攘夷狄以尊周室"(《论语章句·宪问篇》)的学说。水户学鼻祖藤田幽谷(1774—1826)在《正名论》中说:"幕府若尊皇室,诸侯即崇幕府;诸侯若崇幕府,卿大夫即敬

[①] 幕末农村兼营工商业的新兴地主富农阶层;豪商指兼为地主的商业者,二者都兼具封建地主和资产阶级性质,维新时有两面性。参看庄司吉之助:《明治维新的经济构造》,御茶水书房,1954年,第276页。

诸侯。夫然后上下相保，万邦协和。"①他的门人会泽安 1825 年著《新论》，坚持富国强兵，加紧海防为藩政改革的要务。可见"尊王""攘夷"，都是为了加强幕藩统治，本无反对幕府的意思。但朱熹在他所著《通鉴纲目》里，为树立封建王朝正统观念，又强调王霸之辨，提出尊王斥霸的主张。幕末欧美列强侵日，幕府不但镇压改革派，更屈辱地签约，改革派对幕府的希望完全破灭，由此依靠王室、击攘外敌的呼声昂扬。维新前夕，平田笃胤父子认为王权久为将军所夺，应还政于天皇，"尊王攘夷"终于发展为勤王倒幕的思想。当然不论水户学和国学的尊王攘夷思想，都没有越出封建制的范畴。但到"安政大狱"发生，民族危机和阶级矛盾全面激化，这一忠君排外的封建思想跟包括豪农豪商在内的各阶层人民反封建、反侵略的迫切要求相结合，有了新的时代内容，成为各藩进步下级武士网罗各阶层势力、否定幕藩领主制、反对侵略、具有民族统一目标的口号。总的看来，反幕势力号召"尊王攘夷"，也反映了日本新的生产关系还不成熟，不能产生西方资产阶级革命时期的民主思想。然而凡是反对现存秩序，必须具有一定的革命理论，在当时条件下，为寻求反幕府的理论根据，下级武士只能树起比幕府地位高，且为封建主义所承认的权威，即天皇的权威。因为他们除"尊崇皇室"和"击攘夷狄"的大义名分论之外，找不出其他更合理的反抗根据，这就是下级武士"尊攘"论局限性的所在。换言之，它成为反对幕藩封建体制各派的共同政纲，也是日本资本主义不成熟的条件所决定的。

万延元年（1860）3 月 3 日，在江户城樱田门外之变②发生后，"尊王攘夷"由理论变为下级武士、浪人的实际行动。这表明原为改革派大名辅佐的下级武士、浪人和豪农豪商出身的反幕派已越过本藩大名，走上了政治第一线，展开了全国性的斗争。

尊攘派对公武合体派的斗争

随着国内外形势的严重化，在幕府和萨摩、土佐等藩大名及上层武士中，出现了调和朝廷与幕府间关系的幕藩改良主义——"公武合体"运动，它与尊王攘夷运动相对抗。

幕府保守派企图借迎娶孝明天皇的妹妹和宫作将军德川家茂（庆福）的夫人，以实现"公武结合"，争取天皇的权威来加强幕府地位。公卿中的公武合体派岩仓具视于 1861 年 10 月 20 日陪同和宫到江户，积极促成其事。萨摩藩主的

---

① 尾藤正英：《尊王攘夷思想》，《岩波讲座日本历史》，近世 5，第 47 页。
② 水户、萨摩两藩 18 名浪士刺杀井伊直弼的事件。

父亲岛津久光，是个强烈的攘夷主义者，各藩志士曾寄望于他，要推举他为首反幕。但岛津久光从国内最富强的封建大名利益出发，认为尊攘派的活动是"浪人轻率之举"①，对他们打破幕藩封建秩序的行动极为不满，坚决致力于"公武合体"，企图通过改良达到攘夷和改进幕藩关系以维护封建统治的目的。1862年3月，岛津久光带领藩士千余人到达京都。他首先在4月23日晚派家臣刺杀正在京都郊外伏见"寺田屋"旅馆开会的萨摩藩尊攘派领导人有马新七等7人，以镇压尊攘派活动（"寺田屋之变"）。然后又带着天皇改革幕政的指示，与皇室公卿一起去江户，督促幕府吸收强藩参与幕政，实行幕政改革。当尊攘运动日趋高涨时，公武合体派企图聚集皇室、幕府和各藩大名及上级武士的力量，维护摇摇欲坠的幕藩体制，以便由他们分享最高权力。

尊攘派向公武合体派展开了斗争。在长州藩，尊攘派领导人久坂玄瑞等把公武合体派上级武士逐出藩政府。1862年7月召开的藩政会议上，使藩政府方针由"事朝廷以忠节，事幕府以信义，事祖先以孝道"的公武合体宗旨改变为"奉敕攘夷"。长州藩遂成为尊攘派的基地。②

尊攘派对付公武合体派的战术是攘夷。1860年12月5日，尊攘派浪人在三田刺杀了美国使馆翻译休斯根（H.Heusken）。1862年12月12日，长州藩的久坂玄瑞、高杉晋作等人烧毁了江户的英国公使馆。各地也陆续发生杀伤外人事件。这些攘夷事件的目的是使屈服于外国的幕府陷于困境。尊攘派还用恐怖手段打击公武合体派。1862年1月15日，宇都宫藩士菊池教中等人，在江户坂下门外袭击了首席老中安藤信正，使他负伤后被迫辞职，史称"坂下门之变"。③7月，尊攘志士刺杀了公武合体派公卿的家臣岛田左近及参与安政大狱的人物，又扬言将谋杀朝廷公武合体派首脑岩仓具视等人，迫使天皇罢免岩仓，任用激进的下级公卿三条实美等。8月，岛津久光在江户促成了幕政改革④，回到京都，当地形势大变，政权已由尊攘派左右，他不得不悄悄地返回本藩。

尊攘派的攘夷行动和新军的组成

接受了"寺田屋之变"教训的尊攘派，认识到大名不可信赖，把希望寄托

---

① 田中彰：《幕府的崩溃》，《岩波讲座日本历史》，近世5，第318页。

② 关顺也：《藩政改革与明治维新》，有斐阁，1956年，第128页。

③ 菊池教中通称佐野屋孝兵卫，当过江户批发商，开港后回原籍成为新兴地主。参见泽本孟虎：《坂下门义举录》。

④ 幕政改革有三项：1.将军进京议定国是；2.以沿海五大藩（萨摩、长州、土佐、仙台、加贺）为五大老，采取防御夷狄的措施；3.任命一桥庆喜和松平庆永为将军的监护人和大老。

在天皇身上。各地尊攘志士又聚集到京都。1863 年 1 月，他们在京都东山的翠红馆会合，开始打破藩国界限，共商尊攘大计。长州藩的久坂玄瑞、土佐勤王党的领导者地主兼乡士武市瑞山[①]等人成为中心人物。信州的地主、蚕丝批发商兼酒店主人松尾多势子，把蚕丝交易所作为他们的联络地点。至此，政治中心从江户移到京都。尊攘派志士联合激进下层公卿三条实美等怂恿天皇下令幕府攘夷，实际是借此发动讨幕。幕府在群情激昂下，不得不表示接受，几经拖延，最后定于 1863 年 5 月 10 日实行封港攘夷。条件是"彼若开衅，当予炮击"。攘夷期限届临，长州藩尊攘派首先炮轰通过下关的美国商船和法、荷军舰，显示了日本人民反抗殖民主义者的气概。但在 6 月 1 日遭到外舰回击。美国联合英、法、荷三国，胁迫幕府处分长州藩。7 月 2 日英国向萨摩藩交涉尊攘派在生麦杀伤英商事件[②]决裂，炮击鹿儿岛，萨摩藩坚不屈服。站在斗争最前列的长州藩尊攘派，从中国太平天国革命被列强镇压的事实中，认清殖民主义者会报复，特别是藩内保守派与幕府及列强勾结的可能，在下关受到外舰回击后，随即建立由农民市民志愿者组成、步卒和下级武士率领、豪农商出资的新军——以"奇兵队"为首的"诸队"。[③]这是同旧藩兵迥然不同的新型民兵，以下级武士高杉晋作为队长。这个军队虽仍由藩厅掌握，但因吸收农民、町人、手工业者参加，使用近代武器，打破了封建身份等级制，因而发挥了武士团远不能及的威力，成为尊攘派武装力量的基础。此外，还建立了以地主富商为骨干的农兵队。

4. 倒幕运动

8 月 18 日政变与下关战争

尊攘派由于萨、长两藩实行攘夷，声势大振。长州藩策动各藩志士浪人联系皇室公卿，迫使朝廷亲征外夷，压制反对者。于是朝廷于 1863 年 8 月 13 日宣布孝明天皇将到奈良参拜神武天皇陵，召开军事会议后祈祷攘夷。但孝明天皇仍倾向公武合体派。他表示："权力下移，终至颠覆治国之基，朕深忧之。"[④]

---

① 武市半平太（1829—1865）号瑞山，土佐勤王党领袖。"8·18 政变"后切腹自杀。

② 1962 年 8 月 21 日（新历 9 月 14 日）萨摩藩主岛津久光一行从江户回藩途中，在横滨附近的生麦村遇骑马郊游回来的英国人理查森等四人，他们闪在路边让路，不料理查森的马冲向久光的队伍，他被藩士杀死，另两个重伤，一个逃回横滨，这就是所谓生麦事件。

③ 诸队指幕末长州藩倒幕派组织的非正规藩兵（民兵），以奇兵队为首成为反列强和守旧派的核心力量。参看关顺也，《藩政改革与明治维新》，第 128-132 页。

④《岩仓公实记》，上卷，引自远山茂树：《明治维新》，第 120 页。

1863 年 8 月，他和上层公卿串通幕府和萨摩、会津的藩士，发动了"8 月 18 日政变"①，尊攘派毫无准备，措手不及。长州藩的久坂玄瑞、桂小五郎（木户孝允）和土佐藩的土方允元等，偕同三条实美等开明派公卿 7 人逃出京都，退往长州。尊攘派势力被清除出京都。②

各藩尊攘派武士豪农纷纷起义③，但因没有取得广大民众支持，被幕府镇压。1863 年 12 月，天皇任命公武合体派大名一桥庆喜、松平庆永、松平容保、山内容堂、伊达忠诚、岛津久光为参预，组成参预会议，共议国策，公武合体派控制了中央政局。④政变后，各藩的尊攘运动也遭挫折。土佐藩士武市瑞山等被前藩主山内容堂逮捕入狱，并在 1863 年 5 月令其切腹。土佐勤王党的其他人员坂本龙马和中冈慎太郎被迫逃离本藩。长州藩保守派卷土重来，控制了藩政，1863 年底，下令限制"诸队"人数，禁止农兵队训练。聚集在长州的藩内外尊攘派急于扭转颓势，1864 年 6 月，久留米神官出身的真木和泉及久坂玄瑞不顾高杉晋作等人反对，带兵前往京都。7 月 19 日进攻宫廷，在右蛤御门（皇宫西门）被松平容保（幕府京都守护）指挥的会津、萨摩两藩兵击败，真木及久坂自杀（"禁门之变"）。至此尊攘运动事实上已经终结，中央和各藩的政局表面上都受公武合体派控制。

由于"禁门之变"，长州藩和尊攘派被视为叛逆。1864 年 7 月，天皇下令幕府征伐长州藩。幕府纠集中国、四国、九州的 35 藩兵力，准备粉碎反幕势力的基地。英国殖民主义者决定利用这一机会对 1863 年 5 月长州炮击外船的行动实行报复，克服尊攘派阻挠对日贸易的难局，并夺取新的权益。英国于 1864 年 8 月 5 日联合美、法、荷舰队，以战舰 17 艘、炮 288 门、兵 5000 余，大举进攻关门海峡。奇兵队和人民英勇抗战，但藩政府丧失斗志，四国舰队仅 3 天就攻陷下关（"下关战争"）。8 月 13 日长州藩被迫接受和议：（1）优待并供应通航海峡的外国船只；（2）不准修复和新建海峡炮台；（3）赔偿联军战费和火烧下关市区的代价 300 万美元，但应由发出攘夷命令的幕府负担。⑤下关战争

---

① 公武合体派策划于 8 月 18 日未明，命在京诸大名入朝，宣读延期去奈良的诏敕，在萨、会两藩大军压力下，令三条实美等尊攘派公卿 10 余人禁入宫廷（三条等 7 人因逃奔长州被革职），并免去长州藩警卫宫廷之责。

② 日本史上又称这一事件为"七卿落"（七公卿的亡命）。

③ 如 8 月土佐尊攘派浪人吉村寅太郎等在大和的山中，10 月筑前平野国臣（福冈藩士）等在但马的生野，1864 年 3 月，水户藤田小四郎在筑波山，都先后起兵反抗，最后失败，被幕府处死。

④ 坂田吉雄：《明治维新史》，第 161 页，未来社，1960 年。

⑤ 石井孝：《在明治维新的幕后》，岩波书店，1982 年，第 40-41 页。

的结果，迫使日本对外政策从攘夷转向开国。

下关战争后，围绕对幕府征讨长州藩应持方针的问题，长州藩保守派上级武士与尊攘派的斗争激化，保守派主张向朝廷、幕府"恭顺谢罪"，而凭借"奇兵队"等"诸队"（新军）力量的高杉晋作、井上馨、伊藤博文等则力主"武备恭顺"，即表面顺从幕府，如幕府想处罚长州藩，则准备抗战。[1]9 月末的藩政会议上，"武备恭顺"主张渐占上风。但这时幕府和长州藩保守派势力抬头，保守派见势不妙，便诉诸恐怖行动，以刺客袭击井上馨，负重伤后监禁了他。高杉晋作与伊藤博文被迫逃往筑前。当 11 月幕府征长军逼近长州时，藩政府命令"禁门之变"的责任者 3 名家老自杀。藩主毛利敬亲请求宽大处分，幕府命毛利父子：（1）呈交亲笔谢罪状；（2）破毁山口城堡；（3）将三条实美等公卿送交筑前藩。毛利敬亲都接受了。其他各藩尊攘派在反动势力下都被镇压，或死或逃，幕府第一次征长战争便告结束。

长州藩转向倒幕开国

"8 月 18 日政变"和以后一系列事件证实了久坂玄瑞在 1862 年的预言——"诸侯不足恃，公家不足恃"[2]，使尊攘派认识到，依赖保守庸愚的天皇攘夷是不行的。尤其在同殖民主义者直接交锋后，更了解到不根本推翻腐朽的幕藩体制，摆脱封建束缚，发展先进科学技术，建立富强的近代民族国家，决不能克服民族危机，只有倒幕才是挽救日本的先决条件。以后，尊攘派以中国在鸦片战争后，因积弱而被列强宰割作为教训，决定奋起自强。自强首先要振兴工商业，实行开国，扩大对外贸易，以集中政治军事资金。支持尊攘派的西南豪农富商在开港后企图发展独立自主的经济，也要求放弃盲目排外政策。在此以前，尊攘派为攘夷而尊王，攘夷是中心口号。到了此时，根本战略应由攘夷转为倒幕，并为倒幕而要求开国，于是放弃了攘夷论。就这样，尊攘派变成了倒幕派。这是幕末政治斗争形势的第二次转变。

随着人民反封建斗争的高涨，倒幕派下级武士在包括地主富商等阶层的革新势力中树立了更坚实的领导权。他们已不再仅仅依靠"草莽崛起"，而致力于依托西南各藩的"割据富强"，壮大倒幕实力。

倒幕派首先控制了长州藩，和上层豪农商结成同盟，通过他们，动员群众，组织到人民武装（诸队）中来。1864 年 12 月，高杉晋作等潜返下关，指挥伊

---

[1] 井上清：《日本现代史·明治维新》，东大出版会，1954 年，第 228 页。
[2] 1862 年 1 月，久坂玄瑞给武市瑞山的信，引自远山茂树：《明治维新》，第 112 页。

藤博文等率领的诸队，发动了夺取藩保守派权力的内战。濑户内海沿岸的豪农商支持新军的斗争，抵制保守派解散诸队的命令。小郡农兵队创建者豪商秋本新藏鼓励高杉晋作和兼重让藏说："假若你们的部下不能取胜，新藏就发动农民起义，来恢复国家（指藩），无论出现任何事情，请兼重先生都不必顾及。"[①]像这样的草莽志士（豪农商、村长、教师、僧侣、神官等）在各地发挥了很大的宣传动员作用。他们牺牲一切，为爱国倒幕组织各种民兵队，参加到新军里来。庆应元年（1865）2月，倒幕派获胜，重掌长州藩权力。

高杉晋作和木户孝允进行"割据富强"的改革。他们录用农村医生出身、精通西方军事的大村益次郎（1824—1869）改革军制：一律更换新兵器；解散旧式军队，编成近代步炮兵，大名和藩士的家臣兵卒都脱籍参加；解除主从关系，更吸收农商出身青年，受新式军事训练；"奇兵队"等则作为新军基干，全部纳入藩政府控制下。另一方面，藩厅为防范群众，又组织以"世禄之士"为中心的"干城队"，并禁止组织新的农兵队[②]，显示倒幕派武士的局限性。在改革军制的同时，从1865年10月起，藩政府新建了造船、冶铁、炼油等藩营手工业工场。[③]早在1864年下关战争失败后，长州舆论已倾向"开国"。实行军事改革和增强军备，需要大量输入西洋武器，于是扩大商品经济和对外贸易。长州和一些外商不顾幕府禁令，进行下关至上海的秘密贸易。[④]在此期间，长州藩与英国逐渐接近。长州藩的"庆应改革"，形式上仍像过去的藩政改革，但实际上已包含了否定幕藩体制原则，积蓄倒幕的物质力量，预示以后明治政府采取的方向。

维新前夕列强的角逐

英、法、美、俄等侵略国家并不满足于《安政条约》，他们企图在日本攫取更多的权益。文久元年（1861），沙俄为同英国争夺世界霸权，派军舰占领对马岛，无理向对马藩主提出永久租地要求，恣意建造营地。对此，马克思在1862年3月给恩格斯的信中就指出："俄国人又占领了朝鲜沿海的一个很好的岛屿。此外他们又在爪哇（实为日本，后来马克思作了订正）[⑤]实行新的'占领'，由

---

① 原口清：《幕末政争の考察》，《历史学研究》第142期。

② 池田敬正：《幕府诸藩的动摇和改革》，《岩波讲座日本历史》，近世5，第187页。

③ 石井孝：《学术批判·明治维新论》，第190页。

④ 石井孝：《在明治维新的幕后》，第46-47页。

⑤《马克思恩格斯全集》，第30卷，人民出版社，1974年，第222-223页。

此你可看出，这就保证了他们在太平洋北部霸权。"①

　　最积极图谋控制日本的是英法两国。英国首任驻日公使阿礼国（R. Alcock）坦率承认："日本是我国在东方拥有重大权益的前哨，即使没有贸易，也不能破损这大英帝国链环的一节，若其他强国从日本退出，日本就可能成为沙皇世界帝国的一环，使太平洋处于俄国势力之下。所以为对抗俄国，英国必须保有日本。"②正因为这样，1862 年日本发生攘夷派杀伤英人的生麦事件，英国就联合法军进驻横滨，迫使幕府处刑、赔款，承认租界警备权，并由幕府为英、法建军事基地，军队至 1875 年才撤出。

　　1864 年 8 月，英国乘幕府第一次征讨长州藩之机，为支持幕府镇压尊攘派，又联合美、法、荷四国舰队炮击下关，武装进攻长州藩。1866 年列强以缓交长州藩炮击外船赔款为条件，迫使日本签订"改税协定"，并勒索了由上述四国参与日本海关事务的特权。③但通过下关战争，英国看清腐朽的幕府难免被强藩支持的皇室所代替，尊攘派转向倒幕后，法国积极支持幕府。英国为独占日本，便企图利用倒幕势力夺取政权，进行自上而下的改革，既利于扫除法国势力，又可压制日本人民革命，英驻日公使阿礼国在离任时已提出这一方针。1865 年到达日本的第二任公使巴夏礼④忠实执行了这一政策。他竭力接近萨、长，售给他们舰船武器。一个出卖武器的英商格拉巴曾帮长州藩井上馨和伊藤博文赴英留学，这时英国示意愿借款给他们。⑤1866 年 7 月，英使馆的萨道义（E.Satow）还多方煽动西乡隆盛提早倒幕⑥，但西乡和大久保仍力谋避免英国干涉日本的内政。

　　法国拿破仑第三政府企图炮制一个亲法的日本政权，幕府也蓄意勾结法国。1864 年 5 月，派池田筑后守（长发）到巴黎，与法外务大臣铎旺鲁义签订巴黎协定，约定法国充实日本军力，压制倒幕运动。同年，法驻日公使罗休（Leon Roches）同幕府进行了下列谈判：（1）使用法资建海军兵工厂和铁厂。1864 年这一协议具体化，在横须贺和横滨设两所铁厂；（2）由法国出资建立日法联合

----

　　①《马克思致恩格斯（1862 年 3 月 3 日）》，《马克思恩格斯全集》第 30 卷，第 220 页。

　　② 井上清：《条约改正》，岩波书店，1963 年，第 6 页。

　　③《改税协定》规定日本进出口税一律改为从量的 5% 征税，不受价格影响。（安政条约规定进出口税一般征 20%）使国家税收大减，严重阻碍民族工业发展。四国共管海关，使日本进一步失去关税自主权。

　　④ 巴夏礼（H. S. Parkes，1828—1885）1841 年来华，任英使领馆翻译，广州代理事，制造亚罗号事件。1860 年参加英法联军及广州市英伪政权，后助清镇压太平天国。1865 至 1883 年任中朝两国公使。在日本任内，支持萨长两藩，与法使对立，维新政权中参与日本外交的指导。

　　⑤《伊藤博文传》上。

　　⑥ 井上清：《日本现代史》，卷 1，《明治维新》，《一个外交官在日本》，第 257 页。

贸易公司，垄断日本生丝出口；（3）以北海道砂山作担保，借法资购军舰武器；（4）建立幕府常备军，派海军学生赴法留学，由法国公使和军官任指导、顾问，在江户设士官学校，教练步骑炮三军，改革军制；（5）庆应二年（1866），由法国借款600万美元，在罗休指导下，对幕府内政、外交、军事、财政进行全面改革。这是一个控制日本的庞大计划，①如果不是明治维新胜利，日本将很可能变成拿破仑第三的附属国。

美国由于本国南北战争紧张，对日侵略步伐似乎迟缓一些，但就在维新前日本局势最混乱时，美使馆迫使幕府以路权无偿和材料进口免税的条件，出让江户至横滨间铁路的敷设权给美国。甚至明治政府成立后，新任美使德隆格仍逼日本追认，直至被日方严正拒绝。②

所有这些，清楚地说明幕末日本，面临着沦为欧美列强殖民地半殖民地的危险。

萨土两藩策略的转变

1863年7月，英国派遣军舰7艘驶抵鹿儿岛，要求萨藩解决生麦事件问题。③谈判破裂，英舰炮击鹿儿岛。萨藩击退英舰，但自己也损失很重，鹿儿岛大半市街被毁于萨英战争。由此，萨藩认识外国武力强大。藩论转向开国，逐步接近英国，购买武器，增强军备，要求摆脱幕府对生丝贸易的垄断，独立开展对外贸易。

1864年初，幕府公武合体派的参预会议上，维护独占对外贸易的幕府与反对垄断的萨藩冲突，导致参预会议解体。这表明公武合体运动已趋没落。此后，幕府由强硬派小栗忠顺掌权，在法国公使罗休支持下，顽固维护旧体制，蔑视诸藩联合政策。④罗休更策划勾结幕府再次征讨长州藩。在此局面下，萨藩以西乡隆盛和大久保利通为首的激进派逐渐占了上风，实行"割据富国"，走向倒幕。这一方案是五代友厚和松木弘安（寺岛宗泽）提出的。他们曾在萨英战争中被英俘虏，后去英国留学，并遍访欧洲各国。在对比国内外大势后，主张开国。并建议组织"商社"，与上海直接进行贸易；购买外国机械、武器；选派留

---

① 石井孝：《幕末日法间的经济关系》，《历史学研究》第6卷，第1-2号。

② 《幕末维新史料集成》，第2卷，外务省编：《大日本外交文书》，第2卷。

③ 石井孝：《在明治维新的幕后》，第86-87页。

④ 石井孝：《在明治维新的幕后》，第64页。

学生学习国外先进技术等。[1]他们进而否定幕府政治，主张"天下列藩统一意志，发起国政大改革"，设立上下两议院。实际要把改革推向全国，建立以天皇为中心的强藩联合政权。萨藩沿着西乡和五代等人的路线，积极展开外贸和藩际贸易；聘请外人教授制糖技术；购入外国舰船 17 艘（数量居各藩之首）和大量武器；实行军制改革，按英制改组军队，增强了经济和军事力量，成为倒幕派的新据点。

土佐藩一直由公武合体派掌藩政，藩主山内容堂，更坚定佐幕，但藩士中开国派吉田东洋等力谋富国强兵。倒幕派各藩又逐渐强大，山内也不得不亟谋自强。根据后藤象二郎的建议，设立开成馆，办新政。藩厅大力发展商品经济，贷款给生产者，农产品生产多样化；发展造纸、樟脑业，产品由政府专卖。还在长崎、大坂建立商馆，进行外贸；购买舰船、铸炮输入武器弹药，加强军备。由此，山内为幕府所忌，屡受惩处，在倒幕派影响下，态度转向促使幕府自发将政权归还皇室，即所谓大政奉还。

萨长同盟

萨长两藩为争夺全国政局的领导，曾存在尖锐矛盾。后来形势改变，两藩处境和认识渐趋一致，因而采取了相似的内外政策，关系逐步接近。在第一次征长战争时，担任幕军征长参谋的西乡隆盛，对幕府持异议，力主撤回征长军，从轻处理长州藩，迈开了萨长接近的第一步。1865 年 1 月，萨长为对抗幕府独占外贸，恢复了中断的两藩贸易，联合对抗幕府。在加强萨长合作方面，发挥重大作用的是土佐藩的倒幕派坂本龙马[2]和中冈慎太郎[3]。经两人斡旋，1866 年 1 月，长州的木户孝允和萨摩的西乡隆盛、小松带刀，在京都达成缔结萨长军事同盟条约 6 条。密约规定在幕府第二次征讨长州时，萨藩要协助长藩，并共同举兵反幕[4]。

这时全国各地农民为反对再次征长纷纷起义，各大城市捣毁运动高涨。7

① 石井孝：《在明治维新的幕后》，第 65-74 页。
② 坂本龙马出身商人、乡士，本是土佐藩尊攘派领导人，"8 月 18 日政变"后逃离本藩，依附萨摩藩。后在长崎建立称为"社中"（社团）的政治性商业组织，经营海运，以后发展为海军兼海运业的"海援队"，为西南各藩"割据富强"做出贡献。1867 年海援队得萨摩藩认可，翌年 10 月坂本被幕吏暗杀，海援队也告解散。
③ 中冈慎太郎出身地主、乡士，参加武市瑞山领导的勤王党，后又组织土佐藩讨幕的陆援队。"8 月 18 日政变"后，以长州为据点，继续反幕，1867 年被幕吏暗杀。
④ 远山茂树：《明治维新》，第 174 页。

月萨摩藩主岛津忠义用父亲久光名义，向关白递呈长文意见书，要求处长藩以宽典，迅息兵端，以缓争乱纷崩之局。还提出秉"公议正论"，"变革政体"，加强军备，以成"中兴大业"等意见。①自此，萨长联系依靠坂本龙马"社中"的活动，从萨摩购运武器接济长藩，又从长州购运粮食接济萨藩，两藩所需武器都由英方提供。11 月，木户孝允和萨摩的五代友厚，又经坂本斡旋，在下关签订《商社会谈议定书》，建立了萨长经济同盟②。田中彰指出，萨长两藩以萨摩、长崎、下关为中心（可扩大到大坂）的西南日本贸易圈，有切断幕府支配的国内商业网，形成全国性市场的企图。③倒幕派在政治军事联合的基础上，又增强了经济的结合，由此形成了以萨长同盟为核心的举国讨幕的局面。

日本何以没有沦为殖民地

在 19 世纪中，东方的后进国家都相继沦为西方列强的殖民地保护国，唯独日本不像印度、中国那样变成殖民地和半殖民地。这在国内外学者中有过大量的研究和争论。笔者认为，这一问题必须从当时的历史条件来分析。

第一，19 世纪 50 至 60 年代，欧美列强正处于自由资本主义阶段，它们对外侵略的主要目的是把世界变成一个资本主义自由市场，除沙俄和普鲁士仍热衷于领土的掠夺外，一般还没有发展到垄断和分割世界的地步。英国的注意力主要集中在印度和中国，对日本市场不很注意；法国殖民势力集中在东南亚，美国处在南北战争时期，没有横渡太平洋开辟远东殖民地的能力，这就给日本以亚洲唯一能获得独立并发展资本主义的机会。

第二，在欧美列强侵略东方的过程中，一开始就激起亚洲各国人民的抵抗，其中继鸦片战争于 1850 年开始的太平天国革命运动，历时达 15 年之久；1856 至 1857 年伊朗的反英暴动；1857 年印度士兵的反英起义。所有这些民族解放运动，客观上都起了掩护日本的作用。当时英国驻日公使阿礼国承认："亚洲任何民族，至今还没有一次不进行顽强反抗而屈服于欧洲人的。他们甚至在感到完全没有取胜希望之后，仍能顽强地继续下去……只不过是改变了斗争的形式而已。"所以他说，如果西洋各国以军事压力战胜日本，也无法使之屈从，而且

---

① 《岛津家国事鞅掌史料》，引自井上清：《日本现代史》，第一卷，《明治维新》，东大出版会，1954 年，第 244 页。

② 田中彰：《幕府的崩溃》，《岩波讲座·日本历史》，近世 5，第 330-332 页。

③ 田中彰：《幕末萨长交易的研究》，《史学杂志》69 篇第 4 号。

"在征服者和被征服者的关系下，日本人和欧洲人的任何融洽也是不可能的"①。这种侵略者的自供，清楚地表明了欧美列强领略东方各国人民坚决抵抗和沉重打击的教训是非常深刻的。1862 年日本长州藩倒幕派首领久坂玄瑞也提出"由于中国'长发贼'（对太平军的贬称）势盛，所以英法不敢恣意向日本用武，万一'长发贼'向英法屈服，英法一定会入寇我国"的看法②，可见，亚洲人民的革命斗争在日本被殖民地化的危机中起了巨大的遏止作用。

第三，幕末日本的民族市场基本形成，资本主义发展有了一定的基础。当时印度早成为英国殖民地，仅有的民族资本被扼杀，整个达卡成为印度纺织工人的尸骨堆；中国在列强勾结清政府共同压榨下，买办资本和地主经济统治了全国，资本主义萌芽不能有丝毫发展。中、印民族资产阶级及其知识分子在强大的国内外敌人联合镇压下分散无力。日本则以豪农豪商和下级武士为核心的资产阶级化的新兴力量在幕末已初步登上政治舞台，国内民族统一，列强无法分化。

第四，日本人民反侵略斗争的坚定性和持续性。早在 1861 年沙俄企图占领对马岛时，当地藩主逃避，人民却奋起抗击，长州藩武士也赶来应援。青年松村安五郎组织岛民勇战，迫使俄军退出。1863 年 5 月长州藩炮击下关外船，虽属于排外性的行动，但 6 月炮台为列强舰队击毁，长州藩被迫起用藩士高杉晋作，改革派掌了兵权，立刻建立民兵——"奇兵队"，步卒、农民、工商业者纷纷参加。高杉改革封建身份制的旧藩军，陆续编成猎夫、力士、僧侣、屠勇（贱民）等组成的民兵队，藩厅只得允许人民自由武装。1864 年 8 月，四国联合舰队发动对长州藩的下关战争，全藩不分男女老小，一律上阵奋战，一向宗妇女齐集寺院为前线赶造枪弹。③在幕末列强虎视眈眈的日子里，还出现过农民捉拿法国军事教官，对打击幕府出卖民族利益也具有深刻意义。此外，倒幕派一些领导人物多数有爱国思想，如西乡隆盛拒绝英国公使援助，认为借助外国势力解决日本内政问题是不光彩的。④

（原载《日本史》第十三章，南开大学出版社，1994）

---

① 井上清：《日本历史》，中册，中译本，第 505-506 页。

② 久坂玄瑞：《解腕痴言》，引自井上清：《日本现代史》，第一卷，《明治维新》，205 页。

③《防长回天史》，6。

④ 井上清：《日本历史》，中册，中译本，第 504 页。

第六章 近代日本的变革与日朝关系

一、明治维新和维新政权

近代史上日本是被卷入资本主义世界最晚的国家之一。1854 年日本被美国打开了"锁国"的大门，签订了第一个不平等条约，四年后的 1858 年，美、荷、俄、英、法先后迫使日本缔结通商条约，使它沦于半殖民地的状态。就在这一年，马克思指出：

> 资产阶级社会的本来的使命是建立世界市场（至少在轮廓上），建立以这种市场为基础的生产。因为地球是圆的，所以随着加利福尼亚和澳大利亚的殖民地化，随着中国和日本的门户开放，这个使命似乎已经完成了。①

由于长期的锁国政策和幕藩领主制的专制统治，日本由封建社会向资本主义社会的变革被拖延了。虽然日本社会内部的矛盾还是按照一般历史规律发展着，但外国资本主义的侵略，促进了日本封建危机深化，革命形势高涨，在民族灭亡的威胁下，资本主义关系还没有成熟，就必需对自己命运做出选择。明治维新就是在这样的形势下发生的。

日本资产阶级革命的问题是到了世界资本主义已将进入帝国主义的前夜才被提出，而这时日本又未充分具备革命的物质条件，所以明治维新不得不带有某些与典型的资产阶级革命不同的特点。正因为这样，明治维新的性质成为引起广泛争论的问题。

革命的根本问题是政权问题，而政权问题是一向被弄得最混乱的问题。本文试图从分析明治维新过程的一些特点及维新政权的实质，对这一问题提出初步的看法。

---

① 马克思：《1858 年 10 月 8 日致恩格斯信》，《马克思恩格斯书信选集》，人民出版社，1962 年，第 110 页。

1. 明治维新的历史前提

比起资产阶级革命前的英法等国来，明治维新前日本社会经济发展还处在相当低的阶段。农村中的基本关系仍为领主对农民的封建剥削关系。农民为领主耕种一小块世袭份地[①]。这种封建领地的农民称为"本百姓"[②]。领主从农民剥削 50%～70% 的实物贡租，还加上各种杂税、劳役，农民在领主的代官、村吏重重压迫下，不但自己被紧缚在土地上，并且连种植自由乃至生活自由都被剥夺，事实上等于农奴。[③]马克思在《资本论》中说到当时日本还是一个"有纯粹封建性的土地占有组织和发达的小农经济"的国家，说"它为欧洲的中世纪提供了一幅更真实得多的图画"[④]。封建主义生产的基础是小农经济，领主从农奴榨取全部剩余产品作地租，德川幕府的统治，就建立在这一封建的小农经济基础上。根据德川幕府的传统政策，农民被认为"仅属供课征贡赋及摊派用款者"。德川家康的谋臣本多正信指出："农民，天下之根本也。治之有法：先设各人田地之界，使留一年必需之粮，其余即收作年贡，不使其有余财，又不使其不足。"又说，"收农民之贡献，要不使其死，亦不使其生"[⑤]。这些话充分表现了纯粹封建土地所有权的本质。而本百姓及乡士（在乡武士）中还有拥有被称为"谱代下人""名子""被官"等农奴的。与此同时，农村中还保留着公社关系的残余，农民公有山林草地，农业和手工业紧密地结合着，说明了日本封建社会经济的落后性。但随着商品经济的发展，18 世纪后，封建领主的

① 根据日本学者的调查，德川时代日本农民（本百姓）每户占有的土地绝大多数都在 5 反（1 反＝1.5 市亩）以下，形成一种零碎的封建小农经济（参看羽仁五郎：《幕末的社会经济形态、阶级关系及阶级斗争》前篇，《日本资本主义发达史讲座》，1932 年，岩波书店，第 19-20 页）。

② 本百姓是登记在领主的土地清丈册上、占地自营、按期纳贡的领民，它的前身是称为"作子"的农奴，随着商品经济发展和封建后期"兵农分离"，小领主（名主）成为诸侯的武士家臣，脱离农村，或下降为农民及村吏，"作子"便成为幕府和诸侯领地上的"本百姓"。这一阶层实质上是领主制下的农奴，是幕藩体制的主要经济基础，但在不断分化中。

③ 竹越与三郎：《日本经济史》，第 7 卷，平凡社，1936 年，第 173-175 页。又据 19 世纪初幕府执政官（老中）松平定信所著《国本论》，农奴所受榨取有如下述："至今有五公五民、六公四民、七公三民之税，贡赋之多，更难仆数。场圃有赋，家屋有赋，户牖有赋，……又榷布、榷酒、榛柞荻麻之类，悉使上贡。……常税为米一石，帛一缣，而因阻难、更换及贿赂勒索，所费殆至三倍。收获时有司数十百人巡行阡陌，途远必宿民家，供应稍差，即增赋税，或征劳役。民畏之如虎狼。修桥铺路，匍匐泥中，迎之惟恐不恭。民当赋役，作道路桥堤，进旅差，出驿马，虽在农忙，逢役即弃未耜，负粮糈，经十百里而不得一文，反被杖殴怒骂"（《日本经济大典》，第 13 卷，第 336-339 页）。

④ 马克思：《资本论》，第 1 卷，中译本，人民出版社，1963 年，第 792 页，注 192。

⑤ 《日本经济丛书》，第 32 卷，第 260 页；第 1 卷，第 19 页；第 2 卷，第 238 页。

土地所有制开始分解，一方面从本百姓中分化出豪农①和水吞②，豪农和商人又有因开发新田及兼并贫苦农民的份地，成为地主③的，由此，在领主经济下发展了土地的租佃关系和雇佣劳动；另一方面，城市商人和豪农的商业资本又逐渐控制农村中的家庭手工业，先进地区在18世纪就出现了工场手工业。不论在农业和手工业方面，债务劳动④都逐渐转化为带有工资劳动性质的雇佣关系，例如债务劳动的期间在缩短，借钱变成付酬。土地租佃关系也在发展，维新前全国佃耕地已占耕地总面积的20%～30%⑤。手工业方面雇佣劳动的发展比农业方面更快⑥。这些事实说明，不待外国资本主义的影响，日本也将发展到资本主义社会。日本学者中不少人认为德川封建制缺少近代化的条件，只是由于极度的榨取而从内部腐朽，在"接触世界资本主义后，就像木乃伊遇到空气一样，立刻瓦解了"⑦，这一看法只强调幕末日本经济的封建停滞，忽略了当时资本主义萌芽已在成长的一面，是值得商榷的。

幕藩封建统治者对于这种生产关系变化的趋势不是漠不关心的，为了稳定封建经济，他们不断用法令禁止土地买卖，限制分田，禁止农民离村，取缔雇佣劳动。因此直至开港前，农村中资本主义的发展是很缓慢的。

日本早期的商业资本家——行庄制家庭手工业经营者，多数是从豪农掌握了农民的商品小生产者发展起来的，这一点和十六七世纪英国毛纺织业中分散性工场手工业是以自耕农（yeomanry）为主体分化发展起来的情形多少有点相似⑧。但英国的自耕农由于早已获得一定的自由，因而农村纺织业能迅速向资本主义工业发展，在日本则因缺乏海外市场，加上幕藩领主制的封建束缚，使

---

① 豪农相当于富农、小地主，多兼村吏或在农村中经营工商业、高利贷，有前期资本家的一面，他们受领主的压榨，常成为农民起义的指导者，但本身依附领主，在村落中占统治地位，负担贡租较本百姓低，但剥削农民更高的佃租，又带有封建主的一面。

② 水吞是失去土地、领主土地清丈册上没有名字的农民，相当于贫农。

③ 地主，一般本身还参加劳动，出租土地收租（完全不事生产，只收地租的"寄生地主"，到幕末才在先进地区逐渐增加），德川时代地主可大别为土豪地主、兼并地主、开发（新田）地主三类，他们多数出身于富农、村吏、商人及高利贷者。雇农、佃农与地主间，都存在着接近农奴制的封建依附关系。地主多兼营工商业及高利贷业，具有封建地主和商业资本家的双重性格。

④ 日本学者认为幕末豪农商使用的雇佣劳动是一种带有债务奴隶性质的劳动（见羽鸟卓也：《近世日本社会史研究》，未来社，1955年，第111-113页）。但这一问题还有争论，如藤田五郎就认为德川时代农村中的雇佣关系是一种资本主义的契约关系的萌芽（见藤田五郎：《近世农民阶层的阶级分化》，《社会构成史体系》所收，第7、41、57、64、及126页）。又《封建社会的展开过程》，第340页以下）。

⑤ 近藤康男：《日本农业经济论》，时潮社，1942年，第30页。

⑥ 守屋典郎：《日本经济史》，中译本，三联书店，1963年，第7-8页。

⑦ 平野义太郎：《日本资本主义社会的构造》，岩波书店，1934年，第252页。

⑧ 英国的情形参看 C·恩文：《十六七世纪的工业组织》，伦敦，1912年，第200页。

豪农多向寄生地主和商业高利贷资本转化，就是兼营分散性工场手工业的，也不易向近代工业资本发展。直至幕末开港后，农村工业在生丝、制茶等重要输出品生产中，工场手工业才有迅速的发展，但不久仍受到幕府的压抑。[①]这些早期商业资本家在同幕藩领主和城市封建特权商人（株仲间）斗争中，显然缺乏西欧新兴市民阶级独立自主的精神。

城市封建商人——町人，本来是德川社会中被置于四民之末的阶级。他们政治上无权，经济活动受领主的严格限制干涉，但大商业资本家为幕藩领主武士的剥削和奢侈生活服务，经营贡米及国产物[②]的交易，操纵金融，有的替诸侯管理财政、发行货币，他们的特权受到保护。和中世末通过城市自治权的获得、政治上独立，且敢于同封建王权对抗的西欧诸国商业资本家相反，日本的町人在封建锁国下没有成长为强大的阶级力量，虽也有因幕藩领主武士的勒索及赖债而进行过一些"抗贷同盟"之类的斗争，但由于本身主要依靠实物贡租的中间榨取而存在，使他们不能摆脱对领主阶级的从属地位。

德川家族继承织田信长、丰臣秀吉统一日本的事业，结束了战国以来群雄割据、长期混乱的局面，确立了中央集权的幕藩体制。为了压制诸侯反抗和农民起义，幕府的统治具有专制主义的性质[③]，尽管它还有封建割据色彩，但由于幕府对亲藩、内藩、外藩的领地作了有计划的配置，使之互相监视，在军事上就完全控制了地方势力。统治阶级间遵守着以德川将军为中心的严格的父家长制的隶属关系和武士道纪律，德川家康被尊为"神祖""神君"，幕府厉行锁国，以中国封建主义的朱子学为国学，迫害洋学，统一全国人民的思想，制定有关禁中（皇室）、公家（贵族）、武家（诸侯、武士）的"法度"（道德和法制），不断发布压制和干涉平民日常生活的"御触书"（告示）、"御定书"（法规），特别设立了驾驭全国诸侯的"参觐交代制"[④]、管制城乡居民的"五人组"（五家联保）制度，以及遍布全国的目付（特务）制度，使日本成为一个名副其实的

---

① 藤村通：《近代日本经济史》，风间书房，1956年，第74—75页。

② 德川中期后，诸藩垄断专卖领内生产品，称为国产物，由官商合办"国产会所"经营。

③ 这里所说的"专制主义"，指古代、中世东方国家流行的君主专制政体，实质上就是封建统治阶级的专政，它和马克思主义所指的十七八世纪西欧专制君主政治（又称绝对主义Absolutismus）性质不同，详以下各节。

④ 大名（诸侯，或称藩主）轮值制。幕府规定各大名每两年一年住本藩领地，一年住幕府所在地江户（东京），妻子住江户作为人质。

"专制警察国家"①。整个德川时代天皇不得过问政治，将军对外称"大君"，以日本国家元首自居。他是全国最大的领主，在 68 国中的 47 国都有幕府的直辖领地，领地的收入达全国租赋的四分之一。幕府还直辖国内主要的城市和矿山，掌握了全国的经济命脉。诸侯虽有统治领内土地人民的权利，但幕府有权改换、削减甚至没收诸侯的领地。这种庞大物质财富的集中和幕藩领主对农民父家长制的剥削统治，构成德川封建中央集权国家的社会经济基础。与西欧专制主义国家不同，当时日本新兴资产阶级和统一的民族市场还没有形成，建立在幕府和三百诸侯领主土地所有制基础上的中央集权，直至明治维新时还保留着封建割据色彩，这就是德川专制主义的特色②。

德川时代的社会经济矛盾，远自元禄（1688—1703）年间就开始暴露。德川后期，农村阶级分化更迅速。据那时记载本州西南地区情况的《长防风土记》，当地 78730 户农家中，（农奴）自耕占 36.3％，自耕兼佃农占 19.5％，佃农达 44.2％③，可见领主经济瓦解的趋势。幕藩领主由于商品货币经济侵蚀农村，直接支配土地的力量逐渐丧失，财政日益困难，因而加紧压榨人民，实行强迫农民归村，预征租赋，低价收购和专卖农副产品，改铸劣币，滥发地方纸币（藩札），向商人摊派献金及赖债不还等措施；同时，扶植富农、村吏的势力，许其冠姓佩刀，视同武士，或组织他们到专卖事业中以加强对农民的奴役，控制农民的商品经济，但这只有促使土地私有更发展④，城乡各阶级间的矛盾更尖锐化。整个德川时代，农民和城市贫民斗争约 1240 起，其中大部分发生在德川中期即 18 世纪初以后。⑤这里面有在"名主""庄屋"，等富农、村吏领导下，采取代表全体农民意志，越级上诉，以直接反对领主剥削的行动的，有以进行商品生产的中农为核心，联合贫雇农没落中农反对寄生地主和领主的爪牙（代官、村吏）的，也有城乡贫民反对商业高利贷资本和领主官吏的，在经济发达的地区，后两种斗争到幕末发展愈为猛烈。

农民起义和城市贫民的暴动带有鲜明的反封建斗争性质，同时也反映德川

---

① 日本资产阶级经济学者福田德三曾比较都铎王朝时代的英国 、波旁王朝时代的法国、1848 年以前的德国和德川幕府的政治，认为都属于绝对君主制的专制警察国家（《日本经济史论》，日译本，第 181 页以下）。日本学者中也有同意这种论点的。

② 中国秦汉以来的封建专制政体是以地主经济为基础的封建统治阶级的专政。这和日本中世纪末期的专制主义也不相同，其理当当另文研究。

③ 安藤良雄、守本顺一郎：《日本经济史》，学灯社，1958 年，第 106 页。

④ 货币经济发达后，农村中虽在禁令下，仍有假借典押、互换、借让及还债等名义买卖份地的，政府最初竭力禁止，以后为保证财政收入，只得听任其发展。

⑤ 黑正岩：《农民起义年表》，《经济史研究》十七之三所收，1937 年。

幕藩体制危机的加深，在起义的威胁下，幕藩统治阶级被迫进行了几次改革。日本经济史学者堀江英一曾指出 1713 年到明治十年（1877）160 余年间，共出现了四次起义高峰，每次都比前一次声势浩大，显示幕藩体制崩溃的迫近，有名的享保、宽政及天保年间的三大改革及明治维新，都是紧接每一次起义高峰之后实施的[①]。

不论幕府或诸藩的改革，实质上都是以缓和阶级斗争，挽救封建危机为目的，幕府前两次改革都企图抑制商品货币经济的发展，来恢复和巩固领主制的自然经济，结果不但不能解决矛盾，反而加速了幕府统治的没落。诸藩最初也跟随幕府进行了改革，采取的政策不外禁止奢侈、限制地主土地私有、发展藩内生产等，作用也不大。

到天保年间（1830—1843），由于社会矛盾日益尖锐化，幕藩领主加紧榨取和周期性的大饥馑，引起反封建斗争的质变，城乡人民暴动愈益带上直接反对幕藩统治的色彩（以天保八年大盐平八郎领导的起义为标志）。加以欧美资本主义列强开始侵略日本，使幕藩统治阶级不得不认真应付这一严重的局势。幕府的天保改革（1841—1843），在新旧势力一致反对下，仅两年半就失败了。值得注意的是诸侯的动态，诸藩在天保改革中，由于各藩本身经济发展程度、政治力量对比和采取政策不同，结果并不一致。据战后日本学者的研究，当时领主经济的发展水平可按地区分为东北诸藩（落后）、中央诸藩（先进）及西南诸藩（中间）三种类型[②]。改革比较成功的西南几个藩，本身经济发展都不是先进的，但由于地理上与资本主义国家接触较早，大都能适应客观趋势，通过专卖等方式，将领内农民的商品生产吸收到藩的财政方面来，同时输入西方先进技术，发展藩营企业，购买近代武器船舰，改革军制，实行所谓富国强兵的重商主义政策，由此迅速提高了本藩经济和军事实力，形成了几个著名的西南"强藩"。反之，东北诸藩领主经济商品化，日益压制农民商品生产的发展；反封建的倾向强烈，领主榨取发生困难，因而改革的成果很少[③]。

明治维新的主导力量产生在商品经济处于中等发展地带的西南诸藩中，不是偶然的。以萨摩藩来说，领地处在火山地带，产米少，经济本不够发达，武士占全人口的 1/3，与他藩武士居住领主城市不同，萨藩武士大部分都是散在

---

①　堀江英一：《明治维新的社会构造》，有斐阁，1959 年，第 54-55 页。

②　堀江英一：《封建社会中资本的存在形态》，《社会构成史大系》第三回配本，日本评论社，1949 年。

③　堀江英一：《封建社会中资本的存在形态》，《社会构成史大系》第三回配本，日本评论社，1949 年。

农村的"乡士"，他们直接压榨称为"札子"的农奴，发展比较落后[1]，但由于地理上接近琉球，获得奴役琉球人民种植甘蔗、独占制糖事业及发展海外走私贸易的便利，经济上补偿了它在农业中的落后性。天保改革中，他们加强对农民的束缚和糖的专卖，得以渡过当时的封建危机[2]，并且逐渐强大起来。长州藩处在濑户沿海商品经济发达的地区，天保初年领内农民为反对农产物专卖的起义，迫使长藩进行了改革，改革派武士为保证封建榨取，积极维护本百姓的土地经营，阻止其没落，通过改进专卖制及增加杂税，掌握农民的商品生产，由此偿清多年巨大的债务、安定了武士的生活、改善了藩的财政、巩固了封建领主经济，使长州成为西南强藩之一[3]。和萨、长两藩情形相似的，还有土佐、肥前两藩的改革，也取得了一定的成就。这四个强藩的改革，虽没有根本触动封建领主制的基础，但却适应了商品经济的发展，使自己富强，从而在幕末中央政局中，西南强藩武士集团获得了发言权，进一步导致以后他们联合起来在全国范围实现明治维新的局面。堀江英一指出，明治政权的中心势力没有产生在资本主义萌芽最发展的中央地带，而产生在西南，确实可以拿来说明这一政权的封建性质（一个封建领主打倒了其他封建领主成为全民族唯一的封建领主）。他以西南强藩来和形成德国专制主义的主要角色——比德国西部诸侯更为封建的普鲁士相比[4]，这一论点曾有力地支持了主张明治维新是绝对主义王政改革一派的学说。但明治维新领导层的构成，及维新的性质都和普鲁士、德国的情形有所不同，这将在以后说明。

以上所说天保年间幕藩进行的改革，尽管在西南强藩中，获得了一定的成功，但在商品货币经济日益发展的情形下，整个幕藩体制的危机是无法克服的。特别到安政五年（1858），日本被迫对西方资本主义列强开港后，加深了这一封建危机。与此同时，日本和各国签订的不平等条约中，包括了欧美资本主义国家迫使东方弱小国家接受的一切主要条件，举凡居留地、领事裁判权、外国驻军、协定关税率及最惠国条款等应有尽有。事实上，日本已接近鸦片战争后中国一样的半殖民地状态。开港后社会经济发生重大变化，封建经济的解体加剧了。列强利用不平等条约取得的特权，低价榨取粮食、丝、茶，大量出口，同

---

① 西山武一、原口虎雄：《鹿儿岛县近代农业史》，《日本农业发展史》，别卷上，中央公论社，1958 年，第 10-13 页。

② 山本弘文：《萨藩天保改革的前提》，《经济志林》，22 卷，第 4 号，1954 年 10。

③ 关顺也：《藩政改革和明治维新》，有斐阁，1956 年，第 106-107 页。

④ 堀江英一：《封建社会中资本的存在形态》，日本评论社，1949 年。

时，外国棉毛织品、兵器等工业品大量涌入，都市旧式的工商业机构发生空前混乱。由于列强加紧搜刮原料，促进制丝工场手工业迅速发展，使用水车作动力的缲丝业也出现了。但棉布等手工业却受到英国廉价纺织品的严重打击。封建体制加于工商业方面的束缚，更阻碍生产力的自由发展。国内生活必需品日趋缺乏，物价不断高涨，粮食发生恐慌。丝、茶及蚕卵纸等主要输出品的价格，从安政六年（1859）到庆应三年（1867）8 年间分别涨了 3 倍、2 倍及 10 倍，米价猛涨到 12 倍，棉粮油盐等生活必需品价格也都暴涨[1]，这对劳动人民和下级武士的生活是一大威胁。生丝、棉花的涨价，使丝织业一度濒于毁灭，以致引起织工的暴动[2]。由于日本长期脱离国际市场，黄金对白银的比价（1：6）远比世界市场金银比价（1：15.5）低，造成黄金大量流出，幕府降低黄金成色，来弥补财政亏损[3]，结果引起物价更涨，为应付经济混乱，更采取限制工商业发展、实行贸易统制、保护江户御用特权商及压迫地方商人的政策，终于遭受地方商人和外国商人的反对而归于失败。于是只得增加贡租，扣欠官吏武士俸禄，来支付国防和外交的费用，以致城乡贫民和武士浪人愈无法生活。改革国内政治的呼声和攘夷的口号同时响彻了日本。

　　总的看来，维新前日本正处在纯粹的封建社会开始瓦解，资本主义还在萌芽的时期，小农经济发达，但农村的直接生产者基本上还是农奴和半自由的领民，不是资本主义的独立自耕农。随着商品经济的发达，兼营农村商工业和高利贷的富农地主在成长，封建领主经济衰落，武士日益贫困，封建剥削促进城乡的阶级斗争，幕藩多次改革挽救不了封建危机，但改革中成长了一支地方的革新势力——西南地区的诸强藩的武士集团，成为推动革命的重要力量。19 世纪 50 年代外国资本主义入侵后，社会经济矛盾更尖锐化，摆在日本人民面前的任务是反封建和反侵略，建立独立的民族国家，但当时日本既没有出现近代的资产阶级，农民单独进行革命，又难取得成功。这里出现了西方国家资产阶级革命时期所没有遇到的局面，明治维新便在严重的民族危机和复杂的阶级斗争中，呈现出它自己的一些特色。

---

① 堀江保藏：《日本资本主义的成立》，大同书院，1939 年，第 111-112 页；土屋乔雄：《维新经济史》，中央公论社，1942 年，第 39 页。

② 石井孝：《幕末开港引起的国内经济混乱及幕府的贸易统制计划》，《历史学研究》第 9 卷第 1 号。

③ 竹越与三郎：《日本经济史》，第 10 卷，第 269-312 页。

2. 幕末阶级斗争的几个主要方面

德川幕府末期社会的主要矛盾是农民和封建领主阶级的矛盾，这个矛盾的社会基础是商品经济发展和封建领主土地所有制间的矛盾。封建的幕藩领主土地所有制不仅严重地阻碍商品生产的发展，也阻碍农民和寄生地主获得土地的机会；另一方面商品货币经济日益瓦解着以自然经济为基础的农奴制度，促使幕藩统治阶级加紧封建剥削，逼得农民无法活下去。在欧美资本主义列强的侵略下，幕府进一步暴露出它的腐朽和反动面目，民族矛盾使日本社会各阶级间本来的矛盾更加紧张而复杂化起来。

首先，广大农民及城市贫民反对封建剥削压迫的斗争规模愈大，带有全民族的性格。这是德川封建体制下根本的阶级矛盾。农奴长期受超经济剥削，周期性饥馑疫疠迫使他们出卖田地妻女，堕胎杀婴乃至逃亡。幕末农政学者佐藤信渊曾指出农民破产离村，造成土地荒废，人口减少的现象①。开港后，农民生活更恶化，起义次数激增，万延、文久（1860—1863）4 年间发生 34 件，元治、庆应（1864—1867）4 年间激增到 59 件②，性质也从总百姓起义演变为改革世间起义③，这是以贫农为基础的反抗幕藩领主制、地主制、商业高利贷资本等剥削阶级的斗争。除了反封建外，还具有建立民主社会的目标。他们已不再上诉，而采取直接行动，捣毁地主豪农、豪商宅院，夺回抵押品，要求减免租役、自由贩卖农产品，主张平分土地财产，平等选举村吏。为了实现他们要求的目的，农民烧毁"检地账"（征收地租的账册），这是否定领主土地所有权的土地革命的表现④。斗争带着日本古来人民起义所具有的民主传统，如罢免村吏，驱逐代官，实行自治。城市贫民的捣毁运动，大部分是反对幕藩领主商人囤积粮食，投机涨价，加紧掠夺的抢米暴动。也有反对外侵的起义，如 1861 年对马岛农民、渔民武装抗击帝俄军舰侵略的同时，坚决反对企图妥协的藩主和幕府官吏，最后迫使俄舰接受英舰队要求而撤退⑤。

---

① 《佐藤信渊家学全集》，上卷，第 928 页。

② 黑正岩：前揭《农民起义年表》。

③ 总百姓起义是包括村吏（一般由富农兼任）在内的全村或同族农民反对领主的起义，这是德川时代农民起义的基本形态。改革世间起义主要是中农以下贫雇农反抗领主，捣毁幕府派驻直辖的官衙（代官所），袭击富农豪商村吏等，有时还同都市贫民结合起来进行的暴动，具有明确的政治目的，并已越出了农村共同体和血缘关系的范围。

④ 庄司吉之助：《明治绝对政府成立期的社会经济构造》，伊东信雄等编：《新稿日本史》，1959 年，文理出版社，第 166-167 页。

⑤ 井上清等：《日本农民运动史》，中译本，1955 年，第 15-16 页。

农民和城市贫民是德川社会最受压迫的阶层，是反封建剥削和反外国侵略斗争的主力，贫农在斗争中尤其表现得坚决，在某些起义中，由于贫农掌握了领导权，克服了中农层的动摇，取得了胜利。他们的斗争虽由于缺乏先进阶级的领导，带有一定的自发性，不能为革命运动指出正确的方向，队伍中包括了中农以上的富农、村吏层在内，领导权经常落在后者手中[1]，更没有将农村和城市的斗争严密统一地组织起来，尽管有这些缺点，但由于他们不断进行声势浩大的斗争，终使幕藩领主统治崩溃，赋予明治维新以革命的意义。

其次是富农、地主和工商业者（草莽志士）反幕藩领主制的斗争。富农（豪农）、豪商及寄生地主是商品货币经济发达下产生的新的社会阶层。如上节所述，他们在经营农业的同时，一般还兼营农村中的商业高利贷和行庄制家庭手工业，这一阶层是明治维新中最值得注意的力量，他们代表着新生产方式的萌芽，在不少具体政策上同幕藩领主统治对立，具有反封建的倾向，但德川时代封建的小经济和锁国政策，阻碍着资本主义的发展，使他们不能像英国圈地运动后的自耕农那样成为租地农业家或工业资本家。不论富农豪商或寄生地主，在幕藩领主经济下都具有二重性：一方面他们多兼为村吏，依附封建制度进行剥削，少数人还买得武士身份，或任藩吏，因而具有反动的性格，受农民的攻击；另一方面，他们的经营带有资本主义的性质，作为半封建的地主富农和产业资本家的前身，又具有变革的倾向。开港后各地的商品生产都受到刺激而发展，豪农豪商有的经营经济作物的栽培，有的经营制丝工业[2]，农村直接生产者中也有兼作商人的[3]。他们积累了财富，而幕藩领主实施国产物专卖，勾结特权商人垄断运输和贸易、压抑商品生产等政策，日益威胁他们的切身利益。他们本出身于百姓，身受领主制的剥削压迫，和农民有共同的利害，所以也和中世纪时的名主（富农兼村吏）一样，参加甚至领导了总百姓起义。尊王攘夷运动展开后，他们要求改革，为逃避中农以下贫雇农的攻击，并为着自己的政治目的，将农民起义的锋芒引向反对幕藩体制，和急进的武士、浪人一道，参加到政治斗争中去，成为所谓"草莽志士"。仔细研究一下幕末各地武士浪人发动的起义，都有豪农、豪商的背景。如关东方面，水户藩士 1860 年的樱田门事变，宇都宫及水户两藩士 1862 年的坂下门事变，水户天狗党 1864 年的筑波山起兵，关西方面，1863 年尊攘派武士公卿在大和、生野的起义以及内战中各地农兵的参加

---

① 羽鸟卓也：《近世日本社会史研究》，第 217-234 页。
② 石井孝：《幕末贸易史的研究》，中央公论社，1944 年，第 383-384 页。
③ 庄司吉之助：《明治维新的经济构造》，御茶之水书房，1954 年，第 276 页。

讨幕，背后就都受着本藩豪农、豪商的支持①。东北越后各藩还有不少豪农、豪商的勤王派出资组织农兵，参加讨幕战争。②长藩方面，支援改革派建立农兵的下关贸易商白石正一郎，山田尻町的棉商冈本三右卫门，绸缎商秋本新藏等，都是豪农出身的大商人及村吏层③。他们在地方上和封建统治者勾结压榨农民，在维新运动中也不能避免农民的反对，因此大和、生野等反幕起义一旦失败，就都变为农民对村吏层的捣毁运动④。由于豪农这一地富、高利贷和商业资本家三位一体的阶级性，规定它在反封建领主制斗争中具有一定的积极性，他们和尊攘派武士的同盟，领导了农民起义转向尊攘倒幕；而当革命转向反对封建地主制时，就暴露出极大的动摇性和反动性。

第三，下级武士反对幕藩体制统治的斗争：和中世纪末期欧洲的骑士由于火药武器的改善、工业的进步及货币的需要而趋于灭亡一样，幕末日本的下级武士也成为日趋没落、走投无路的阶层，他们本来是封建社会的特权阶级，是幕藩体制的重要支柱，但当时日本的形势决定他们不能再向幕藩体制求出路，只能从社会制度的改造求生机，和德国的容克不同，德川时代的武士从来不直接支配土地，只是住在城市里领禄米。下级武士本来就受门阀制度的压抑，政治地位和经济收入都较低微。当商品经济日益瓦解封建社会的经济基础时，特别是开港后物价飞涨，幕府统治者不但无法救济贫困武士的生活，反用"半知""减知"的办法，尅扣禄米，致使他们"恨主如恨敌"⑤，对旧社会深怀不满，武士只得靠典卖武器衣服，或和家属私下做点副业（如糊伞、糊灯及木屐加工）维持生计，一部分人转而依附豪商、寄生地主及城市町人阶级⑥，甚至脱离藩籍，成为浪人（如长州藩的吉田松阴等）或自由职业者。由于"士"在中世日本除了担当军务外，还是垄断学问的一个阶层，所以有不少武士浪人成为儒学、国学或洋学的学者，设塾授徒，培养出成批具有不同见解的年青一代藩士。这些人身份低，接近农民和工商业者，他们所处的职业地位，基本上已可不靠禄米生活，实际是向城市小资产阶级转化。他们吸收了较多的新知识，关心国内外大势，当发现幕府统治已不能挽救民族危亡和武士阶级前途日趋没落时，对

---

① 历史学研究会编：《近代日本的形成》，岩波书店，1956 年，第 4-21 页；服部之总：《明治维新讲话》，中译本，1956 年，第 18-21 页。

② 井上清：《日本现代史，明治维新》，1954 年，第 309-310 页（中译本第 306-307 页）。

③ 关顺也：《藩政改革和明治维新》，有斐阁，1956 年，第 134-135 页。

④ 堀江英一：《明治维新的社会构造》，第 18-29 页。

⑤ 本多利明：《经世秘策》，《日本经济丛书》第 12 所收。

⑥ 武阳隐士：《世事见闻录》，《近世社会经济丛书》第 12 所收。

封建领主制不但无所留恋，反要求学习西方迅速改革，因而站在"激进派"的立场，对幕藩领主制进行了果敢的斗争。随着开国后内外形势的复杂化，幕藩为适应新局面，不得不打破门阀限制，"登用人才"，在萨摩、长州、水户、土佐、肥前等藩，这些下级武士的一部分便被吸收到藩的改革事业中来。他们代表地方商人地主及富农的利益，反对过去改革中的保守路线，采取发展农民商品生产、创建洋式军队及企业的富强政策，同代表领主门阀的下层武士展开尖锐的斗争，逐渐获得地位。这些藩还任用了一些豪农、豪商出身的人，和下级武士一道发展为管理经济军事的近代官僚和技术家。他们的开明政策，改变了藩的贫困落后面貌，其中一部分先进分子，如越前藩的桥本左内，萨摩藩的五代友厚，已能超越藩的利益，公开批判幕藩体制的不合理，提出改造整个国家和社会制度的见解，成为维新前的改革派。

大体看来，明治维新时期是日本国内各阶级力量分化消长，迅速改组，展开激烈斗争的时期。以贫农为主导的农民和城市农民，反对封建和外国侵略，进行了坚决的革命斗争。以豪农豪商为主导的富农地主和地方工商业者要求占有土地，发展商品生产和自由贸易，反对领主土地所有制和幕藩限制束缚生产力的各种政策。由于他们所处的剥削阶级地位，使他们在革命中不但不能和农民结成同盟，并且害怕革命会损害自己的利益，只求在不根本改变封建制度下发展资本主义。但在农民反对豪农村吏层的斗争下，他们为逃避农民攻击，和尊攘派武士结成同盟，反而领导了农民起义转向倒幕，以达自己的目的。以下级武士为主导的武士、乡士、浪人和下级公卿，他们在幕末的身份地位最不稳定，大部分走向没落。由于他们在旧社会中长期处在寄生的地位，既不能从事生产，又不甘心放弃统治者的特权，却在生活实践中体验到国内外形势下，不改革就无出路，因此都有变革旧社会的要求。但由于所处条件和思想倾向不同，少数人参加到农民反封建革命的行列里去；属于幕府和亲藩、内藩的武士，除水户等藩外，多数仍企图不触动幕藩领主的统治而进行一些局部改革。在西南强藩中，除一部分倾向公武全体外，大部分则具有较激进的思想，他们在藩内外的斗争中锻炼成长，逐步由藩的改革派中分化出来，代表豪农商人的利益，并和后者结成了政治同盟，走向全面改革和建立民族国家的道路，成为明治维新的领导者。

以上只是幕末国内阶级斗争的几个主要方面，这些斗争如何转化并集中为明治维新这一全国性的革命运动，则必须对安政开国后日本国内外形势的变化和革命与反革命双方阶级力量对比的变化作进一步的分析。

3. 从安政期改革到维新政权的建立

19 世纪上半叶，幕藩进行的天保期改革，是幕藩领主在封建危机下企图挽救其垂危统治的一次重大改革。在改革中，西南几个藩适应萌芽期资本主义发展的一些政策，取得了成就，形成了所谓"强藩"，这就为以后封建统治阶级指出了新的政治方向，也为他们培养出一批重要的领导骨干。幕府和诸藩在开港后进行的安政期改革（1854—1859）是吸取天保改革的经验教训，为应付开港后的危机而实施的。幕府天保改革失败后，到美国侵日的 1853 年，老中阿部正弘开始采取较开明的政策①，但继任者井伊直弼又推翻阿部的一切改革，使政治更反动化②，进一步促进幕藩体制的危机。西南诸藩在外国侵略势力压迫下，认清幕府的衰弱无能，继续亟谋自强。长藩改革派通过扶植豪农村吏层，掌握农民的商品生产，征募农民，改革军制，在和藩内上层武士斗争胜利，掌握了藩政的同时，破除身份限制，选拔人材，取消特权商业行会，保护农民商业，将豪农的献纳，用到本地治水及救贫事业，以缓和领内阶级斗争，由此渡过了危机，在"举藩一致"的口号下，加强了藩的实力③。萨藩以军事工业为中心，积极发展了领内一系列的藩营企业和对外贸易④，农业上虽仍以农奴主的上级乡土为中心，剥削农民，维持落后的生产方式，但由于它位置在日本的最南端，经营外贸和接触外国资本主义势力最早，所以也容易在发展工商业方面实行改革。土佐藩也是在外力压迫下开始改革的，政策上接近长藩，如奖励农民商品生产，改特权商人专卖为征税，实行重商主义，由藩统制藩内外贸易，排除门阀，提拔人才，建立民兵，改革军备，设铸炮场、造船所等，力谋富强⑤。肥前藩的改革接近萨藩，军事性和农奴制性格较强⑥。安政年间幕府和西南强藩改革的特点是为应付国内封建危机和外压，继续在自己领内巩固领主土地所有制，进行军事改革，并采取了一些重商主义政策，自上而下地适应商品经济发展的趋势。这样，处在后进中间地带的西南诸藩，不待领内条件的成熟，就通

---

① 阿部正弘（1819—1857）于天保十四年（1843）任老中（幕府执政），1853 年，美海军司令贝理率舰侵日，幕府苦于应付，阿部开始将国家大事征询诸侯或奏请朝廷决定，并提拔人才、吸收强藩藩主及改革派武士参政，积极采用西学，奖励企业，改革幕政。（参看维新史料编纂事务局：《维新史》，第二卷，1940 年，第 117-120 页）。

② 石井孝：《围绕幕藩关系变动的嘉永安政年间之政局》，《日本史研究》，第 8、9 号，1948 年 6。

③ 关顺也：《藩政改革与明治维新》，第 126-127 页、第 136-137 页。

④ 《鹿儿岛县史》，第三卷，第一编。

⑤ 池田敬正：《藩政改革和明治维新（高知藩）》，《社会经济史学》，22 卷，第 5、第 6 号。

⑥ 藤野保：《佐贺藩的封建领地存在形态》，《历史学研究》，第 198 号，1956 年 8。

过改革，加强了政治经济力量，建立了新的军队，在维新前形成强大的政治势力。藩政改革本来限于藩内，但开国后形势变化了，外国资本主义势力的进攻，是以日本全国为对象的。因此任何一种改革，已不可能局限于一藩，要抵抗外力，应付政治上、经济上早已成为全国性的问题，归根到底，没有一个强大的统一国家的权力是不行的。当时日本没有发展到具备建立近代中央集权国家的前提，在新兴的强藩中，最普遍的改组政府的愿望是以改革派诸藩联合参加政府的形式来代替幕府独裁[①]。但 1858 年（安政五），幕府保守派老中井伊直弼因屈辱签订日美通商条约，受到攻击，发动了镇压改革派的"安政大狱"，这一改组幕府的企图被根本否定，第二年日本被迫开港，改革派领导人物吉田松阴、梅田云滨及桥本左内等被幕府处死，打破了上层武士中"雄藩合议，改革幕政"的幻想。开港后人民和下级武士生活更恶化，城乡起义暴动骤增，危机下"尊王攘夷"思想开始带上反幕府反侵略的革命倾向，成为支配改革派志士的思想，"改革派"变成"尊攘派"，斗争的主流便由藩政改革转向全国性的尊王攘夷的运动。这是斗争形势的第一次转变。

如上所述，幕末日本已存在着资本主义萌芽，开港后商品经济更迅速发展，但幕藩领主制度严重地阻碍资本的原始积累和市民阶级的壮大，当时城市的工商业大部分从属于领主武士阶级的利益。和三十年战争后的德意志诸邦一样，享保以来幕藩专制主义的改革，不但没有促进民族统一的发展，反因幕府改革失败及其对外的无能加深了国家的分裂割据状态，阻碍民族市场的形成，推迟了民族资产阶级的产生。

在这样的条件下，日本直至明治维新前，还没有西欧资产阶级革命时期新兴市民阶级所具有的启蒙思想是可以理解的。安藤昌益的学说，贯彻了消灭一切剥削压迫的革命精神，他的自然法的思想，也多少包含了近代资产阶级的政治原理，但因为脱离当时日本的现实条件，所以这一乌托邦思想也就没有得到传播[②]。司马江汉、林子平、本多利明、佐藤信渊及高野长英等反对身份制和封建割据、要求统一的思想，具有进步的意义，但都无力摆脱封建阶级的局限性，不能看到德川时代日本国内外矛盾的实质，他们的见解只限于改良封建制

---

① 越前藩主松平定信的谋臣兰学者桥本左内根据他有关欧洲国家的政治知识，提出了这一"雄藩合议制"方案，大体是以强藩藩主若干人为大臣，辅以一批有能力的官僚，实行幕府内部的改组。参看奈良本辰也："桥本左内"《改订近世封建社会史论》，1952 年。

② 加拿大人 E. H. 诺曼著有《安藤昌益及日本封建主义的解剖》（1949）一书可参考。

度的范围①。近代西方资产阶级民主思想直至 50 年代后才有零星的介绍，这也反映当时日本资产阶级的不成熟。作为改革派武士指导思想的，开始还只是一些排外复古的"尊王攘夷"思想，德川三家之一的水户藩所提出的这种思想，本来是儒家作为对内对外巩固封建秩序的武器（从朱子大义名分论出发的尊王论或攘夷论，目的本在巩固幕权），德川幕府衰微，便用它来加强封建幕藩体制。但这时它成为幕末尊攘派武士进行斗争的思想武器，却已不是原来的东西，更不是因水户学研究而产生的偶然结果，而是国内外矛盾的发展、幕府的反动和下级武士的觉醒，促使这一忠君排外的封建思想跟包括富农、商人、新兴地主在内的各阶层人民反封建、反外国侵略的迫切要求相结合，具有新的时代内容和策略意义（树立以天皇为中心的民族统一国家和迫使幕府在外交内政上处于绝境）。这一思想为尊攘派所掌握，唤醒了民族自觉，才变成物质的力量。

由藩政改革向尊王攘夷的转变，显示日本在国内阶级斗争和列强侵略危机下，民族统一运动的开始。开港后的经济混乱，打击广大人民的生活，尊王攘夷论由理论变成武士浪人的实际行动。1860 年井伊直弼被水户藩浪人刺杀，接着各地发生了反对殖民主义者的攘夷事件。

尊王攘夷运动的主导力量，是近年来日本史学上一个有争论的问题，有的学者认为主导力量是豪农村吏层②，有的主张是地方商人③，更有认为是代表下级领主土地所有制的乡士阶层④。从幕末西南沿海一些商人的贸易活动和维新运动的关系上看，这一时期萨、长、土、肥等藩尊攘派武士得到豪农商人支持的例子确是不少⑤。这些地方商人代表领内农民商品经济的利益，同幕府的领主商品经济以及它保护下特权商人的垄断贸易（特别是开港后发达起来的外贸）形成尖锐的对立。他们期待摆脱幕藩领主制，自由支配土地，发展自由贸易。乡士虽也参加了尊攘倒幕运动，但代表没落的领主所有制的那一部分人，正如维新后他们自己所证明的，是终于要被历史否定的阶层。唯独下级武士是列强资本主义侵入后，封建经济解体下深受打击，社会地位最不稳定的人，他们对

---

① 井上清：前揭书，第二章，第 2-3 节。

② 池田敬正：《土佐藩的安政改革及其反对派》，《历史学研究》205 号，1957 年 3。主张这一说的还有堀江英一、田中彰等。

③ 关顺也：《由长州藩方面看到的萨长交易的意义》，《山口经济学杂志》，7 卷 9 号，第 56 页。

④ 大江志乃夫：《关于明治维新史的一些试论》，《历史学研究》，第 235 号，1959 年 11。

⑤ 如上述下关豪商白石正一郎据说就因与幕府保护的特权商人争夺西南地方的贸易而成为长藩尊攘派的支持者，当时萨长等藩尊攘派都热中于藩际贸易，这些贸易与地方商人有密切关系，以后奔走西南强藩间经营海运业的坂本龙马也是一个酿酒商兼乡士。

腐朽的幕藩体制深怀不满，要求有利于自己的变革。因此，尊攘运动的主导力量比之藩政改革时期，应该更鲜明地是下级武士领导下的武士和豪农商的同盟。但尊王攘夷运动的性质跟藩政改革已大不相同，它网罗了广泛的反幕各阶层势力，开始否定幕藩领主制的合理性，反对列强侵略，具有民族统一的方向。它通过藩的割据富强，发动组织全国性的尊攘运动，这一运动开始虽不包含推翻幕府的直接目的，但运动所具性质的逻辑发展，必然与对外妥协、对内独裁的幕府不能两立，而走向倒幕。

随着国内外形势的严重化，幕府和萨摩等诸侯中，出现了调和朝廷与幕府间关系的所谓"公武合体论"的改良主义路线，尊攘派在反抗侵略、组织农民武装和反对公武合体派的斗争中突出地表现出它的进步性。尊攘派对付公武合体派的战术是攘夷。从 1861 年美国使馆翻译休斯根（H. Heusken）被浪人刺杀事件起始，各地陆续发生尊攘派武士杀伤外人、袭击英使馆、驱逐俄舰的事件，使幕府日益恐慌。1862 年尊攘派一方面用恐怖手段打击公武合体派，同时以长、土两藩急进武士为中心，越过藩主的权力，联合急进派少壮公卿怂恿天皇下令幕府攘夷，幕府在群情激昂下，不得不表示接受。1863 年 5 月 10 日实行攘夷期限届临，长藩尊攘派首先炮轰下关的列强舰队，显示了日本人民坚决反抗殖民主义者的英勇气概，但也受到外舰的回击。美国立刻联合英法荷三国胁迫幕府处分长藩。7 月，英舰队同萨藩交涉尊攘派在生麦杀伤英商事件决裂，炮击鹿儿岛，萨藩受了严重损害也不屈服。站在斗争最前列的长藩尊攘派，从中国太平天国革命被列强镇压的活生生的事实中，认清殖民主义者的面目，估计到列强的报复，特别是藩内保守派与幕府及列强间相互勾结的可能，在下关外舰回击受创后，随即建立起由豪农商出资、农民市民志愿者组成、步卒与下级武士志愿者领导的新军——以"奇兵队"为首的"诸队"。它破除了封建门阀身份制，使用近代武器，以后在战胜藩内保守派上层及攘夷倒幕等战争中，起了重大的作用。其他各藩也纷纷组织类似的农兵队，这些农民武装虽没有具备近代资产阶级革命时期民兵的思想意识，一直没有脱出封建藩厅的掌握，官兵必须"不乱尊卑，各守其分"[①]。但由于它是人民组成的武装，所以具有一定程度的民主性，发挥了封建武士团所不能企及的力量。也正因此，倒幕胜利后就为维新政权所解散[②]。

尊攘派的行动愈向前发展，促使幕府和诸侯愈恐惧"权力下移，终将颠覆

---

① 诸队领袖颁发队中的谕示第一条，见《防长回天史》，第四编下。
② 井上清：《日本的军国主义》，1954 年，中译本，第一册，第 90—101 页。

治国之根础"①，连表面赞成攘夷的孝明天皇也动摇起来，终于串通幕府和公武合体派藩士，发动了"八月十八日政变"（1863），尊攘派武士、浪人、公卿逃出了京都，各地武士豪农纷纷起义，先后被镇压。幕府决定征讨长州，英殖民主义者不放过这一机会，联合英、法、荷三国舰队，于1864年8月攻陷下关各炮台，迫使长藩保守派接受和议，幕府的征长军也不费一兵，就使长藩"恭顺谢罪"。"八月十八日政变"和以后一系列事件的教训使尊攘派认识到，依赖庸愚保守的天皇攘夷是不行的，尤其在同殖民主义者直接交锋后，了解到不根本推翻幕藩体制，建立近代化的统一国家，决不能克服民族危机。与此同时，英国看清腐朽的幕府统治，难免为强藩支持的皇室所代替，鉴于印度、中国人民革命的猛烈，它又不敢立即变日本为自己的殖民地。特别是"巨大的社会革命在日本进行中"，必须改变从来支持幕府的政策②，为独占日本作为英国的市场，既要压制日本人民革命，更须扫除它在日本的劲敌法国（当时支持幕府）的势力。这时发现利用尊攘派夺取政权，进行自上而下的改革，最有利于它在远东的霸权，便不断与萨长接近；尊攘派也以中国为前车之鉴，决定奋起自强，改盲目排外为积极的开国策，为加强军事财政，要求扩大本藩的对外贸易。支持尊攘派的西南地方豪农商在开港后更企图发展自由的工商业，因而攘夷论被放弃，举国讨幕的局面开始形成。

1863年末长藩尊攘派领导者之一的高杉晋作亡命归藩，指挥了伊藤博文等所率的诸队，在豪农商支持下击败保守派，庆应元年（1865）确立了领导权，转入藩内军政的大改革，同时扩大藩营企业和对外贸易，准备全国性的改革运动。长藩庆应改革的政策，形式上仍像过去的藩政改革，实际上已包含了根本否定幕藩体制的原则，和以后明治政府的政策几乎是同一方向。这时人民反封建反侵略的起义已遍及全国，而幕府却由强硬派小栗忠顺掌权，在法国公使罗休（Leon Roches）支持下一意孤行，对萨摩藩主岛津久光等公武合体派的强藩联合政策也置之不理，因此萨摩藩内大久保、西乡的倒幕路线占了上风，土佐藩本公武合体派掌权，看到这种形势，不得不另作准备。这样萨、长、土等藩为迎接政局的变化，都积极输入武器，实行"割据富强国策"，战略上由尊攘论转为倒幕论。倒幕论派下级武士在包括豪农、豪商、地主等各阶层的革新势力中树立了更坚实的领导权。这是斗争形势的第二次转变。

---

① 《岩仓公实纪》。

② 1865年8月23日英外务大臣拉萨尔致新任驻日公使巴克斯的训令。见石井孝：《明治维新的国际环境》，第3章第3节。

萨、长两藩到幕府征伐长州时期，彼此还是敌对的，现在对内对外都走到同一条道路上来了。特别由于土佐藩乡士兼豪商坂本龙马（海运商人集团领袖）等的活动，两藩终于在 1866 年 1 月缔结了勤王倒幕建立统一国家的军事同盟。田中彰指出，萨长两藩以萨摩、长崎、下关为中心（可扩大到大阪）的西南日本贸易圈，有切断幕府支配的国内商业网，形成全国性市场的企图①，这可能就是萨长同盟的经济因素之一。

1866 年至 1867 年的革命形势在日本出现了。

日本的革命形势以上层的危机为标志。幕府经过历次改革，不能挽救其日益困难的内政和外交处境。长州倒幕派夺取藩权后，幕府得到他们由海上输入军火的情报，决计再征长藩，将军德川家茂亲自到京，但天皇不予批准，只得退居大阪。1865 年 9 月英国公使巴克斯（H. S. Parkes）率领英美法荷四国舰队到大阪直接要求天皇"敕许"改订税率，否认幕府的对外主权。1866 年 5 月幕府终于获得敕许签订丧权的改税协定，事实上将日本关税权置于列强管理下。幕府在外交上威信扫地，日本进一步陷入半殖民地的地位②。6 月幕府勉强发动征长战争，但萨藩不仅拒绝出兵，反而接济长藩军火，尾张、越前等强藩也不参加，幕军士气消沉，在长藩抗击下节节失败。

由于幕府发动战争，增加军事赋役，各藩及商人又囤积粮食，米价暴涨，城乡贫民对饥饿和奴役不能再忍受下去，将军坐阵的大阪 70 里周围，首先发生市民抢米捣毁运动，斗争迅速蔓延各地，成为全国性起义。江户的市政署被贴上"政治已经卖完"的揭帖。西宫起义袭击武士的群众说，"从前怕当官的，今天怕什么武士，要杀就杀！"大阪暴动中被捕群众答复官方的审问时，毅然指出"引起暴动的就在大阪城里（指将军）!"武藏国（今东京府及琦玉县）起义，有外乡人参加和指导，自称天下"义士"，打着"为救日本穷民"的旗帜③。起义的主体已由中农移到贫农层。除反抗领主、代官外，还袭击村吏、地主、商业高利贷资本家的住宅，横滨经营外贸的幕府机关及商店也成为攻打的目标④，农民捣毁了衙门、监狱，释放囚犯，烧毁账簿、借据、当票及村公所的文件。他们不但反对领主制，连地主制也一起反对。正如远山茂树说，这一年的起义

---

① 田中彰：《幕末萨长交易的研究》，《史学杂志》69 编，4 号。

② 根据这一协定，日本进口关税率，一律按安政条约规定的平均 20%，降低到 5%，不但使税收大减，并且严重危害民族工业的发展，日本从此失去关税自主权。

③ 森山雄一编：《武藏捣毁运动史料》，武藏国农民起义史料调查会，1957 年，第 41 页。

④ 横滨市史编纂委员会：《横滨市史》，第二卷，有邻堂，1959 年，第 471 页。

"显然达到了走向土地革命的农民战争阶段的前夜,对幕府的崩溃,起了决定性打击的客观作用"。①庆应三年(1867)农民起义次数稍减,但就在政变前夕的十月间,政局中心的京都、大阪一带再一次发生了席卷全国的人民运动——"可好啦"骚动。暴动群众疯狂似地当街歌舞,闯进地主富商宅院,迫使摆出酒席,有的抛出衣物散给群众,群众把这种不愁衣食的日子称作"神代",是"弥勒之世"②,表示了要根本变革社会的愿望。暴动一直蔓延到全国各大城市,使幕府的权力完全麻痹。

农民和城市贫民起义不仅震撼了德川封建统治,它的锋芒还指向外国侵略者。1866年江户上野山下贫民袭击了美国公使,群众高呼"我们这样困难,就是因为洋人来了,百物都涨了价"!江户群众在捣毁米店当铺的同时,还捣毁了洋货店。1867年,江户郊外德丸原的农民为反对幕府勾结法国,征用土地,扩建新军的练兵场,发动起义,打退了幕军,痛击前来闹事的法国教官,并俘虏了外国人和幕兵各一人做人质,一直扣押到法国公使道歉时为止。③

列宁在《第二国际的破产》中指出革命形势的三个标志④,在这时的日本不仅已经成熟,而且革命阶级采取革命群众行动,具有摧毁旧政权的充分力量,这种主观变化也产生了。新将军德川庆喜的"大政奉还",说明统治阶级尽管自觉到不能照旧统治国家了,但仍不放弃最后的挣扎,阴谋变相保存自己的地位,他根据法国公使罗休的策划⑤,命令洋学者西周准备了一个欺骗性的宪草,企图用改变政体外貌(将军自任元首兼上院议长,握解散下院的实权,任诸侯为阁员,天皇仅是形式上的君主)的手段来保留幕藩封建领主的统治⑥。但这种企图早被倒幕派识破,倒幕派利用革命形势和革命的群众行动,安排好1867年12月9日的政变,迫使庆喜"辞官纳地",同一天在"王政复古"的口号下,宣布维新政权成立,粉碎了德川的阴谋。统治阶级是不会自行下台的,跟着便爆发了内战。在一年多的战争中,到处是农民起义,豪农、豪商组织的农兵袭击幕军,使它腹背受敌。西乡隆盛在1868年给木户孝允的信上说,"比起人数来,贼军虽多我五倍,但这样胜利还是前所未闻的。(幕府)在京阪间太失人心,

---

① 远山茂树:《明治维新》,岩波书店,1955年,第181-182页。

② 庄司吉之助:《改革世间起义的研究》,1956年,第56页。

③ 井上清等:《日本农民运动史》,1955年,中译本,第15-16页。

④《列宁全集》,第21卷,第189页。

⑤ 1867年2月,罗休向庆喜建议全面改革幕政,采用西欧国家政治组织,加强幕权。两人谈话笔记见《德川庆喜公传》附录七。罗休历次提示庆喜一些政治知识,见罗休书简(收录在《淀稻叶家文书》中)。

⑥ 中濑寿一:《天皇机关说的源流》(一),《历史评论》,138号,1962年2,第64页。

到今天伏见方面虽被兵燹，但萨长军队每次过境，男女老少都到路上合掌礼拜，连声称谢，战场上也到处拿出酒食，慰劳战士，比藩内人民还好。"①这些事实生动地说明了人民在维新运动中的态度和巨大的力量，只有人民的革命力量，才使幕府政权归于覆灭。

总结安政开国到明治维新（1854—1868）这段时期，是日本封建危机和民族危机空前严重，也是日本人民反封建反侵略斗争空前高涨的时期。这时随着新旧阶级力量对比的消长，从统治阶级阵营里分化出许多政治派别来，最足注意的，是天保以来从藩政改革中强大起来的西南诸藩，他们代表日本初期的民族主义倾向，渐渐干预中央的政局。继而从这些藩的内部又分化出一批以中下级武士为中心的改革派，他们在取得藩政支配权后，进一步企图进行全国范围的改革，但遭受幕府疯狂的镇压，促使改革派放弃在幕藩体制内进行改革的幻想，转向尊王攘夷运动。此后尊攘派武士与地方豪农村吏层结成政治同盟，在农民和城市贫民起义的浪潮下，巧妙地利用人民的力量，继续和幕府及列强斗争，同时更与公武合体派的上层武士展开尖锐的斗争，经过 1863 年 8 月 18 日政变和列强联合舰队的反扑，尊攘派终于走上开国倒幕的道路。这是改革派由改良走向革命的两次飞跃，而两次飞跃都是在国内外反动暴力和人民革命斗争的高压下实现的。

4. 维新初期的政权形态

1866—1867 年革命形势达到高潮时发生的明治维新，是日本历史的一个转折点。在广大人民起义的打击下，在一年多的内战中，将近 1000 年的幕府封建领主统治崩溃了，新的地主资产阶级取得了政权，日本出现了统一的民族国家。列宁指出："改良主义的变革，就是不破坏统治阶级的政权基础，只要统治阶级在保持其统治的条件下作一些让步。革命的变革却要破坏政权基础。"②倒幕派代表豪农商新地主的利益，坚决反对公武合体派妥协让步以保留幕府统治的改良主义路线，粉碎了德川庆喜的政治阴谋，破坏了旧政权的基础——幕藩领主制，建立了地主阶级的新政权，这不能不说是一次革命。

但是，随着新政权的建立，人民和政府间以及政府领导层内的矛盾就展开了。这种矛盾反映为维新后各阶级间不同利害的斗争，斗争的结局，必然影响到革命和新政权。

---

① 下中弥三郎：《大西乡正传》，第 2 卷，平凡社，1940 年，第 162 页，（正月初十日函）。
②《列宁全集》，第 22 卷，第 338 页。

如上所述，明治维新的领导力量是从尊攘派中分化出来的倒幕派，尊攘派是改革派下级武士领导的武士和豪农、豪商的同盟，倒幕派的阶级基础比尊攘派扩大了，同时下级武士的领导权也更加强了。维新前夕，倒幕派武士利用了人民的革命力量，联合了以岩仓具视为首的下级公卿，取得一致行动，压制了幕府和公武合体派诸侯的反抗，迫使德川庆喜"奉还大政"。这一时期，维新运动的领导层中开始形成了三派力量：

（1）倒幕派中以萨长下级武士为主的武力倒幕派：他们是在藩政改革中强大起来的，长藩更坚决反幕，他们凭借自己的武力，从来就自信"一藩能抗数藩，两藩联合能抗天下"[1]，反对和幕府合作的"公议正体论"，坚持彻底用武力推翻幕府，建立以萨长为领导的专制主义统一政权。德川还政后，这一派的势力日益占了上风。

（2）以岩仓具视为中心的下级公卿勤王倒幕派：他们长期屈服于幕府高压下，生活贫困、政治上受迫害，急于消灭武家专政，恢复古代王室的权位[2]，更反对西方资产阶级的民主政治，主张君权至上，"王政复古"就是这一派的口号。

（3）倒幕派中以土佐藩为中心的地主资产阶级自由派：这一派的思想最早表现在土佐乡士兼豪商坂本龙马的《藩论》[3]中，以后在坂本和土佐另一藩士后藤象次郎商定的所谓"船中八策"[4]里具体化，成为土佐藩的政治纲领，由藩主山内丰信根据这些原则向德川庆喜提出《大政奉还建议书》[5]。作为这一派中心思想的"公议正体论"，是一种模仿西方君主国家两院制议会政治的主张。

---

① 渡边几治郎：《明治史研究》，乐浪书院，1934 年，第 194 页。

②《岩仓公实纪》上，第 69-70 页，岩仓具视在他给萨藩倒幕派小松带刀、大久保利通的意见书《丛里鸣虫》中也吐露了他们这方面的"郁积"和愿望，见《勤王志士遗文集》第 3 卷，第 33-40 页。

③ 这是一册维新前坂本对他领导的"海援队"（由各藩浪人组成，以提供土、萨两藩武器为主要任务的海运贸易组织）队士的讲演录。其中有"夫天下国家之事，于治，民可执其柄，于乱，虽至尊为之亦不可。故治天下理国家之权，惟当归诸人心之所向"等语，具有当时日本还不可多见的民主倾向，并提出各藩改革的三条基本要求，即（1）废旧规，定新制；应以誓约之礼式行之。（2）废门阀世禄之制，盖藩混和平等，视同人民之大会。各藩按领地大小，陪臣多寡，提出名单，以公选德望所归之人物。（3）藩主采用复选法，任用才人。也就是用资产阶级议会制和选举制来代替封建的专制政治和身份制度（参看《近世社会经济学说大系：坂本龙马、由利公正集》，尾佐竹猛解题）。

④ 1867 年夏，坂本、后藤为应付萨长武力倒幕运动，企图向幕府建议"奉还大政"，赴京船中商定本藩的对时局方案（藩论），其八条主要内容，都包括在下述土佐藩主《大政奉还建议书》中。

⑤ 1876 年 9 月山内丰信向幕府提出。其中指出使朝廷、幕府、公卿、诸侯四方面协调，须交出政权，附件列有具体建议八条，包括设立上下议政所、议事官由公卿以迄陪臣庶民中选举、设学校、订条约、整顿军备、革旧弊、定新制、端正吏风、使国家独立强盛等八项内容（参看《维新史》，第四卷，第 734 页以下）。

这种想法，在幕末统治阶级中就已产生，实质上是专制政权在封建危机下被迫采取的一种缓和统治阶级间对立的手段，目的仍在维持封建统治[①]，但土佐藩这时已主张议事官（议员）中包括"庶民"，到藩士板垣退助等参加维新倒幕运动后，逐渐使土佐藩带上自由派的色彩。

三派力量有矛盾也有斗争，由于人民还未认清倒幕派的面目，斗争锋芒没有完全转向新政权，萨长武士和公卿政治上比较接近，土佐藩士则软弱动摇，因而维新运动始终在倒幕派武士和公卿的影响下进行，萨长武士如五代友厚、高杉晋作等都到过上海，震惊于太平天国革命。他们决心倒幕，却只打算将革命进行到推翻幕藩领主制为止。他们恐惧人民继续反封建起义会危害到自己，所以新政权建立之初，就带上专制主义的性质。

维新政府是采取"王政复古"的形式成立的。倒幕派为达到自己政治目的，不得不利用支配当时武士思想的水户学（尊王论和神学），政变当天发表的《王政复古谕告》[②]中，宣布"诸事当本神武创业之始"，这里当然看不出近代国家的气息。

但也要指出新政府成立有一个过程，当时幕府的一切权力还照旧存在，倒幕派军队不但数量很少，而且没有集中。大多数诸侯在观望形势，佐幕派和一部分中立派诸侯还有指责萨长是"劫持幼天子以逞私谋"的，幕府方面更宣传"草莽不逞之徒阳唱尊王，实不仅废将军，且将及天皇"[③]，内战危机一触即发。因此，倒幕派在政权问题上采取以下的策略：（1）在保证倒幕派五强藩领导权的基础上，广泛吸取统治阶级中各派势力，组成过渡性的联合政权；（2）标榜尊重"公议舆论"，缓和各阶层（首先是统治阶级内部）的矛盾；（3）继续利用人民的革命力量，树立新政府的威信，在攻击幕府统治腐败的同时，用一些貌似开明的政策来粉饰新政府[④]。最后实现倒幕派的专政。

---

① 远山茂树：《明治维新》，第 183—184 页。

② 《王政复古谕告》的主要内容是：（一）批准德川庆喜交还政权和辞去将军职；（二）废除皇室中的摄政、关白及将军幕府等旧制；（三）新政府首脑部设"三职"；（四）表示新政府要实现一定程度的民主措施（《法令全书》，庆应三年，第 6 页以下）。

③ 远山茂树：《明治维新》，第 225—226 页。

④ 如《王政复古谕告》中，特别强调王政复古是因为"癸丑以来未曾有之国难"（指 1853 年美国侵日），促使新政府决心"挽回国威"。其次，揭露幕府统治下"物价飞涨，无法制止，富者愈富，贫者愈贫，皆政令不正所致"，宣传新政府"不分缙绅武弁，堂上、地下，将竭至当之公议，与天下同休戚"，"一洗旧弊，广开言路，征用人材，不问贵贱"，还表示"民为王者之大宝，当百事一新之际，有知谋远识救弊之策者，均可献计"。又在东山道镇抚总督"告庶民书"中，也有"号称天领之德川家领地以至各藩领内，年来到处苛政，其民之不胜痛疾者，可径至本京上诉，评议后，当秉公处理"的话。

根据这一策略组织起来的新政府，设"三职"——总裁 1 人（由皇族担任）、议定 10 人（内亲王 2 人、贵族公卿 3 人、参加维新有功当时在京的藩主 5 人）、参与 20 人（内贵族公卿 5 人、上述五藩指派的藩士各 3 人）。下设七科（相当于政府各部），每科由议定若干人总督政务，参与若干人分掌事务。

为标榜尊重公议舆论，政府设上下两"议事所"。上所由皇族、贵族及诸侯组成，下所由各藩的征士、贡士①及"都鄙有才者"组成，这里体现了自由派政治纲领的原则。

新政府采取这一较开明的"列藩会议"形式，目的就在麻痹敌对的封建势力，使诸侯倾向政府方面，至少使他们保持中立。

新政府成立不久，1868 年 1 月，内战爆发，为加强政府的力量，继续扩大议定和参与的名额：议定达 32 人（内皇族 5 人，公卿 12 人，藩主 15 人），参与共达 100 人（内公卿 49 人、藩士 51 人）。尽管这样，新政府本身的基础仍然非常狭隘，不但看不到农民和商人的代表，连封建势力内部的力量都网罗得很少。担任议定和参与的，在 260 多个藩中，只包括了 11 个藩，而且以西南诸藩占最多数②。

但这不等于说，明治政权的构成只限于少数的封建上层统治阶级。新政府虽由一部分皇室、贵族、朝臣、诸侯和他们的家老（藩的重臣）、藩士等组成，实际起领导作用的则是以萨、长两藩为主的倒幕派，他们在政治上和诸侯、上层武士等封建领主，已有本质的不同。他们代表"草莽"即豪农、豪商（包括开港后发达起来的工场手工业主、和外贸有关的藩际或超藩的商业资本家）和新兴地主阶级的利益，同公武合体派诸侯及其特权商业资本家合作，使新政权具有倒幕派领导的列藩同盟的形式。

1868 年 3 月 14 日明治天皇用神前宣誓形式发布的所谓《五条誓文》是新政府成立期的基本政纲，具有号召当时对幕府还抱幻想的诸侯、藩士们归向政府的作用。这一天正是总攻江户的前夕，企图消灭幕藩体制、又害怕人民革命的倒幕派，为要取得藩主藩士们支持，在五条誓文中不得不进一步确定列藩同盟和公议政治的体制（前两条）；为保证财政收入，就表示使"庶民"（以豪农

---

① 征士和贡士都是根据明治元年初新政府规定从各藩选派到中央任职的藩士。征士由政府向各藩征拔，担任参与以下官吏，贡士由藩主推荐（大藩 3 人、中藩 2 人、小藩 1 人），代表本藩意见，两者都以议事员身份参加下议事所。

② W. G. 比兹列：《1868—1869 年明治早期政府中武士出身的参与》，《伦敦大学东方与非洲学院院刊》，第 21 卷，1957 年，第 90 页。

豪商为主的地主资本家阶级）也"各遂其志"（第三条），对外表明"破除旧来陋习"（第四条）即放弃攘夷，而开国"求知识于世界"的企图，却包含着"大振皇基"（第五条）的军国主义目的。宣布政纲用这种对神而不对人民负责的形式，已显示新政权反民主的神权政治性格。

誓文发表的同一天，在各地街道上竖起牌告，要人民"正五伦之道"，严禁结党暴动及集体逃亡等，这是和幕府时代没有区别的封建法令。

5月发表了使五条誓文在政治制度上具体化的《政体书》，中央政府恢复了古王朝时代"太政官"的名称，采用了模仿西方资产阶级国家三权分立的形式和议会制，但所谓立法机关的"议政官"，从开始就是一个有名无实的组织，不久就变成行政官的谘询机关。三权分立，本来是资产阶级国家用来掩盖其专政实质的欺骗性制度，在维新政府中实施的也不是这样一种制度①，当时的政权形态只是披上了资产阶级国家外衣的列藩同盟政权。服部之总认为这一政权是"封建的联邦王政"②，按照这种政体，各邦（在日本为藩）都应有代表出席联邦议会，而维新政权中代表列藩权利的议政所下局毫无实权，仅备谘询，且不久就被撤销，连作为列藩同盟都只是一种形式而已。

《政体书》发表时，政府军已占领了江户，德川家族被封为骏河70万石的诸侯。新政府只在幕府直辖领及皇室、寺院神社的领地上设置了府县，在这些土地上照旧向农民征收贡赋，其余土地仍由诸侯统治，地方领主制没有废除。地方割据局面依然存在③，所以当时有人认为王政复古只是由几个强藩代替了幕府的专政。

倒幕派原来有废藩的思想，如萨摩藩士松土弘安就曾提出这种主张④。长州藩士伊藤博文在德川退出江户后也曾向英人萨道（E. M. Satow）表示，"我和木户认为长州一家的经营实没有必要，希望能将领地和人民奉还天皇，如全国

---

① 太政官下分议政官（立法）、行政官及司法官三个部门。议政官多由行政官兼任，根本不体现彼此独立的精神。议政官分上下两局，上局由皇族、公卿、诸侯及藩士中任推议定及参与者组成，下局由藩主任命的藩士代表组成。两局是不平等的，下局仅为上局的谘询机关，成立一月后就改为"贡士对策所"，实际是使列藩会议从属于内阁会议。且一部分议长、议员由行政官兼任，所以立法行政的分立开始就不明确，以后不断改变名称和职能，事实上没有发生过资产阶级国会的作用。

② 服部之总：《明治维新史》，大凤阁，1932年，第54页。

③ 明治二年二月木户孝允致岩仓具视、三条实美信中提到"诸藩亦较旧幕时骄气大增……长此以往，即成四方小幕府相持之局，决不能树立兴国之基"（《木户孝允文书》，三）。

④ 松木（即寺岛宗则，明治时任外相）在萨英战时被俘后曾赴英，1867年11月建议"封建诸侯应废，王道即可建立"，主张当时的幕藩就应按一定比例向朝廷交还领地（载《岛津家史料》，转引自石井孝《学说批判明治维新论》，1962年，第205页）。

大名能这样做，就能建立有力的中央政府。而目前情形，诸侯各自拥兵，恣意不前，日本自不能强大"①。但领主阶级是不可能把土地自动交出来的。倒幕派凭当时新政府的力量，显然不能将一千年来的封建领主制轻易除掉。

就在明治元年开始时，随着新政权的建立和内战的发展，人民的革命运动以新的姿态和更大的规模爆发了。内战中幕府和领主的加重课役以及地方封建秩序的混乱，使关东和东北地带的起义更猛烈，大部分农民举行"均世""改革世间"的暴动，攻击充当领主爪牙的乡村吏役，进行村政机构和土地制度的改革，他们剥夺乡长特权，改选村吏，实行农民自治。有的烧毁各种土地账册，否认领主土地所有权，没收土地典押契据，同时还否认了地主土地所有权，他们反对高利贷，要求减免贡赋，反对领主专卖农产品。这些起义的目的总的是要求农村自治，保证农民土地所有，废除封建地租②。

维新后农民起义一直向前发展，它的性质和幕末一样，但具有更明显的土地革命性质，由于没有先进阶级的领导，缺乏全国性的革命组织，因而在德川统治崩溃后没有建立起自己的政权，但它从根本上震撼了领主制的基础，倒幕派利用农民斗争的声势，逐步推动新政府中央集权的工作。

明治元年十一月，东北方面各藩投降，政府随即颁布了《藩治职制》③，掌握了各藩的统治机构。领主们在全国性的封建危机下，看到藩内不但债台高筑，财政无法维持，且领地秩序混乱，藩权已面临瓦解。所以萨、长、土、肥四藩主在四藩出身的倒幕派官僚一致决议的压力下，上表奉还版籍。这时内战已结束，其余各藩领主在人民起义的威胁中，怕违抗新政权就会丧失自己的一切，也被迫陆续奉还版籍。明治二年六月，政府任命藩主为藩知事，藩政府服从中央领导，同时通过藩政改革，开始废除封建身份等级制。大名（诸侯）和公卿的名称被取消改为华族，一般武士只保留士族、卒族两级，士族的禄米被大量削减。

奉还版籍就是诸侯领主将自己统治的版图（领地）和户籍（人口）交还政府。这意味着土地和人民从封建领主制度中解放出来，由政府直接统治，完成了中央集权的第一步。

---

① E. M. 萨道：《一个外交官在日本》，伦敦，1921 年，第 326 页。

② 参看：庄司吉之助：《改革世间之近代的意义》，《历史评论》，1947 年 10。小西四郎：《明治元年东北、北陆战争和平民》，《日本历史》，第 15 号，1948 年 4。田村荣太郎：《近代日本农民运动史论》。

③ 新政府根据这一规定，对藩政进行重大改革，划分藩政和藩主家政，废止各藩门阀世袭的家宰制，新设执政、参政等职，从藩内下级武士中选拔同中央有联系的领导人物担任，使他们"体认朝政，辅佐藩主"，为统一工作作好准备。

　　政府在占领江户后不久就按照《政体书》的规定进行第一次政府制度改革，倒幕派新官僚的地位得到进一步加强[1]。明治二年七月，政府进行第二次政制改革，肃清了《政体书》上体现的外来影响，全面恢复古代中央集权的天皇制，采祭政一致形式，恢复大宝令以来的古官名。将"神祇官"置于总揽政务的"太政官"之上。明治三年一月，下"大教宣布"诏，以神道教为国教，使天皇神圣化，要人民信仰神道，标榜立法权的政议所上局会议也被撤销，改为集议院，成为谘询机关，各部长官几乎由四强藩出身的新官僚独占，事实上政府已变成以萨、长为主的四藩阀的联合政权。这次改革说明藩阀官僚利用人民起义的力量巩固了政权后，就暴露出它反人民的面目来。

　　版籍奉还后，政府为摧毁领主割据势力，进行了两年准备，通过内部改组，加强了政府的力量[2]。明治四年（1871）二月，萨、长、土三藩出兵 1 万人，集中东京作为亲兵，建立了新政府自己最初的临时常备军。当一切安排就绪，天皇于七月十四日宣布"废藩置县"。八月，政府进行了第三次政制改革，这一次由于政府实现了中央集权后，已没有披挂复古和宗教外衣的必要，因而撤销神祇官，改为一个部，不久连这个部也取消了。明治六年（1873）由参议组成内阁，政府要职全由萨、长两藩出身的官僚担任，神权政治或资产阶级民主形式都已无用，日本由此建立了中央集权的天皇制统一国家。

　　以上是维新政权（明治初期政权）从产生到基本确立的过程。这一政权产生在农民革命大风暴中，由于缺乏先进阶级的领导，政权为倒幕派下级武士所夺取，他们在利用人民起义摧毁幕藩领主制后，就阻止革命向前发展，逐步加强自己力量，排斥诸侯公卿及上层武士的势力，组成以萨长藩阀官僚为核心的内阁，确立了统一的专制主义天皇制政权[3]。

　　维新初期，日本的政权究竟属于什么形态？这也是一个有争论的问题。日本学者曾将 1867 年王政复古到 1869 年版籍奉还时期规定为"身份等级制君主国"，即具有等级代表会议（etats generaux）制的君主国[4]，这是"由纯封建国

---

　　① 明治元年六月政府第一次改组，新任参与（掌握实权的官职）22 人中四强藩的藩士占 15 人之多，列藩同盟和公卿渐不被重视。

　　② 以西乡隆盛（萨）、木户孝允（长）、板垣退助（土）、大隈重信（肥）为参政，平衡四藩的势力，公卿诸侯除三条实美和岩仓具视外，都陆续退出重要职位。

　　③ 参见本庄荣治郎：《近世的日本》，有斐阁，1954 年，第 185 页。

　　④ 服部之总：《明治维新史》，第 99 页。

家向绝对主义国家的过渡形态"①，而将版籍奉还到第一届议会开会（1890）时期的政府规定为绝对主义国家，实现议会政治以后的明治政权就被认为是恩格斯所谓"伪装的宪政国家"了②。

我认为将维新后的日本，这样地按照西欧国家历史发展的图式，规定为几个不同发展阶段的政权形态是很牵强的。因为明治维新前后，大商人和诸侯的权力都有限，不论幕府和维新政府，都只以直接征自农民的年贡和地税作为它们的主要财源，而不依靠市民阶级的纳税，所以二者都具有专制性质，维新推翻了封建领主制后，更没有采取等级代表会议制来应付市民阶级和诸侯的必要，维新政府的所谓"列藩同盟""公议舆论"只是在内战时期倒幕派为团结诸侯倒幕的一种临时手段，议政所、下局的会议，只是一种谘询机关，根本没有町人阶级参加，所以和等级制君主国完全不同。

维新政权在版籍奉还后，是不是一种绝对主义政权（君主专制）呢？马克思主义者指出，"君主专制发生在一个过渡时期，那时旧的封建等级趋于衰亡，中世市民等级在形成现代资产阶级，斗争的任何一方还没有压倒另一方"③，"那时，彼此斗争的阶级达到这样势均力敌的状态，使国家权力暂时得到对于这两个阶级的相当独立性，成为仿佛是这两个阶级之间的中介人"④，这是马克思和恩格斯根据封建末期欧洲国家的分析对君主专制主义作出的定义，恩格斯认为，专制君主的意义在于"保护贵族反对资产阶级进攻"⑤。上面已指出，幕末维新时期日本没有欧洲封建末期那样有力的市民阶级，明治维新是在农民反封建起义和半殖民地危机的威胁下进行的，版籍奉还后，接着实行了废止身份制、废藩置县及地租改正等，也就是剥夺了封建贵族领主特权及其物质基础。因此，根本没有贵族和资产阶级势均力敌或需要保护贵族阶级的问题。维新政权的阶级实质将在下节讨论，就形式说，新政府确实空前扩大加强了封建时代的专制主义国家机器，成为一个名副其实的君主专制政体。这是革命后新的统治阶级为制止农民继续革命和消灭旧领主武士割据叛乱所必需的。正如马克思所说："以建立民族统一（创立民族国家）为任务的第一次法国革命，必须消除

---

① 远山茂树：《明治维新》，第231页。远山还指出日本与欧洲封建末期情况不同，日本因"武士和大商人对抗君主的权力尚未成长"，所以"维新政权比身份等级制君主政体纯封建性更强……"

② 服部之总：前揭书，第123页。这是服部借用恩格斯在《论住宅问题》一文中加于俾斯麦的新德意志帝国的称呼。

③《马克思恩格斯全集》，第4卷，第350页。

④《马克思恩格斯文选》（两卷集），苏联外国文书籍出版局，第二卷，第318页。

⑤ 恩格斯：《德国农民战争》第二版序书后，中译本，新中国书局，1949年，第183页。

一切地方的、疆域的、城市的、省份的独立性。因此，这次革命不得不继续发展君主专制制度已经开始的工作，即使国家政权更集中，更有组织，并扩大这一政权的辖制范围和职能，增加它的机构、它的独立性和它控制现实社会的超自然威势，这种威势实际上取代了中世纪的超自然的天堂及其圣徒的作用。"①尽管维新政权已是个近代国家，但它比过去任何时期还需要这种专制政体。

服部之总是将明治维新研究置于科学基础上的一人。但他在"绝对主义"理论的运用上，由于混淆了政权形态（政体）和政权实质（国体），即忽略国家的管理形式和国家的阶级实质之间的区别，以致将维新后的君主专制政体和马克思主义所指出的 17、18 世纪欧洲国家的专制君主制（作为"封建政权最后形态的君主专制"②）这一政权性质等同起来，把君主专制这一政体问题和社会经济发展阶段（封建末期）问题纠缠在一起，根据维新政权的君主专制形式就规定这一政权的阶级实质为封建政权，这是不符合马克思主义的。因为国家形式总是由政权的阶级实质决定的，列宁指出"国家……这个机器有各种不同的形式。在奴隶占有制国家内，有君主制，贵族共和制，甚至有民主共和制。其实，虽然政体极不相同，但本质只是一个：奴隶没有任何权利，始终是被压迫阶级，不算是人"③。革命问题基本上是革命阶级夺取政权即变更国体问题而不是改变政体问题，虽然政体有时也多少要适应国体的性质。维新政权已不是一个纯封建政权（详下节），新的统治阶级为摧毁领主割据势力，创建独立统一的民族国家，需要某些资产阶级的假民主，但由于发展了半封建的地主制，它必须镇压农民起义、士族叛乱及自由民权运动，所以更需要一个专制君主政体。到 1889 年模仿普鲁士宪法，实行议会政治后，才成为所谓立宪君主国。而这些政体上的变化，不能改变维新政府已是一个不同于德川封建政权的国家实质。

5. 维新政权的实质

决定一个政权实质的因素，大体可以有两方面：一是政权的阶级构成即它的阶级基础是什么？二是它的政策代表什么阶级的利益，即它为谁服务？

---

① 《马克思恩格斯全集》，第 17 卷，第 584 页。

② 服部之总：《马克思主义关于绝对主义的概念》，《服部之总著作集》，第 4 卷，理论社，1955 年，第 219 页。

③ 《列宁全集》，第 29 卷，第 437 页。

首先从维新政权的阶级基础即它的阶级构成看。

幕末日本反封建和反侵略斗争的主力是农民和城市贫民，他们是倒幕派实现明治维新所依靠的主要力量。他们反对一切的封建剥削，包括农奴主的领主制和半封建的地主制。但倒幕派在推翻幕藩体制后，不但不跟封建地主制进行斗争，反而和地主富农一道镇压农民起义。在维新政权中，当然没有一个农民和城市贫民的代言人。

豪农、豪商即富农、新兴地主、农村中的商业高利贷资本家是倒幕派（下级武士和豪农商的同盟）的主要阶级基础，开港后由于对外贸易发展，他们之中一部分成为藩际贸易和超藩贸易的大商人。尽管幕藩领主多方压抑，又受外国输入品的打击，农村行庄制家庭手工业仍有发展。这种商人控制的手工业常常和地主经营结合，剥削贫农[1]，因此不断受到农民起义的攻击，维新后他们得到政府保护，逐步上升为半封建的寄生地主、商业高利贷资本家、工场手工业及近代企业的资本家[2]，成为新政府的阶级基础。如上文所说，这一阶层的两面性，曾在很大程度上影响到新政府的政策上来。

大商业资本家在旧社会依靠幕藩领主。直至幕府崩溃前夕，新政府掌握了全国经济中心的京都、大阪时，当地的大商家才倒向新政府方面。三井家的转变过程就是这样[3]。他们参加讨幕战争，也没有脱离商业高利贷资本的立场，借给政府的军费是附有高额的利息，并约定以租税收入作抵的。新政府初成立，财政经济工作诸如发行纸币、募集公债、掌握全国商业金融机构等，都必须依靠这些大商人，特别由于他们在封建社会中积累了一定的资本，对发展资本主义有一定的作用[4]，因此新政府还在成立前就和他们结合，如三井组在德川"还政"后就参加了政府，在财政金融事业方面担负重要的任务[5]。明治初期许多大商人参加政府商法司（管理工商业交通运输的机关，1869 年改为通商司）为建立民族资本和抵制外国经济侵略而创办的一些商业机构[6]。据当时住友财阀

---

① 守屋典郎：《日本经济史》，中译本，1963 年，第 30 页。

② 藤村通：《近代日本经济史》，第 205 页以下。

③ 中井信彦：《商人地主的诸问题》，历史学研究会编：《明治维新和地主制》，岩波，1957 年，第 241-244 页。

④ 堀江保藏：《日本资本主义的成立》，大同书院，1939 年，第 204 页。

⑤ 三井组于庆应三年担任朝廷汇兑处御用商，被任命为政府"会计官付御用"，明治二年由东京会计官任命为汇兑处总理；三年由财政部任命为神户汇兑御用。贫民授产事业及开垦公司合并后，任总经理；四年后负责发行财政部兑换证券（所谓"三井纸币"）及北海道开拓使兑换证券等（仅我壮一郎：《现代日本的垄断企业》，1963 年，密乃尔瓦书房，第 55-56 页）。

⑥ 中村尚美：《明治初期的经济政策——通商汇兑两公司的任务》，《史学杂志》，1959 年，第 1 号。

的广濑宰平说，参加后"社员允许带刀"（当时官吏的特权）①。随着政府扶植产业资本政策的进展，他们很快成为"政商"、财阀，许多官僚如大隈重信、井上馨、后藤象二郎等都以这些大资本家作背景，相互勾结，影响了新政府的政策，大资产阶级在以后日本的政治中，占有日益重要的地位，并起着反动的作用。

旧武士阶级。明治初年士族在总人口3000万人中，占488000余户，约190万人，即总人口的 1/16②，维新后他们在资本主义浪潮的震撼下，地位处在更大的不安定和变动中，废藩后，武士的封建身份特权基本上被取消。新政府处理秩禄时，诸侯得到相当禄额百分之十的金禄公债，他们用来投资到企业和购买廉价土地，多数变成资本家和大地主。下级武士则所得有限，旧社会中他们是寄生的统治阶级，"士族的商法"是明治初年嘲笑武士既不懂生产又不能经商的一个流行词③，他们大部分很快就没落，以1877年西乡隆盛领导的西南战役为代表的最后一次武士大叛乱，反映了这部分所谓"不平士族"的复辟意识。武士中的知识分子较幕末更多地成为自由职业者及城市贫民，一部分当职业军人、警察、职员，只有少数人补充到近代企业资本家、大地主和新政府的官僚群里，成为新政权的领导阶层。

维新政府的官僚，一小部分是在19世纪40年代藩政改革中成长起来的，大部分则是在尊王攘夷和倒幕运动、"王政复古"政变及内战中逐步登上政治舞台的。但他们人数有限，维新初期政府中上层保守派诸侯还居优势，为此政府利用征士和贡士的制度集中各藩有才能的藩士到中央来，培养出一批新的官僚④，加强了政府的力量。由下表可看出士族在新政府官吏中所占的比重。下级武士出身的官僚，一方面有旧幕藩体制统治阶级的属性，另一方面因维新前后这一阶层分化迅速，他们同豪农、豪商间的联系逐渐密切，特别是通过"洋学"的介绍或留学访问欧美诸国，增加了资本主义的思想意识，他们的两面性更能反映在新政府的政策方针上。

① 广濑宰平：《中世物语》，1895年，第41-42页。

② 羽仁五郎：《幕末的社会经济状态、阶级关系和阶级斗争》，岩波书店，第73页。

③ 福地重孝：《士族与士族意识》，春秋社，1956年，第272-273页。

④ 征士和贡士本来都是藩主选派到中央的下阶武士，藩主利用他们为自己服务，使探听朝廷的机密，"宛如一身仕于二君"（鸟羽小弥太：《国势因果论》），政局变化后，不待废藩，他们就脱离了本藩的主从关系，成为新政府官僚群的来源之一。

明治初期政府重要官员的族籍表

出身	皇族	华族	士族	平民	不明	合计
人数	8	83	399	3	5	489
比率%	1.6	16.7	80.1	0.6	1.0	100.0

（据"百官履历目录"）

由此可见，新政权的阶级基础是从豪农、豪商高利贷商业资本家以及贵族领主武士转化的地主和资产阶级。随着新政府各项政策的实施而逐步成长的这两个阶级，由于经济上都欠成熟需要互相依赖和政治上畏惧人民革命，使他们在统治上结成联盟成为可能。当然，资产阶级取得优势，是 19 世纪 80 年代以后的事。

再从维新政府的政策看。

维新政府从成立起，除废除封建领主的幕藩体制外，实行了不少重大改革。这些改革，大部分是具有资产阶级性的，体现了明治维新的革命的方面。但也要指出，几乎每一项改革，都是自上而下地通过妥协的方式实现的，改革本身同时代表了封建地主和资本家两个阶级的利益。现在试就新政府的几项主要改革进行一些分析。

（1）废除了封建身份制，为资产阶级寄生地主及劳动者的解放创造了条件。这比幕府时代整个社会在封建割据和等级制严格约束下，阻碍了一切发展，不能不是一种进步。但所谓"四民平等"实际是很有问题的。首先，对封建领主和武士身份特权的取消，不是剥夺，而是采取赎买的办法，发给巨额的金禄公债，政府这种负担，完全转嫁到人民身上；其次，不但保留了华族、士族、平民的身份等级和皇室、华族、士族的特权，建立巨大的皇室财产，并且大大加强了天皇的统治权力，增加了恩赐有功藩阀、财阀以爵位、列入华族、敕任华族为贵族院议员等新的封建性制度；最后，人民毫无政治权利，对贱民的歧视也直到今天还没有停止[①]，这就证明封建身份制的废除决不是彻底的。

（2）征兵制的施行。新政权为巩固倒幕的胜利果实，明治六年（1873）实行征兵制。在"国民皆兵"的口号下，建立近代的军队，这对摧毁诸侯割据的主要工具——封建武士团和保障国家的独立发展是一个有力的步骤。当时太政官布告指出，废藩后"世袭坐食之士，减其禄，许其脱刀剑，使四民得自由之

---

① 贱民仅被废止了"秽多""非人"等封建时代侮辱性的称呼，但他们在职业、生活乃至婚姻等方面直到现在还受着歧视，他们大部分过着部落居住生活，目前约 300 万人，失业、失学、贫困等问题都不得解决，他们的斗争（部落民解放运动）最近还进行着。

权，此平等上下，齐一人权之道，即兵农合一之基，于是士非从前之士，民非从前之民，报国之道，固无其别"①。这几句话诚然可以说明维新后社会的新变化，正如马克思所说："中世纪贵族的……领主特权都转变为一个统一的国家政权的从属物；这个统一的国家政权以领薪的国家官吏代替封建显贵，把中世纪地主的门客仆从……手中的武器转交给一支常备军队。"②但新政权在近代国家平等、自由、人权的美名下，却掩盖了政府害怕人民革命力量，将维新前后参加倒幕的人民武装（包括各藩的"民兵诸队"和农兵）全部解散的事实，同时也隐蔽了强征千百万青年充当地主资产阶级国家镇压人民、侵略邻国的军国主义工具，并引起军民多次暴动的事实。至于兵役法上专为贵族官僚富豪地主设定许多免役条件③，军队中封建藩阀势力的根深蒂固和武士道精神的强迫灌输，就更能说明"平等""自由"的阶级意义了。

（3）土地制度的改革。明治维新中带有根本性的变革之一是消灭了农奴主的封建领主土地所有制。明治元年政府就宣布土地归农民所有，并准许买卖④。经版籍奉还、废藩置县后，逐步废除纯封建的土地所有制，农民被解放出来，虽然还有许多佃农和贫雇农没有得到丝毫土地，但已被解放的占地农民变成了小土地所有者。"自耕农民的自由的小土地所有制形态，当作支配的通常的形态，……在近代各国，我们又发现它是由封建土地所有制解体所引起的各种形态中的一种"⑤。这说明领主制废除后日本土地制度走向近代化。维新政府为解决财政困难和建立资本主义企业，除了剥削农民外，别无他路，但在农民猛烈斗争下，旧的剥削方法显然已难收效。为此，只有在不触动地主富农利益的范围内，进行一些适应资本主义发展的土地改革⑥，明治六年颁布《地税改革条例》⑦。这些改革措施实行后，保证了国家税收的安定（不再受丰歉的影响），确立了新政权的物质基础，进一步促进了资本主义的原始积累，提供了初期发展工业的资金。地税在交付地券（土地所有证）、按地价征税和货币纳税等方面，有近代租税的性质，它承认土地私有权和同时期实行的秩禄处分（封建家禄的

---

① 《征兵告谕》，明治五年《法令全书》太政官布告中，第 432 页。

② 《马克思恩格斯全集》，第 17 卷，第 584 页。

③ 大石慎三郎：《征兵令与家》（《史学研究》，1954 年 4）。

④ 野吕荣太郎：《日本资本主义发展史》，中译本，三联书店，1955 年，第 122 页。

⑤ 马克思：《资本论》，第三卷，人民出版社，第 1053 页。

⑥ 明治元年后就陆续实行农作物种植自由、土地自由买卖、发地契给土地所有者等政策。

⑦ 主要内容为：改实物年贡为货币地税，地税按地价 3%，及附加税 1/3 向土地所有者征收（据《太政官布告》第 272 号，见《地租关系书类汇编》，第 47 页）。

赎还），在解放农奴瓦解领主制方面有一定作用。农民获得自由后，租佃关系也渐接近资本主义的契约关系。但地租高到平均占农民收获的 34%，且地价由官府强定，实际是继承了幕藩的旧贡租。地主从佃农剥削的地租比旧时代多了 10%，比佃农所得量多达一倍①。这样重的地租，自然促进地主制的发展（直至 1946 年佃租地占全耕地面积之半），但农民的地位则毫无改善，反被从实物经济投入货币经济，生活更加恶化。明治初年地税占国家收入 90% 以上，因此政府完全站在地主立场，贫苦农民因交不起地税，土地就被没收拍卖②，加剧了农村阶级的分化。佃农仍交实物年贡，受不同程度的超经济强制，剥削重于幕末。因此，农民不断起义暴动，从维新后到明治十七年（1884），17 年间就达 380 次③。这种半封建的寄生地主制严重阻碍工农业的生产力，在农业资本主义发展上走普鲁士的道路，以致农民生活极端贫困，国内市场狭窄，迅速成为侵略成性的军国主义国家。维新后日本资产阶级民主革命就以这种半封建地主制为主要对象之一。

（4）扶植资本主义发展。明治维新正是在世界资本主义"迫使一切民族都在灭亡的恐怖下采用资产阶级生产方式"的形势下进行的。新政府成立后，就确定实行废除工商业方面各种封建性限制④，在发展资本主义企业上，最初是继承藩政改革时期"富国强兵"的政策，在微弱的藩营近代工业的基础上，在外力压迫下，通过公债、货币、租税等制度和保护政策，输入资本主义先进生产方式，以军事工业为中心，积极发展了一系列的国营工业，以后逐步扶植私人资本主义，使国家迅速工业化。就当时日本所处的国内外条件看，只有采用这种温室般地加速封建生产方式向资本主义生产方式转变的政策，才能摆脱封建危机和民族危机，和中国洋务派十足的封建性和买办性相反，维新政府在工业化政策上，注意到独立自主地发展资本主义，不受外国操纵，不使买办资本有活动余地，且坚决排斥英美在日的垄断事业⑤；在扶植民营企业中，为使贵族及武士资产阶级化，不惜用低价甚至补贴将国营企业拨让政商经营，使藩阀

---

① 山田盛太郎主编：土地改革记录委员会《土地改革颠末概要》，1951 年，第 14-15 页。

② 从地税改正后的明治十六年到二十三年，七年间土地被强制处分者达 367,744 件，其中 77% 都是因贫无力纳税，平均每人欠税额仅 31 钱，而因此被迫卖没收的土地价值平均每人达 8 元 31 钱，相当于未纳税金额的 27 倍之多（见守屋典郎：《日本经济史》，中译本，第 83 页）。

③ 参考土屋乔雄、小野道雄：《明治初年农民骚扰录》，劲草书房，1953 年，自由党领导的农民暴动事件未列入。

④ 明治元年发表的《商法大意》上，就确定废除特权行会及贸易自由的政策，以后陆续撤销关卡，发展交通，整理币制，统一汇兑业务，扫除资本主义发展道路上的障碍。

⑤ 藤村通：《近代日本经济史》，第 148-149 页。

及商业资产阶级转化为工业资产阶级，而不是使资产阶级走上适应封建主义的道路。这比起封建末期欧洲各国专制主义单纯为保护贵族利益、加强封建统治的重商主义政策，也应该认为是进步的。但另一方面，这些改革最初就走着藩政改革的路线，工业具有军事性质，一些半官半民的金融、贸易、运输等事业，由三井、岛田、小野等特权商人经营，又都具有封建商业的性质，他们在这些企业中，只是"袖手安坐，以待利息"。三菱财阀创办人土佐藩士出身的岩崎，受政府中土佐派藩阀扶植，很早就独占了全国航运①。由这样一些旧社会来的政商所形成的早期垄断形态，显然不是工业资本发展的结果，而是通过商业资本使工业从属于自己而实现的②，虽然这种倾向在以后逐渐改变了。此外，由于农业中半封建关系的存在，国内市场狭小，造成工业畸形地发展，在政府保护的大企业之旁，存在着大批落后分散的中小工业。以明治十七年的工业构成为例，1981 个工厂中，生丝工厂占了 52%，近代五金工厂只占 5%。工厂所在地方面，散在农村的家庭手工业多达 60% 以上（丝业最多）；原动力方面，依靠人力、水力的最多；工厂规模方面，工人在 20 人以下的多至 70%，许多工厂实际上只是工场手工业③，工厂中大量使用女工、童工，工人受着中世纪式的剥削（把头、牢房等制度），工资低到所谓"印度以下的"水平④。这一切严重阻碍日本资本主义的正常发展，使它很快走向野蛮的侵略道路。

（5）对外政策。与发展资本主义同时，新政府另一个主要任务是摆脱半殖民地危机，实现民族的独立。维新前后倒幕派即使在英法等列强勾结双方、争夺日本霸权的斗争中，也坚持了自主原则，不接受任何不利于日本的政治条件，新政权成立就开始收回国家主权，如幕府给予美国的筑路权、采矿权及俄人在北海道的租地权等。早在明治八年（1875）以前就偿清了幕藩所欠的全部外债及赔款；同一时期迫使幕末以来英法在横滨的驻军撤出，放弃居留地警察权，使各外人居留地没有发展为当时中国上海、天津那样的外国租界⑤。明治四年（1871），政府就派出以岩仓、大久保为首的使节团到欧美各国进行修改不平等条约的交涉，尽管在殖民主义者继续压迫和歧视下，政府还是以积极态度争取，直到 1894 年和英国改订条约后，各国才陆续同日本改订了平等的新约，比起清

①　仪我壮一郎：《现代日本的垄断企业》，密乃尔瓦书房，1963 年，第 63—68 页。

②　守屋典郎：《日本经济史》，中译本，第 116 页。

③　参看水口和雄：《明治十年代的工厂生产》，《经济学研究》4。

④　山田盛太郎：《日本资本主义分析》，岩波书店，1934 年，第 58—61 页。

⑤　井上清：《日本现代史·明治维新》，中译本，第 13 页。

末以来中国统治阶级的媚外卖国投降政策，维新政权这种独立自主的精神是应该肯定的。但就在对外政策上面，新政府也决不是依靠人民的斗争，而是一面利用列强在远东的矛盾，同时则采取了侵略弱小民族、扩张领土和发展军事实力，以达到与列强取得对等地位的军国主义道路来实现民族独立的利。新政府一成立，就积极策划改革军制，建立武装，明治五年便侵占琉球，接着侵略中国台湾和朝鲜，通过不断的掠夺性战争，使日本获得帝国主义在远东的宪兵地位后，废除了不平等条约。就在这时，日本也成为军事封建的帝国主义国家，自掘坟墓，走向了和民族独立相反的道路。

举出维新政府上面这几项改革，不难看出这一政权的性质。列宁指出，"重要的是这些观点，这些提议，这些措施对谁有利？"[①]一种政策必然是为一定的阶级服务的。由于倒幕派（新政府的藩阀官僚）的阶级性，决定了他们在推翻幕府领主制革命斗争中的坚决态度，尽管在没收领地及对待领主阶级个人方面，采取了不同程度的妥协方式，但封建领主制度还是从根本上被废除了。这从明治九年（1876）神风连暴动开始，直至第二年西南战争的一系列代表旧农奴主利益的武士叛乱可得到说明。但是当革命形势进一步发展后，代表豪农地主及高利贷商业资本家利益的新政府官僚就不再前进，甚至反对革命了。在封建危机和民族危机继续存在的威胁下，他们为巩固自己政权，不得不发展资本主义，建立近代化的常备军，谋求民族的独立，做出后进国家中新兴资产阶级所能做出的努力。而在这些任务的执行上，则又维护地主富农的利益，保留而且进一步发展了半封建的地主土地所有制，在推翻幕府统治后，用"复古""维新"的名义，扩大加强了封建时代的专制主义国家机器。

总起来看，由于明治维新包括了革命和改革两个发展阶段，因此，维新政权成立后实行的主要政策，几乎都带有资本主义的和封建的两面性。也就是具有革命的和改革的两个方面：首先由于它实行了推翻农奴主的领主制的革命，这就为资本主义生产关系的发展创造了条件，日本由此走上了列宁称为资产阶级国家[②]的道路，但同时在农村中确立起来半封建的地主制，却大大阻碍了资本主义的正常发展，造成日本经济上恶劣的后果；其次，维新结束了长期封建割据的局面，形成了统一的民族国家，但同时在政治上则确立了天皇制专制主义和封建藩阀的反动统治；再次，维新坚决贯彻了反对殖民主义、争取民族独立的政策，并自主地赶上先进资本主义国家的发展水平，但同时在国内则实行

---

① 《列宁全集》，第 19 卷，第 33 页。

② 《列宁全集》，第 20 卷，第 399—400 页。

军国主义和封建主义的教育，加紧压迫榨取人民，对外疯狂进行侵略战争，说明这个政权完全是为地主资产阶级的利益服务的。

这个政权不同于资产阶级革命后的英国资产阶级国家。英国在 1832 年以前虽然也是土地贵族与资产阶级分享政权，但当时英国的资产阶级力量强大，贵族基本上已资产阶级化；日本的资产阶级还不成熟，力量很弱，地主阶级则具有浓厚的封建性。

这个政权也不同于 1871 年成立的新德意志帝国，它虽然也是地主资产阶级的国家，但由于资产阶级的卑怯，容克还是拥有庞大封建地产和掌握政权的官僚贵族，日本的武士则早已失去土地，新政权中藩阀官僚代表成长中的地主资本家两个阶级的利益。德国在 1848 年革命后，工业资本主义已有较高发展，因此 1871 年以后帝国除土地贵族和资产阶级间的均势外，还存在有资产阶级和无产阶级间的均势，"专制君主国在急剧地过渡到波拿巴主义君主国"①，维新政权则还没有出现这种局面。

这个政权也不同于 1861 年农奴制改革后的俄国，当时俄国虽出现革命形势，但没有发生革命，改革是由沙皇旧政权进行的，改革虽然是俄国"封建君主制向资产阶级君主制转变的道路上的一步"②，但农奴制残余的存在，仍使俄国十分落后。维新政权则在革命中产生，它推翻了旧政权，废除了农奴主的领主制，排除了外国侵略。所以明治维新比俄国农奴制改革所引起的变化远为巨大③。

维新政权是一个地主资产阶级政权。维新后的日本，是一个半封建的资本主义国家。

6. 小结

1868 年日本的明治维新将近一百年了，这一运动不仅在日本历史上是一件大事，在世界史上作为近代亚洲唯一摆脱了半殖民地命运，走上资本主义道路并迅速发展为帝国主义的国家，明治维新所起的作用也是不容忽视的。

19 世纪后半期，是世界资本主义走向帝国主义阶段的时期，亚洲绝大部分国家已沦为殖民地或半殖民地，作为一个后进国的日本，在外力压迫下，从封

---

① 《马克思恩格斯文选》，两卷集，第 1 卷，苏联外国文书籍出版局，第 582—583 页。
② 《列宁全集》，第 10 卷，第 96 页。
③ 列宁曾多次指出，资本主义在日本比在帝俄发展远为迅速，直至十月革命前，他还认为俄国是一个"经济上最落后的国家"。见《列宁全集》，第 22 卷，第 251、288 页。

建主义转向资本主义的变革运动，不得不带有一定的特点。正因为如此，明治维新史在许多问题上存在着不同的理解，并展开了长期的争论。解决这些问题，应该如列宁所说的"必需牢牢把握住社会阶级划分的事实，阶级统治形式改变的事实，把它作为基本的指导线索"[①]，即从维新前后的阶级斗争和政权改变的事实出发，来求得问题的解决。

根据上面的分析，概括起来，维新前的日本在典型的封建领主制中间已出现了从本百姓（半自由的领民或农奴）分化出来的豪农和寄生地主的土地所有制，作为资本主义萌芽的商品生产，行庄（初期资本家）的家庭手工业和工场手工业，也在先进地带成长起来。商品货币经济侵入农村，不可避免地瓦解以自然经济为基础的领主和本百姓间的封建关系。随着农民生活的日益贫困，封建领主和武士的生活也日益恶化，幕府和诸藩在18、19世纪人民起义中进行的改革，只是为挽救没落的封建统治的一种努力。19世纪50年代欧美资本主义国家入侵后，封建危机和民族危机造成了空前高涨的革命形势。

这样，摆在日本人民面前的任务，就是推翻封建制度和争取民族独立，这不能不是一次资产阶级性质的革命。在一般的情形下，这一革命客观上只有两种基本的路线和结局：或者是废除领主所有制后将正在开始发展的半封建的地主经济保存下来，慢慢地变成资本主义经济，这是地主经济的内部改革，国家的整个土地制度成为长期保持着封建制特点的资本主义制度，像革命前的德俄一样；或者是在废除领主农奴制后，革命摧毁半封建地主经济，使小农经济和资本主义得到自由发展，以完成资产阶级革命的任务。

当时日本农民和城市贫民的革命斗争客观上是走着后一条路，这是一条彻底解放生产力、保证日本民族真正独立、社会更向前发展的道路。日本农民"改革世间"起义，带有土地革命的性质，城市贫民捣毁运动不断高涨，使幕藩领主不能统治下去，外国殖民者为之震恐。农民不代表新的生产力，而它的斗争却是资产阶级革命的主要内容。

但当时日本并不能按照一般的情形进行资产阶级革命，因为维新前支配着日本的还是农奴主的封建领主经济，资本主义和民族资产阶级都没有形成，在民族灭亡的威胁下又必须立刻采取资本主义生产方式，因而革命的领导权落到以下级武士为领导的"武士和豪农豪商（资产阶级前身）的同盟"改革派（以后的倒幕派）身上，这一同盟的阶级性决定他们在革命中的两面性。当斗争的

---

① 《列宁全集》，第29卷，第434页。

锋芒指向德川幕府统治时，他们最初还只企图用藩政改革的经验，要求在幕藩领主制的范围内，进行一些全国性的改革。但即使是一种改革，只要触动了统治阶级的根本利益，也决不能实现。果然，幕府对改革派实行了血腥镇压，使改革派不得不抛弃原来的路线，转向尊王攘夷运动。以后他们发现依赖天皇攘夷也不可靠，在幕府大军征讨和外患日亟的形势下，终于走上倒幕的道路，领导农民革命和倒幕战争，在全国人民起义的浪潮中，经过一年半内战，推翻了幕府，建立维新政权。倒幕派凭借人民起义和国家机器的力量，废除封建领主制，解放了农奴。列宁指出："革命究竟是什么呢？这就是用暴力打破陈旧的政治上层建筑，即打破那由于和新的生产关系发生矛盾而到一定的时机就要瓦解的上层建筑"。[①]维新政权和代表纯封建的领主制的德川幕府已有本质的不同，它是一个地主资产阶级的政权。革命的根本问题是政权问题，倒幕派利用农民和城市贫民起义，领导讨幕军用武力夺取政权，改变了政权的性质，这不能不是一次革命，革命的胜利果实，则为倒幕派所篡夺。明治维新这一阶段的革命既不是资产阶级所领导，作为资产阶级性的革命是很不成熟的，它自然不能完成资产阶级革命的历史任务，也就不能称为"资产阶级没有完成的革命"[②]，但由于农奴的解放，客观上为资本主义的发展开辟了道路。

当然，明治维新运动到这里并没有结束。因为封建领主制的推翻和农奴的解放并不意味着农民土地问题的根本解决。农村中随着幕藩体制的崩溃和新政府土地政策的实施，半封建的寄生地主制确立了，它继续对农民剥削，阻碍资本主义发展。农民和城市贫民的基本要求是分配土地，发展生产力，要求彻底消灭封建剥削。正如列宁所说，"几百年来农奴制的压迫……积下了无数的仇恨和拼命战斗的决心。要求……消灭一切旧的土地占有形式和占有土地制度，扫清土地，建立一种自由平等的小农的社会生活来代替警察式的阶级国家"[③]。因此，农民和城市贫民在打倒幕府后继续进行革命斗争，起义更为频繁而猛烈。他们的锋芒针对豪农、豪商、村吏、地主，也就是反对以这些阶层为基础的政府。如果维新政权建立后农民和城市贫民的起义直至自由民权运动属于第二阶段革命，那么，倒幕派这次就不再跟着前进了，特别是在废藩置县后，全国的主要矛盾已由农奴对领主的矛盾，变为农民对地主豪农商的矛盾。在新的农民起义的浪潮面前，倒幕派不但恐惧地放弃革命的领导，并且站在富农和寄生地

---

① 《列宁全集》，第 9 卷，第 113 页。

② E. 茹科夫：《日本历史讲话》，中译本，耕耘出版社，1939 年，第 155 页。

③ 《列宁全集》，第 15 卷，第 180 页。

主的立场上来反对革命，他们解散了人民在倒幕中建立的武装，镇压农民起义和城市贫民暴动，保护地主土地所有制和资本主义的工商业，在此基础上发展起来的年青的地主和资产阶级本来就有相互联系，在革命的人民斗争面前更加强了政治结合，逐步形成了地主资产阶级联盟的专政。

明治维新后成为藩阀官僚的倒幕派获得豪农商、地主、高利贷商业资本家的支持，他们在殖民主义侵略和人民斗争的威胁下，进行了一系列资产阶级的改革。由于当时日本十分落后，又必须抵抗侵略，他们不得不采用资本主义生产方式，通过专制政府加强掠夺劳动人民、进行原始积累以及保护新工业的方法，自上而下地发展资本主义，同时废除封建身份制，输入西方科学文化，建立常备军，废除不平等条约，摆脱殖民地危机，使日本成为独立的民族国家。明治维新由此得到当时亚洲各国资产阶级的重视[①]。

另一方面由于新政府官僚代表半封建的地主富农和高利贷大商人的利益，这些改革都带着浓厚的改良主义色彩，以致在社会经济中长期保留了封建的残余，阻碍工农业生产力，使人民深深地陷于痛苦和贫困中，并助长了日本的军国主义和对外侵略战争的发展。因此，明治维新后一阶段进行的主要是一种地主资产阶级的改革（其中也有一部分属于前一阶段革命所遗留下来的任务）。这种改革尽管因资本主义得到发展而延缓了革命，但不能改变日本发展的方向，维新后日本人民仍为完成资产阶级民主革命而积极斗争。

在西欧资本主义国家里，农奴制远在资产阶级革命前几个世纪就被消灭，这就为资本主义的发展造成有利的条件，在新兴市民阶级领导下，资产阶级革命的进行是成熟的，因而也较彻底。日本由于封建领主制的长期存在，资本主义迟迟没有形成，在封建危机和民族危机的双重压力下进行的明治维新运动，由于没有新兴资产阶级的领导，被分为两步：它的第一阶段革命以倒幕派领导农民和城市贫民起义推翻封建领主制、解放农奴，建立了地主资产阶级政权而告结束。第二阶段革命因倒幕派的背弃革命而变成了地主资产阶级的改革。日本史学上传统地将这两个不同阶段不同性质的变革合并称为"明治维新"，因而使这个问题长期陷于混乱。我们用两点论澄清这一问题的性质。

列宁正确地指出了明治维新是"革命和改革"[②]。

明治维新在日本通过以农民为主力的革命，推倒幕府，废除了封建领主的农奴制，发展了资本主义，这就使维新政府向资产阶级政权迈进了一大步，但

---

① 例如 19 世纪末期朝鲜的开化党和中国的维新派，20 世纪初越南维新会的勤王家等。

② 《列宁全集》，第 39 卷，第 779 页。

半封建的地主阶级，并没有脱离这一政权，它和资本家的共同利益表现在互相依赖，对人民残酷压榨和对外野蛮侵略的政策上。维新后的日本历史证明，这是一个地主资产阶级的政权。

明治维新政府在政体上是一个专制主义的君主国，直到帝国宪法颁布后，这个国家才成为一个外表上的立宪君主国家。

（原载《南开大学学报》（哲学社会科学版）1964 年 7 月号）

二、资产阶级革命与明治维新

明治维新，是 19 世纪后半期在一个亚洲封建国家里发生的一场巨大的社会经济变革运动。日本人民在这场斗争中，推翻了长达 260 多年的德川幕府领主统治，抗拒了西方殖民主义者的侵略，胜利地取得了民族独立，发展了资本主义经济。如列宁所说，不到半个世纪，日本已同美国一样，显示出西欧类型的"经济上的（资本主义的高度的特别迅速的发展）、政治上的（代议制度）、文化上的和民族上的""最先进的资本主义国家"的"全部基本特征"[1]，并成为"新兴的帝国主义强国"[2]。这一历史现象，不但为当时世界各国所瞩目，直至今天，还受到东西方的普遍重视和研究。同时，也由于这一问题的复杂性，在学者间引起了长期的争论。

我们曾经指出过明治维新是一场资产阶级革命[3]，本文的目的不在于重新对此加以论证，而是想对"资产阶级革命说"所遇到的一个理论问题——"没有资产阶级的资产阶级革命"，谈谈自己的看法，文中兼及其他一些有争议的问题，请读者批评指正。

1. 日本资产阶级革命的历史条件

资本主义关系在封建制度的母体内孕育之后，不断发展壮大，破坏封建制度，但旧制度在封建主阶级维护下并不会自行退出历史舞台，于是资产阶级革命成为新社会的助产婆，实现封建经济形态向资本主义经济形态的嬗变。

---

① 列宁：《统计学和社会学》，见《列宁全集》，第 23 卷，第 282–283 页。

② 列宁：《帝国主义是资本主义发展最高阶段》，见《列宁全集》，第 22 卷，第 267 页。

③ 见吴廷璆：《明治维新和维新政权》，载《南开大学学报》（哲学社会科学版）1964 年 7 月号。已收入本书。

一般说来，在资产阶级革命之前，资本主义已达到一定程度的发展，资产阶级革命的主观因素——资产阶级已形成为阶级，并有能力在革命形势到来时，对参加革命的各个阶级如农民、城市平民、成长中的工人阶级、城市小资产阶级等实行政治领导，通过国内战争，推翻封建制度，完成或部分地完成资产阶级革命的历史任务。

明治维新之前，日本基本上是一个封建领主制的国家，资本主义尚在萌芽，资产阶级没有形成，当然，它不可能去领导明治维新。于是，主张明治维新是资产阶级革命的人，常被认为是主张"没有资产阶级的资产阶级革命"，似乎在逻辑上有很大缺陷。这种看法是否妥当？试从理论和史实两个方面来探讨这一问题。

马克思和恩格斯在《共产党宣言》中说：

> 资产阶级由于开拓了世界市场，使一切国家的生产和消费都成为世界性的了。……过去那种地方的和民族的自给自足和闭关自守状态，被各民族的各方面的互相依赖所代替了。物质的生产是如此，精神的生产也是如此，各民族的精神产品成了公共的财产。民族的片面性和局限性日益成为不可能，于是由许多民族的和地方的文学形成了一种世界的文学。

> 资产阶级，由于一切生产工具的迅速改进，由于交通的极其便利，把一切民族甚至最野蛮的民族，都卷到文明中来了。……它迫使一切民族——如果它们不想灭亡的话——采用资产阶级的生产方式；它迫使它们在自己那里推行所谓文明制度，即变成资产者。一句话，它按照自己的面貌为自己创造出一个世界。[①]

在前一段中，马克思、恩格斯指出，由于建立了资本主义的世界市场，一切国家的生产和消费都成为世界性的了。闭关自守的状态必然被各民族的互相往来和互相依赖所代替。在这种历史条件下，一切民族被强制卷入资本主义文明之中。不管它们愿不愿意，国际资本主义的强大影响，将使它们不可能再继续保持以前的状态。马克思、恩格斯这里所说的"野蛮民族"，当然指的是那些还处在前资本主义生产方式中的国家。这些国家只有两条道路可供选择：要么灭亡，要么采用资本主义生产方式。前者意味着变成西方资本主义列强的殖民地和附属国，后者则意味着否定原来落后的生产方式，实现从封建制度向资本

---

① 马克思、恩格斯：《共产党宣言》，见《马克思恩格斯选集》，第 1 卷，第 254-255 页。

主义制度的更迭。但要做到这一点，必须首先打倒代表和维护旧生产方式的封建统治者，也就是说，必须进行资产阶级革命。马克思、恩格斯更明白地指出，落后民族推行文明制度就是"变成资产者"。

从马克思和恩格斯上述两段论述中可以理解：（1）后进国家为"采用资产阶级的生产方式"而进行的资产阶级革命，并非完全是内部因素自然发展的结果，而是在世界资本主义的强烈影响下"提前"发生的；（2）后进国家为"采用资产阶级的生产方式"进行资产阶级革命时，那里并不一定就有现存的"资产者"，毋宁说"资产者"是此后"变成"的。马克思、恩格斯这里所说的被强制采用资本主义生产方式的后进国家的资产阶级革命，不正是"没有资产阶级的资产阶级革命"吗？因而在理论上"没有资产阶级的资产阶级革命"并不是不可理解的。马克思、恩格斯虽没有进一步论述这种形式的资产阶级革命，但指明了它的历史条件和特点，马克思、恩格斯这一论述的科学性，已为后来的历史所证明。东方国家在当时和后来所经历的，大致就是上述两种道路。前者可以印度为代表，后者可以日本为代表。

就在马克思、恩格斯做出上述论断的 20 年之后，日本发生了"采用资产阶级的生产方式"的明治维新，其条件与特点都和马克思、恩格斯所说的一样。以下试考察一下日本资产阶级革命的内部根据和外部条件。

17 世纪中期在日本确立的德川幕藩体制，是日本封建社会的最后阶段，远在元禄时代（1688—1703），它的社会经济矛盾已开始暴露。到了德川后期，幕藩体制更陷入封建危机之中。主要表现在：农业耕种面积停滞不前[①]，农村人口减少[②]，歉收、饥馑频仍[③]，从幕府到各藩都陷于财政危机[④]，武士阶级尤其

---

① 明治维新前 160 年间，日本耕种面积一直停滞在 290 万至 300 万町步未见发展。见石井宽治：《日本经济史》，东京大学出版会，1978 年，第 12 页。

② 日本人口自享保年间到幕末一百数十年间，一直停留在 2800 万至 3000 万。（参阅本庄荣治郎：《日本人口史》，日本评论社，1941 年，第 37-39 页。）苏联学者认为，从 1726—1846 年的 120 年中，日本的人口总共增加 1.35%。大约每年增长 0.01%。"这种情况不仅在任何一个欧洲国家没有，就是在亚洲其他国家也是没有的，这说明在 18 世纪末到 19 世纪前半叶，日本的封建危机比其他亚洲国家都深刻。"见加尔别林：《日本资产阶级革命的社会经济前提》，载爱依杜斯主编：《日本历史问题》（论文集），莫斯科，1959 年，第 98 页。

③ 据梅森三郎《凶荒志》，整个德川时代，严重的歉收共计 130 次。据小鹿岛果《日本灾异志》，严重的饥荒共 35 次。其中最大的是享保、天明、天保"三大饥馑"。

④ 幕府长期以来入不敷出，依靠改铸劣质货币和征收御用金弥补亏空。自天保三年至十三年，由改铸金银货币所得收入最多时占岁入的 51.4%（天保十二），最少时也占 23.2%（天保七）。（见《温知丛书》，第五编，第 39 页。）财政收入建立在这种基础上，足见其危机严重。各藩大都债台高筑，如长州藩天保初年欠债银八万贯目，萨摩藩文政末年欠三都债银 500 万两等等，其他各藩也都大同小异。

下级武士严重贫困化，幕府旨在解救封建危机的改革屡次失败[1]，等等。这种情况，再加上风起云涌的农民起义和城市贫民捣毁运动的打击[2]，幕藩体制已陷入走投无路的境地。

伴随封建制度的没落，18世纪中叶以后，日本封建社会内部产生了资本主义关系。明治维新前夜已比较广泛地存在着资本主义家庭劳动，在经济发达地区，工场手工业已在一些重要行业中发达起来，但当时它们大多是分散性的，即以家庭手工业为基础、由包买商组织起来的工场作坊[3]。就是这种分散性的工场手工业也由于农奴制的存在，阻碍它向资本主义生产方式发展[4]。幕末日本占重要地位的棉纺业仍以商业资本的批发行家庭工业为主。日本资本主义的这种发展远未达到资产阶级革命前夜英国和法国的生产水平，资产阶级刚刚诞生，数量不多，加上幕藩领主长期锁国，并对工商业实行种种限制，使他们既同国外市场缺乏联系，又难发展资本主义经营方式，经济实力十分薄弱。他们（又被称为豪农豪商）往往兼有寄生地主、富农和农村资产阶级的几重性质，和封建关系有不可分割的联系，所以缺乏西欧资产阶级那样鲜明的阶级性[5]，没有形成独立的政治力量。他们一方面剥削佃农和家庭小生产者，另一方面也受领主和特权大商人的压迫剥削，对幕藩统治有着强烈的不满，他们之中不少人以所谓"草莽志士"的身份参加了维新运动。

但是，这并不等于说幕末日本根本没有产生资产阶级革命的条件。开港前后，日本行庄制家庭工业已有迅速发展，缫丝技术更发达，在工场手工业里特别显著。后来江户棉织业行庄更联合向美国定购纺织机，萨摩藩主岛津茂久也向英国买织机办厂，这是不可忽视的现象。因为即使在英国，直至十七八世纪产业革命前夕，纺织工业还是为商业资本所支配，批发行包买制（putting-out system）的家庭手工业在毛纺织业的近代化发展中起着极重要的作用[6]。资本主义关系的发展，农业生产的停滞，人民群众反封建斗争的激化，说明旧的生产

---

① 德川幕府前后进行过享保、宽政、天保三大改革，多以失败告终。

② 据统计，1590—1867年的278年间（大致是整个德川时代）共发生农民起义2809次，平均每年10.1次，明治维新前夕，起义最为频繁，1861—1867的7年间，共发生起义194次，平均每年27.8次。见青木虹二：《农民起义的年次研究》，新生社，1960年，第13页、第18页。

③ 平田四郎：《关于近代产业史的研究成果》，见《三田学会杂志》，第36卷，第10期。

④ 山田舜：《明治维新的理论问题》，御茶水书房，1978年，第43页。

⑤ 关于豪农豪商的阶级特性，参看田中彰《明治维新政治史研究》，青木书店，1978年，第142-159页。

⑥ A. P. 威兹华斯、J. 德·曼合著：《棉布贸易和工业地区兰开夏，1600—1780》。（Alfred P. Wadsworth and Julia de Lacy Mann. The Cotton Trade and Industrial Lancashire 1600-1780, London, 1931, Book Ⅱ, Ⅲ.）

关系已成为新的生产力发展的桎梏，革命已在徐徐酝酿之中。尽管资本主义还很薄弱，但它毕竟表明资本主义的发展已经成为经济过程本身的要求。

同时，日本资产阶级革命又受到外部条件的作用：一是西方资产阶级意识形态长期而持久的影响，二是1853年后资本主义列强入侵所激起的革命形势。

如上所引，马克思、恩格斯指出由于资产阶级开拓了世界市场，连"各民族的精神产品"也成了世界各国可以共同享有的"公共的财产"。若从1715年新井白石写成《西洋纪闻》算起，到明治维新前夜，西方资产阶级文明在日本已流传了一个半世纪，尽管德川幕府闭关锁国，资产阶级的意识形态还是像毛毛雨一样浸润了日本的知识界[①]。开港后，更有不少有为青年武士，如井上馨、伊藤博文、福泽谕吉、寺岛宗则、五代友厚、西周、加藤弘之、森有礼等到西方国家学习，有的还写了详细的见闻录[②]。由此使日本进步的知识分子，在对资本主义的认识上完成了一个巨大的飞跃。一开始，他们还只感到荷兰等资本主义国家"精于医术及诸般技艺"（杉田玄白），到明治维新前夕，他们对资本主义国家的认识已深化到"觉彼之文物制度颇有优于我处，乃隐怀移植之志望"（大隈重信）。这种认识在逻辑上的必然发展是以资本主义制度代替封建制度。日本下级武士阶层中的许多知识分子，正是由此走上资产阶级革命的道路，充当了明治维新的领导人。因此资产阶级意识形态长久而持续的作用，是资本主义不发达、资产阶级不成熟的日本有可能发生资产阶级革命的重要条件之一。在观察中国的社会主义革命时，这种情况就表现得更为突出。社会主义的生产方式来源于资本主义所创造的生产力。而旧中国资本主义发展不充分，还没有资本主义工业化，中国依然能够在完成新民主主义革命即资产阶级民主革命之后立即实行社会主义革命，其中一个重要条件，正如毛泽东同志所指出的"十月革命一声炮响，给我们送来了马克思列宁主义"，中国的先进分子由此得出"走俄国人的路——这就是结论"[③]。中国实现社会主义革命的例证，有助于说明为什么日本在资本主义发展不充分的条件下有可能发生资产阶级革命。马克思主义经典作家并未为革命规定相应的经济发展指标，机械地把资产阶级革命的实现和资本主义的发展程度联系起来，忽视革命思想传播对于后进国家革命运

[①] 在日本开国之前，自1744—1852年的108年间，日本翻译西方书籍的学者共117人，译书总数约500部（穗亭主义：《西洋学家译述目录》）。

[②] 如1860—1868年间，仅藩士出身的幕吏所写的就有玉虫左太夫《航美目录》、柴田刚中《日载——英法行》、福田作太郎《英国探索》等（沼田次郎、松泽弘阳编：《日本思想大系·西洋见闻集》，岩波书店，1978）。

[③] 毛泽东：《论人民民主专政》，见《毛泽东选集》，合订本，第1476页。

动的指导和推动作用，是不符合这些国家革命运动的实践的。

1853 年后欧美资本主义列强的直接入侵是日本资产阶级革命的催化剂。

众所周知，1853 年后，美、俄、英、法等资本主义国家侵入了日本。闭关锁国二百多年的日本，一旦门户洞开就造成了无法收拾的后果。由于生丝、茶叶输出的急剧增加[①]，虽然在一定程度上促进了商品生产和流通的发展，但同时却由于黄金外流[②]，物价飞涨[③]，以及在低关税下棉布等洋货大量输入，本国的纺织业遭到严重打击，从而造成了封建经济的大混乱，包括下级武士在内的人民生活更加贫困，反封建的人民运动更加高涨。更严重的是，日本由于被强加给以治外法权、协定关税、片面最惠国待遇、居留地为主要内容的不平等条约，迅速濒于西方列强半殖民地的境地。开国后仅仅几年工夫，日本就陷入深刻的封建危机与民族危机之中。

就当时日本人民的历史任务来说，即使在生产力水平和其他各方面的发展水平都还较低时，是否就不能进行革命呢？列宁在十月革命后指出，历史发展的顺序可以有颠倒的特殊性，即只要有了革命形势，便可能用与西欧国家不同的方法夺取政权，然后来发展生产力[④]。列宁讲的虽然是十月革命前夕俄国的情形，但在一定意义上可以用来说明明治维新的特性。

1866—1867 年，列宁所说革命形势的三大主要特征[⑤]一时俱现：幕府不再能独把政柄，向天皇低头求要敕许缔约。它发动征长战争，强藩拒不出兵。这显示统治阶级"不可能照旧不变地维持自己的统治"；由于发动战争，增加军事赋役，商人囤集粮食，米价暴涨，造成"被压迫阶级的贫困和灾难超乎寻常的加剧"；人民群众到处发动起义，政治中心京都、大阪为"可好啦"运动所席卷，起义群众不仅袭击封建统治阶级，还袭击外国侵略者，并使幕府政权陷于瘫痪。当时英国驻日公使阿礼国（Sir R. Alecock）在谈到日本的形势时写道，"大变化发生在统治者和人民的基本关系上，整个封建势力被深刻地摇撼，它的政治社

---

① 根据英国领事的商业报告，1859—1867 年，日本对外贸易输出总额 9 年间增长 13 倍。其中生丝占输出总额的 50%～80%。见楫西光速编：《日本经济史大系》，5，近代，上，东京大学出版社，1965 年，第 6 页。

② 当时的金银比价，国际市场为 1：16，而日本仅为 1：5。西方商人根据通商条约所取得的殖民主义权益，大量进口白银，换走了日本的黄金，开港仅半年，日本黄金外流即达一百万两，见竹越与三郎：《日本经济史》，第 7 卷，第 308 页。转引自楫西光速等：《日本资本主义的成立》，第 1 卷，东京大学出版会，1955 年，第 146 页。

③ 关于币制混乱、物价暴涨的具体情况，参见山口和雄：《幕末贸易史》，中央公论社，1943 年，第 238-241 页。

④ 列宁：《论我国革命》，见《列宁选集》，第 4 卷，第 690-691 页。

⑤ 列宁：《第二国际的破产》，见《列宁选集》，第 2 卷，第 620-621 页。

会机构在和欧洲短暂的接触冲击下被粉碎。这一切在骚乱、暴力、流血中不断进行。新的社会基础能否建立，不得不是一个大问题。"（《大君之都》）

在外国资本主义列强入侵的压力下，日本封建社会内部固有的矛盾全面爆发，而统治者本身已无力解决任何矛盾，于是资产阶级革命登上历史舞台。

2. 下级武士在日本资产阶级革命中的作用

明治维新史研究中有一种意见认为，"把一切变革都视为阶级斗争乃是马克思主义的基础命题，不论在什么样的国家的资产阶级民主主义革命的历史中，也不曾有过由封建的统治者集团的末辈——下级武士，站在它的先头来进行的那样的资产阶级革命。"[1]持这种意见者似以"人们的社会存在决定人们的意识"这一马克思主义的观点作为其论断的依据。但历史上许多问题往往是复杂的，"剥削的存在，永远会在被剥削者本身和个别'知识分子'代表中间产生一些与这一制度相反的理想"[2]。对幕末下级武士的情况便须进行具体的分析。

远自 16 世纪末丰臣秀吉实行兵农分离政策，日本的下级武士便大都住在城市里。他们参与剥夺农民剩余劳动，处于最不利的地位。商品经济发达后，他们中的绝大多数只能从领主手里领取一定数量的禄米。据估计，武士的平均收入为 35 石以下，和农民的经济水平不相上下[3]。每当领主财政困难时，首先牺牲他们的利益，大批削减俸禄，甚至只给禄米的一半（半知）。以至于有些下级武士的生活困苦到"冬穿单衣夏穿棉，无处安身，借居陋室，比下贱者犹不如"[4]。开国后物价暴涨，经济混乱，下级武士又首当其冲，以致根本无法指靠武士的收入养家活口，他们不得不另谋生路。德川时代的国学者大江季彦在《经济评论》中说："俸禄菲薄之士，赖手工制作以给不足。以一人 15 俵之禄米，养五六口之家，何以为生？如日唯习武，荒于制作，则饿死外别无良策。"[5]福泽谕吉对丰前（今大分县）中津藩下级武士的生活，也作了同样的记述："家中如有三五儿女或老人，岁入即不足以供给衣食。故家人凡堪力役者，不问男女，或作手工，或事纺绩，唯艰辛以为生计。虽谓'兼业'，实则以兼业为本业，反以藩之公务为兼业也。"[6]《甲子夜话》中所说的"米泽的笔，长门的伞，锅岛

---

① 服部之总：《明治维新讲话》，中译本，第 16 页。
② 列宁：《民粹主义的经济内容》，见《列宁全集》，第 1 卷，第 393-394 页。
③ 诺曼：《日本维新史》，中译本，第 19 页。
④ 武阳隐士：《世事见闻录》，卷一，改造社，第 25 页。
⑤ 转引自楫西光速等前引书，第 150-151 页。
⑥ 福泽谕吉：《旧藩情》，引见福地重孝：《士族和士族意识》，春秋社，1956 年，第 71 页。

的竹笠，秋月的印盒，小仓的油布雨衣"①等，都是下级武士的副业产品。据大岛昭在《仙台藩下级藩士的手工业者化》一文中所作的研究，在仙台藩"几乎全部下级武士都兼营手工业"②。佐久间象山在其上书中也说，从事手工业者"武家之中过半数矣"③。可知这种现象是十分普遍的。

下级武士改事他业，除上述情况之外，还有经营商业的。据19世纪初《江户保甲长条陈》：商店250家中，出身武士浪人的达48家。也有武士作批发行资本家的④。还有一些下级武士为谋生计，宁愿放弃族籍，成为无主的浪人，设塾教书，或从事医生、作家等自由职业。如果说，后几种情况尚属少数，还不具有重大的社会意义，那么，下级武士的手工业者化却是幕末社会广泛存在、不容忽视的阶级关系新变化。当下级武士的主要生活来源，由依靠禄米而转变为依靠手工业劳动收入时，意味着阶级地位的转换。下级武士能否得到禄米，这并不是一件小事。日本的下级武士和欧洲的骑士不同，后者有封地，他们和封建领主制是共命运的。而日本下级武士大部分不掌握土地，只有禄米把他们和领主制联在一起。这是日本封建统治者内部依附关系的特征。它使下级武士和领主制的关系比较脆弱。封建末期，货币经济发达，禄米不敷生活，生活失去保证，主从关系便难以维持。事实上，幕末出现大批下级武士从统治阶级中游离出来的现象。他们大部分成了小生产者，少数人成为城市小资产阶级知识分子的自由职业者或无业浪人。

由于下级武士生活条件、阶级地位的变化，他们的观念也随之发生变化。这种变化，当时一些有头脑的人都看得很清楚。如福泽谕吉在描述了中津藩下级武士从事手工业劳动之后评论道："其状如此，实非纯然之士族，或称职人（手工业者）可也。以忙于生计，子弟之教无暇顾及。下等士族颇乏文学等高尚之教，自贱而有商工之风。"⑤武阳隐士也指责下级武士"养成町人、职人心胸，不知义礼耻辱"⑥。这不正是说明他们的思想意识已与商人和手工业者如出一辙了吗？他们中的很多人终至"恨主如仇"，认识到幕藩体制无可迷恋，寄希望于新的出路。如果说英国的新贵族是因为采取了新的剥削方式而能够和资产阶级联盟，那么日本的下级武士却是由于采取了新的谋生手段而能够参加资产阶

---

① 松浦静山：《甲子夜话》，第一卷，国书刊行会本，第267页。
② 转引自楫西光速等前引书，第151页。
③《象山全集》，上卷，第70页。
④ 同前引楫西光速书，第151页。
⑤ 福泽谕吉：《旧藩情》，引见福地重孝：《士族和士族意识》，第71页。
⑥ 武阳隐士前引书，第53页。

级革命。归根结底，都是因为他们在革命之前已经发生了阶级地位广泛深刻的变化。

下级武士能够参加乃至领导日本的资产阶级革命，还因为他们有一支在当时的日本来说是最进步的知识分子队伍。与轻视文化的欧洲骑士不同，日本武士（士）从来就是一个垄断文化的阶层。在下级武士中，出现了不少优秀的儒学者、国学者、兰学者和洋学者。尤其是兰学者和洋学者，通晓西方语文，掌握了输入日本的西方各种知识。他们中的一些人往往设塾授徒（如绪方洪庵开办"适适斋"，学生多至 3000 人。又如师事兰学家佐久间象山的吉田松阴开设"松下村塾"，以新知识教授学生），在幕末的日本培养出一大批向往资本主义的进步知识分子。明治维新中，这批下级武士出身的知识分子，有的成为资产阶级的政治家、财政家、军事家、外交家，有的成为资产阶级的思想家、教育家、科学家，有的成为工业家、企业家，像伊藤博文自许的那样，作了明治国家的"庙堂栋梁材"。

西欧国家资产阶级革命前，大都经历了文艺复兴和启蒙运动这样的思想准备阶段。在资本主义因素十分微弱、市民阶级没有形成的东方国家，则没有出现过鲜明的人文主义和理性主义的思想运动。在这些国家中，先进阶级革命领导权的形成，一般表现为由进步知识分子接受国外传来的革命思想，初步完成向先进阶级世界观的转变，从而和本国的革命运动相结合，并指导革命运动不断前进。日本的下级武士正是幕末日本社会中能提供这种进步知识分子的唯一阶层。

当然，也不能把下级武士中的进步知识分子理想化，过高估计他们的思想和政治水平。如前所述，他们中的一些人，一开始只不过是朦胧地向往资本主义，在开国的冲击下，为寻找自己和日本民族的出路起而斗争，后来才在斗争中不断地提高了自己的觉悟。如，有些人起初是带着国学派的"经世致用""公武一和"，儒家水户学的"大义名分""华夷之辨"等思想参加幕政改革和尊王攘夷运动的。在运动的实践中，特别是经历了"安政大狱"（1859）、"八一八政变"（1863）、列强炮击下关和讨伐长州（1864）等教训后，认识到尊王攘夷政策的错误，毅然采取了讨幕开国的主张。这是讨幕派站到资产阶级立场来的最鲜明的表现。讨幕派是尊攘派武士转变策略后和豪农豪商结成的革命同盟。此后，在讨幕派的领导下，通过一年半的戊辰战争，推翻了德川封建领主政权，建立了地主资产阶级联合专政的明治政权。所以，即使是进步的下级武士，也并非是早已涤除了封建意识，换上资产阶级的崭新思想，然后再把事前拟定好的资本主义纲领一一付诸实施。这样的估计，或试图这样要求他们，都不能说是历史主义的态度。正因为如此，一直到 1868 年 3 月 14 日《五条誓文》发表，我们仍然读不到一份像样的称得起是资产阶级政纲的文件。但《五条誓文》毕竟出现了不同于德川政权的封建政策，传达了资产阶级的信息。如，"万机决于公论""盛行经纶""官武一途，以迄庶民各遂其志""求知识于世界"，等等。下级武士出身的维新领导人，能够随着形势的发展，不断把革命引向深化。在通过国内战争夺取政权之后，立即把移植资本主义的政治制度和经济制度、全面发展资本主义提上了议事日程。最突出的事例是 1871 年岩仓使节团的出访，当时国内形势不稳，暗杀政府要员及农民起义时有发生。在这种情况下，政府的主要领导人率领庞大使团，遍访欧美 12 国，历时 1 年零 10 个月，实在是日本历史上空前的外交壮举。岩仓使团的任务虽然是三个[①]，但它的重点却放到调查和研究资本主义各国的文物制度这一点上。使节团到达美国后，由伊藤博文起草，交岩仓具视、木户孝允、大久保利通共同研究确定的使节团工作要点，充分表现了维新领导人在废除封建领主制后，把日本迅速引向资本主义道路的迫切愿望。该文件称，"东洋诸国现行之政治风俗，不足以使我国尽善尽美。而欧美各国之政治、制度、风俗、教育、营生、守产，皆超绝东洋。由之，移此开明之风于我国，将使我国国民迅速进步至同等化域。"[②]这段文字明确地否定了东方各国当时的封建制度，而把欧美的资本主义制度视为"超绝东洋"的理想制度，准备尽快在日本建立起来。这种认识，这种决心都不是敌视资本主义制度的封建统治者所能达到的。如果不具有资产阶级的世界观，这种作为是不可想象的。诚然，像大久保利通、木户孝允、伊藤博文等类人物，出身于武士阶级，势必具有不少封建意识，但主要的应看他们头脑中居于支配地位的是什么政治观点。如果资产阶级思想不居支配地位，难道能够把日本引向资本主义道路吗？

另外，日本的下级武士能够领导日本的资产阶级革命，还因为它具有政治斗争经验和组织能力。日本的资产阶级不像英法资产阶级那样，有过参加国会或三级会议的政治斗争经历和相应的组织能力。而下级武士早在西南各藩的改革中已崭露头角，他们在尊王攘夷斗争阶段增长了才干和见识，逐渐摒弃了依靠少数人进行阴谋活动的斗争方式，开始组织藩际的活动。他们拥有一大批有勇气、有谋略、有能力的活动家和组织者。日本不成熟的资产阶级正是找到了

---

① 参见久米邦武：《特命全权大使美欧回览实记》（一），岩波书店，1977 年，第 404 页。

② 伊藤博文意见书，见大久保利谦编：《岩仓使节团研究》，宗高书房，1976 年，第 189 页。

这些向往资本主义的下级武士作为自己的政治代表，而自身则宁居幕后提供资金。事实证明，下级武士不但能在国内战争阶段组织胜利的军事进击，还能在战后逐步清除领主势力，全面实行资产阶级改革，发展资本主义。

以上我们根据史实证明，一部分下级武士从统治阶级中分化出来，参加并领导了资产阶级革命。这样的观点是否不符合马克思主义的阶级斗争学说呢？当然不是。明治维新的革命主力无疑是戊辰战争前后各地风起云涌参加起义暴动的广大农民、商人、手工业者，称为草莽浪士的豪农豪商，以及被新政府解散乃至镇压的长州奇兵队、长野的赤报队等人民武装①。但维新领导者则无疑是西南强藩下级武士为首的倒幕派。怎样理解这种现象呢？马克思和恩格斯在《共产党宣言》中早就指出，"在阶级斗争接近决战的时期，统治阶级内部的、整个旧社会内部的瓦解过程，就达到非常强烈、非常尖锐的程度，甚至使得统治阶级中的一小部分人脱离统治阶级而归附于革命的阶级，即掌握着未来的阶级。所以，正像过去贵族中有一部分人转到资产阶级方面一样，现在资产阶级中也有一部分人，特别是已经提高到从理论上认识到整个历史运动这一水平的一部分资产阶级思想家，转到无产阶级方面来了。"②

马克思和恩格斯的这段话，有如下三层应予特别注意的意思：（1）在阶级斗争接近决战的时期，统治阶级内部产生了强烈而尖锐的瓦解过程，使得其中的一部分人有可能游离出来归附革命阶级。（2）在资产阶级与封建主阶级决战时，封建贵族中曾有一部分人转到资产阶级方面来。（3）在无产阶级与资产阶级决战时，那些对历史的发展趋势已有所认识的资产阶级思想家，比较容易转到无产阶级方面来。上述（1）和（2）可以直接回答，封建统治阶级中的一部分人能否转到革命方面来，以及在什么样的历史条件下进行这种转变，（3）则可以启示我们，统治阶级中对历史发展趋势有所了解的知识分子比较容易发生这种转变。我们认为，领导维新讨幕的下级武士，正是在这样的历史条件下具有这种转变可能的知识分子。

由于下级武士阶级地位发生变化，其中进步的知识分子并具有政治斗争经验，所以能够充当日本资产阶级革命的领导者。在资产阶级尚未形成为独立的政治力量，而又必须进行资产阶级革命的情况下，下级武士之充任领导，可以说是不可避免的。这也正是明治维新不同于西方资产阶级革命的重要特点。

① 井上清：《日本军国主义》，第1卷，东京大学出版会，1954年，第207-208页；依田憙家：《日本近代国家的形成和革命形势》，八木书店，1971年，第299-339页。

② 马克思、恩格斯：《共产党宣言》，见《马克思恩格斯选集》，第1卷，第261页。

3. 资产阶级革命的彻底性问题

在确定某一革命的性质时，应以什么为主要根据呢？我们以为，首要的依据应是它所完成的是什么性质的任务，而不是看它由什么阶级领导。即使无产阶级领导，但完成的是资产阶级革命性质的任务，也不能认为是社会主义革命。同样，即使下级武士领导，但完成的确乎是资产阶级革命性质的任务，也不应看作是封建性质的改革。考察维新过程中"革命和改革"的阶级实质，有助于认识这次革命的性质。

维新运动大致可分为夺权和改革两个阶段。自 1868 年 1 月 27 日的"鸟羽伏见之战"起到 1869 年 5 月 18 日粉碎"虾夷共和国"止，在讨幕派领导下，进行了一年半的国内战争，夺取了中央政权。新政府在以革命手段夺取政权之后，便着手于一系列资产阶级性质的改革：

（1）"奉还版籍"和"废藩置县"。1869 年 7 月，新政府使用谋略，使各藩"奉还版籍"，交出土地和人民。1871 年 7 月，以武力为后盾，宣布"废藩置县"。不仅一举夺得地方政权，消灭了封建割据，形成中央集权的国家，而且在事实上废除了封建领主制，成为维新运动中一次深刻的革命性变革。

（2）改革封建身份制度。从 1869 年 7 月废"大名""公卿"旧称起，到 1873 年发布《征兵令》止，通过一系列法令，剥夺了武士阶级的特权，"非人""秽多"等贱民，也获得平民称号，虽然是有保留地，但基本上废除了封建身份等级制，形式上实现了"四民平等"。

（3）废止封建俸禄。武士阶级的俸禄支付在几经改革之后，于 1876 年 8 月最后改为公债，一次处理完毕。迫使武士阶级部分地蜕变为新的剥削阶级分子（资本家、寄生地主、剪息票者等），大部分则沦为被剥削阶级。武士作为封建统治阶级被最后消灭，正是维新后历次士族叛乱的历史根源。

（4）改革土地制度。1873 年正式着手进行地税改革。通过改革，在法律上废除了领主土地所有制，承认了新地主和农民的土地所有权。同时，改封建贡赋为货币地税，允许土地自由买卖，农民可自由耕种和脱离土地，因而大体上确立了适应资本主义发展的近代土地所有制。但地税征率之高，不下于封建时代租赋，牺牲农民，却成为明治政府初期资本原始积累的重要来源。

（5）改革教育。为培养资产阶级所需要的政治家、科技人才、产业工人和军人，新政府取消了以儒学为中心的封建教育，建立资产阶级教育制度，并努力在全民范围内普及教育。不惜以超过太政大臣月薪的高工资，聘请外籍专家。

在"文明开化"的口号下，积极吸收西方的法律、政治、经济制度及科技、艺术等知识。

（6）殖产兴业。在清算封建制度的同时，积极地采用资本主义的生产方式，政府通过官营示范，或提供贷款，引导私人兴办工业。政府还把大批国营企业廉价处理给资本家，免征工商业税，促使商业资本向工业资本转化，温室般地助长资本主义工业的发展。

（7）修改不平等条约。在国力不断增强的情况下，坚持进行修改条约交涉。使英法于 1876 年撤出横滨驻军，自 1894 年起，逐步取消了外国在日本的治外法权，恢复了关税自主权等，由此实现了民族独立。

（8）制定宪法和召开国会。在人民斗争的推动和压力下，1889 年颁布了帝国宪法，1890 年召开第一届帝国议会，虽然人民还享受不到一般的资产阶级民主，但毕竟确立了有着君主立宪形式的资产阶级国家体制，使统治者在施政时，不得不经过一定的法律程序，比之于"朕即国家"的绝对专制，应该算是一个进步。

总之，通过明治维新的革命和改革，完成了资产阶级革命的历史任务，使日本由封建国家变成资本主义国家。

由此可见，明治维新显然不是一种封建性的改良运动，但即使是资产阶级革命论者，不少人仍坚持明治革命是不彻底的或未完成的。原因是维新后保留了大量的封建因素。

我们认为，明治维新虽然基本上完成了资产阶级革命的历史任务，但改良的色彩终不可尽免。正如列宁所说，改良是革命斗争的副产品①。改良正是造成封建因素保留较多，使资本主义带有一定程度的军事性和野蛮性的原因，这种情况也并非明治维新所独有。和无产阶级革命相反，资产阶级革命只是以新的剥削制度代替旧的封建制度，夺取政权，就是革命的结束。按照资产阶级的本性，决不可能有"纯粹"的消灭一切旧制度的革命。历史上几次主要的资产阶级革命，除法国革命较为彻底以外，都只能部分地完成资产阶级革命的历史任务。如在英国革命中，1642 年 2 月取消了骑士领地制，废除了贵族对国王的一切封建义务，使贵族领主对于自己的土地取得了资产阶级的私有财产权，但地主压迫农民的封建制度却原封未动。无论是长老派、独立派，甚至平等派，谁也不主张废除地主土地所有制，自耕农成为地主贵族的牺牲品。最后，英国

---

① 列宁：《再论杜马内阁》，见《列宁全集》，第 11 卷，第 57 页。

革命以资产阶级与封建贵族妥协告终。所以有人认为，在这种意义上，英国资产阶级革命是未完成的[①]。再就美国独立战争而言，通过战争取得了美国的独立，同时也扫除了北美殖民地的封建因素（如长子继承制、代役税等），但奴隶制度却在南方发展起来。虽然奴隶制种植经济也有为资本主义工业服务的一面，但作为一种落后制度，它起着阻碍资本主义发展的反动作用。独立战争80多年以后，美国不得不进行第二次资产阶级革命——南北战争。按照马克思的话说，这是两种社会制度——奴隶制度和雇佣劳动制度的斗争。南北战争消灭了奴隶制度，并在资产阶级民主的基础上解决了土地问题，从而为资本主义的迅速发展开辟了更广阔的道路。就是比较彻底的法国革命，也并未能一举扫除全部封建势力。因此，列宁精辟地指出："一切先进国家在125年以至更早以前（英国在1649）进行它们的资产阶级民主革命时，留下了可以说在相当程度上并没打扫干净的'奥吉亚斯的牛圈'。"[②]他更深刻地揭示出这一现象的根源说："对资产阶级有利的是依靠旧制度的某些残余，例如君主制度、常备军等来反对无产阶级。对资产阶级有利的是资产阶级革命不过分坚决地扫除旧制度的一切残余，而留下其中的某一些，就是说，要这个革命不十分彻底，不进行到底，不坚决无情。"[③]这充分说明，一次资产阶级革命不能彻底地完成革命的全部任务，或多或少地保留旧制度的残余几乎成为一种规律性的现象。

因之，列宁在谈到怎样理解"资产阶级民主革命的完成"时，还进一步指出，"一般说来，这个词可以有两种理解。如果把它用在广义上，那就是指资产阶级革命的客观历史任务的解决，资产阶级革命的'完成'，也就是能够产生资产阶级革命的这个基础本身的消灭，资产阶级革命的整个周期的完成。从这个意义上来说，例如法国资产阶级民主革命到1871年才算完成（它是在1789年开始的）。如果把这个词用在狭义上，那就是指单个的革命，指几次资产阶级革命中的一次革命，或者说几个'浪潮'中的一个'浪潮'，它冲击旧制度，但不能把它冲垮，不能消除产生以后的资产阶级革命的基础。从这个意义上来说，德国1848年的革命，是在1850年或是在50年代'完成的'，但60年代革命高涨的基础丝毫没有因此而消失。法国1789年的革命，可以说是1794年'完成的'，但1830年、1848年革命的基础丝毫没有因此而消失"[④]。列宁这段话十

① 科思敏斯基、列夫茨基主编：《英国17世纪的资产阶级革命》，莫斯科俄文版，第14页。
② 列宁：《十月革命四周年》，见《列宁选集》，第4卷，第566页。
③ 列宁：《社会民主党在民主革命中的两种策略》，见《列宁选集》，第1卷，第541页。
④ 列宁：《政论家的短评》，见《列宁全集》，第16卷，第197-198页。

分精辟地说明，应从两种意义上去理解"资产阶级民主革命的完成"。广义的"完成"是指整个资产阶级革命的全部历史任务的完成，也就是说，今后再也不可能产生资产阶级性质的革命了，只要有革命发生，必然是无产阶级革命。按照列宁这一思想，日本资产阶级革命整个周期的完成，无疑应在第二次世界大战后民主改革完成之时。从此之后，日本不可能再产生资产阶级性质的革命了。狭义的"完成"，是指整个周期中单个革命事件的结束，它不能把旧制度完全冲垮，因之革命后还会产生资产阶级革命。在这个意义上，对旧制度第一次冲击的完成应在 1889 年帝国宪法公布和 1890 年帝国议会召开之时，它标志着明治维新这次资产阶级革命的结束。

根据列宁上述论断，我们认为在明治维新研究中似应考虑如下两点：（1）明治维新作为一次资产阶级革命运动，不可能把旧制度全部冲垮，只要它完成了诸如夺取政权、废除领主制、形成近代民族国家、保护并发展资本主义、挽救了民族危机这样一些重要的资产阶级革命任务，就有资格称作资产阶级革命。（2）资产阶级革命任务的完成，既然从广义上说，"是指能够产生资产阶级革命的这个基础本身的消灭"，因而任何一次资产阶级革命运动（包括法国大革命在内）只能是整个革命的一个段落。所以，像苏联史学家那样，单单挑出明治维新说它是"未完成"的资产阶级革命，不仅说明不了任何问题，反会导致概念的混乱。至于从狭义上说，明治维新作为一次对旧制度的革命冲击，就更谈不上是什么"未完成"的了。

主张明治维新是封建改良，乃至主张它是一次"不彻底"的或"未完成"的资产阶级革命论者，他们有一个共同理由，即维新后日本保留了地主制和天皇制。这里，我们就分析一下明治维新后的地主制和国家形态究竟是什么性质的问题。

关于地主制。幕末日本社会中居于统治地位的封建制度就是领主制。地主制不仅不是与领主制与生俱来的旧事物，反而是作为瓦解领主制的因素而出现的新事物。地主要求自己的土地所有权得到确认，要求独占农民的剩余劳动，反对领主加给他们的年贡负担，因而反对幕藩体制，反对封建领主制度。如前所述，地主往往又是商人和工场手工业资本家，他们和下级武士联盟进行了资产阶级革命。在这种情况下，当然不能指望他们在革命胜利后实行自我剥削，以满足农民的土地要求。即使地主不是革命阵营中的重要力量，那在资产阶级革命中（如在法国大革命中）也是不会消灭地主制的①。这是因为，新地主的土地所有和领主的土地领有不同，即它不是凭借封建权力的领有。在法国革命中，1792 年 6 月 10—11 日通过的《分配公有土地法令》曾明文规定，不是依靠封建权力的和平占有的土地不在分配之列②。否定不是凭借封建权力的地主所有，必然会导致否定一般土地私有权；而主张私有权神圣不可侵犯的资产阶级是不会这么做的。

总之，消灭地主制的土地政策，在消灭领主制的资产阶级革命时代，是无论如何也提不出来的。尤其在后进国，资本主义的物质前提极端缺乏，资产阶级政权更须凭借地主土地所有制进行资本的原始积累。因而，只有在无产阶级领导下的民主主义革命，或在资产阶级领导下，旨在反对封建残余的民主主义性质的革命和改革，才有可能消灭地主制。第二次大战后，美国占领军在日本实行的农地改革，就属于后者这一类型。

如上所述，美国在第一次资产阶级革命——独立战争进行中，扫除了北美社会中的封建因素，但在战后，奴隶制却大泛滥。作为一种阻碍资本主义发展的反动制度，奴隶制和封建制所起的作用并没有很大差别。但是谁也不会根据奴隶制在革命后发展的事实，去否定独立战争的资产阶级革命性质。因而，明治维新后地主制发展的事实，也不足以成为否定明治维新的资产阶级革命性质的依据。

关于国家的政权形态。根据欧洲历史的经验，资产阶级革命后，一般确立起立宪政体。于是，有的学者便以此为标准，用以反证明治维新不是资产阶级革命。他们根据维新政权具有天皇专制的特点，指出它是一个封建专制主义即"绝对主义"（Absolutism）的政权。但正如马克思所说，即使在资产阶级革命后的法国，为了消灭地方割据，巩固中央集权，也"不得不继续发展君主专制制度已经开始的工作。即使国家政权更集中更有组织，……增加它的机构、它的独立性和它控制现实社会的超自然威势……"③因而，具有专制的外形，不一定就有"绝对主义"的实质，不能把政体和国体混为一谈。历史上很多同一国体的国家，并未采取同样的政体。认定只有立宪政体才是资产阶级专政的国家形式，似乎缺乏根据。

不可否认，明治维新后建立起来的明治政权，在外貌上近似英、法革命前

---

① 参阅河野健二：《法国革命与明治维新》，上山春平：《历史分析的方法》。

② 见吴绪、杨人楩选译：《十八世纪末法国资产阶级革命》，三联书店，1957 年，第 106 页。

③ 马克思：《〈法兰西内战〉初稿》，见《马克思恩格斯全集》，第 17 卷，第 584 页。

的绝对主义王权，但它毕竟不具有封建领主政权的阶级实质。英、法的绝对主义君主是整个封建领主阶级的总代表，在资产阶级革命到来时，所有的封建领主都是集合在国王的旗帜下与革命对垒的。而明治政权却是在打倒封建领主政权——德川幕府之后才得以建立的。所以不应把一个本质上是领主阶级的政权和一个反对领主阶级的政权强塞到一个概念中去。那么，明治政权是不是和普鲁士的绝对主义王权相同呢？二者不是都具有自上而下发展资本主义的机能吗？我们认为，两国的情况也是根本不同的。如前所述，明治政权是通过国内战争打倒领主政权之后建立的，它是政权从一个阶级（领主阶级）之手转入另一个阶级（下级武士所代表的地主资产阶级）之手的结果。而普鲁士的绝对主义王权却是一个未经革命改造的封建政权，它只不过是适应资本主义的发展而逐步修改自己的面貌而已。两者是不能相提并论的。

　　另外，当我们在观察东方社会的现象时，不可忘记它具有不同于西方的发展特点和历史文化传统，不应用西方标准来衡量东方。如议会和民主的传统，在西方比较发达，古代的希腊和罗马就有共和制度，封建社会中也有诸如英国国会和法国三级会议之类。在资产阶级革命之后，资产阶级的议会制度比较易于确立。而长期处于君主专制下的东方，即使在资产阶级革命时，也不能不借用"尊王斥霸""王政复古""大政奉还"等"托古改制"的旧形式。革命后，也不可能马上采用一个为人们所生疏的政体。这里有一个模仿、移植和习惯的过程，何况当时日本需要一个强有力的政权来完成除旧布新的任务。所以我们认为，以是否建立立宪政体为标准来判定是否发生了资产阶级革命的观点，至少是不准确的。

　　也有一些学者，看到明治维新后掌权的并非资产阶级而是下级武士，看到初期议会中的代表不少是贵族，便认定它是一个封建藩阀专制的政府，因而明治维新没有实现政权的转移，也就不是一次资产阶级革命。这种用直接掌权者是否全属资产阶级来判定政权性质的观点也是难以成立的。因为并非日本如此，在大部分国家中，资产阶级在革命后都不能全部独自掌权。恩格斯根据对英、法政治史的研究，曾对此作过明确的论述，他说，"看来这似乎是历史发展的规律：资产阶级在欧洲任何一个国家都不能——至少是不能长期地——像中世纪的封建贵族那样独自掌握政权。即使在封建制度已经完全消灭了的法国，资产阶级作为一个整体，也只是在很短的时期内完全掌握了政权"。"在英国，资产阶级从来没有掌握过全权。甚至1832年的胜利，也还是让土地贵族几乎独占了政府所有的高级职位。富裕的中等阶级对此表示了温顺的态度。"①值得注意的是，恩格斯把这种资产阶级在革命后不能独自掌权的现象看作"似乎是历史的规律"。既然英法资产阶级都不能独自掌握政权，日本的资产阶级何以能跳出这种"历史的规律"呢？问题不在于由谁来掌权，而在于掌权者在按照哪个阶级的意志行事。比如说，下级武士出身的国家领导人，在"富国强兵""殖产兴业"的旗帜下，把国库的金钱冠冕堂皇地交给新兴资本家、资产阶级化的武士、豪农及技术官僚们去发展资本主义，岂不比资本家本身直接掌权更有利于资产阶级及其国家吗？

综上所述，一次资产阶级革命不可能把封建因素完全打扫干净，因而"彻底"的资产阶级革命是极其罕见的。明治维新由于幕末革命形势的出现，通过国内战争，推翻了封建领主制度，实现了政权从一个阶级到另一个阶级之间的转移，并为资本主义的发展开辟了道路，从而具备了资产阶级革命的基本特征和社会经济内容，所以即使保留了较多的封建因素，也不足否定它的资产阶级革命性质。同时，正是由于大多数资产阶级革命都不彻底的历史事实，我们认为，明治维新完全是一次资产阶级革命。如果为了说明它的特点以区别于典型的资产阶级革命，那么称它为"后进国的资产阶级革命"可能更妥切一些，因为明治维新之有异于西方先进国家的革命，几乎全部是资本主义发展的后进性所造成的。

（原载《日本史论文集》，三联书店，1982 年，与武安隆合作）

三、日本的殖民侵略与朝鲜的义兵运动

朝鲜在 19 世纪末到 20 世纪初约 20 年间连续发生了声势浩大的反日义兵运动，这是朝鲜人民群众有组织的反日武装起义，它给予占领朝鲜的日本侵略者以沉重的打击，在 1894 年甲午农民战争后直至 1919 年"三一运动"爆发前这一时期里，义兵运动无疑是朝鲜民族解放斗争的主流。义兵运动常被理解为只是 1907 年日本解散朝鲜军队的结果。有些作者更误认义兵就是被解散的朝鲜"失业军人"②，这显然是对义兵运动的歪曲。从历史上看，"义兵"乃是朝鲜

---

① 恩格斯：《〈社会主义从空想到科学的发展〉英文版导言》，见《马克思恩格斯全集》，第 22 卷，第 356 页。

② 旗田巍：《朝鲜史》日文版，1954 年，第 200 页。

人民群众自己创造的武装斗争的独特形式，具有悠久的光荣传统。远自三国时代（公元 1 世纪前后到 7 世纪中叶）朝鲜人民为反对侵略，就有义兵的兴起。[①] 993 年至 1019 年契丹入侵，高丽王朝请和时，以郭州为首的高丽人民"各地蜂起"，击败契丹军。13 世纪初蒙古入侵，开京的奴婢和农民在李通等指挥下组织义兵，奋起抗战，这些都是有名的事实。[②]

1592—1598 年丰臣秀吉发动的侵朝战争中，各道人民组织义兵，奋勇杀敌，人数远超过官军。最有名的，有全罗道金千镒，庆尚道郭再祐，忠清道赵宪和僧将云吉，咸镜道郑文孚以及妙香山僧将休静（西山大师）等领导的义兵部队。他们当国王（宣祖李昖）逃到鸭绿江边，官军无力抵抗时，在敌后展开激烈的战斗，以后配合官军作战，为中朝联军奠定了胜利的基础。1627—1637 年后金（以后的清朝）入侵，平安、黄海、江原、全罗、庆尚等道义兵部队又"蜂起"抵抗，李朝降清后才被镇压下去。[③]

近代史上 1895—1915 年朝鲜人民为反对日本侵略者而展开的义兵运动可以分为前期（1895—1903）和后期（1905—1915）两个阶段。这一时期的义兵运动不论在规模上和时间上都超过了以前的斗争，它继承了朝鲜人民爱国义兵运动的光荣传统，紧接着甲午农民战争的浪潮，但完全抛弃了东学党的宗教外衣，迎击全副近代化武装的日军，惩罚了日本殖民主义者和它的走狗封建地主官僚们，为十月革命后朝鲜民族解放斗争留下了宝贵的教训。

本文专就这一近代史上的义兵运动进行初步的分析。

1. 运动前期的朝鲜情势

19 世纪末是资本主义进入帝国主义阶段的转变时期，就在这一时期，帝国主义强盗在远东为争取殖民地而展开剧烈的斗争，"朝鲜曾是这种关系的牺牲之一"。[④]

1875 年新起的日本资本主义接着美国之后侵略朝鲜，第二年就迫使朝鲜缔结《江华条约》而"开国"。日本势力侵入朝鲜后，积极扶植闵妃派的亲日政权，加紧掠夺朝鲜人民，并改组朝鲜军队，因而引起 1882 年 7 月的汉城军人暴动（"壬

[①] 朴殷植：《韩国独立运动之血史》，1920 年，第 17 页。

[②] 朴庆植、姜在彦：《朝鲜历史》日文版，第 55、78 页，1950 年。

[③] 朴庆植、姜在彦：《朝鲜历史》日文版，第 124-126、132 页。

[④] 金日成：《无产阶级的国际主义和朝鲜人民的斗争》，载《争取持久和平，争取人民民主》1952 年 4 月 25 日。

午军变"），杀死日本教官和亲日派大臣，清朝乘机恢复了在朝鲜的势力。就在这时，列强开始在朝鲜进行了激烈的竞争，美、英、德、俄、意、法、奥等国，都逼迫朝鲜订立了不平等条约，英、美两国更处心积虑地攫取朝鲜的权利，美国一面通过办理工矿交通电讯等事业，掠夺朝鲜，同时在外交上鼓励日本侵略朝鲜和中国，以便驱逐清朝在朝鲜的势力后，把朝鲜据为己有。英国则于1885年4月占领了朝鲜的巨文群岛，两年后才由于列强的不满而退还朝鲜，改从经济方面扩张。日本在军人暴动后，积极对朝鲜进行经济掠夺。日本资本主义这时虽还以买卖欧美商品为主，没有脱离商业资本的活动，但由于它要完成资本积累的任务，对朝鲜的掠夺带有特别凶狠的性质。到19世纪90年代，日本资本家在政府扶植下已控制了朝鲜的大部分对外贸易和海运事业，同时大量攫取朝鲜的粮食和黄金，朝鲜输出的大米，几乎全部供给了日本。

朝鲜在资本主义各国的侵略下，政治和经济各方面都发生了深刻的变化。外国商品的涌入，加速破坏了自给自足的农民经济，破坏了手工业。朝鲜的统治阶级面对列强的武力束手无策，为了挽救崩溃的封建体制和自己的权位，便加紧对人民的剥削和压迫，投靠外国，结成所谓亲日、事大（亲清）、亲美、亲英、亲俄等派，甘心作列强侵朝的工具，朝鲜社会内部的矛盾愈益复杂而尖锐化。就在此时，日本通过一系列的事变和条约，扩大了侵略朝鲜的范围，朝鲜人民在国内外反动势力的压迫下，1894年终于爆发了反帝反封建的甲午农民战争。这一战争虽因朝鲜统治阶级勾结日军镇压而失败，但它在唤起朝鲜人民革命的自觉上，起了重大的作用。

日本在镇压甲午农民战争中巩固了自己在朝鲜的地位后，立刻进行对中国的掠夺。1894年7月在英美的支持下一手发动了甲午中日战争，结果不仅完全把清朝势力从朝鲜排除出去，并且扩大侵略范围到中国东北，由此引起帝俄的不满和两国间的冲突。帝俄在三国干涉还辽成功后扩大在朝鲜的势力，1895年7月在一次宫廷政变中驱逐了亲日分子，树立了亲俄派的政权。日本当然不甘心，10月8日在日本公使三浦梧楼策划下，亲日派、日本驻军及浪人冲进王宫杀死闵妃和亲俄的大臣，胁迫国王任命亲日派组织了政府，国王成为日本人的俘虏。日本这一血腥屠杀的侵略行为得到美国国务院一手支持[1]，但在朝鲜，立刻激起了广大人民的英勇斗争。

---

① 提亚加伊：《1893—1895年朝鲜农民起义》，三联书店，1959年，第136-185页。

2. 1895—1903 年的义兵运动

日本杀害闵妃的"乙未事件"消息传出后,当时散在各地继续活动的甲午农民战争的小队伍都和当地人民一道与日本侵略军作游击战,展开了朝鲜近代史上轰轰烈烈的义兵运动。

义兵的初期领导者中,有些是开明的封建儒生。他们愤恨资本主义列强对朝鲜的侵略,不满统治阶级的腐败和无能,发出"报王后之仇""灭倭讨敌"的檄文,企图挽救垂危的封建王朝。著名的爱国儒生柳麟锡在李朝政府签订江华条约时,就表示坚决反对。他在家乡江原道春川教育青年子弟,灌输爱国思想。1895 年 11 月,门生李春永、安承禹在江原道原州领导义兵起义,袭击丹阳、堤川等地,推举柳麟锡为总指挥官,发出檄文,号召人民"爱国家、崇历史,保卫祖国,收复疆土"。忠清道方面李麟荣义兵队的活动,也引起李康年、李范稷等义兵队的响应,日军围攻忠州城,遭到义兵的猛烈打击。各地人民纷纷参加义兵。[①]

就在义兵的鼓舞下,有爱国心的两班于 11 月 28 日发动了推翻亲日内阁的暴动,当晚有一千人包括被解散了的闵妃卫队围攻王宫,他们还企图解救国王,大批人民涌向宫廷帮助围攻者,但日本使馆事先得到美国传教士的告密,就加紧了对朝鲜爱国者的镇压。[②]

1895 年末,各地的义兵都起来了。江原道春川儒生李昭应领导的义兵队袭击春川的衙门,杀掉观察使曹寅和其他的贪官污吏。

京畿道砥平儒生金伯善组织了 300 多人的义兵队占领元州,切断并破坏了汉城、釜山间的交通和通讯设备,袭击各地官衙,驱逐并杀死与日本勾结的官吏。日军的"讨伐"不但没有丝毫效果,义兵的力量反而强大起来。[③]

根据不完全的材料,这一时期义兵主要活动的地区如下表(括弧内为义兵队的首长名):

---

① 朝鲜民主主义人民共和国科学院编:《朝鲜通史》(下卷),朝文版,1958 年,第 116-117 页、第 132-133 页。

② 提亚加伊:《1893—1895 年朝鲜农民起义》,第 190-193 页。

③ 菊地谦让:《近代朝鲜历史》,日文版,第 446-450 页。

应尚道	忠清道	全罗道	江原道	京畿道
善山（许蒍）	堤川（徐相烈）	长城（奇宇万）	春川（李昭应）	骊州（沈相禧）
安东（金道和）	洪川（金福汉）	兴阳（李秉埰）	横城（权大亨）	砥平（李春永）
晋州（卢应奎）	忠州	光州	铁原（俞镇圭）	南汉山城（朴周荣）
奉化	丹阳	罗州	原州	天安
永川	清风	全州	洪川	广州
礼安	公州		伊川	
闻庆			江陵	
丰基				
顺兴				

义兵从 100 多人到 600 人组成一队，以大白山等山区作根据地，日夜神出鬼没地袭击日军，夺取他们的辎重和武器。由于义兵的锋芒不仅指向日军及其帮凶，而且也指向封建主，因而引起朝廷、官员和地主的普遍恐惧。如李朝开城参书官李范德的报告中便提到："春川义兵煽惑良民，并在关东各地募炮军，掀起大骚扰，近日在铁原设义兵所，伊川等地募炮军，攻涟川，胁朔宁、元山等地，势如风前大火。"这说明统治阶级对义兵斗争的惊慌。

为了表示进行"改革"，1895 年底日本嗾使朝鲜内阁颁布"断发令"，朝鲜儒生认为这是强迫他们日本化的第一步，因而引起了更大的愤慨。不少人参加了义兵，但他们多数人只是为了复兴李朝的统治，和广大义兵群众为驱逐日本侵略者、推翻卖国统治阶级的愿望是有距离的。

1896 年 1 月，柳麟锡领导的义兵已发展到前、后、中三个军，占领忠州，杀死观察使金奎轼，接着又占领丹阳、清风、平昌等地，杀死各地的倭郡守和倭观察使达数十人。据日方的记载，朝鲜政府派大员到江原道"宣谕"人民，也毫无效果，义兵更打到京畿附近来了。事情严重到汉城亲卫队的一大半都被调出进行"讨伐"。[①]

就在义兵运动蓬勃发展的 1896 年 2 月 11 日，亲俄派李范晋等把国王高宗父子迁移到汉城俄国公使馆，依靠俄国的势力解散亲日的金弘集内阁，指派闵妃集团的亲俄官僚组织新阁，并废除了亲日派内阁实施的许多法令政策。消息传出，汉城人民再一次爆发了起义，杀死了亲日派总理金弘集和大臣郑秉夏、鱼允中和日本人 30 多名。[②]日本在朝鲜的统治受到了严重的打击。

① 小田省吾等：《朝鲜史大系·最近世史》，日文版，第 145 页。
② 小田省吾等：《朝鲜史大系·最近世史》，日文版，第 146-147 页。

根据帝俄的材料，1896 年整个上半年义兵运动席卷了朝鲜全国，义兵占领城市的居民都参加了起义。全州和罗州附近，成为南部起义的两个中心。潭阳城被占领后，警察署长因重利盘剥人民而被杀死。义兵表示要"痛击日本人，保护国王"。各地交通电讯全被破坏，平壤、元山、木浦的日本人都逃到仁川回国，日本的渔民不得不停止捕鱼。①

此后义兵运动逐渐低落下去，有些部队自动解散。但就在此时，帝国主义国家特别是美国，乘日俄矛盾尖锐化的机会，大肆争夺朝鲜的权利，李朝统治集团进一步出卖国家利益，仅在 1896 年中，美国资本家摩斯获得京仁铁路敷设权和云山金矿开采权；法国获得京义铁路敷设权；俄国获得钟城矿山及鸭绿江流域木材的开采权。②朝鲜人民在这种危机下，继续发动了斗争，他们提出了明确的反帝口号，如"禁止外国人采矿""不许给外国人敷设铁路和其他特权""禁止外国商人出入"等。义兵重新组织成 10 余人一队的小队伍，他们发出"改革弊政"的宣言，袭击衙门，惩罚贪官污吏，打开仓库分配粮食。有的义兵队袭击土豪地主，将财富分配给农民。这样的斗争队伍称为"活贫党"，统治者诬蔑他们为"妖贼"。"活贫党"的斗争带有鲜明的反帝反封建色彩，1898 年在朝鲜南部各地发生，1900 年忠清南北两道"活贫党"的斗争更为猛烈。这一斗争一直继续到 1903 年，它为以后的义兵运动打好了基础。③

3. 运动后期的朝鲜情势

日俄在朝鲜的斗争通过 1896—1898 年三次日俄协商，造成两国在朝鲜短时期的均势。20 世纪初远东的国际形势有了新的转化，日本在中日战争后已成为亚洲的强国，美英两国都开始支持日本反对帝俄，以换取日本对它们在远东和中亚方面的强盗行动的支持。1902 年英日同盟成立，日本更有恃无恐。1904年在美英两国的全面支持下，终于发动了日俄战争。战争结果，日本获得了朝鲜的独占权和在中国东北的权利。还在发动日俄战争之初的 1904 年 2 月，日本就威逼朝鲜签订《日韩议定书》，朝鲜被迫与日军合作。同年 8 月，缔结第一日韩协约，日本掌握了朝鲜的财政及外交权。日俄战争结束前，美国总统西阿道尔·罗斯福于 1905 年 7 月命陆军部长威廉·塔虎脱带着战后分赃计划到日本，

---

① 1896 年 4 月至 6 月的《新时代》和《日本周邮报》，引见提亚加伊：《1893—1895 年朝鲜农民起义》第 200-204 页。

② 小田省吾等：前揭书，第 148-149 页。

③ 朝鲜科学院编：前揭书，第 124-125 页。

和日首相桂太郎签订秘密协定（会谈记录），美国同意朝鲜为日本保护国，日本则承认菲律宾为美国殖民地。[①]1905 年 8 月，日英缔结第二次同盟，英国承认日本对朝鲜的保护权。11 月，日本便强迫朝鲜政府签订第二日韩协约（即《乙巳保护条约》），规定朝鲜外交由日本外务省监理指挥，日本在朝鲜设置统监府。1906 年 3 月，日本政府任命伊藤博文为韩国统监。伊藤到朝鲜后，一手支持日本侵朝的美国首先撤回它的驻朝公使，换取了日本允许保障美国在朝鲜所掠夺到的权利。1907 年 5 月，伊藤博文"推荐"朝奸李完用组成了卖国新内阁。于是朝鲜完全处于日本帝国主义直接的血腥统治下。

韩国统监府的设置是日本帝国主义彻底并吞朝鲜准备阶段的开始。从此时直至 1910 年正式吞并，日本在朝鲜政治、经济、军事和文化等各方面的政策都朝向这一目标推进。

日本对朝鲜的经济侵略，经过 19 世纪后半期的活动，到 20 世纪初已筑下了一定的基础。从朝鲜的对外贸易额看，中日战争后，日本处于压倒的优势。1901 年到日俄战争发生，4 年间输出入都以日本占过半数，对日输出额更占 80％以上。日本资本主义独占了朝鲜的原料；同时以廉价的工业品摧毁了朝鲜的手工业，并排挤掉从中国输入的欧美商品。朝鲜统治阶级对资本主义商品需要的激增，促成政府不断增税，加紧榨取农民，人民生活日益恶化。日俄战争后随着日本对朝鲜独占权的确立，更加速了这一过程。还在 19 世纪末，日本就已掌握了朝鲜的铁路、港湾、邮政、电讯事业，在"统监政治"下，朝鲜的交通邮电机关、矿山、森林、渔业甚至人参种植等全部为日本帝国主义所掠夺。日本从朝鲜开港后，便以第一银行作为经济侵占的据点，它承担对朝鲜政府的借款、管理关税，日俄战争后它更管理国库，事实上成为朝鲜的中央银行。1905 年 1 月，由第一银行借款 300 万元，实施"韩国货币整理"，使朝鲜货币加入日本货币制度体系，以利于日本的商品流通与资本输出。朝鲜的民族资本极贫弱落后，直至 20 世纪，朝鲜还没有脱离封建经济。19 世纪末曾出现若干由富商和高利贷资本经营的银行，但不久都被日本银行排挤倒闭。少数由亲日官僚地主创办的银行及企业，也都隶属日本金融资本，并且它们的利润都用于购买土地。这种隶属性和封建性，是朝鲜资产阶级的特点。1906 年日本设立统监府后，一方面掌握朝鲜的经济命脉，同时则严格统制产业，朝鲜的民族资本更无法发展，统监府便用朝鲜人民血汗换来的关税作抵押，向日本兴业银行借款 1000 万元作

---

① 朝鲜民主主义人民共和国外务省编：《朝鲜对外关系条约集》，朝文版，1949 年。

为所谓各项事业的"起业资金"，供日籍官吏挥霍。[1]同时增设各种苛捐杂税，加紧勒索朝鲜人民。1908年更成立东洋拓殖公司，从日本招募大批移民来抢种朝鲜人民的土地。这种移民分布朝鲜各地，受统监府指挥，带有封建的屯田兵性质。朝鲜农民由于土地大批被掠夺，陷于破产的境地。

统监府将日本顾问配置在朝鲜政府各部，日本宪兵和宪兵辅助队员（朝鲜人）构成了严密的警备网，他们滥发"军令"，任意监禁和屠杀朝鲜的爱国人士。日本帝国主义还使用一切阴险卑劣的手段，分化朝鲜民族，企图绞杀反日运动，同时扶植地主买办阶级，通过日本早期组织的朝鲜卖国团体"一进会"等威胁利诱意志薄弱的朝鲜人充当它的走狗，加紧准备灭亡朝鲜的活动。

朝鲜人民在保护政治时期，展开了热烈的反日爱国运动，初期由官僚和知识分子组成的"独立协会"，曾标榜独立和改革，却寄托希望于美国的支持。他们发行《独立新闻》，暴露政府的腐败，但领导者在政府镇压时，很快就妥协了。日俄战争后，在1905年俄国革命的影响下，各种爱国团体和文化启蒙团体纷纷成立，倡办报刊、学校，组织学会，出版书籍（如《大韩历史》《李舜臣传》《法国革命史》《美国独立史》等），宣传爱国和反封建的思想。由于当时朝鲜先进的阶级还没有形成，运动的领导者不得不是一些封建贵族和小资产阶级的知识分子（如周时经、朴殷植、张志渊等）。他们主张吸收世界先进文化，使国家富强，代表了民族资产阶级改良主义的思想。日本统监府制定种种法令来摧残这些活动，一部分贵族和知识分子走上了个人恐怖的道路，组织秘密团体，袭击暗杀个别日本殖民者及其走狗。这种脱离群众斗争的孤立绝望的手段，只能转移人民的注意力，招致敌人更残酷的屠杀，不能解决革命的任何问题。

与此同时，朝鲜人民继续展开了轰轰烈烈的义兵武装斗争。

4. 1905—1915 年的义兵运动

1905年朝鲜政府被迫签订卖国的《乙巳保护条约》后，朝鲜人民立即展开了全民性的反抗斗争。城市的工人罢工，学生罢课，商人罢市，在善山、安东、泰仁、南海等地纷纷发生农民暴动，一部分封建官吏也弃职抗议卖国条约，提出"废除保护条约""驱逐倭敌""恢复国权""处分卖国贼"等口号。

反日义兵斗争重新活跃起来，闵宗植在忠清道鸿山组织义兵，向各地活动。1906年6月占领舒川、洪州等城，一再打退围攻洪州的日军。

---

① 小田省吾等：前揭书，226页。

在全罗道，崔益铉、林炳赞于 1905 年组织义兵，1906 年 6 月占领淳昌和谭阳两城，以后继续占领了泰仁、谷城，扩大了义兵的势力。

1895 年领导义兵的李麟荣、李康年等也在江原道再次组织义兵进行武装斗争。

平民出身的申乭石（石或作锡）领导的义兵在庆尚道的平海、宁海、青松、义城、英阳等地广泛开展游击斗争。这支队伍勇敢善战，甚至进军到北部的蔚珍、三陟，采取神出鬼没的战术，包围和消灭敌人。

和前期一样，义兵不仅反对日本侵略者，并且与各地的贪官污吏作无情的斗争。1906 年上半年义兵活动的主要地区是京畿、忠清、全罗、庆尚、江原等 5 道 40 余郡，到同年 10 月至 1907 年 6 月，扩大到黄海道，达到 6 道 58 个郡。这时领导义兵的已不仅是儒生，还有平民出身的人，义兵运动的人民性、持久性也比以前加强了。

1907 年 6 月朝鲜国王李熙（高宗）秘密派遣使节三人到荷兰出席海牙第二次国际和平会议，企图否认《乙巳保护条约》，要求各国援助，结果失败。这一事件对日本自然是一个并吞朝鲜的最好借口，伊藤博文当即表示要对朝鲜宣战，同时嗾使李完用卖国内阁威逼李熙退位。李熙坚决反对，日本政府派外务大臣林董到朝鲜施加压力，朝奸李完用、宋秉畯等再加威吓，李熙终于 7 月 18 日被迫让位给太子李拓。消息传出后，京城广大人民极度愤慨，立即实行罢市、示威，群众高呼"杀死内阁卖国贼！""肃清日本帝国主义！""捣毁一进会的机关报国民新闻社"。爱国者激昂慷慨地在街头演说，号召群众参加斗争。19 日李熙让位的诏书发表，全城秩序更乱，游行队伍袭击西门外日本警察所，与日警血战。一部分朝鲜军队（侍卫队）冲出兵营和日军开火，当晚王城附近的侍卫队进入官内，准备在 20 日举行让位式时，将各卖国大臣全部杀尽，因计划暴露被镇压。但当天群众袭击卖国贼李完用的住宅，并将它烧毁。暴动迅速蔓延各地，龙山、公州、晋州、安城、大邱、釜山等城市都发生了反日运动，仅京城一地的斗争，就坚持了 7 天。李完用勾结日军，进行疯狂的镇压，日军占领了各地的火药库，冲入朝鲜兵营搜缴弹药，企图制止军队的暴动。

7 月 24 日，李完用在伊藤博文指使下签订了《日韩新协约》（又称《丁未亡国条约》）七条，规定朝鲜的行政权和司法权全部由日本统监掌握，朝鲜高级官吏的任免和外国人的聘用都须经日本统监批准，朝政府须任命日本统监所推荐的日本人为朝鲜官吏。从此政府各部次官都由日本人担任，全国各级机关都任命了大量的日本官吏，判任官以上达 3000 名。根据这一条约，日本帝国主义完全掌握了朝鲜的政权，同时加紧了对朝鲜人民的恐怖统治，毁灭了朝鲜的固有文化和民族意识。不久更逐步掌握了朝鲜的司法权及警察权，大举屠杀朝鲜爱国人民。正如列宁所说，"在那里把沙皇政府的一切办法、一切最新技术，同纯粹亚细亚式的刑法和空前的残暴行为结合起来了"。[①]

日本帝国主义者对朝鲜军民的反抗运动，早就企图彻底镇压。当朝鲜政府被迫签订《日韩新协约》时，伊藤博文为消灭朝鲜人民的武装力量，首先策划了解散朝鲜军队的阴谋。在订约同时，和李完用秘密换文，约定在朝鲜实施新设法院，"改正"监狱制度，整理军备及任用日人为朝鲜官吏等一系列镇压朝鲜人民的措施。[②]其中"整理军备"一项就是解散朝鲜的军队。

朝鲜军队在日俄战争后，由于日本一再逼令实行"减兵策"，原有的军队（训练队）都已裁撤，剩下的已不到万人。根据日本官方的材料，解散前的朝鲜军队配备地区及人数如下：

侍卫步兵联队 2 个，驻京城，即中央禁军。每联队约 1800 人，共计 3600 人。此外骑、炮、工、辎等兵种约 400 人。

镇卫步兵大队 8 个，驻全国 8 个道，即地方军队，每大队约 600 人，共计 4800 人，各大队尚附有分遣队若干。[③]

日本对朝鲜仅有的这 9000 人左右的军队都不容保留，1907 年 7 月 31 日夜日本统监伊藤博文和军司令官长谷川通过朝奸李完用、李秉武（军部大臣）发布诏敕，将朝鲜军队除护卫皇室的侍卫队一大队外全部解散。8 月 1 日先在京城训练院举行侍卫队的解散仪式。这天清晨，日军部署完毕，各兵营的朝鲜军队 2000 人在日本教练官指挥下紧急集合，徒手前往训练院，李秉武读完解散的诏敕，日军立即上前将朝鲜兵士的肩章军帽脱下，士兵们在毫无准备的情况下发觉这一阴谋，登时发出悲壮的呼声，有的伏地痛哭，有的脱去上衣，和日军搏斗。这时南大门内侍卫第一联队第一大队长朴星焕悲愤自杀，激起了全体官兵暴动。和它邻接的第二联队第一大队官兵也响应加入，坚决反对去训练院。1300 多名军队和日军展开激烈的巷战，给敌人沉重的打击。其后日军不断增援，并从南大门城墙上用机关炮的密集炮火射击。战斗继续了四五天，杀死日军 100 多名。朝鲜军队在众寡不敌、弹尽援绝的情况下被血腥镇压，官兵战死者 100

---

① 《列宁全集》，第 31 卷，人民出版社，1958 年，第 404 页。

② 小田省吾等：前揭书，第 211 页。

③ 小田省吾等：前揭书，第 215-216 页。

余人，负伤者数百人，有 500 人被日军俘虏。①

日本帝国主义在解散京城的各部队后，紧接着从 8 月 3 日起解散各道的八个镇卫大队，到 9 月 3 日北青的镇卫第八大队被解散为止，原州、江华、忠州、堤川、骊州等地，都不断发生被解散军人的暴动。

地方镇卫大队中最早被解散的水原镇卫队江华分遣队于 8 月 3 日就首先发难，反抗解散命令，袭击日宪兵驻在所，在激战后退入山中，参加了义兵部队。8 月 6 日江原道原州镇卫队 250 人在解散命令到达前，就在正校闵肯镐指挥下暴动，夺取兵器库的武器，杀死日寇和朝奸，与当地起义人民合流，组成了坚强的义兵部队，转战邻近各地。②

朝鲜的义兵运动就这样由于各地"解散军人"暴动的合流而进入一个新的时期。义兵的武装斗争，不论在其组织和装备上都更壮大充实。随着日帝奴役和掠夺的加紧，朝鲜广大爱国人民加深对日寇和卖国贼的愤怒，纷纷投入民族解放斗争的洪流，各地起义军民组织成一二百名乃至五六百名的武装部队，到处袭击日本宪兵派出所和邮政代办所，破坏日本人的电讯设备，对日军和亲日分子展开激烈的游击战争。

义兵运动再次发展为全国的斗争，从时间和地域看，如果暴动开始的 1907 年 8 月至 9 月间，活动还限于三八线以南以车岭山脉为中心的京畿、江原、忠清三道的边区，逐渐沿京釜铁路向东南发展，那么斗争的高潮时期即 10 月至 11 月间，整个朝鲜南部乃至北部的平安、咸镜等道直至鸭绿江沿岸，义兵已到处蜂起。

这一年 12 月，义兵开始以京城北的扬州为根据地，建立统一的组织，推李麟荣为十三道义兵总大将，许蒍任军师长，各道由闵肯镐（关东）、李康年（湖西）、朴正斌（岭南）、权义熙（京畿、黄海）、方仁宽（关西）、郑凤俊（关北）等分任倡义大将，领导地方的义兵，准备一举攻下汉城，击破统监府，废除《乙巳保护条约》。同时派密使到京城向各国领事馆请求声援。许蒍率领义兵敢死队 300 人推进到汉城东大门外 30 里（朝鲜里）地点，正等待各路大军会合，敌人已事先探知，大举掩击。在敌我力量悬殊的情况下，义兵不得已撤退。③义兵认识到自己战争的正义性，因此作战都奋勇争先，充分发挥爱国主义的精神。以南汉山城（汉城南）为根据地进行游击战的朴周荣队，在受到敌人袭击后，

---

① 金台俊：《近代朝鲜革命运动史》，日文版，第 62 页。
② 小田省吾等：前揭书，第 217 页。
③ 朴殷植：前揭书，第 18 页。

坚决抵抗，全部与城共亡。该队的名将金庆达被捕后，痛斥劝降的敌人："我为祖国组织义兵，没有消灭掉敌人已万分愤慨，岂能投降你们。"一直战斗到最后，中弹牺牲。

在邻接我国东北的咸镜道方面义兵以三水、甲山一带为中心，到 1908 年 12 月间，在洪范图领导下发展了广泛而顽强的游击战。洪范图是当地的贫农出身，当过猎人和矿工。这支部队与人民有密切的联系，他们白昼袭击甲山守备队和惠山警察署，给敌人以重大打击。他们又和平民出身的车道善、宋相凤、许瑾等人领导的义兵队联合，以机智而果敢的战斗，不断打败敌人的"讨伐队"。例如，一次在咸镜南道北青的厚峙岭迎击前来"讨伐"的敌军宫中部队，结果就将讨伐队全部歼灭，当时他们在义兵中获得了常胜部队的称号。

在咸镜道方面还有活动在永兴一带的卢熙泰、金国善、金明凤、玄学述等义兵队，活动在高原一带的尹东燮等 8 个义兵队。此外各地著名的义兵队，在黄海道有李镇龙、徐相烈、李仲协、高元直、蔡应彦、李殷赞、许德天、李石大领导的 8 个队。全罗道有奇参衍、全海山、沈南一、姜武景、黄重玉、崔益铉、奇宇万、金议官、李学七、曹京焕、崔士永等 11 个队。京畿道有金秀敏、李殷赞、许芳、池允弘、延基禹、曹仁焕、王会钟、李凑默、河柏泰、江基东等 10 个队。平安道有柳麟锡、梁赫镇、金宽沫、蔡应彦、金汝锡等 5 个队。江原道有闵肯镐、孙在奎、朴汝成、李德法、池龙起、申昌铉等 6 个队。忠清道有李康年、李光烈、韩百源等 3 个队。庆尚道有申乭石、边鹤基、高光询、崔圣天、崔成执、金东植、柳明国等 7 个队。朝鲜 240 多个郡，几乎都有义兵活动，义兵运动达到高潮的 1908 年 6 月，全国义兵的首领就有 241 人。这一时期义兵的将领如李麟荣、许芳、崔益铉等都是 1895、1905 年时期义兵的领导者，但是除了后期参加的洪范图、车道善、申乭石等少数人外，极大部分领导者是贵族"两班"（朝鲜的文武官吏）出身的，他们距离人民很远。各部队的地方性也很强，因此义兵的统一领导始终不易实现，从 1907 年 12 月进攻汉城失败的一例，也可以看出义兵领导上的弱点。

义兵运动的扩大与深入，逐渐威胁到日本帝国主义者在朝鲜的统治。义兵一见日寇就杀，到处破坏敌人的设施，亲日官僚和朝奸组织"一进会"的会员也常被杀掉，家产被没收。据估计 1907 年 9 月到 1908 年 8 月的一年间，被义兵处死的一进会员达 968 名。义兵活动的地区，交通通讯全被杜绝，一切行政陷于麻痹状态。如 1907 年 10 月 26 日的《皇城新闻》的记载说：

近日骚乱猖獗之地，悉成旷官①。税务、邮政、诉讼、教育等一切行政事务，难免停废，到处地方骚乱，不知胡底……中央政令不得通行于民地。（观察使、宣谕使等）层层催促郡守赴任，而事态之处理极为困难。②

在这种情况下，日本帝国主义者也不得不通过朝鲜卖国内阁，不断"下诏"劝民，禁止"妄动"，派宣谕使到各道对朝鲜军民施行怀柔政策，企图消灭人民的反日活动，迫使义兵"归顺"。③但所有这些手段，都不能动摇义兵的斗争意志。

5. 日军的野蛮镇压和朝鲜人民的英勇斗争

日本在 1907 年 8 月解散朝鲜地方各道的镇卫队时，就派军队到京畿、江原、忠清三道，10 月间除加强 13 道警察机构外，更由国内运来重兵在各道要地设置守备队进行"讨伐"义兵。日本帝国主义者"讨伐"的残忍毒辣是中国人民所熟悉的，他们的目标不仅对准义兵，而且对居民集中的地点进行有计划的"扫荡"，疯狂屠杀人民，强奸妇女，放火烧毁整村的房屋，抢走粮食。在日军的"三光政策"下，朝鲜人民遭受了史无前例的浩劫。据官方缩小了的材料，1908 年一年中被屠杀的爱国者就有 11562 名，仅忠清北道一道 1907 年 8 月到 12 月末 5 个月间被烧毁的房屋即达 1078 户，乡校 45 所。江原道洪川郡 7 个"面"（相当我国的区）被烧房屋 352 户。从当时的《皇城新闻》透露出来的消息，可以看到凡是日军"扫荡"过的地方，"无辜人民悉丧失家园，流浪无告，产业归于灰烬……秋收无望，寒期日迫，居处无着，妇孺啼饥号寒，不胜凄凉"。以后长期斗争的年代里，日寇对朝鲜人民的掠夺、屠杀、奸淫、凌辱，更无法统计了。④

日本的烧杀政策丝毫不能消灭朝鲜军民的斗志，相反的，增加了人民更深的仇恨，义兵运动愈来愈带上群众性，使日寇剿不胜剿。如全罗南道鹿岛 256 个居民留下老妇一人，全部参加了义兵部队。黄海道方面，袭击文化郡的义兵 80 多人，在战斗中又有矿工和铁路运输工人参加进来，汇合到 200 多人袭击了信川郡。广大人民热烈支持义兵，供应物资和人力的事例更多。⑤

在斗争中，日寇完全陷于孤立，人数少时甚至不敢走出铁路沿线以外。日

---

① 旷官：指官吏逃亡缺席。
② 引见白南云、金庆寅等：《朝鲜民族解放斗争史》，日译本，第 165 页。
③ 小田省吾等：前揭书，第 218 页。
④ 引见白南云、金庆寅：前揭书，第 166 页。
⑤ 引见白南云、金庆寅等：前揭书，第 167-168 页。

本侵略者唯一的办法是：实行朝鲜人打朝鲜人的政策。1908 年 6 月就招募 4065 名朝鲜人当日本宪兵补助员，同时收买和利用朝奸，打入义兵内部进行破坏。在日寇指使下，一进会会员在各地强迫人民组织"自卫团"，继绝人民与义兵的联系，用"拒绝加入的就是和义兵一党"的恐吓来威胁居民参加自卫团。朝奸替日军作间谍和翻译，到处进行迫害和掠夺人民，朝鲜人民用更广泛而顽强的游击战争回答了敌人。

义兵运动一直继续到朝鲜被并吞以后，据日本官方缩小的材料，从 1907 年到 1911 年即义兵运动最活跃的 5 年间，参加斗争的人数和斗争次数如下：

年代	参加战斗的义兵人数	同讨伐队作战次数
1907	44 116	322
1908	69 804	1 451
1909	27 663	953
1910	1 891	147
1911	216	33
合 计	143 690	2 906

其中义兵战死者 16711 名，负伤者 36770 名。[1]这尽管是官方缩小了的数字，仍可以看出义兵规模的浩大，斗争的英勇和自我牺牲的精神。1910 年 8 月，日本并吞了朝鲜，实行宪兵警察的"武断政治"。日军放弃以前的"大讨伐"的战术，采取在全国各地同时进行"小讨伐"各个击破的方法，对义兵进行了更残酷的扫荡。1911 年后义兵部队由于武装的恶劣和组织上的原因，逐渐衰弱下去，深入山区活动。一部分义兵在中国东北的延边地区建立了反日游击战争的根据地，在国内和国外继续和日军作英勇的斗争，一直到 1915 年。这时义兵不仅进行武装斗争，并且向人民群众揭露日本帝国主义的殖民政策，进行反对日本经济掠夺的斗争。如 1910—1911 年，平安道宜川、博川、介川、成川、顺川、宁边等地人民，在义兵的领导下，袭击和烧毁当地的财务所、驻在所和邮局，展开反对缴税运动。

第一次世界大战爆发前后，义兵中的一部分以与中国东北交界的国境线和苏联沿海州为中心，进行独立军运动。独立军由小部队构成，进行分散性的斗争；在国外设立军官学校，培养军事干部，派遣一部分人员到国内袭击破坏日本宪警机构，杀掉一些殖民者和民族败类，扰乱日本帝国主义在朝鲜的统治

---

① 释尾春芿：《朝鲜合并史》，日文版，第 320 页。

秩序。①

6. 义兵运动的性质和经验教训

朝鲜历史上的义兵运动是人民群众为反对外国侵略者和本国统治阶级创造出来的武装斗争形式。所以称"义兵",也就是由人民组成的正义的军队。朝鲜的启蒙学者朴殷植曾用以下一段话指出义兵的特质:

> 义兵者,民军也。国家有急,直以义起,不待朝令之征发而从军敌忾者也。吾族素敦忠义,自三国时代对于外患而义兵之树立最为卓著。在李朝宣祖时被倭寇之蹂躏者八年,而若儒林、若乡绅、若僧侣之属,皆奋起草野,毫无所藉于乘赋什伍之出,而徒以忠义激励乌合,决死敢战,前仆后继,迄于敌退乃已……则义兵者,吾国之国粹也。②

这段话当然不能完全概括出义兵运动的性质,但有一点是肯定的,这就是义兵运动是人民群众自发自愿组织起来的正义的武装斗争,有别于官军。这种斗争形式的产生,是由于历史上朝鲜人民经常受国内外敌人的压迫侵略,统治阶级不是腐败无能抵抗不住外敌,便是不关心祖国人民的命运,听任甚至帮助敌人奴役本国人民。朝鲜人民在不断斗争中认识到武装自己力量的伟大,因而把义兵运动作为斗争的主要形式。远者不论,16 世纪末日本侵略朝鲜战争初期,义兵就发挥了巨大的威力。当时义兵的战术、制度和官职名,如"倡义使""义兵将"等一直为后世义兵部队所袭用。

义兵运动的参加者包括爱国的各阶层,16 世纪末的义兵,从家奴到儒生都有,但基本群众是被压迫阶级的农民大众。近代史上的义兵的核心力量也是农民群众。

义兵运动的领导者初期多半是封建儒生或两班的官吏。近代义兵运动后期的领导者中,逐渐有平民出身的人出现,朝鲜军队被解散后,一些中下级军官在义兵斗争中起了领导作用。自然也有被压迫阶级出身的洪范图、车道善、申乭石、金秀敏等,但为数不多。

不论在 16 世纪或近代的义兵运动里都有官军出身的人参加,这些军人一当他站在人民和爱国的立场上参加义兵,与敌人斗争时,便不再是封建统治阶级的工具而成为人民的军队了。

---

① 朝鲜科学院编:前揭书,第 195-196 页。
② 朴殷植:前揭书,第 17 页。

近代义兵运动的性质是一个还在争论的问题，目前朝鲜史学界流行着两种看法：一种意见认为是资产阶级旧民主主义性质的，另一种意见认为属于旧形态的农民革命运动。

主张资产阶级旧民主主义性质的学者，从义兵运动的任务和革命的主观情况出发，认为当时处在半封建半殖民地的朝鲜社会，日本帝国主义同卖国的封建统治阶级相勾结，奴役朝鲜人民。因此义兵运动的历史任务就是反对封建主义和帝国主义。义兵运动的主力是农民，领导者中有平民出身的人物，他们要求建立的不是封建政权，而是近代化的国家，并且这时义兵运动还在爱国文化启蒙运动的影响下有着反封建的爱国的资产阶级思想。

认为义兵运动是旧形态的农民革命运动的学者，从朝鲜当时的阶级状况和义兵运动的政治倾向着眼，认为 20 世纪初期的工人正在出现，资产阶级还没有形成一个政治力量，义兵运动的领导者不是这两个阶级，而是一些封建儒生、军官、军士和平民，因此义兵运动既没有提出反封建的土地纲领，也不可能规定建立资产阶级专政或"民主"政权的斗争目标。他们认为义兵运动和爱国文化启蒙运动没有密切联系，它本身就缺乏资产阶级民主思想的内容，与旧的农民革命运动具有一些共同的内容和特点。

确定近代义兵运动的性质，要求首先弄清当时朝鲜的社会性质。这在目前同样是争论中的问题。大体说来，义兵运动的发展即 1895—1915 年时期，正当朝鲜从半封建半殖民地向半封建殖民地社会转变。这时朝鲜资产阶级民族已以殖民地被压迫民族的形态而形成。[1]民族资产阶级被日本帝国主义一再摧残，广大农民和手工业者在双重剥削下濒于破产，封建统治阶级进一步同日本侵略者妥协，民族矛盾成为国内的主要矛盾。摆在朝鲜人民面前的历史使命就是驱逐日本帝国主义出朝鲜，推翻卖国的封建统治阶级。因此，朝鲜的革命带有资产阶级民主主义的性质，而当时最主要的任务乃是粉碎日本的侵略，消灭朝奸，争得国家独立自主。由于朝鲜社会经济落后，民族资产阶级和无产阶级都还没有形成为一个独立的政治力量，因此出现在朝鲜的反日爱国运动，领导权便不能不落到开明贵族和封建儒生的身上。

如上文所述，当时反日爱国运动包括着文化启蒙运动，个人恐怖主义活动和义兵运动等等，后者乃是运动的主流。文化启蒙运动显然反映着资产阶级改良主义的思想，它在微弱的旧民主主义革命中曾起了一定的作用。义兵运动就

---

[1] 朝鲜科学院历史研究所：《关于朝鲜资产阶级民族形成问题的讨论》，朝鲜《历史科学》1957 年第 1 期（译文见《民族问题译丛》1958 年第 3 期）。

其性质看，无疑是一个反帝反封建的斗争。运动虽然没有直接提出资产阶级革命的纲领，但义兵除反日外，还一贯打击亲日官吏、地主和高利贷者、一进会会员（多数是亲日派两班官僚和封建地主）等，因而由此大大加强了朝鲜人民的民族意识，进一步促进了当时的文化启蒙运动①，动摇了日本和朝鲜封建阶级的统治秩序，甚至迫使朝鲜国王颁发废除积欠税款的法令。②封建儒生参加义兵的目的虽与广大群众不同，但他们反对日本帝国主义，应该同卖国的封建统治阶级有所区别。还应指出，当时日本帝国主义实质上是封建势力的支持者，义兵打击的主要对象既然是日本帝国主义及其走狗，也就打击了朝鲜的封建统治阶级，不能因个别儒生参加、领导了义兵就否定了义兵运动的反封建性质。同时，也不能因它的反封建性而把近代的反日义兵运动同旧的以反封建为主的农民战争混淆起来。

因此，义兵运动应该是朝鲜微弱的资产阶级旧民主主义革命开始时期的一个重要组成部分。

造成义兵运动失败的原因在哪里呢？

首先是缺乏革命阶级的领导。朝鲜的工人阶级和资产阶级既没有能够领导这一反帝反封建斗争，领导斗争的儒生、军人和平民出身的人物又由于阶级局限性，不可能理解斗争的真正目标，不能提出反帝反封建的纲领口号，不能制定斗争的战略和策略，不能很好地团结和统一领导各地的反日斗争。因此运动就有很大的自发性，没有明确的方向，缺乏有组织的统一行动；义兵队一直在各道进行分散性的斗争，以致被敌人各个击破。儒生和军官出身的领导者中，还有带着忠君保国的封建思想的人，他们在军事上采取冒险主义，在组织上有地方主义和宗派主义的倾向，削弱了自己的力量。

其次是没有依靠人民群众。运动本身虽带着全民性，有广大群众的支持，但没有提出反映人民群众利益的纲领口号，没有把农民的反封建和反帝斗争结合起来，没有深入动员和组织广大人民参加斗争，也没有巩固和人民群众的联系。这和领导者不相信群众革命斗争的力量是有关系的。

再次，义兵缺乏武器和训练，缺乏有经验的领导者，用来和敌人作战的基本上还是一些旧武器，有些义兵队甚至没有武器。③日本侵略军经过中日、日俄战争，在装备上和作战经验上占了很大的优势。

---

① 田硕潭：《朝鲜民族的形成》，朝鲜《科学院通报》1954 年第 7 期。
② 提亚加伊：前揭书，第 199 页。
③《南朝鲜游行记》，转引自提亚加伊前揭书，第 201 页。

最后，国际和国内环境对义兵运动也不利。朝鲜历代统治阶级都惧怕义兵斗争，高丽王朝就镇压过抵抗蒙古的义兵，但 16 世纪末李朝统治阶级曾在一定程度上支持了义兵斗争，以后还得到明朝的援助。在这次义兵运动中，没有也不可能得到国外的援助（中国清末和民国初期的统治阶级都忙于勾结列强，出卖国家利益，英美帝国主义则积极支持日本侵略者，镇压反日斗争），朝鲜统治阶级则卖身投靠日本，勾结侵略者对义兵进行疯狂的讨伐。

由于上述这些原因，1895—1915 年的义兵运动没有完成它的历史任务。但它在朝鲜民族解放斗争史上写下了不可磨灭的光辉一页，给朝鲜人民留下了深刻的经验和教训。

朝鲜人民在义兵运动中树立了以武装斗争反对帝国主义侵略的榜样，给予日本殖民者和朝鲜统治阶级以沉重的打击，继承和发扬了朝鲜人民爱国主义的光荣传统，成为动员和鼓舞朝鲜人民的巨大力量，促进朝鲜人民的阶级意识和民族意识，在以后的反帝反封建斗争中起了先驱的作用。

义兵运动的经验证明，民族解放斗争必须要有无产阶级政党的领导，要善于团结和依靠广大群众，把群众的经济要求和反帝斗争统一起来。

义兵运动的经验证明，坚决进行人民的游击武装斗争是被压迫民族粉碎帝国主义侵略的唯一有效的方法。

义兵运动的经验还证明武装斗争中建立根据地的重要意义。洪范图领导的义兵在中国延边区建立根据地后将斗争一直坚持下去，就是最好的范例。

朝鲜义兵运动中为了自己祖国的独立和解放而英勇牺牲的爱国人民，将永远活在人们的心中。

（原载《历史教学》1960 年第 2 期）

附　论

一、《郑天挺纪念论文集》前记

郑天挺同志是我国当代著名的历史学家，特别在明清史方面蜚声海内外。这部文集，就是他生前国内外学者朋友和学生为纪念他而撰写的论文集萃。它的出版，表示我们对前辈学问道德的尊重和怀慕。

郑先生原名庆甡，字毅生，祖籍福建长乐，1899 年（清光绪二十五）生于北京。父郑叔忱为清朝进士出身，曾任顺天乡试同考官、奉天学政、京师大学堂提调等职。母陆嘉坤，广西桂林人，曾任天津北洋高等女子学堂总教习。1905 年他仅 6 岁，父亲去世，次年母又病故，遂与其弟寄养于亲戚家中，由表舅梁济监护。自幼好学，酷爱文史，1917 年考入北京大学国学门，1920 年毕业后应聘于厦门大学，参加该校的筹建工作，并讲授国文课。1921 年进北大国学研究所，研究中国文学和音韵，受业于钱玄同，参加明清内阁档案整理，引起他对明清史研究的极大兴趣。1924 年任北大预科讲师，1933 年冬任北大秘书长，中文系副教授，后任教授。讲授《文论》《古地理学》《校勘学》《魏晋南北朝史》《中国近三百年史》等课。1936 年他发表了关于校勘学、清史研究一系列著名文章：《杭世骏〈三国志补注〉与赵一清〈三国志补注〉》《张穆〈月斋集〉稿本》《多尔衮称皇父之臆测》《墨勒根王考》《多尔衮与九王爷》等，一时饮誉史坛。抗日战争爆发以后，他任西南联合大学总务长,中文、历史两系教授，文科研究所副所长，讲授《隋唐史》《明清史》《清史研究》《中国目录学史》等。在此期间，他发表了《发羌之地望与对音》《隋书西域传附国之地望与对音》《隋书西域传薄缘夷之地望与对音》《历史上的入滇通道》等关于西南边疆研究的一组论文，受到学术界的高度评价。还撰写了他的清史名篇《清代皇室之氏族与血系》《满洲入关前后几种礼俗之变迁》《清代包衣制度与宦官》等专门论文，后与《清史满语解》等文辑印成《清史探微》一书出版，对清史的研究具有开拓性作用，在国内外史学界产生了深远影响。

抗战胜利后，郑天挺同志任北大秘书长兼历史系主任、明清史料整理室主任，讲授《元明清史》《中国近代史》。1951 年利用明清档案，主编出版了《明末农民起义史料》《宋景诗起义史料》两书，对推动解放初期关于农民起义的研究起了很大作用。同时他还发表了《"黄马褂"是什么？》《辛丑条约与所谓使馆界》《宋景诗起义文献初探》等文，其中尤以宋景诗一文特别受到国外史学界的重视，被德国汉学家贝喜发教授译成德文，刊于德意志科学院东方研究所通报上。1952 年院系调整后他调来南开大学工作，任历史系主任，中国史教研室主任，创建明清史研究室，主持校点《明史》，历十数寒暑。先后讲授《隋唐史》《明史专题》《清史专题》《史料学》《明清土地制度》《清代制度》《史学研究》等课。1961 年任教育部历史教材编写组副组长，与翦伯赞同志共同主编高等学校教学参考书《中国通史参考资料》共十册，他还主编《中国史学名著选读》，出版了《左传选》《汉书选》《三国志选》《资治通鉴选》。1958 年发表了关于研究中国资本主义萌芽材料的考据论文《关于徐一夔的〈织工对〉》，1962 年和 1978 年先后发表了清史研究的重要著作《清入关前满族的社会性质》及其续探两文，七十年代撰写《关于丝绸之路》（收入《探微集》）。1963 年被任命为南开大学副校长，1964 年和 1978 年两次被选为全国人民代表大会代表，天津市政治协商会议副主席，1979 年受教育部委托，开办高等学校教师明清史进修班，主编《明清史资料》作为教材。1980 年出版了他的学术论文专著《探微集》和《清史简述》，并在天津主持召开了第一次明清史国际学术讨论会，宣读了他晚年的宏文《清代的幕府》一文，发表于《中国社会科学》（中、英文）。中国史学会恢复活动后被选为常务理事和主席团成员，并任执行主席。还担任《中国历史大辞典》总编辑。1980 年 10 月光荣加入了中国共产党，1981 年 12 月 20 日病逝，终年八十二岁。

郑天挺同志一生的学术活动和成就，始终是和他热情的爱国主义相联系在一起的。1919 年，他在北大上学时就积极参加了轰轰烈烈的五四运动，走向街头，示威游行，反对卖国贼曹汝霖，火烧赵家楼。日本帝国主义枪杀福州人民的闽案发生以后，上海、天津各界集会声讨日帝暴行，北京 34 校男女学生 30000 人在天安门集会，抗议日本帝国主义的暴行。郑天挺同志积极投入这一运动，组织并参加了旅京福建学生联合会，任主任干事，募捐活动经费，在会中出版的《闽潮周刊》上以"攫日"的笔名写文章，宣传打倒日本帝国主义，并多次参加向北洋政府外交部请愿。1922 年，他在中国法权讨论会担任秘书，即利用该会的档案资料，撰写了他的第一部学术著作《列国在华领事裁判权志要》，用历史事实揭露了帝国主义列强在我国设立领事裁判权的罪行，1923 年该书以法权讨论委员会的名义出版，获得了社会上的好评。他在北大作研究生时，听到陈垣先生说现在中外学者谈汉学，不是说巴黎如何，就是说日本如何，没有提中国的，我们应当使汉学的中心回到中国北京。对此他感触很深，立志于研究中国文史。多少年来，他多次向他的学生和研究生讲述这件事情，鼓励大家研究中国历史一定要超越外人，为祖国争光。在抗日战争时期，日本帝国主义为了长期侵占东三省，制造了"满洲独立论"，炮制伪"满洲国"。当时西南联大的学生激于爱国热忱，迫切需要了解中国近代史尤其是清朝的历史。郑天挺同志除了开明清史课而外，先后在联大文史讲演会上发表了《清代皇室之氏族与血系》《满洲入关前后几种礼俗的变迁》等学术讲演（后整理成文），用大量历史事实驳斥了满族从来不是中华民族的成员和满族政权历来独立的谬论，他指出清代的皇室包含有满、蒙、汉三族的血统，仅就皇帝而言，从清太宗（皇太极）到清宣宗（道光）七个皇帝均含有蒙古或汉人的血液。他说："近世强以满洲为地名，以统关外三省，更之以名国，于史无据，最为谬妄。满洲出于建州左卫，为女真支裔，即唐之靺鞨，周之肃慎，乃中华历史上宗族之一，清朝入关后散居中原，更不可以一省一地限之也。"至于满汉两族的文化互相调融，相互影响，使两族人民的关系日益密切，决非政令强制所能造成。

我早年在北大就学，就很钦佩郑天挺同志的学问和为人，在 1952 年院系调整时，我原负责南开大学历史系的工作。经过与范文澜同志协商，请教育部调聘郑天挺同志和清华大学的雷海宗同志来南开执教，由于当时工作的需要，我负责其他方面的工作，便由郑天挺同志主持历史系，雷海宗同志任世界史教研室主任，郑、雷两位专家的来津，大大增强了南开历史系的阵容，引起史学界的瞩目。

1959 年发生中、印边界冲突，某些外国的扩张主义分子，硬要以 1913 年英帝国主义策划的"西姆拉会议"上片面制造的麦克马洪线为中印两国的分界，把中国的大片领土（9 万平方英里）划归英印统治区域。郑天挺同志翻阅了大量的历史资料，并从当时（西姆拉会议以后）英国出版的地图中，发现在所谓的麦克马洪线以南的广大地区，英国人仍然认为是属于中国的领土，麦克马洪线完全是非法的，为我国外交谈判代表提供了有力的历史证据，驳斥扩张主义的谰言，捍卫了我国领土的主权。在 60 年代末"珍宝岛"事件发生以后，某些别有用心的人，妄图继承老沙皇的衣钵，硬说黑龙江流域原非中国的领土。当时郑天挺同志还被关在"牛棚"中没有"解放"，他仍利用一切可能的机会研究东北史地。在粉碎"四人帮"以后，他先后撰写了《奴儿干都司——明代在东北黑龙江的地方行政组织》《牛录、城守官、姓长——清初东北的地方行政组织》《满族的统一》《清初对黑龙江流域的统一》一系列关于满族与东北史地的文章，论证了黑龙江流域在明代是属于奴儿干都司管辖的区域，在沙俄的哥萨克到达远东滨海之前，清王朝在皇太极时期（1627—1643）就已经统一了黑龙江流域，设立行政机构，征收赋税。在抗日战争时期，他关于西南史地的研究也是出于维护祖国的统一和民族大家庭的团结这种爱国热忱。

郑天挺同志为人谦虚谨慎，追求真理，不断进步。解放前他在北大任教和担任秘书长时期，做了许多有益于革命的工作，但他很少向别人谈及。1925年他在北平女子师大兼课，该校师生为了反抗北洋政府下令解散女师大的反动行径，另租宗帽胡同作为临时校舍，当时鲁迅、许寿裳等去义务上课，表示支持。郑天挺同志也参加了上课，并抗议解聘。最后在社会舆论的压力下，教育总长章士钊去职，校长杨荫榆被撤，女师大复校。次年三月，段祺瑞反动政府屠杀游行示威的爱国学生，制造了骇人听闻的"三·一八"惨案。北大死学生三人，女师大死学生二人，都是郑天挺的学生。女师大刘和珍同学家境贫穷，上有母，下有弟，郑天挺在参加了刘和珍等同学的追悼会后，提议发动教师为死难家属募捐，得到很多人的支持。有的教师捐了10元。他捐了20元。

1927年我党的创始人之一李大钊同志殉难后，灵柩寄于宣武门外妙光阁寺，1933年4月，党的地下工作人员通过北大师生和李大钊同志的生前好友，发起为李大钊同志举行公葬，为举行这一公葬捐款的知名人士有鲁迅、李四光等100多人，郑天挺即是其中之一。这件事很少为人知道。1981年日本寺田隆信教授来南开研究，曾问学于郑天挺，他在北京参观李大钊历史展览陈列的墓石捐款名单中看到之后，在悼念郑天挺同志逝世的座谈会上发言，郑天挺的这段往事才为我和我的同事们所知。

1935年"一二·九"运动中，北京大学一些主张抗日爱国的学生，被国民党反动当局逮捕，郑天挺代表校方，亲赴警察局办理交涉，要求无条件释放他们，并把他们接出监狱。

1948年底，北平解放前夕，国民党政府采取了"抢教授"的行动，几次派飞机来接，他坚决地拒绝了。时值北大50周年校庆（12月17日），学校举行了纪念会，学生自治会以全体学生的名义，赠给他"北大舵手"一面锦旗，称赞他在北大几十年操劳的业绩。

解放后，郑天挺同志努力学习马列主义，积极参加各种社会实践，提高觉悟。1952 年到南开后，即担任月刊《历史教学》编委，负责审改稿件，立志改造历史教学和科研，全心全意为社会主义的教育事业而勤奋工作，活到老、学到老。1960 年被选为全国文教群英会代表，1980 年、1981 年连续两年被评为天津市特级劳动模范。1980 年 10 月以 81 岁高龄参加了中国共产党，从一个爱国的民主主义者变成一个共产主义的战士。

郑天挺同志为人廉洁奉公，不尚浮华。解放前他在北大、西南联大长期负责总务工作，洁身自好，一尘不染。中年（38 岁）丧偶，操家自持。他担任多年行政工作，始终坚持不脱离教学。他执教 60 年，桃李满天下。对青年后学爱护备至，不仅在学业上循循善诱，热心地予以培养，促其很快成长，即使是其他方面的困难，也尽其所能，予以帮助，为我国培养了大量的史学人才。至今其中许多人每谈及此，仍不胜感念。

郑天挺同志的学术成就和为人，是一代学人的楷模，为了继承和发扬他的学术遗产，表达我们对他的深切怀念，特地约请一部分他生前的友好和学生撰写这本论文集来纪念他。这个集子的内容有史学、哲学、宗教、语言、音韵等各个方面，相当广泛，都是专家积多年研究的精心之作。参加这本论文集编辑工作的有陈生玺、冯尔康、郑克晟三同志。我在此代表编辑组对各位撰稿人在百忙中赐稿和中华书局的鼎力付梓表示感谢。由于时间仓卒和我们工作的疏漏，有些专家仍未能约及，敬希批评见谅为幸。

（1986 年 2 月）

二、《日本近代化研究》前言

1986 年，南开大学历史研究所日本史研究室先后接受国家教育委员会和天津市哲学社会科学规划领导小组的委托，承担了《日本近代化研究》这个课题。经反复讨论，决定以南开大学历史研究所日本史研究室为主，吸收南开大学法律系、天津社会科学院日本研究所、天津师范大学历史系、天津市委党校等兄弟单位 20 余位专业研究者参加，在统一规划下，分别撰写专题论文，前后形成一部类似日本"讲座"式著作。从那时起历时 8 年，终得问世。全书具有如下一些特点：

第一，拓宽了研究领域。历史研究本是多面的、多层次的，如恩格斯所说，

"必须重新研究全部历史"①。他具体提到了经济学史、商业史、工业史、农业史，并特别注意经济史与法律史、宗教史、文学史以及一般文化史之间的关系。毛泽东说，应该"先作经济史、政治史、军事史、文化史几个部门的分析的研究，然后才有可能作综合的研究"②。然而，若干年来，我们的史学研究大多集中于政治史特别是阶级斗争史，研究课题一再重复。近十几年，在我国改革和开放政策的指导下，史学界学风出现了显著变化。我们这项研究也作了新尝试，即在阐明基本规律的同时，从国际环境、经济、政治、思想、法律、社会、教育、文化等各方面对日本近代化问题展开专题研究，从而扩大了研究领域。

第二，努力运用多学科、多方面的知识和研究方法。本书各论涉及日本近代的外交、科技政策、资本的萌芽和原始积累、统一市场的形式和发展、财政、税收、农村工业化、国际贸易、产业政策、教育、家族制度、民法等法律体系、近代日本特有的元老政治、一党多派、天皇制和象征天皇制，以及近来日具影响的现代日本国际化等各类专题。我以为，本书在以多彩的学科和方法研究日本近现代史方面作出了初步的尝试。

第三，重视当代史的研究。历史研究者是生活在当代社会的人，应具有当代认识的水平，其目的是为了理解现实，面向未来。本书各论，涉及当代者较多。从江户时代幕府末期，一直论述到20世纪80年代。把日本近代化作为一个历史过程，既注意了历史的连续性，更重视明治维新和战前战后改革在日本近代化过程中的革命性变革，同时也指出了本世纪80年代以来日本发展的新形势和新特点。其中有关经济高速增长、科技立国及"国际化"等专题，更具有现实意义。应能获得读者的关心，促进更深入的研究。

第四，展开百家争鸣，积极与各种学派进行对话。

在规划这个研究项目时，我们强调各抒己见。我们相信，读者也可以看出，各篇论文的作者都是力求以历史唯物主义基本原理为指导进行各项专题研究的。至于对具体问题分析和结论则并不求同。各位作者广泛吸收中国、日本以及西方学者的研究成果，并且与之进行对话，表达了自己的见解。总之，积极进行对话，采取辩证态度，吸收一切有价值的成果，促进自身理论的完善和发展。本书在这方面似乎有一个好的开端。

以上这些尝试，既是各位作者通力合作的结果，更是国家改革和开放政策为学术研究提供了良好学术环境的结果。至于本书的质量，既肯定其长处，更

---

① 《马克思恩格斯选集》，第4卷，人民出版社，1972年，第475页。
② 《毛泽东选集》，第3卷，人民出版社，1991年，第802页。

盼望继续提高。本书各篇内容，有待读者评论。除列名本书的作者外，有一些学者、专家不止一次参与规划和讨论，帮助我们开拓视野和思路，特别是吕万和同志始终赞襄其事。还有几位日本学者，如芝原拓自教授等在我校讲学、访问期间，也积极参与规划，提供意见。我乐观此书问世之际，谨此一并致以衷心的感谢。

（1993 年 10 月于南开大学）

附录：吴廷璆生平及学术成果一览

一、生平简历

1910.7.23	在浙江省杭州市出生
1916.9—1920.7	杭州私立惠典女中小学部在学
1920.9—1923.7	杭县县立第二高小在学
1923.9—1927.1	杭州两浙盐务中学在学
1927.2—1927.6	国民革命军东路军先遣军司令部政治部宣传科员
1927.8—1927.10	国民革命军长江要塞司令部政治部宣传干事
1927.11—1928.7	国民革命军第二集团军第五方面军指挥部文书
1928.8—1929.1	在上海持志大学学习
1929.2—1929.7	在北平准备考大学
1929.8—1932.8	北京大学历史系（兼修日本文学）在学
1932.8—1932.11	西安陕西省立第一中学（西安）教员
1932.11	返回北京大学历史系在学、退学
1932.11—1936.6	日本京都帝国大学文学部史学科在学、本科毕业
1936.9—1937.7	国立山东大学（青岛）文学院历史讲师
1937.8	河南大学文学院讲师（未赴任）
1937.8—1939.11	八路军野战总政治部敌工部干事
1939.12—1941.8	国民政府陕西省教育厅秘书、编审。
1941.9—1942.7	西安国民党中央干部训练四团训育干事
1942.8—1944.7	四川大学历史系教授（1943.8—1944.7 兼任燕京大学历史系教授）
1944.8—1949.10	武汉大学历史系教授，武汉解放后任校务委员会委员、校生产管理委员会主席
1949.10—1952.8	南开大学历史系教授、系主任

1952.8—1954.11	南开大学历史系教授、校总务长
1954.11—1958.4	南开大学历史系教授、校科研委员会副主席兼科研处副处长
1958.4—1964.3	南开大学历史系教授、系副主任
1964.3—1966.6	南开大学历史系教授、系主任
1966—1973	南开大学历史系教授
1973.5—1979.2	南开大学历史系教授、系副主任
1979—1985	南开大学历史研究所教授、所长，1982 年国务院首批博士生导师
1985—1995	南开大学历史研究所教授、博士生导师、历史研究所名誉所长
1995.6	离休
2003.12.3	逝世

二、主要社会活动及兼职

1930—1932	北大在学期间，参加中共地下党领导的"反帝大同盟"和"抗日救国十人团"，1931 年 12 月当选北大非常学生会副主席，是北大学生"南下示威团"的主要组织领导者之一，也是北大学生刊物《北大新闻》的发起人及主要撰稿人之一。
1932 冬	在西安省立一中临时执教期间，参加西安左翼教联组织的迎接红四方面军北上运动，被杨虎城当局通缉逃返北大。
1939.11—1942.7	在西安为营救范文澜出狱奔走，参加杜斌丞等组织的民盟西北支部活动，掩护我党及进步人士去延安
1942	在成都参加中共及民盟领导的唯民社
1943	加入中国民主同盟
1945	共同发起和成立了九三学社
1947	加入中共武汉地下党领导的新民主主义教育协会
1949—1952	南开大学校务委员会委员
1950.10—1993	历任中国民主同盟河北省常委兼宣传部长，民盟天津市委员会常委兼宣传部长、副主任委员

1951.3	参加第一次抗美援朝慰问团，到朝鲜慰问中国人民志愿军
1951.9—1993	《历史教学》月刊编委，其中 1964—1993 年为总编
1951.4—1958.4	天津市文教委员会委员
1951—1966	天津市史学会副理事长
1955—1966	《南开大学学报》（人文社会科学版）主编
1957.3	出席中国民主同盟全国代表大会
1957	谢辞教育部内定的担任内蒙古大学副校长一职
1958.4—1966.6	河北省人民委员会委员
1959.3—1979	中国科学院河北省分院（后改为天津市）历史研究所副所长
1960	参加河北省出国访问团，历访苏联和东欧等国
1962—1966	中国亚非学会理事
1975.6	参加天津市友好代表团，历访日本东京、大阪、京都、奈良、神户、尼崎、姬路等市
1977.11—1983.6	天津市政治协商会议副主席
1978.3—1983.3	第五届全国政协委员
1979.3	加入中国共产党
1979.10	《中国大百科全书·外国史卷》编委兼亚洲史部分主编
1979.10	中国民主同盟中央委员
1980.7—1982.9	中国日本史研究会首任会长
1983.3—1993.3	第六、七届全国政协常委
1983.3—1993.3	中国民主同盟中央常委

三、主讲的课程

中西交通史、印度史、世界上古史、世界中世纪史、中国近代史、亚洲史、日本近现代史、"国家与革命"、明治维新史（其他略）

四、主要著述

《日本通史简编》（主编），1970 年代完成的内部使用稿，未出版

《日本史》（主编），南开大学出版社，1994 年

《中国大百科全书·外国史卷》（亚洲史部分主编），中国大百科全书出版社

1996 年

《日本近代化研究》（主编），商务印书馆，1997 年

《吴廷璆史学论集》，人民出版社，1997 年

《汉代中国与中亚地方的商业关系》，[日本]《东洋史研究》第 7 号，1936 年

《唐代的田赋制度与土地问题》，《地政月刊》1936 年

《中国学之世界的兴趣》，天津《益世报》1936 年 6 月 21 日

《古代中国与希腊文化接触研究》，《人地时》学刊创刊号，1943 年

《遵循着毛泽东思想前进——纪念中国史学会成立一周年》，《历史教学》1952 年 8 月号

《国家过渡时期的历史意义》，《历史教学》1954 年 4 月号

《历史教育着中国人民一定要收复台湾》，《历史教学》1955 年 2 月号

《大化改新前后日本的社会性质问题》，《南开大学学报》（人文科学版）1955 年创刊号

《所谓"麦克马红线"的骗局——评尼赫鲁在印度议会的讲话》，《天津日报》1959 年 9 月 16 日

《朝鲜近代史上的义兵运动》，《历史教学》1960 年 2 月号

《建立世界史的新体系》，《光明日报》1961 年 4 月 9 日

《明治维新和维新政权》，《南开大学学报》（哲学社会科学版）1964 年 7 月号

《资产阶级革命与明治维新》（与武安隆合作），收于《日本史论文集》，三联书店，1982 年

《日本古代国家形成的决定因素问题》，收于《中日文化与交流》第 1 集，中国展望出版社 1984 年

《"魏志·倭人传"在日本》，《文史知识》1984 年第 6 期

《隋唐时代日本与中国文化》，《世界历史》1992 年第 6 期

《隋唐时代扬州在中日文化交流史上的地位》（与郑彭年合作），收于《中外关系史论丛》，1994 年

《佛教海上传入中国之研究》（与郑彭年合作），《历史研究》1995 年第 2 期

《从日本考古学论徐福的东渡》，收于《吴廷璆史学论集》，人民出版社，1997

《汉代西域的商业贸易关系》，系日本京都帝大毕业学位论文，收于《吴廷璆史学论集》，人民出版社，1997

（杨栋梁整理）